W0246270

FSW

Wolfgang Bachmann

Signalanalyse

Grundlagen und mathematische Verfahren

Mit 186 Bildern und 40 Tabellen

Herausgegeben von Wolfgang Schneider

Die Deutsche Bibliothek - CIP-Einheitsaufnahme

Bachmann, Wolfgang:
Signalanalyse: Grundlagen und mathematisch Verfahren;
mit 40 Tabellen / Wolfgang Bachmann. Hrsg. von Wolfgang
Schneider. - Braunschweig; Wiesbaden: Vieweg, 1992
ISBN 3-528-04912-X

Der Verlag Vieweg ist ein Unternehmen der Verlagsgruppe Bertelsmann International.

Druck und buchbinderische Verarbeitung: Lengericher Handelsdruckerei, Lengerich
Gedruckt auf säurefreiem Papier
Printed in Germany

ISBN 3-528-04912-X

SCHÜLER: Aufrichtig: möchte schon wieder fort!
In diesen Mauern, diesen Hallen
Will es mir keineswegs gefallen.
Es ist ein gar beschränkter Raum,
Man sieht nichts Grünes, keinen Baum,
Und in den Sälen, auf den Bänken
Vergeht mir Hören, Sehn und Denken.
MEPHISTOPHELES: Das kommt nur auf Gewohnheit an.
So nimmt ein Kind der Mutter Brust
Nicht gleich im Anfang willig an;
Doch bald ernährt es sich mit Lust.
So wird's Euch an der Weisheit Brüsten
Mit jedem Tage mehr gelüsten.

J. W. v. Goethe, FAUST I. Teil (1808)

Vorwort

Dieses Buch entstand aus meiner seit 1979 an der Fachhochschule Düsseldorf für Studenten des 4. und 5. Semesters gehaltenen Vorlesung "THEORETISCHE NACHRICHTENTECHNIK". Umfang und Schwierigkeitsgrad des Textes gehen allerdings in manchen Kapiteln erheblich über den Vorlesungsstoff hinaus. Das Buch ist damit auch zum Weiterstudium und zur beruflichen Weiterbildung von Ingenieuren und Physikern gedacht, die sich schon auf eigene praktische Erfahrungen im Umgang mit dynamischen Meß-Signalen stützen können.

Obwohl es nach 90-jähriger Entwicklung der Theorie der Signalanalyse ein ziemlich aussichtsloses Unterfangen wäre, stellt doch jedes neu erscheinende Buch zu diesem Thema einen Versuch dar, das ganze Gebiet neu zu ordnen und in einheitlichem Stil darzustellen. Die dabei entstehenden Lücken sind aber zwangsläufig weit umfangreicher als der ganze neu entstandene Text.

Dem fachmännischen Leser bleibt nur die Lösung, alle Neuerscheinungen zu verfolgen und nach den ihn speziell interessierenden Stichworten zu durchforsten. Der den richtigen Einstieg suchende Student wird in der ihm erreichbaren Fachliteratur eher nach dem zu seinem Ausbildungsstand passenden Stil suchen. Und stilistisch gesehen, spannt sich ein weiter Bogen[1] - von den strikten Theoretikern, wie etwa *Doetsch*, *Marko* über die praxiszugewandten Theoretiker, wie *Föllinger*, *Schüßler*, *Unbehauen* und die theorieabgestützten Praktiker, wie *Bocker*, *Hölzler/Holzwarth* bis zu den mathematikfreien Praktikern, wie *Herter/Lörcher*, *Schumny*, *Freyer*.

1. siehe Autorenverzeichnis

Stilistisch liegt das vorliegende Buch ziemlich genau im Mittelfeld des oben angedeuteten Bogens. Das sehr ausführliche Stichwortverzeichnis zusammen mit dem umfangreichen, auf den neuesten Stand gebrachten Literaturverzeichnis müßten sowohl dem Praktiker als auch dem Studenten bei ihrer Suche nützlich sein. Besonderer Wert wurde in allen Kapiteln auf Fragen nach der praktischen Anwendungsmöglichkeit gelegt. Da aber die Signalanalyse in recht verschiedenartigen Ingenieurdisziplinen wie z.B. Nachrichtentechnik, Akustik, Schwingungstechnik, Regelungstechnik angewandt wird, wurde der auf 14 Fachkapitel verteilte Text sehr breit gefächert - oft auf Kosten der mathematischen Gründlichkeit.

Zur Einstimmung auf das Buch hier zunächst ein kurzer Rückblick auf die Entwicklung der Signalanalyse. Viele der dabei genannten Autoren und Fachbegriffe lassen sich vom Autor- bzw. Stichwortverzeichnis aus weiterverfolgen und finden im Hauptteil des Buches eine ausführliche Würdigung.

Die theoretischen Grundlagen der Signalanalyse reichen zurück in das Zeitalter Napoleons. Obwohl schon seit den Experimenten des italienischen Grafen *Alessandro Volta* um 1800 die Möglichkeit bestand, kleine elektrische Ströme fließen zu lassen, gab es zunächst noch keinen Gedanken an deren nachrichten- oder meßtechnische Anwendung. Die in der gleichen Epoche (etwa von 1790 bis 1820) stattfindenden theoretischen Arbeiten der großen französischen Gelehrten *Pierre Simon Marquis de Laplace* und *Baron Jean Baptiste Joseph de Fourier*, deren Funktionaltransformationen die Grundlagen der modernen Signalanalyse lieferten, befaßten sich mit ganz anderen Problemen:
Fourier mit Wärmeleitung und *Laplace* mit mechanischen Schwingungen. Die theoretische Verbindung zur Signalanalyse besteht in der Gleichartigkeit der zugrundeliegenden Differentialgleichungen.

Ab etwa 1830 begann dann die nachrichtentechnische Anwendung der Elektrizität über *Henry's* Telegraphen (1831), *Maxwell's* Theorie der elektromagnetischen Wellen (1855) und deren experimentellen Nachweis durch *Hertz* (1864). Irgendwann zwischen 1830 und 1860 entstand dann der Begriff des "elektrischen Signals".

Von "Signalanalyse" wurde aber erst seit etwa 1900 gesprochen. Hier, mitten in der "Kaiserzeit", läuteten der Engländer *Schuster* und der Deutsche *Runge* die etwa 40 Jahre währende Epoche der sogenannten "Periodenforschung" ein. In deren höchster Blütezeit ($\approx$1930) - in der Ära der Wirtschaftskrisen zwischen zwei Weltkriegen - wurden die Grundlagen der modernen, statistischen Signalbehandlung gelegt. Die bahnbrechenden Arbeiten stammen einerseits von den britischen Statistikern *Yule* und *Walker* (deren Interesse der Modellierung von Konjunkturzyklen galt) und andererseits von dem Amerikaner *Wiener* und dem Russen *Khintchine*. *Yule* und *Walker* erfanden das Autoregressive Signalmodell ("AR"); *Wiener* und *Khintichine* entdeckten unabhängig voneinander die Beziehung zwischen Leistungsspektrum und Korrelationsfunktion.

Nach dem zweiten Weltkrieg beginnt die Computerzeit und damit auch die Hinwendung zur numerischen Signalanalyse. In diesem Feld dominieren von Anfang an bis zum heutigen Tage die Amerikaner (immerhin dicht gefolgt von den Deutschen). *Blackman* und *Tukey* zeigen 1958 die praktische Anwendbarkeit des bis dahin nur als Abstraktion schlummernden Wiener-Khintchine-Theorems. *Cooley* und *Tukey* verhelfen 1965 dem schon von dem oben erwähnten *Runge* erstmals veröffentlichten, aber bislang kaum beachteten Verfahren der "Schnellen Fourier-Transformation" (FFT) zum Durchbruch.

Parzen und *Burg* zeigen 1967/68 die Anwendung des von *Yule* und *Walker* erfundenen Modellkonzepts in der numerischen Signalanalyse. Daraus entsteht die "Parametrische Spektralanalyse" - der modernste Zweig der Signaltheorie. Nach 20-jähriger, hierzulande fast unbemerkter Entwicklung im Wettstreit amerikanischer Eliteuniversitäten, wird diese Wunderkunst der Signalanalyse erstmals 1987 von *Marple* zusammenfassend dargestellt.

Die moderne Signalanalyse als Theorie findet ihren technischen Ausdruck in den Signalanalysesystemen - einer Kombination von Digitalisierungsbausteinen, Mikroprozessoren, Graphikbildschirmen und Signalanalyse-Software. Diese Systeme werden heutzutage von allen führenden Meßgeräteherstellern angeboten. Verpackt in tragbaren Blechkisten bieten sie auf Knopfdruck fast alle im vorliegenden Buch beschriebenen Transformationen und Analyseverfahren - also fertige Lösungen zu Problemen, die zumeist so kompliziert sind, daß sie weder Verkäufer noch Kunde klar formulieren können. Das ist eine bemerkenswerte Situation: Die elektrischen Meßgeräte der neuesten Generation können umfangreichere und komplexere analytische Fähigkeiten in sich akkumulieren als die meisten ihrer Anwender .

Die Anwender - sowohl Verkäufer wie Kunden - sind aber normalerweise gut ausgebildete, intelligente Ingenieure. Offenbar liegt das Problem in der *Auswahl des Stoffes*, der heutzutage in der begrenzten Zeit des Studiums und der beruflichen Weiterbildung angeboten wird. Die angebotene *Stoffmenge* kann unmöglich vergrößert werden : Hier gibt es natürliche, biologische Grenzen. Notwendig wäre in der anwendungsorientierten Ingenieursausbildung eine Abkehr vom mathematikintensiven, traditionellen Curriculum und eine Hinkehr zum Umgang mit komplexen Konzepten und Systemen: Wir fahren ja auch alle Auto und sehen fern, ohne die dabei ablaufenden Vorgänge mathematisch erfassen zu können.

Für die Ermunterung, dieses Buch zu schreiben und für kritische Textanmerkungen danke ich Herrn Prof. Dr. O. Neufang (FH Düsseldorf).

Wichtige Formulierungen und Korrekturen in Kap. 12 und 13 habe ich insbesondere Herrn Dipl. Ing. B. Kohl zu verdanken. Für die Entwicklung und Erprobung eines Programmpaketes zur Signalanalyse ("SAI"), das klassische und AR-Verfahren beinhaltet und den bequemen Umgang mit modernen FFT-Analysatoren gestattet, danke ich meinen ehemaligen Diplomanden R. Höllermann, M. Hannawald, B. Kohl, R. Börsteken, R. Reckfort, S. Winters, W. Zengerling, W. Paul, R. Elsing, S. Ratzke, und L. Arping. Meinem Mitarbeiter, Herrn Dipl. Ing. W. Schaffrath danke ich für die einfühlsame und kenntnisreiche Leitung des Programmier-Teams.

Die 458 Diagramme und Graphiken wurden von den Herren cand. ing. K. Münster und D. Zschammer in monatelanger, freiwilliger Zusatzarbeit einzeln programmiert, getestet und über Laserdrucker ausgegeben. Dafür nochmals besonderen Dank.

Schließlich danke ich meiner Tochter, Frau Apothekerin Ute Bachmann, die, unterstützt durch ihren Kollegen Heiko Klaaßens, aus einem schwer leserlichen Manuskript die reprofähigen Druckvorlagen herstellte und sich in endloser Nachtarbeit eine professionelle Beherrschung der Satztechnik für mathematische Formeln angeeignet hat.

Inhaltsverzeichnis

I Determinierte Signale

1 Einführung

Die *Signalanalyse* ist ein Teilgebiet der *Systemtheorie*. Sie ist sozusagen Systemtheorie aus einer verengten, anwendungsbezogenen Sicht. Daher ist es unerläßlich, in einem Buch über Signalanalyse zunächst den größeren Rahmen der Systemtheorie zu skizzieren.

Die große Bedeutung der Systemtheorie liegt in der Allgemeingültigkeit ihrer Gesetze, die bei scheinbar völlig verschiedenartigen physikalischen und technischen Systemen den Zusammenhang zwischen Anregung und Reaktion beschreiben (Abb. 1.1).

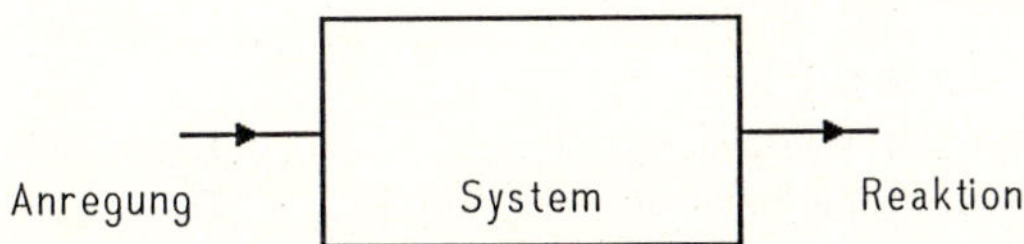

Abb. 1.1: Grundaufgabe der Systemtheorie: Gesetzmäßige Verknüpfung von Anregung, System und Reaktion.

Diese weite Technikbereiche übergreifende Allgemeingültigkeit (Tab. 1.1) beruht auf der modellhaft vereinfachten Annahme von Linearität und Zeitinvarianz - dem sogenannten LTI-Prinzip, von dem noch ausführlich die Rede sein wird. In diesem Licht gelten für das Federungsverhalten eines Kraftfahrzeugs auf rauher Fahrbahn die gleichen Gesetze wie für die Richtwirkung einer Fernsehantenne, die Klangcharakteristik einer Lautsprecheranlage oder die dynamische Soll-/Ist-Abweichung eines PID-Reglers.

- Steuer- und Regelungstechnik
- Antennentheorie und Optik
- Schwingungstechnik und Akustik
- Radar, Sonar, Seismologie

Tab. 1.1: Beispiele für technisch grundverschiedene Bereiche, in denen die gleichen Gesetze der Systemtheorie gelten.

Systemtheorie läßt sich charakterisieren durch Aufzählung der typischen, von ihr erfaßten Grundaufgaben (Tab.1.2).

Die Tab. 1.2 sieht zwar recht unanschaulich aus, ist aber der passende Anlaß zu grundsätzlichen Bemerkungen:

a) Systemtheorie ist eine Denkschule, die dem Spezialisten hilft, größere Zusammenhänge zu erkennen und fremde Lösungsstrategien für sein eigenes Fach nutzbar zu machen.

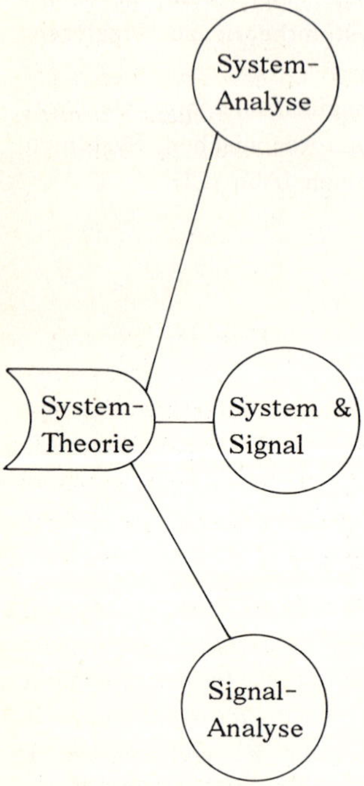

System-Theorie

Systhemtheoretischer Schwerpunkt	Grundaufgabe	angemessenes Lösungsprinzip
System-Analyse	• Stabilitätsbeurteilung	F, L
	• Verknüpfung von Systemen	V
	• System-Synthese bei vorgegebenem Verhalten	L
	• Messung des System-Verhaltens bei mangelnder Kenntnis der Struktur	F, M
	• Berechnung des Verhaltens aufgrund der Strukturkenntnis	N
System & Signal	• Anfangswertproblem	L
	• Signalverzerrung bzw. Regeldynamik	F
	• Rückschluß von Systemreaktion auf Anregung	F
	• Systemidentifikation aufgrund der Signalverzerrung	F, L, M
Signal-Analyse	• Signal-Beschreibung, determiniert	F
	• Signal-Beschreibung, statistisch	F + S
	• Signal-Entdeckung bei additiver Störung	F + S
	• Signal-Parametermessung bei additiver Störung	F + S + L

F = Fourier-Theorie (analoge und diskrete Fourier-Transformationen und Regeln)
L = Laplace-Theorie (analoge und diskrete Laplace-Transformationen und Regeln)
V = Vierpoltheorie
N Netzwerkanalyse (Knoten- und Maschengleichungen mit komplexen LTI-Impedanzen)
S = Theorie der stochastischen Prozesse
M = Modalanalyse (bei kombinierten Raum/Zeitproblemen)

Tab. 1.2: Systemtheorie, dargestellt durch ihre Grundaufgaben. Signalanalyse als Teilgebiet mit starker Überlappung zur Systemanalyse.

b) Die oft gestellte Frage, ob denn die nach Fourier oder die nach Laplace benannte Methodik besser geeignet sei, systemtheoretische Aufgaben zu lösen, kann nur mit einem "sowohl als auch" beantwortet werden: Es kommt tatsächlich auf die Aufgabenstellung an. Die Tabelle gibt dazu nähere Hinweise. Wenn das Aufgabengebiet eng genug begrenzt ist, kann man in durchaus optimaler Art fast alle anfallenden Probleme mit nur einer der beiden Methodiken behandeln. Beispielsweise wird im vorliegenden Text wegen der Betonung des signalanalytischen Gebiets eindeutig das Fourier-Verfahren bevorzugt. Die nachstehende Tab. 1.3 versucht den Vergleich der Vor- und Nachteile beider Theorien.

	Besondere Stärken:	Nachteile:
FOURIER-Transform. (kontinuierlich und diskret)	Determinierte und stochastische Signal-Analyse für alle technisch vorkommenden Signale (transient, periodisch, zufällig; mehrdimensional, reell oder komplex). Sehr schnelle numerische Algorithmen.	Mathematische Begründung nur über das sehr abstrakte Konzept der verallgemeinerten Funktionen möglich - bei "gutgläubiger" praktischer Anwendung jedoch kaum störend.
LAPLACE-Transform. (kontinuierlich und diskret)	Entwurf von LTI-Systemen. Ausgereiftes, mathematisches Werkzeug für elegante Beweisführungen.	Signalbeschreibung ist beschränkt auf den Sonderfall determinierter, kausaler Transienten.

Tab. 1.3: Vergleich der Anwendbarkeit von *Fourier*- und *Laplace*-Transformation (sowie der diskreten Verwandten) bei der Signalbeschreibung.

c) Die in Tab. 1.2 auch genannte Signalstatistik als Lösungsprinzip ist nicht etwa alternativ zu den klassischen Verfahren nach Fourier und Laplace zu sehen, sondern ist ein zusätzliches Werkzeug, das unabdingbar ist bei der Behandlung additiv gestörter Signale.

d) Die in Tab. 1.2 am Rande erwähnten Sonderverfahren der Systembeschreibung (Netzwerkanalyse, Vierpoltheorie und Modalanalyse) beruhen alle auf dem LTI-Prinzip. Sie sind somit Sondergebiete der Systemtheorie. So führt ein kurzer Weg von der Netzwerkanalyse zur Ermittlung der Vierpolkoeffizienten, oder von der Kenntnis des Frequenzganges der Vierpolkoeffizienten zu Übertragungsfunktionen und Impulsantworten, von wo aus sich wiederum der Einstieg in die Modalanalyse eröffnet.

e) Schließlich führt die Betrachtung der Tab. 1.2 noch zur Frage, ob denn die moderne diskrete Signaltheorie (deren bekannteste Stichwörter vielleicht "Digitalfilter", "Zeitreihenanalyse", "z-Transformation" oder "Diskrete Fourier-Transformation" sind) der klassischen, analogen Theorie nach Laplace und Fourier vorzuziehen sei. Dazu gibt die folgende Abb. 1.2 die (vereinfachte) Antwort:

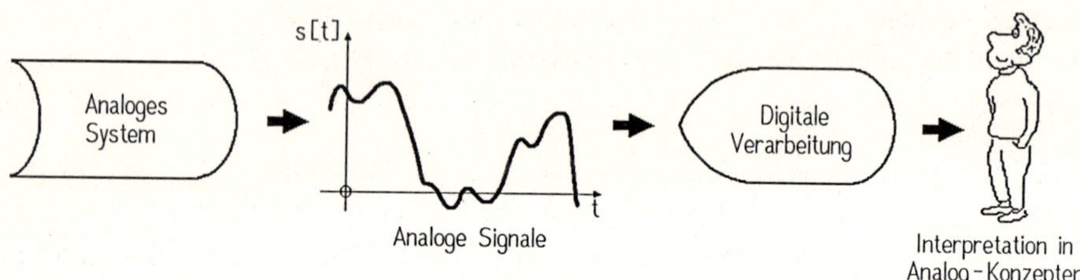

Abb. 1.2: Analog- oder Digital-Theorie? Eine unzulässige Alternative.

In der Meßtechnik und damit in der Signalanalyse sind die untersuchten Systeme und Signale praktisch alle analoger Natur. Die Auswerteelektronik arbeitet jedoch in zunehmendem Maße digital. Die ingenieurmäßige Interpretation des meßtechnischen Zusammenhangs geschieht fast nur in analogen Konzepten. Digitale Signalverarbeitung ist die zukunftsträchtige, hochtechnologische Alltagspraxis. Analoge Signal- und Systemtheorie liefert die verbindenden Begriffe und Konzepte.

Am Ende fast aller Kapitel findet sich eine geordnete Liste von *Literaturempfehlungen*. Maßstab für die Reihenfolge und Auswahl war die Frage: Wie kann ein Außenstehender, dem der vorliegende Text zu knapp ist, sich ausführlicher und vielleicht auch leichter verständlich informieren? Der wissenschaftliche Rang eines zitierten Werkes hat weder mit der Ausführlichkeit noch mit der Leichtverständlichkeit zu tun und wird hier nicht gewertet.

2 Grundlagen

2.1 Einteilung der Signale

2.1.1 Einstufung der Signale in Grundmuster

Im alltäglichen Sprachgebrauch werden menschliche Handlungsweisen oder technische Vorrichtungen, die Aufmerksamkeit erregen sollen, oft als "Signale" bezeichnet. Beispiele: Buschtrommeln, Feuer, Pfiffe, Handbewegungen, politische Aufrufe, Verkehrsampeln. Im Zusammenhang der Nachrichten- und Meßtechnik ist dieser Begriff "Signal" eingeschränkt auf

a) veränderliche, meßbare elektrische Spannungen als Zeitfunktion (= elektrisches Meßsignal; Signal im engsten Sinne);
b) beliebige physikalische Größen, die sich zeitlich oder räumlich verändern und in eine meßbare, elektrische Spannung als Zeitfunktion umformen lassen. Beispiel: Geräusche , Vibrationen, Helligkeitsschwankungen, Strömungsturbulenzen, Rauhigkeitsprofile, elektrochemische Potentiale (= physikalisches Signal).

Da sich die Umwandlung eines physikalischen Signals in ein elektrisches Meßsignal mathematisch nur in einem trivialen Vorfaktor ausdrückt, werden wir im weiteren unter "Signal" normalerweise ein Signal des Typs a) verstehen.

Der schwierigste Schritt bei jeder praktischen Signalanalyse ist die Einstufung des Meßsignals in eines der drei GRUNDMUSTER "transient", "periodisch" oder "stochastisch":

transient[1]: Ein Signal von endlicher Dauer und endlichem Höchstbetrag - also technisch gesehen, ein Signal, das sich in seinem Verlauf von Anfang bis Ende aufzeichnen oder sonstwie registrieren läßt. Dabei wird die Dauer technisch verstanden, also etwa als die Zeitspanne zwischen erstmaligem Überschreiten und letztmaligem Unterschreiten eines noch meßbaren Schwellwertbetrages. Beispiel: Erdbeben.

periodisch[2]: Ein durch unablässige, gleichabständige Wiederholung eines Transienten entstandenes Signal. Beispiel: Taktsignal im Rechner.

stochastisch[3]: Ein immerwährendes, nicht-periodisch schwankendes Signal von endlichem Höchstbetrag. Ob die Erzeugung dieses Signals tatsächlich so zufällig vorgeht, wie der Name andeutet, (Beispiel: Thermisches Rauschen) oder aber mehr oder weniger stark planmäßig gesteuert ist (Beispiel: Digitale Nachrichtenübertragung oder Musikaufzeichnung), ist bei dieser Mustereinteilung unerheblich. Synonym: "zufällig" (engl. *random*[4]).

1. transient: Aus dem lat. *trans-ire*, vorübergehen; hat auch im englischen Alltagswortschatz die Bedeutung "vorübergehend, abklingend".
2. periodisch: Aus dem griech. *periodos*, Umlauf, Rund-Weg.
3. stochastisch: (gleichbedeutend mit "zufällig, statistisch") aus dem griech. *stochastikos*, fähig, etwas zu schätzen oder zu erraten.
4. "random" ist weitläufig verwandt mit dem engl. *run*, rennen - also nicht feststehen.

Es gibt eigentlich noch ein weiteres, eher theoretisches Grundmuster, das zwar als Meßsignal nie auftritt, als Beigabe in der praktischen Signalanalyse aber unverzichtbar ist: Die *mathematische Hilfsfunktion*. Beispiel: δ[t], *exp*[t], *sgn*[t], 1/t. Die Transformation der mathematischen Hilfsfunktionenen nach Fourier, Laplace, Hilbert usw. ist in der Tat ein rein mathematisches Problem; die zugehörigen Lösungen finden sich - teils mit ausführlicher Herleitung, teils in Tabellenform in der zitierten Fachliteratur und auszugsweise auch in diesem Buch. Während die "alte Signalanalyse" (etwa bis 1960) noch vorwiegend mit eben dieser Mathematik beschäftigt war, hat die "moderne Signalanalyse" ihren Schwerpunkt in der praktischen Anwendung (Korrelations- und Spektralanalyse rauschgestörter Meßsignale) - die alten Hilfsfunktionen und deren Transformierte sind nicht mehr Untersuchungsobjekte, sondern alltägliche Hilfsmittel.

Die oben erwähnte Einstufung der Meßsignale in eines der drei Grundmuster (oder deren zahlreiche Sonder- und Mischformen) ist *nicht etwa das Ergebnis einer Signalanalyse*, sondern deren Voraussetzung. Hier drängt sich immer wieder die zwar plausible, aber unhaltbare Vermutung auf, man könne einem aufgezeichneten Signal "ansehen", welchem der drei Grundmuster es angehört - etwa wie in Abb. 2.1, einer Abbildung, die ja in ähnlichem Zusammenhang häufig zu finden ist.

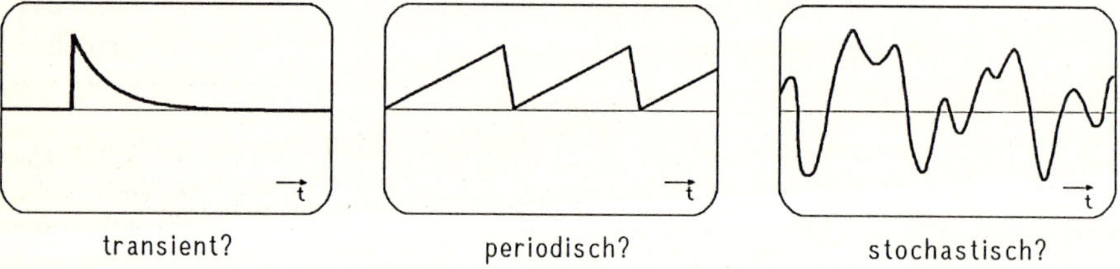

Abb. 2.1: Irreführende Signaleinteilung auf der Grundlage der aufgezeichneten Kurvenform.

In Wirklichkeit ist diese Einstufung des Meßsignals eine **Arbeitshypothese** - eine Vermutung über den weiteren Signalverlauf *außerhalb* des Beobachtungsfensters (Abb. 2.2). Eine vernünftige derartige Arbeitshypothese kann man aus der Kenntnis des gesamten Vorganges, bei dem das Signal entsteht, zumeist recht schnell und leicht aufstellen - grundsätzlich jedoch niemals durch Auswerten des registrierten Signals, also des Verlaufs *innerhalb* des Beobachtungsfensters.

Neben dem großen Bestand an allgemeingültigen Theorien und Auswertungsverfahren gibt es noch individuelle, nicht-kompatible Konzepte für jedes der drei Signalmuster. Tab. 2.1 nennt einige Beispiele.

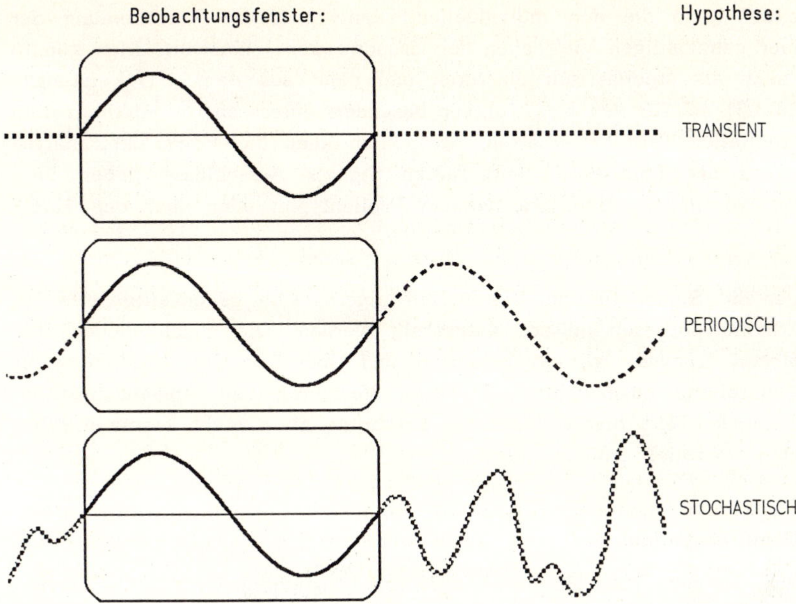

Abb. 2.2: Entscheidung für ein Signalgrundmuster aufgrund des vermuteten Signalverlaufs außerhalb des Beobachtungsfensters.

Konzept	Signalgrundmuster		
	"transient"	"periodisch"	"stochastisch"
Amplitudenspektrum	X	X	
Leistungsspektrum		X	X
Determinierte Korr.Fkt.	X		
Stochastische Korr.Fkt.		X	X
Fourier-Koeffizient		X	

Tab. 2.1: Beispiele signaltheoretischer Konzepte, die *nicht* für alle drei Signalmuster gelten.

2.1.2 Technisches Beispiel

Bei der Analyse des Klanges einer angeschlagenen Klaviersaite[5] wird man sich zunächst für ein periodisches Grundmuster entscheiden. Die dafür geeignete Art der Spektralanalyse liefert "Fourier-Koeffizienten" (Kap. 3.3.2) - also die Sinusamplituden von Grundwelle und Oberwellen. Dabei wird aber die für den Klavierkenner so wich-

5. z.B. McFerrin, 1971.

tige "Inharmonizität" (also die den individuellen Klang prägende Verstimmung der Obertöne gegenüber ganzzahligen Vielfachen der Grundfrequenz) ignoriert. Man könnte dasselbe Signal auch als stochastisch einstufen und dann aus dem 3-D-Leistungsspektrum (Kap. 14.3.3) die für den Konstrukteur besonders interessanten Abklingzeiten und Frequenzdriften aller Teiltöne erhalten. Schließlich kann die Feinstrukturanalyse des Zeitverlaufs des als Transienten aufgefaßten Signals Aufschlüsse geben über Schwingungsmoden, voreilende, nicht transversale Wellentypen oder über den Hammerzustand.

Je undurchsichtiger die Signalsituation, desto vielfältigere, sich gegenseitig teilweise ausschließende Arbeitshypothesen müssen aufgestellt werden. Die abschließende Bewertung einer solchen Analyse erfordert Erfahrung und Überblick. Das Studium einer systematischen Darstellung ausgewählter Theorien, Verfahren und Anwendungsfälle, wie sie der vorliegende Text bietet, kann die Erfahrung zwar nicht ersetzen, aber immerhin schon den Überblick erhöhen.

2.1.3 Weitere Signalkategorien

Bis hierher wurden Signale nach ihrer Verlaufsform (Augenblickswert als Funktion der Zeit in kartesischen Koordinaten) eingeteilt. Dabei wurde stillschweigend angenommen, daß es sich bei diesen Augenblickswerten um *reelle Skalare* handelt. Physikalische Signale können aber durchaus auch als *Vektor oder Tensor* vorliegen, wobei dann jede Komponente ein eigenes Signal im Sinne der Signalanalyse darstellt. Streng zu unterscheiden von Vektorsignalen sind die *komplexen Signale*: Jeder Tensor, Vektor oder Skalar kann in all seinen Komponenten reell oder komplex auftreten. Den komplexen Signalen wurde im Zusammenhang mit der Hilbert-Transformation ein eigenes Kapitel (5.3) gewidmet. Skalare, Vektoren und Tensoren in reeller oder komplexer Erscheinungsform können sich auch noch in 1, 2 oder 3 *Raumkoordinaten* entfalten (Kap. 6). Die nächste Stufe der Komplexität, die im vorliegenden Text nicht behandelt wird, ist dann die Ausbreitung solcher Signale in ausgedehnten, *räumlich und zeitlich variablen Systemen*. Anwendungsbeispiel: Schallausbreitung im Meer[6].

2.2 Das LTI-Prinzip

2.2.1 Definition "LTI"

Ein LTI-System (LTI = *l*inear and *t*ime-*i*nvariant) ist linear und zeitlich gleichbleibend. LINEARITÄT und ZEITINVARIANZ werden nur über den Zusammenhang von Anregung und Reaktion definiert - also ohne Beachtung der inneren System-Struktur. Die beiden Unterbedingungen "L" und "TI" müssen, wie auch im folgenden Text, unabhängig von einander überprüft werden. Es wird vorausgesetzt, daß das System nur *einen* Eingang und nur *einen* Ausgang hat und bei Beginn des (gedanklichen) Tests alle eventuell vorausgegangenen Anregungen völlig abgeklungen sind.

6. z.B. Bachmann/de Raigniac, 1976.

Linearität

bedeutet: "Superposition am Eingang oder Ausgang des linearen Systems hat die gleiche Wirkung".

Abb. 2.3 verdeutlicht diese knappe Formulierung:

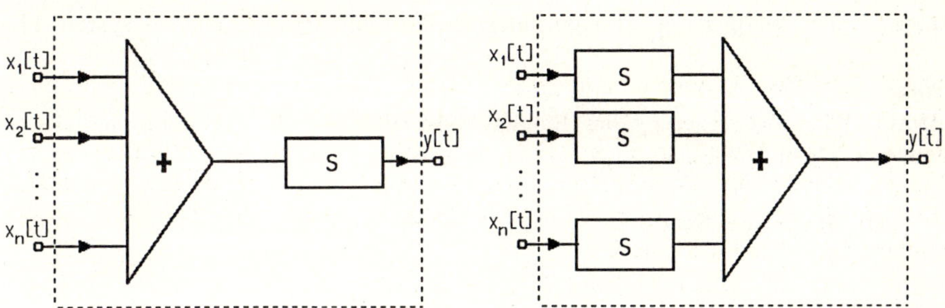

Abb. 2.3: Definition der Linearität durch gedankliche Konstruktion zweier übergeordneter Systeme, die das zu testende System "S" als Baustein enthalten.

Das zu testende System "S" muß im gedachten Test in N identischen Kopien vorliegen, zusammen mit zwei idealen Analogaddierern. Aus diesen Bausteinen werden zwei übergeordnete Systeme aufgebaut, die jeweils N Eingänge und einen Ausgang haben. Diese beiden superponierenden (d.h. Signale addierenden) Systeme müssen sich völlig gleich verhalten. Weder die frei wählbare Anzahl N noch der frei wählbare Verlauf der Signale $x_1 \ldots x_n$ darf eine Abweichung zwischen den beiden Signalen y hervorrufen.

Abb. 2.4 zeigt Beispiele aus der Nachrichtentechnik.

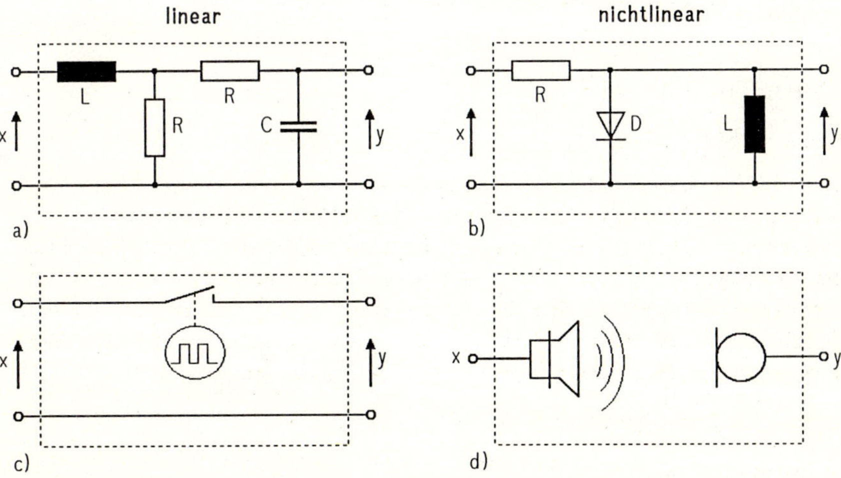

Abb. 2.4: Beispiele für lineare (a, c) und nichtlineare (b, d) Systeme.

Wenn, wie in Abb. 2.4, die Systemstruktur bekannt ist, läßt sich daraus auf das Verhalten im Test nach Abb. 2.3 schließen und damit die Linearität feststellen. Ursache der Nichtlinearität ist z.B. im Falle b) das amplitudenabhängige Spannungsteilerverhältnis aufgrund der Diodenkennlinie; im Falle d) der Dopplereffekt, also Frequenzmodulation bei der Lautsprecherabstrahlung, wenn gleichzeitig hoch- und tieffrequente Tonsignale eingespeist werden. Hingegen ist der im System c) vorhandene, autonom betätigte Schalter in seiner Wirkung völlig unabhängig vom gerade eingespeisten Signal. Er ist genauso linear wie das aus passiven, linearen Bauelementen bestehende System a).

Zeitinvarianz

bedeutet: "Signalverzögerung am Eingang oder Ausgang des zeitinvarianten Systems hat gleiche Wirkung".

Abb. 2.5 illustriert diesen Satz:

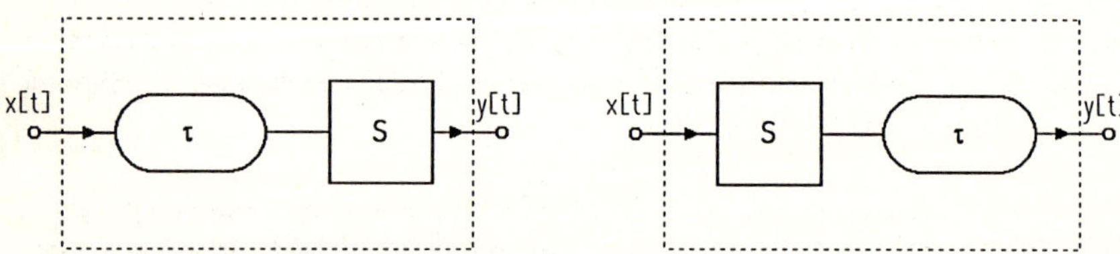

Abb. 2.5: Definition der Zeitinvarianz durch gedankliche Konstruktion zweier übergeordneter Systeme, die das zu testende System "S" als Baustein enthalten.

Aus dem zu testenden System "S" und einem idealen Zeitverzögerungsbaustein mit fester Verzögerungszeit τ werden im Gedankenexperiment zwei unterschiedlich aufgebaute Systeme konstruiert, die sich völlig gleich verhalten müssen. In Abb. 2.6 finden sich dazu vier Beispiele:

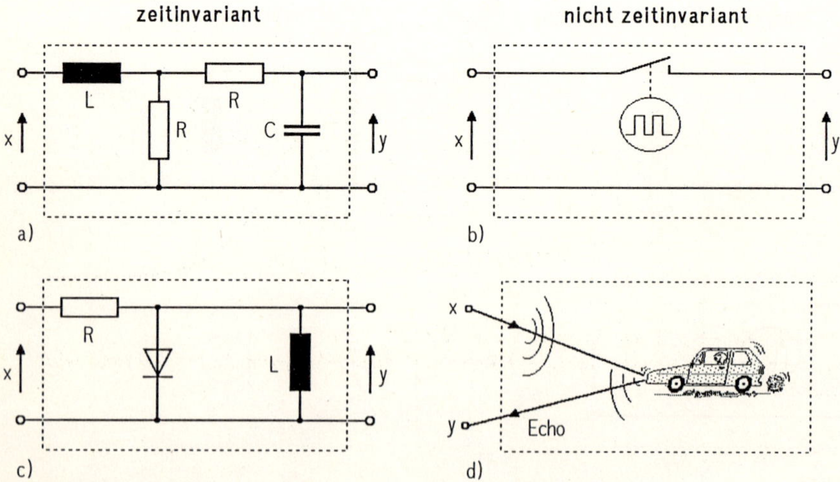

Abb. 2.6: Beispiele für zeitinvariante (a, c) und zeitvariable (b, d) Systeme.

Ursache für die mangelnde Zeitinvarianz ist im Falle b) wie d) die offenkundige Abhängigkeit von Systemparametern von der Zeit ("Uhrzeit"); der variable Parameter ist im Fall b) der "Verstärkungsgrad" (1 oder 0) und im Fall d) (Radar-Geschwindigkeitsmessung) die interne Verzögerungszeit. Die Systeme a) und c) hingegen reagieren völlig unabhängig von der Uhrzeit. Man könnte diese Beobachtung sogar verallgemeinern als alternative, aber voll verträgliche Definition der Zeitinvarianz: "Immer gleiche Systemreaktion auf gleiche Anregung - unabhängig davon, wann das Experiment durchgeführt wird".

In Zusammenfassung der acht Beispiele aus Abb. 2.4 und 2.6 kann man feststellen, daß daraus nur das gezeigte R-C-L Netzwerk ein LTI-System ist.

2.2.2 Konsequenzen der LTI-Eigenschaft

Im vorigen Abschnitt wurde gezeigt, wie man Systeme einzig aufgrund ihrer Reaktion auf gegebene Anregungen in Klassen einteilen kann (lineare, zeitinvariante und sonstige). In Fortsetzung dieser Strategie werden nun die (im weiteren allein interessierenden) LTI-Systeme *vollständig beschrieben* auf eben dieser Grundlage - nämlich der Reaktion auf bestimmte Anregungen.

Erster Schritt ist die Festlegung eines dazu besonders geeigneten Anregungssignals $x[t]$. Im Laufe der Entwicklung der Systemtheorie hat man sich dabei auf zwei alternative Testsignale geeinigt, den Einheitssprung und den Nadelimpuls. Zu Zeiten als der Nadelimpuls in Form des idealisierten δ-Impulses ("Dirac-Stoß", siehe Kap. 3.1.1) noch als "mathematisch suspekt" galt, wurde der Einheitssprung $\varepsilon[t]$ bevorzugt. Die Antwort (Reaktion) des Systems auf diesen Einheitssprung wird als "Übergangsfunktion" bezeichnet und führt in Form des "Duhamelintegrals" etwas umständlicher auf die "Faltungseigenschaft" des LTI-Systems als der im Folgenden betrachtete δ-Impuls.

Die theoretische Reaktion des LTI-Systems auf den δ-Impuls (und nur auf diesen!) wird "Impulsantwort" genannt (Abb. 2.7)

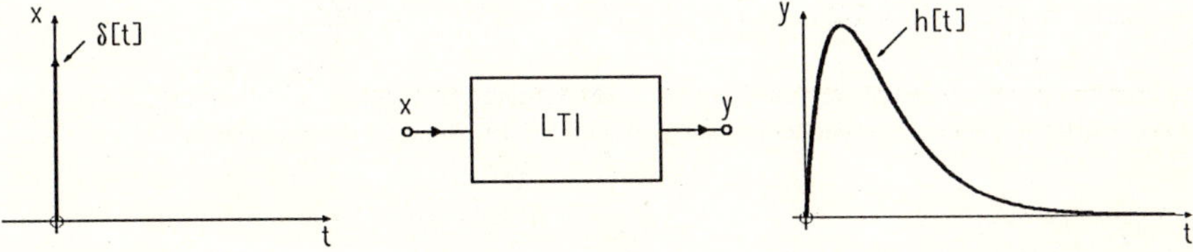

Abb. 2.7: Delta-Impuls (δ) und Impulsantwort (h).
Die (rein rechnerische) Antwort des LTI-Systems auf einen Delta-Impuls am Eingang wird "Impulsantwort" genannt.

Zweiter Schritt ist die Berücksichtigung der Zeitinvarianz. Das LTI-System reagiert in immer gleicher Weise auf die gleiche Anregung - unabhängig von der Uhrzeit, also vom Zeitpunkt der Durchführung des Experiments. Nachdem die Impulsantwort im Sinne von Abb. 2.7 definiert wurde, gilt im selben Koordinatensystem die in Abb. 2.8 gezeigte verzögerte Reaktion auf verzögerte Anregung.

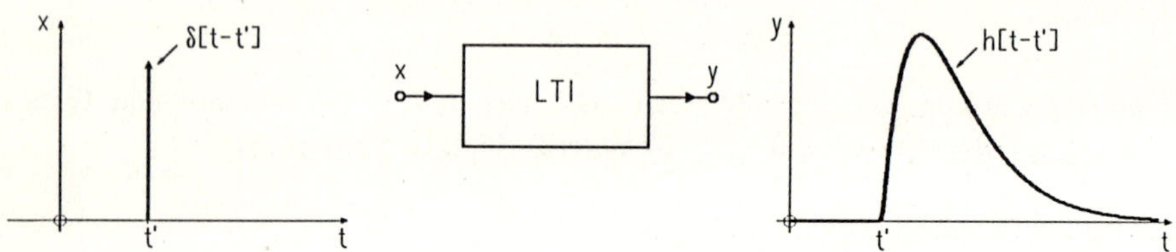

Abb. 2.8: Gleiche zeitliche Verschiebung t' am Eingang und Ausgang.

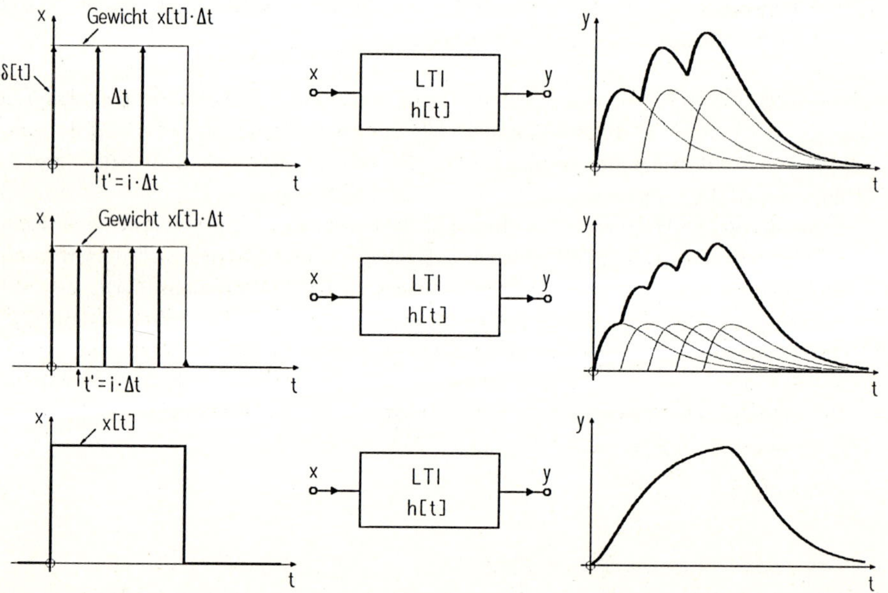

Abb. 2.9: Überlagerung (Addition) verschobener, gewichteter δ-Impulse am Eingang des LTI-Systems führt zur Addition ebenso verschobener und gewichteter Impulsantworten am Ausgang.

Dritter Schritt ist die Berücksichtigung der Linearität. Die eingangsseitige Summierung mehrerer, mit verschiedenen Gewichten[7] x[t]Δt versehener δ-Impulse (Abb. 2.9) hat am Ausgang die Summe der entsprechend gewichteten Impulsantworten zur Folge. Wenn man, wie in Abb. 2.8, die Zeitpunkte, bei denen die δ-Impulse

7. *Gewichte* sind Vorfaktoren zu Delta-Impulsen. Näheres zum Delta-Impuls siehe Kap. 3.1.1.

am Eingang auftreten, mit t' bezeichnet und wegen der Gleichabständigkeit für den i-ten Impuls $t' = i\Delta t$ ansetzt, folgt:

Signal am Eingang: $$\sum_{i=-\infty}^{\infty} \Delta t\, x[i\Delta t]\, \delta[t - i\Delta t]$$

Signal am Ausgang: $$\sum_{i=-\infty}^{\infty} \Delta t\, x[i\Delta t]\, h[t - i\Delta t]$$

Im Grenzübergang immer dichter auftretender δ-Impulse in gleichem, nach Null gehendem Abstand Δt ergibt sich aus der Summe ein Integral:

Eingangssignal: $$\int_{-\infty}^{\infty} x[t']\, \delta[t - t']\, dt' = x[t] \qquad (2.1)$$

Ausgangssignal als Reaktion: $$\int_{-\infty}^{\infty} x[t']\, h[t - t']\, dt' = x[t] * h[t] \qquad (2.2)$$

Die einfachen Regeln für den mathematischen Umgang mit δ-Impulsen (Gl. 2.1) werden in Kap. 3.1.1 erläutert. Hier interessiert zunächst das Ergebnis der in drei Schritten durchgeführten Analyse des Verhaltens von LTI-Systemen:

Ein beliebiges Eingangssignal $x[t]$ ruft am Ausgang des LTI-Systems eine allein aufgrund der Kenntnis der Impulsantwort $h[t]$ berechenbare Reaktion $y[t]$ hervor. Die Berechnungsvorschrift (Gl. 2.2) ist eine Funktionaltransformation, die in der Mathematik unabhängig von der hier gegebenen, speziellen physikalischen Bedeutung der Funktionen x und h als "Faltung" (engl. *convolution*) bezeichnet wird. Zur abgekürzten Notierung des Faltungsintegrals kann das Faltungssymbol $*$ benutzt werden. Die allgemeine Definition der Faltung zweier Funktionen u und v ist:

$$u[p] * v[p] = \int_{-\infty}^{\infty} u[p']\, v[p - p']\, dp' \qquad (2.3)$$

Wir können also zusammenfassen:
LTI-Systeme erzeugen das Ausgangssignal durch Faltung des Eingangssignals mit ihrer Impulsantwort
Oder, als saloppes Wortspiel ausgedrückt: "*Jedes Filter ist ein Falter*".

Dies war die erste Konsequenz aus dem LTI-Prinzip.

Die zweite, vielleicht noch wichtigere Konsequenz (Fourier- bzw. Laplace-Transformation) baut darauf auf. Um einsehen zu können, daß Fourier- und Laplace-Transformation nicht nur etwa "zufällig passende Tricks" bei der Lösung systemtheoretischer Probleme sind, sondern vielmehr eine logische Konsequenz des LTI-Prinzips, muß man zunächst die folgenden Betrachtungen über Eigenfunktion und Eigenwert verstehen.

Wie das Beispiel in Abb. 2.9 andeutet, verändert sich im allgemeinen der Funktionsverlauf (die "Gestalt") eines Signals beim Durchgang durch ein LTI-System - es wird verzerrt. Jetzt stellt sich die Frage: "Gibt es vielleicht eine spezielles Signal s[t], das sich beim Durchgang durch ein LTI-System nicht verzerrt?" Mathematisch ausgedrückt müßte dieses unbekannte Signal s nach Gl. 2.2 folgende Bedingung erfüllen:

$$y[t] = s[t] * h[t] = H\, s[t] \tag{2.4}$$

Wenn wir dem unbekannten Signal einen freien Parameter p zugestehen und zulassen, daß ein zeitunabhängiger Proportionalitätsfaktor H auftritt, der ebenfalls von diesem Parameter p abhängt, so ist die Aufgabe lösbar. In ausführlicher Schreibweise noch einmal Gl. 2.4:

$$y[t] = \int_{-\infty}^{\infty} s[t', p]\, h[t - t']\, dt' = H[p]\, s[t, p] \tag{2.5}$$

Eine Integralgleichung des Typs 2.5 heißt *Eigenwertgleichung*. Die gesuchte Funktion s ist die Lösung dieser Integralgleichung und heißt *Eigenfunktion*. Der in der Aufgabenstellung zugelassene, zeitunabhängige Proportionalitätsfaktor H[p] heißt *Eigenwert*. Die altbekannnte Lösung der Eigenwertgleichung 2.5 heißt:

$$s[t, p] = e^{pt} \tag{2.6}$$

Wir überprüfen diese Lösung durch Einsetzten in Gl. 2.5:

$$\int_{-\infty}^{\infty} e^{pt'}\, h[t - t']\, dt' = H[p]\, e^{pt}$$

Substitution mit $t' = t - t''$

$$e^{pt} \{ \int_{-\infty}^{\infty} e^{-pt''}\, h[t'']\, dt'' \} = e^{pt}\, H[p] \tag{2.7}$$

In den vorangegangenen Gleichungen 2.4 - 2.7 steht jeweils links das berechnete Ausgangssignal und rechts das Soll-Ausgangssignal. Gl. 2.7 zeigt nun, daß das berechnete Ausgangssignal in der Tat proportional zum speziellen Eingangssignal e^{pt} ist; der (auf der linken Seite eingeklammerte) Proportionalitätsfaktor ist nicht von der Zeit t abhängig.

Zusammengefaßt kann man sagen: Die Aussagen

a) es liegt ein LTI-System vor,
b) für ein System gilt $y = h * x$ (Gl. 2.2),
c) das System hat die Eigenfunktion e^{pt}, wobei sich der zugehörige Eigenwert H[p] aus der Impulsantwort h[t] gemäß Gl. 2.7 berechnen läßt,

sind gleichbedeutend. Wenn eine der Aussagen a, b oder c zutrifft, so gelten automatisch auch die anderen beiden. Und auch umgekehrt: Wenn eine der drei Aussagen nicht vollständig zutrifft, gilt keine der restlichen Aussagen mehr.

2.3 Fourier, Laplace und LTI

2.3.1 Fourier-Transformation und LTI-Prinzip

Fourier- und Laplace-Transformation sind sehr eng mit dem LTI-Prinzip verbunden (siehe Gl. 2.7). Dies sei zunächst am Beispiel der Fourier-Transformation etwas ausführlicher erläutert:
Das Fouriersche Verfahren ist eine von mehreren verwandten Methoden zur Lösung des *Übertragungsproblems*. Dieses "Übertragungsproblem"[8] wird definiert als Ermittlung der Wirkungsfunktion $y[t]$ eines Systems bei beliebiger, vorgegebener Ursachenfunktion $x[t]$. Wenn das betrachtete System ein LTI-System ist, läßt sich die Lösung sehr einfach durch Faltung oder Filterung (siehe Abb. 2.11) ausdrücken, wobei sich noch weitreichende Einsichten über die Wechselwirkung von Systemen und Signalen ergeben.

Als Ausgangssituation ist für LTI-Systeme gegeben:

a) Die Eigenfunktion des Systems ist e^{pt};

b) Der Eigenwert $H[p]$ stellt die Verknüpfung zwischen Eigenfunktionen am Eingang und Ausgang her.

Die *Fouriersche Methode* der Lösung des Übertragungsproblems besteht nun darin (Abb. 2.10),

1. den noch freien Parameter *p als rein imaginär* anzusetzen, $p = j\omega$;
2. das Eingangssignal $x[t]$ zu zerlegen in eine Summe (oder Integral) von gewichteten Eigenfunktionen des Typs $X[\omega]\, e^{j\omega t}$ (*Fourier-Analyse*);

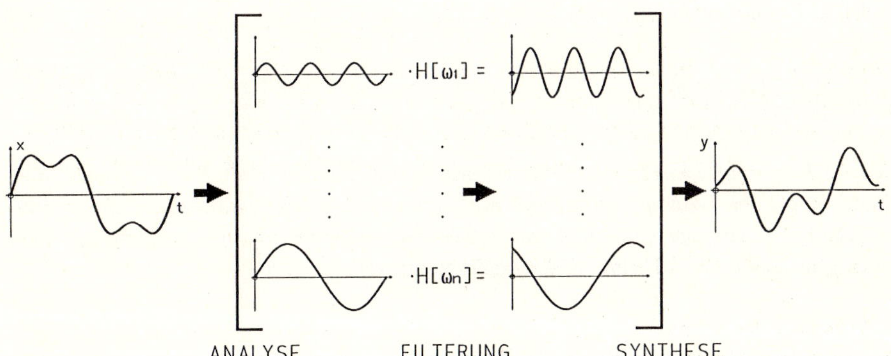

Abb. 2.10: Lösung des Übertragungsproblems nach Fourier.

8. Marko, 1982, Kap. 3.1.

3. jede dieser gewichteten Eigenfunktionen mit dem passenden, systemtypischen Eigenwert $H[\omega]$ gemäß Gl. 2.4 und 2.7 zu multiplizieren, also $Y[\omega]= X[\omega]\, H[\omega]$ (*Filterung*);
4. Die so entstandene Menge neubewerteter Eigenfunktionen $Y[\omega]\, e^{j\omega t}$ wieder zusammenzusetzen (*Fourier-Synthese*).

Anmerkungen zur Fourierschen Methode:

Zu Punkt 2:
Das hier eingeführte "Gewicht" $X[\omega]$ der Eigenfunktion $e^{j\omega t}$ wird man zunächst im Sinne von Abb. 2.10 als Amplitude einer durch Fourier-Analyse aufgefundenen speziellen Eigenfunktion $e^{j\omega_n t}$ auffassen wollen.

Signale, die sich - wie in Abb. 2.10 angedeutet - in abzählbar viele Sinusschwingungen endlicher Amplitude zerlegen lassen, kommen in der Nachrichtentechnik allerdings kaum vor. Vielmehr findet man üblicherweise im interessierenden Frequenzband bei *jeder* Frequenz Sinuskomponenten von differenziell kleiner Amplitude. Die nach Fourier erforderliche Zerlegung eines Eingangssignals $x[t]$ ergibt dann ein Kontinuum solcher Sinusschwingungen. Daher ist der Begriff "Amplitude" in diesem Zusammenhang nicht brauchbar. Stattdessen interessiert man sich hier für *"Amplitudendichten"*. $X[\omega]$ ist eine Amplitudendichte. Diese Amplitudendichte ist eine Funktion der Frequenz und wird als solche oft als *"Amplitudenspektrum"* oder einfach *"Spektrum"* bezeichnet. Die physikalische Dimension von $X[\omega]$ ist offenbar "Amplitude/Frequenz", also z.B. mit der Einheit V/Hz. Eine differentielle Amplitude dA in einem schmalen Frequenzband $d\omega$ ist dann gegeben als $dA = X[\omega]\, d\omega$. Der Sonderfall tatsächlich auftretender, endlicher Amplituden wird später in Kap. 3.3.2 ausführlich behandelt.

Zu Punkt 3:
Der Fouriersche Systemeigenwert $H[\omega]$ (siehe Gl. 2.4, 2.5) ist eine Funktion der Frequenz und wird *"Übertragungsfunktion"* genannt. Diese Übertragungsfunktion läßt sich nach Gl. 2.7 aus der Impulsantwort berechnen:

$$H[\omega] = \int_{-\infty}^{\infty} h[t]\; e^{-j\omega t}\, dt \tag{2.8}$$

Wie in Gl. 2.7 gezeigt wurde, ist diese Beziehung auch umkehrbar, so daß die Kenntnis nur einer der beiden Funktionen $h[t]$ oder $H[\omega]$ als vollständige Systembeschreibung genügt - solange man sich nicht für die Systemstruktur, sondern nur für die Reaktion des Systems auf eine Eingangsanregung interessiert.

Zu Punkt 3 und 4:
Die in Punkt 3 und 4 angesprochene Neubewertung der Eigenfunktionen wurde als *Filterung* bezeichnet. "Filterung" ist eigentlich ein etwas verwaschener Alltagsbegriff, der im nachrichtentechnischen Gebrauch etwa soviel bedeutet, wie "Hervorhebung oder Unterdrückung von Sinuskomponenten bestimmter Frequenzbereiche". In vollem

Einklang mit dieser Wortbedeutung kann man "Filterung" jetzt schärfer definieren als "Multiplikation des Eingangsspektrums mit der Übertragungsfunktion":

$$Y[\omega] = X[\omega]\,H[\omega] \tag{2.9}$$

Das Übertragungsproblem kann also schon auf zwei Arten gelöst werden (Abb. 2.11), nämlich zeitlich durch Faltung, oder "spektral" (d.h. im Frequenzbereich) durch Analyse, Filterung und Synthese.

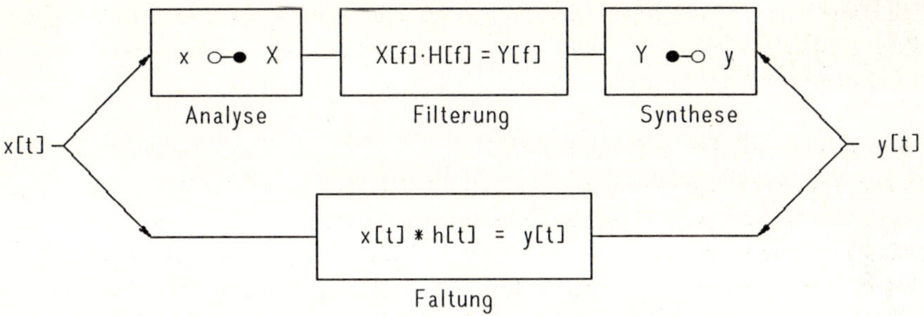

Abb. 2.11: Die beiden Lösungswege für das Übertragungsproblem.

Wenn das System kein LTI-System ist, ist weder die Ermittlung noch die Anwendung von H[f] oder h[t] sinnvoll. In solchen Fällen gibt es keine allgemeingültigen Lösungsverfahren, sondern nur auf den speziellen Signaltyp und das spezielle System angepaßte Sonderlösungen.

Fourier-Analyse

Wir haben jetzt erfahren, *warum* Signale in Komponenten des Typs e^{pt} bzw. $e^{j\omega t}$ zerlegt werden; es bleibt die Frage, *wie* denn dies zu geschehen hat. Der Schlüssel zur Zerlegung eines Signals x ist die *Orthogonalität* der harmonischen Schwingung e^{pt}:

$$\int_{-\infty}^{\infty} e^{j\omega_0 t}\, e^{-j\omega t}\, dt = 2\pi\delta[\omega - \omega_0] \tag{2.10}$$

Das heißt: Das Integral über das Produkt zweier orthogonaler Funktionen ergibt 0, wenn deren Parameter ungleich sind $(\omega \neq \omega_0)$ und ungleich 0, wenn sie gleich sind. Wenn wir uns das zu analysierende Signal als Überlagerung gewichteter, harmonischer Schwingungen $X[\omega]\,e^{j\omega t}$ vorstellen, kann das Ziel der Analyse nur noch sein, deren Gewichte $X[\omega]$ zu ermitteln. Das Orthogonialitätsintegral, angewandt auf die ganze Summe von Schwingungen, also auf x[t], filtriert uns für jeden vorgegebenen Parameter ω das zugehörige Gewicht heraus. Wir setzen also statt $e^{j\omega_0 t}$ in Gl. 2.10 jetzt x[t] ein und erhalten:

$$X[\omega] = \int_{-\infty}^{\infty} x[t]\, e^{-j\omega t}\, dt \tag{2.11}$$

oder[9] mit $\omega = 2\pi f$

$$X[f] = \int_{-\infty}^{\infty} x[t]\, e^{-j2\pi ft}\, dt \tag{2.12}$$

Dies sind die *Fourier-Analyse-Integrale.*

Fourier-Synthese

Der zweite, wesentliche Schritt des Fourierschen Verfahrens (Abb. 2.10) ist die Synthese. Davor steht noch die eher triviale Filterungsoperation, also die Neubewertung aller Komponenten des Eingangssignals,

$$Y[f] = X[f]\, H[f] \quad \text{bzw.} \quad Y[\omega] = X[\omega]\, H[\omega] \tag{2.13}$$

Aber unabhängig davon, ob nun mit H bewertet wurde oder nicht, gilt es jetzt, alle Komponenten mit den zugehörigen Faktoren zu versehen und zu addieren:

$$y[t] = \int_{-\infty}^{\infty} Y[f]\, e^{j2\pi ft}\, df \tag{2.14}$$

oder mit $f = \omega/2\pi$

$$y[t] = \frac{1}{2\pi} \int_{-\infty}^{\infty} Y[\omega]\, e^{j\omega t}\, d\omega \tag{2.15}$$

Dies sind die *Fourier-Synthese-Integrale.* Ob in der Praxis tatsächlich zu integrieren oder nur zu summieren ist, hängt davon ab, ob das Signal transient oder periodisch ist; das wird in späteren Kapiteln noch ausführlich diskutiert werden.

Mit Hilfe des vorstehend definierten Vokabulars läßt sich das Ergebnis zusammenfassen: Die Struktur der Fourierschen Integrale ist eine logische Folgerung der Orthogonalität der Eigenfunktion des LTI-Systems.

Anmerkung zur Schreibweise der Fourier-Integrale:

Die Fourier-Integrale treten in drei verschiedenen Schreibweisen auf, die sich durch die Plazierung des Faktors 2π unterscheiden:

- 2π im Exponenten (siehe Gl. 2.12 und 2.14)
- $1/(2\pi)$ vor dem Synthese-Integral (siehe Gl. 2.11 und 2.15)
- $1/\sqrt{2\pi}$ symmetrisch vor beiden Integralen (hier nicht aufgeführt).

Die erste der drei Schreibweisen kommt ganz ohne Vorfaktoren aus und führt zu einem hohen Grad von Symmetrie und Klarheit bei den Fourier-Regeln. Deshalb wird sie im vorliegenden Text bevorzugt.

9. ω ist die *Kreisfrequenz*, f die *Frequenz*.

Die zweite Schreibweise ergibt sich von selbst, wenn man die Fourier-Transformation als Sonderfall ($\sigma = 0$) der Laplace-Transformation sieht. Sie wird von den Freunden der Laplace-Transformation auch durchwegs benutzt. Die dritte Schreibweise hat zwar ebenfalls den Symmetrievorteil, ist aber mit einem besonders lästigen Vorfaktor belastet. Sie ist daher ziemlich aus der Mode gekommen und soll nicht weiter beachtet werden.

Abschließend noch der Kommentar von R. N. Bracewell[10] zu Fall 2 und 3, wiedergegeben im unnachahmlich trockenen Originalwortlaut: *"The devotees of* $1/\sqrt{2\pi}$ *have practically died out, the* $d\omega/2\pi$ *people survive in various habitats"*.

2.3.2 Technische Interpretation der Fourier-Transformationen

Das Fourier-Integral Gl. 2.12

$$X[f] = \int_{-\infty}^{\infty} x[t]\, e^{-j2\pi ft}\, dt \tag{2.16}$$

analysiert das Signal $x[t]$ auf seinen Gehalt an Sinuswellen veschiedener Frequenz, Phase und Amplitude.

Zum besseren Verständnis dieser grundlegenden Formel wird im folgenden gezeigt, daß sie für den Nachrichtentechniker praktisch die "Konstruktionsbeschreibung" eines elektronischen Spektralanalysators darstellt:

Der Integrand, $x[t]\, e^{-j2\pi ft}$, fordert die Multiplikation des zu analysierenden Signals mit $cos[\omega t]$ und $-sin[\omega t]$. Die komplexe Schreibweise bedeutet in elektronischer Realisierung *getrennte Behandlung in verschiedenen, mit "reell" und "imaginär" bezeichneten Kanälen.*

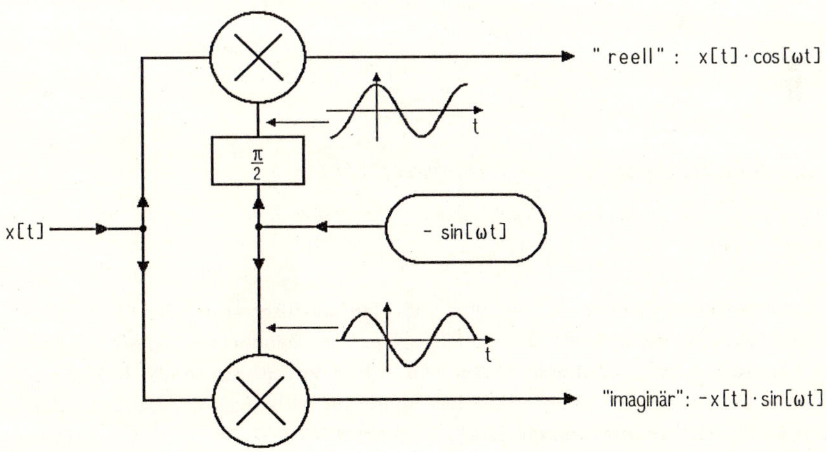

Abb. 2.12: Elektronische Realisierung von $x[t]\, e^{-j2\pi ft}$.

10. Bracewell (2), 1986, p. 10.

Zunächst möge $x[t]$ nur aus einer Komponente $x[t] = a\,cos[\omega_x t + \phi_x]$ bestehen, deren 3 Parameter a, ω_x, ϕ_x unbekannt seien. Durch trigonometrische Umformungen erhalten wir

$$\begin{aligned} x[t] &= a\,cos[\phi_x]\,cos[\omega_x t] - a\,sin[\phi_x]\,sin[\omega_x t] \\ &= a_r\,cos[\omega_x t] - a_i\,sin[\omega_x t] \end{aligned} \tag{2.17}$$

also je eine *cos*- und *sin*-Schwingung, deren Amplituden a_r und a_i gemessen werden sollen. Am Ausgang des komplexen Mischers entstehen in jedem Kanal 4 Komponenten:

"reeller Kanal":

$$\begin{aligned} x[t]\,cos[\omega t] &= (a_r\,cos[\omega_x t] - a_i\,sin[\omega_x t])\,cos[\omega t] \\ &= \frac{1}{2}\,a_r\,(\underline{\underline{cos[(\omega_x - \omega)\,t]}} + cos[(\omega_x + \omega)\,t]) \\ &\quad - \frac{1}{2}\,a_i\,(sin[(\omega_x - \omega)\,t] + sin[(\omega_x + \omega)\,t]) \end{aligned} \tag{2.18}$$

"imaginärer Kanal":

$$\begin{aligned} -x[t]\,sin[\omega t] &= -\,(a_r\,cos[\omega_x t] - a_i\,sin[\omega_x t])\,sin[\omega t] \\ &= -\,\frac{1}{2}\,a_r\,(-sin[(\omega_x - \omega)\,t] + sin[(\omega_x + \omega)\,t]) \\ &\quad + \frac{1}{2}\,a_i\,(\underline{\underline{cos[(\omega_x - \omega)\,t]}} - cos[(\omega_x + \omega)\,t]) \end{aligned} \tag{2.19}$$

Die Integration

$$\int_{-T/2}^{+T/2} \ldots\, dt$$

der Mischprodukte wirkt in jedem Kanal wie ein Tiefpaßfilter mit der äquivalent rechteckigen Übertragungsfunktion $H = T\,rect[fT]$. Dessen Bandbreite $\Delta f = 1/T$ geht mit wachsender Integrationszeit T nach 0, so daß die Analyse nur noch bei $\omega = \omega_x$ ein Ergebnis bringt: Siehe Abb. 2.13. Interpretiert man die eingangs angesetzten Amplituden als "Amplitudendichte mal Bandbreite", so ergibt sich unter Berücksichtigung auch der negativen Frequenzen $a_r = 2X_R\Delta f$ und $2X_i\Delta f$. Damit entstehen an den Integrator-Ausgängen gerade die gesuchten spektralen Dichten X_R und X_I:

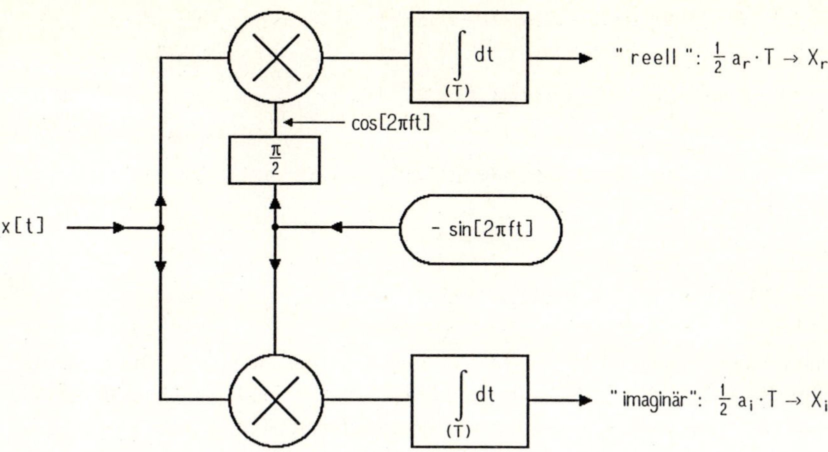

Abb. 2.13: Elektronisches Modell der Fourier-Analyse.

Die Umkehrung des Fourier-Integrals

$$x[t] = \int_{-\infty}^{\infty} X[f]\, e^{j2\pi ft}\, df \tag{2.20}$$

"synthetisiert" ein Signal x[t] durch Überlagerung unendlich vieler komplexer, harmonischer Schwingungen der Amplitudendichte X[f].

Auch diese Formel läßt sich an einem elektronischen Denkmodell (Abb. 2.14) für reelle Signale gut veranschaulichen:

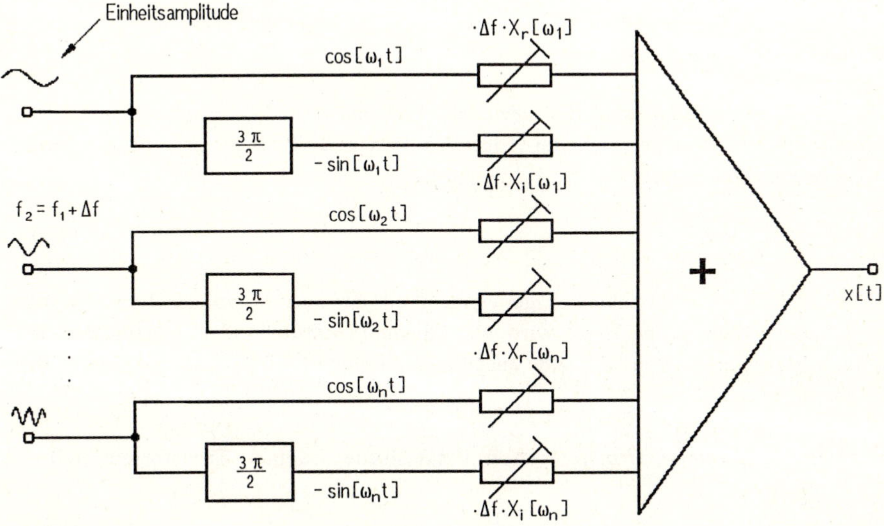

Abb. 2.14: Elektronisches Modell der Fourier-Synthese.

Das Ergebnis der Summierung (Abb. 2.14) ist also

$$x[t] = \Delta f \sum_{k=-\infty}^{\infty} (X_{r,k}\, cos[\omega_k t] - X_{i,k}\, sin[\omega_k t]) \tag{2.21}$$

Führt man in Gedanken den Grenzübergang $\Delta f \to 0$, $f = k\,\Delta f$ durch, so folgt aus Gl. 2.21

$$x[t] = \int_{-\infty}^{\infty} (X_r[f]\, cos[\omega t] - X_i[f]\, sin[\omega t])\, df \tag{2.22}$$

Im elektronischen Modell (Abb. 2.14) mußte das Signal x reell sein, und Gl. 2.22 gibt auch gerade den Realteil eines eventuell auch komplexen Signals wieder. Dies läßt sich leicht erkennen, wenn man die allgemeine Syntheseformel (Gl. 2.20)

$$x[t] = \int_{-\infty}^{\infty} X[f]\, e^{j2\pi ft}\, df \tag{2.23}$$

in Real- und Imaginärteil zerlegt.

Bei einer praktischen Anwendung dieses Synthesemodells ist zu beachten, daß vor dem (technisch nicht realisierbaren) Grenzübergang $\Delta f \to 0$ sich das durch Synthese erstellte Signal periodisch im Abstand $1/\Delta f$ wiederholt. (Die Erklärung dafür findet sich in Kap. 8, z.B. Gl. 8.2.)

2.3.3 Laplace-Transformation und LTI- Prinzip

Während die Fourier-Transformation das hauptsächliche Werkzeug der Signalanalyse ist, führt die Laplace-Transformation eher zur Systemanalyse. Daher spielt Laplace in diesem Buch nur eine Nebenrolle. An dieser Stelle ist eine grobe Charakterisierung des Laplace-Konzepts jedoch nützlich zur Abrundung und Verbesserung des Verständnisses der Fourier-Theorie.

Beiden Verfahren gemeinsam sind LTI-Prinzip, Faltung und Eigenfunktion e^{pt}. Bei Laplace wird nun der Parameter p der Eigenfunktion (Gl. 2.6) als komplexe Größe ("*komplexe Frequenz*") angesetzt,

$$p = \sigma + j\omega \tag{2.24}$$

Der schon mit Gl. 2.8 berechenbare Eigenwert H[p] ist eine komplexe Funktion der komplexen (Kreis-)Frequenz p. H[p] wird als "*Systemfunktion*" oder allgemeiner als "*Bildfunktion*" bezeichnet. Von Gl. 2.8 ausgehend, ergeben sich drei Varianten der Laplace-Transformation:

a) *Die einseitige Laplace-Transformation* ("klassische Laplace-Transformation")

$$H[p] = \int_{0}^{\infty} h[t]\, e^{-pt}\, dt \tag{2.25}$$

b) *die zweiseitige Laplace-Transformation*

$$H[p] = \int_{-\infty}^{\infty} h[t]\, e^{-pt}\, dt \tag{2.26}$$

und

c) *die doppelte Laplace-Transformation*, von H. Marko (1982) eingeführt unter der Bezeichnung "Allgemeine Spektraltransformation"

$$\begin{aligned} H_{+}[p] &= \int_{0}^{\infty} h[t]\, e^{-pt}\, dt \\ H_{-}[p] &= \int_{-\infty}^{0} h[t]\, e^{-pt}\, dt \end{aligned} \tag{2.27}$$

Das Grundsätzliche läßt sich schon an der besonders weit verbreiteten einseitigen Laplace-Transformation erläutern. Diese bezieht sich vorwiegend auf die Impulsantwort realisierbarer LTI-Systeme, wo wegen der (später noch ausführlich erläuterten) Kausalität gilt: $h[t] = 0$ für $t < 0$. Verglichen mit der Fourier-Analyse (Gl. 2.8 bzw. 2.11) stellt der Übergang von der Frequenzgeraden zur Frequenzebene ($\omega \rightarrow \sigma + j\omega$) zunächst eine enorme Verkomplizierung dar: Aus Fourierscher Sichtweise berechnet Laplace nicht nur das Amplitudenspektrum der Originalfunktion $h[t]$, sondern zusätzlich noch die Spektren einer unendlichen Vielfalt gedämpfter Versionen von $h[t]$ (Abb. 2.15).

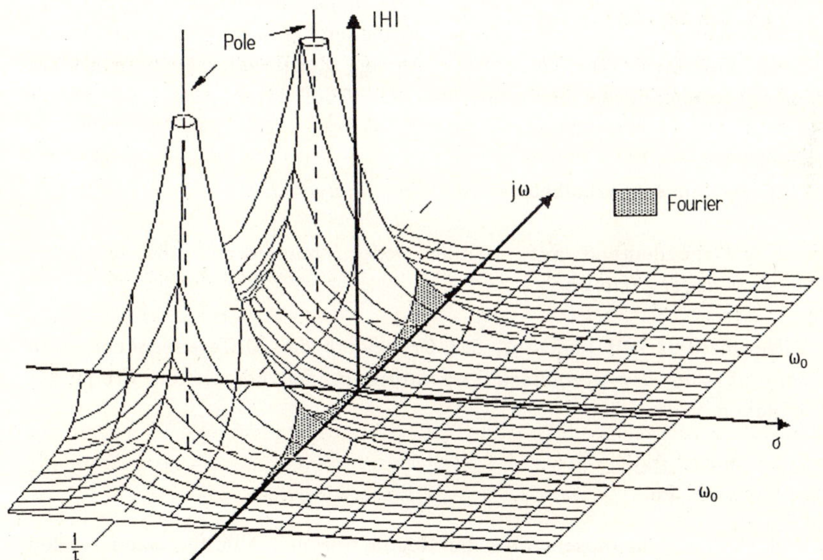

Abb. 2.15: Das Relief einer Laplace-Transformierten; hier als Beispiel für die Zeitfunktion

$h[t] = cos[\omega t]\, e^{-t/\tau}\, \varepsilon[t]$.

Bei kausalen, stabilen Systemen wie dem hier genannten, kann die Fouriersche Übertragungsfunktion $H[\omega]$ als Profil bei $\sigma = 0$ abgelesen werden.

Die Laplace-Transformation (Gl. 2.25) läßt sich ja ohne weiteres in diesem Sinne interpretieren[11]:

$$H[\sigma, \omega] = \int_0^\infty \{h[t]\, e^{-\sigma t}\}\, e^{-j\omega t}\, dt \tag{2.28}$$

Laplace-Analyse

Die schon mit Gl. 2.25 vorgestellte Vorschrift zur Laplace-Analyse (allgemein "Laplace-Transformation" genannt) unterscheidet sich formal in drei Punkten von der Fourier-Analyse

$$X[p] = \int_0^\infty {}_{\mathsf{L}}x[t]\, e^{-pt}\, dt \tag{2.29}$$

nämlich: Die Frequenz p ist komplex, die Integration geht von 0 aus und die Zeitfunktion $x[t]$ ist "einseitig", d.h. sie hat nur für $t \geq 0$ von 0 verschiedene Werte. Diese letztgenannte Eigenschaft wird durch das nach rechts weisende Symbol "L" notiert.

Die mathematischen Eigenschaften der Laplacetransformierten ("Bildfunktion") $X[p]$ wurden von Doetsch (1967) in besonders klarer Art dargestellt und bewiesen. In äusserst gekürzter Zusammenfassung gilt:

1. Wenn das Integral $X[p]$ in einem Punkt $p_0 = \sigma_0 + j\omega_0$ konvergiert, so konvergiert es überall in einer nach rechts offenen Halbebene $\sigma > \sigma_0$. (In Fourierscher Sicht (Gl. 2.8.) heißt dies: Wenn man die einseitige Zeitfunktion ${}_{\mathsf{L}}x[t]$ nur stark genug exponentiell abklingend bewertet, hat die Bildfunktion Gl. 2.29 immer endliche Werte.)

2. Im Inneren dieser Konvergenzhalbebene ist $X[p]$ *analytisch.*

3. Analytisch ist gleichbedeutend mit "regulär" oder "holomorph" und bedeutet, $X[p]$ ist *komplex differenzierbar.*

4. Komplexe Differenzierbarkeit bedeutet, der Grenzwert des Differenzenquotienten ergibt *unabhängig von der Annäherungsrichtung* in der komplexen Frequenzebene den gleichen Wert

$$X'[p_0] = \lim_{p \to p_0} \frac{X[p] - X[p_0]}{p - p_0} \tag{2.30}$$

Das heißt, daß eben nur in diesem Fall die Regeln für das Ableiten nach reellen Variablen formal auch für komplexe Variable (hier p) gelten.

11. G. Doetsch in Sauer/Szabo, 1967.

5. Wo $X[p]$ komplex differenzierbar ist, gelten die *Cauchy-Riemannschen Bedingungen*

$$\frac{\partial X_r[p]}{\partial \sigma} = \frac{\partial X_i[p]}{\partial \omega} \quad ; \qquad \frac{\partial X_r[p]}{\partial \omega} = - \frac{\partial X_i[p]}{\partial \sigma} \tag{2.31}$$

6. $X[p]$ kann auch außerhalb der Konvergenzhalbebene regulär sein - mit Ausnahme singulärer Stellen.

7. Kurvenintegrale im Konvergenzgebiet von $X[p]$ sind unabhängig vom gewählten Integrationsweg.

Laplace-Synthese

Bei der mathematischen Begründung der Umkehrung der Laplace-Transformation, also der Formel zur Synthese der Zeitfunktion ${}_Lx[t]$, kann man von der Fourier-Synthese ausgehen: Durch Umkehrung von Gl. 2.28 entsteht

$${}_Lx[t]\, e^{-\sigma t} = \int_{-\infty}^{\infty} X[\sigma + j\omega]\, e^{j\omega t}\, df$$

oder

$${}_Lx[t] = \frac{1}{2\pi} \int_{-\infty}^{\infty} X[\sigma + j\omega]\, e^{(\sigma + j\omega)t}\, d\omega$$

Substitution $p = \sigma + j\omega$; $dp = j d\omega$

$${}_Lx[t] = \frac{1}{j2\pi} \int_{\sigma - j\infty}^{\sigma + j\infty} X[p]\, e^{pt}\, dp \tag{2.32}$$

Dies ist die *"komplexe Umkehrformel"* der Laplace-Theorie.

Es handelt sich um ein *Kurvenintegral in der komplexen Ebene*. Der dazugehörige gerade Integrationsweg σ = const. muß in der Konvergenzhalbebene liegen, darf dort aber beliebig parallel verschoben werden. Bei der Auswertung solcher Integrale $\int Z[p]\, dp$ muß - wie bei Tietz (1967) beschrieben - der Weg in Parameterform gegeben sein, wodurch die Umwandlung in zwei gewöhnliche Integrale gelingt:

$$\int Z[p]\, dp = \int Z[p[\lambda]]\, p'[\lambda]\, d\lambda \tag{2.33}$$

wobei $p[\lambda]$ den Weg beschreibt, und

$p'[\lambda] = dp[\lambda] / d\lambda$

λ = reeller Parameter

Wenden wir dieses Verfahren z.B. auf die komplexe Umkehrformel an, so gilt

$$\lambda = \omega; \quad p[\lambda] = \sigma + j\omega; \quad Z[p] = X[p]\, e^{pt}; \quad p'[\lambda] = j$$

$$\int_{\sigma-j\infty}^{\sigma+j\infty} X[p]\, e^{pt}\, dp = \int_{-\infty}^{\infty} (X_R + jX_I)\, e^{\sigma t}(\mathit{cos}[\omega t] + j\, \mathit{sin}[\omega t])\, j\, d\omega$$

$$= -e^{\sigma t} \int_{-\infty}^{\infty} (X_R[\sigma, \omega]\, \mathit{sin}[\omega t] + X_I[\sigma, \omega]\, \mathit{cos}[\omega t])\, d\omega$$

$$+ je^{\sigma t} \int_{-\infty}^{\infty} (X_R[\sigma, \omega]\, \mathit{cos}[\omega t] - X_I[\sigma, \omega]\, \mathit{sin}[\omega t])\, d\omega \qquad (2.34)$$

Die hier noch sichtbare Wegkoordinate σ wird wegen der Regularität des Integranden im Endergebnis nicht mehr erscheinen (Siehe Pkt. 7 nach Gl. 2.31).

Die komplexe Umkehrformel (Gl. 2.32) ist jedoch auch in der übersichtlicheren Form (Gl. 2.34) *kaum für die Praxis geeignet*, weil sie die vollständige Kenntnis eines spektralen Schnittes durch $X[p]$ längs des geraden, oben beschriebenen Integrationsweges voraussetzt - in der Sprache der Fourier-Theorie also die Kenntnis eines "Spektrums". In der ingenieurmäßigen Anwendung der Laplace-Synthese bezieht man sich immer auf *Sonderfälle*, bei denen statt eines Spektrums oder gar der vollständigen Bildfunktion $X[p]$ nur die Art und Lage gewisser singulärer Punkte bekannt ist. Papoulis (1962) nennt drei solcher Sonderfälle: Verzweigungsstellen (branch points), unendliche Anzahl von Polen und sonst keine Singularitäten (infinitely many poles) und schließlich die endliche Anzahl von Polen ohne sonstige Singularitäten (*finite number of singularities*). Allen genannten Sonderfällen ist gemeinsam, daß sie eine *Veränderung des bisher geraden Integrationsweges* erlauben, wodurch sich letzten Endes sehr einfache Auswerteformeln ergeben.

Der technisch wichtigste Sonderfall ist der mit der endlichen Zahl von Polen. Dieser Fall tritt in Form einer *rationalen Bildfunktion* auf, die allen linearen Systemen eigentümlich ist, die aus zeitkonstanten, konzentrierten Bauelementen aufgebaut sind. Solche Systeme werden durch den nachstehenden Typus von Differentialgleichungen beschrieben:

$$\sum_{0}^{M} \alpha_m\, y^{(m)}[t] = \sum_{0}^{N^+} \beta_n\, x^{(n)}[t] \qquad (2.35)$$

mit $x[t]$ = Anregung, Ursache, Eingang
$y[t]$ = Reaktion, Wirkung, Ausgang
α, β = reelle Koeffizienten
M, N^+, m, n ganzzahlig

Setzt man hier als Eingang die Eigenfunktion $x[t] = e^{pt}$ (Gl. 2.6) und als Ausgang $y[t] = H[p]\, e^{pt}$ an, so folgt

$$\sum_{m=0}^{M} H[p]\, \alpha_m\, p^m\, e^{pt} = \sum_{n=0}^{N^+} \beta_n\, p^n\, e^{pt}$$

also

$$H[p] = \frac{\sum_{n=0}^{N^+} \beta_n\, p^n}{\sum_{m=0}^{M} \alpha_m\, p^m} \tag{2.36}$$

Dies ist die schon angekündigte rationale Bildfunktion - ein Quotient zweier Polynome mit reellen Koeffizienten.

Falls $N^+ \geq M$ ist ($N^+ = N + K$), muß $H[p]$ durch Polynomdivision aufgeteilt werden in einen ganzrationalen und einen echt gebrochenen Anteil

$$H[p] = \sum_{k=0}^{K} c_k\, p^k + \frac{\sum_{n=0}^{N} b_n\, p^n}{\sum_{m=0}^{M} a_m\, p^m} \tag{2.37}$$

$$= H_1[p] + H_2[p]$$

wobei $K > 0$; $M > N$.

Der ganzrationale Anteil $H_1[p]$ steht außerhalb der bisher genannten Sonderfälle. Hier divergiert die komplexe *Umkehrformel* für alle σ. Mithilfe der erst wenige Jahrzehnte alten *"Distributionentheorie"* ist jedoch auch in diesem Fall die Transformation in den Zeitbereich möglich. Die resultierenden Zeitfunktionen vom Typ $\delta^{(k)}[t]$ sind keine Funktionen im klassischen Sinne, sondern Distributionen. (Näheres über δ-Distributionen im Kap. 3.1.1). Das Ergebnis dieser unkonventionellen Laplace-Synthese ist

$${}_L x_1[t] = \sum_{0}^{K} c_k\, \delta^{(k)}[t] \tag{2.38}$$

Der verbleibende echte Polynombruch $H_2[p]$ hat eine endliche Anzahl M von Polen, die alle im Endlichen liegen. Diese Bildfunktion strebt nach 0 für $p \to \infty$. Nur in dieser Situation ist das *Jordansche Lemma* anwendbar, das die unschädliche Ergänzung des geraden Integrationsweges durch Kreisabschnitte erlaubt, wodurch für $t > 0$ ein Umlaufintegral entsteht, das alle Pole einschließt (Abb. 2.16).

Aus Gl. 2.32 folgt nun

$${}_L x_2[t] = \frac{1}{j2\pi} \int_{\sigma - j\infty}^{\sigma + j\infty} X[p]\, e^{pt}\, dp = \frac{1}{j2\pi} \oint X[p]\, e^{pt}\, dp \tag{2.39}$$

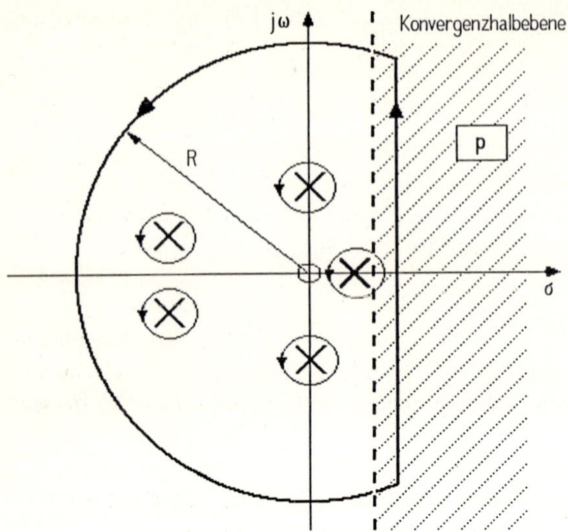

Abb. 2.16: Modifikation des ursprünglich geraden Integrationsweges durch linksseitige Umrundung eines Kreissegments mit Radius R.

Die Gleichung gilt, solange R groß genug ist, um alle Pole einzuschließen. Der von der komplexen Umkehrformel eigentlich vorgeschriebene Grenzübergang $R \to \infty$ ist nicht mehr notwendig. Jetzt liefert der *dritte Cauchysche Integralssatz* die entscheidende Vereinfachung: Das Umlaufintegral ist gleich der Summe der einzelnen Umlaufintegrale auf kleinen Kreisen um jeden der eingeschlossenen Pole p_m (siehe Abb. 2.16, punktierte Wege).

$$ {}_L x_2[t] = \frac{1}{j2\pi} \oint X[p]\, e^{pt}\, dp = \sum_{1}^{M} \oint_{(m)} \frac{1}{j2\pi} X[p]\, e^{pt}\, dp \tag{2.40} $$

Die Summanden auf der rechten Seite von Gl. 2.40 heißen "Residuen"[12]. Daher heißt Gl. 2.40 auch *"Residuensatz"*.

Bei der Laplace-Synthese sind diese Residuen Zeitfunktionen. Es läßt sich leicht zeigen, daß man die Bildfunktion $H_2[p]$ in Polnähe jeweils durch einen Ausdruck vom Typ $A_m/(p-p_m)^{\mu_m}$ - also eine μ-fache Polfunktion - ersetzen kann. Das zugehörige Residuum beträgt dann

$$ \oint_{(m)} \frac{1}{j2\pi} \frac{A_m\, e^{pt}}{(p-p_m)^{\mu_m}}\, dp = \frac{A_m\, t^{\mu_m - 1}}{(\mu_m - 1)!} e^{p_m t} \tag{2.41} $$

12. lat. *residuum*, der Rest.

Damit ergibt sich die gesuchte Lösung

$$x_2[t] = \sum_{r=1}^{M} \frac{A_r\, t^{\gamma_r - 1}}{(\gamma_r - 1)!}\; e^{p_r t} \tag{2.42}$$

Dies ist der *Heavysidesche Entwicklungssatz*. Wenn also die Tabelle der M reellen Zahlenquartette $Q_r = \{\gamma_r, \sigma_r, \omega_r, A_r\}$ vorliegt, liefert Gl. 2.42 ohne weitere Überlegungen direkt die gesuchte Zeitfunktion. Soweit die Theorie. Das nicht ganz einfache praktische Problem besteht in der Vorbereitung dieser Lösung:

a) Zunächst sind die Pole von H_2 aufzufinden (d.h. die reellen und komplexen Nullstellen $p_m = \sigma_m + j\omega_m$ des Nennerpolynoms) mit Angabe der jeweils zugehörigen Vielfachheit μ_m. Bei $M > 4$ kommen dafür nur numerische Näherungsverfahren in Frage, wie etwa der QD-Algorithmus[13].

b) Auf der Grundlage der so erhaltenen Poltabelle p_m, μ_m muß für jeden Pol einzeln eine Partialbruchzerlegung durchgeführt werden. Dabei erbringt ein μ_m-facher Pol μ_m Zahlenquartette Q_r, in denen γ_r den Wertevorrat $\gamma_r = 1 \ldots \mu_m$ durchläuft.

Zusammenfassung

Die Laplace-Transformation ist ein unverzichtbares mathematisches Werkzeug zur Behandlung linearer Differentialgleichungen. In der Nachrichten- und Automatisierungstechnik liefert sie den einzigen Zugang zur praktischen Realisierung von LTI-Netzwerken, die vorgegebenen Pol/Null-Plänen entsprechen[14].

Bei der Analyse von Meßsignalen - also von Funktionen, die sich nicht geschlossen ausdrücken lassen - empfiehlt sich die viel einfachere Fourier-Methode.

Literaturempfehlungen zu Kap. 2

zum Thema "LTI und Eigenfunktion"
1. Mildenberger, 1988
2. Papoulis, 1962, 5-1

zum Thema "Fourier"
1. Lüke, 1990
2. Bracewell (1), 1986

zum Thema "Laplace"
1. Föllinger, 1986
2. Marko, 1982
3. Doetsch, 1967

13. siehe z.B. Burden/Faires/Reynolds, 1981.

14. siehe z.B. Rupprecht, 1972.

3 Fourier-Technik

Die Reaktion eines LTI-Systems auf eine Anregung heißt "erzwungene Schwingung" (Siehe Gl. 4.35 und Tab. 4.3). Soweit im jetzt folgenden Teil dieses Buches überhaupt von Systemen die Rede ist, wird uns als Ausgangssignal nur noch die erzwungene Schwingung interessieren. Bei der Behandlung erzwungener Schwingungen ist die bisher geübte Einschränkung auf rationale Systeme unnötig - LTI genügt. Die Wahl des Zeitnullpunktes wird nebensächlich. Eingangs- und Ausgangssignal dürfen sich beliebig weit von $t = -\infty$ bis $t = +\infty$ auf der Zeitachse ausdehnen. Wir interessieren uns (fast) nur noch für reelle Frequenzen und sind damit im hauptsächlichen Anwendungsgebiet der Fourier-Theorie.

Die Fourier-Theorie hat einen mathematischen und einen technischen Anwendungsbereich. Im mathematischen Bereich geht es um die Kunst, Fourier-Integrale auszuführen, Regeln für die Umkehrbarkeit der Fourier-Transformation zu finden und allgemeine Funktionseigenschaften von Original- und Bildbereich zu verknüpfen.

Der technische Anwendungsbereich gründet sich auf den in Kap. 2.2 gezeigten *engen Zusammenhang von LTI-Konzept und Fourier-Theorie*. Hier liefert die Fourier-Theorie Denkmodelle zum Verständnis von Signalen im Umfeld von LTI-Systemen. Im Folgenden interessiert uns nur noch dieser technische Gesichtspunkt. Unsere Methode wird die systematische Einübung des Umgangs mit *Standard-Fourier-Paaren* sein. Bei diesen Fourier-Paaren handelt es sich durchweg um modellhafte Vereinfachungen "typischer" Signalbestandteile, wie sie im technischen Alltag auftreten können. Im Laufe des Textes wird öfters von "Beweisen" die Rede sein. Diese Beweise sind aber allesamt nur als Plausibilitätshinweise zu verstehen. Ernsthafte mathematische Beweisführungen verlangen wesentlich ausführlichere Argumentationen und Fallunterscheidungen, ohne daß dabei für die uns interessierenden Konzepte und Abstraktionen ein Zugewinn abfallen könnte. Für mathematisch Interessierte sei hier besonders auf die Darstellungen von G. Doetsch, 1967 und A. Papoulis, 1962 und 1977 hingewiesen.

Das Grundkonzept der technischen Fourier-Theorie ist das *Fourier-Paar*. Darunter verstehen wir ein Funktionenpaar

$$\left.\begin{aligned} & x[t] \;\circ\!\!-\!\!\!-\!\!\circ\; X[f] \\ & x = \boldsymbol{F}^{-1}\{X\} \\ & X = \boldsymbol{F}\{x\} \end{aligned}\right\} \quad (3.1)$$

bei dem - symbolisiert durch $\circ\!\!-\!\!\!-\!\!\circ$, $\boldsymbol{F}$, $\boldsymbol{F}^{-1}$ - *unterstellt wird, daß die Fouriertransformation* (Gl. 2.16, 2.20) *eine eindeutige, umkehrbare Abbildung zwischen Zeit- und Frequenzbereich bewirkt.* Für Mathematiker ist klar, daß es so etwas nur bei stetigen, absolut integrablen Funktionen vom Typ

$$\int_{-\infty}^{\infty} \left| x[t] \right| dt < \infty \tag{3.2}$$

gibt. Erst durch ein Bündel von Einengungen und Verallgemeinerungen lassen sich diese Fourier-Paare auch mathematisch untermauern:

– z.B. Integrale werden nur noch im Sinne des Cauchyschen Hauptwertes verstanden

$$\lim_{\alpha \to \infty} \int_{-\alpha}^{\alpha} \ldots \, dt \quad \text{statt} \quad \int_{-\infty}^{\infty} \ldots \, dt \tag{3.3}$$

– Konvergenz wird als "Konvergenz im Mittel" verstanden

– der Funktionsbegriff wird verallgemeinert, um auch Distributionen als mathematische Hilfsfunktionen in Fourierpaaren zuzulassen

Die immer neue Verblüffung anwendungsorientierter Ingenieure über die beträchtlichen mathematischen Probleme der Standard-Fourierpaare beruht auf der Unterschätzung der Konsequenzen von "vereinfachend" eingeführten Unendlichkeiten: unendliche Signaldauer, unendliche Frequenz, unendliche Steilheit eines Anstiegs.

3.1 Standard-Fourier-Paare und Hilfsfunktionen

3.1.1 Der Delta-Impuls

Der Delta-Impuls (δ-Impuls, Dirac-Stoß, Dirac-Impuls) ist die für Fourier-Paare günstige Vereinfachung und Normierung eines "extrem kurzen, hohen" Impulses:

$$\delta[t] = \begin{cases} +\infty & \text{für } t = 0 \\ 0 & \text{für } t \neq 0 \end{cases} \tag{3.4}$$

Merkwürdigerweise ist diese *im Sinne einer Funktionstabelle doch vollständige Beschreibung* unzulänglich. Das merkt man bei dem Versuch einer Integration. Das Integral im Riemannschen Sinne als Grenzwert einer Summe läßt sich gerade wegen Gl. 3.4 ("Breite" = 0, "Höhe" = ∞) nicht ermitteln. Der δ-Impuls verlangt eine *zusätzliche Integraldefinition* als Ergänzung zu Gl. 3.4:

$$\int_{-\infty}^{\infty} \delta[t] \, dt = 1 \tag{3.5}$$

Komplizierte Integralausdrücke, in denen δ auftaucht, müssen praktisch durch Substitution auf die Form Gl. 3.5 gebracht werden - und sind damit gelöst. Klassischer Fall: Integration des Produkts aus einer gewöhnlichen Funktion und einem δ-Impuls: (Abb. 3.1)

$$\int_{-\infty}^{\infty} x[t] \; \delta[t-\tau] \, dt$$ (Wie wirkt δ als Faktor im Integranden?)

$$= \int_{-\infty}^{\infty} x[\tau] \; \delta[t-\tau] \, dt$$ (Wegen Gl. 3.4 ist der ganze Integrand gleich Null mit Ausnahme der Stelle $t = \tau$. Hier wird jetzt Stetigkeit von x angenommen.)

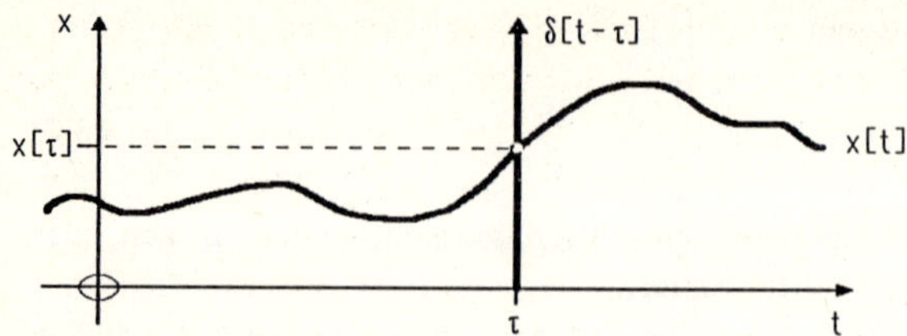

Abb. 3.1: Der δ-Impuls als Faktor im Integranden ignoriert den ganzen Verlauf von x[t] mit Ausnahme des Punktes x[τ].

$$= x[\tau] \int_{-\infty}^{\infty} \delta[t-\tau]\, dt$$ (x[τ] ist bezüglich der Integrationsvariablen t eine Konstante)

$$= x[\tau]$$ (δ wurde nach Substitution $t - \tau = t'$ nach der Definition Gl. 3.5 integriert.)

Also zusammengefaßt

$$\int_{-\infty}^{\infty} x[t]\, \delta[t-\tau]\, dt = x[\tau]; \qquad (x[t] \text{ stetig}) \tag{3.6}$$

Aus dieser Gleichung 3.6 lassen sich alle weiteren, durch die Definition Gl. 3.4 und 3.5 gegebenen Eigenschaften des δ-Impulses ermitteln. *Gl. 3.6 gilt als die eigentliche* - wenn auch indirekte - *Definition des δ-Impulses*. Nachstehend zunächst drei Anwendungsbeispiele:

Beispiel Nr. 1: Was bedeutet δ[at]?

$$\int_{-\infty}^{\infty} x[t]\, \delta[a(t-\tau)]\, dt = \frac{1}{a} \int_{-a\infty}^{a\infty} x[t'/a]\, \delta[t'-a\tau]\, dt' = \begin{cases} \frac{1}{a}\, x[\tau] & \text{für } a > 0 \\ -\frac{1}{a}\, x[\tau] & \text{für } a < 0 \end{cases} = \frac{1}{|a|}\, x[\tau]$$

Also

$$\delta[at] = \frac{1}{|a|}\, \delta[t] \tag{3.7}$$

Beispiel Nr. 2: Was bedeutet $\boldsymbol{F}\{\delta[t]\}$?

Gl. 2.12 liefert mit x = δ

$$\int_{-\infty}^{\infty} \underbrace{e^{-j2\pi ft}}_{x[t]}\, \underbrace{\delta[t]\, dt}_{\tau = 0} = 1 \qquad \text{(Vergleich mit Gl. 3.6)}$$

Damit haben wir unser erstes Standard-Fourier-Paar:

$$\delta[t] \circ\!\!-\!\!\!-\!\!\circ 1 \tag{3.8}$$

Ein δ-Impuls im Ursprung der Zeitachse ($x[t] = \delta[t]$) erzeugt also ein reelles Amplitudendichtespektrum $X[f]$, das bei allen Frequenzen den Wert $X[f] = 1$ hat ("weißes Spektrum").

Beispiel Nr. 3: Was bedeutet $x[t] * \delta[t - \tau]$?

Die mit "*" symbolisierte Faltung wurde schon mit Gl. 2.3 definiert:

$$x[t] * \delta[t - \tau] = \int_{-\infty}^{\infty} x[t'] \, \delta[t - t' - \tau] \, dt' = - \int_{\infty}^{-\infty} x[t - t''] \, \delta[t'' - \tau] \, dt''$$

$$= \int_{-\infty}^{\infty} x[t - t''] \, \delta[t'' - \tau] \, dt'' = x[t - \tau]$$

Also

$$x[t] * \delta[t - \tau] = x[t - \tau] \tag{3.9}$$

Ein System mit der Impulsantwort $h[t] = \delta[t - \tau]$ ist ein ideales Verzögerungselement. Mit Blick auf Gl. 2.2 und Abb. 3.2 sehen wir, daß Gl. 3.9 gerade die Wirkung eines solchen Systems beschreibt.

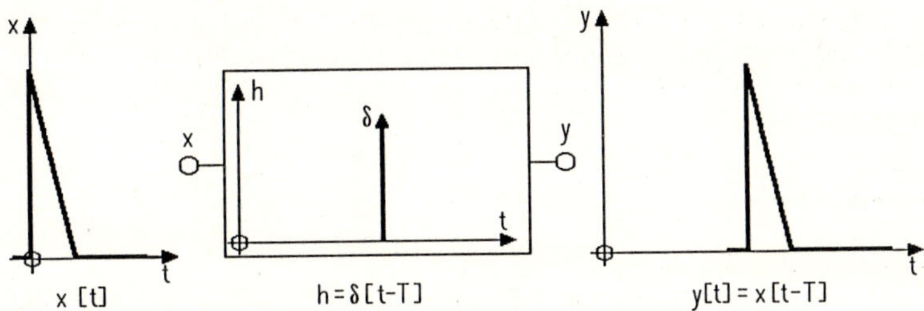

Abb. 3.2: Wirkung der idealen Verzögerungsleitung.

Funktionen, die nicht über eine Funktionstabelle, sondern nur über eine eigene Integraldefinition vollständig beschrieben werden können, heißen *"Distributionen"*.[1] Als Abschluß des δ-Impuls-Themas folgen noch Bemerkungen zum Stichwort *"Grenzübergang"*. Die allgemeine Regel lautet: Quadratisch integrable Funktionen werden beim Grenzübergang $\tau \to 0$ der darin enthaltenen Impulsbreite τ zu δ-Impulsen, wenn

$$\int_{-\infty}^{\infty} x[t] \, dt = 1 \quad \text{und} \quad \lim_{\tau \to 0} x[t] = 0 \quad \text{für} \quad t \neq 0$$

1) Ausführliche Einführungen in die mit δ verknüpfte Distributionentheorie finden sich bei G. Doetsch, 1967, Anhang, oder A. Papoulis, 1962, App.I; kürzer gefaßte Einführungen für Ingenieure z.B. bei D. Achilles, 1985, Kap. 2.2, oder R. Unbehauen, 1980, Anh. A, oder H. D. Lüke, 1990, Kap 1.7.

Beispiele hierzu gibt die folgende Zusammenstellung:

$$\lim_{\tau \to 0} \frac{1}{\tau} \operatorname{rect}[t/\tau] = \delta[t] \tag{3.10}$$

$$\lim_{\tau \to 0} \frac{1}{\tau} \operatorname{sinc}[t/\tau] = \delta[t] \tag{3.11}$$

$$\lim_{\tau \to 0} \frac{1}{\tau} \operatorname{sinc}^2[t/\tau] = \delta[t] \tag{3.12}$$

$$\lim_{\tau \to 0} \frac{1}{\tau} \varepsilon[t] \exp[-t/\tau] = \delta[t] \tag{3.13}$$

$$\lim_{\tau \to 0} \frac{1}{\tau\sqrt{\pi}} \exp[-t^2/\tau^2] = \delta[t] \tag{3.14}$$

Solche Beispiele können *nicht* den δ-Impuls definieren, sondern der δ-Impuls wird hier angewandt zur Beschreibung des Grenzfalles dieser Funktionen.

3.1.2 Hilfsfunktionen

Nachstehend ohne Kommentar eine Zusammenstellung der wichtigsten, im folgenden Text ständig gebrauchten, mathematischen Hilfsfunktionen. Da diese Funktionen sowohl im Zeit- als auch im Frequenzbereich auftreten, werden sie hier mit dem dimensionslosen Argument "u" definiert:

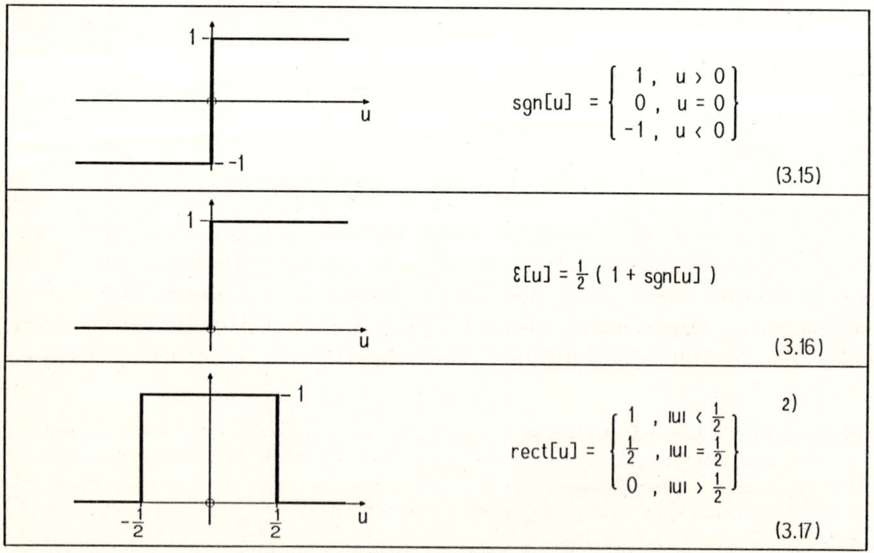

2) Die Bezeichnungen "*rect*" und "*sinc*" wurden erstmals von Woodward (1953) benutzt.

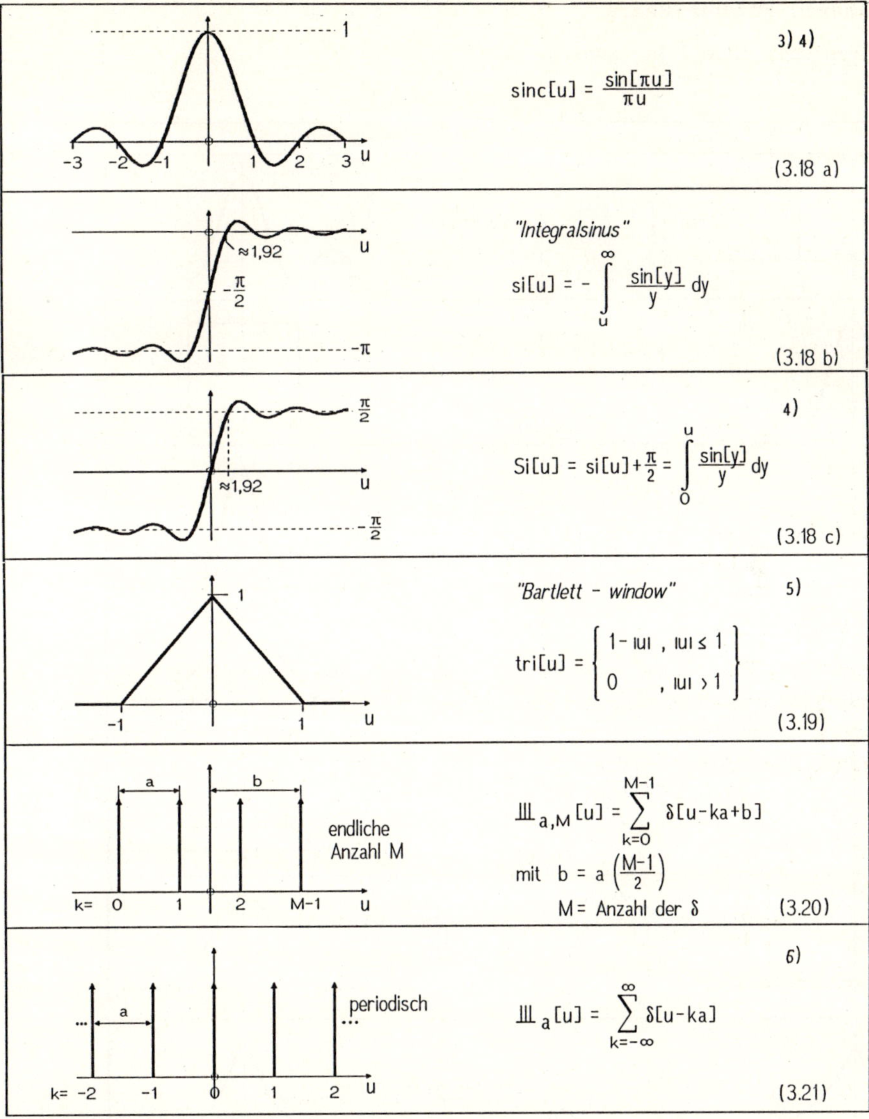

Abb. 3.3: Definition von mathematischen Hilfsfunktionen. (Die Funktion "Integralsinus" hat zwei Defnitionen, die sich durch Groß- und Kleinschreibung unterscheiden)

3) Die von Küpfmüller (1968, Kap. IV/12) in die deutsche Systemtheorie eingeführte Definition $si[x] = sin[x]/x$ wird nicht empfohlen; nicht nur wegen des fehlenden, sehr praktischen Faktors π, sondern auch wegen der lästigen Gefahr der Verwechslung mit dem in ähnlichen theoretischen Zusammenhängen häufig auftretenden Integralsinus.

4) Siehe z.B. Bronstein/Semendjajew, 1987, S. 633; oder Gradshteyn/Ryzhik, 1975, S. 928; oder Abramowitz/Stegun, 1965, S. 231-232.

5) In Anlehnung an das engl. *triangle* = Dreieck.

6) von Marple, 1987, auch als *sample function* bezeichnet.

3.1.3 Standard-Fourier-Paare

Gerade Funktionen ohne δ-Impulse:

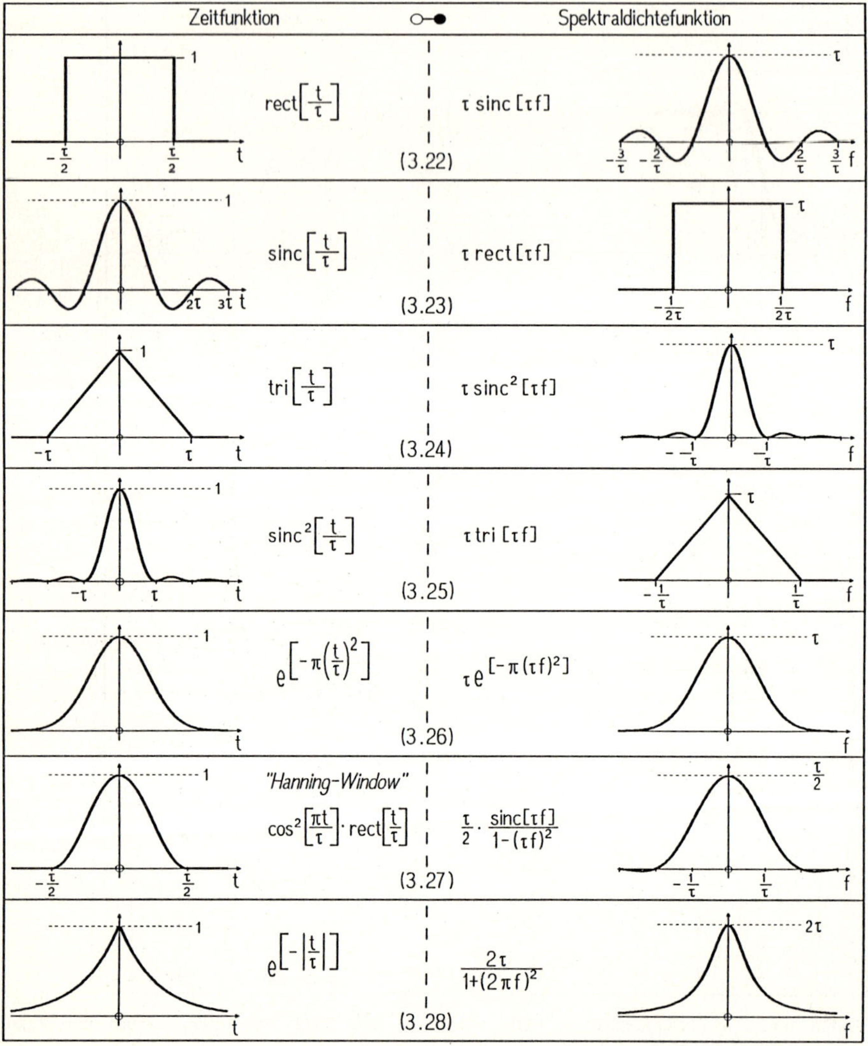

Abb. 3.4: Fourier-Paare mit geraden Funktionen ohne Deltaimpulse. ($\tau > 0$).

Sonstige gerade Funktionen:

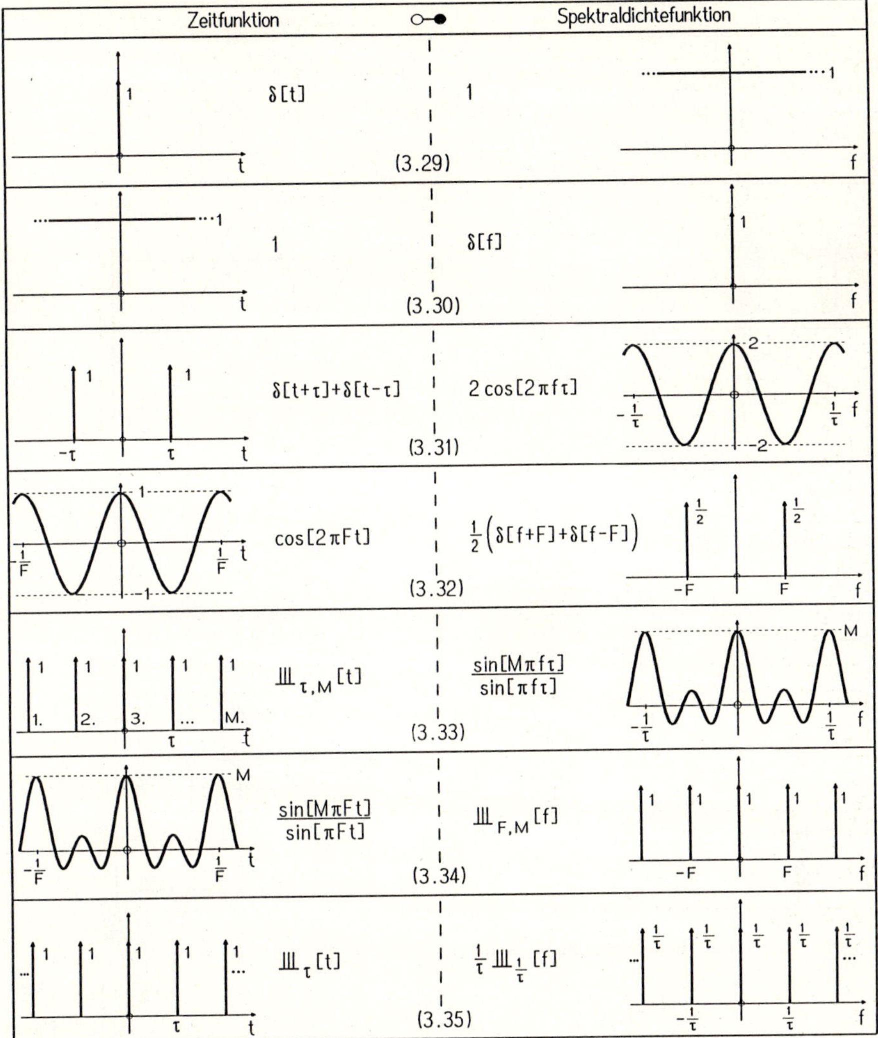

Abb. 3.5: Fourier-Paare mit geraden Funktionen und Deltaimpulsen. ($\tau > 0$).

Ungerade Funktionen:

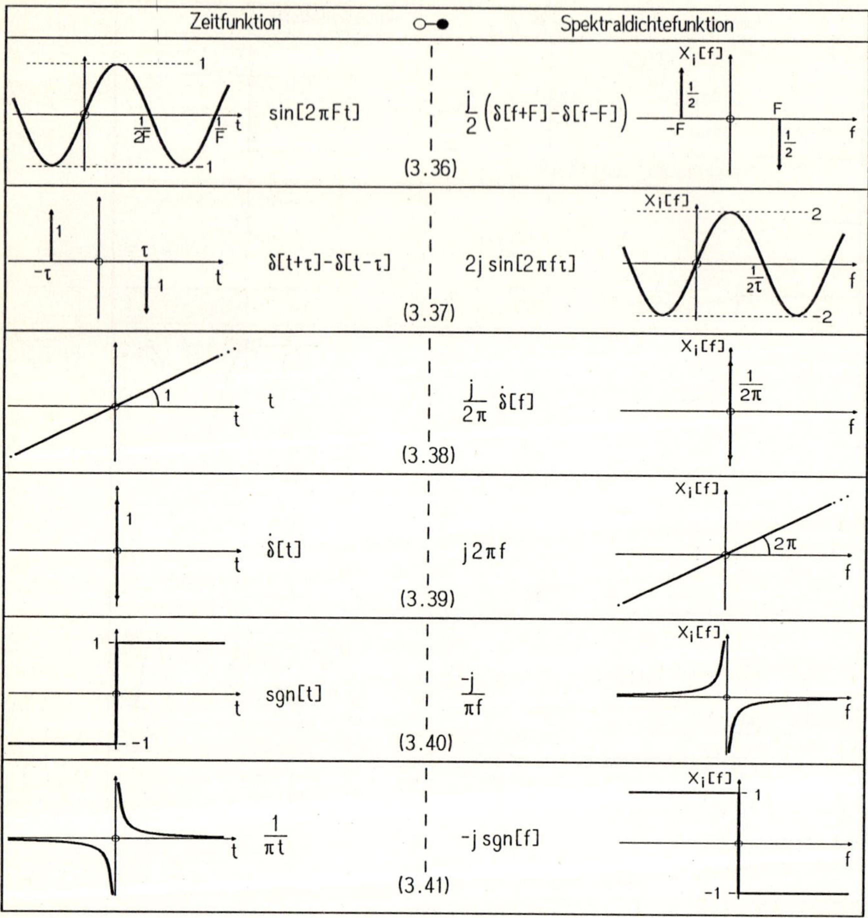

Abb. 3.6: Fourier-Paare mit ungeraden Funktionen. ($\tau > 0$).

Unsymmetrische Funktionen:

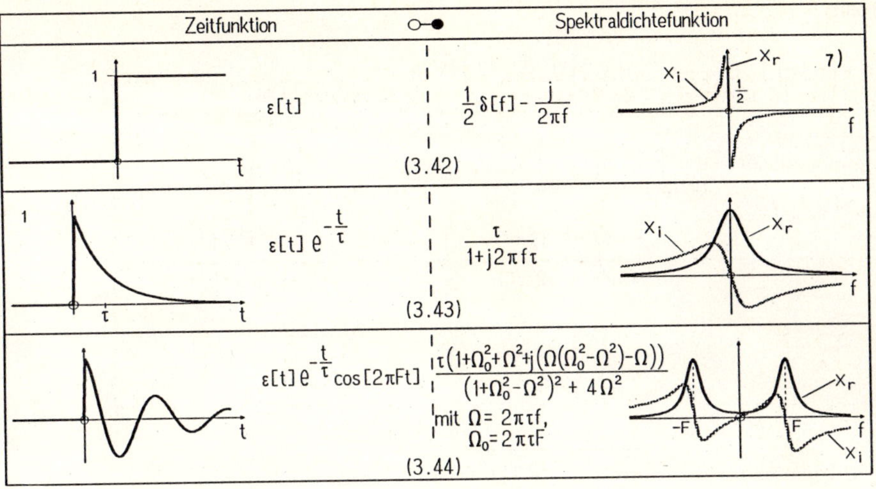

Abb. 3.7: Fourier-Paare mit unsymmetrischen Funktionen. ($\tau > 0$).

Herleitung ausgewählter Fourier-Paare:

Zu Gl. 3.22:

$$rect[t/\tau] \quad \circ\!\!-\!\!\!-\!\!\circ \quad \int_{-\infty}^{\infty} rect[t/\tau] \; e^{-j2\pi ft}\,dt \;=\; \int_{-\tau/2}^{+\tau/2} e^{-j2\pi ft}\,dt$$

$$= \left.\frac{2\,sin[2\pi ft]}{2\pi f}\right|_{0}^{\tau/2} = sin[\pi f\tau]/(\pi f) = \tau\,sinc[\tau f] \qquad (3.45)$$

zu Gl. 3.26:

$$exp\left[-\pi\left(\frac{t}{\tau}\right)^2\right] \quad \circ\!\!-\!\!\!-\!\!\circ \quad \int_{-\infty}^{\infty} e^{-\pi(t/\tau)^2 - j2\pi ft}\,dt$$

(quadratische Ergänzung im Exponenten: $-(\sqrt{\pi}\,t/\tau + j\sqrt{\pi}\,f\tau)^2 - (\sqrt{\pi}\,f\tau)^2$
Subst. $z = \sqrt{\pi}\,t/\tau + j\sqrt{\pi}\,f\tau$; $dz = \sqrt{\pi}\,dt/\tau$)

$$= \tau\,\frac{1}{\sqrt{\pi}}\,exp(-\pi f^2\tau^2) \int_{-\infty}^{\infty} e^{-z^2}dz \qquad \text{(siehe Gl. 9.61)}$$

$$= \tau\,exp(-\pi f^2\tau^2)\; erf[\infty] \qquad (erf[\infty] = 1) \qquad (3.46)$$

7) Anmerkung zur Laplace-Analyse derselben Funktion: Die analytische Fortsetzung ($p \rightarrow j\omega$) ist nur "erlaubt", wenn alle Pole links der $j\omega$-Achse liegen. Bei Polen auf der $j\omega$-Achse erbringt die analytische Fortsetzung nur den kontinuierlichen Anteil (hier z.B. $1/p \rightarrow -j/(2\pi f)$), nicht aber die zugehörigen δ-Impulse.

zu Gl. 3.28:

$$exp[-|t/\tau|] \;\circ\!\!-\!\!\!-\!\!\circ\; \int_{-\infty}^{\infty} e^{-|t/\tau| - j2\pi ft}\, dt$$

$$= \int_{0}^{\infty} \ldots dt + \int_{-\infty}^{0} \ldots dt$$

$$= \frac{e^{-(t/\tau + j2\pi ft)}}{-(1/\tau + j2\pi f)}\Bigg|_{0}^{\infty} + \frac{e^{-(-t/\tau + j2\pi ft)}}{-(-1/\tau + j2\pi f)}\Bigg|_{-\infty}^{0}$$

$$= \frac{1}{1/\tau + j2\pi f} + \frac{1}{1/\tau - j2\pi f}$$

$$= \frac{2/\tau}{(1/\tau)^2 - (j2\pi f)^2}$$

$$= \frac{2\tau}{1 + (j2\pi f\tau)^2} \qquad (3.47)$$

zu Gl. 3.40:

$$-j/(\pi f) \;\circ\!\!-\!\!\!-\!\!\circ\; \int_{-\infty}^{\infty} \frac{e^{+j2\pi ft}}{j\pi f}\, df = \int_{-\infty}^{\infty} \frac{sin[2\pi ft]}{\pi f}\, df$$

Substitution $2ft = u;\quad df = du/(2t)$

$$= \int_{-\infty t}^{+\infty t} sinc[u]du = \begin{cases} t > 0 : & 1 \\ t = 0 : & 0 \\ t < 0 : & -1 \end{cases} = sgn[t] \qquad (3.48)$$

Nebenrechnung: Integraleigenschaften der *sinc*-Funktion

Aus Gl. 3.22 folgt:

$$rect[t/\tau] = \tau \int_{-\infty}^{\infty} sinc[\tau f]\; exp[j2\pi ft]df$$

Substitution: $\tau f = u;\quad df = du/\tau$

$$= \int_{-\infty}^{\infty} sinc[u]\; exp[j2\pi ut/\tau]du$$

für t = 0 folgt:

$$rect[0] = \boxed{1 = \int_{-\infty}^{\infty} sinc[u]\,du} \tag{3.49}$$

Entsprechend folgt aus Gl. 3.24

$$tri[t/\tau] = \tau \int_{-\infty}^{\infty} sinc^2[\tau f]\ exp[j2\pi ft]\,df$$

$$= \int_{-\infty}^{\infty} sinc^2[u]\ exp[j2\pi ut/\tau]\ du$$

für t = 0 folgt

$$tri[0] = \boxed{1 = \int_{-\infty}^{\infty} sinc^2[u]\,du} \tag{3.50}$$

3.2 Fourier-Regeln

3.2.1 Eigenschaften und Anwendung der Faltung

Der Faltungssatz:
Die *Faltung* wurde schon mit den Gl. 2.2 und 2.3 definiert

$$y[t] = x[t] * h[t] = \int_{-\infty}^{\infty} x[t'] h[t-t'] dt' \tag{3.51}$$

Falls x das Eingangssignal eines LTI-Systems ist und h die Impulsantwort, beschreibt die Faltung $y = x * h$ gerade die erzwungene Schwingung des Systems. Mit der üblichen stillen Annahme, daß keine zusätzliche freie Schwingung vorliegt, bezeichnen wir diese Systemreaktion als Ausgangssignal. Durch Fourieranalyse beider Seiten von Gl. 3.51 folgt:

$$Y[f] = \int\int_{-\infty}^{\infty} x[t'] h[t-t'] e^{-j2\pi ft} dt'\ dt$$

Durch Vertauschung der Integrationsreihenfolge folgt zunächst

$$Y[f] = \int_{-\infty}^{\infty} x[t'] H[f] e^{-j2\pi ft'} dt'$$

und dann

$$Y[f] = X[f]\,H[f]$$

Der damit hergeleitete *Faltungssatz* gilt also nicht nur in der speziellen Bedeutung

$$x[t] * h[t] \quad \circ\!\!-\!\!\!-\!\!\!-\!\!\bullet \quad X[f]\,H[f] \tag{3.52}$$

sondern ganz allgemein:

$$u[t] * v[t] \quad \circ\!\!-\!\!\!-\!\!\!-\!\!\bullet \quad U[f]\,V[f] \tag{3.53}$$

oder auch

$$P[f] * Q[f] \quad \bullet\!\!-\!\!\!-\!\!\!-\!\!\circ \quad p[t]\,q[t] \tag{3.54}$$

Wir können versuchen, die mit Gl. 3.51 definierte Faltung als praktische Verfahrensvorschrift zu begreifen (Abb. 3.8): Von den durch Faltung zu verknüpfenden Funktionen muß zunächst eine gespiegelt werden ("rückwärts laufen"). Das Produkt aus gespiegelter und nicht gespiegelter Funktion wird integriert. Das Integrationsergebnis stellt einen einzigen Punkt des Ergebnisverlaufes dar. Der vollständige Verlauf entsteht durch Aneinanderreihung vieler solcher Punkte - dargestellt *als Funktion der Verschiebung*. Diese Verschiebung (engl. *lag*) der zu multiplizierenden Funktionen ist zugleich unabhängige Variable der Ergebnisfunktion.

Der *Faltungssatz* (Gl. 3.53 und 3.54) beschreibt die Fouriersche Dualität von Multiplikation in einem Originalraum und Faltung im zugehörigen Bildraum. Der Begriff *"Faltungssatz" sollte nicht verwechselt werden mit dem Begriff "Faltung"* oder "Faltungsdefinition". Diese letzteren Begriffe stehen für die Operation aus Gl. 3.51. Obwohl aus mathematischer Sicht der Faltungssatz nur angewandt werden darf, wenn beide zu faltenden Funktionen unter anderem der sehr strengen Forderung nach absoluter Integrierbarkeit

$$\int_{-\infty}^{\infty} |x|\,dt < \infty \qquad\qquad \int_{-\infty}^{\infty} |h|\,dt < \infty \tag{3.55}$$

genügen (siehe ausführliche Diskussion bei G. Doetsch, 1967, Kap. II), wollen wir im Sinne der "Fourier-Paar-Philosophie" (siehe Einleitung von Kap. 3) alle mit Faltung zusammenhängende Operationen mit technisch interessanten Signalen ganz unbekümmert durchführen. Das Schlimmste, was dabei passieren kann, ist das Auftauchen von unendlich großen Funktionswerten, die nicht zu einfachen δ-Impulsen gehören.

Beispiel:

$$1 * 1 \quad \circ\!\!-\!\!\!-\!\!\!-\!\!\bullet \quad \delta^2[t] \quad (?) \tag{3.56}$$

Der Ausdruck δ^2 ist nicht definiert. Die Faltung $1 * 1$ war also "nicht erlaubt".

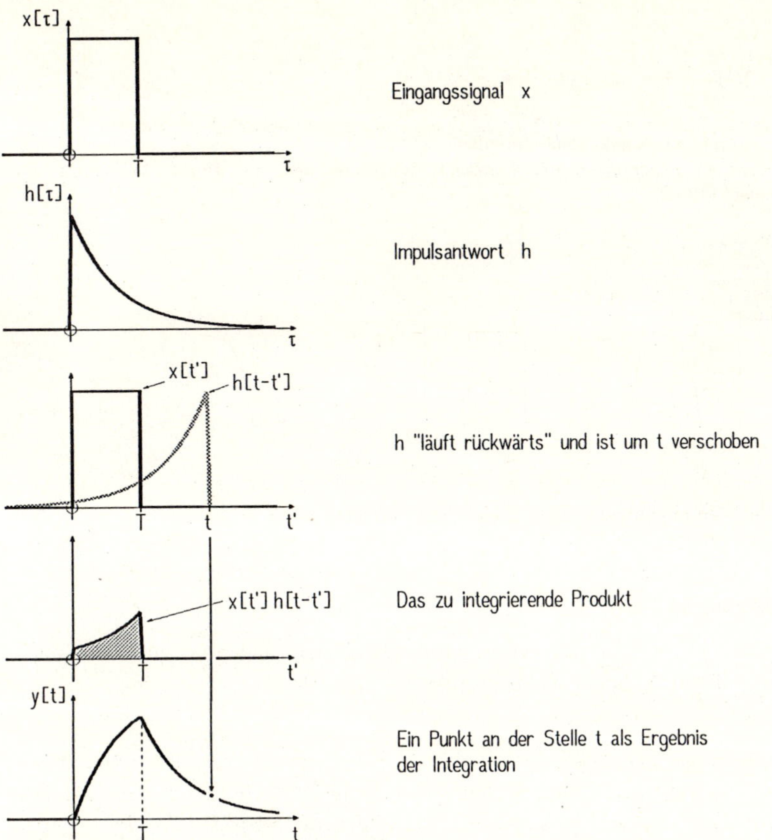

Abb. 3.8: Faltung von Rechtecksignal und Exponential-Impulsantwort nach Gl. 3.51.

"Nicht erlaubt" heißt: Das Ergebnis ist unbrauchbar, und es besteht der Verdacht, daß schon der Ansatz, der zur Faltung führte, physikalisch unsinnig war.
Ein weiteres Beispiel dazu ist etwa der Versuch, das Energiespektrum periodischer Signale zu berechnen oder per Faltung zu definieren.
Umgekehrt lehrt praktische Erfahrung, daß die Ergebnisse korrekt durchgeführter Faltungen brauchbar und richtig sind, wenn keine potenzierten δ-Impulse auftreten.

Vertauschung der Faltungsoperanden

Die Faltung ist kommutativ, assoziativ und distributiv:

$$a * b = b * a \tag{3.57}$$

$$(a * b) * c = a * (b * c) \tag{3.58}$$

$$a * (b + c) = a * b + a * c \tag{3.59}$$

Beweisgrundlage:

$$x * h \;\circ\!\!-\!\!\!-\!\!\circ\; XH = HX \;\circ\!\!-\!\!\!-\!\!\circ\; h * x$$

Beispiel: Vertauschbarkeit von Signal und Impulsantwort.
Die Signale u und v seien Spannungen als Funktion der Zeit, und die Konstante k sei von der Dimension Spannung · Zeit:

$$y = u * v/k = v * u/k$$

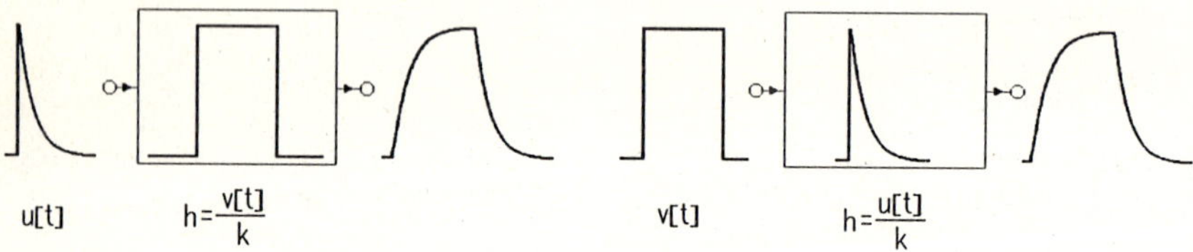

Abb. 3.9: Beispiel zur Vertauschbarkeit von Signal und Impulsantwort.

Glättung von Funktionen

Unter Glättung wird hier die laufende Mittelwertbildung verstanden - zunächst nach dem folgenden, einfachsten Schema (Abb. 3.10):

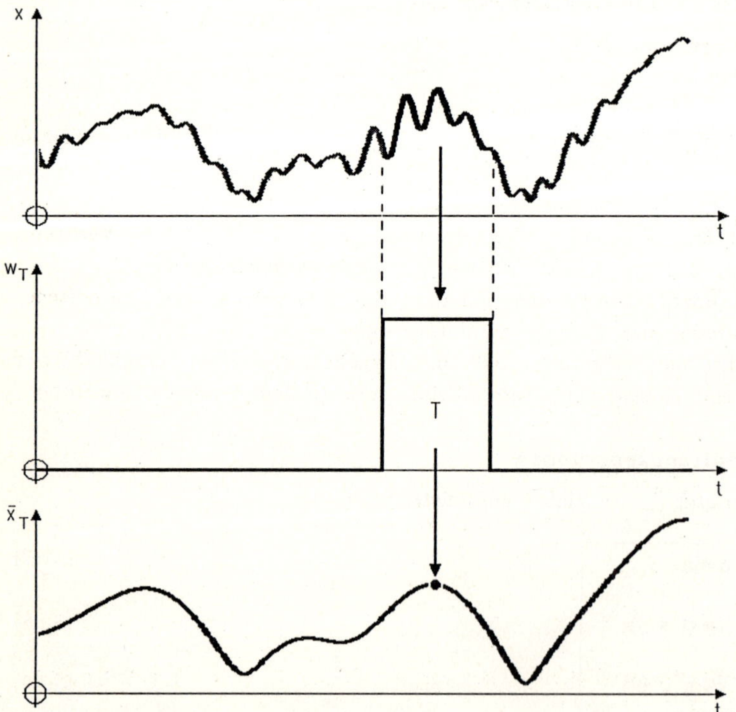

Abb. 3.10: Glättung durch Rechteckfenster.

Der Mittelwert des durch das Rechteckfenster w_T markierten Bereichs der Originalfunktion x wird abgebildet als ein Punkt der geglätteten Funktion $\overline{x}_T$. Durch kontinuierliche Verschiebung der Fensterposition t ergibt sich eine kontinuierliche Aneinanderreihung abgebildeter Punkte - die geglättete Funktion $\overline{x}_T[t]$.

$$\overline{x}_T[t] = \frac{1}{T} \int_{t-T/2}^{t+T/2} x[t']\,dt' = \frac{1}{T} \int_{-\infty}^{\infty} x[t']\, rect\left[\frac{t'-t}{T}\right] dt'$$

also

$$\overline{x}_T[t] = x[t] * w_T[t] \qquad (3.60)$$

Verallgemeinerung: Das Glättungsfenster w_T muß nicht unbedingt rechteckförmig sein, wie im obigen Beispiel ($w_T[t] = rect[t/T]/T$). Es muß nur auf 1 normiert sein : $\int_{-\infty}^{\infty} w_T \, dt = 1$

Die physikalische Bedeutung der unabhängigen Variablen ist beliebig; z.B. gilt auch

$$\overline{X}_F[f] = X[f] * w_F[f]$$

3.2.2 Grundregeln der Fouriertransformation

Zeitverschiebung (siehe Abb. 3.11)

$$\boxed{x[t+t_0] \;\circ\!\!-\!\!\!-\!\!\circ\; e^{j2\pi f t_0}\, X[f]}\,^{8} \qquad (3.61)$$

Beweis:

$$\boldsymbol{F}\{x[t+t_0]\} = \int_{-\infty}^{\infty} x[t+t_0]\; e^{-j2\pi f t} dt$$

Substitution $t+t_0 \to \tau$

$$= \int_{-\infty}^{\infty} x[\tau]\; e^{-j2\pi f(\tau - t_0)}\, d\tau = \left(\int_{-\infty}^{\infty} x[\tau]\; e^{-j2\pi f \tau}\, d\tau\right) e^{j2\pi f t_0}$$

8) Im Gegensatz zum Verschiebungssatz der Laplace-Theorie ($x[t-t_0] \circ\!\!-\!\!\circ\; e^{-t_0 p} X_L[p];\; t_0 \geq 0$) darf bei Fourier t_0 auch negativ sein.

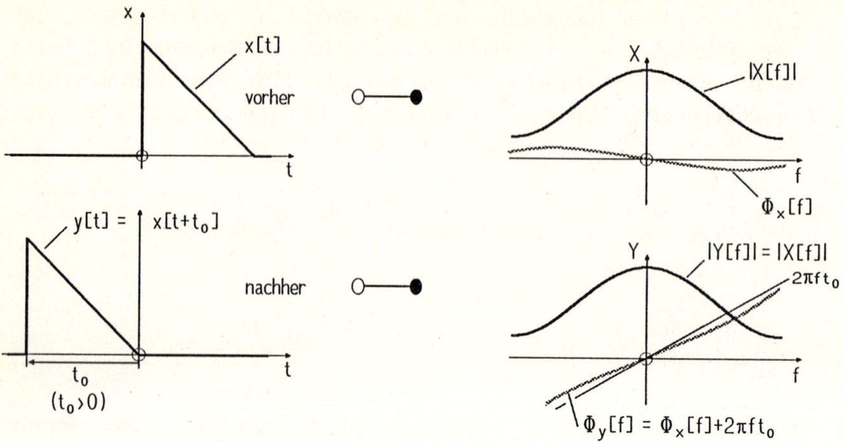

Abb. 3.11: Zeitverschiebungssatz: Die zeitliche Verschiebung t_0 beeinflußt nur das Phasenspektrum $\phi[f] = atn[Y_{Im}/Y_{Re}]$.

Beispiele:

1) $\delta[t+\tau] \circ\!\!-\!\!\circ e^{j2\pi f\tau}$ (3.62)

2) $sgn[t-\alpha/F] \circ\!\!-\!\!\circ exp[-j2\pi f\alpha/F]/(j\pi f)$ (3.63)

3) $\delta[t+T_1] * \delta[t+T_2] \circ\!\!-\!\!\circ e^{j2\pi f(T_1+T_2)} \circ\!\!-\!\!\circ \delta[t+T_1+T_2]$ (3.64)

Frequenzverschiebung (siehe Abb. 3.12)

$$\boxed{X[f+f_0] \circ\!\!-\!\!\circ e^{-j2\pi f_0 t}\, x[t]} \tag{3.65}$$

Beweis:

$$F^{-1}\{X[f+f_0]\} = \int_{-\infty}^{\infty} X[f+f_0]\, e^{j2\pi ft}\, df$$

Substitution $f+f_0 \to \nu$

$$= \int_{-\infty}^{\infty} X[\nu]\, e^{j2\pi(\nu-f_0)t}\, d\nu = \left(\int_{-\infty}^{\infty} X[\nu]\, e^{j2\pi\nu t}\, d\nu\right) e^{-j2\pi f_0 t}$$

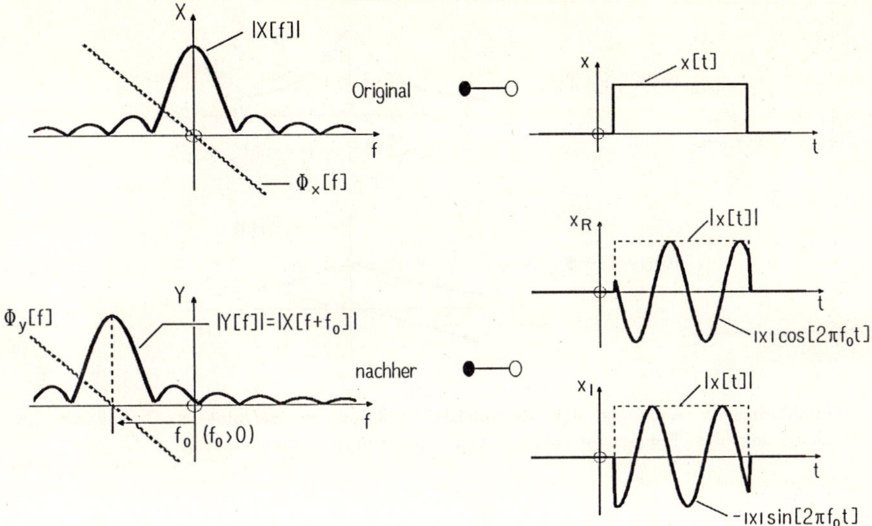

Abb. 3.12: Frequenzverschiebungssatz: Frequenzverschiebung erzeugt eine komplexe Trägerschwingung, die durch die ursprüngliche Zeitfunktion in der Amplitude moduliert wird.

Beispiele:

$$\delta[f-F] + \delta[f+F] \quad \circ\!\!-\!\!\!-\!\!\circ \quad e^{j2\pi Ft} + e^{-j2\pi Ft} = 2\cos[2\pi Ft] \tag{3.66}$$

(Die Imaginärteile der Spektren kompensieren sich).

$$sgn[F/2+f] \quad \circ\!\!-\!\!\!-\!\!\circ \quad exp[-j\pi Ft]/(-j\pi t) \tag{3.67}$$

Ähnlichkeit (Skalendehnung) - siehe Abb. 3.13

$$\boxed{x[\alpha t] \quad \circ\!\!-\!\!\!-\!\!\circ \quad \frac{1}{|\alpha|}\, X[f/\alpha]} \qquad \alpha \neq 0 \tag{3.68}$$

$$\boxed{X[\beta f] \quad \circ\!\!-\!\!\!-\!\!\circ \quad \frac{1}{|\beta|}\, x[t/\beta]} \qquad \beta \neq 0 \tag{3.69}$$

Beweis:

$$\boldsymbol{F}\{x[\alpha t]\} = \int_{-\infty}^{\infty} x[\alpha t]\, e^{-j2\pi ft}\, dt$$

Durch Substitution $\alpha t \to \tau$ folgt

$$= \frac{1}{\alpha} \int_{\tau=-\alpha\cdot\infty}^{\alpha\cdot\infty} x[\tau]\, e^{-j2\pi(f/\alpha)\tau}\, d\tau = \frac{1}{\alpha}\, X[f/\alpha] \quad \text{falls } \alpha > 0$$

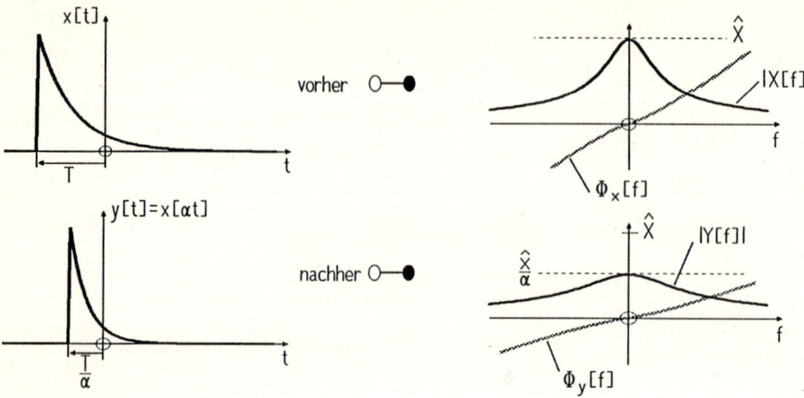

Abb. 3.13: Ähnlichkeitssatz: Änderung des Zeitmaßstabes (hier im Beispiel $\alpha=2$) bewirkt im Spektrum eine Änderung des Frequenzmaßstabes und des Amplitudenmaßstabes.

Falls jedoch $\alpha<0$, vertauschen sich die Integrationsgrenzen und damit nochmals das Vorzeichen des Ergebnisses. Beide Fälle zusammen ergeben

$$\frac{1}{|\alpha|}\,X\Big[\frac{f}{\alpha}\Big]$$

Beispiele zur Skalendehnung:

1) $\delta[t/2] \quad \circ\!\!-\!\!\!-\!\!\circ \quad 2$ (3.70)

2) $sgn[t/\tau] \quad \circ\!\!-\!\!\!-\!\!\circ \quad \frac{|\tau|}{j\pi f\tau} = sgn[\tau]/(j\pi f)$ (3.71)

3) $sgn[-f] \quad \circ\!\!-\!\!\!-\!\!\circ \quad -j/(\pi t)$ (3.72)

Vertauschung

$$\boxed{X[t] \quad \circ\!\!-\!\!\!-\!\!\circ \quad x[-f]} \tag{3.73}$$

Die Vertauschung von t und f ergibt ein neues Fourier-Paar, bei dem jedoch gegenüber dem ursprünglichen Paar entweder bei der Zeit- oder bei der Frequenzvariablen das Vorzeichen vertauscht werden muß.

Beispiel:

Aus $sgn[t] \quad \circ\!\!-\!\!\!-\!\!\circ \quad 1/(j\pi f)$ (3.74)

folgt $sgn[f] \quad \circ\!\!-\!\!\!-\!\!\circ \quad j/(\pi t)$ (3.75)

Konjugierung

$$\boxed{x^*[t] \quad \circ\!\!-\!\!\!-\!\!\circ \quad X^*[-f]} \tag{3.76}$$

Beweis:

$$\boldsymbol{F}\{x^*[t]\} = \int_{-\infty}^{\infty} x^*[t]\, e^{-j2\pi ft}\, dt$$

$$= \left(\int_{-\infty}^{\infty} x[t]\, e^{-j2\pi(-f)t}\, dt \right)^* = X^*[-f]$$

Beispiel:

$x^*[-t]$ O——o $X^*[f]$

$x[-t]$ O——o $X[-f]$

wenn $x[t]$ *reell* ist, muß folglich gelten

$$X^*[f] = X[-f] \tag{3.77}$$

Symmetrierelationen

Zeitfunktion und Spektrum können jeweils in Real- und Imaginärteil und diese nochmals in geraden und ungeraden Anteil zerlegt werden. Abb. 3.14 zeigt anschaulich, daß

1) bei der Fouriertransformation der *Symmetrietypus erhalten* bleibt (z.B. "gerade" O——o "gerade") und

2) zusätzlich bei der Transformation ungerader Funktionen eine Real-/Imaginärumwandlung erfolgt.

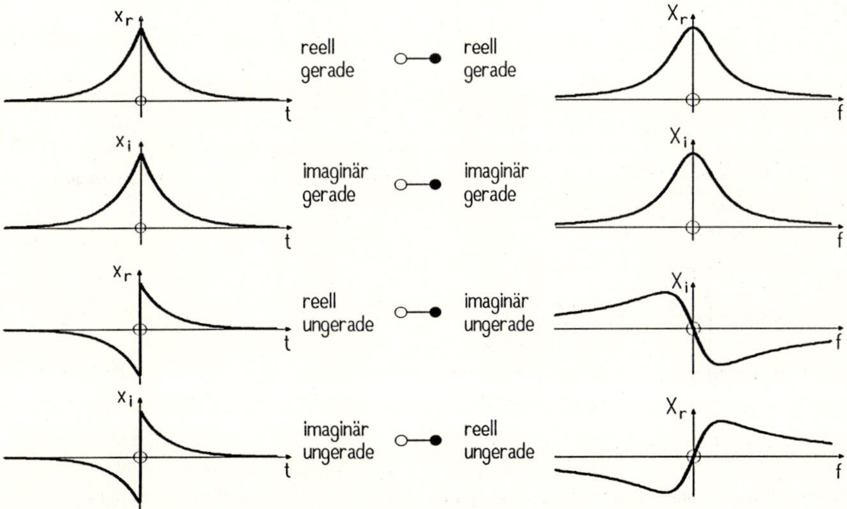

Abb. 3.14: Fourier-Transformation gerader und ungerader Funktionen.

Dies kann man auch wie folgt zusammenfassen: Wenn A das Spektrum eines rein reellen Signals a ist und B das Spektrum eines rein imaginären Signals, so gilt

a reell: $A[-f] = A^*[f]$ (3.78)

b imag.: $B[-f] = -B^*[f]$ (3.79)

Herleitungen für die Formeln in Abb. 3.14

$x[t] = a_G + a_U + j(b_G + b_U)$ (Index "G" = gerade, "U" = ungerade)

$\boldsymbol{F}\{a_G\} = \int_{-\infty}^{\infty} a_G[t]\, cos[2\pi f t]\, dt$ (reell und gerade bezüglich f)

$\boldsymbol{F}\{j\, b_U\} = \int_{-\infty}^{\infty} j b_U[t]\, (-j)\, sin[2\pi f t]\, dt$ (reell und ungerade bezüglich f)

$\boldsymbol{F}\{j\, b_G\} = \int_{-\infty}^{\infty} j b_G[t]\, cos[2\pi f t]\, dt$ (imaginär und gerade bezüglich f)

$\boldsymbol{F}\{a_U\} = \int_{-\infty}^{\infty} a_U[t]\, (-j)\, sin[2\pi f t]\, dt$ (imaginär und ungerade bezüglich f)

Zerlegung einer unsymmetrischen Funktion $\Phi[\xi]$:

gerader Anteil	=	$\Phi_G[\xi] = \frac{1}{2}(\Phi[\xi] + \Phi[-\xi])$	(3.80)
ungerader Anteil	=	$\Phi_U[\xi] = \frac{1}{2}(\Phi[\xi] - \Phi[-\xi])$	(3.81)

Summe = $\Phi_G[\xi] + \Phi_U[\xi] = \Phi[\xi]$

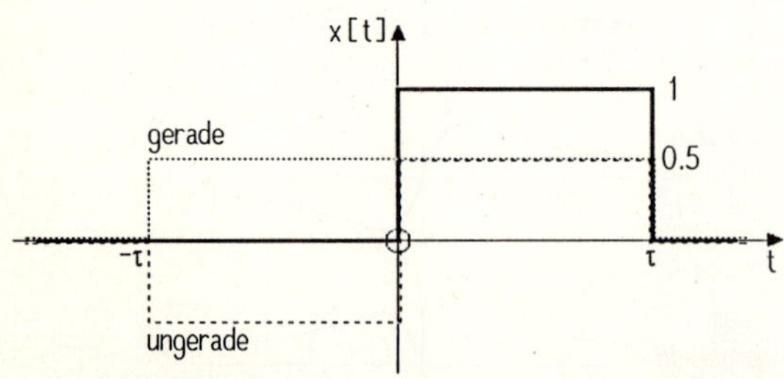

Abb. 3.15: Demonstration der Zerlegung der unsymmetrischen Funktion $rect[(t - \tau/2)/\tau]$.

3.2.3 Differentiation

Die Fourier-Regel zur Ableitung

Wir definieren

$$\dot{x} = \frac{d}{dt}\, x[t] \qquad \text{und} \qquad x^{(n)} = \frac{d^{(n)}}{dt^n}\, x[t] \tag{3.82}$$

Dabei soll der aufgesetzte Punkt anstelle des sonst oft üblichen Striches Verwechslungen vermeiden mit dem in diesem Text verwendeten Strich, der zur Kennzeichnung von Hilfsvariablen in Integralausdrücken dient.

Analog dazu definieren wir

$$\dot{X} = \frac{d}{df}\, X[f] \qquad \text{und} \qquad X^{(n)} = \frac{d^{(n)}}{df^n}\, X[f] \tag{3.83}$$

Durch Ableiten des Fourierintegrals ergibt sich

$$\dot{x}[t] = \frac{d}{dt} \int_{-\infty}^{\infty} X[f]\, e^{j2\pi ft}\, df = \int_{-\infty}^{\infty} j2\pi f\; X[f]\, e^{j2\pi ft}\, df$$

$$\dot{X}[f] = \frac{d}{df} \int_{-\infty}^{\infty} x[t]\, e^{-j2\pi ft}\, dt = \int_{-\infty}^{\infty} -j2\pi t\; x[t]\, e^{-j2\pi ft}\, dt$$

Somit gilt

$$\boxed{\dot{x}[t] \quad \circ\!\!-\!\!\!-\!\!\bullet \quad j2\pi f\; X[f]} \tag{3.84}$$

$$\boxed{\dot{X}[f] \quad \bullet\!\!-\!\!\!-\!\!\circ \quad -j2\pi t\; x[t]} \tag{3.85}$$

Beispiel : Ableitung des Rechteckimpulses (Abb. 3.16)

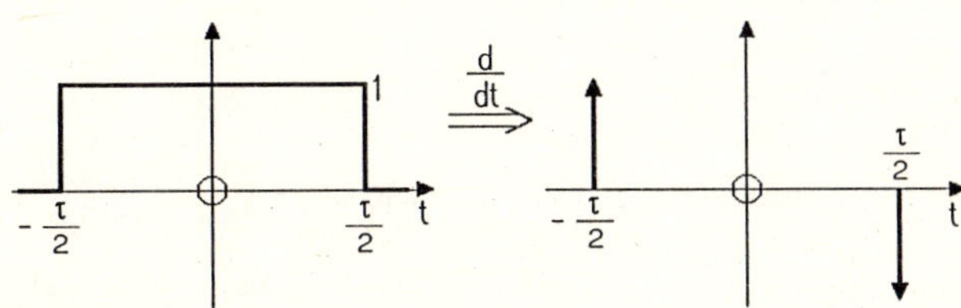

Abb. 3.16: Der Rechteckimpuls und seine Ableitung.

Aus Gl. 3.17 und 3.84 folgt

$$\frac{d}{dt}\, rect\left[\frac{t}{\tau}\right] \quad \circ\!\!-\!\!\!-\!\!\bullet \quad j2\pi f\; \tau\, sinc\left[\tau f\right]$$

Oder nach der Abb. 3.16 mit anschließender Anwendung von Gl. 3.37

$$\frac{d}{dt} \mathit{rect}\left[\frac{t}{\tau}\right] = \delta[t+\tau/2] - \delta[t-\tau/2] \quad \mathrm{O}\!-\!\!\!-\!\mathrm{o} \quad 2j\,\mathit{sin}[\pi f \tau]$$

Wie sich leicht sehen läßt, sind beide Resultate identisch.

Die Ableitung als Faltung

Setzt man in Gl. 3.84 das Fourier-Paar $\delta[t] \;\mathrm{O}\!-\!\!\!-\!\mathrm{o}\; 1$ und in Gl. 3.85 das Paar $\delta[f] \;\mathrm{o}\!-\!\!\!-\!\mathrm{O}$ ein, so ergeben sich zwei neue Paare:

$$\dot{\delta}[t] \;\mathrm{O}\!-\!\!\!-\!\mathrm{o}\; j2\pi f \tag{3.86}$$

$$\dot{\delta}[f] \;\mathrm{o}\!-\!\!\!-\!\mathrm{O}\; -j2\pi t \tag{3.87}$$

Jetzt kann der Faltungssatz (Gln. 3.53 und 3.54) jeweils auf die rechte Seite der Gln. 3.84 und 3.85 angewandt werden:

$$j2\pi f\; X[f] \;\mathrm{o}\!-\!\!\!-\!\mathrm{O}\; \dot{\delta}[t] * x[t] \tag{3.88}$$

$$-j2\pi t\; x[t] \;\mathrm{O}\!-\!\!\!-\!\mathrm{o}\; \dot{\delta}[f] * X[f] \tag{3.89}$$

Das bedeutet aber, die Ableitung läßt sich auch durch eine Faltung mit $\dot{\delta}$ realisieren:

$$\dot{x}[t] = \dot{\delta}[t] * x[t] \tag{3.90}$$

$$X[f] = \dot{\delta}[f] * X[f] \tag{3.91}$$

Ein mathematisches Beispiel

Gesucht ist der Beweis für

$$\int_{-\infty}^{\infty} t\,\dot{\delta}[t]\,dt = -1 \tag{3.92}$$

Setzt man $x[t] = t$ und $\dot{x}[t] = 1$ in Gl. 3.90 ein, so gilt

$$\int_{-\infty}^{\infty} \dot{\delta}[t'](t-t')\,dt' = 1$$ (Gl. 3.92 folgt daraus als Sonderfall $t = 0$)

Die n-fache Ableitung

Bei n-fach wiederholter Faltung nach Gl. 3.90 ergibt sich die n-fache Ableitung:

$$x[t] * \dot{\delta}[t] * \dot{\delta}[t] \ldots * \dot{\delta}[t] = x^{(n)}[t] \tag{3.93}$$

Über den Faltungssatz erhalten wir

$$x^{(n)}[t] \quad \circ\!\!-\!\!\!-\!\!\circ \quad (j2\pi f)^n X[f] \tag{3.94}$$

$$X^{(n)}[f] \quad \circ\!\!-\!\!\!-\!\!\circ \quad (-j2\pi t)^n x[t] \tag{3.95}$$

Beispiel

$$(tri[t/\tau])^{\cdot\cdot} \quad \circ\!\!-\!\!\!-\!\!\circ \quad (-4/\tau)\, sin^2[\pi f \tau] \tag{3.96}$$

Da die Faltungsoperation kommutativ und assoziativ ist (Gln. 3.57 und 3.58), kann der Differentialoperator "$* \dot{\delta}$" bzw. "$\dot{\delta} *$" an beliebiger Stelle einer Vielfachfaltung stehen:

$$(x * h)^{\cdot} = \dot{x} * h = x * \dot{h} = \dot{\delta} * x * h \tag{3.97}$$

Der Beweis hierfür folgt unmittelbar aus Gl. 3.88. Die Gl. 3.97 gilt auch sinngemäß für Frequenzfunktionen. Im nachrichtentechnischen Zusammenhang bedeutet dies, daß die Ableitung des Ausgangssignals eines LTI-Systems auch erhalten werden kann, indem man stattdessen das Eingangssignal ableitet, oder aber indem man das Originaleingangssignal durch ein anderes System schickt, dessen Impulsantwort gleich der Ableitung der Impulsantwort des Originalsystems ist.

Die Ableitung einer zusammengesetzten Funktion

Sobald im Argument der in Gln. 3.82 bis 3.97 behandelten Funktionen mehr als nur die reine Variable auftritt, muß unbedingt zusätzlich die *Kettenregel* beachtet werden:

$$\{x[g[t]]\}^{\cdot} = \dot{x}[g[t]]\,\dot{g}[t] \tag{3.98}$$

und damit auch

$$\{x[g[t]]\}^{\cdot\cdot} = \ddot{x}[g[t]]\,\dot{g}^2[t] + \dot{x}[g[t]]\,\ddot{g}[t] \tag{3.99}$$

Das heißt, es besteht ein wesentlicher Unterschied zwischen $\{x[g[t]]\}^{\cdot}$ und $\dot{x}[g[t]]$. Der erste Ausdruck ist die Ableitung einer zusammengesetzten Funktion, der zweite ist eine zusammengesetzte Funktion bestehend aus der Ableitung einer Funktion und einer Funktion.

Mathematische Beispiele

$$\dot{\delta}[t] * sin[2\pi F t] = (sin[2\pi F t])^{\cdot} = 2\pi F\, cos[2\pi F t] \tag{3.100}$$

$$sin^{\cdot}[2\pi F t] = cos[2\pi F t] \tag{3.101}$$

Oder

$$\dot{\delta}[t] * sig[-t] = (sig[-t])^{\cdot} = sig^{\cdot}[-t](-1) = -2\delta[t] \tag{3.102}$$

$$sig^{\cdot}[-t] = 2\delta[t] \tag{3.103}$$

Oder

$$\ddot{tri}[t/\tau] = \tau^2(tri[t/\tau])^{\cdot\cdot} \tag{3.104}$$

Ableitung der zusammengesetzten Funktion durch Faltung

Wie die vorstehenden Beispiele verdeutlichen, kann die Ableitung durch Faltung mit $\dot{\delta}$ nur im Sinne der linken Seite von Gl. 3.98 und 3.99 benutzt werden.

Technisches Beipiel aus der Elektronik: "RC-Differenzierglied"

Dieses RC-Glied (Abb. 3.17) wird beschrieben durch

$$H[f] = \frac{j\omega\tau}{1+j\omega\tau} = 1 - \frac{j\omega\tau}{1+j\omega\tau} \quad \circ\!\!-\!\!\!-\!\!\bullet \quad h[t] = \delta[t] - \frac{1}{\tau}\,\varepsilon[t]\,e^{-t/\tau} \tag{3.105}$$

(Siehe auch Gl. 3.43)

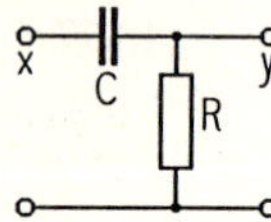

Abb. 3.17: Differenzierglied als LTI-System.

Bei tiefen Frequenzen $\omega \ll 1/\tau$ gilt näherungsweise

$$H[f] \approx j\omega\tau \quad \circ\!\!-\!\!\!-\!\!\bullet \quad h[t] = \tau\dot{\delta}[t] \tag{3.106}$$

Nach Gl. 3.84 und 3.86 ist dies - bis auf die physikalisch notwendige Proportionalitätskonstante τ - die Beschreibung des mathematisch strengen Differenzierers. Ein differenzierendes LTI-System muß also im gültigen Frequenzbereich zwei Eigenschaften haben:

1) $\pi/2$ Phasendrehung für alle Frequenzkomponenten,
2) linear ansteigender Frequenzgang des Betrags $|H|$, proportional zu f, entsprechend etwa 6 dB/Oktave.

Technisches Beispiel aus der Schwingungsmeßtechnik: "Beschleunigungsaufnehmer"

Das heute am weitesten verbreitete Prinzip der elektrischen Messung der mechanischen Beschleunigung besteht in der Beobachtung des relativen Abstands y zwischen einer frei schwingenden "seismischen Masse" m und dem beschleunigten Bezugspunkt.

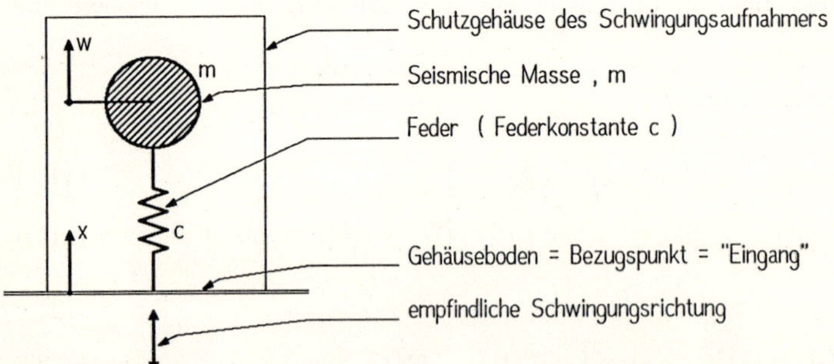

Abb. 3.18: Beschleunigungsaufnehmer. Das ausgekoppelte elektrische Signal ist proportional zu $y = x - w$.

I) Herleitung über Differentialgleichungen:

Das System in Abb. 3.18 wird unter Vernachlässigung der Dämpfung durch das Kräftegleichgewicht beschrieben

$$m\ddot{w} + c(w - x) = 0 \qquad \text{oder} \qquad m(\ddot{x} - \ddot{y}) - cy = 0 \tag{3.107}$$

wobei $c/m = \omega_0^2$ die Resonanzfrequenz festlegt. Für eine harmonische Bewegung $x[t] = \hat{x}\, exp[j\omega t]$ des Bezugspunktes wird die Übertragungsfunktion H ermittelt über

$$H = \frac{y}{x} \quad \text{(siehe Gl. 2.4)} \tag{3.108}$$

Also

$$m(-\omega^2 + H\omega^2) - cH = 0$$

oder

$$H[\omega] = \frac{\omega^2}{\omega^2 - \omega_0^2} \tag{3.109}$$

II) Herleitung über elektromechanische Analogie

In natürlicher Analogie (Tab. 4.5) entsteht aus dem mechanischen System (Abb. 3.18) das in Abb. 3.19 gezeigte, äquivalente elektrische System.

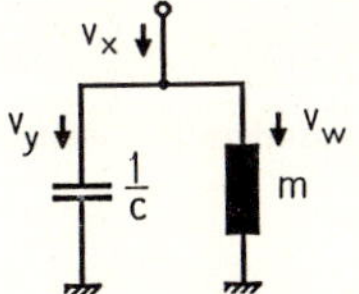

Abb. 3.19:
Natürliches Analogon zur mechanischen "Kette" aus Abb. 3.18.

Mit dem gleichen Eigenfunktionssatz wie oben (Gl. 3.108) ergibt sich

$$H[\omega] = y/x = v_y/v_x = Y_c/Y_{ges} = \frac{j\omega/c}{1/(j\omega m) + j\omega/c} = \frac{\omega^2}{\omega^2 - \omega_0^2} \tag{3.110}$$

mit Y_c = Admittanz der Feder; $Y_{ges} = Y_c + Y_m$

Interpretation des Ergebnisses $H[\omega]$:

Für $\omega \gg \omega_0$ finden wir $H[\omega] \approx 1$ und $w = x(1 - H) \approx 0$. Die seismische Masse bleibt in Ruhe. Das System wirkt als Wegmesser ($y = x$).
Für $\omega \ll \omega_0$ gilt

$$H[\omega] = -\omega^2/\omega_0^2 \tag{3.111}$$

Ein Vergleich des Differenzierers 2ter Ordnung (Gln. 3.86 und 3.88)

$$\ddot{\delta}[t] \;\circ\!\!-\!\!\!-\!\!\circ\; -\omega^2 \tag{3.112}$$

mit dem tieffrequenten Verhalten des Systems (Gl. 3.111)

$$H[\omega] = -\omega^2/\omega_0^2 \tag{3.113}$$

zeigt:

$$y[t] = x[t] * (1/\omega_0^2)\,\ddot{\delta}[t] = \ddot{x}[t]/\omega_0^2 \tag{3.114}$$

Für $\omega < \omega_0$ wirkt das beschriebene System also in der Tat als Beschleunigungssensor. Seine Empfindlichkeit $|y|/|\ddot{x}|$ wächst quadratisch mit abnehmender Resonanzfrequenz ω_0.

3.2.4 Integration

Definition: In Analogie zur Kennzeichnung mit einem Punkt beim Differenzieren wird jetzt definiert:

$$\underset{\cdot}{x}[t] = \int_{-\infty}^{t} x[t']\,dt' \tag{3.115}$$

Mit Hilfe der Einheitssprungfunktion $\varepsilon[t]$ entsteht aus Gl. 3.115 ein Faltungsintegral:

$$\underset{\cdot}{x}[t] = \int_{-\infty}^{\infty} x[t']\,\varepsilon[t-t']\,dt' = x[t] * \varepsilon[t] \tag{3.116}$$

Damit läßt sich der Faltungssatz (Gl. 3.53) anwenden

$$\underset{\cdot}{x}[t] \;\circ\!\!-\!\!\!-\!\!\circ\; X[f]\left(\frac{1}{j2\pi f} + \frac{1}{2}\,\delta[f]\right) \tag{3.117}$$

Mathematischer Test:

Durch Anwendung der Regel (Gl. 3.84) kann der vorstehende Ausdruck weiter abgeleitet werden:

$$\begin{aligned} (\underset{\cdot}{x}[t])^{\cdot} \;\circ\!\!-\!\!\!-\!\!\circ\; & X[f]\left(\frac{1}{j2\pi f} + \frac{1}{2}\,\delta[f]\right)(j2\pi f) \\ = \; & X[f](1 + \delta[f]\,j\pi f) \\ = \; & X[f] \;\circ\!\!-\!\!\!-\!\!\circ\; x[t] \end{aligned}$$

Der Nachweis $\delta[f]\cdot f = 0$ liegt in der Definition Gl. 3.6 des Dirac-Impulses:

$$\int_{-\infty}^{\infty} \delta[f]\,U[f]\,df = U[0]; \qquad U[0] = 0$$

Integration als Faltung

Setzt man - ähnlich wie bei der Herleitung von Gl. 3.86 - in Gl. 3.117 das Fourier-Paar

$$x[t] = \delta[t] \;\circ\!\!-\!\!\!-\!\!\circ\; 1$$

ein, so folgt

$$\underset{\cdot}{\delta}[t] = \varepsilon[t] \;\circ\!\!-\!\!\!-\!\!\circ\; \frac{1}{j2\pi f} + \frac{1}{2}\,\delta[f] \tag{3.118}$$

Damit kann der Faltungssatz auf Gl. 3.117 angewandt werden:

$$x[t] = \delta[t] * x[t] \tag{3.119}$$

Sprungantwort

Anstelle der *Impulsantwort* (= Gewichtsfunktion") h[t] benutzt man in der Regelungstechnik häufig die *Sprungantwort* s[t] (= "Übergangsfunktion"; engl. *step response*) zur Beschreibung des LTI-Systemverhaltens im Zeitbereich. Abb. 3.20 vergleicht die beiden Betrachtungsarten und zeigt auch bildlich den Zusammenhang zwischen *Sprungspektrum* S[f] und *Übertragungsfunktion* H[f].

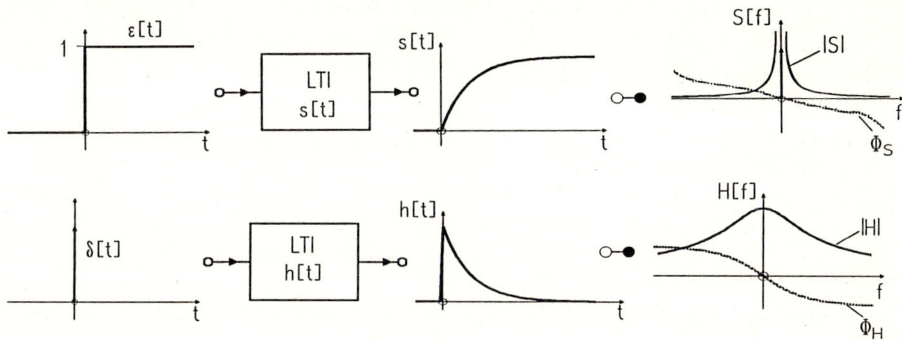

Abb. 3.20: Vergleich von Sprung- und Impulsantwort.

Vorteil der Sprungfunktionsanwendung: Experimentell leichter realisierbar als Impulsantwort; geringere Übersteuerungsgefahr.

Nachteil: Das Sprungspektrum muß anschließend weiterbehandelt werden, um die Übertragungsfunktion zu erhalten; hochfrequente Anteile sind stark gedämpft.
(Sprung- und Impulsantwort-Methode sind heute eher als theoretische Betrachtungen denn als praktische Verfahrensanweisungen anzusehen. Ein modernes Verfahren auf der Grundlage der stochastischen Korrelationsfunktionen wird in Kap. 14.1 vorgestellt).

Die folgenden Gleichungen zeigen den mathematischen Zusammenhang zwischen Sprung- und Impulsantwort:

$$s[t] = \varepsilon[t] * h[t] = \int_{-\infty}^{t} h[t'] \, dt' \tag{3.120}$$

$$\circ\!\!-\!\!\!-\!\!\circ$$

$$S[f] = \left(\frac{1}{j2\pi f} + \frac{1}{2}\,\delta[f]\right) H[f] \tag{3.121}$$

$$h[t] = \dot{s}[t] = s[t] * \dot{\delta}[t] \tag{3.122}$$

$$\circ\!\!-\!\!\bullet$$

$$H[f] = S[f]\, j\omega \tag{3.123}$$

Aus Gl. 3.123 und 3.97 folgt die *Duhamelsche Formel*, die die Verknüpfung von Anregung x und Reaktion y mit der Sprungfunktion s angibt:

$$y[t] = h[t] * x[t] = \dot{s}[t] * x[t] = (s[t] * x[t])^{\cdot} \tag{3.124}$$

"Das LTI-System faltet die Anregung mit der Sprungantwort und bildet dann die zeitliche Ableitung".

DIFFERENZIERENDE SPANNUNGSTEILER

für alle Spannungsteiler gilt : $R_s = R + R'$; $R_p = \frac{R R'}{R+R'}$

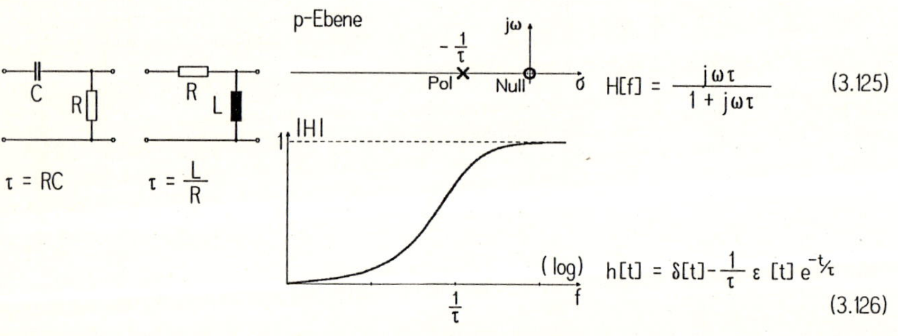

$$H[f] = \frac{j\omega\tau}{1 + j\omega\tau} \tag{3.125}$$

$$h[t] = \delta[t] - \frac{1}{\tau}\,\varepsilon[t]\, e^{-t/\tau} \tag{3.126}$$

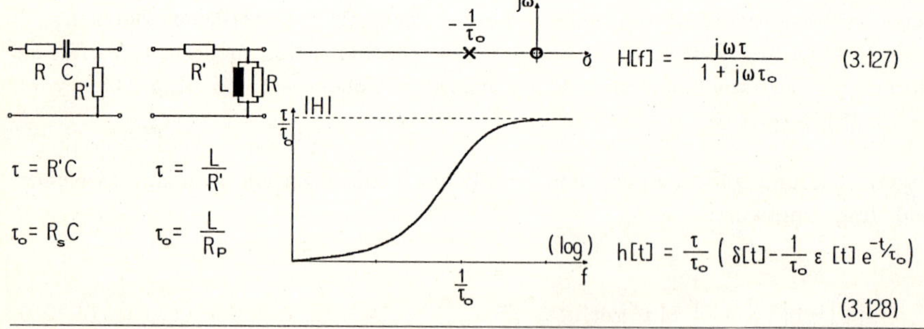

$$H[f] = \frac{j\omega\tau}{1 + j\omega\tau_0} \tag{3.127}$$

$$h[t] = \frac{\tau}{\tau_0}\left(\delta[t] - \frac{1}{\tau_0}\,\varepsilon[t]\, e^{-t/\tau_0}\right) \tag{3.128}$$

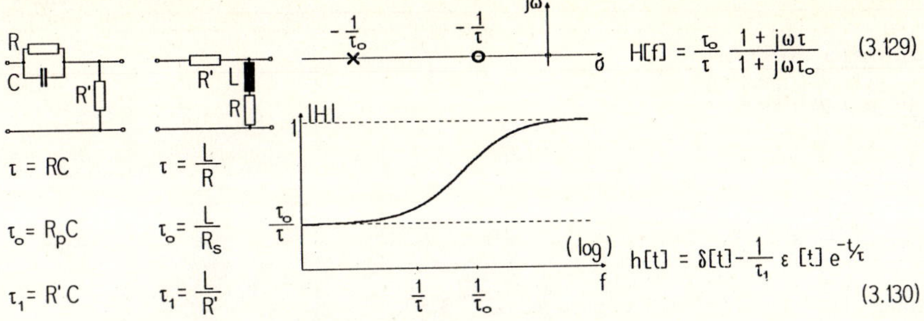

INTEGRIERENDE SPANNUNGSTEILER

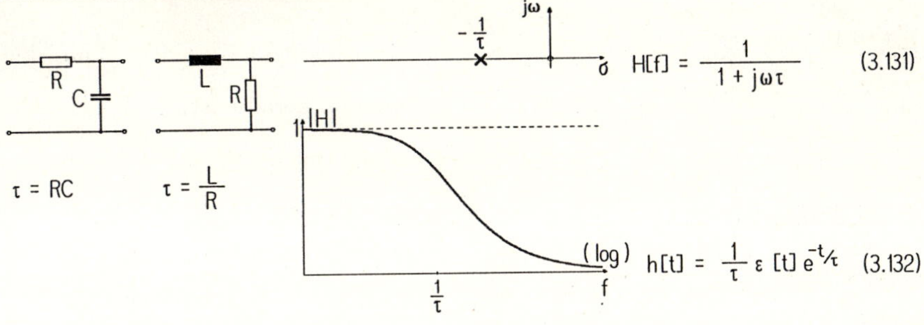

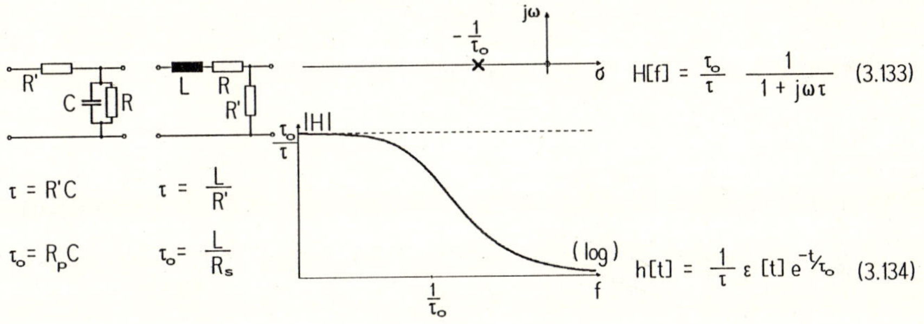

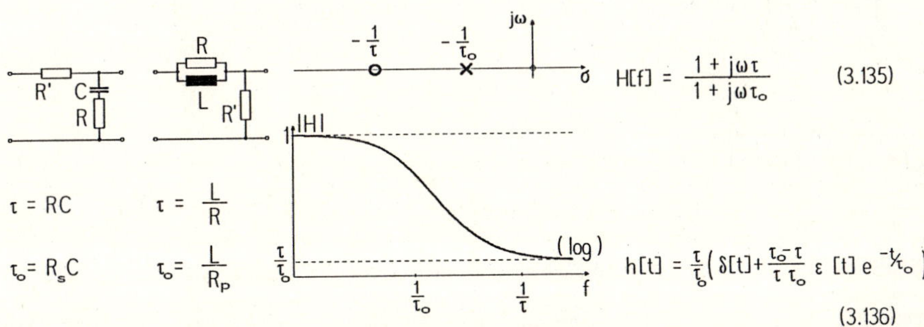

Abb. 3.21: Differenzierende und integrierende Spannungsteiler mit einer einzigen Reaktanz. Es gilt: $R_s = R + R'$; $R_p = RR'/(R + R')$.

3.2.5 Kombinierte Regeln

Faltungen mit δ-Impulsen

Regel Nr. 1:

$$\boxed{x[t] * \delta[-t] = x[t]} \tag{3.137}$$

Herleitung: Die δ-Funktion ist gerade; Gl. 3.30.

Regel Nr. 2:

$$\boxed{x[t] * \delta[\tau - t] = x[t - \tau]} \tag{3.138}$$

Herleitung: $\delta[\tau - t] = \delta[t - \tau]$ (weil δ gerade ist).

Regel Nr. 3:

$$\boxed{x[t - T] * \delta[t - \tau] = x[t - (T + \tau)]} \tag{3.139}$$

Herleitung:

1.) direkt: $\int_{-\infty}^{\infty} x[t' - T]\, \delta[t - t' - \tau]\, dt'$; Substitution: $t' = t - \tau$

2.) über $\boldsymbol{F}$: $X[f]\, exp[-2j\pi fT]\, exp[-2j\pi f\tau]$

Regeln Nr. 4a und 4b:

$$\boxed{x[-t + T] * \delta[-t + \tau] = x[-t + T + \tau]} \tag{3.140}$$

$$\boxed{x[-t + T] * \delta[t - \tau] = x[-t + T + \tau]} \tag{3.141}$$

Herleitung:

$\int_{-\infty}^{\infty} x[-t' + T]\, \delta[-(t - t') + \tau]\, dt'$; Substitution: $t' = t - \tau$

Regel Nr. 5:

$$\boxed{x[-t] * \delta[t - \tau] = x[-t + \tau]} \tag{3.142}$$

Herleitung: $\int_{-\infty}^{\infty} x[-t']\, \delta[t - t' - \tau]\, dt'$

Sonderformen des Verschiebungssatzes:

Regel Nr. 6

$$x[-t+\tau] \;\circ\!\!-\!\!\!-\!\!\circ\; X[-f]\, exp[-j2\pi f\tau] \qquad (3.143)$$

Herleitung:

1) $x[-t+\tau] = x[-t] * \delta[t-\tau]$ laut Gl. 3.142; dann Gl. 3.53;

oder 2) $\int_{-\infty}^{\infty} x[-t+\tau]\, exp[-j2\pi f t]\, dt$ Substitution $t' = -t+\tau$

Regel Nr. 7:

$$X[-f+F] \;\circ\!\!-\!\!\!-\!\!\circ\; x[-t]\, exp[j2\pi F t] \qquad (3.144)$$

Herleitung:

1) $X[-f+F] = X[-f] * \delta[f-F]$ nach Gl. 3.142

oder 2) $\int_{-\infty}^{\infty} X[-f+F]\, exp[j2\pi f t]\, df$ Substitution $f' = -f+F$

Regel Nr. 8:

$$x^*[t+\tau] \;\circ\!\!-\!\!\!-\!\!\circ\; X^*[-f]\, exp[j2\pi f\tau] \qquad (3.145)$$

Herleitung:

1) $x^*[t+\tau] = x^*[t] * \delta[t+\tau]$

oder 2) $\int_{-\infty}^{\infty} x^*[t+\tau]\, exp[-j2\pi f t]\, dt = \{\int_{-\infty}^{\infty} x[t+\tau]\, exp[j2\pi f t]\, dt\}^*$

$$= \{\int_{-\infty}^{\infty} x[t']\, exp[j2\pi f(t'-\tau)]\, dt'\}^* = \{X[-f]\, exp[-j2\pi f\tau]\}^*$$

Regel Nr. 9:

$$x^*[-t+\tau] \;\circ\!\!-\!\!\!-\!\!\circ\; X^*[f]\, exp[-j2\pi f\tau] \qquad (3.146)$$

Herleitung:

$x^*[-t+\tau] = x^*[-t] * \delta[t-\tau]$ nach Gl. 3.142; dann Gl. 3.53

Regel Nr. 10:

$$X^*[f+F] \;\circ\!\!-\!\!\!-\!\!\circ\; x^*[-t]\, exp[-j2\pi F t] \qquad (3.147)$$

Herleitung:

$$X^*[f+F] = X^*[f] * \delta[f+F] = \int_{-\infty}^{\infty} X^*[f']\, \delta[f-f'+F]\, df'$$

Regel Nr. 11:

$$X^*[-f+F] \circ\!\!-\!\!\!-\!\!\bigcirc\ x^*[t]\,exp[j2\pi Ft] \tag{3.148}$$

Herleitung:

$$X^*[-f+F] = X^*[-f] * \delta[f-F]$$ nach Gl. 3.142; dann Gl. 3.54

3.2.6 Energie und determinierte Korrelation

Definitionen

Wenn bisher von "Spektrum" die Rede war, konnte damit nur das komplexe Amplitudenspektrum $X[f]$ eines transienten oder periodischen Signals $x[t]$ gemeint sein. In vielen Anwendungsfällen interessiert man sich aber gar nicht für den in $X[f]$ enthaltenen Phasengang, sondern nur für den Betrag $|X[f]|$ - also das "Betragsspektrum". Leider läßt sich aber dieses Betragsspektrum nicht in der bisher gewohnten Fourier-Arithmetik mit einer Zeitfunktion verknüpfen. Viel günstiger verhält sich hingegen das Quadrat dieses Spektrums, das unter dem Namen *Energiespektrum* bekannt ist und die gleiche spektrale "Information" enthält wie das Betragsspektrum.

Definition: Energiespektrum

$$C_{xx}[f] = |X[f]|^2 \tag{3.149}$$

Der Name "Energiespektrum" erklärt sich aus den physikalischen Dimensionen unter Berücksichtigung der in der Signaltheorie üblichen, vereinfachenden Bezeichnung von $\{\text{Amplitude}\}^2 = \{\text{Signalleistung}\}$ (Siehe auch Gl. 10.30). Das Amplitudenspektrum hat die Dimension $\{\text{Amplitude}\}/\{\text{Frequenz}\}$, das Energiespektrum hingegen $\{\text{Amplitude}\}^2/\{\text{Frequenz}\}^2 = \{\text{Signalenergie}\}/\{\text{Frequenz}\}$. Die Definition Gl. 3.149 ist nur für transiente Signale sinnvoll (siehe auch Gl. 3.196).

Durch Anwendung des Faltungssatzes (Gl. 3.54) ergibt sich aus Gl. 3.149

$$C_{xx}[f] = |X[f]|^2 = X^*[f]\,X[f] \circ\!\!-\!\!\!-\!\!\bigcirc\ x^*[-t] * x[t] = c_{xx}[t] \tag{3.150}$$

Damit ist das *Energiespektrum* Teil eines neuen Fourier-Paares

$$C_{xx}[f] \circ\!\!-\!\!\!-\!\!\bigcirc\ c_{xx}[t] \tag{3.151}$$

Die überaschend aufgetauchte, neue Zeitfunktion $c_{xx}[t]$ heißt *"determinierte Autokorrelationsfunktion"* (AKF). Unabhängig von der Fourier-Beziehung Gl. 3.151 gibt es auch eine statistische Argumentation, die auf Korrelationsfunktionen führt. Die feinen Unterschiede zwischen determinierter und statistischer (stochastischer) Korrelation sollen aber erst später im passenden Zusammenhang (Kap. 10.3.2) diskutiert werden.

Wir interessieren uns jetzt für die Signalenergie und deren Beziehung zum Energiespektrum. Aus Gl. 3.150 und 2.3 folgt

$$c_{xx}[t] = \int_{-\infty}^{\infty} x^*[-t']\, x[t-t']\, dt' = \int_{-\infty}^{\infty} x^*[t'']\, x[t+t'']\, dt'' \tag{3.152}$$

Diese AKF beschreibt das theoretische Ausgangssignal eines LTI-Systems, das als Eingangssignal seine eigene, rückwärts laufende, konjugiertkomplexe Impulsantwort erhält. Gl. 3.152 ist die ausführliche Notation der determinierten AKF. Für $t = 0$ folgt daraus

$$E_x = c_{xx}[0] = \int_{-\infty}^{\infty} \left|x[t]\right|^2 dt \tag{3.153}$$

Laut Gl. 3.150 folgt weiter

$$E_x = c_{xx}[0] = \int_{-\infty}^{\infty} C_{xx}[f]\, e^{j2\pi ft}\, df \Big|_{t=0} = \int_{-\infty}^{\infty} C_{xx}[f]\, df \tag{3.154}$$

Wie verändert sich die Signalenergie beim Durchgang des Signals durch ein LTI-System ?

Die AKF des Ausgangssignals ist nach Gl. 3.152 und Abb. 3.22:

$$c_{yy}[t] = \int_{-\infty}^{\infty} y^*[t']\, y[t'+t]\, dt'$$

wobei

$$y[t] = \int_{-\infty}^{\infty} x[t'']\, h[t-t'']\, dt''$$

Also

$$c_{yy}[t] = \int_{-\infty}^{\infty}\int_{-\infty}^{\infty}\int_{-\infty}^{\infty} x^*[t'']\, x[t''']\, h^*[t'-t'']\, h[t'+t-t''']\, dt'''\, dt''\, dt' \tag{3.155}$$

Unter der Annahme, daß die beteiligten Signale x und h endliche Energie haben, lassen sich die Integrationsgrenzen beliebig vertauschen. Der Vergleich von Gl. 3.155 mit Gl. 3.152 zeigt nun

$$c_{yy}[t] = \int_{-\infty}^{\infty}\int_{-\infty}^{\infty} x^*[t'']\, x[t''']\, c_{hh}[t-t'''+t'']\, dt'''\, dt''$$

Durch Substitution $t''' = t'' + \tau$ und Integration über t'' folgt

$$\boxed{c_{yy}[t] = \int_{-\infty}^{\infty} c_{xx}[\tau]\, c_{hh}[t-\tau]\, d\tau = c_{xx}[t] * c_{hh}[t]} \tag{3.156}$$

Über den Faltungssatz Gl. 3.54 gewinnen wir die zugehörige Beziehung

$$\boxed{C_{yy}[f] = C_{xx}[f]\, C_{hh}[f]} \quad \text{oder} \quad \boxed{|Y[f]|^2 = |X[f]|^2\, |H[f]|^2} \tag{3.157}$$

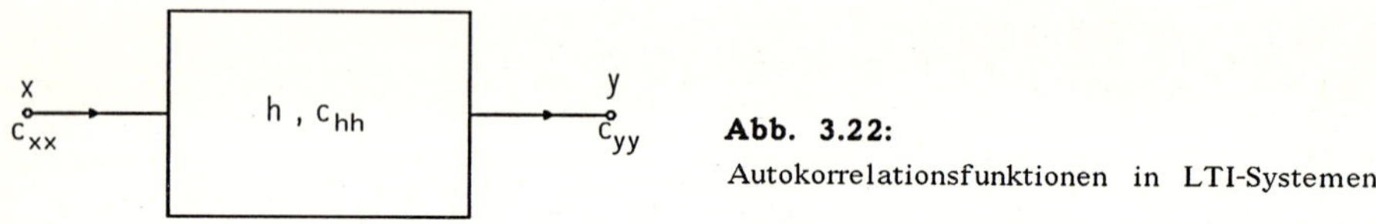

Abb. 3.22:
Autokorrelationsfunktionen in LTI-Systemen.

Interpretation der Gln. 3.156 und 3.157
Autokorrelationsfunktionen lassen sich in ähnlicher Weise wie Signale filtern; dabei bleiben Faltungs- und Filtersatz formal erhalten. Aber Signale und Impulsantworten werden durch ihre jeweilige determinierte AKF ersetzt und dementsprechend Amplitudenspektren und Übertragungsfunktionen durch ihr jeweiliges Betragsquadrat.

Kreuzkorrelation und Parseval-Theorem

In Verallgemeinerung der Beziehung Gl. 3.152 auf zwei verschiedene Funktionen x und y ergibt sich

$$c_{xy}[t] = x^*[-t] * y[t] \;\circ\!\!-\!\!\!-\!\!\circ\; X^*[f]\, Y[f] = C_{xy}[f] \tag{3.158}$$

Die Zeitfunktion c_{xy} ist die *"determinierte Kreuzkorrelationsfunktion"* (KKF); das Spektrum C_{xy} ist das *Kreuzenergiespektrum*, kurz, aber nicht eindeutig, auch "Kreuzspektrum" genannt.

Durch Vertauschung der Funktionsnamen folgt aus

$$c_{xy}[t] = x^*[-t] * y[t] \;\circ\!\!-\!\!\!-\!\!\circ\; X^*[f]\, Y[f] = C_{xy}[f] \tag{3.159}$$

das Ergebnis

$$c_{yx}[t] = y^*[-t] * x[t] \;\circ\!\!-\!\!\!-\!\!\circ\; Y^*[f]\, X[f] = C_{yx}[f] \tag{3.160}$$

Aus dem Vergleich der rechten Seite von Gl. 3.159 und 3.160 ergibt sich

$$\boxed{C_{yx}[f] = C^*_{xy}[f]} \tag{3.161}$$

und damit

$$\boxed{c_{yx}[t] = c^*_{xy}[-t]} \qquad (3.162)$$

Das Parsevalsche Theorem

Aus der Integralschreibweise des Fourier-Paares

$$x[t] * y^*[-t] \;\circ\!\!-\!\!\!-\!\!\circ\; X[f]\,Y^*[f] \qquad (3.163)$$

also

$$\int_{-\infty}^{\infty} x[\tau]\,y^*[-(t-\tau)]\,d\tau = \int_{-\infty}^{\infty} X[f]\,Y^*[f]\,e^{j2\pi ft}\,df$$

folgt als Sonderfall $t = 0$ das Parsevalsche Theorem:

$$\boxed{\int_{-\infty}^{\infty} x[\tau]\,y^*[\tau]\,d\tau = \int_{-\infty}^{\infty} X[f]\,Y^*[f]\,df} \qquad (3.164)$$

Wichtigstes Anwendungsbeispiel ist der *Energiesatz der Signaltheorie*

$$\boxed{\int_{-\infty}^{\infty} \left|x[t]\right|^2 dt = \int_{-\infty}^{\infty} \left|X[f]\right|^2 df} \qquad (3.165)$$

Durch Permutation von Variablenvorzeichen und Konjugationssternen lassen sich noch weitere fünfzehn Fourier-Paare des Typs Gl. 3.163 aufstellen, so daß es also insgesamt sechzehn Versionen des Parsevalschen Theorems gibt.

Fourier-Regeln zur Kombination von Korrelation und Ableitung

In Verallgemeinerung der Definition

$$c_{xy}[t] = \int_{-\infty}^{\infty} x^*[t']\,y[t'+t]\,dt' \qquad (3.166)$$

wird jetzt die determinierte Kreuzkorrelation abgeleiteter Funktionen definiert als

$$c_{x^{(n)}y^{(m)}}[t] = \int_{-\infty}^{\infty} x^{*(n)}[t']\,y^{(m)}[t'+t]\,dt' \qquad (3.167)$$

Zur Berechnung des zu Gl. 3.167 gehörigen Spektrums wenden wir das Parsevalsche Theorem in passender Formulierung an:

$$\int_{-\infty}^{\infty} u^*[t']\,v[t']\,dt' = \int_{-\infty}^{\infty} U^*[f]\,V[f]\,df \qquad (3.168)$$

mit

$$u[t'] = x^{(n)}[t'] \;\circ\!\!-\!\!\!-\!\!\circ\; U[f] = (j\omega)^n X[f]$$

$$U^*[f] = (-j\omega)^n X^*[f]$$

$$v[t'] = y^{(m)}[t'] \;\circ\!\!-\!\!\!-\!\!\circ\; V[f] = (j\omega)^m V[f]\, e^{j2\pi f t}$$

Damit folgt aus Gl. 3.167

$$c_{x^{(n)}y^{(m)}}[t] = \int_{-\infty}^{\infty} \{(-1)^n (j\omega)^{n+m} X^*[f]\, Y[f]\}\, e^{j2\pi f t}\, df \tag{3.169}$$

Das ist schon das gesuchte Ergebnis. In der üblichen Fourier-Paar-Notierung lautet es

$$\boxed{c_{x^{(n)}y^{(m)}}[t] \;\circ\!\!-\!\!\!-\!\!\circ\; (-1)^n (j2\pi f)^{n+m} X^*[f]\, Y[f]} \tag{3.170}$$

Beispiele

$$c_{\dot{x}\dot{x}}[t] \;\circ\!\!-\!\!\!-\!\!\circ\; 4\pi^2 f^2 |X[f]|^2 \tag{3.171}$$

$$c_{\ddot{x}x}[t] \;\circ\!\!-\!\!\!-\!\!\circ\; -4\pi^2 f^2 |X[f]|^2 \tag{3.172}$$

$$c_{x\ddot{x}}[t] \;\circ\!\!-\!\!\!-\!\!\circ\; -4\pi^2 f^2 |X[f]|^2 \tag{3.173}$$

$$\ddot{c}_{xx}[t] \;\circ\!\!-\!\!\!-\!\!\circ\; -4\pi^2 f^2 |X[f]|^2 \tag{3.174}$$

$$c_{\ddot{x}\ddot{x}}[t] \;\circ\!\!-\!\!\!-\!\!\circ\; 16\pi^4 f^4 |X[f]|^2 \tag{3.175}$$

Impulskompression

Die wohl wichtigste nachrichtentechnische Anwendung der determinierten Korrelationsfunktionen wird mit dem Schlagwort "Impulskompression" bezeichnet (auch "Optimalfilter", engl. *matched filter*, *"Korrelationsempfang"*).

Grundprinzip: Der Empfänger (LTI-System, Filter) wird an das zu erwartende, in seiner Soll-Struktur genau bekannte Signal x angepaßt durch folgende Konstruktionsvorschrift:

$$H[f] = kX^*[f]\, e^{-j2\pi f\tau} \tag{3.176}$$

wobei k eine Konstante ist, und τ die Laufzeit im Filter.
Entsprechend gilt im Zeitbereich

$$h[t] = kx^*[\tau - t] \tag{3.177}$$

und damit

$$y[t] = x[t-t_m] * kx^*[\tau - t] = \int_{-\infty}^{\infty} x[t'-t_m]\, kx^*[\tau - t + t']\, dt' = kc_{xx}[t-\tau-t_m] \qquad (3.178)$$

(t_m : Laufzeit im Medium)

Am Ausgang des Korrelationsempfängers erscheint also statt des zu unbekanntem Zeitpunkt eintreffenden Signals dessen AKF.

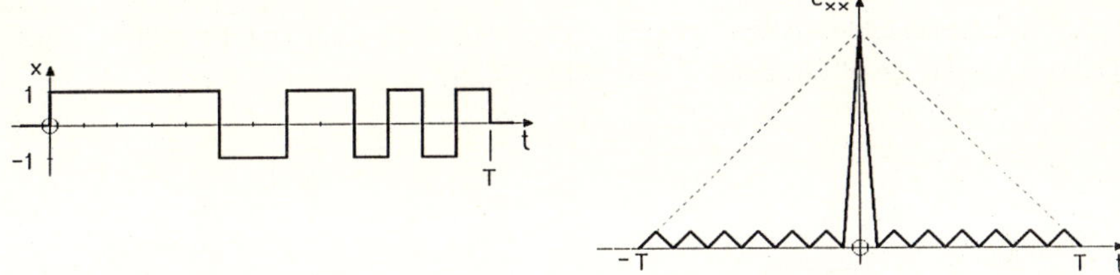

Abb. 3.23: Signalbeispiel (Barker-Code) für Korrelationsempfang.

Die Besonderheiten dieses Verfahrens sind nur bei angemessener statistischer Betrachtung der das empfangende Signal begleitenden Rauschstörung voll erfaßbar. Trotzdem sei nachstehend das wesentliche zusammengefaßt:

1) Zum Zeitpunkt des Ausgangsmaximums wird das höchste denkbare *Signal/Rauschverhältnis* erreicht. Der Betrag des Maximums $c_{xx}[0] = E_x$ ist proportional zur Signalenergie. Das bedeutet bei der Anwendung in Aktiv-Radar/Sonar, daß bei technisch nicht mehr zu steigernder Sendeamplitude trotzdem durch Vergrößern der Signaldauer noch fast beliebig viel Energie in das Signal gesteckt werden kann, was sich beim Empfang durch entsprechende Erhöhung der Ausgangsamplitude $y = kc_{xx}[0]$ auswirkt.

2) Der dabei entstehende, ungünstige Nebeneffekt eines infolge übermäßig großer Signaldauer stark verschlechterten *zeitlichen Auflösungsvermögens* kann durch geschickte *Modulation* des Bezugssignals reduziert werden (siehe Abb. 3.23).

   Aus dieser Reduzierung der Breite des Hauptmaximums des Ausgangssignals trotz unverminderter Höhe stammt die Bezeichnung "Impulskompression". Ohne Modulation wäre in dem gezeigten Beispiel die Form des Ausgangssignals durch $rect[t/\tau] * rect[t/T]$ gegeben - also die im Bild gezeigte, gestrichelte Dreiecksform. (Im Beispiel wird die Wirkung des in der Radartechnik berühmt gewordenen Barker-Codes + + + + + - - + + - + - + vorgeführt.)

Die Ambiguity-Funktion (engl. *ambiguity* = Vieldeutigkeit)

Im Zusammenhang mit der Impulskompression ist die praktische Auswahl einer geeigneten Modulationsfunktion keineswegs einfach: Meistens wird nicht nur ein möglichst ideales Verhalten der AKF ("ideal" gleichbedeutend mit möglichst verschwindenden Nebenzipfeln bei möglichst schlankem Hauptmaximum) gefordert, sondern eine ideal gestaltete "Ambiguityfunktion". Diese Ambiguityfunktion ist der Betrag der Kreuzkorrelationsfunktion der normierten Modulationsfunktion des Bezugssignals m und des durch Doppler-Effekt veränderten Signals m $exp[-j2\pi\nu t]$.

$$\chi[t, \nu] = \left| \int_{-\infty}^{\infty} m^*[t'] \, m[t' + t] \, e^{j2\pi\nu t'} dt' \right| \tag{3.179}$$

Die in Gl. 3.178 angegebene AKF ist im wesentlichen als Schnitt durch das "Ambiguity-Gebirge" bei $\nu = 0$ zu betrachten (Abb. 3.24)

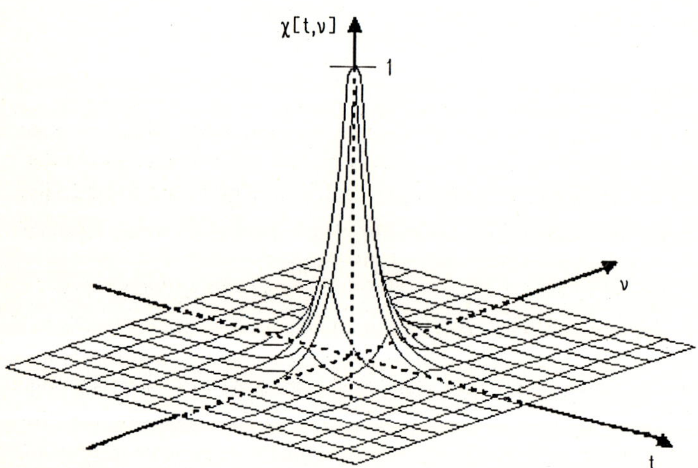

Abb. 3.24: Ambiguityfunktion (Idealkontur).

Übungen

Als Übung zur Anwendung der Fourierregeln noch zwei Herleitungen

zu 3.24 "Dreiecksfunktion"

1) $rect[t/\tau] * rect[t/\tau] = \tau \, tri[t/\tau]$ (3.180)

2) $rect[t/\tau] * rect[t/\tau]$ ○—○ $(\tau \, sinc[\tau f])^2$

Aus 1) und 2) folgt

$tri[t/\tau]$ ○—○ $\tau \, sinc^2[\tau f]$

zu 3.27 "Hanning window"

$$cos[\pi t/\tau]\, cos[\pi t/\tau]\, rect[t/\tau]$$

$$\circ\!\!-\!\!\!-\!\!\circ \quad \frac{\tau}{4}\left(\delta[f+\frac{1}{2\tau}] + \delta[f-\frac{1}{2\tau}]\right) * \left(\delta[f+\frac{1}{2\tau}] + \delta[f-\frac{1}{2\tau}]\right) * sinc[\tau f]$$

$$= \frac{\tau}{4}\left(\delta[f+\frac{1}{\tau}] + \delta[f-\frac{1}{\tau}] + 2\delta[f]\right) * sinc[\tau f]$$

$$= \frac{\tau}{4}\left(sinc[\tau f+1] + sinc[\tau f-1] + 2sinc[\tau f]\right)$$

$$= \frac{\tau\{(\tau f-1)\tau f sin[\pi\tau f+\pi] + (\tau f+1)\tau f sin[\pi\tau f-\pi] + 2(\tau^2 f^2-1) sin[\pi\tau f]\}}{4\pi(\tau f+1)(\tau f-1)\tau f}$$

$$= \frac{\tau\, sin[\pi\tau f](-2)}{4\pi(\tau^2 f^2-1)\tau f} = \frac{\tau\, sin[\pi\tau f]}{2\pi\tau f(1-\tau^2 f^2)} \tag{3.181}$$

3.3 Periodische Signale

3.3.1 Endliche Signalwiederholung

Durch die Überlagerung (= Addition) von zwei oder mehr verschobenen Kopien einer Funktion wird die Einhüllende der Fourier-Transformierten der Originalfunktion moduliert. Dieses Phänomen der im komplementären Bereich[9] stattfindenden Modulation wird Interferenz[10] genannt.

Der wichtigste Spezialfall - nämlich Wiederholung in *konstanten* Intervallen - wird am Beispiel der Zeitfunktion erläutert: (Abb. 3.25)

Die M-fach wiederholte Funktion kann beschrieben werden als Faltung mit dem endlichen Delta-Kamm: Unabhängig davon, ob M gerade oder ungerade ist, gilt dann mit $t_0 = \tau(M-1)/2$

$$\sum_{n=0}^{M-1} x_E[t-n\tau+t_0] = \left\{\sum_{n=0}^{M-1} \delta[t-n\tau+t_0]\right\} * x_E[t] = Ш_{\tau,M} * x_E[t] \tag{3.182}$$

Der mit Gl. 3.182 definierte, endliche Delta-Kamm $Ш_{\tau,M}[t]$ ist zunächst eine Zeitfunktion, kann aber sinngemäß auch als Funktion der Frequenz oder sonstiger Variablen benutzt werden; z.B. $Ш_{F,M}[f]$. Wenn, wie in Gl. 3.182, kein Zweifel am Namen der Variablen besteht, wird das Argument vereinfachend weggelassen.

9) Komplementär im Sinne der Fourier-Transformation sind: Zu Zeit t → Frequenz f; zu Ort z → Lateralfrequenz s.

10) von lat. *inter-ferire* d.h. (sich) gegenseitig schneiden, schlagen.

Orginalfunktion:

M - fache Wiederholung im Abstand τ , zentriert um t = 0:

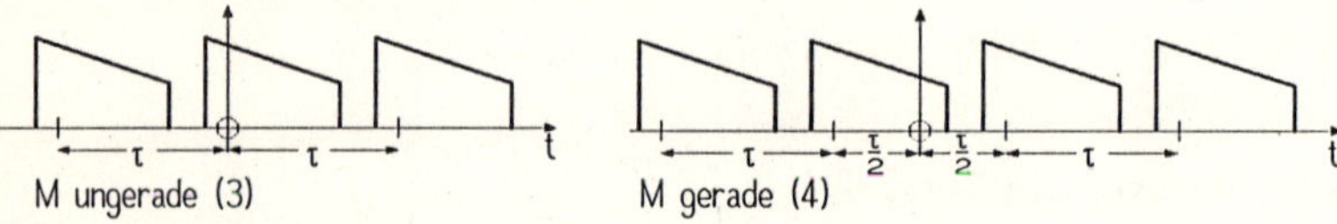

Definition von $Ш_{\tau,M}$: Zentrierter δ-Kamm endlicher Anzahl M:

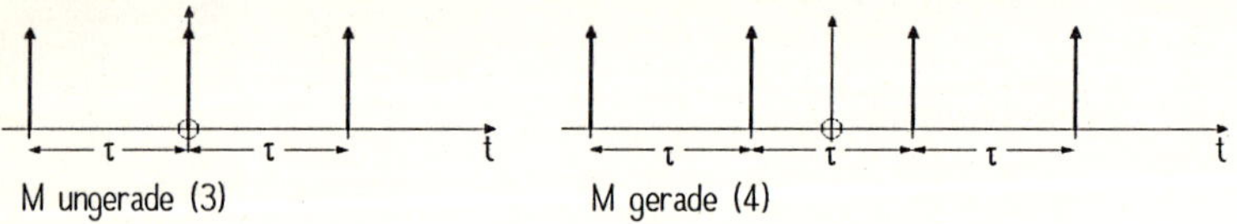

Abb. 3.25: Zusammenhang zwischen M-fach wiederholtem Signal und endlichem δ-Kamm mit M Impulsen.

Die Fourier-Transformation des endlichen δ-Kammes ergibt die *Interferenzfunktion*[11]

$$Ш_{\tau,M} \;\circ\!\!-\!\!\circ\; sin[M\pi f\tau]/sin[\pi f\tau] = I[f]_{\tau,M} \tag{3.183}$$

Herleitung:

1) Verschiebungssatz

$$Ш_{\tau,M} = \sum_{n=0}^{M-1} \delta[t - n\tau + t_0] \;\circ\!\!-\!\!\circ\; e^{j2\pi f t_0} \sum_{n=0}^{M-1} e^{-j2\pi f n\tau} \tag{3.184}$$

2) Geometrische Reihensumme

$$\sum_{n=n_1}^{n_2} k^n = (k^{n_2+1} - k^{n_1})/(k-1) \tag{3.185a}$$

mit Spezialfall $k = exp[j\alpha]$:

$$\sum_{n_1}^{n_2} e^{jn\alpha} = exp[j\frac{\alpha}{2}(n_2 + n_1)]\frac{sin[\frac{\alpha}{2}(n_2 - n_1 + 1)]}{sin[\frac{\alpha}{2}]} \tag{3.185b}$$

11) Die Interferenzfunktion wird z.B. bei Meyer/Neumann, 1979, Kap. 5.6.1, als "Richtcharakteristik der geraden Gruppe" ausführlich diskutiert.

3) Einsetzen

$$k = e^{-j2\pi f\tau}; \quad n_1 = 0; \quad n_2 = M-1$$

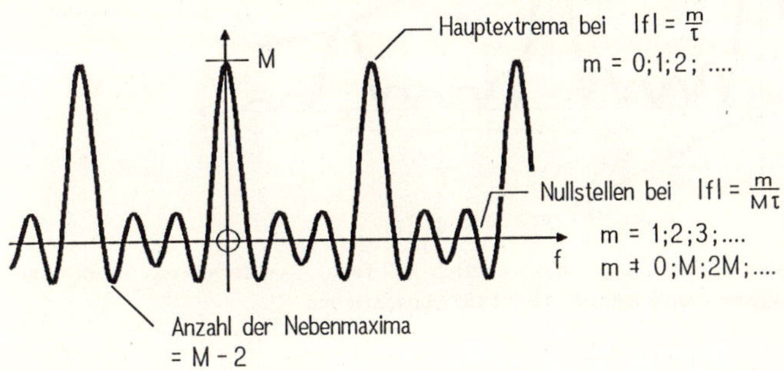

Abb. 3.26: Interferenzfunktion.

Die Interferenzfunktion läßt sich auch auffassen als ∞-fach wiederholte *sinc*-Funktion:

$$Ш_{\tau,M} = Ш_{\tau}\, rect[\frac{t}{\tau M}] \;\circ\!\!-\!\!\!-\!\!\circ\; M\, sinc[M\tau f] * Ш_{1/\tau} \tag{3.186}$$

Die Anwendung des Faltungssatzes führt nun zur Interferenzformel:

$$\boxed{x_E[t] * Ш_{\tau,M} \;\circ\!\!-\!\!\!-\!\!\circ\; X_E[f]\, \frac{sin[M\pi f\tau]}{sin[\pi f\tau]}} \tag{3.187}$$

Übergang von endlicher zu unendlicher Wiederholung

Wiederholt sich ein Elementarsignal $s_E[t]$ mehrfach in gleichen Abständen T, so entsteht ein teil-periodischer Signalzug

$$s[t] = s_E[t] * Ш_{T,N}[t] \qquad (T>0) \tag{3.188}$$

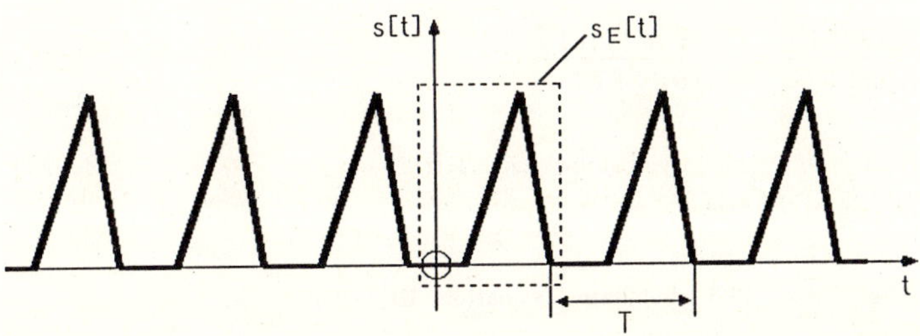

Abb. 3.27: Endliche Wiederholung (N-fach) eines Elementarsignals $s_E[t]$ nach Gl. 3.182 und 3.188.

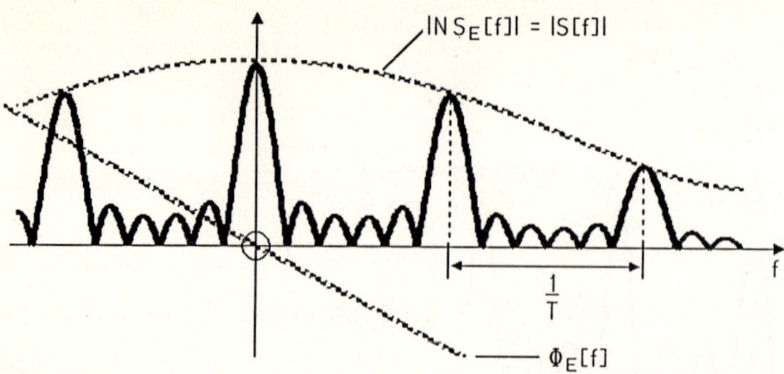

Abb. 3.28: Amplitudenspektrum S[f] des endlich (N-fach) wiederholten Elementarsignals aus Abb. 3.27. Dieses Spektrum wird durch Gl. 3.187 beschrieben.

Das Spektrum des teil-periodischen Signals ergibt sich aus dem Elementarspektrum $S_E[f]$ durch Multiplikation mit der Interferenzfunktion I[f] (Gl. 3.183).

Mit zunehmender Anzahl N der Wiederholungen wird aus dem endlichen δ-Kamm $Ш_{T,N}$ der unendliche δ-Kamm $Ш_{T,\infty}$, der im Folgenden abgekürzt als $Ш_T$ notiert wird[12]:

$$\lim_{T\to\infty} Ш_{T,N}[t] = Ш_{T,\infty}[t] = Ш_T[t] = Ш_T = \sum_{-\infty}^{\infty} \delta[t-nT] \tag{3.189}$$

Damit folgt aus Gl. 3.188 die in diesem Text noch sehr oft benutzte, universelle Schreibweise des periodischen Signals

$$s[t] = \sum_{-\infty}^{\infty} s_E[t-nT] = s_E[t] * Ш_T \tag{3.190}$$

Entsprechend verändert sich der Charakter des Amplitudenspektrums

$$S[f] = \lim_{N\to\infty} S_E[f]\, I_{T,N}[f] = S_E[f]\, I_{T,\infty}[f] \tag{3.191}$$

Der Grenzübergang $N\to\infty$ für die schon immmer streng periodische Interferenzfunktion braucht nur für ein Elementarintervall, z.B. $-1/(2T) \le f \le 1/(2T)$, gezeigt zu werden:

$$1) \quad I_{T,N}[f] = \frac{sin[N\pi fT]}{sin[\pi fT]} = \frac{N\, sinc[NfT]}{sinc[fT]} \tag{3.192}$$

$$2) \quad \lim_{N\to\infty} N\, sinc[NfT] = \frac{1}{T}\,\delta[f] \quad \text{(siehe Gl. 3.11)} \tag{3.193}$$

12) Zusammenhang mit der bei Lüke, 1990, benutzten Funktion III[t/T]:

$$III[t/T] = T\, Ш_T[t] \quad \text{und} \quad III[f/F] = F\, Ш_F[f]$$

Daraus folgt:

$$3)\quad \boxed{I_{T,\infty}[f] = \frac{1}{T}\,Ш_{1/T}[f]} \qquad (3.194)$$

3.3.2 Unendliche Wiederholung

Linienspektrum und AKF

Aus Gln. 3.190, 3.191 und 3.194 ergibt sich die folgende Schreibweise des periodischen Signals als Fourier-Paar

$$\boxed{s_E[t] * Ш_T[t] \;\circ\!\!-\!\!\!-\!\!\circ\; S_E[f]\,\frac{1}{T}\,Ш_{1/T}[f]} \qquad (3.195)$$

Die rechte Seite von Gl. 3.195 stellt das Amplitudenspektrum des periodischen Signals s dar. Dieses Spektrum besteht aus einer unendlichen Reihe von δ–Impulsen im gleichen Frequenzabstand $\Delta f = 1/T$ und mit dem (von Impuls zu Impuls unterschiedlichen) komplexen Gewicht $S_E[f]/T$. Ein solches Spektrum wird als *Linienspektrum* bezeichnet.

Der hier eingeführte, komplex gewichtete δ-Impuls darf auch als Impulspaar aufgefaßt werden, bei dem der eine Impuls reell und der andere, an der gleichen Stelle befindliche Impuls imaginär gewichtet ist. Diese Betrachtungsweise wird auch in Abb.3.29 sichtbar.

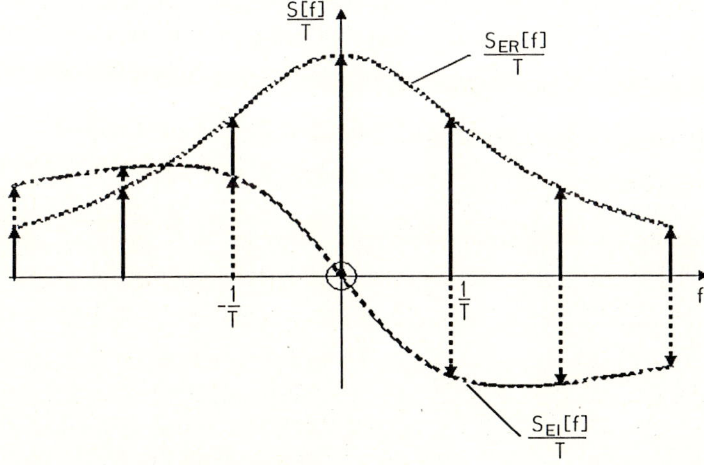

Abb. 3.29: Linienspektrum $S[f]$ nach Gl. 3.195 (rechte Seite). Die Gewichte sind symbolisch als Impulshöhen markiert.

Die oft gestellte Frage nach der *determinierten AKF* $c_{ss}[t]$ des periodischen Signals s, also (siehe Gl. 3.152)

$$c_{ss}[t] = \int_{-\infty}^{\infty} s^*[t'] \, s[t'+t] \, dt' \qquad (?) \tag{3.196}$$

ist sinnlos - unabhängig vom beliebigen Verlauf des Elements $s_E[t]$. Je nachdem, ob die Integration über ein Teilintervall der Dauer T einen endlichen Wert oder 0 ergibt, wird die Integration über unendlich viele solcher Intervalle unbestimmt sein oder vom Betrage ∞: Das Integral "existiert nicht". Ebensowenig existiert dessen Fourier-Transformierte, also das *Energiespektrum* $C_{ss}[f]$ des periodischen Signals s. Bei unendlich großer Signalenergie

$$E_s = \int_{-\infty}^{\infty} |s[t]|^2 \, dt$$

ist in der Tat die Frage nach der spektralen Verteilung dieser Energie sinnlos.

Wenn im Zusammenhang mit periodischen Signalen von der AKF die Rede ist, kann nur die später behandelte *stochastische AKF* $\varphi_{ss}[t]$ gemeint sein (Kap. 10.3.3), die periodisch und beschränkt ist und als Fourier-Transformierte wiederum ein Linienspektrum hat - das *Leistungsspektrum* von s.

Die in Gl. 3.195 auftetende Gewichtsfunktion $S_E[f]/T$ hat nur noch an den Stellen $f = m/T$ eine praktische Bedeutung (wobei m die laufende, bei $f = 0$ mit 0 anfangende, ganzzahlige Liniennummer ist). Die kontinuierliche Gewichtsfunktion wird also durch die Multiplikation mit $Ш_{1/T}$ reduziert zu einer Folge einzelner, mit m numerierter Gewichte K_m

$$\boxed{K_m = \frac{S_E[m/T]}{T}} \tag{3.197}$$

Sobald man diesen Tatbestand mathematisch ausdrückt, entsteht bei der Fourier-Synthese eine ganz andere Art der Signalbeschreibung, nämlich die *Fourier-Reihe*:

$$\boxed{S[f] = \sum_{m=-\infty}^{\infty} K_m \, \delta[f - m/T] \quad \circ\!\!-\!\!\!-\!\!\circ \quad \underbrace{\sum_{m=-\infty}^{\infty} K_m \, e^{j2\pi m t/T}}_{\textit{komplexe Fourier-Reihe}} = s[t]} \tag{3.198}$$

Ein streng periodisches Signal $s[t]$ läßt sich also beschreiben als Überlagerung abzählbar unendlich vieler, harmonischer, komplexer Schwingungen ("Gleichanteil" mit Amplitude K_0; "Grundwelle" mit den Teilamplituden K_1 und K_{-1} und "Oberwellen" mit den Teilamplituden K_m, K_{-m}).

Reelle Fourier-Reihen:

Wenn mit dem Koordinatenpaar t und f "Zeit" und "Frequenz" gemeint ist, wird das Signal s[t] meistens *reell angesetzt*. Für reelle Signale ist wegen Gl. 3.78 $K_{-m} = K_m^*$ und die $|m|^{ten}$ Teilwellenpaare lassen sich jeweils zusammenfassen zu (siehe rechte Seite von Gl. 3.198):

$$\begin{aligned} &K_{-m} e^{-j2\pi mt/T} + K_m e^{j2\pi mt/T} \\ &= 2K_{mR} \mathit{cos}[2\pi mt/T] - 2K_{mI} \mathit{sin}[2\pi mt/T] \end{aligned} \tag{3.199}$$

Wir zerlegten den komplexen Fourierkoeffizienten K_m in Real- und Imaginärteil

$$K_m = K_{mR} + jK_{mI} \tag{3.200}$$

und definieren jetzt die reellen Fourierkoeefizienten A_m und B_m:

$$A_0 = K_{0R} \tag{3.201}$$

$$A_m = 2K_{mR} = \frac{2}{T} S_{ER}[m/T] \tag{3.202}$$

$$B_m = -2K_m = -\frac{2}{T} S_{EI}[m/T] \tag{3.203}$$

Die Umkehrung lautet dann

$$|K_m| = \frac{1}{2}\sqrt{A_m^2 + B_m^2} \quad ; \qquad K_{0R} = A_0; \quad K_{0I} = 0 \tag{3.204}$$

$$\angle K_m = -\mathit{atn}[B_m/A_m] \tag{3.205}$$

Es folgt die nur noch einseitig zu summierende *reelle Fourierreihe*:

$$\boxed{s[t] = A_0 + \sum_{m=1}^{\infty} \{A_m \mathit{cos}[2\pi mt/T] + B_m \mathit{sin}[2\pi mt/T]\}} \tag{3.206}$$

Aus der obigen Definition von A_m und B_m ergibt sich
für $m \neq 0$

$$A_m = \frac{2}{T}\int_{-\infty}^{\infty} s_E[t]\, \mathit{cos}[2\pi mt/T]\, dt \tag{3.207}$$

$$B_m = \frac{2}{T}\int_{-\infty}^{\infty} s_E[t]\, \mathit{sin}[2\pi mt/T]\, dt \tag{3.208}$$

für $m = 0$

$$A_0 = \frac{1}{T}\int_{-\infty}^{\infty} s_E[t]\, dt \tag{3.209}$$

Praktische Gesichtspunkte

Berechnung der Fourierkoeffizienten: Bei der praktischen Berechnung der Fourierkoeffizienten kann man sowohl von tabellierten Fourier-Paaren ausgehen (siehe Kap. 3.1.3) und nach Festlegung einer eventuellen Verschiebung t_0 und der Wiederholperiode T über Gl. 3.197 und 3.201 bis 3.203 zum Ziel gelangen, oder aber direkt in Gl. 3.207 bis 3.209 einsetzen.

Messung der Fourierkoeffizienten: Bei der Auswertung von Messungen mit Hilfe analoger oder digitaler Spektrumanalysatoren werden wegen der endlichen Länge des Beobachtungszeitraums (MT) grundsätzlich nur Interferenzmuster (Gl. 3.187) auftauchen - also "verbreiterte Linien", deren Höhe bei linearer Darstellung proportional zu

$$|K_m| = \frac{1}{2}\sqrt{A_m^2 + B_m^2}$$

ist mit einer Breite (= Fußpunktabstand) von $\Delta f \approx 2/(MT)$ und einem Abstand $F = 1/T$. Nur falls zusätzlich eine saubere Phasenmessung möglich ist, läßt sich daraus A_m und B_m separieren und über Gl. 3.206 die interessante, zugehörige Zeitfunktion rekonstruieren.

Periode, Dauer und Überlappung: Die im ganzen Kap. 3.3.2 vorkommende Zeit "T" ist normalerweise *nicht* die, wie auch immer definierte, *Dauer* von s_E, sondern grundsätzlich die Wiederholperiode. Das zu wiederholende Element darf auch kürzer oder länger sein als T. Falls es länger als T ist (Überlappungssituation), gibt es zwei miteinander voll verträgliche, erlaubte Betrachtungsweisen:

a) s_E wird umdefiniert als ein frei wählbarer Ausschnitt der Breite T aus dem periodischen, resultierenden Signal s;
b) die bisherige, freie Definition des Originalelements s_E wird beibehalten. Alle angegebenen Formeln gelten für beide Betrachtungsweisen.

Poissonsche Summenformel: Durch Ausschreiben von Gl. 3.195 und Einsetzen der Zeit $t = 0$ ergibt sich die Poissonsche Summenformel, die zur Konvergenzbeschleunigung unendlicher Reihensummen in der Mathematik benutzt wird:

$$\sum_{-\infty}^{\infty} s_E[t - nT] \circ\!\!-\!\!\circ \sum_{-\infty}^{\infty} S_E[f]\,\delta[t - m/T]/T \qquad (3.210)$$

↑ periodische Zeitfunktion ↑ Linienspektrum

$$\sum_{-\infty}^{\infty} s_E[t - nT] = \int_{-\infty}^{\infty} \sum_{-\infty}^{\infty} \frac{1}{T} S_E[f]\,\delta[t - m/T]\, e^{j2\pi ft}\, df$$

$$= \sum_{-\infty}^{\infty} \frac{1}{T} S_E[m/T]\, e^{j2\pi mt/T} \qquad (3.211)$$

für $t = 0$ folgt die POISSONsche Summenformel (Subst. $n = -n$):

$$\sum_{-\infty}^{\infty} s_E[nT] = \frac{1}{T} \sum_{-\infty}^{\infty} S_E[m/T] = \sum_{-\infty}^{\infty} K_m \quad ; \qquad (T > 0) \qquad (3.212)$$

Nicht zu verwechseln mit dieser Summenformel ist das folgende, wichtige Fourier-Paar ("Deltazaun bleibt Deltazaun"), das sich ebenfalls aus Gl. 3.195 ergibt, indem dann in Gl. 3.210 für $s_E = \delta[t]$ eingesetzt wird:

$$\boxed{ш_T[t] \circ\!\!-\!\!\circ \frac{1}{T} ш_{1/T}[f]} \qquad (T > 0) \qquad (3.213)$$

Literaturempfehlung Kap. 3

zu tabellierten Fourier-Paaren

1) Bracewell (1), 1986, ch. 21 (60 Fourier-Paare)
2) Urkowitz, 1983, Tab. 1 A.2 (47 Fourier-Paare)
3) Doetsch, 1967, Anh. Tab. 1 (40 Fourier-Paare)

zu Fourier-Regeln, in der Reihenfolge zunehmender Ausführlichkeit und mathematischer Ansprüche

1) Mildenberger, 1988, Kap. 2.2 bis 2.4
2) Lüke, 1990, Kap. 2 und 4
3) Hofer-Alfeis, 1985, Kap 4 bis 6
4) Brigham, 1982, Kap 3 und 4
5) Bracewell (1), 1986, ch. 3, 6 und 7

zum Thema "Impulskompression, Ambiguity-Funktion"

1) Rihaczek, 1966
2) Mortenson, 1987, ch. 6
3) Bachmann/Hißen, 1968

zum Thema "Periodische Signale"

1) Schildt, 1987, Kap. 2.1
2) Hölzler/Holzwarth, 1975, Kap. 2.1
3) Schüßler, 1981, Anh. A4
4) Papoulis, 1962, ch. 3-2

4 Systeme

4.1 Darstellungen der Übertragungsfunktion

Die Übertragungsfunktion H[p] bzw. H[ω] wurde schon mit Gleichung 2.8 und 2.25 definiert. Sie tritt unter vielerlei Namen auf, z.B. "Frequenzgang", "Frequenzcharakteristik", "Durchlaßkurve", oder engl. *"frequency response", "transfer function", "system function"*. Noch vielfältiger sind die üblichen und sinnvollen graphischen Darstellungsformen. Abb. 4.1 zeigt die acht häufigsten Grundmuster. Die meisten der dort gezeigten Darstellungsarten haben noch verschiedene, durch Normierung der Frequenzachse oder der logarithmischen Bezugsgröße mögliche Varianten.

Im Folgenden werden die zu jeder der acht hauptsächlichen Darstellungsarten gehörenden Besonderheiten kurz zusammengefaßt:

4.1.1 Fourier-Moduldarstellung (Abb. 4.1/1)

Modul und Übertragungsphase in linearen, kartesischen Koordinaten mit Einbeziehung negativer Frequenzen. Es gilt

$$H[f] = \left|H[f]\right| e^{j\phi_H[f]} \tag{4.1}$$

mit $|H|$ = Modul
$\angle H = \phi_H$ = Übertragungsphase[1].

Praktische Anwendung hauptsächlich in der Fourier-Theorie. Die linear geteilte Frequenzachse kann dabei in fünf Varianten auftreten: (Abb. 4.2)

Die Nyquist-Frquenz $\hat{F}$ ist die höchste sinnvolle Frequenz im Spektrum abgetasteter Signale; wie in Kap. 7.1 ausführlich gezeigt, ist sie gleich der halben Abtastfrequenz. Die nach Nyquist normierte Frequenz Ω tritt häufig im Zusammenhang mit der Digitalfiltertheorie auf beim Übergang von p-Ebene nach z-Ebene. Es gilt

$$\Omega = \frac{\omega}{2\hat{F}} = \pi f / \hat{F} \tag{4.2}$$

Die resonanznormierte Frequenz ξ finden wir im Umfeld von Resonanzuntersuchungen (Kap. 2.4.4). Es gilt

$$\xi = f / f_{res} \tag{4.3}$$

Schließlich finden wir die diskrete Frequenznummer (auch "diskrete Frequenz" genannt) als ganzzahlige, dimensionslose "Frequenz"-Variable bei der diskreten Fourier-Transformation (DFT; siehe Kap. 8).

1. Das Wort *Phase* geht zurück auf das griechische *phasis* = Erscheinung (im Zusammenhang mit Gestirnen und Mond)

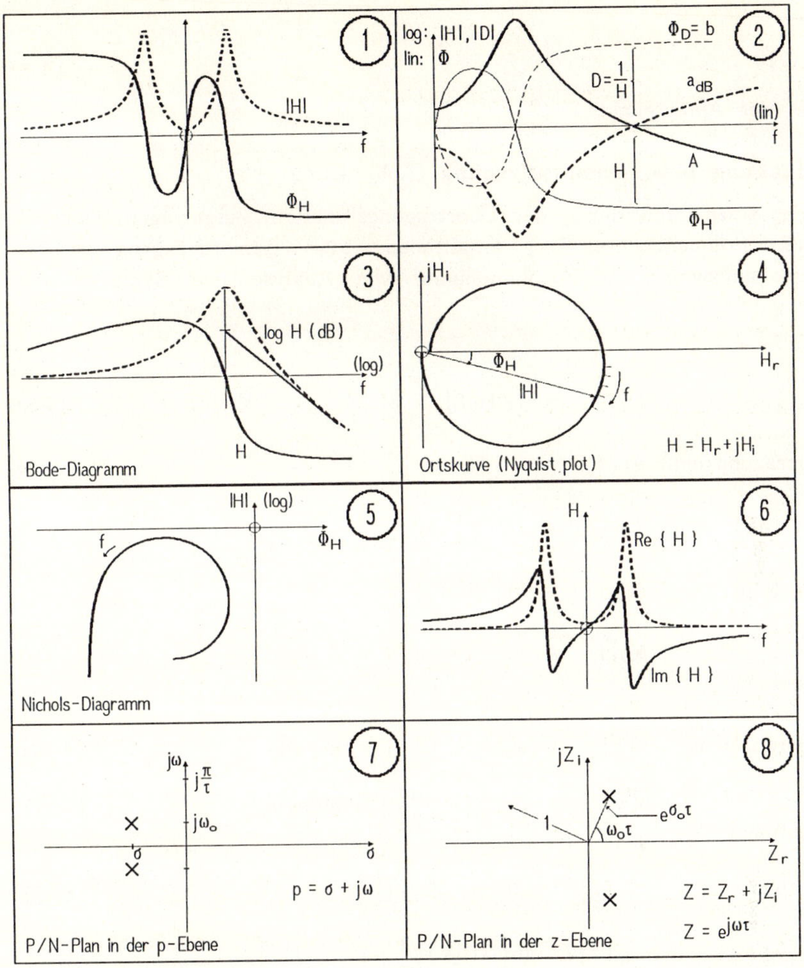

Abb. 4.1: Die 8 Darstellungsarten der Übertragungsfunktion

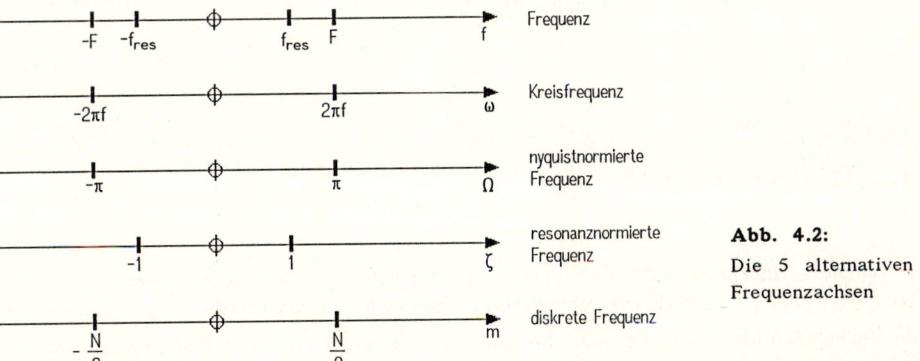

Abb. 4.2: Die 5 alternativen Frequenzachsen

Es gilt

$$m = Nf/(2\hat{F}) \tag{4.4}$$

mit N = Anzahl der Abtastpunkte .

4.1.2 Amplitudengang bzw. Dämpfungsgang (Abb. 4.1/2)

Positiver bzw. negativer Logarithmus der Übertragungsfunktion, aufgetragen über der positiven, linearen Frequenzachse. Der Amplituden- bzw. Dämpfungsgang ist die bevorzugte Darstellungsweise im Zusammenhang von Analyse und Synthese von Netzwerken. Es gilt

Dämpfung $D[f] = 1/H[f] = e^{g[f]}$ (4.5)

Komplexes Übertragungsmaß $A[f] = \mathit{ln}\left[H[f]\right]$ (4.6)

Übertragungsmaß (dB) $A_{dB}[f] = 20\ \mathit{lg}\left[\,|H[f]|\,\right]$ (4.7)

Übertragungsmaß (Np) $A_{Np}[f] = \mathit{ln}\left[\,|H[f]|\,\right]$ (4.8)

Übertragungsphase, Übertragungswinkel $\phi_H[f] = \angle H[f]$ (4.9)

Komplexes Dämpfungsmaß[2] $g[f] = a[f] + jb[f] = \ln[D[f]]$ (4.10)

Dämpfungsmaß, Übertragungsdämpfung[3] $a[f] = \mathit{log}\left[\,|D[f]|\,\right]$ (allgemein) (4.11)

Dämpfungsmaß[3] (dB) $a_{dB}[f] = 20\ \mathit{lg}\left[\,|D[f]|\,\right]$ (4.12)

Dämpfungsmaß[3] (Np) $a_{Np}[f] = \mathit{ln}\left[\,|D[f]|\,\right]$ (4.13)

Dämpfungsphase, Dämpfungswinkel $b[f] = \phi_D[f] = \angle D[f]$ (4.14)

Beziehungen zwischen den vorstehend definierten Komponenten:

$$\phi_H[f] = -\phi_D[f] \tag{4.15}$$

$$A_{dB}[f] = -a_{dB}[f] \tag{4.16}$$

$$A_{dB}[f] \approx 8.86\ A_{Np}[f] \tag{4.17}$$

2. Das komplexe Dämpfungsmaß wird manchmal ebenfalls als "komplexes Übertragungsmaß" bezeichnet; das ist wegen Verwechslungsgefahr aber nicht zu empfehlen.

3. Beim Dämpfungsmaß empfiehlt sich die auch von Schröder/Rommel, 1980, vorgeschlagene, unterscheidende Kennzeichnung a_{dB} bzw. a_{Np}.

4.1.3 Bode-Diagramm (engl. *Bode plot*) (Abb. 4.1/3)

Übertragungsmaß und Übertragungsphase, aufgetragen über der logarithmierten, positiven Frequenzachse. Das Bode-Diagramm hat besondere, praktische Bedeutung im Zusammenhang mit rationalen Systemen (siehe Gl. 2.36): Kennt man die Wurzeln p_n und p_m von Zähler- und Nennerpolynom, so kann man anstelle der Potenzreihenform die Produktform wählen. (Das ist der "Fundamentalsatz der Algebra" [4]):

$$H[p] = \frac{\sum_0^N b_n p^n}{\sum_0^M a_m p^m} = \frac{b_N \prod_1^N (p - p_n)}{a_M \prod_1^M (p - p_m)} \tag{4.18}$$

Nach dem in der Nachrichtentechnik berühmten Vorschlag von Bode[5] wird die rechte Seite von Gl. 4.18 logarithmiert, wodurch sie in die N + M *additiven Einzelbeiträge* aller Pole und Nullstellen zerfällt. Die Essenz des Bode-Verfahrens[6] besteht nun in folgenden 3 Schritten:

1) Berechnung der Eckfrequenzen ω_E aus den Polen und Nullstellen p_m, p_n:

$$\omega_{E,m} = |p_m| \quad ; \quad \omega_{E,n} = |p_n| \tag{4.19}$$

2) Näherungsweise Darstellung des Verlaufs des Übertragungsmaßes A durch Geraden, die bei jeder Eckfrequenz ω_E abknicken. Der Anstieg der A-Geraden ändert sich bei jeder Eckfrequenz um 20 dB/Dekade. Das Vorzeichen der Änderung ist bei Nullstellen für A und ϕ_H positiv, bei Polen jeweils negativ.

3) Näherungsweise Darstellung des Verlaufs der Übertragungsphase ϕ_H durch Überlagerung von "Rampen" (siehe durchgezogene Linie in Abb. 4.3 unten). Jede dieser Rampen besteht aus zwei konstanten Geraden (Anstieg Null), die durch eine sich über zwei Frequenzdekaden erstreckende, ansteigende oder abfallende Gerade verbunden sind. Die zugehörige Eckfrequenz ω_E markiert die Mitte dieser Verbindungsgeraden. Jede durch eine "Null" erzeugte Eckfrequenz bringt einen Rampenzuwachs um $\pi/2$; jede durch einen "Pol" erzeugte Eckfrequenz hingegen einen Rampenabfall um $\pi/2$.

Falls H nicht in der Laplace-Formulierung H[p] (Gl. 4.18) vorliegt, muß substituiert werden: $\omega \rightarrow p/j$. In der Sprache der Laplace- und Funktionentheorie ist diese Substitution eine "analytische Fortsetzung"[7] - sozusagen eine Extrapolation in der komplexen Frequenzebene.

4. Siehe z.B. Bronstein/Semendjajew, 1987, Kap. 2.4.2.4

5. H. W. Bode, 1964

6. Z.B. Herter/Lörcher, 1990, Kap. 2.3.6.4

7. Definition z.B. bei Bronstein/Semendjajew, 1987, § 3.4.9
Anwendung z.B. bei Lücker, 1985

Das folgende Beispiel verdeutlicht die Methode:

$$\text{z.B. } H[\omega] = \frac{j\omega - \sigma_o}{\omega_2^2 - \omega^2 + \sigma_2^2 - j2\sigma_2\omega} \tag{4.20}$$

also Nullstelle $p_o = \sigma_o \quad \rightarrow \quad \omega_{E,o} = |\sigma_o|$

Pole Nr. 1 u. 2: $p_2 = \sigma_2 \pm j\omega_2 \quad \rightarrow \quad \omega_{E,1} = \omega_{E,2} = +\sqrt{\sigma_2^2 + \omega_2^2}$

Abb. 4.3 zeigt H[ω] gemäß diesem Beispiel.

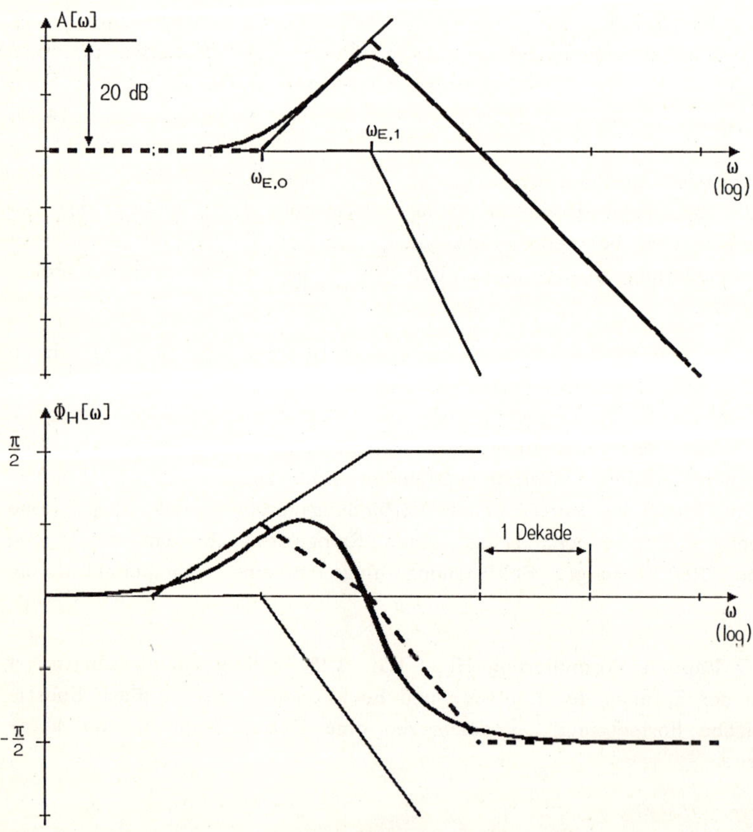

Abb. 4.3: Bode-Diagramm. Die Übertragungsfunktion des rationalen Systems kann im Bode-Koordinatensystem ohne Berechnung näherungsweise konstruiert werden. Die gestrichelte Kurve zeigt den Verlauf des Beispiels Gl. 4.20. Die durchgezogenen Linien geben die additiven Beiträge der einzelnen Pole und Nullstellen an. Die punktierte Kurve ist die daraus zusammengesetzte Bodesche Näherung.

Während in der Computer-Vorzeit der Hauptvorteil des Bode-Näherungsverfahrens in der Ersparnis von Rechenarbeit lag, ist heute der Vorteil in der Möglichkeit der direkten Spektral-Interpretation von PN-Plänen zu sehen.

4.1.4 **Ortskurve** (engl. Nyquist plot) (Abb. 4.1/4)

Die komplexe Größe $H = H_r + jH_i$ läßt sich in der komplexen Ebene als Punkt mit den Koordinaten H_r und H_i darstellen. Zugleich gibt der Abstand dieses Punktes zum Ursprung den Betrag $|H|$ und der Winkel zur reellen Achse die Phase ϕ_H an (Abb. 4.4). Dieser Punkt wandert mit der Frequenz. Die Gesamtheit aller solcher Punkte beim Durchfahren eines kontinuierlichen Frequenzbereichs nennt man Ortskurve. Diese Ortskurve ergibt einen besonders kompakten Überblick über das Verhalten der Übertragungsfunktion. Störend ist nur die etwas umständliche und ungleichmäßige Markierung der Frequenz auf der Ortskurve. Konkrete praktische Anwendung findet die Ortskurve bei der Beurteilung der Stabilität rückgekoppelter Systeme (siehe Kap. 4.2.2).

Ein erwähnenswerter Spezialfall ist die Klasse besonders einfach aufgebauter, rationaler Systeme mit nur einem einfachen Pol und höchstens einer Nullstelle. Hier ist die *Ortskurve immer kreisförmig*. Die zugehörige allgemeine Formulierung von H ist

$$H[\omega] = \frac{A + j\omega B}{C + j\omega D} \tag{4.21}$$

In Erweiterung der schon bei Schröder/Rommel (1980) bewiesenen Aussagen gilt allgemein: Der immer auf der reellen Achse liegende Kreismittelpunkt bei $H_r = H_o$ und der Radius R_o berechnen sich nach folgender Formel:

$$\left.\begin{aligned} R_o &= \left|(AD - BC)/(2CD)\right| \\ H_o &= R_o + B/D = (AD + BC)/(2CD) \\ \Theta &= -2\ atn[\omega D/C] \quad \text{(Frequenzmarkierung)} \\ &\qquad\qquad \text{Winkel des Fahrstrahls aus Abb. 4.4} \\ &\text{mit } A, B, C, D \text{ reell; } A, C, D \neq 0\ . \end{aligned}\right\} \tag{4.22}$$

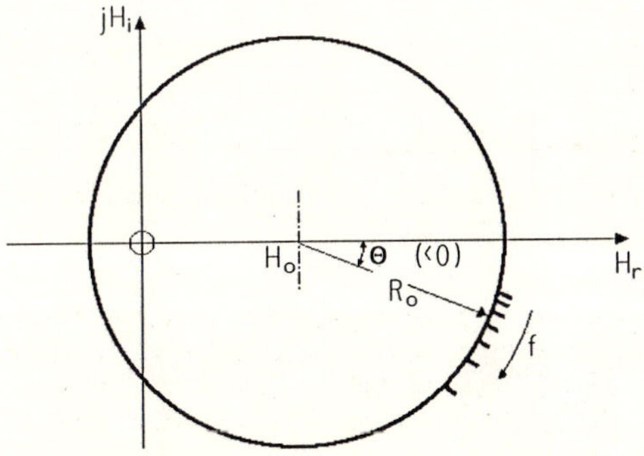

Abb. 4.4:

Ortskurve. Hier der Sonderfall der linear-rationalen Übertragungsfunktion (Gl. 4.21).

4.1.5 Nichols-Diagramm[8] (engl. *Nichols plot*) (Abb. 4.1/5)

Übertragungsmaß aufgetragen über der Übertragungsphase. Diese von Nichols (1928) eingeführte Funktion $A_{dB}[\phi_H]$ könnte z.B. unter Elimination der Frequenz direkt aus dem Bode-Diagramm abgelesen werden. Nichols-Diagramm und Ortskurve sind die einzigen Möglichkeiten, den gesamten Frequenzgang von $f = 0 \dots \infty$ lückenlos darzustellen. Praktische Anwendung bei der Beurteilung der Stabilität (siehe Kap. 4.2).

4.1.6 Real/Imaginär-Frequenzgang (Abb. 4.1/6)

Real- und Imaginärteil der Übertragungsfunktion in linearen, kartesischen Koordinaten mit Einbeziehung der negativen Frequenz. Praktische Anwendung z.B in der Modalanalyse[9]

4.1.7 P/N-Plan in der p—Ebene (engl. *P/N—Plot*) (Abb. 4.1/7)

Markierung der Pole und Nullstellen in der komplexen Frequenzebene, also im kartesischen Koordinatensystem σ, $j\omega$. Diese recht übersichtliche Darstellung ist *grundsätzlich beschränkt auf den rationalen Sonderfall*, d.h. auf LTI-Systeme, die aus konzentrierten Bauelementen bestehen. In diesem lehrreichen, aber leider nicht sehr häufigen Fall entsteht durch Laplace-Transformation der Differentialgleichung oder der Impulsantwort eine Übertragungsfunktion $H[p]$ in der besonderen Form eines Quotienten zweier Polynome. Durch diesen Polynombruch (Gl. 4.18) lassen sich schließlich die Pole und Nullstellen definieren und ermitteln. Praktische Anwendung des P/N-Planes bei Analyse, Synthese und Stabilitätsbetrachtungen eben solcher Systeme.

4.1.8 P/N-Plan in der z-Ebene (Abb. 4.1/8)

Markierung der Pole und Nullstellen in der komplexen z-Ebene, also im kartesischen Koordinatensystem z_R, jz_I. Ausschließliche Anwendung und Gültigkeit im Zusammenhang mit *linearen, zeitinvarianten Digitalfiltern*. Diese Digitalfilter kann man ebenfalls als rationale Systeme auffassen, wobei aber als zusätzliche Besonderheit ein systembestimmender Zeittakt der Periodendauer T auftritt; es ist also auch hier sinnvoll, von Polen und Nullstellen zu sprechen. Durch den Zusammenhang

$$z = e^{pT} \tag{4.23}$$

ist der Vergleich mit der Übertragungsfunktion rationaler, zeitkontinuierlicher Syste-

8. Bei Solodownikow, 1971, Kap. 8.6, "Schließdiagramm" genannt.

9. Z.B. Zaveri, 1984

me möglich. Die Nyquist-Frequenz $\hat{F}$ ist definiert als das Doppelte der Taktfrequenz, die Umkehrung der Beziehung Gl. 4.23 kann z.B. lauten

$$\sigma = 2\hat{F}\,\ln\left[|z|\right] \quad ; \quad \omega T = \frac{\omega}{2\hat{F}} = \Omega = \angle z \quad . \tag{4.24}$$

4.2 Stabilität

4.2.1 Übersicht: Definitionen und Testverfahren

Die allgemeinsten Definitionen der Stabilität entstammen der Stabilitätstheorie von A.M. Ljapunow (1892). Diese Definitionen sind auch heute noch die Grundlage für Stabilitätsuntersuchungen nichtlinearer oder zeitvariabler Syteme. Nachstehend eine stark verkürzte Wiedergabe der Ljapunowschen Definitionen:[10]

1) "stabil": Der Ausgang eines stabilen Systems verläßt nicht eine kleine, wählbare Umgebung ε der Ruhelage, wenn die Auslenkung δ (=Anfangszustand) hinreichend klein ist.

2) "gleichmäßig stabil": Die zur Ruheumgebung ε gehörige Auslenkung δ hängt nicht von der Zeit ab. (Das ist bei zeitinvarianten, stabilen Systemen immer der Fall).

3) "asymptotisch stabil": Nach hinreichend kleiner Auslenkung 1) kehrt das System im Laufe der Zeit ($t \to \infty$) wieder in die ursprüngliche Ruhelage zurück.

4) "global asymptotisch stabil": Das System ist auch bei beliebig großen Auslenkungen δ asymptotisch stabil; d.h. es hat nur eine einzige Ruhelage.

Die jetzt zu betrachtenden LTI-Systeme sind - falls sie stabil sind - grundsätzlich "global asymptotisch stabil" und "gleichmäßig stabil". Tab. 4.1 zeigt zunächst die für LTI-Systeme gültigen Stabilitätsdefinitionen.

4.2.2 Einzelfragen zur Stabilität

1) **Abklingtest:** Wenn das kontinuierliche LTI-System konkret vorhanden ist, wird man sich einfacherweise durch Beobachten des Abklingens nach vorangegangener, breitbandiger Anregung von der Stabilität überzeugen. Dazu gehört auch die Überlegung, daß die Übertragungsfunktion H nur bei strikt stabilen Systemen eindeutig meßtechnisch bestimmt werden kann. Das etwaige Vorhandensein einer solchen H-Meßaufzeichnung ist damit schon für sich ein weiterer, qualitativer Nachweis der Stabilität. Darüber hinausgehende, quantitative Aussagen - ungefähr gleichwertig mit den "Stabilitätsreserven" aus

10. Siehe Schüßler, 1984, oder Unbehauen, 1983, § 6

Bezeichnungen			Primäre Stabilitätsdefinitionen: Für LTI-Systeme allgemein	Primäre Stabilitätsdefinitionen: Für rationale LTI-Systeme		
instabil		nicht grenzstabil		Pole in rechter Halbebene		
stabil	bedingt stabil[12]	grenzstabil	$\int_{-\infty}^{\infty} \lvert h \rvert e^{-\lvert t/\tau \rvert} \, dt < \infty$ (τ endlich)	gemischte Pole beliebigen Grades auf Imaginärachse[11]		keine Pole in der rechten Halbebene
		leistungsstabil	$\lim_{T \to \infty} \frac{1}{T} \int_{(T)} \lvert h_0 \rvert^2 \, dt < \infty$ [15]	einfache Pole auf Imaginärachse[11]	keine "unzugänglichen" Instabilitäten möglich[14]	
	strikt stabil[12]	energiestabil	$\int_{-\infty}^{\infty} \lvert h_0 \rvert^2 \, dt < \infty$ [10]	keine Pole auf Imaginärachse[11]		
		amplitudenstabil[16]	$\int_{-\infty}^{\infty} \lvert h \rvert^2 \, dt < \infty$ (notwendig und hinreichend) [13]			

Tab. 4.1: Stabilitätsdefinitionen für kontinuierliche LTI-Systeme beliebiger Struktur. Die Reihenfolge von oben nach unten entspricht zunehmender Strenge der Stabilitätsbedingungen.

11. nach H. Marko, 1982, Kap. 3
12. Begriff eingeführt von H. W. Schüßler, 1984, Kap. 3.2
13. Beweisführung z.B. bei D. Kreß, 1977, Kap. 1.2.1, oder H. W. Schüßler, 1984
14. "unzugänglich" als Oberbegriff für die bei Schüßler, 1984, genannten Eigenschaften "nicht vollständig steuerbar" und "nicht vollständig beobachtbar".
15. h_0 ist die Impulsantwort h abzüglich etwa vorhandener δ-Impulse. Solche δ-Impulse in beliebiger, endlicher Anzahl und in beliebigem, endlichem Abstand in der Impulsantwort des Gesamtsystems können grundsätzlich keinen Einfluß auf die Stabilität haben.
16. Amplitudenstabilität hat zwei verschiedene, aber miteinander verträgliche Interpretationen und Konsequenzen:
    a) asymptotisch stabil; d.h. stabiles Eigenverhalten nach Wegfall jeglicher Anregung; d.h. auch asymptotisch stabil im Ljapunowschen Sinne.
    b) reaktionsstabil = BIBO-stabil (engl. *bounded input / bounded output*) d.h. das fremderregte System reagiert auf das beschränkte Eingangssignal mit einem beschränkten Ausgangssignal.

Punkt 5) - ergeben sich über die Ermittlung der Güte Q der auffallendsten Resonanzstellen (siehe Kap. 4.3.5).

2) h-Konvergenztest: Unter "h-Konvergenztest" verstehen wir die Berechnung der 4 h-Integrale aus Tab. 4.1, mittlere Spalte. Dazu ist es erforderlich, daß die Impulsantwort h[t] in algebraischer Form vorliegt, d.h. als Formel, die für alle $t = 0 \ldots \infty$ definiert ist. Diese, weiter unten noch öfter gestellte Forderung nach algebraischer Form bedeutet in der Praxis, daß das zu untersuchende System entweder erst als theoretisch-mathematischer Entwurf vorliegt, oder, daß ein konkretes, durchgemessenes System nachträglich einem mathematischen System angepaßt wird. Beide Fälle sind gleichermaßen mit den Unsicherheiten behaftet, die eine vor- oder nachträgliche Anpassung physikalischer Systeme an mathematische Modelle mit sich bringt.

Wie folgende Tab. 4.2 zeigt, gibt es eine Vielzahl von Stabilitätstests für die verschiedenen Arten kontinuierlicher LTI-Systeme - die meisten naturgemäß im Zusammenhang mit Regelkreisen (siehe Punkte 3, 4 und 5):

LTI-Systemtyp:	Was ist bekannt:	Hinweis:	Mögliche Stabilitätstests:
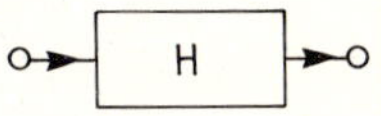 H	H (gemessen)	1	Abklingtest
	H (algebraisch)	2	h-Konvergenztest
	H (rational, Polynomform)	3	Hurwitz-Test / Routh-Test / Leonhardscher Ortskurventest / Strukturstabilität
	H (rational, Produktform)	4	Stabilitätsreserven
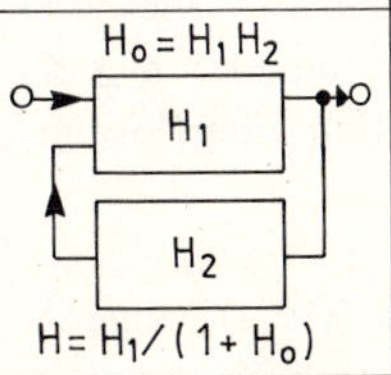 $H_0 = H_1 H_2$; H_1; H_2; $H = H_1/(1+H_0)$	H_0 (gemessen)	5	Stabilitätsrand / Linke-Hand-Test
	H_0 (rational, Produktform)	6	Erweiterter Nyquist-Test / Wurzelort
	Vierpol Zweipol (Parameter)	7	Potentielle Stabilität

Tab. 4.2: Die wichtigsten Stabilitätstests bei LTI-Systemen. Die Hinweisnummern finden sich in der Einteilung des nachstehenden Abschnitts 4.2.2 wieder.

3) Hurwitz- und Routh-Test: Voraussetzung für die Anwendung beider Tests ist ein *rationales System*, dessen Polynomkoeffizienten bekannt sind.

$$H[p] = \frac{\sum_0^N b_n p^n}{\sum_0^M a_m p^m} = \frac{Z[p]}{N[p]} \tag{4.25}$$

(Ein Totzeit-Term $e^{-pT_{tot}}$ ist nicht erlaubt[17].)

Das Nennerpolynom N[p] wird *"charakteristisches Polynom"* genannt. Bei $M > 4$ sind die Wurzeln dieses Polynoms nur näherungsweise und mit beträchtlichem numerischem Aufwand zu bestimmen. Der Vorteil des Hurwitz- und Routh-Tests liegt gerade darin, daß diese *Wurzeln nicht benötigt* werden.

3a) *Hurwitz-Test:*
Bei dem von A. Hurwitz (1895) entwickelten Test werden die Koeffizienten des charakteristischen Polynoms in besonderer Reihenfolge als Matrix angeordnet

$$\begin{array}{llllll} H_1 = & & a_{M-1} & a_{M-3} & a_{M-5} & \cdots \\ H_2 = & \det & a_M & a_{M-2} & a_{M-4} & \\ H_3 = & \det & 0 & a_{M-1} & a_{M-3} & \\ H_4 = & & 0 & a_M & a_{M-2} & \vdots \\ \vdots & & 0 & 0 & \cdots & a_0 \end{array} \tag{4.26}$$

und die Hurwitz-Koeffizienten H_k als Determinanten berechnet. Das Hurwitz-Kriterium lautet: "Das System H ist stabil, wenn alle $H_k > 0$ und $a_M > 0$". Bei großen M wird dieser Test aber sehr aufwendig. Nach K. Klotter[18] ist der (nachstehend beschriebene) Routh / Schur-Algorithmus die schnellste Methode, um die Hurwitzkoeffizienten zu berechnen. Da der Routh-Test völlig gleichwertig mit dem Hurwitz-Test ist, ist der Hurwitz-Test damit eigentlich überflüssig.

3b) *Routh-Test:*
Der Routh-Test läßt sich am besten anhand des von I. Schur (1921) angegebenen *"Routh / Schur-Algorithmus"* verdeutlichen: (Tab. 4.3)

17. Hahn, 1970, § 7

18. Klotter (2), 1981, Kap. 4.22

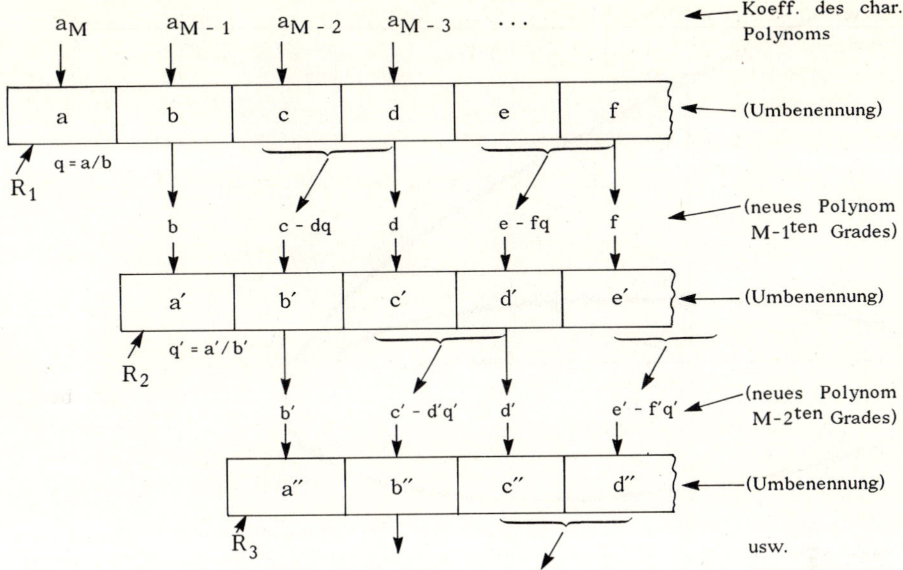

Tab. 4.3: Der Routh/Schur-Algorithmus erzeugt aus dem ursprünglichen Koeffizientensatz a, b, c, d des charakteristischen Polynoms einen um ein Element kürzeren Satz a', b', c', ... und daraus einen noch kürzeren a'', b'', c'', . . . bis nur noch ein Koeffizient übrig ist. Die jeweils führenden Koeffizienten a, a', a'', ... heißen Routh-Koeffizienten R_1, R_2, R_3, ...

Das qualitative Stabilitätskriterium nach E.J.Routh (1877) lautet: "Das rationale System H ist stabil, wenn alle Routh-Koeffizienten R_k positiv sind". Die unter 3a) beschriebenen Hurwitzkoeffizienten lassen sich daraus berechnen als

$$H_1 = R_1 \; ; \quad H_2 = R_1 R_2 \; ; \quad H_3 = R_1 R_2 R_3 \; ; \quad \ldots \tag{4.27}$$

3c) *Leonhardscher Ortskurventest:* [19]
Die nach A. Leonhard, (1944), L. Cremer, (1947) und A. W. Michailow, (1938) benannte Ortskurve ensteht durch Abbildung der $j\omega$-Achse ($\sigma = 0$) aus der p-Ebene mit Hilfe des charakteristischen Polynoms $N[p]$ in die N-Ebene (siehe Gl. 4.25, 4.28 und Abb. 4.5):

$$N[\omega] = a_0 + a_1 j\omega + a_2 (j\omega)^2 + \ldots = N_{Re} + jN_{Im} \tag{4.28}$$

$$\text{mit} \quad N_{Re} = a_0 - a_2\omega^2 + a_4\omega^4 - \ldots \; ;$$

$$N_{Im} = a_1\omega - a_3\omega^3 + a_5\omega^5 - \ldots \; .$$

19. Siehe z.B. Zurmühl, 1965, Kap. I, § 4.2 / Solodownikow, 1971, Kap. 12.2

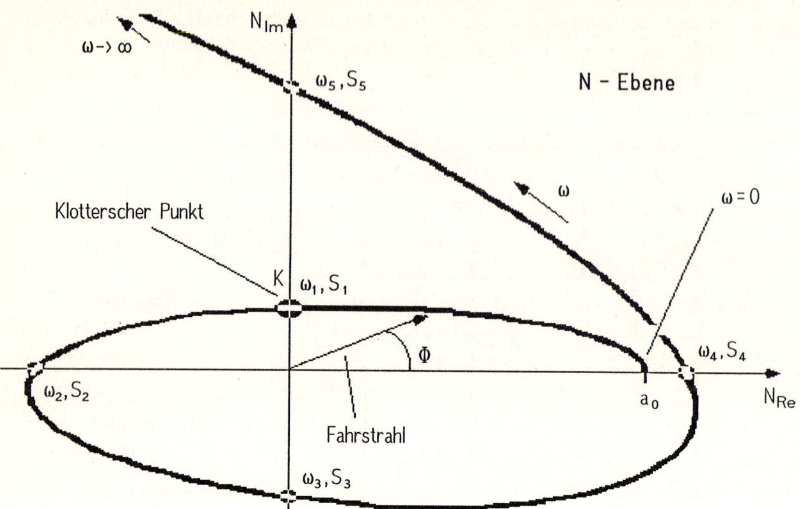

Abb. 4.5: Leonhardsche Ortskurve $N[\omega]$ (Gl. 4.28) mit Markierung der Schnittfrequenzen ω_k und der Schnittgrößen S_k. Z.B. für $k = 1$ ist $S_1 = N_{Im}[\omega_1]$; $N_{Re}[\omega_1] = 0$; das ist der Schnittpunkt beim Verlassen des ersten Quadranten. Der hier gezeigte Kurvenverlauf entspricht qualitativ einem charakterstischen Polynom sechsten Grades; die Leonhardsche Ortskurve läuft im 6. Quadranten aus.

Anhand der Leonhardschen Ortskurve kann man 4 Stabilitätskriterien definieren:

1. *Das Quadrantenkriterium:* Ein rationales LTI-System vom Nennergrade M ist dann strikt stabil, wenn der Fahrstrahl der Leonhardschen Ortskurve beim Durchfahren der Frequnez $\Omega = 0 \ldots \infty$ genau *M Quadranten* gegen den Uhrzeigersinn überstreicht, also einen Endwinkel $\phi_\infty = +M\pi/2$ erreicht[20]. In einfacheren Worten: Diese Ortskurve muß sich ohne Schlaufen linksherum um den Ursprung aufwinden.
2. *Das Lückenkriterium:* Notwendig und hinreichend für strikte Stabilität ist die Einhaltung der Reihenfolge der Schnittfrequenzen: $\omega_1 < \omega_2 < \omega_3 < \omega_4 < \ldots$. Oder anders ausgedrückt: Die Schnittfrequenzen mit ungeraden Indizes (ω_1, ω_3, ω_5) müssen in die *Lücken* des geradzahlig indizierten Schnittfrequenzrasters ($\omega_2, \omega_4, \omega_6, \ldots$) fallen[21].
3. *Das Lagekriterium:* Ebenfalls notwendig und hinreichend für strikte Stabilität ist die Forderung nach alternierenden Vorzeichen aufeinanderfolgender Schnittgrößen auf einer der Achsen[21]. Z.B. auf der Imaginärachse $S_1 > 0$; $S_3 < 0$; $S_5 > 0$. Das Kriterium bezieht sich also auf die *Lage* der Schnittpunkte auf einer Achse.
4. *Der Klottersche Punkt:* Falls das System strikt stabil ist und sich folglich die Leonhardsche Ortskurve gemäß dem Quadrantenkriterium um den Ursprung windet, sucht man den ursprungsnächsten Punkt. Aus dem Abstand dieses nach Klotter[21] bezeichneten Punktes zum Ursprung kann man die

20. Z.B. W. Hahn, 1970, § 4
21. Klotter (2), 1981, § 4.23

Abklingkonstante der "gefährdetsten Eigenschwingung" errechnen; die Frequenzablesung ω_K an dieser Stelle ergibt die zugehörige Frequenz.

3d) *Strukturelle Stabilität:*
Hier handelt es sich weniger um einen Test als um eine Systemeigenschaft, die anhand der charakteristischen Polynomkoeffizienten a_M festgestellt werden kann. Zur Vereinfachung der Formulierung setzen wir voraus, daß $a_m > 0$ (was sich ja gegebenenfalls durch Erweiterung des Polynombruchs mit -1 erreichen läßt). Die notwendige, aber nicht hinreichende *Stodolasche Bedingung* besagt nun: Das rationale LTI-System kann nur stabil sein[22], wenn alle $a_m > 0$. Ein rationales LTI-System, bei dem auch nur ein charakteristischer Koeffizient $a_m \leq 0$ ist, ist somit *"strukturell instabil"*[23] , d.h. hier muß die Verknüpfung oder die Natur der Systemelemente verändert werden, um jemals Stabilität erreichen zu können. Wenn die Stodolasche Bedingung erfüllt ist, spricht man von *"struktureller Stabilität"*[24]. Nur bei strukturell stabilen Systemen lohnt sich also die (eventuell recht mühsame) Suche nach dem Stabilitätsgebiet - also dem unter Einhaltung des Hurwitz-Kriteriums erlaubten Variationsbereich der Parameter a_m.

4) **Stabilitätsreserven:** Tab. 4.2 fordert unter Nr. 4 und 6 die Kenntnis der Übertragungsfunktion in *Produktform*. Damit ist die Forderung gemeint, daß die Wurzeln p_m des charakteristischen Polynoms $N[p]$ der rationalen Übertragungsfunktion des LTI-Systems H bekannt sein sollen. Kennt man alle Wurzeln, so läßt sich $N[p]$ (Gl. 4.25) in der Form

$$N[p] = a_M \prod_{m=0}^{M} (p - p_m) \qquad (4.29)$$

schreiben (Mehrfache Wurzeln einfach gezählt)[25]. Bei der Systemanalyse kennt man diese Wurzeln eher selten (wegen des erforderlichen numerischen Aufwandes) - bei der Systemsynthese hingegen gibt man meist die Wurzeln vor. Sind die Wurzeln bekannt, trägt man sie in ein PN-Diagramm ein (Abb. 4.6) und erkennt dort unmittelbar die *relative und absolute Stabilitätsreserve* als Grenzwinkel und Grenzabstand der Pole in der linken Halbebene.

Aus S_{rel} ergibt sich der betragskleinste Eigendämpfungsgrad $D = \cos[S_{rel}]$ und aus S_{abs} die maximale Abklingzeit einer Eigenschwingungskomponente $\tau_{max} = 1/S_{abs}$[26].

22. Beweis z.B. bei Zurmühl, 1965, oder bei Klotter (2), 1981

23. Profos, 1982, Kap. 4.5.3

24. Hahn, 1970, § 4

25. Ausführliche Diskussion z.B. bei Burden/Faires/Reynolds, 1981, ch. 2.5

26. Siehe Schmidt, 1987, Kap. 4.2.4

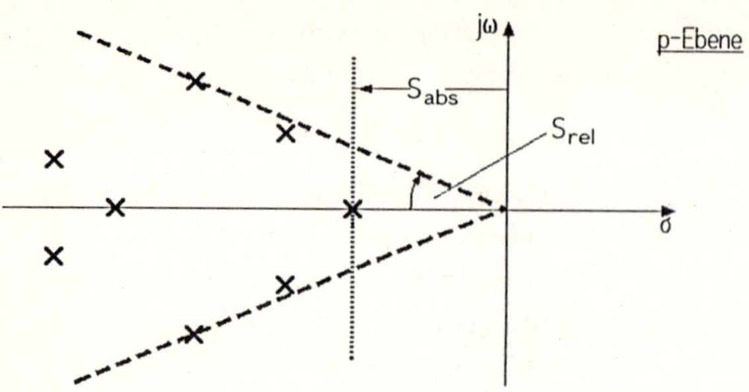

Abb. 4.6: Absolute und relative Stabilitätsreserve als Grenzabstand und Grenzwinkel in der p-Ebene eines stabilen, rationalen LTI-Systems.

5) **Stabilitätsrand und Linke-Hand-Test:** Die Verfahren 5) und 6) beziehen sich auf LTI-Systeme mit einem speziellen Strukturmerkmal: Einfache Gegenkopplung (Rückführung wie in Tab. 4.2 skizziert), wobei die Übertragungsfunktionen der Untersysteme, H_1 und H_2, bekannt sind. Gleichzeitig ist dies die einfachste Struktur eines Regelkreises. In der Sprache der Regelungstechnik heißt dann das Eingangssignal "Führungsgröße" (Sollwert) und das Ausgangssignal "Regelgröße" (Ist-Wert). Bei diesen Verfahren 5) und 6) geht es um die Beurteilung der Stabilität des geschlossenen Regelkreises auf der Grundlage der *Kenntnis der gemessenen "Ringverstärkung"* $H_0[f]$ - also der Übertragungsfunktion des offenen, aber beidseits der Schnittstelle mit ursprünglicher Impedanz abgeschlossenen Kreises. Wie aus der Formel in Tab. 4.2 ersichtlich, muß der kritische Punkt $H_o = -1$ umgangen werden.

5a) *Stabilitätsrand:*

Der kritische Punkt $H_0 = -1$ bedeutet im *Bodediagramm* $A_{H_0,dB} = 0$; $\phi_{H_0} = -\pi$ (siehe auch Gln. 4.7 und 4.9). Der "Stabilitätsrand" als Maß für den Abstand von diesem kritischen Punkt besteht aus den Komponenten $\Delta\phi$ = *"Phasenrand"* = *"Phasenreserve"* und ΔA = *"Amplitudenrand"* = *"Amplitudenreserve"* (Abb. 4.7). Beide "Ränder" müssen positiv sein und die zugehörigen Frequenzen ω_A und ω_ϕ müssen die in Abb. 4.7 gezeigte Reihenfolge ($\omega_A < \omega_\phi$) haben[27]. Eine noch einfachere Stabilitätsrandbestimmung gestattet das *Nichols-Diagramm* (Abb. 4.7b): Hier läßt sich ΔA und $\Delta\phi$ an nur einer Kurve ablesen. Die qualitative Stabilitätsbedingung nach W. Hahn[28] fordert, daß die mit wachsendem ω durchlaufene Kurve den kritischen Punkt rechts liegen läßt.

5b) *Linke-Hand-Regel:* (= "Einfaches Nyquist-Kriterium")

Die Ortskurve der gemessenen Ringverstärkung H_0 kann qualitative Auskunft geben über die Stabilität des geschlossenen Systems. Die "Linke-Hand-Regel"

27. Siehe z.B. Schmidt, 1987, Kap. 4.6.2, oder Schüßler, 1984, Kap. 3.2.7.2

28. Hahn, 1970, Kap. I, § 4

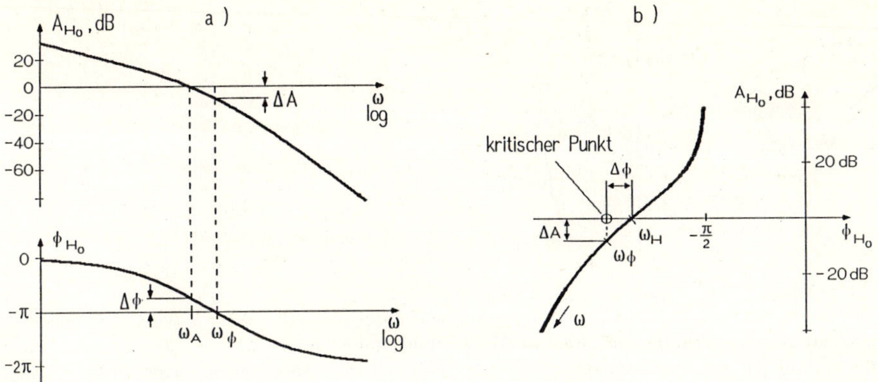

Abb. 4.7: Graphische Methode der Stabilitätsbeurteilung in Regelkreisen: Bestimmung des Stäbilitätsrandes (ΔA = Amplitudenreserve, $\Delta\phi$ = Phasenreserve) aus

a) Bode-Diagramm
b) Nichols-Diagramm

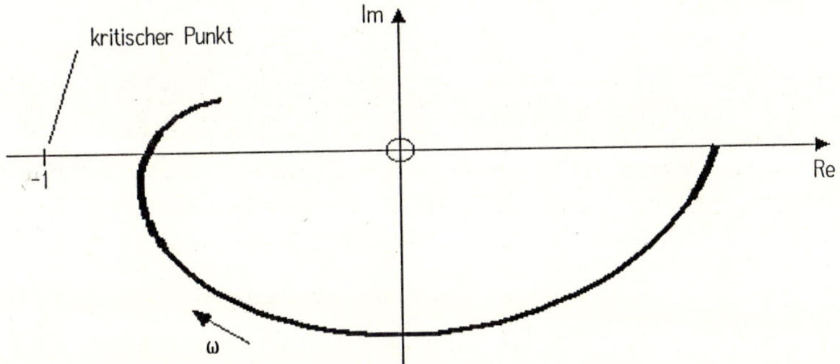

Abb. 4.8: Linke-Hand-Regel: Wenn der kritische Punkt beim Abfahren der Ortskurve in Richtung zunehmender Frequenzen linker Hand liegen bleibt (wie hier), so wird das geschlossene System stabil sein.

sagt sinngemäß (siehe Abb. 4.8): Das geschlossene System ist stabil, wenn der kritische Punkt $H_0 = -1$ beim Durchlaufen der Ortskurve $H_0[\omega]$ in Richtung zunehmender Frequenz stets "linker Hand liegt". Diese etwas unpräzise Regel gilt nur bei sehr einfachem, monotonem Kurvenverlauf.

6) Erweiterter Nyquist-Test/Wurzelort

Beide Tests verlangen die Kenntnis der Wurzeln des Nennerpolynoms von LTI-Übertragungsfunktionen (siehe dazu die Vorbemerkung zu Punkt 4).

6a) *Erweiterter Nyquist-Test:*

Wenn man die Wurzeln p_{0m} des Nennerpolynoms N_0 von H_0 kennt, läßt sich statt des "Einfachen Nyquist-Tests" (Linke-Hand-Regel) der eindeutige

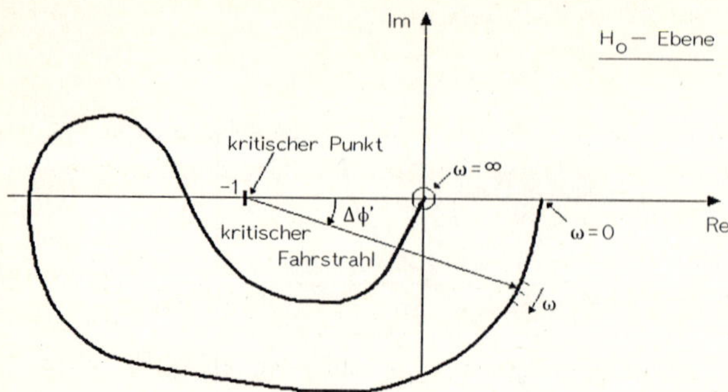

Abb. 4.9: Beispiel zum *erweiterten Nyquist-Test*. Hier kann man $\Delta\phi' = 0$ ablesen. Das geschlossene System H wird in diesem Fall nur strikt stabil sein, wenn auch das offene System H_0 strikt stabil ist ($n_a = 0$; $n_r = 0$).

erweiterte Nyquist-Test anwenden. Auch dabei wird die Stabilität eines geschlossenen LTI-Regelkreises anhand der Ortskurve $H_0[\omega]$ des offenen Kreises H_0 in der H_0-Ebene beurteilt (siehe Abb. 4.9). Der Vorteil dieses erweiterten Tests ist, daß der offene Kreis ein Totzeitglied $e^{-pT_{tot}}$ haben und instabil sein darf. Nachteilig ist die schon genannte Notwendigkeit, die Wurzeln p_{0m} von N_0 bestimmen zu müssen. Der geschlossene Regelkreis wird strikt stabil sein, wenn beim Durchlaufen der Ortskurve H_0 von $\omega = 0 \ldots \infty$ der kritische Fahrstrahlwinkel ϕ' insgesamt zunimmt um

$$\Delta\phi' = \phi'_\infty - \phi'_0 = \pi(n_r + n_a/2) \tag{4.30}$$

mit n_r = Anzahl der Pole von H_0 in der rechten Halbebene
n_a = Anzahl der Pole von H_0 auf der Imaginär-Achse

6b) *Der Wurzelort:*

Das Wurzelortverfahren untersucht die *Wanderung der Pole* des geschlossenen LTI-Regelkreises H in der H-Ebene in Abhängigkeit vom Verstärkungsfaktor v. Diesen Verstärkungsfaktor setzt man als frequenzunabhängigen Faktor in der Vorwärts-Übertragungsfunktion H_1 an:

$$H_1[p] = vH'_1[p] \tag{4.31}$$

wobei dann H'_1 die auf ihren Höchstbetrag normierte Vorwärtsverstärkung ist ($|H'_1|_{max} = 1$). Jeder Pol von H hinterläßt bei seiner Wanderung mit wachsendem Faktor v ($v = 0 \ldots \infty$) sozusagen seine Spur in der H-Ebene. Die Gesamtheit aller dieser, mit v-Skala versehenen Spuren in der H-Ebene nennt man "Wurzelort". Im Prinzip ist der Wurzelort ein vorzügliches Mittel, um den Einfluß des Parameters v auf die Stabilität eines Regelkreises zu ergründen. Problematisch ist nur die bei allen theoretischen Ansätzen zu findende Annahme der Unabhängigkeit von H'_1 von v.

7) Potentielle Instabilität von Zwei- und Vierpolen

7a) *Zweipole:*
Bei rationalen Zweipolen läßt sich die Impedanz $Z[p]$ in der Form von Gl. 4.25 schreiben, also als Quotient von Polynomen mit reellen Koeffizienten. Es gelten dann folgende Definitionen:

Kurzschlußstabil ist der rationale Zweipol, wenn das Zählerpolynom $Z[p]$ ein *modifiziertes Hurwitzpolynom* ist, d.h. keine Nullstellen in der rechten p-Halbebene und höchstens einfache Nullstellen auf der Imaginärachse hat.

Leerlaufstabil ist der rationale Zweipol, wenn das Nennerpolynom von $Z[p]$ ein modifiziertes Hurwitz-Polynom ist.

Potentiell instabil ist dieser Zweipol, wenn irgendwo in der p-Ebene $Re\{Z[p]\} \leq 0$ ist.

Absolut stabil ist das Gegenteil von potentiell instabil.

7b) *Vierpole:*
Die Stabilität von Vierpolen kann nur im Zusammenhang mit eingangs- und ausgangsseitiger Belastung (Abb. 4.10) definiert werden. Es gilt:

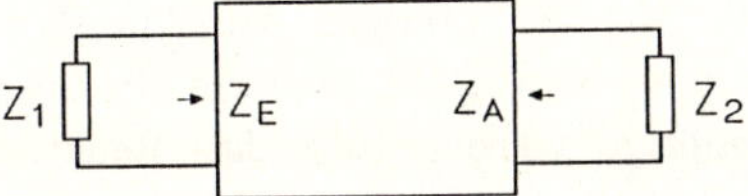

Abb. 4.10: Beschalteter Vierpol; Z_E = Eingangsimpedanz; Z_A = Ausgangsimpedanz.

Potentiell instabil ist ein Vierpol, wenn zumindest eine der drei folgenden Bedingungen erfüllt wird

1.) $P_1[p] = Z_1 + Z_E = 0$ (irgendwo in der p-Ebene)
oder
2.) $P_2[p] = Z_2 + Z_A = 0$ (irgendwo in der p-Ebene)
oder
3.) $P_1[p]$ und $P_2[p]$ haben
   a) Pole oder Nullstellen in der rechten p-Halbebene
   oder
   b) mehrfache Pole oder mehrfache Nullstellen auf der Imaginärachse der p-Ebene.

Absolut stabil bedeutet auch beim Vierpol das Gegenteil von potentiell instabil - es darf also keines der drei Kriterien gegeben sein[29].

4.3 Parametrisierung der Übertragungsfunktion

4.3.1 Das Prinzip der Parametrisierung

Die Beschreibung von Systemen auf der Grundlage gemessener Signale ist eine der Grundaufgaben der elektrischen Meßtechnik und der Schwingungstechnik. Eine solche Systembeschreibung ist aber nur möglich und sinnvoll, wenn man *Modellvorstellungen* vom System entwickelt.

Das einfachste Systemmodell haben wir schon kennengelernt: Das LTI-System. Die zugehörige, vollständige Systembeschreibung ist die *Übertragungsfunktion* H[f]. Dieses LTI-Modell ist gänzlich unstrukturiert. Es hat keinerlei definierte Merkmale, wie etwa Länge, Dauer, Wirkungsgrad. Es ist ohne Parameter. Dementsprechend hat auch die Übertragungsfunktion keine definierten Merkmale. Jeder der unendlich vielen Kurvenpunkte ist von gleicher Bedeutungsschwere. Eine korrekte Dokumentation verlangt die Registrierung unendlich vieler Zahlenwerte.

Diese Situation verbessert sich erheblich, wenn wir auch nur ganz wenige *zusätzliche Erkenntnisse oder Vermutungen* über die Systemstruktur formulieren. Ein Beispiel (Abb. 4.11): Unterstellen wir lediglich, daß die Impulsantwort h[t] nicht länger dauern kann als eine im Rahmen der Meßmöglichkeiten liegende Zeitspanne $\hat{T}$, und daß die Übertragungsfunktion nur in einem ebenfalls begrenzten Frequenzbereich $0 \ldots \pm \hat{F}$ meßbare Werte hat, dann steht schon aufgrund der Abtasttheoreme (Kap. 7) fest, daß außer $\hat{T}$ und $\hat{F}$ noch genau $N_A = 2\hat{F}\hat{T}$ weitere Parameter (nämlich gleichabständig abgelesene H-Werte) benötigt werden, um das Reaktionsverhalten des System vollständig zu beschreiben. "Vollständig" bedeutet hier, daß sich der Verlauf H[f] aus der registrierten Parametertabelle wieder rekonstruieren läßt.

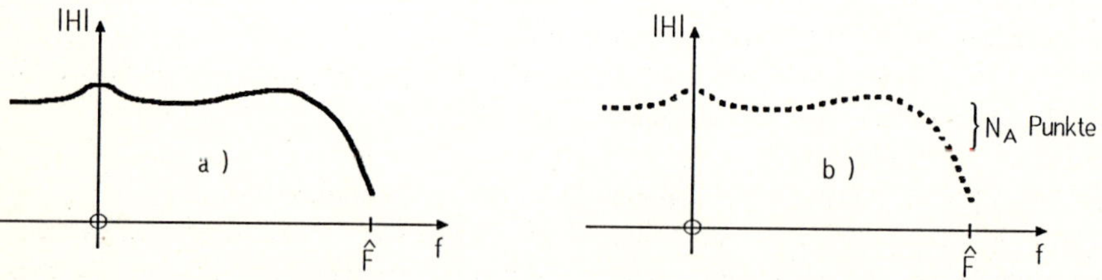

Abb. 4.11: Übertragungsfunktion: a) Parameterlos, unendlich viele Punkte. b) Mit Zeit- und Bandbegrenzung ($\hat{T}$, $\hat{F}$); endlich viele ($N_A = 2\hat{T}\hat{F}$) Parameter genügen zur Systembeschreibung.

29. Ausführliche Diskussion bei Rupprecht, 1972, Kap. 8.1

Wir wissen also mehr über die Systemstruktur und können uns für die Dokumentation mit einem überschaubaren Bestand an Parametern begnügen. Damit zeichnet sich die *Parametrisierungsstrategie* ab: Durch weitergehende Annahmen über die Systemstruktur wird sich die notwendige Anzahl von Parametern verringern und gleichzeitig die Einsicht in den Systemaufbau verbessern. Als Idealvorstellung sollte bei der Parameterdefinition angestrebt werden, daß

1.) die Parameter möglichst eine physikalisch sinnvolle Bedeutung bekommen und daß

2.) die Zahl der Parameter so gering wie irgend möglich wird. (Das ist das "Prinzip größter Einfachheit, engl. *principle of parsimony*)[30]

Parametrisierung ist der Schritt vom Sehen zum Erkennen! Z.B. *sieht* der Analphabet in einem Brief ein kompliziertes Linienmuster, das zu behalten das Gedächtnis überfordern würde. Der Lesekundige kann die Information sinnvoll parametrisieren und *erkennt,* daß sich mit diesem Brief Tante Erna für morgen mittag zu Besuch anmeldet. Er behält nur diese Parameter (und die zugehörige, schon vorher bekannte Modellvorstellung "Was ist eine Tante? Was ist ein Besuch?") und kann den jetzt uninteressant gewordenen Originalbrief vergessen.

Im Folgenden werden wir vier praxisbewährte, weitverbreitete Modellvorstellungen kennenlernen: Rationales Modell, Eigenschwingungsmodell, Modalmodell und Kopplungsmodell.

4.3.2 Das rationale Systemmodell

Das rationale Modell beschreibt elektrische Netzwerke bzw. mechanische Ketten, von denen vereinfachend angenommen wird, sie bestünden aus einer *endlichen Anzahl konzentrierter Elemente* (engl. *lumped elements*). Diese Elemente sind LTI-Zweipole erster Ordnung, die sich durch eine der drei in Gl. 4.32 gezeigten Beziehungen beschreiben lassen müssen:

$$ay = x, \quad \text{oder} \quad a\dot{y} = x, \quad \text{oder} \quad ay = \dot{x} \tag{4.32}$$

wobei a = konstanter, reeller, positiver Parameter

x, y = Spannung und Strom im elektrischen Fall bzw. Kraft und Geschwindigkeit im mechanischen Fall

$\cdot$ = zeitliche Ableitung

Wie weiter unten gezeigt wird, sind dies die Elemente Induktivität, Kapazität, Widerstand bzw. Feder, Masse und viskoser Dämpfer. Weiterhin soll das System stabil sein und *einen* Eingang (Anregungspunkt; Anregungssignal x) und *einen* Ausgang (Beobachtungspunkt; beobachtetes Ausgangssignal w) haben. Die Beziehung zwischen Eingang x und Ausgang w dieses Modellsystems kann nur durch eine

30. Box/Jenkins, 1976, § 1.3

gewöhnliche, lineare Differentialgleichung mit konstanten Koeffizienten beschrieben werden[31]:

$$\sum_{m=0}^{M} a_m w^{(m)}[t] = \sum_{n=0}^{N} b_n x^{(n)}[t] \tag{4.33}$$

mit $M > N$

M = Ordnung der Dgl. und auch des Systems

alle a_m, b_n reell und positiv

$w[t]$ = beobachtetes Ausgangssignal

$x[t]$ = Eingangssignal

$w^{(m)}$ = m^{te} zeitliche Ableitung von $w[t]$.

Durch Einsetzen der LTI-Eigenfunktion $x = e^{pt}$ ergibt sich sofort die Übertragungsfunktion (siehe auch Gl. 2.36):

$$H[p] = \frac{\sum_{n=0}^{N} b_n p^n}{\sum_{m=0}^{M} a_m p^m} = \frac{b_N \prod_1^N (p - p_n)}{a_M \prod_1^M (p - p_m)} \tag{4.34}$$

Die Übertragungsfunktion des Netzwerks aus konzentrierten LTI-Elementen ist also eine *rationale Funktion*, d.h. ein Bruch von Polynomen[32]. Noch wichtiger ist aber die zeitliche Betrachtung - also die vollständige Lösung der gewöhnlichen, linearen Differentialgleichung mit konstanten Koeffizienten (Gl. 4.33):

$$w[t] = y[t] + z[t] \tag{4.35}$$

mit y und z gemäß Tab. 4.4[33].

Die in Tab 4.4 sichtbare Betonung der scharfen Trennung des Ausgangssignals in *voneinander unabhängige* Reaktion und Abregung wurde inspiriert durch die verdienstvolle, geradezu revolutionäre Kritik der klassischen Laplace-Theorie von E. Terhardt (1987). Die gesamte Lösung der Differentialgleichung 4.33 - also die Formulierung des gesuchten Ausgangssignals $w[t]$ - setzt sich additiv zusammen aus zwei unabhängigen Komponenten (Gl. 4.35). Wir erkennen nun, daß sich die schon in früheren Abschnitten erarbeiteten Begriffe "Impulsantwort" und "Übertragungsfunktion" mit den zugehörigen Ein/Ausgangsverknüpfungen $Y = HX$, $y = h * x$ *eindeutig auf die erzwungene Schwingung* y beziehen. Der zweite Bestandteil des beobachteten Ausgangssignals w - also die freie Schwingung — verlangt andere Ansätze: Nachstehend eine kurze Zusammenfassung der zwei wichtigsten Methoden, die *freie Schwingung* des rationalen, stabilen LTI-Systems zu ermitteln:

31. Siehe z.B. H. Marko, 1982, Kap. 3.5, oder W. W. Solodownikow, 1971, Kap. 7

32. Damit verwandt ist ja der mathematische Begriff der rationalen Zahl, die als Bruch ganzer Zahlen definiert wird. Ursprung des Wortes ist das lat. *ratio* = Vernunft.

33. Siehe z.B. Schmidt, 1987, Kap. 2.7.1

$y[t]$	$z[t]$
a) Erzwungene Schwingung	a) Freie Schwingung
b) Spezielle Lösung der inhomogenen Differentialgleichung	b) Allgemeine Lösung der homogenen Differentialgleichung
c) Reaktion auf Eingangssignal	c) Abklingen der *vor* Beginn des Eingangssignals vorhandenen Anregung
d) Unabhängig von $z[t]$	d) Unabhängig von $x[t]$
e) $y[t] = x[t] * h[t]$ (Gl. 2.2) $Y[f] = X[f]\,H[f]$ (Gl. 2.9)	e) $z[t] = \sum z_r[t]$ z_r = Eigenschwingung (z.B. Gl. 4.37)

Tab. 4.4: Vergleich der beiden Bestandteile y und z des Ausgangssignals eines LTI-Systems (siehe Gl. 4.35).

a) *Die Zustandsraum-Methode* (engl. *state space method*)[34]
Eine streng organisierte Art der Aufstellung von Maschen- und Knotengleichungen für elektrische Netzwerke oder mechanische Ketten - also in jedem Fall LTI-Systeme mit konzentrierten Elementen. Dabei werden sämtliche Ströme, Spannungen und Koeffizienten *in Matrixform verknüpft.* Die Vorteile liegen einerseits in der Anwendbarkeit des umfangreichen Werkzeugs des Matrizenkalküls und andererseits in der Möglichkeit, den Anfangszustand durch *individuelle Angabe des dynamischen Zustandes aller energiespeichernden Elemente* zu definieren.

b) *Die Eigenschwingungsmethode* (engl. *principal modes method*)
Bei der Zustandsraum-Methode wurde zunächst das gesamte Ausgangssignal w ermittelt, aus dem dann in einem zweiten Schritt die freie Schwingung abgetrennt werden konnte. Die Eigenschwingungsmethode befaßt sich hingegen ausschließlich mit der homogenen Differentialgleichung - sie kann also von vornherein *nur die freie Schwingung* liefern. Diese Methode ist die *Grundlage der drei weiteren*, zu besprechenden parametrischen Modelle und wird daher noch ausführlich beschrieben werden (siehe unten, Punkt 4).

Zusammenfassend kann man das rationale Modell vielleicht so beurteilen: Die angenommene Systemstruktur ist manchmal sehr realitätsnah. Sie ist Ausgangspunkt für fast alle theoretischen Systembetrachtungen. Die Parameter a_m und b_n haben allerdings keine unmittelbare, meßtechnische oder physikalische Bedeutung.

34. Behandlung elektrischer Systeme: Z.B. bei Hartmann, 1976, Candy, 1986, App. B, oder Unbehauen, 1980, Kap. II.
Behandlung mechanischer Systeme: Z.B. bei Klotter (2), 1981, Kap. 7

4.3.3 Die elektromechanischen Analogien

Aufgrund der Gleichartigkeit der Differentialgleichungen (Gl. 4.32), mit denen die konzentrierten Bauelemente definiert werden, besteht die Möglichkeit, mechanische Ketten mit den aus der elektrischen Netzwerktheorie bekannten Methoden zu analysieren. Dabei ist der erste Schritt immer die Definition einer konsistenten Analogietabelle. Die linearen Differentialgleichungen 4.32 sind so allgemein formuliert, daß noch verschiedene Analogien möglich sind. Die in der Praxis am häufigsten anzutreffenden Analogien sind die *natürliche Analogie* und die *topologische Analogie* (Tab. 4.5).

Die natürliche Analogie beruht auf der "natürlich" erscheinenden Zuordnung von Spannung/Kraft, Geschwindigkeit/Strom, die weitere, ebenfalls "natürlich" wirkende

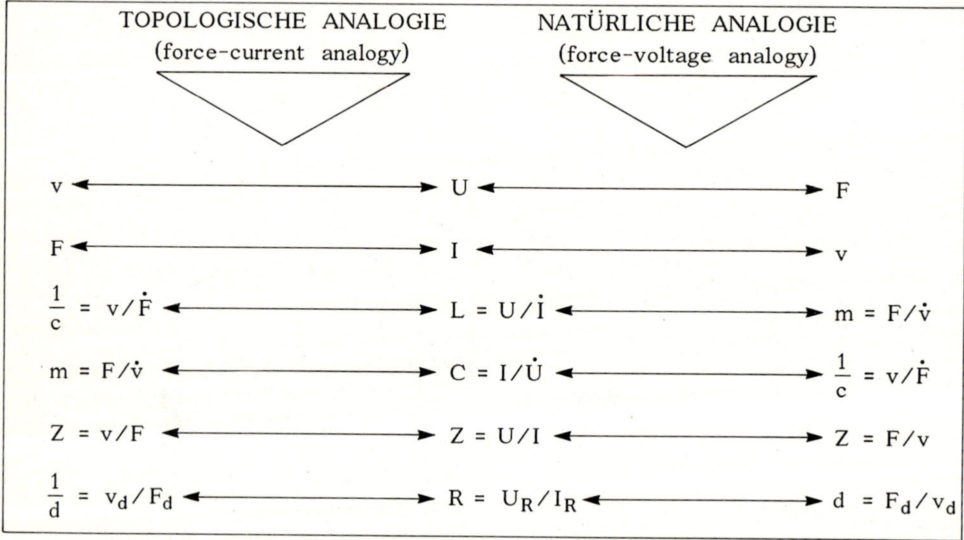

Tab. 4.5: Topologische und natürliche Analogien zwischen mechanischen und elektrischen konzentrierten Elementen. Die Symbole haben folgende Bedeutung:

U:	Elektrische Spannung	(voltage)	[V]
I:	Elektrischer Strom	(current)	[A]
L:	Induktivität	(inductance)	[Vs/A]
C:	Kapazität	(capacitance)	[As/V]
R.	Widerstand	(resistance)	[V/A]
v:	Geschwindigkeit	(Velocity)	[m/s]
F:	Kraft	(force)	[N]
c:	Federsteifigkeit, Federkonstante	(stiffness, spring constant)	[N/m]
d:	Viskose Dämpfungskonstante	viscous damping coefficient	[Ns/m]
Z:	Impedanz	impedance	
Y:	Admittanz	admittance	

(Die SI-Einheiten wurden als Beispiele zur leichteren Orientierung aufgeführt. Die indizierten Größen v_d, F_d, U_R, I_R betreffen den Wirkanteil der Impedanz.)

Zuordnungen nach sich zieht: Potentieller Energiespeicher (Feder/Kapazität), kinetischer Energiespeicher (Masse/Induktivität), Ursache (Kraft/Spannung) und Wirkung (Geschwindigkeit/Strom). Wegen der damit einhergehenden natürlichen Zuordnung von elektrischer Impedanz U/I zu mechanischer Impedanz F/v wird die "natürliche" Analogie auch als "widerstandstreu" bezeichnet. Der Nachteil der natürlichen Analogie ist die Vertauschung von Parallel- und Serienverknüpfung: Elektrische Serienschaltung bedeutet gleicher Strom in den Elementen und Addition der Spannungen. In der natürlichen Analogie muß man jetzt folglich gleiche Geschwindigkeit bei Addition der Kräfte fordern - das ist aber, von der Anordnung der Elemente her betrachtet, eine Parallelschaltung (siehe Abb. 4.12).

Die topologische[35] Analogie hingegen wirkt zwar schmerzhaft unnatürlich, beläßt aber alle Elemente in ihrer ursprünglichen Lage und Verknüpfung. Übersetzung

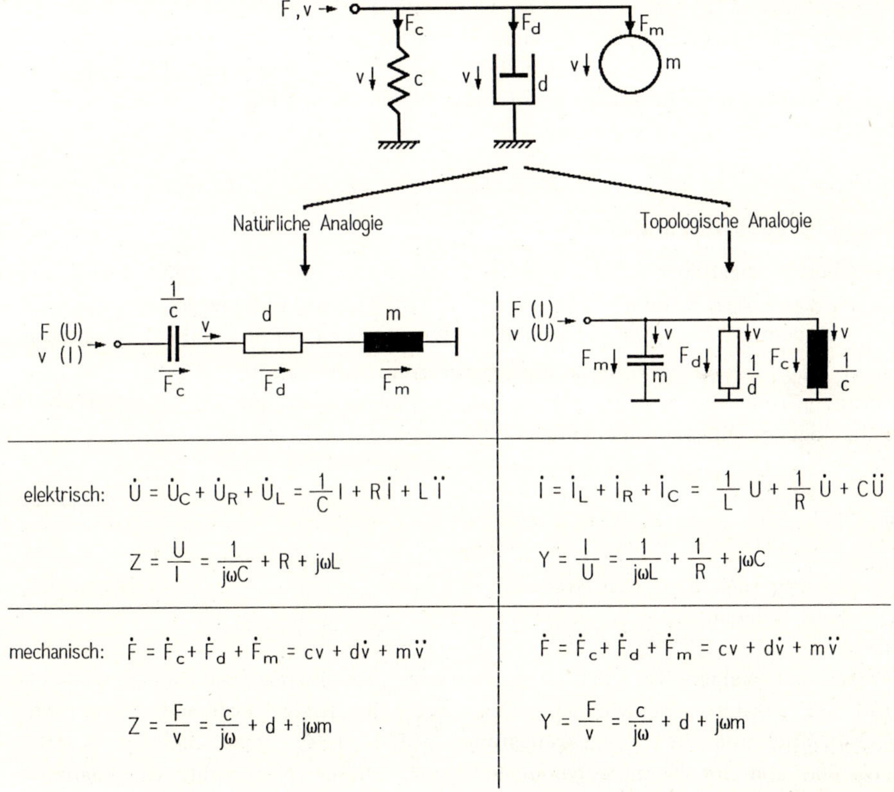

Abb. 4.12: Natürliche und topologische Netzwerkanalogien am Beispiel des Feder/Masse/Dämpfer-Systems (siehe Tab. 4.5).

35. Topologie ist in der Mathematik die Lehre von der geometrischen Anordnung und Lage von Objekten im Raum (von griech. *topos* = der Ort)

vom Mechanischen ins Elektrische bedeutet also hier lediglich eine *rein formale Umbenennung aller Variablen und Konstanten bei weitgehender Erhaltung der Netzwerkstruktur* und der zugehörigen Maschen- und Knotenregeln[36]. Die letzte Formelzeile in Abb. 4.12 birgt eine unliebsame Überraschung: Dort wird im topologischen Bild folgerichtig eine mechanische Admittanz Y = F/v definiert, die sich in der Parallelschaltung als Summe der Einzeladmittanzen ergibt. Wie Tab. 4.6 zeigt, ist aber in aller Welt die mechanische Admittanz (und damit zusammenhängende akustische und schwingungstechnische Admittanzen) eindeutig und ohne Ausnahmen gemäß der natürlichen Analogie definiert - also Y = v/F! Hier ruft die auch als "widerstandsreziprok" bezeichnete topologische Analogie eine kaum mehr behebbare Begriffsverwirrung hervor. Wir entscheiden uns deshalb für die natürliche Analogie.

In Abb. 4.12 bedeuten die Punkte über den Buchstaben wieder die Ableitungen nach der Zeit. Auf Feinheiten, die die Symmetrie der elektrisch-mechanischen Zuordnung etwas stören würden, ist hier zugunsten einer größeren Übersichtlichkeit verzichtet worden. Z.B. müssen Kräfte in den Zweigen eigentlich immer als Pfeilpaare auftreten, oder genaugenommen sind die Geschwindigkeiten als Geschwindigkeitsdifferenzen zu interpretieren mit Sonderbehandlung der Masse, deren Bewegung immer gegen einen ruhenden Punkt betrachtet werden muß.

4.3.4 Das Eigenschwingungsmodell

Falls die Übertragungsfunktion H[p] echtgebrochen ist ($N < M$; siehe Diskussion zu Gl. 2.37), kann das rationale Systemmodell mit seinem Parametersatz $\{a_m;\ b_n\}$ umkehrbar eindeutig in das *Eigenschwingungsmodell* mit dem Parametersatz $\{\ \hat{A}_{k,s}^{\{\delta\}},\ \phi_{k,s}^{\{\delta\}},\ \omega_k,\ \sigma_k\ \}$ transformiert werden. Dabei ergibt sich die Gelegenheit, wichtige Grundbegriffe der Schwingungstechnik zu definieren. Aus Gl. 4.33 folgt die homogene Differentialgleichung

$$\sum_{m=0}^{M} a_m\, z^{(m)}[t] = 0 \tag{4.36}$$

mit M = Ordnung der Dgl. des Systems;
z = freie Schwingung.

Man beachte, daß wegen Gl. 4.35 beim Übergang zur homogenen Differentialgleichung statt der gesamten Schwingung w nur noch die Eigenschwingung z betrachtet wird. Ein Blick auf die Übertragungsfunktion (Gl. 4.34) zeigt, daß die Koeffizienten a_m dort nur im Nennerpolynom auftreten. Dieses Nennerpolynom bestimmt

36. Siehe auch Klotter (2), 1981, Kap. 1.23 und 1.24, oder Tse/Morse/Hinkle, 1978, ch. 2.6

ADMITTANZ	IMPEDANZ
Definition: $Y = x/F$ Name: *receptance*[37,38] *compliance*[37,39] SI-Einheit: $m/N = s^2/kg$	Definition : $Z = F/x$ Name: *dynamic stiffness*[37] SI-Einheit: $N/m = kg/s^2$
Definition: $Y = \dot{x}/F = v/F$ Name: *mobility*[37,38] *mechanical mobility*[39] SI-Einheit : s / kg Komponenten: $Y = Y_{Re} + jY_{Im}$ Name[39]: Y_{Re} : *responsiveness* Y_{Im} : *excitability*	Definition: $Z = F/\dot{x} = F/v$ Name: *mechanical impedance*[40] mechanische Impedanz[43] SI-Einheit : kg / s Techn. Einheit (veraltet):[41,44] $\Omega_{mech} = 10^{-3}$ kg / s
Definition: $Y = \ddot{x}/F = a/F$ Name: *inertance*[37,38] *accelerance*[37,38] SI-Einheit: kg^{-1}	Definition: $Z = F/\ddot{x} = F/a$ Name: *apparent mass*[39] SI-Einheit: kg
Definition: $Y = v/p$ v = Schallschnelle; p = Schalldruck	Definition: $Z = p/v$ Name: *characteristic impedance*[39] spezifische Schallimpedanz[41] SI-Einheit: $kg/(m^2 s)$ Techn. Einheit (veraltet)[43]: Rayl = $10\,kg/(m^2 s)$
Definition: $Y = Av/p$ A = (Rohrquerschnitt)	Definition: $Z = p/(Av)$ Name: Akustische Impedanz[43] SI-Einheit: $\frac{Pa\,s}{m^3} = \frac{kg}{m^4 s} = \frac{N\,s}{m^5}$ Techn. Einheit (veraltet): [41,44] $\Omega_{akust} = 10^5\,Pa\,s/m^3$

Tab. 4.6: Definitionen, Namen und Einheiten von Impedanz und Admittanz in Mechanik, Akustik und Schwingungstechnik.

37. Zaveri, 1984
38. Ewins, 1986
39. Gray, 1972
40. Cremer/Heckl/Ungar, 1973
41. Lenk/Gellert, 1974
42. Kuttruff, 1976
43. Meyer/Neumann, 1979
44. Sacklowski, 1973

also den Charakter der freien Schwingung. Die Theorie der linearen Differentialgleichungen mit konstanten Koeffizienten liefert die Lösung $z[t]$ in zwei Schritten[45]:

1. Es müssen die M Wurzeln p_r der mit Gl. 4.36 verbundenen, *charakteristischen Gleichung*

$$C[p] = \sum_{0}^{M} a_m p^m = 0 \tag{4.37}$$

bestimmt werden (das Wort "Nullstelle" wollen wir den hier nicht interessierenden Wurzeln des Zählerpolynoms aus Gl. 4.34 vorbehalten. Die Wurzeln des Nennerpolynoms und damit der charakteristischen Gleichung bezeichnen wir als "Pole"). Die Problematik der numerischen Ermittlung komplexer Wurzeln von Polynomen soll hier nicht erörtert werden. Uns interessiert zuerst die physikalische Interpretation. Die Lösung der charakteristischen Gleichung ist eine Tabelle von M Wurzeln $p_m = \sigma_m + j\omega_m$ wie z.B.:

m	σ_m/s^{-1}	ω_m/s^{-1}
1	-1.2	0
2	-2	3
3	-2	3
4	-0.5	6
⋮	⋮	⋮
M	-4.2	-13.2

Tab. 4.7: Beispiel zur Lösung einer charakteristischen Gleichung M^{ten} Grades

2. Die gesuchte freie Schwingung z wird formuliert als Überlagerung von *Eigenschwingungen*, wobei der Funktionstyp von vornherein feststeht:

$$z[t] = \sum_{1}^{M} \{ \Psi_m t^{\gamma_m} e^{p_m t} \} = \sum_{1}^{M} \zeta_m[t] \tag{4.38}$$

mit Ψ_m = komplexe Amplitude der m^{ten} komplexen Eigenschwingung ("Amplitude" hier verallgemeinert als Anfangswert der komplexen Hüllkurve der Eigenschwingung)

γ_m = Zeitexponent der m^{ten} Eigenschwingung; m ganzzahlig, reell, nichtnegativ

p_m = $\sigma_m + j\omega_m$ = m^{te} Wurzel der charakteristischen Gleichung

$\zeta_m[t]$ = m^{te} komplexe Eigenschwingung allgemeiner Art

45. Ausführliche Diskussion und Beweisführung z.B. bei W.Törnig, 1969, Kap. 4.3

Der Rest dieses Abschnitts ist der Interpretation des Ergebnisses Gl. 4.38 gewidmet. Wir sehen zunächst: *Jeder der M einzelnen Pole* (Tab. 4.7) *ist verantwortlich für eine komplexe Eigenschwingung* ζ_m, wobei der Zeitexponent γ_m noch unbestimmt ist. Falls sich in der Poltabelle (Tab.4.7) mehrfach der gleiche Eintrag findet (siehe bei Tab. 4.7, Zeile 2 und 3), spricht man von *Mehrfachwurzeln* oder *Mehrfachpolen.* Die μ_r komplexen Eigenschwingungen, die zu einer Mehrfachwurzel der Vielfachheit μ_r gehören, beeinflussen sich gegenseitig insofern, als jede einen anderen Zeitexponenten γ_m haben wird ($\gamma_m = 0, 1, \ldots, \mu_r - 1$). Eine solche Untermenge von komplexen Eigenschwingungen aus der Summe Gl. 4.38 lautet

$$\Psi_1 e^{p_m t}, \; \Psi_2 t e^{p_m t}, \; \ldots, \; \Psi_{\mu_r} t^{\mu_r - 1} e^{p_m t} \tag{4.39}$$

Bei den nur einfach vorkommenden Polen - Einfachpole genannt - haben die komplexen Eigenschwingungen immer den Zeitexponenten $\gamma_m = 0$. Wenn man *Einfach- und Mehrfachpole in einem Ausdruck zusammenfaßt*, ergibt sich die bekannte Schreibweise der freien Schwingung als komplexe Doppelsumme[46]:

$$\underset{t \geq 0}{z[t]} = \sum_{r=1}^{R} \sum_{s=1}^{\mu_r} \{ \Psi_{r,s} t^{s-1} e^{p_r t} \} = \sum_r \sum_s \zeta_{r,s}[t] \tag{4.40}$$

R : indirekt definiert durch $\sum_{r=1}^{R} \mu_r = M$

$\zeta_{r,s}$ = komplexe Eigenschwingung

Der Zeitpunkt $t = 0$ ist der Beginn der Eigenschwingung - also der Augenblick, in dem jegliche Anregung aufgehört hat und die Bedingung $x = 0$ strikt eingehalten wird. Die freie Schwingung z des rationalen Systems muß reell sein. Mit Blick auf Gl. 4.40 sehen wir, daß die dort aufsummierten, einzelnen komplexen Eigenschwingungen strengen Symmetriebedingungen genügen müssen:

a) Bei reellen Polen ($\omega_r = 0$; $p_r = \sigma_r$) muß $\Psi_{r,s}$ reell sein;
b) Bei komplexen Polen ($\omega_r \neq 0$) muß gelten: Jede komplexe Eigenschwingung $\zeta_{r,s}$ muß einen konjugiert-komplexen Partner $\zeta^*_{r,s}$ haben.

Faßt man die in Gl. 4.40 aufgeführten Schwingungen nach den vorstehenden Symmetriebedingungen zusammen, so entsteht die physikalisch einsichtigere, *reelle Formulierung der freien Schwingung*

$$z[t] = \sum_k \sum_{s=1}^{\mu_k} \{ \hat{A}_{k,s} t^{s-1} e^{\sigma_k t} \cos[\omega_k t + \phi_{k,s}] \} = \sum_k \sum_s z_{k,s}[t] \tag{4.41}$$

mit $z_{k,s}[t]$ = *reelle Eigenschwingung*; (Abb. 4.13)

$$\hat{A}_{k,s} = \begin{cases} Re\{\Psi_{k,s}\} & \text{für } \omega_k = 0 \\ 2|\Psi^+_{k,s}| = 2|\Psi^-_{k,s}| & \text{für } \omega_k \neq 0 \end{cases}$$

$$\phi_{k,s} = \begin{cases} 0 & \text{für } \omega_k = 0 \\ \angle \Psi^+_{k,s} & \text{für } \omega_k \neq 0 \end{cases}$$

46. Z.B. Marko, 1982, Kap. 1.5

Ψ^+, Ψ^- = Unterscheidung der komplexen Amplituden Ψ eines konjugierten Paares nach dem Vorzeichen der Eigenfrequenz ω_k;

k numeriert die Polstellen in der oberen Halbebene. Alle ω_k sind jetzt unterschiedlich und $\omega_k \geq 0$;

s numeriert die zu einer Polstelle der Vielfachheit μ_k gehörigen, reellen Eigenschwingungen mit gleicher Eigenfrequenz ω_k.

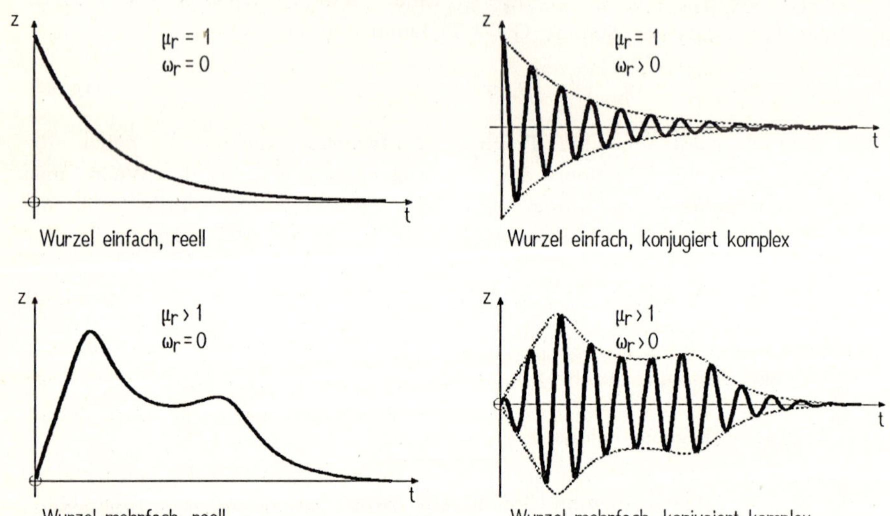

Abb. 4.13: Die vier möglichen Typen reeller Eigenschwingungen eines stabilen, rationalen LTI-Systems (beide Koordinaten linear).

Als Zwischenbemerkung ist hier eine Warnung vor der naheliegenden *Verwechslung von Eigenschwingung und Eigenfunktion* angebracht:

Die *Eigenfunktion* (Gl. 2.6) ist die einzige Anregung, die das LTI-System "unverzerrt mitmacht", bei der also die seltsame Beziehung $y[t] = H[\omega]\ x[t]$ (siehe Gl. 2.4) gilt - bei beliebiger Frequenz. Sie tritt nur im Zusammenhang mit *erzwungenen Schwingungen* auf.

Die *Eigenschwingung* hingegen ist eine *freie Schwingung*, die bei systemtypischer Frequenz und Dämpfung abläuft.

Versucht man, reelle Eigenschwingungen meßtechnisch zu isolieren - etwa durch schmalbandige Filterung von z[t], oder nach vorangegangener rein sinusförmiger Anregung - so wird man die *Summe aller zur Beobachtungsfrequenz gehörigen, gleichfrequenten, reellen Eigenschwingungen* sehen - die *"Resonanzschwingung"* R[t]:

$$z[t] = \sum_r \sum_q \sum_s \{\hat{A}_{r,q,s}\, t^{s-1}\, e^{\sigma_{r,q} t}\, cos[\omega_r t + \phi_{r,q,s}]\} \qquad (4.42)$$

$$= \sum_r R_r[t]$$

mit r : Nummer der Resonanzfrequenz ($\omega \geq 0$). Alle Resonanzfrequenzen sind verschieden.

q : Nummer der zur Frequenz ω_r gehörigen Polstelle mit unterschiedlicher Dämpfung $\sigma_{r,q}$.

s : Nummer der bei $p = \omega_r + j\omega_{r,q}$ liegenden, zu einem Mehrfachpol der Vielfachheit $\mu_{r,q}$ gehörenden Schwingungskomponente.

Diese weitere Verkomplizierung beim Übergang zur Formulierung meßbarer Signalkomponenten entsteht dadurch, daß auch die Möglichkeit des Auftretens gleichfrequenter Pole mit verschiedener Dämpfung in Betracht gezogen werden muß.

Abb. 4.14 versucht, in starker Vereinfachung, die möglichen Typen von Resonanzschwingungen anschaulich zu machen. Die Schwebung ist eine *periodische Modulation* der Einhüllenden, die durch Überlagerung von (auch abklingenden) Schwingungen mit *etwas verschiedener Eigenfrequenz* entsteht. Bei den geknickten, versetzten und sonstwie unregelmäßigen Einhüllenden der Resonanzschwingungen könnte man somit von *"aperiodischen Schwebungen"* sprechen[47].

Welcher *Zusammenhang besteht nun zwischen den reellen Eigenschwingungen* $z_{k,s}$ aus Gl. 4.41, rechts, *und der Übertragungsfunktion* $H[\omega]$? Dazu betrachten wir ein einfaches Gedankenexperiment (das in leichter Modifikation auch praktisch durchführbar ist):

a) Das LTI-System wir beruhigt (alle $\hat{A}_{k,s} = 0$; siehe Gl. 4.41, links).
b) Ein genormter Impuls ($\delta[t]$) am Eingang des Systems versorgt alle Eigenschwingungen mit systemtypischen Anfangszuständen $\hat{A}^{\{\delta\}}_{k,s}$, $\phi^{\{\delta\}}_{k,s}$ (Gl. 4.41).
c) Die *darauf* folgende freie Schwingung $z[t] = z^{\{\delta\}}$ ist identisch mit der Impulsantwort

$$h[t] = z^{\{\delta\}}[t] = \sum_k \sum_s z^{\{\delta\}}_{k,s}[t] \tag{4.43}$$

Beim echt-gebrochenen rationalen System[48] ist die *Impulsantwort* h also nichts anderes als *die Überlagerung aller Eigenschwingungen* $z^{\{\delta\}}_{k,s}$ aus speziellen, *vom* δ-*Impuls hervorgerufenen Anfangszuständen* heraus. Aus Gl. 2.86 und 2.8 folgt

$$H[\omega] = \boldsymbol{F}\{h[t]\} = \sum_k \sum_s \boldsymbol{F}\{z^{\{\delta\}}[t]\} = \sum_r \boldsymbol{F}\{R_r[t]\} = \sum H_r[\omega] \tag{4.44}$$

mit $H_r = r^{te}$ *Eigenresonanzfunktion* $= \boldsymbol{F}\{R_r[t]\}$

47. Eine besonders anschauliche Schilderung des möglichen Übergangs von periodischer zu aperiodischer Schwebung findet sich in einem Aufsatz von Weinreich, 1979.

48. Die Einschränkung auf den *echt-gebrochen* rationalen Fall ist insofern notwendig, als sonst δ-Impulse bei $t = 0$ in der Impulsantwort auftreten könnten, die mit Gl. 4.43 nicht erfaßt werden. (siehe dazu Gl. 2.38)

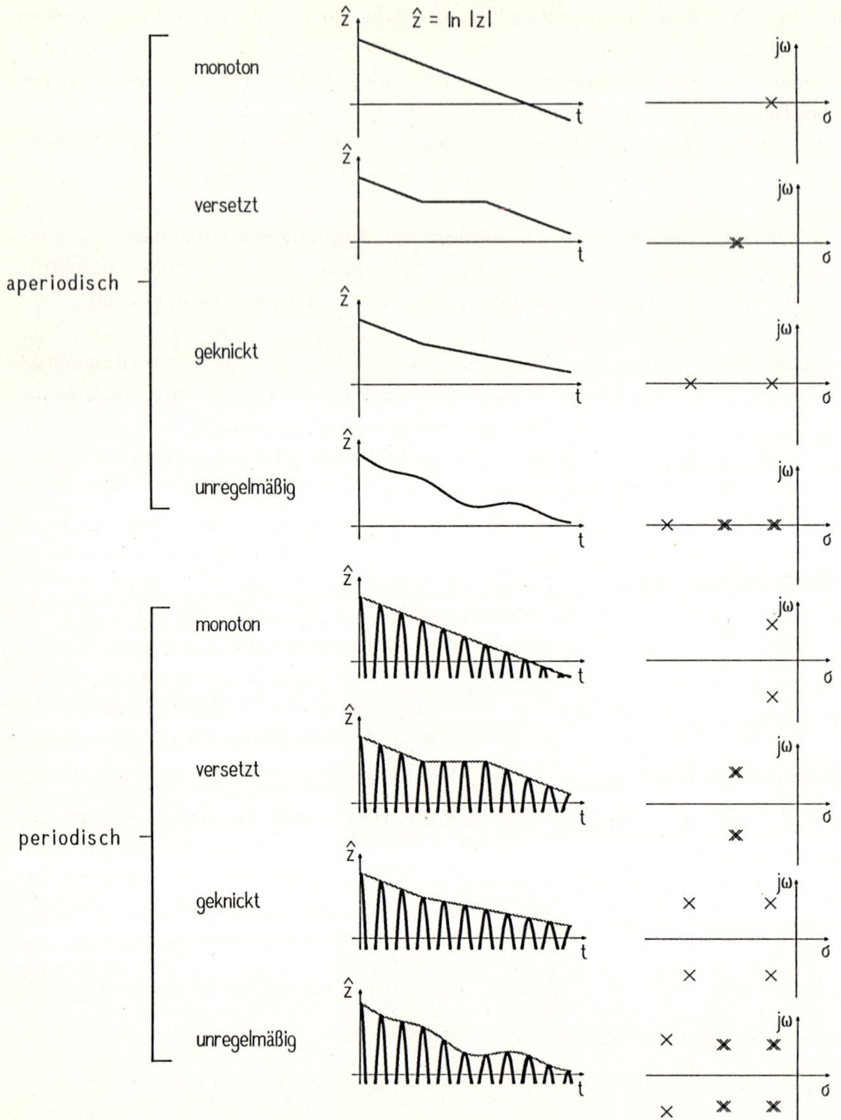

Abb. 4.14: Einteilungen der Resonanzschwingungen in 8 Typen.
Linke Bildspalte: Abszisse linear, Ordinate logarithmisch.
Rechte Bildspalte: p-Ebene ✕✕ = Mehrfachpol.

Versatz: Kombination zweier gleichfrequenter und gleichgedämpfter Schwingungen, von denen eine später wirksam wird (μ = 2). Der durch unterschiedliche Funktionen t^{s-1} mögliche zeitliche Versatz der Asymptoten ist als Plateau stilisiert.

Knick: Kombination zweier gleichfrequenter, verschieden gedämpfter Schwingungen (μ = 2).

Jetzt erscheint uns die Übertragungsfunktion des rationalen LTI-Systems in neuem Licht: Sie setzt sich additiv aus unabhängigen Eigenresonanzfunktionen zusammen (Abb. 4.15). Hauptthema des Kap. 4.3 ist ja die Parametrisierung der Übertragungsfunktion. Gl. 4.44 stellt nun die gesuchte Alternative zur rationalen Parametrisierung (Gl. 4.34) dar: Die neuen Parameter sind die *reellen Eigenschwingungsparameter* $\{\hat{A}^{\{\delta\}}_{k,s}, \phi^{\{\delta\}}_{k,s}, \omega_k, \sigma_k\}$. Das neue Modell nennen wir *Eigenschwingungsmodell.*
Worin besteht der Unterschied zwischen $\hat{A}^{\{\delta\}}_{k,s}$, $\phi^{\{\delta\}}_{k,s}$ und $\hat{A}_{k,s}$, $\phi_{k,s}$?

Die mit $\{\delta\}$ gekennzeichneten Anfangsamplituden und -phasen sind *systemspezifische* Größen, die sich nach Anregung an *einem Punkt* (dem "Eingang" x des Systems) durch einen δ-Impuls ergeben würden. Sie lassen sich durch Partialbruchentwicklung und Anwendung des Residuensatzes aus der rationalen Übertragungsfunktion berechnen. Bei dieser Berechnung wird auch die bisher nicht in Erscheinung getretene, im Zählerpolynom $\{b_n\}$ enthaltene Information voll verarbeitet.

Die *nicht* mit $\{\delta\}$ gekennzeichneten Anfangsamplituden und -phasen entstehen beim Abklingen aus einer *anderen Vorgeschichte* heraus: Entweder vorangegangene Anregung des Eingangspunktes mit beliebigen, bei t = 0 endenden Signalen, die *nicht* mit δ[t] identisch sind; oder Abklingen aus individuell (also nicht vom Eingangspunkt her) angeregten Zuständen der einzelnen Systemelemente heraus. Solche Anregungsamplituden und -Phasen sind also *nicht systemspezifisch* und können natürlich nicht aus der rationalen Übertragungsfunktion berechnet werden!

4.3.5 Das Modalmodell

Die Modalanalyse untersucht das Raum/Zeitverhalten von Schwingungen. Aus der Sicht des Eigenschwingungsmodells sind dabei die Anfangsamplituden $\hat{A}_{k,s}$ Funktionen des Ortes. Damit wird auch die Übertragungsfunktion ortsabhängig. Genauer gesagt: Bei festgehaltenem Eingangspunkt wird die Übertragungsfunktion abhängig von den Koordinaten des als "Ausgang" definierten Punktes. Die Grundaufgabe der Modalanalyse besteht in der Ermittlung der Eigenschwingungsparameter auf der Grundlage gemessener Übertragungsfunktionen. Wir wollen den räumlichen Aspekt der Modalanalyse hier nicht weiter verfolgen[49].

Die zeitlichen Aspekte der Modalanalyse führen uns zum "Modalmodell" des rationalen LTI-Systems. Hier werden in *modellmäßiger Vereinfachung alle Resonanzschwingungen* R[t] *als monoton abklingend angenommen* (Abb. 4.14 erläutert den monotonen Schwingungstyp). Unter dieser Annahme folgt aus Gl. 4.42 und 4.43

$$h[t] = \sum_r \left(A_r^{\{\delta\}}\ e^{\sigma_r t}\ cos[\,\omega_r t + \phi_r^{\{\delta\}}]\right) \qquad (t>0,\ \sigma_r>0) \qquad (4.45)$$

49. Gut lesbare Einführungen bieten z.B. Tse/Morse/Hinkle, 1978, oder Zaveri, 1984, oder Erwins, 1986. Für erfahrene Ingenieur-Mathematiker empfiehlt sich das Werk von Natke, 1983.

Durch Laplace-Transformation ergibt sich daraus

$$H[p] = \sum_r \left(A_r^{\{\delta\}} \frac{(p - \sigma_r) \cos[\phi_r^{\{\delta\}}] - \omega_r \sin[\phi_r^{\{\delta\}}]}{(p - \sigma_r)^2 + \omega_r^2} = \sum_r H_r[p] \right) \tag{4.46}$$

Jede Eigenresonanzfunktion H_r hat noch 4 Parameter: σ_r, ω_r, A_r, ϕ_r .

σ_r : Poldämpfung
ω_r : Polfrequenz
$A_r^{\{\delta\}}$: Kopplungsamplitude
$\phi_r^{\{\delta\}}$: Kopplungsphase

Der technisch interessante Teil der Eigenresonanzfunktion ist natürlich die Resonanzstelle - also der Bereich um das Maximum von $|H_r|$, etwa zwischen den "3dB-Punkten"

$$(|H_r| = |H_r|_{max} / \sqrt{2}) \tag{4.47}$$

Das Verhalten von H_r in dieser 3dB-Zone wird praktisch nur durch den Nenner des Bruches in Gl. 4.46 geprägt. Obwohl der Zähler Z je nach Kopplungsphase zwischen den extremen Verlaufsformen

$$Z = \pm(p - \sigma_r) \quad \text{und} \quad Z = \pm \omega_r \tag{4.48}$$

variieren kann, sind die folgenden vier Modal-Charakteristika bei großer Güte ($Q \gg 1$) fast gar nicht kopplungsabhängig:

a) Betragsresonanz (Frequenz des Maximums von $|H_r[\omega]|$)

$$\omega_B = \omega_E(1 - \alpha) \tag{4.49}$$

$$\text{mit} \quad \alpha = \frac{1}{4Q^2} \; \cdots \; \frac{1}{8Q^3}$$

$$\omega_E = \sqrt{\omega_r^2 + \sigma_r^2} \tag{4.50}$$

(Eckfrequenz; natural undamped frequency)

$$Q = -\frac{\omega_E}{2\sigma_r} \tag{4.51}$$

(Güte; quality factor)

b) 3dB-Breite (relativer Kreisfrequenzabstand der beiden 3dB-Punkte)

$$\Delta\omega_{3dB} / \omega_E = 1 / Q \tag{4.52}$$

c) Betrag (innerhalb des 3dB-Bereichs)

$$\left|H_r[\omega]\right| \approx H_0 (1 - 2Q^2 (1 - \omega / \omega_B)^2) \tag{4.53}$$

d) Übertragungsphase (innerhalb des 3dB-Bereichs)

$$\phi_{H_r}[\omega] = \phi_0 + (\omega - \omega_E)\phi^{\bullet} \tag{4.54}$$

$$\text{mit} \quad \phi^{\bullet} = \left.\frac{d\phi_{H_r}}{d\omega}\right|_{\omega = \omega_E} \approx -2Q / \omega_E \qquad \text{(Phasensteilheit)} \tag{4.55}$$

ϕ_0 : Konstante, abhängig von $\phi_r^{\{\delta\}}$

H_0 : Betragsmaximum von H_r

Die wesentlichen Merkmale der Eigenresonanzfunktion H_r in Resonanznähe werden durch die drei Parameter H_0, σ_r, und ω_r festgelegt. Die Phasenkonstante ϕ_0 ist meßtechnisch unerheblich.
Falls die Resonanzfrequenzen weit genug auseinanderliegen, so daß sich die Resonanzausläufer kaum noch stören (Abb. 4.15), kann man diese drei Parameter der einzelnen Eigenschwingungen näherungsweise aus der gemessenen, gesamten Übertragungsfunktion $H[\omega] = \sum_r H_r[\omega]$ ablesen.

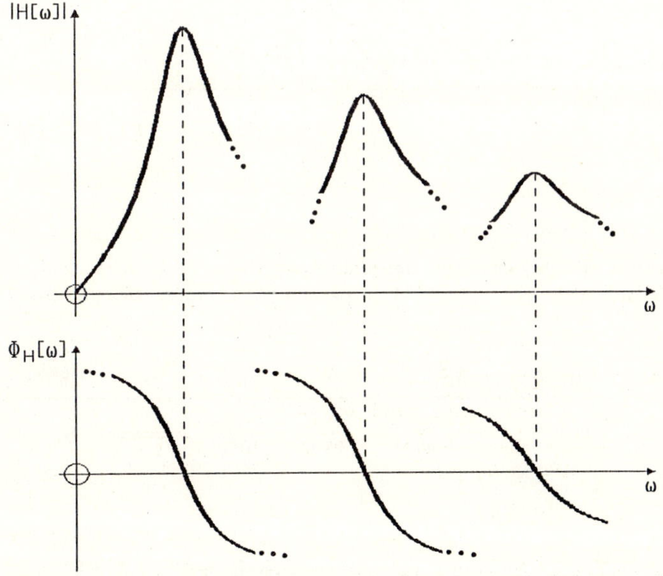

Abb. 4.15: Die Übertragungsfunktion des rationalen LTI-Systems setzt sich additiv aus den einzelnen Eigenresonanzkurven zusammen. (Stark vereinfachte Darstellung *ohne* Berücksichtigung der gegenseitigen Beeinflussung).

Zur Ablesung der besonders fehleranfälligen Dämpfung σ_r bzw. Güte Q empfiehlt sich als Zwischenschritt eine Ausgleichsgerade[50] für ϕ_{H_r} und Auswertung der ermittelten Steilheit $\phi^{\bullet}$ über Gl. 4.55 . Im Zusammenhang mit Resonanzkurven sind noch die folgenden alternativen Parameter üblich[51]:

Dämpfungsfaktor (*damping factor; damping ratio*) $$\zeta = \frac{1}{2Q} \tag{4.56}$$

Abklingzeit $$\tau = -1/\sigma_r \quad (\sigma_r < 0) \tag{4.57}$$

Abklingkonstante $$\delta = -\sigma_r \tag{4.58}$$

Logarithmisches Dekrement $$\Lambda = 1/Q \tag{4.59}$$
(≃ relative Verringerung der Amplitude während einer Schwingungsdauer).

Abb. 4.16 zeigt ein praktisches Beispiel mit nur einer Resonanz:

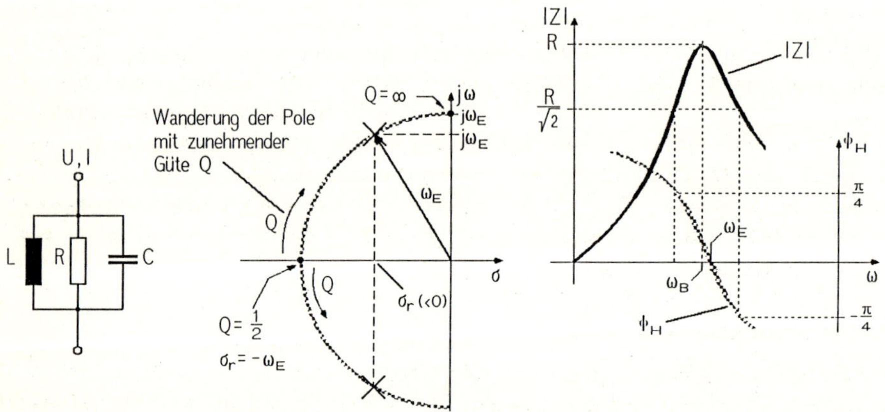

Abb. 4.16: Der Parallelschwingkreis als bekanntestes Beispiel zum Thema Eigenschwingungen und Resonanzen. Durch Vergleich mit den Gln. 4.33, 4.34, 4.46 und 4.50 ergibt sich folgende Zuordnung

w[t]	x[t]	H	a_0	a_1	a_2	b_0	b_1	$\phi_r^{\{\delta\}}$	A	σ_r	ω_E	H_0
U[t]	I[t]	Z	1/L	1/R	C	0	1	$-atn\left[\frac{\sigma_r}{\omega_r}\right]$	$\frac{\omega_E}{\omega_r C}$	$\frac{-1}{2RC}$	$\frac{1}{\sqrt{LC}}$	R

50. Optimale Parameterbestimmung unter Einfluß von Rauschstörungen wird bei Natke, 1983, diskutiert.

51. Siehe Tse, u.a., 1978, ch. 2 oder Möller, 1986, Kap. 8.2.3 oder Zaveri, 1984 oder Zinke/ Brunswig, Bd. 1, 1986, § 1.2

Abschließend noch eine Bemerkung zu dem bisher nicht ganz konsequent definierten Begriff der *"Freiheitsgrade"*. Folgende Definitionen sind besonders weit verbreitet:

Die Anzahl M_F der Freiheitsgrade eines rationalen LTI-Systems =

1) Mindestanzahl unabhängiger, linearer Koordinaten, die zur Beschreibung von Lage und Bewegung (Zustand) eines mechanischen Systems nötig sind (das ist praktisch die Anzahl der unabhängig positionierbaren Punktmassen in Masse/Feder/Dämpfer-Systemen[52].
2) Anzahl der möglichen (reellen) Eigenschwingungen[53].
3) Die Hälfte der Ordnung M der charakteristischen Gleichung (Gl. 4.37) - falls M gerade[54].

Diese Definitionen werden erst dann verträglich, wenn man die *aperiodischen Eigenschwingungen als "halbe Eigenschwingungen"* definiert (siehe Abb. 4.13, linke Spalte) und konsequenterweise damit auch *"halbe Freiheitsgrade"* zuläßt. In diesem Licht gilt dann die einfache Beziehung

$$M_F = M/2 \tag{4.60}$$

Das Problem der traditionellen Freiheitsgraddefinition läßt sich besonders einfach anhand Abb. 4.16 zeigen: Dort ist die Lage der Pole in der p-Ebene markiert für ein System der Ordnung $M = 2$, von dem man mit Recht sagt, es habe genau 1 Freiheitsgrad und auch genau 1 Eigenschwingung. Was passiert mit diesem Freiheitsgrad, wenn die Güte immer mehr verringert wird und den Wert $Q = 0.5$ unterschreitet? Im modernisierten Freiheitsgradkonzept (Gl. 4.60) ergeben die beiden dann vorhandenen, aperiodischen Schwingungen je 1/2 Freiheitsgrad - also nach wie vor insgesamt einen ganzen Freiheitsgrad.

4.3.6 Das Kopplungsmodell

In den vorangegangenen Punkten haben wir eine Reihe von Eigenschwingungen kennengelernt, die alle mit Parametrisierungsmöglichkeiten für die Übertragungsfunktion einhergingen:

- Komplexe Eigenschwingung,
- Reelle Eigenschwingung (halbe und ganze),
- Resonanzschwingung,
- Vierparametrische Modalschwingung,
- Dreiparametrische Modalschwingung.

52. Z.B. Klotter (2), 1981, Kap. 1.11, oder Orear, 1982, Kap. 12.4

53. Siehe Definition der reellen Eigenschwingung, Gl. 4.41; zum Thema "Definitionen des Freiheitsgrades": Crawford, 1984, Kap. 12.4

54. Z.B. Zaveri, 1984, Kap. 3.1.1

Diese Liste wird nun fortgesetzt und abgeschlossen durch die *"gekoppelten Schwingungen"*. Dabei ist die Parametrisierung der Übertragungsfunktion nur noch ganz am Rande interessant - hier geht es vor allem um eine wichtige Ergänzung des Verständnisses von Schwingungen in rationalen LTI-Systemen mit mehreren Freiheitsgraden.

Den vorstehend aufgelisteten fünf Schwingungsarten ist gemeinsam, daß sie völlig unabhängige Bestandteile der am Ausgang beobachteten freien Schwingung sind; während des Abklingens *kann kein Energieaustausch zwischen ihnen stattfinden.* Scheinbare Kopplung in Form von aperiodischen oder periodischen Schwebungen wurden als (rückwirkungsfreie) Überlagerungen der einzelnen Eigenschwingungen erkannt. Was kann nun der weithin in Physik und Schwingungstechnik benutzte Begriff der "Kopplung" von Schwingungen bedeuten? Hier der Versuch einer *Definition des Kopplungskonzepts auf der Grundlage der bisher behandelten Begriffe und Einsichten*:

Definition des Kopplungsmodells

Das aus konzentrierten Elementen bestehende LTI-System wird zerlegt in *anschauliche*, durch Einblick in das System identifizierbare *Subsysteme* (Abb. 4.17), die

a) jeweils für sich *alleine schwingungsfähig* wären und
b) durch ebenfalls anschaulich identifizierbare, "nicht schwingende", der Energieweiterleitung dienende Elemente *gekoppelt* sind[55].

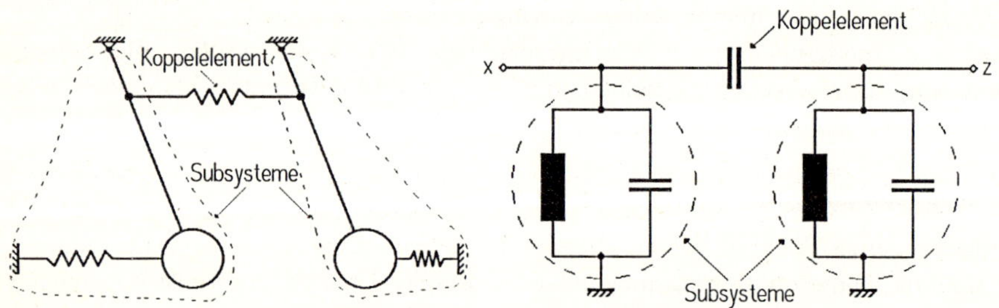

Abb. 4.17: Gekoppelte Schwinger aus Mechanik und Elektrotechnik.
Links: Das Doppelpendel, bestehend aus zwei starren, masselosen, gelenkig gelagerten Stangen mit Punktmassen und Federn; keine Schwerkraft.
Rechts: Zwei Schwingkreise, die kapazitiv zu einem "Zweikreisbandfilter" gekoppelt sind.

Aus dieser Perspektive wir erkennbar, daß bei der untersten Eigenfrequenz des Gesamtsystems alle Subsysteme gleichphasig schwingen und bei der obersten Eigenfrequenz gegenphasig. Und die Übertragungsfunktion läßt sich unterteilen in eine *dispersive und* eine *reaktive Zone*, wobei die dispersive Zone das Frequenzband zwischen unterster und oberster Eigenfrequenz ist.

55. Besondere Erwähnung verdienen die prägnanten Analysen gekoppelter mechanischer Schwingungen von Crawford, 1984, und auch von Weinreich, 1979

Vergleichen wir das Kopplungsmodell mit den bisher vorgestellten Eigenschwingungsmodellen, so ergibt sich:

1) Das Eigenschwingungskonzept beschreibt die mathematische Zerlegung der freien Schwingung - beobachtet am Ausgangspunkt des Systems - als Summe unabhängiger, *nicht gekoppelter* Eigenschwingungen. Dabei ist eine Zuordnung von Eigenschwingung und Subsystem ausgeschlossen.
2) Das Koppelschwingungskonzept ist grundsätzlich eine Näherungslösung, die umso besser mit der Wirklichkeit übereinstimmt, je weniger sich die Eigenresonanz-Übertragungsfunktionen H_r überlappen. Bei dieser näherungsweisen Betrachtung wird das System verändert, indem die als "Koppelelemente" identifizierten LTI-Bausteine als nichtschwingende, mathematisch nicht klar faßbare "Energieübertragungsglieder" gesehen werden.
3) Solange die Voraussetzung vernachlässigbarer Überlappung der Eigenresonanz-Übertragungsfunktionen gilt, erlaubt das Kopplungskonzept einen physikalisch anschaulichen Einblick in das schwingende Gesamtsystem und ist damit trotz des Näherungscharakters ein wertvolles Hilfsmittel der Schwingungsanalyse.

4.4 Verzerrung und Dispersion

4.4.1 Verzerrung

In der Nachrichtentechnik bezeichnet man allgemein Abweichungen des Kurvenverlaufs zwischen Eingangssignal x und Ausgangssignal y als *"Verzerrung"* (engl. *distortion*). Diese eher anschauliche als genaue Definition wird im Folgenden präzisiert:

1a) *Verzerrungsfreiheit*

Zunächst also die Definition des Gegenteils von Verzerrung, die *Verzerrungsfreiheit.* Sie wird definiert durch Aufzählung erlaubter, verzerrungsfreier Systemeinflüsse auf das Signal: Erlaubt ist

a) Verstärkung oder Dämpfung, d.h.

$$y[t] = Vx[t]; \qquad V \text{ reell, positiv}$$

b) Zeitverschiebung (Verzögerung oder "Beschleunigung"), d.h.

$$y[t] = x[t-\tau]; \qquad \tau \text{ reell und endlich; darf auch negativ oder Null sein}$$

c) Invertierung

$$y[t] = -x[t]$$

also zusammengefaßt (Abb. 4.20a):

$$y[t] = \pm Vx[t-\tau] \tag{4.61}$$

Was bedeutet das für die erlaubte verzerrungsfreie Impulsantwort und Übertragungsfunktion? Offenbar gilt (siehe Gl. 3.138 oder Abb. 3.2)

$$h[t] = \pm V\delta[t-\tau] \qquad (4.62)$$

$$H[f] = \pm V\, e^{-j2\pi f\tau} \qquad (4.63)$$

Um den erlaubten Phasengang $\phi_H[f]$ (Gl.4.9) zu ermitteln, muß das Vorzeichen von V in Form einer Phasenverschiebung π in den Exponenten aus Gl. 4.63 gebracht werden. Wenn man dabei von der weit verbreiteten Vorstellung ausgeht, daß der Phasengang von LTI-Systemen mit reeller Impulsantwort *immer eine ungerade Funktion sei*[56], muß man folgern, daß das "-"-Vorzeichen zu einem additiven Phasenbeitrag

$$\Delta\phi[f] = -\pi\, sgn[f] \qquad (?) \qquad (4.64)$$

führt[57]. Da aber $sgn[0] = 0$ (Gl. 3.15), wird dann $H[0] = V$ sein - also unabhängig vom Vorzeichen: Es könnten also nur Wechselspannungen übertragen und invertiert werden! Dieser Widerspruch löst sich erst auf, wenn man die *Symmetrieaussage zum Phasengang weiter verfeinert*:
Wir zerlegen den Phasengang $\phi_H[f]$ eines LTI-Systems mit reeller Impulsantwort in ungeraden und geraden Anteil:

$$\phi_H[f] = \phi_u[f] + \phi_g[f] \qquad (4.65)$$

was ja mit Hilfe von Gl. 3.80/3.81 leicht möglich ist. Jetzt lautet die *verfeinerte Phasensymmetrieaussage:*

$$\phi_g[f] = n\pi \qquad \text{(n ganzzahlig, reell)} \qquad (4.66)$$

Falls n ungeradzahlig ist, liegt eine Invertierung vor; andernfalls keine. Für den Fall der Invertierung kann also anstelle von Gl. 4.64 folgende Formel treten:

$$\Delta\phi[f] = \pi \qquad (4.67)$$

Die Übertragungsfunktion des verzerrungsfreien Systems (Gl. 4.63) lautet in Re/Im-Form

$$H_{Re}[f] = \pm V cos[2\pi f\tau] \; ; \qquad H_{Im}[f] \mp V sin[2\pi f\tau] \qquad (4.68)$$

In Betrags-/Phasendarstellung kann sie je nach Vorzeichen und Zeitkonstante τ die in Abb. 4.18 gezeigten Formen annehmen.

56. Z.B. Mildenberger, 1988, Kap. 2.3.2

57. Z.B. Schuon/Wolf, 1981, Kap. 2.2

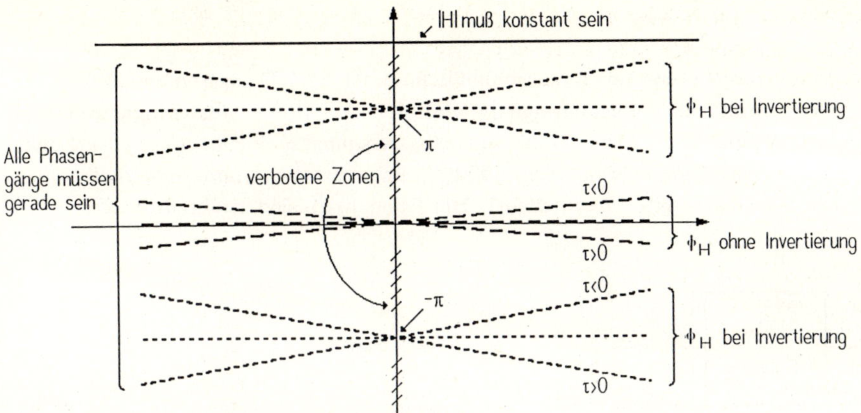

Abb. 4.18: Übertragungsfunktionen des verzerrungsfreien LTI-Systems. Unabhängig vom Verzerrungsgesichtspunkt müssen die Phasengänge von Systemen mit reeller Impulsantwort bei $f = 0$ durch einen der erlaubten Kreuzungspunkte $\phi = n\pi$ gehen.

1b) *Lineare Verzerrungen*

Lineare Verzerrungen werden durch den Filtersatz (Gl.2.9) beschrieben:

$$Y[f] = X[f]\, H[f]$$

d.h. jede Spektralkomponente im Ausgang ist proportional zur entsprechenden Spektralkomponente im Eingang. Der komplexe Proportionalitätsfaktor ist H[f] und *ändert sich mit der Frequenz*. Die Erzeugung linearer Verzerrungen ist also das normale Verhalten von LTI-Systemen. Abb. 4.19 zeigt die drei möglichen Typen linearer Verzerrungen in Spektraldarstellung. Abb. 4.20b gibt ein Beispiel linearer Verzerrungen in zeitlicher Darstellung[58].

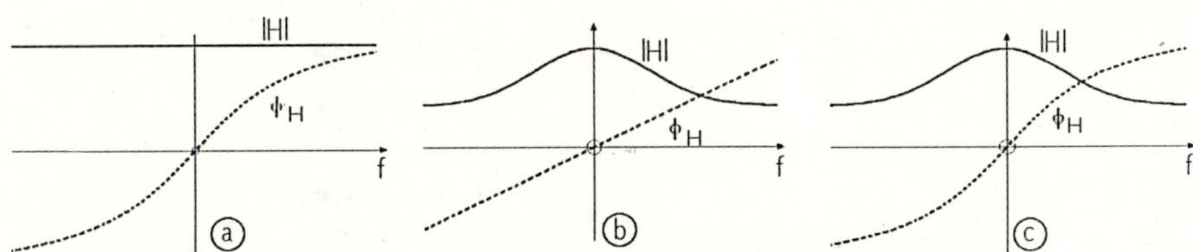

Abb. 4.19: Die drei möglichen *Typen linearer Verzerrungen*:
a) Reine Phasenverzerrung; b) Reine Betragsverzerrung; c) Allgemeine Form der linearen Verzerrung (Phase und Betrag).

58. Weiterführende Überlegungen bei Schüßler, 1984, Kap. 5.3

1c) *Nichtlineare Verzerrungen*

Nichtlineare Verzerrungen entstehen ausschließlich in Nicht-LTI-Systemen. Bei ihnen hängt z.B. die Gestalt des Ausgangssignals von der Amplitude des Eingangssignals (von der "Aussteuerung") ab (Abb. 4.20 c). Das Ausgangsspektrum |Y[f]| ist hier *nicht proportional* zum Eingangsspektrum |X[f]|. Es *entstehen neue Spektralkomponenten* (oft als "Kreuzprodukte" bezeichnet). H[f] und h[t] sind *nicht definiert.*

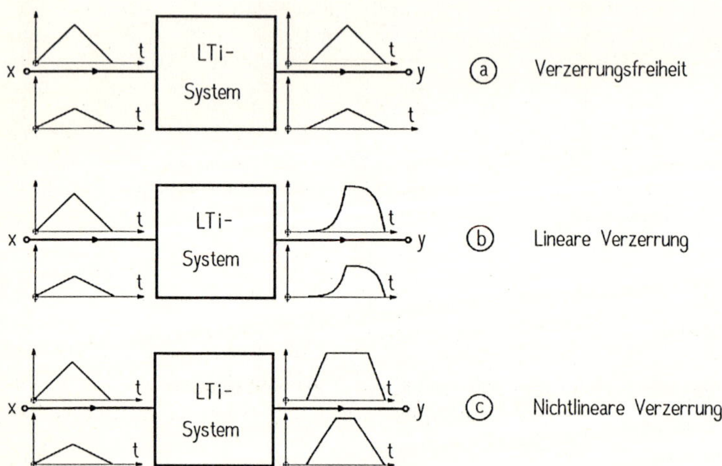

Abb. 4.20: Signalverformumg bei verschiedenen Verzerrungssituationen.

4.4.2 Dispersion

"Dispersion" ist ursprünglich ein Fachbegriff der optischen und akustischen Wellenausbreitung und bezeichnet dort das Phänomen der *Signalverzerrung infolge unterschiedlicher Laufzeit verschiedenfrequenter Signalkomponenten* (Definition Nr. 1). Die Laufzeit (sinusförmiger) Signalkomponenten nennt man in der Sprache der Systhemtheorie "Phasenlaufzeit". Nach den oben (1a) getroffenen Feststellungen über Verzerrungsfreiheit und Vorzeichen kann die Phasenlaufzeit T_p nur definiert werden als

$$T_p[f] = -\phi_u[f]/(2\pi f) \tag{4.69}$$

mit ϕ_u = ungerader Anteil des Übertragungsphasenganges ϕ_H

Ein eventuell vorhandener gerader Anteil ϕ_g kann ja nur konstant sein und ganzzahlige Vielfache von π betragen. Die mit ungeradzahligen Vielfachen von π einhergehenden Vorzeichenwechsel (Invertierungen) - wie sie z.B. auch bei Reflexionen auftreten können - tragen nicht zur Phasenlaufzeit bei. *Dispersion ist also identisch mit Phasenverzerrung* (Definition Nr. 2, Siehe Abb. 4.19). Verzerrungsfreie Systeme sind somit immer dispersionsfrei. Linear verzerrende Systeme sind dispersiv - falls nicht der Sonderfall (Abb. 4.19 b) reiner Dämpfungsverzerrung vorliegt.

Wellenausbreitung, Laufzeiten und Geschwindigkeiten

Wir beschränken uns hier auf den einfachsten denkbaren Fall eines ungedämpften, sich in einer Richtung *ausbreitenden Schwingungszustandes - also einer ebenen Welle.* Das Ausbreitungsmedium wird als LTI-System angesehen. Die Eigenfunktion des LTI-Systems wird jetzt mit einer Wellenlänge λ ihre Phase als Funktion der Entfernung (= räumlicher Abstand r zwischen den als "Eingang" und "Ausgang" definierten Punkten) ändern:

$$y[t, r] = e^{j(\omega t - kr)} \tag{4.70}$$

mit $\omega = 2\pi / T$ = Kreisfrequenz,
T = Schwingungsdauer,
$k = 2\pi / \lambda$ = Wellenzahl,
λ = Wellenlänge.

Am festen Ort r (z.B. r = 0) erscheint also nach wie vor die bekannte Eigenfunktion $e^{j\omega t}$. Zum festen Zeitpunkt t (z.B. t = 0) erscheint die "eingefrorene" Welle als räumliche Struktur e^{-jkr}. Die "Phasengeschwindgkeit" $v_{ph} = \dot{r}$ ergibt sich unmittelbar aus Gl. 4.70 durch die Forderung $\frac{d}{dt}(\omega t - kr) = 0 = \omega - k\dot{r}$

$$\dot{r} = v_{ph} = \frac{\omega}{k} \tag{4.71}$$

Die Phasengeschwindigkeit ist also die Ausbreitungsgeschwindigkeit einer sinusförmigen Komponente. (Abb. 4.21) Bei modulierten Wellen - also der Ausbreitung nicht sinusförmiger Signale - interessiert auch die *Gruppengeschwindigkeit* v_{gr}, mit der sich die *Einhüllende* des durch Überlagerung der einzelnen sinusförmigen Komponenten entstehenden Interferenzbildes ausbreitet (Abb. 4.21). Dazu betrachten wir die Überlagerung von zwei frequenzmäßig eng benachbarten Komponenten

$$y[t, r] = e^{j\{\omega t - kr\}} + e^{j\{(\omega + d\omega)t - (k + dk)r\}} \tag{4.72}$$

Aus Gl. 4.72 und

$$e^{j\alpha} + e^{j\beta} = 2e^{j(\alpha + \beta)/2} \cos[(\alpha - \beta)/2] \tag{4.73}$$

folgt

$$|y[t, r]| = 2\left|\cos[(t d\omega - r dk)/2]\right| \tag{4.74}$$

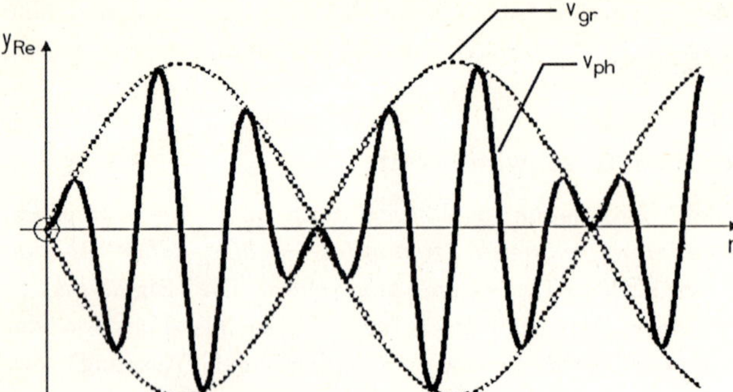

Abb. 4.21: Im dispersiven System (Medium) sind Phasen- und Gruppengeschwindigkeit unterschiedlich; d.h. die Trägerschwingung verschiebt sich laufend gegenüber der Einhüllenden.

Wir fordern wieder konstante Phase, also $\frac{d}{dt}(td\omega - rdk)/2 = 0 = d\omega - \dot{r}dk$; also

$$\dot{r} = v_{gr} = \frac{d\omega}{dk} \tag{4.75}$$

Durch Einsetzen von Gl. 4.71 in Gl. 4.75 finden wir

$$v_{gr} = \frac{v_{ph}^2}{v_{ph} - f(dv_{ph}/df)} \tag{4.76}$$

Wenn wir nun das LTI-System definieren durch einen räumlichen Abstand $r = l$ zwischen "Eingang" und "Ausgang", so gilt

$$\text{Dämpfungsphase} \quad b[f] = 2\pi l/\lambda[f] = lk[f] \tag{4.77}$$

und

$$\text{Gruppenlaufzeit} \quad T_{gr} = l/v_{gr} = l\,dk/d\omega = db/d\omega = -d\phi_H/d\omega\,. \tag{4.78}$$

Im Zusammenhang mit den Übertragungsparametern aus Gln. 4.5 bis 4.11 sind noch die folgenden Größen sinnvoll:

Ausbreitungskonstante (= Fortpflanzungskonstante) $\quad \gamma[f] = g[f]/l \quad (4.79)$

Dämpfungskonstante (= Dämpfungsbelag) $\quad \alpha[f] = a[f]/l \quad (4.80)$

Phasenkonstante (= Phasenbelag) $\quad \beta[f] = b[f]/l \quad (4.81)$

Literaturempfehlungen Kap. 4

zum Thema "Darstellung der Übertragungsfunktion"

1. Vaske, 1971
2. Wolf, 1978, Kap. 10
3. Schüßler, 1981, Kap.5

zum Thema "Stabilität"

1. Föllinger, 1990
2. Unbehauen, 1983, §II.6

zum Thema "Systemmodelle, Parametrisierung, Resonanz"
(Nr. 1 - 3 zum Einsteigen, Nr. 4 - 6 zum Weiterlesen für Fortgeschrittene)

1. Crawford, 1984
2. Main, 1987
3. Tse/Morse/Hinkle, 1978
4. Klotter, 1980, 1981 (1) und 1981 (2)
5. Natke, 1983
6. Ljung/Söderström, 1986

zum Thema "Verzerrung, Dispersion"

1. Fricke/Lambert/Patzelt, 1979, Kap. 9
2. Bocker, 1978, Kap. 3.2.2
3. Main, 1987, ch. 12

5 Hilbert-Transformation und Anwendungen

5.1 Definition und mathematische Eigenschaften

Die Hilbert-Transformation schafft über die Verknüpfung des Begriffspaares "analytisch" und "kausal" neue Kategorien der System- und Signalbeschreibung. Nur in dieser abstrakteren Begriffswelt lassen sich Konzepte wie das Minimumphasensystem oder das komplexe Bandpaß-Signal wirklich begreifen.

Definition:

Die Hilbert-Transformation[1] einer Funktion f[u] wird definiert als

$$\boldsymbol{H}\{f[u]\} = f[u] * \frac{1}{\pi u} = \int_{-\infty}^{\infty} \frac{f[u']}{\pi(u-u')}\, du' \tag{5.1}$$

wobei die Polstelle im Sinne des Cauchy-Hauptwertes behandelt wird. Bei nachrichtentechnischen Anwendungen wird die allgemeine Variable u aus Gl. 5.1 die Bedeutung "Zeit" oder "Frequenz" annehmen. Aus dem Faltungssatz folgt

$$\begin{aligned} \boldsymbol{H}\{x[t]\} &= x[t] * \frac{1}{\pi t} \quad \circ\!\!-\!\!\!-\!\!\!-\!\!\circ \quad X[f]\,(-j)\,\mathit{sgn}[f] \\ \boldsymbol{H}\{X[f]\} &= X[f] * \frac{1}{\pi f} \quad \circ\!\!-\!\!\!-\!\!\!-\!\!\circ \quad x[t]\,j\,\mathit{sgn}[t] \end{aligned} \tag{5.2}$$

Soweit die Anwendung des Faltungssatzes erlaubt ist, kann also die - im allgemeinen nur sehr schwierig durchführbare - Integration Gl. 5.1 umgangen werden durch $\pi/2$-Drehung der zugehörigen Fourier-Transformierten.

Hilbert-Transformation einer Konstanten:

Mit f[u] = k ergibt Gl. 5.1 als Cauchy-Hauptwert

$$\boldsymbol{H}\{k\} = k * \frac{1}{\pi f} = 0 \tag{5.3}$$

Wegen dieser Besonderheit wird im Folgenden die Funktion x[t] zerlegt in einen eventuellen konstanten Anteil x_- und den verbleibenden, mittelwertfreien Anteil $x_\sim$:

$$x[t] = x_- + x_\sim[t] \tag{5.4}$$

1) Benannt nach dem deutschen Mathematiker David Hilbert (1862-1943).

Inverse Hilbert-Transformation:

Die zweimalige Anwendung der Faltung nach Gl. 5.2 liefert

$$\boldsymbol{H}\{\boldsymbol{H}\{x_\sim[t]\}\} = x_\sim * \frac{1}{\pi t} * \frac{1}{\pi t} \quad \circ\!\!-\!\!\circ \quad X[f]\underbrace{(-j\,sgn[f])^2}_{\substack{-1 \text{ für } f \neq 0 \\ 0 \text{ für } f = 0}}$$

Wegen des entfernten Mittelwertes x_- wird aber $X[0]$ sowieso gleich 0 sein. Damit gilt streng

$$\boldsymbol{H}\{\boldsymbol{H}\{x_\sim[t]\}\} = -x_\sim[t] \tag{5.5}$$

Die Umkehrung der Hilbert-Transformation kann somit angegeben werden als

$$\boldsymbol{H}^-\{x_\sim[t]\} = x_\sim[t] * \frac{-1}{\pi t} \tag{5.6}$$

Die zur korrekten Herleitung von Gl. 5.6 vorgenommene Zerlegung (Gl. 5.4) $x = x_- + x_\sim$ ist bei der praktischen Anwendung nicht notwendig. Man muß nur im Auge behalten, daß bei einer Hilbert-Transformation (oder der dazu äquivalenten $\pi/2$-Drehung der Fourier-Transformierten) der konstante Anteil verloren geht.

Hilbert-Paare:
Als Anschauungsmaterial zur nachfolgenden Diskussion zeigt Abb. 5.1 eine kleine Auswahl besonders einfacher Hilbert-Paare.

5.2 Kausale Systeme

Kausalität
Das Vorhandensein eines gesetzmäßigen Zusammenhanges zwischen Ursache und Wirkung wird allgemein als "Kausalität" bezeichnet. In einem kausalen System kann die berechenbare Wirkung grundsätzlich niemals vor der Ursache einsetzen. Bei den mathematisch idealisierten, elektrischen oder mechanischen LTI-Systemen werden alle Zufallseinflüsse, wie innere Rauschquellen oder äußere Störeinflüsse, ignoriert: Das Ausgangssignal (erzwungene Schwingung) ist streng berechenbar aufgrund des bekannten Eingangssignals - es sind kausale Systeme.

Die Impulsantwort $h[t]$ (= "Wirkung") kann also niemals vor dem Zeitpunkt des Eingangsimpulses $\delta[t]$ (= "Ursache") beginnen. Das heißt

$$h[t] = 0 \quad \text{für } t < 0 \tag{5.11}$$

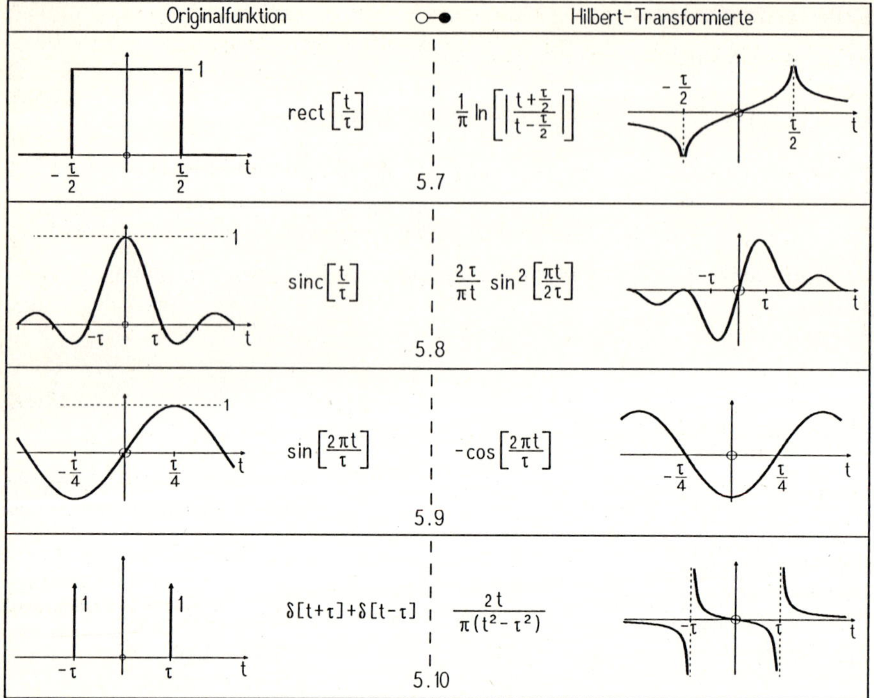

Abb. 5.1: Beispiele einfacher Hilbert-Paare.

Wenn man von dem Trivialfall $h[t] = \delta[t]$ absieht (und ihn gegebenenfalls aus einer kombinierten Impulsantwort abtrennt), gilt für ein kausales System

$$h[t] = h[t]\,\varepsilon[t] \tag{5.12}$$

(ε = Einheitssprung; siehe Gl. 3.16)

Aus Gl. 5.12 folgt zwangsläufig, daß Realteil und Imaginärteil der *Übertragungsfunktion eines kausalen Systems* Hilbert-Transformierte sind:

$$H_R[f] = H_I[f] * \frac{1}{\pi f} \tag{5.13}$$

$$H_I[f] = -H_R[f] * \frac{1}{\pi f} \tag{5.14}$$

Die Gültigkeit dieser fundamentalen Beziehungen Gl. 5.13 und 5.14 läßt sich im Rahmen der Fourier-Theorie auf zwei Arten zeigen:

1) Man zerlegt formal die kausale Funktion $h[t] = u[t] + g[t]$ nach Gl. 3.80 und 3.81 in einen ungeraden Anteil u und geraden Anteil g und findet

$$g[t] = u[t]\, sgn[t] \tag{5.15}$$

In der Tat erfüllt $h = g + u = u(1 + sgn[t]) = u[t]\,\varepsilon[t]$ die Kausalitätsbedingung (Gl. 5.12).

Aus Gl. 5.15 erhält man über den Faltungssatz nach vorheriger *Definition* der Spektralfunktion U und G als

$$u[t] \circ\!\!-\!\!\circ\ jU[f] \;;\quad g[t] \circ\!\!-\!\!\circ\ G[f]:$$

$$u[t]\, sgn[t] \circ\!\!-\!\!\circ\ G[f] = jU[f] * \frac{1}{j\pi f} = \boldsymbol{H}\{U[f]\} \tag{5.16}$$

Für den praktischen Normalfall einer reellen Impulsantwort vereinfacht sich Gl. 5.16 zu der in Gl. 5.13 und 5.14 ausgedrückten Beziehung zwischen Real- und Imaginärteil der Übertragungsfunktion.

2) Oder man sucht direkt die Fourier-Transformation des Ausdruckes Gl. 5.12 (siehe auch Gl. 3.42):

$$y = h[t]\,\varepsilon[t] \circ\!\!-\!\!\circ\ H[f] * \left(\frac{1}{2}\delta[f] - \frac{j}{2\pi f}\right) = Y[f]$$

$$Y[f] = \frac{1}{2} H[f] - \frac{j}{2}\boldsymbol{H}\{H[f]\}$$

Nach Trennung in Real- und Imaginärteil ergibt sich:

$$Y_R = \frac{1}{2} H_R + \frac{1}{2}\boldsymbol{H}\{H_I\}$$

und

$$Y_I = \frac{1}{2} H_I - \frac{1}{2}\boldsymbol{H}\{H_R\}$$

Der Vergleich der Realteile und der Imaginärteile liefert:

$$Y_R = \boldsymbol{H}\{Y_I\} \quad \text{und} \quad Y_I = -\boldsymbol{H}\{Y_R\}$$

Eine mathematisch fundierte Beweisführung mit Angabe der Gültigkeitsvoraussetzungen (z.B. quadratische Integrabilität) findet sich bei G. Doetsch (1967).

Minimumphasensysteme

Die oben untersuchte Hilbert-Beziehung zwischen Real- und Imaginärteil der Übertragungsfunktion gilt ohne Einschränkung für alle kausalen LTI-Systeme. Technisch interessanter ist allerdings die Frage nach ähnlichen Beziehungen zwischen Betrag und Phase. Einziger bekannter Anknüpfungspunkt in dieser Frage ist die Betrachtung der Pol- und Null-Verteilung in der p-Ebene (Abb. 4.1-7 und 5.2) Die Ergebnisse werden sich also von vornherein auf die Untermenge der rationalen LTI-Systeme beschränken. In diesem Fall lautet die Übertragungsfunktion (siehe Gl. 4.34)

$$H[p] = \frac{\sum_0^N b_n p^n}{\sum_0^M a_m p^m} = \frac{b_N \prod_1^N (p - p_n)}{a_M \prod_1^M (p - p_m)} \tag{5.17}$$

Wenn H (Gl. 5.17) ein stabiles, kausales System beschreibt, dann hat diese Funktion zwei wichtige Eigenschaften:

1. Auf der jω-Achse gilt $H_R[f] = \boldsymbol{H}\{H_I[f]\}$ laut Gl. 5.13.

2. In der rechten p-Halbebene ($p = \sigma + j\omega$; $\sigma \geq 0$) ist H[p] frei von Polen. Diese Eigenschaft der Abwesenheit von Polen in einem gewissen Gebiet bezeichnet man als "analytisch", oder "holomorph" oder "regulär". Das in Gl. 5.17 auftretende Nennerpolynom hat also im (analytischen) Bereich ($\sigma \geq 0$) keine Nullstellen (Hurwitz-polynom)[2].

Aufgrund dieser speziellen Eigenschaften, sowie des allgemeinen Satzes, daß Polynome mit reellen Koeffizienten nur reelle oder konjugiert komplexe Nullstellen haben können, ergibt sich der in Abb. 5.2 gezeigte, typische Pol/Nullstellenplan.

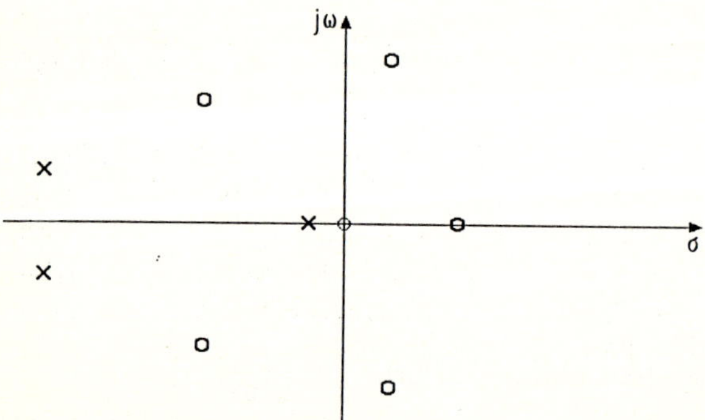

Abb. 5.2: Allgemeines Beispiel eines P/N-Planes für ein stabiles, kausales, rationales LTI-System (X = Pol, O = Null).

Durch einfache Erweiterung des Produkt-Bruches Gl. 5.17 mit $(p - p_x)/(p - p_x)$ kann man zu jeder in der rechten Halbebene vorhandenen Nullstelle p'_x eine zur jω-Achse spiegelbildlich liegende, zusammenfallende Pol- und Nullstelle p_x erzeugen. Das so erweiterte System wird dann zerlegt in ein Produkt (Serienschaltung zweier LTI-Systeme) eines *Minimumphasensystems* und eines *Allpasses* (Abb. 5.3):

2) Ausführliche mathematische Diskussion dieser Eigenschaften z.B. bei Papoulis, 1962, ch. 10.5.

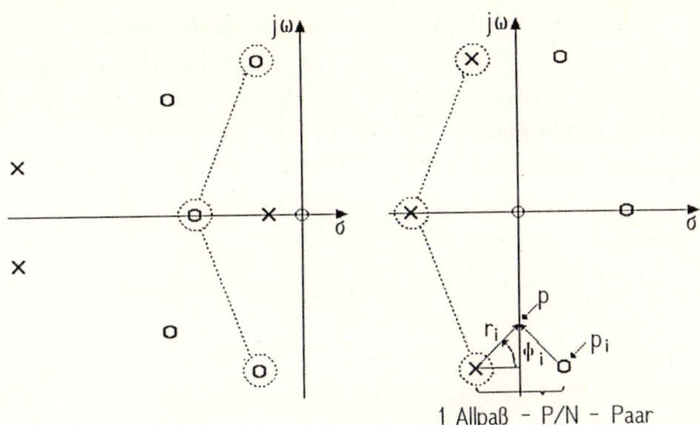

Abb. 5.3: Zerlegung des in Abb. 5.2 gezeigten Systems in **Mehrphasensystem** (links) und **Allpass** (rechts). Die Hervorhebungen durch Punktierung zeigen, wo erweitert wurde.

Der Allpass erhielt seinen Namen durch die Eigenschaft, auf der jω-Achse *alle* Frequenzkomponenten mit gleicher Dämpfung *passieren* zu lassen. Diese Eigenschaft läßt sich aus Gl. 5.17 und Abb. 5.3 - rechts sofort ablesen, wenn man die Differenzen $(p - p_i)$ als Zeiger $r_i e^{j\phi_i}$ schreibt. Die i-te Allpasskomponente (P/N-Paar) heißt dann

$$r_i e^{j\phi_i} / (r_i\, e^{j(\pi - \phi_i)}) \tag{5.18}$$

d.h. die frequenzabhängigen Beträge r_i kürzen sich komponentenweise, und der Gesamtbetrag für $\sigma = 0$ wird

$$\left|H[j\omega]\right| = \left| k \prod_i \frac{r_i\, exp[j\phi_i]}{r_i\, exp[j(\pi - \phi_i)]} \right| = |k| \tag{5.19}$$

Das Minimumphasensystem verdient seinen Namen dadurch, daß beim Durchfahren der p-Ebene auf der jω-Achse (Übertragungsfunktion) alle von Null- oder Polstellen ausgehenden Zeiger nach rechts weisen - also *Phasen*beiträge im Bereich $\pm\ (0 \cdots \frac{\pi}{2})$ liefern. Sie sind somit *"minimal"*, verglichen mit Beiträgen von in der jetzt leeren, rechten Halbebene angesiedelten Polen oder Nullstellen, die ja nach links weisen und Beiträge von $\pm\ (\frac{\pi}{2} \cdots \pi)$ liefern würden.

Welche Beziehung besteht zwischen Dämpfung und Phase in einem Minimumphasensystem?

Wir bereiten die notwendige Logarithmierung vor durch den Ansatz (siehe auch Gl. 4.5)

$$H[f] = e^{A[f]} = e^{-g[f]} \tag{5.20}$$

mit H = Übertragungsfunktion
A = komplexes Übertragungsmaß
g = komplexes Dämpfungsmaß

und rechnen mit dem allgemein bevorzugten komplexen Dämpfungsmaß weiter:

$$g[f] = a[f] + jb[f] \tag{5.21}$$

mit $a = Re\{g\}$ = Dämpfungsmaß (in Neper)
$b = Im\{g\}$ = Dämpfungsphase

Es gilt also

$$a[f] = -ln\left[\sqrt{H_R^2[f] + H_I^2[f]}\right] \tag{5.22}$$

und
$$b[f] = -arctan\left[H_I[f] / H_R[f]\right] \tag{5.23}$$

Die besonders anschauliche Argumentation von H. Marko (1982) besagt (sinngemäß): *Wenn H ein stabiles, kausales System ist, dürfen in der rechten Halbebene keine Pole sein. Da aber g = -ln[H] ist, erzeugen sowohl Pole als auch Nullstellen von H Pole von g. Das aus einem Minimumphasensystem durch Logarithmierung erzeugte Modellsystem g muß folglich ebenfalls stabil und kausal sein und auf der jω-Achse müssen wieder die Hilbert-Relationen zwischen Imaginär- und Realteil gelten.*

Dämpfungsmaß a und Dämpfungsphase b des Minimumphasensystems erfüllen formal Gl. 5.13 und 5.14

$$a[f] = b[f] * \frac{1}{\pi f} = \boldsymbol{H}\{b[f]\} \tag{5.24}$$

$$b[f] = -a[f] * \frac{1}{\pi f} = \boldsymbol{H}^-\{a[f]\} \tag{5.25}$$

Diese Beziehung hat sehr weitgehende Bedeutung, auch außerhalb der Nachrichtentechnik - wo immer von Dämpfung und Phase die Rede ist. Beispiel: Werkstoffkunde, Akustik, Optik, Wellenausbreitung in allen erdenklichen Medien.

Wenn nur der Dämpfungsverlauf gegeben ist und das System allpassfrei ist, ist die zugehörige Dämpfungsphase und damit auch die gesamte Übertragungsfunktion mit Real- und Imaginärteil festgelegt.

5.3 Analytische Signale

Der reelle Ansatz

Bandpaß-Signale im weiteren Sinne sind alle Signale, deren Spektrum auf ein endlich breites Frequenzband beschränkt ist, das nicht die Frequenz $f = 0$ enthält. Im engeren, technischen Sinn versteht man unter Bandpaß-Signalen das Ergebnis der niederfrequenten Modulierung einer sinusförmigen Hochfrequenz-Trägerschwingung der Frequenz f_0 sowohl in der Amplitude $a[t]$ als auch in der Phase $\varphi[t]$. Dies führt zum reellen Ansatz

$$x[t] = a[t]\, cos[2\pi f_0 t + \varphi[t]] \tag{5.26}$$

Wie läßt sich aber nun a[t] und φ[t] aus dem gegebenen (gemessenen) Signal x[t] berechnen? Die von Gabor (1946) vorgeführte Lösung fordert - praktisch als Zwischenergebnis - die Konstruktion des "analytischen Bandpaß-Signals", aus dem sich dann alle gewünschten Informationen mühelos herleiten lassen.

Erster Schritt: Durch trigonometrische Umformung des Ansatzes 5.26 finden wir das Inphase- und das Quadratursignal, $m_c[t]$ und $m_s[t]$,

$$x[t] = \underbrace{a[t]\,cos[\varphi[t]]}_{m_c[t]}\,cos[2\pi f_0 t] - \underbrace{a[t]\,sin[\varphi[t]]}_{m_s[t]}\,sin[2\pi f_0 t] \tag{5.27}$$

also zwei aus a und φ erzeugte, reelle, trägerfreie Signale, mit denen offenbar durch Amplitudenmodulation im Rahmen des Ansatzes Gl. 5.26 jede beliebige Modulation erzeugt werden kann.

Zweiter Schritt: Faßt man die niederfrequenten Signale m_c und m_s als Komponenten einer gedachten, komplexen Modulationsfunktion m zusammen,

$$m[t] = m_c[t] + jm_s[t] = a[t]\,e^{j\varphi[t]} \tag{5.28}$$

so läßt sich ein Bandpaß-Signal auch interpretieren als das Ergebnis einer komplexen Modulation eines komplexen Trägers:

Komplexes Bandpaß-Signal:

$$z[t] = m[t]\,e^{j2\pi f_0 t} \tag{5.29}$$

Reelles Original-Signal:

$$\begin{aligned} x[t] &= Re\{z\} = m_c\,cos[2\pi f_0 t] - m_s\,sin[2\pi f_0 t] \\ &= a[t]\,cos[2\pi f_0 t + \varphi[t]] \end{aligned} \tag{5.30}$$

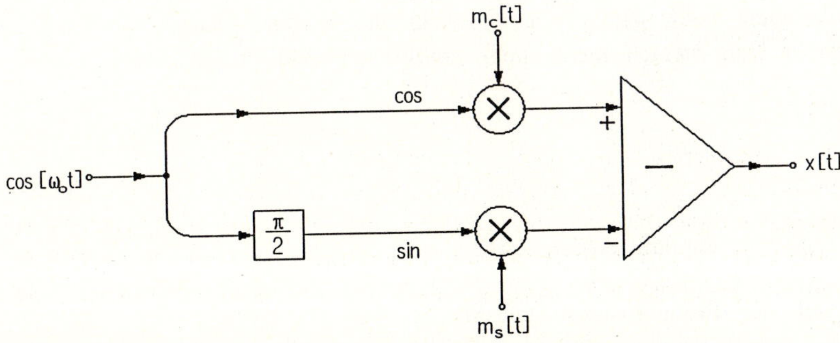

Abb. 5.4: Universalmodulator: Alle denkbaren Bandpaß-Signale können in dieser Anordnung bei passender Wahl der Tiefpaß-Signale m_c und m_s erzeugt werden.

Imaginäres Zusatz-Signal:

$$\begin{aligned} y[t] &= Im\{z\} = m_s \cos[2\pi f_0 t] + m_c \sin[2\pi f_0 t] \\ &= a[t] \sin[2\pi f_0 t + \varphi[t]] \end{aligned} \tag{5.31}$$

Die abstrakte, komplexe Modulationsfunktion $m[t]$ laut Gl. 5.28 zieht also ein ebenso abstraktes, komplexes Bandpaß-Signal $z[t]$ nach sich, dessen Realteil genau mit dem Originalsignal $x[t]$ identisch ist.

Die entsprechende Betrachtung im Frequenzbereich zeigt:

1) Spektrum des komplexen Signals:

$$Z[f] = M[f - f_0] \tag{5.32}$$

2) Aus $Re\{z\} = (z + z^*)/2$ ergibt sich das Spektrum des Originalsignals

$$X[f] = \frac{1}{2} Z[f] + \frac{1}{2} Z^*[-f] \tag{5.33}$$

3) Aus $Im\{z\} = (z - z^*)/(2j)$ ergibt sich das Spektrum des imaginären Zusatzsignals

$$Y[f] = \frac{1}{2j} Z[f] - \frac{1}{2j} Z^*[-f] \tag{5.34}$$

Abb. 5.5 zeigt den Vergleich zwischen dem tatsächlichen Bandpaß-Spektrum $X[f]$ (Gl. 5.33) und dem durch komplexe Erweiterung entstandenen, künstlichen Modellspektrum $Z[f]$.

Der Schluß von den Modulationsfunktionen a und φ auf Inphase- und Quadratur-Signal und deren Spektren ist nach den vorstehend beschriebenen zwei Schritten trivial und auch nur von theoretischem Interesse. Um jedoch den in der Praxis wichtigeren, umgekehrten Weg zu beschreiben - also den Schluß von x auf a und φ, bedarf es noch des folgenden 3. Schrittes.

Dritter Schritt: (Einführung der Bandpaß-Bedingung). Falls die Trägerfrequenz f_0 beim Modulationsvorgang hoch genug war, so daß die niederfrequent verursachten Bänder der Breite B sich danach nicht mehr überlappen (Abb. 5.5), also

Bandpaßbedingung

$$B < 2f_0 \tag{5.35}$$

mit $f_0 = (f_H + f_L)/2$ = Bandmittenfrequenz

dann wird $Z[f]$ auf der Frequenzachse kausal

$$Z[f] = \varepsilon[f]\, Z[f] \tag{5.36}$$

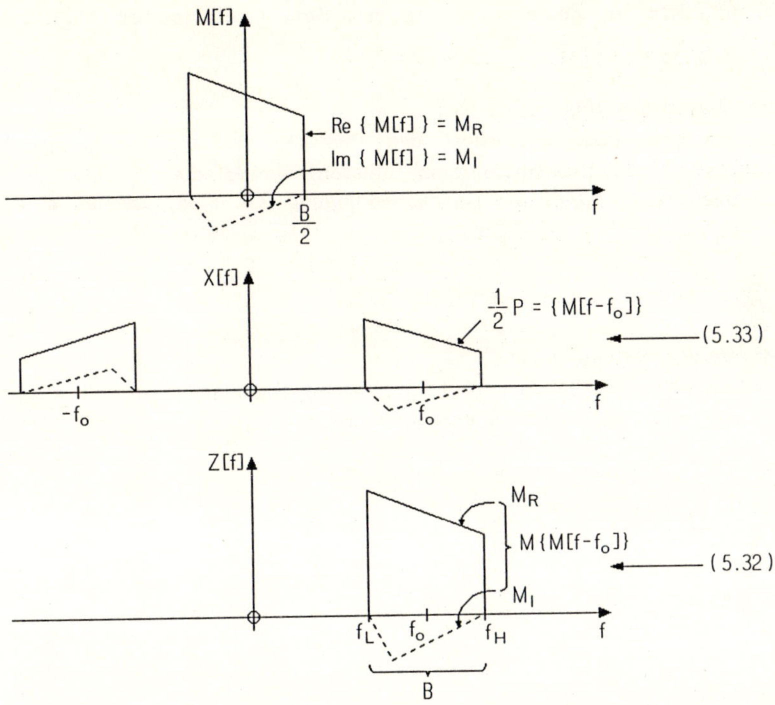

Abb. 5.5: Die drei Spektren M, X und Z gehören zu den Signalen m[t] aus Gl. 5.28, x[t] aus Gl. 5.30 und z[t] aus Gl. 5.29. Abszisse und Ordinate sind im gleichen Maßstab linear geteilt.

und seine Fourier-Transformierte z[t] wird im Zeitbereich analytisch (analoge Überlegung wie bei kausalen Zeitfunktionen in Gl. 5.12 bis 5.14).

$$y[t] = Im\{z\} = \boldsymbol{H}\{Re\{z\}\} = x[t] * \frac{1}{\pi t} \tag{5.37}$$

Das heißt, wenn die Bandpaßbedingung (Gl. 5.35) erfüllt ist, läßt sich über Gl. 5.37 das fehlende, imaginäre Zusatzsignal ermitteln. Nur über dieses hinzuerfundene Signal y können die drei folgenden Modulationskomponenten einwandfrei definiert werden:

Einhüllende

$$\left|z[t]\right| = \left|a[t]\right| = \sqrt{x^2[t] + y^2[t]} \tag{5.38}$$

Phase

$$\phi[t] = arg[z[t]] = \angle z[t] = arctan[y[t]/x[t]] = \omega_0 t + \varphi[t] \tag{5.39}$$

Momentanfrequenz

$$\frac{d\,\phi[t]}{2\pi dt} = \frac{x\dot{y} - \dot{x}y}{2\pi(x^2 + y^2)} = f_0 + \dot{\varphi}[t]/(2\pi) \tag{5.40}$$

Praktische Gesichtspunkte im Zusammenhang mit dem analytischen Signalmodell

a) Verfeinerung der Bandpaßbedingung

Mit Blick auf Gl. 5.28 kann man feststellen, daß Inphase- und Quadraturkomponente des Bandpaß-Signals Tiefpaßsignale sein müssen, wobei die größere der individuellen Grenzfrequenzen $f_{gr} = B/2$ die Bandpaßbedingung (Gl. 5.35) erfüllen muß - also

$$f_{gr} < f_0 \tag{5.41}$$

b) Erweiterung des Universalmodulators

Alle Bandpass-Signale können also auch aus vorgegebenen Signalen a[t] und ϕ[t] prinzipiell über die Zusatzschaltung Abb. 5.6 erzeugt werden.

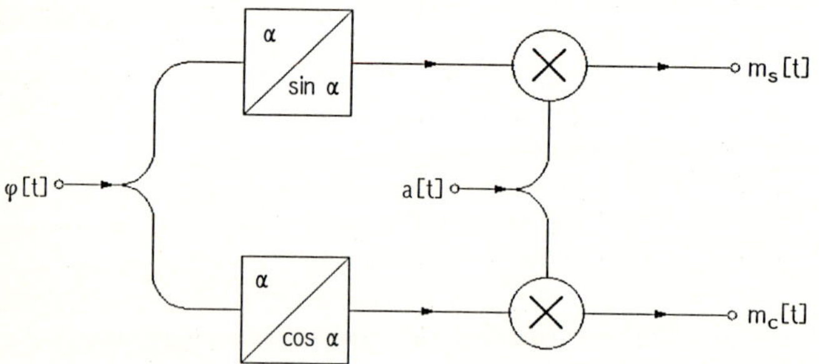

Abb. 5.6: Zusatz zum Universalmodulator aus Abb. 5.4 (Die zu den Funktionsbausteinen und den Multiplikatoren gehörenden Gerätekonstanten k_i wurden nicht berücksichtigt).

c) Phasenrestaurierung

Die in Gl. 5.39 auftretende *arctan*-Funktion ist als Standardfunktion in fast allen Programmiersprachen zu finden. Sie kann allerdings nur Werte im ersten und vierten Quadranten liefern. Überschreitet die Funktion ϕ[t] (oder in anderen Zusammenhängen ϕ[f]) den Wertebereich $-\pi/2 < \phi < \pi/2$, so entstehen bei der graphischen Darstellung Sprünge vom Betrag π (Abb. 5.7):

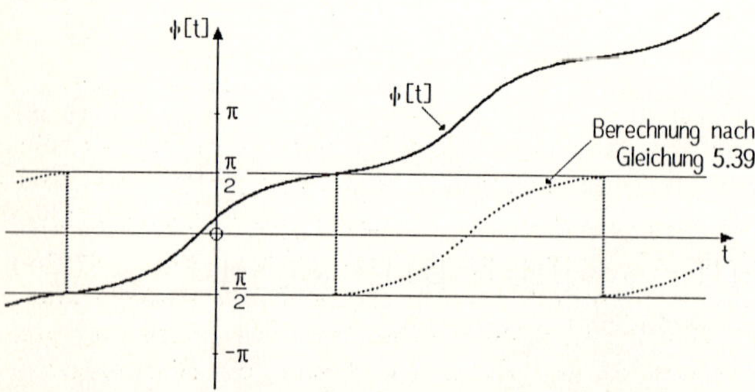

Abb. 5.7: Phasensprünge bei fehlender Restaurierung.

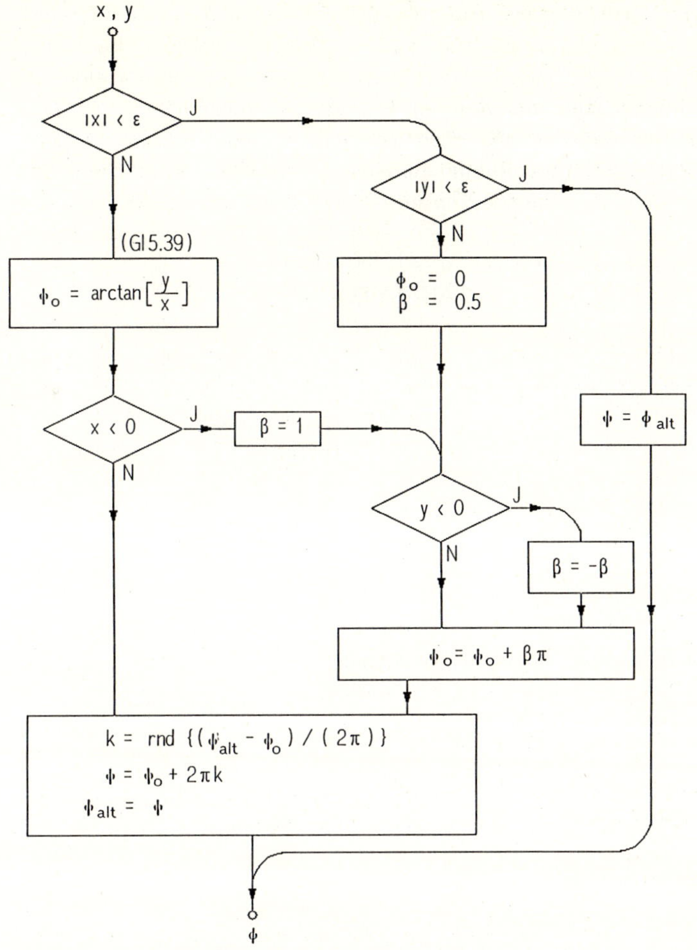

Abb. 5.8: Phasenrestaurierung zur Vermeidung störender Sprungstellen:

ε = Quantisierungsschranke. (Sollte etwa das 10-fache der kleinsten darstellbaren Zahl sein.)

ϕ_{alt} = Vorhergegangener Wert von ϕ.

":=" = Wertzuweisung von rechts nach links.

rnd : Ganzzahlige Rundung

Diese störenden Phasensprünge können kompensiert werden, wenn man die Vorzeichen der in Gl. 5.39 auftretenden Größen x und y (Re. und Im.) einzeln prüft, und zusätzlich die Forderung aufstellt, daß bei Phasenberechnungen mit monoton inkrementierter Zeit (bzw. Frequenz) der Phasenunterschied benachbarter Punkte minimal sein soll. Abb. 5.8 zeigt ein leicht programmierbares Flußdiagramm zur Phasenrestaurierung (engl. *phase unwrapping*). Das Verfahren funktioniert gut, solange der besagte Phasenunterschied benachbarter Punkte kleiner als π ist. Damit ist eine Auswertungs-Grenze der Phasensteilheit gegeben.

d) Zusammenhang zwischen "analytisch" und "kausal"

Der Vergleich der Ergebnisse (Gl. 5.37) und (Gl. 5.13/5.14) zeigt, daß die Bedingung $Z=0$ für $f<0$ bzw. $z=0$ für $t<0$ im jeweils Fourier-transformierten Bereich die Hilbert-Relation zwischen Imaginärteil und Realteil erzeugt. In sinngemäßer Verallgemeinerung der ursprünglich nur für Zeitfunktionen vernünftigen Bezeichnung "kausal" sowie andererseits der nur für Funktionen mit komplexen Variablen nützlichen Bezeichnung "analytisch" läßt sich die folgende Definition und Regel aufstellen:

KAUSALE FUNKTION f	○—○	ANALYTISCHE FUNKTION g
$f[u] = f[u]\,\varepsilon[u]$		$Re\{g\} = \pm\, \boldsymbol{H}\{Im\{g\}\}$
		+: Frequenzbereich −: Zeitbereich

(5.42)

Literaturempfehlungen Kap. 5

zum Thema "Hilbert-Transformation, Analytische Signale"

1. Marko, 1982, §5
2. Bendat, 1985
3. Urkowitz, 1983, ch. 3
4. Unbehauen, 1980, §6.3

zum Thema "Phasenrestaurierung"

1. Tribolet, 1977
2. Otnes/Enochson, 1978, ch. 6.1

6 Räumliche Signale

6.1 Signale und Dimensionen

In den bisherigen Abschnitten dieses Buches traten *Signale* immer nur als Zeitfunktionen auf. Das Signal beschrieb die Änderung einer physikalischen Größe als Funktion der Zeit. Die dazu entwickelten mathematischen Methoden sind aber von Natur aus blind gegenüber der physikalischen Bedeutung einer Variablen. Man sollte daher, ohne irgendwelche mathematische Konsequenzen befürchten zu müssen, die in allen Fourier-Beziehungen vorhandenen Variablen t und f mit anderen zusammenpassenden physikalischen Bedeutungen belegen dürfen.

Die technisch wichtigste, alternative Bedeutung für die Variable t ist die räumliche Entfernung. Als unübersehbaren Hinweis auf diesen Bedeutungswandel der gewohnten Variablen t wählen wir einen anderen Buchstaben: x, y, oder z. Bei genauerem Hinsehen bringt der physikalische Bedeutungswandel aber doch mathematische Veränderungen mit sich: Während die Zeit t von Natur aus *eindimensional* ist, kann die Angabe des Ortes mehrdimensional sein:

- eindimensional (wie die Zeit): z.B. Position eines Füllstandschwimmers auf der Führungsachse;
- zweidimensional: z.B. Position eines Dampfers auf dem Bodensee;
- dreidimensional: z.B. Position eines fliegenden Tennisballes.

Abb. 6.1 zeigt Beispiele mehrdimensionaler Ortsfunktionen. Angesichts dieser möglichen Vermehrung der Dimensionen der unabhängigen Variablen muß die eingangs geäußerte Vermutung der problemlosen Substituierbarkeit der Variablen eingeschränkt werden: Nur eindimensionale räumliche Signale können unmittelbar mit den bisher besprochenen Methoden behandelt werden.

Rauhigkeitsprofile

Rauhigkeitsprofile wie in Abb. 6.2 treten auf z.B. in der Geographie bei der Landvermessung aus Flugzeugen (engl. *side scan radar*), in der Ozeanographie bei der Aufnahme von Seekarten (Echolotverfahren), in der Umwelt- und Verkehrstechnik bei der Erfassung der Oberflächenzustandes von Schienen oder Straßen im Zusammenhang mit

Bemühungen um Verminderung der Rollgeräusch-Emissionen, in der Sonartechnik bei der Erfassung des augenblicklichen Zustandes der See-Oberfläche als rückstreuende Begrenzung des akustischen Halbraumes (Messung mit Satellitenradar oder Bojen), bei der Qualitätskontrolle geschliffener oder polierter Oberflächen oder Textilien.

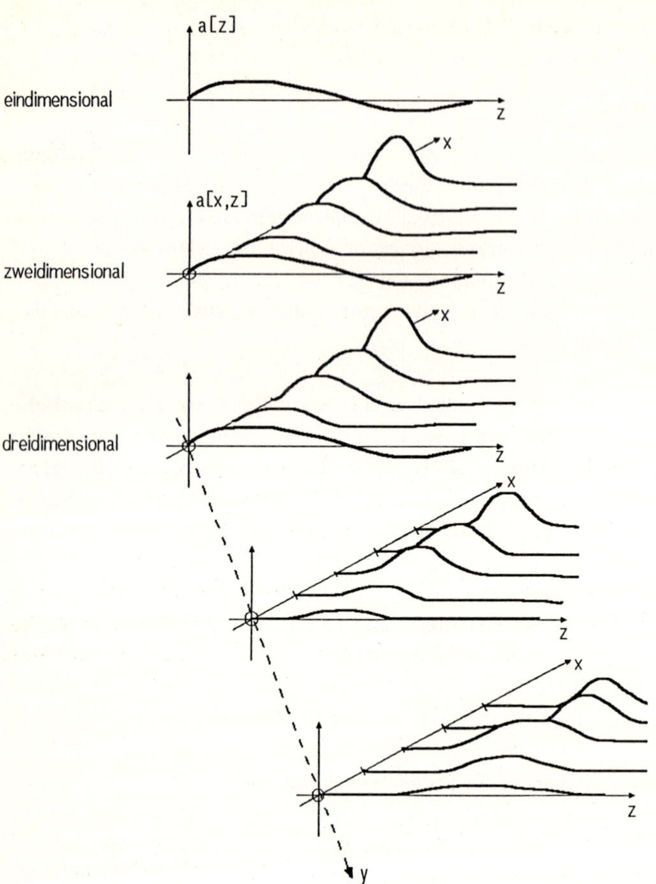

Abb. 6.1: Einteilung der räumlichen Signale nach der Zahl der Dimensionen (1-, 2- oder 3-dimensional). Da die Meßgröße a im Grunde noch eine weitere Dimension mit sich bringt, muß zunächst eine Sprachregelung festgelegt werden: Wir wollen unter *n-dimensional* den Fall mit n räumlichen, unabhängigen Variablen verstehen.

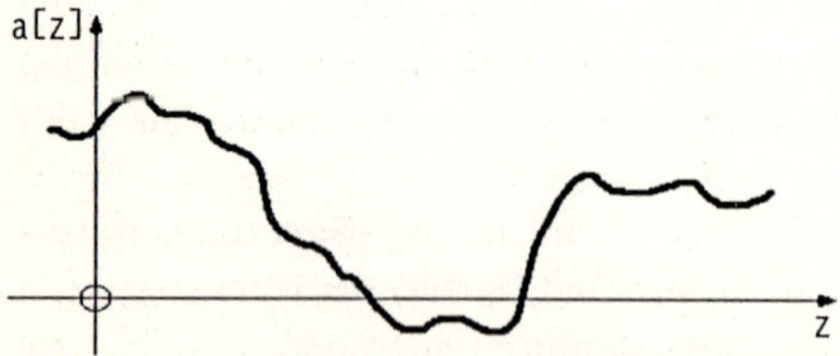

Abb. 6.2: Eindimensionales Rauhigkeitsprofil: Höhe a als Funktion einer Entfernung (Ortskoordinate) z.

Alle im vorliegenden Text behandelten Signaltransformationen lassen sich direkt auf solche Profile anwenden durch Substitution der Variablen:

$$\left.\begin{array}{llcll} \text{Zeit} & t & \rightarrow & z & \text{Entfernung} \\ \text{Frequenz} & f & \rightarrow & s & \text{Lateralfrequenz} \end{array}\right\} \tag{6.1}$$

so daß sich das Fourieranalyse-Integral als

$$A[s] = \int_{-\infty}^{\infty} a[z]\, e^{-j2\pi sz}\, dz \tag{6.2}$$

schreibt. Vom Ausnahmefall periodischer Profile abgesehen, handelt es sich bei Rauhigkeitsproblemen allerdings fast immer um Zufalls-Prozesse, bei denen die bisher dargestellte, determinierte Signalbehandlung sinnlos wäre: Hier werden die später behandelten stochastischen Verfahren (stochastische AKF, Leistungsspektrum) benötigt, zusammen mit der Substitution Gl. 6.1.

Darüberhinaus tritt die Oberflächenrauhigkeit häufig als zweidimensionale Ortsfunktion auf. Wenn die vereinfachende Beschränkung auf die Behandlung eines daraus zufällig entnommenen, eindimensionalen Profilbeispiels nicht genügt, muß man auf mehrdimensionale Fourier-Transformationen übergehen[1].

6.2 Antenne, Richtdiagramm und Fraunhofer-Beugung

6.2.1 Einführung: Was ist ein Richtdiagramm?

Antennen wandeln Feldstärken in Speisestrom (z.B. elektromagnetische Empfangsantennen oder Mikrophonzeilen) oder Speisestrom in Feldstärke (z.B. elektromagnetische Sendeantenne oder Lautsprecher). Der normierte Betrag des Übertragungsfaktors einer Antenne als Funktion der Richtung (Azimuth und Elevation) wird *Richtdiagramm* genannt. Das Richtdiagramm ist (näherungsweise) unabhängig von der Wandlungsrichtung, falls im Empfangsbetrieb eine ebene Welle betrachtet, oder aber im Sendebetrieb die Fernfeldbedingung (s.u.) beachtet wird.

Im signaltheoretischen Sinne stellt die Antenne ein LTI-System dar, dessen Eigenschaften nicht nur von der Konstruktion, sondern auch von Entfernung und Richtung des Betrachtungspunktes ("Aufpunkt") abhängen. Zur *Messung des Richtdiagramms* wird normalerweise der Aufpunkt auf der Oberfläche einer Kugel geführt, in deren Zentrum die Antenne liegt. Im hier vorzugsweise behandelten 1-dimensionalen Fall genügt wegen der Rotationssymmetrie die Messung der Elevationsabhängigkeit, d.h. Registrierung der Meßspannung während der Aufpunkt auf einem Halbkreis ($-90^\circ \leq \Theta \leq 90^\circ$) geführt wird.

1. Interessierte Leser seien auf zwei Beispiele hingewiesen: Anwendung in der Optik bei A. Papoulis, 1968, oder Anwendung auf bewegte Meeresoberflächen bei H. Schwarze, 1978.

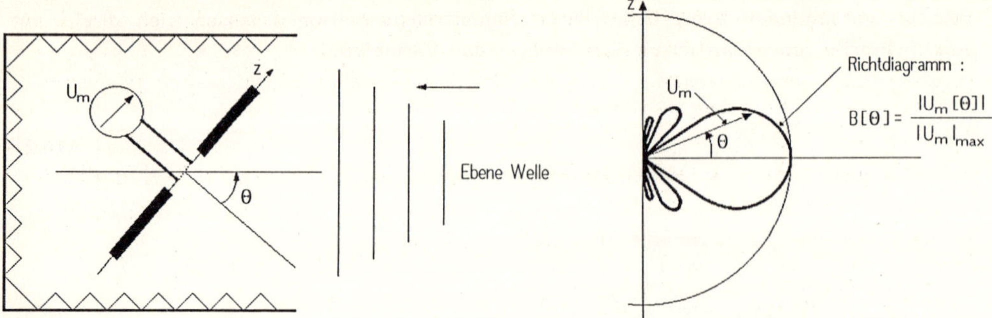

Abb. 6.3: Meßtechnische Definition des Richtdiagramms: Normierte Meßspannung u_m als Funktion des Winkels Θ.

Was hat die Antenne mit räumlichen Signalen und Fourier-Integralen zu tun? Wir sehen die *Anregung der Antenne als räumliches Signal* im Sinne von Abb.6.3 an. *Die Fourier-Transformierte dieses Signals* ist unter gewissen Bedingungen direkt mit dem *Richtdiagramm* verknüpft. Zur Herleitung dieser Beziehungen müssen wir allerdings zunächst die bisher geübte, systemtheoretische Betrachtungsweise aufgeben und uns in stark vereinfachter Form mit *Wellenausbreitung und Beugung* befassen.

6.2.2 Theoretische Grundlagen: Wellengleichung, Feldpotential und Feldgrößen

Die akustischen[2] und die elektromagnetischen[3] *Wellengleichungen* stimmen formal überein:

$$div\ \overrightarrow{grad}\ \Psi - \ddot{\Psi}/c^2 = 0 \tag{6.3}$$

wobei c die Phasengeschwindigkeit und Ψ das Feldpotential[4] ist.

Die Wellengleichung ist eine lineare, partielle Differentialgleichung zweiter Ordnung, die in linearisierter Näherung das Ausbreitungsmedium beschreibt.

Die *Operatoren div*, *grad* und *rot* sind räumliche, vektorielle Ableitungen erster Ordnung von *Feldern.* Jede skalare oder vektorielle Größe in mehreren räumlichen Dimensionen heißt *Feld.* So ist das in Abb. 6.1 gezeigte 2-dimensionale räumliche Signal ein ebenes Feld, das dreidimensionale ein räumliches Feld. Das *Feldpotential* Ψ ist im elektromagnetischen Fall ein Vektor, im akustischen Fall ein Skalar. Die physikalische Bedeutung des Feldpotentials wird indirekt durch die unten angegebenen Feldstärken (Gln. 6.5 und 6.6) erschlossen.

2. Siehe z.B. L. J. Ziomek, 1985, ch. 1.
3. Siehe z.B. O. Zinke/H. Brunswig, 1964, Kap. 5.1.1 und Anhang A.
4. Der Vektorpfeil auf dem *grad*-Operator weist darauf hin, daß das Ergebnis der Operation ein Vektor sein wird.

Im Zusammenhang mit der Signalanalyse interessiert weder die Herleitung der Wellengleichung noch ihre Lösungsstrategie; vielmehr übernehmen wir eine fertige Sonderlösung für eindimensionale Antennen, um dem Zusammenhang von Richtdiagramm und Fourier-Transformation näherzukommen.

Bei eindimensionalen Antennen (auf der z-Achse) heißt die exakte Lösung der homogenen Wellengleichung

$$\Psi[t,\vec{r}_A] = K\,e^{-j\omega t}\int_{-\infty}^{\infty}\frac{a[z]}{l_A[z]}\,e^{jkl_A[z]}\,dz \tag{6.4}$$

Dies ist zugleich die mathematische Formulierung des Huygensschen Prinzips: Das Feldpotential im Aufpunkt $\vec{r}_A$ ergibt sich durch Summierung aller von der Antenne ausgehenden, elementaren Kugelwellen. Die *Aperturbelegung* a[z] (Gl. 6.4) ist

bei Schall	:	Pulsiergeschwindigkeit auf Antennenoberfläche,
bei elektromagnetischen Wellen:		Antennenstrom (Vektor in z-Richtung).

Abb. 6.4 deutet schon das Dilemma der Wahl des richtigen Koordinatensystems an: In kartesischen Koordinaten x, y, z würden sich die Operatoren *div*, *grad* und *rot* am einfachsten ausdrücken lassen. Zylindrische Koordinaten z, R, φ paßten besser zur Geometrie der eindimensionalen, auf der z-Achse angeordneten Antenne. Kugelkoordinaten r, φ, Θ führten auf die einfachste Form der Feldbeschreibung, falls sich die Welle - wie hier angenommen - ungestört im homogenen Medium ausbreiten kann.

Jetzt sind noch zwei Probleme zu lösen:

1. Vereinfachung des Ausdruckes Gl. 6.4 für das Feldpotential, der ja schon eine Ähnlichkeit mit dem Fourier-Integral erkennen läßt.
2. Formulierung der Feldstärken als Funktion des vereinfachten Feldpotentials;

Wie beginnen mit Punkt 1:

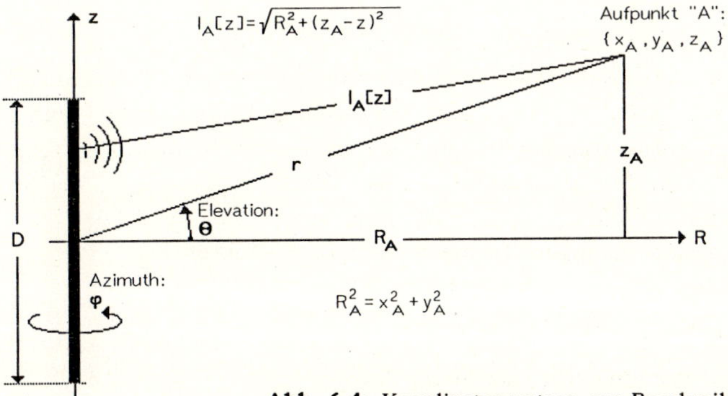

Abb. 6.4: Koordinatensystem zur Beschreibung der eindimensionalen Antenne.

6.2.3 Die Fraunhofersche Näherung

1. Näherungsrechnung für das Feldpotential

Infolge der relativ komplizierten Funktion $l_A[z]$ im Integranden läßt sich das Integral Ψ nicht geschlossen berechnen. Die beiden klassischen Näherungen von Fresnel und Fraunhofer gehen von einer Entwicklung der Funktion $l_A[z]$ nach Potenzen von z aus (MacLaurin-Reihe):

$$l_A[z] = \sqrt{r^2 - 2zz_A + z^2} = r\sqrt{1 - 2zz_A/r^2 + z^2/r^2}$$

$$= r - zz_A/r + z^2/(2r) - \dots \tag{6.5}$$

|← Fraunhofer →|
|←——— Fresnel ———→|

Der quadratische Term (Fresnelsche Näherung) kann vernachlässigt werden, solange sein Einfluß auf die Phase $\phi = kl_A$ im ganzen Integrationsbereich vernachlässigbar ist. Nimmt man einen endlichen Aperturdurchmesser D an, z.B. $-D/2 < z < D/2$, dann muß diese Bedingung heißen

$$\Delta\phi = \frac{2\pi}{\lambda}\frac{D^2}{8r} \ll 1$$

d.h.

$$r \gg \frac{\pi}{4}D^2/\lambda \tag{6.6}$$

Dies ist die *"Fernfeldbedingung"*. Wenn $r \gg D^2/\lambda$ (der Faktor $\pi/4$ kann bei dieser Näherung ignoriert werden), dann gilt die *Fraunhofersche Näherung*. Die sich dort abspielenden Interferenzphänomene werden in der Physik als *"Fraunhofersche Beugung"* bezeichnet. Ist der Abstand $r \le D^2/\lambda$, so wird mit gebührender Vorsicht die Fresnelsche Näherung benutzt und man spricht von *"Fresnelscher Beugung"*[5] .

Wir betrachten zunächst die ungenauere, aber besonders einfache *Fraunhofersche Näherung*: Aus Abb. 6.4 folgt

$$z_A/r = sin[\Theta] \tag{6.7}$$

für große Entfernung r gilt

$$\Psi[t,\vec{r}_A] \approx \frac{K\,e^{-j\omega t}}{l_A}\int_{-\infty}^{\infty} a[z]\,e^{jk(r - z\,sin[\Theta])}\,dz \tag{6.8}$$

Nach Zusammenfassung aller z-unabhängigen Terme zu einem Vorfaktor K_2,

$$K_2 = \frac{K\,e^{-j(\omega t - kr)}}{l_A} \tag{6.9}$$

5. Ausführlichere Diskussion z.B. bei L. D. Landau/E. M. Lifschitz, 1973, § 61.

Substitution $k = 2\pi/\lambda$ (siehe Gl. 4.70) und Substitution

$$s = \frac{sin[\Theta]}{\lambda} \tag{6.10}$$

s = Lateralfrequenz[6] (Siehe Gl. 6.12)
Θ = Elevationswinkel (Abb. 6.4)
λ = Wellenlänge

ergibt sich die berühmte *Fourierbeziehung zwischen Aperturbelegung und Lateralspektrum* A[s] [6]

$$\Psi[t,\vec{r}_A] \approx K_2 A[s] = K_2 \int_{-\infty}^{\infty} a[z]\, e^{-j2\pi s z}\, dz \tag{6.11}$$

oder auch

$$A[s] \circ\!\!-\!\!\!-\!\!\bullet\; a[z] \tag{6.12}$$

In Hinblick auf Gl. 6.12 gilt also die folgende *Raum/Zeit-Analogie* (Tab. 6.1):

$A[f] \circ\!\!-\!\!\!-\!\!\bullet\; a[t]$	$A[s] \circ\!\!-\!\!\!-\!\!\bullet\; a[z]$
Amplitudenspektrum = ***F*** {Zeitfunktion}	Lateralspektrum = ***F*** {Aperturbelegung}
t = Zeitkoordinate (Einheit z.B. s)	z = Entfernungskoordinate (längs der Apertur) (Einheit z.B. m)
f = Frequenz (Einheit z.B. 1/s)	s = Lateralfrequenz (Einheit z.B. 1/m)

Tabelle 6.1: Raum/Zeit Analogie der Fourier-Transformation

2. Berechnung der Feldgrößen

Aufgrund der Fraunhoferschen Näherungslösung Gl. 6.11 können jetzt die eigentlich interessierenden Feldgrößen v, p, H, E ermittelt werden. Sie ergeben sich aus dem Feldpotential durch räumliche und zeitliche Ableitung:

$$\text{akustisch} : \vec{v} = -\overrightarrow{grad}\,\Psi \;; \qquad p = \rho\dot{\Psi} \tag{6.13}$$

$$\text{el. magn.} : \vec{H} = \frac{1}{\mu}\,\overrightarrow{rot}\,\vec{\Psi} \;; \qquad \vec{E} = \frac{1}{j\omega\varepsilon}\,\overrightarrow{rot}\,\vec{H} \tag{6.14}$$

6. Lateral kommt vom Lateinischen *lateralis* = seitlich. "Lateral-Spektrum" und "Lateralfrequenz" eingeführt von O. Scherzer, 1965, zur prägnanten Kennzeichnung der formalen räumlich-zeitlichen Analogie in den Fourier-Integralen (Gl. 6.11 und 6.12).

mit v = Schallschnellevektor mit den Komponenten v_r, v_φ und v_Θ
p = Schalldruck (Skalar)
H = magnetischer Feldstärkevektor mit den Komponenten H_r, H_φ und H_Θ
E = elektrischer Feldstärkevektor mit den Komponenten E_r, E_φ und E_Θ
ρ = Dichte des akustischen Mediums im ruhenden Zustand
$\mu = \mu_o \mu_r$ = Permeabilitätskonstante
μ_o = absolute Permeabilitätskonstante = magnetische Feldkonstante
$= 4\pi 10^{-7} \frac{Vs}{Am}$
μ_r = relative Permeabilitätskonstante; dimensionslos
$\varepsilon = \varepsilon_o \varepsilon_r$ = Dielektrizitätskonstante
ε_o = absolute Dielektrizitätskonstante = elektrische Feldkonstante [7]
$= 8.85419\ 10^{-12} \frac{As}{Vm}$
ε_r = relative Dielektrizitätskonstante.

Wir setzen jetzt im Sinne der Fernfeldnäherung $l_A \approx z_A$. Nachdem die Integration über die Aperturvariable z durchgeführt wurde (Gl. 6.11), kann im weiteren Verlauf ohne Verwechselungsgefahr der Index "A" bei den Aufpunktskoordinaten weggelassen werden.

6.2.4 Akustische Antennen

Hier ist das Feldpotential ein Skalar:

$$\Psi = \frac{K e^{j(\omega t - kr)}}{r} A[s] \tag{6.15}$$

$$\partial\Psi/\partial r = -\Psi(jk + 1/r)\ ; \quad \partial\Psi/\partial\Theta = -\Psi A_1 cos[\Theta]\ ; \quad \partial\Psi/\partial\varphi = 0 \tag{6.16}$$

mit

$$A_1 = (\partial A[s]/\partial s)/(\lambda A[s])$$

Der Gradient lautet in Zylinderkoordinaten

$$\overrightarrow{grad}\ \Psi = \vec{e}_R \frac{\partial\Psi}{\partial R} + \vec{e}_\varphi \frac{1}{R}\frac{\partial\Psi}{\partial\varphi} + \vec{e}_z \frac{\partial\Psi}{\partial z} \tag{6.17}$$

Für die Umrechnung zwischen Kugel- und Zylinderkoordinaten gilt $r^2 = R^2 + z^2$ (Abb. 6.4) und damit

$$\partial r/\partial R = R/r = cos[\Theta]\ ; \quad \partial r/\partial z = z/r = sin[\Theta] \tag{6.18}$$

7. Zahlenwert nach E. M. Purcell, 1984, Kap. 1.4.

Die Ableitungen aus Gl. 6.17 lauten also

$$\left.\begin{aligned} \partial\Psi/\partial R &= (\partial\Psi/\partial r)(\partial r/\partial R) = (\partial\Psi/\partial r)\, cos[\Theta] \\ \partial\Psi/\partial z &= (\partial\Psi/\partial r)(\partial r/\partial z) = (\partial\Psi/\partial r)\, sin[\Theta] \end{aligned}\right\} \quad (6.19)$$

Die Zusammenfassung der Gln. 6.13, 6.17, 6.18 und 6.19 ergibt

$$\vec{v} = -\overrightarrow{grad}\,\Psi = \vec{e}_R \Psi (jk + 1/r)\, cos[\Theta] + \vec{e}_z \Psi (jk + 1/r)\, sin[\Theta]$$

$$= \vec{e}_r\, \Psi (jk + 1/r)$$

Im Fernfeld ($kr \gg 1$) kann der 1/r-Term vernachlässigt werden:

$$\left.\begin{aligned} \vec{v} &\approx jk\vec{e}_r K_2 A[s] = K_3 A[s] \\ p &\approx \rho j\omega K_2 A[s] = K_4 A[s] \end{aligned}\right\} \quad (6.20)$$

Im Fernfeld hat die Schallschnelle $\vec{v}$ also nur eine Komponente (in Ausbreitungsrichtung) und *sowohl p als v sind proportional zum Lateralspektrum* A[s]. Für beide Schallfeldgrößen gilt also das gleiche *Richtdiagramm* (Abb. 6.3).

$$B[\Theta] = \frac{|v[\Theta]|}{|v|_{max}} = \frac{|A[sin[\Theta/\lambda]]|}{|A|_{max}} \quad (6.21)$$

(Beispiele dazu weiter unten).

6.2.5 Elektromagnetische Antennen

Hier ist das Feldpotential ein Vektor[8].

$$\vec{\Psi} = \vec{e}_z K_2 A[s] = \vec{e}_z \Psi_z \quad (6.22)$$

wobei Ψ_z identisch mit Ψ aus Gl. 6.15/6.16 ist.

Die Rotation (siehe Gl. 6.14) lautet in Zylinderkoordinaten:

$$\overrightarrow{rot}\,\vec{\Psi} = \vec{e}_R\left(\frac{1}{R}\frac{\partial\Psi_z}{\partial\varphi} - \frac{\partial\Psi_\varphi}{\partial z}\right) + \vec{e}_\varphi\left(\frac{\partial\Psi_R}{\partial z} - \frac{\partial\Psi_z}{\partial R}\right)$$

$$= e_z\left(\frac{\partial\{R\Psi_\varphi\}}{dR} - \frac{\partial\Psi_R}{\partial\varphi}\right)/R \quad (6.23)$$

8. Eine leicht verständliche Einführung in das Gebiet der elektromagnetischen Welle gibt z.B. A. v. Weiss, 1983; für Fortgeschrittene eignet sich das Buch von K.-D. Becker, 1982.

Da Ψ hier nur eine z-Komponente hat und unabhängig von φ ist, folgt

$$\overrightarrow{rot}\,\vec{\Psi} = \vec{e}_{\varphi}\left(-\frac{\partial \Psi_z}{\partial r}\,\frac{\partial r}{\partial R}\right) \qquad \text{und}$$

$$\vec{H} = \vec{e}_{\varphi}\,H_{\varphi} = \vec{e}_{\varphi}\,\Psi(jk + 1/r)\,cos[\Theta]/\mu$$

Im Fernfeld ($kr \gg 1$) kann wieder der 1/r-Term vernachlässigt werden. Die drei Komponenten der magnetischen Feldstärke sind:

$$H_{\varphi} = K_2\,A[s]\,cos[\Theta]\ ;\quad H_R = 0\ ;\quad H_z = 0 \tag{6.24a}$$

(In Kugelkoordinaten bleibt H_{φ}; und es gilt noch $H_R = 0$; $H_{\Theta} = 0$).

Zum Schluß noch die elektrische Feldstärke:

$$\vec{E} = (\overrightarrow{rot}\,\vec{H})/(j\omega\varepsilon)$$

$$= \left\{\vec{e}_R\left(-\frac{\partial H_{\varphi}}{\partial z}\right) + \vec{e}_z\left(H_{\varphi} + R\frac{\partial H_{\varphi}}{\partial R}\right)/R\right\}/(j\omega\varepsilon) \tag{6.24b}$$

wobei Gl. 6.22 berücksichtigt wurde.

Wir setzen H_{φ} aus Gl. 6.24a ein und benutzen die Beziehungen Gl. 6.22, 6.19 und 6.18, wobei wieder der 1/r-Term vernachlässigt wird:

$$\vec{E} \approx K_5 cos[\Theta]\,(\vec{e}_R sin[\Theta] - \vec{e}_z cos[\Theta])\,A[s]$$

$$= -\vec{e}_{\Theta}\,K_5\,A[s]\,cos[\Theta] \tag{6.25}$$

mit $K_s = \Psi k/(\omega\varepsilon\mu)$

Elektrische und magnetische Feldstärke haben also im Fernfeld jeweils nur noch eine Vektorkomponente. Sie steht senkrecht zur Ausbreitungsrichtung und ist proportional zum Produkt $A[s]\,cos[\Theta]$. Für beide Feldgrößen lautet das Richtdiagramm

$$B[\Theta] = \frac{\left|A\left[sin[\Theta/\lambda]\right]cos[\Theta]\right|}{\left|A\,cos[\Theta]\right|_{max}} \tag{6.26}$$

6.2.6 Zusammenfassung: Berechnung des Richtdiagramms

Bei der praktischen Anwendung ist zu beachten, daß der Elevationswinkel nur den Bereich $-\pi/2 \le \Theta \le \pi/2$ überstreichen kann. Das hat zur Folge (siehe Gl. 6.10), daß nur ein Ausschnitt des Lateralspektrums als Richtdiagramm abgebildet wird: Dieser

Ausschnitt ist durch den Grenzwert

$$|s| \leq s_{gr} = 1/\lambda \tag{6.27}$$

gegeben (siehe die Beispiele in Abb. 6.6).

Aufgrund der vorstehenden Definition und Herleitung folgt die nachstehende *Gebrauchsanweisung.* Grundlage: Fernfeldbedingungen und Fraunhofersche Näherung.

1. **Aperturbelegung** $a[z]$ mathematisch formulieren. Im hier behandelten eindimensionalen Fall: Antennenstrom bzw. Vibrationsgeschwindigkeit als komplexe Größe in Abhängigkeit vom Ort auf der in der der z-Achse liegenden Antenne.

2. **Lateralspektrum** $A[s] = \boldsymbol{F}\{a[z]\}$ berechnen. Dabei können alle Fourier-Regeln und Paare benutzt werden mit der Substitution $t \to z$ und $f \to s$.

3. **Bereichsgrenze** $s_{gr} = 1/\lambda$ in Skizze von $|A[s]|$ eintragen (Abb. 6.5)

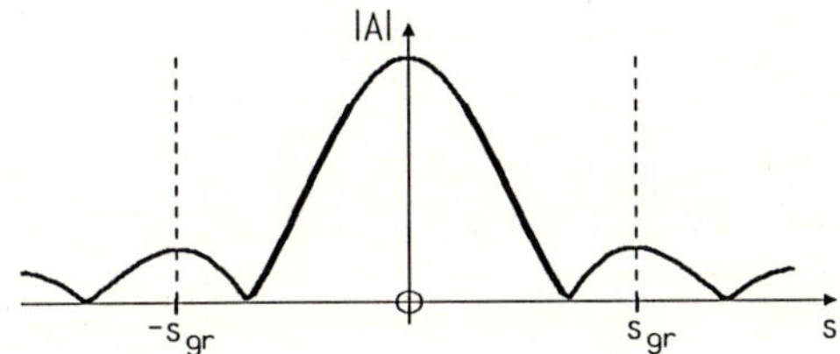

Abb. 6.5: Lateralspektrum der eindimensionalen Antenne (hier als Beispiel $A = sinc[s/s_0]$).

4. **Koordinatentransformation**

   $s = sin[\Theta]/\lambda$. (Θ = Elevation)

   Dadurch entsteht das Winkelspektrum

   $$A_W[\Theta] = A[sin[\Theta]/\lambda] \tag{6.28}$$

   Dabei sollten, wenn möglich, Zahlenwerte oder Funktionen für D und λ eingesetzt werden.

5. **Übergang von Potential zu Feldstärke**

   Elektromagnetischer Fall: $$A_F[\Theta] = A_W[\Theta]\cos\Theta \tag{6.29}$$

   Akustischer Fall: $$A_F[\Theta] = A_W[\Theta] \tag{6.30}$$

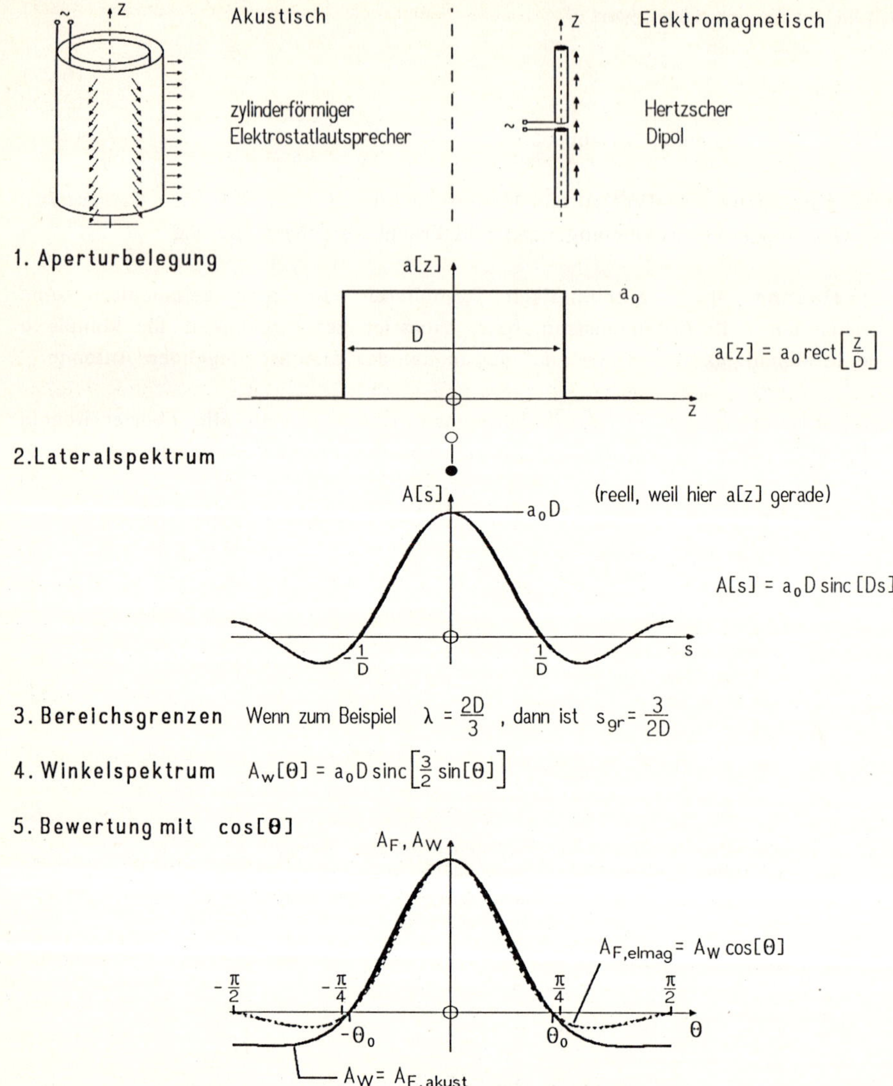

Abb. 6.6: Praktisches Beispiel zur Anwendung der 6-Punkte-Gebrauchsanweisung: Die Rechteck-Apertur.

6. **Normierung** von A_F auf den im Gültigkeitsbereich $|s| \le s_{gr}$ auftretenden maximalen Betrag,

$$\text{Richtdiagramm } B[\Theta] = |A_F[\Theta]| / |A_F|_{max} \qquad (6.31)$$

6.3 Fresnel-Beugung

Im Bereich der Fresnel-Beugung (siehe Gl. 6.6)

$$r \le D^2/\lambda \qquad (6.32)$$

muß der phasenbestimmende Abstand l_A zwischen Aperturpunkt z und Aufpunkt $\{x_A, y_A, z_A\}$ unter Einbeziehung des quadratischen Terms aus Gl. 6.5 berechnet werden (Abb. 6.4):

$$l_A \approx r - zz_A/r + z^2/(2r) = r(1 - \mathit{sin}^2[\Theta]) + (z - z_A)^2/(2r) \qquad (6.33)$$

Der erste Term der rechten Seite von Gl. 6.33 ist von z unabhängig und kann als Exponent vor das Integral (Gl. 6.4) gebracht werden. Bei nicht allzugroßen Winkeln (z.B. $|\Theta| < 0.3$) kann $\mathit{sin}^2[\Theta]$ gegen 1 vernachlässigt werden und wir erhalten

$$\Psi[t, r_A] \approx \underbrace{\frac{K e^{-j(\omega t - kr)}}{r_A}}_{= \; K_2} \underbrace{\int_{-\infty}^{\infty} a[z]\, e^{jk(z-z_A)^2/(2r)} dz}_{b[z_A, r_A]} \qquad (6.34)$$

Für konstante Entfernung r gibt also die Funktion $b[z_A, r]$ die Abhängigkeit der Amplitude vom Elevationswinkel Θ an. Im fernen *Fraunhofer-Gebiet* war

$$b[z_A, r] = \boldsymbol{F}\{a[z_A]\} = \int_{-\infty}^{\infty} a[z]\, e^{-j2\pi z z_A/r} dz$$

$$= \int_{-\infty}^{\infty} a[z]\, e^{-j2\pi \mathit{sin}[\Theta]/\lambda} dz$$

- also *unabhängig von der Entfernung* r *nur eine Funktion des Winkels* Θ. Hier *im Fresnel-Gebiet* hingegen gilt

$$b[z_A, r] = a[z_A] * e^{jkz_A^2/(2r)} \qquad (6.35)$$

- also eine Abhängigkeit von Winkel *und* Entfernung. (Im weiteren Verlauf wird bei z wieder der Index "A" weggelassen).

Aus der Sicht der Systemtheorie sagt Gl. 6.35: Das Ausgangssignal b[z] ("Schirmbelegung")[9] entsteht durch Anregung eines LTI-Systems mit dem Eingangssignal a[z]. Die *Impulsantwort des Systems* ist (Abb. 6.7)

$$h_r[z] = e^{-jz^2/(2r)} \tag{6.36}$$

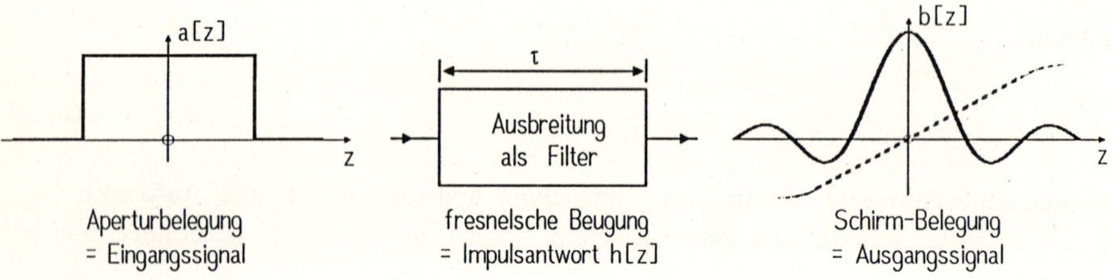

Abb. 6.7: Filterung räumlicher Signale im Fresnel-Gebiet.

Man beachte, daß hier, im Gegensatz zur klassischen im Zeit-/Frequenzbereich angesiedelten Signalanalyse, die *Kausalität keine Rolle spielt:* Die Impulsantwort ist offenkundig nicht-kausal (und auch nicht-reell), das LTI-System ist trotzdem realisierbar.

Als einziges *Anwendungsbeispiel* soll nun die Wirkung einer *Linse im Strahlengang* behandelt werden. (Sowohl der "Schirm" als auch die Linse sollen nur eindimensional berücksichtigt werden - die Linse dürfen wir uns als lange Zylinderlinse vorstellen.

Beispiel:
Die Linse wird geometrisch-optisch so definiert, daß alle von einem *Brennpunkt* (Abb. 6.8) ausgehenden Strahlen nach dem Durchgang parallel verlaufen. Verbindet man Punkte gleicher Laufzeit, so entstehen Normalen, die auch als "Wellenfronten" bezeichnet werden. Die Linse soll eine sphärische Wellenfront in eine ebene verwandeln - und umgekehrt. Sie besteht aus einer kontinuierlichen Aneinanderreihung von Verzögerungselementen ("VZE" in Abb. 6.8).

Der zu kompensierende Wegunterschied Δr beträgt

$$\Delta r = F(1 - \cos[\gamma]) \approx F\gamma^2/2 \approx z^2/(2F) \tag{6.37}$$

(In der Näherung wird dabei der Kreis zur Parabel). Die Phasenkorrektur beträgt somit $\Delta\phi = -2\pi\Delta r/\lambda$. Das Eingangssignal a[z] wird *multipliziert mit einer Gewichtsfunktion*

$$e^{-j\beta z^2}\text{, wobei } \beta = \pi/(\lambda F) \tag{6.38}$$

9. Wir stellen uns einen Schirm vor (oder ein Blatt Papier) als Hilfsmittel zur Veranschaulichung einer Fläche senkrecht zur Ausbreitungsrichtung, auf der der Verlauf der normierten, komplexen Amplitude b[z] sichtbar wird.

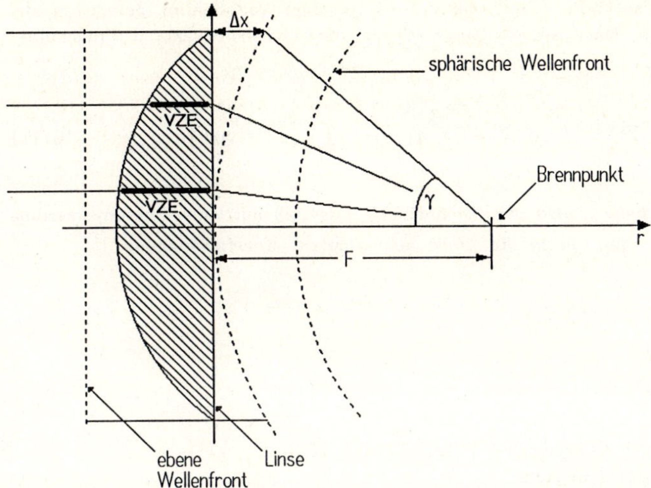

Abb. 6.8: Die Linse verwandelt durch z-abhängige Verzögerung sphärische Wellenfronten in ebene und umgekehrt.

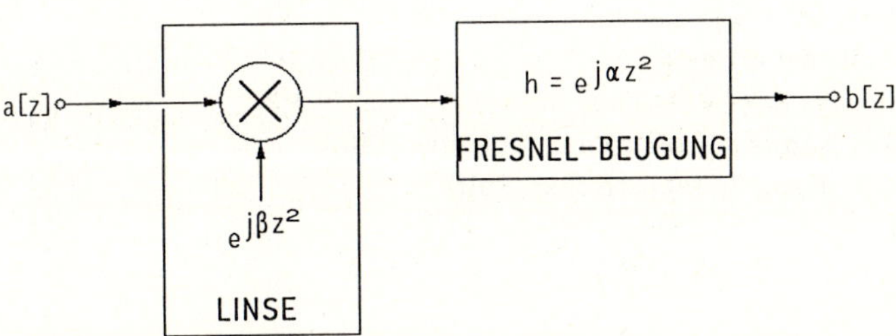

Abb. 6.9: Systemtheoretisches Modell einer Linse mit anschließender Fresnel-Beugung.

Setzen wir die Linse direkt auf die Apertur, so ergibt sich das in Abb. 6.9 gezeigte systemtheoretische Modell einer optischen Signalverarbeitung.

Nach Abb. 6.9 gilt

$$b_r[z] = (a[z]e^{-j\beta z^2}) * e^{j\alpha z^2} \qquad \text{mit } \alpha = \pi/(r\lambda) \tag{6.39}$$

oder, als Integral

$$b_r[z] = \int_{-\infty}^{\infty} a[\zeta]e^{j\{\zeta^2(\alpha-\beta) - 2\alpha z\zeta + \alpha z^2\}}\, d\zeta \tag{6.40}$$

Für den Spezialfall $\alpha = \beta$ (d.h. $\pi/(\lambda F) = \pi/(\lambda r)$; $r = F$), in dem der Schirm gerade in der Brennebene steht, vereinfacht sich der Ausdruck (Gl. 6.40) zu dem schon bekannten Fraunhofer/Fourier-Ausdruck:

$$b_r[z] = e^{j\alpha z^2} \int_{-\infty}^{\infty} a[\zeta] e^{-j2\pi\zeta/(r\lambda)} \, d\zeta = e^{j\alpha z^2} A[z/(r\lambda)] = e^{j\alpha z^2} A[s] \qquad (6.41)$$

Das Schirmbild b_r *in der Brennebene* - also der "Brennfleck" - *ist* bis auf eine Phasenverzerrung $e^{j\alpha z^2}$ die *Fourier-Transformierte der (durch die Linse abgebildeten) Aperturbelegung.*

Literaturempfehlungen Kap. 6

zum Thema "Fraunhofer/Fresnel-Beugung"

1. Papoulis, 1986, ch. 9 (elektromagnetischer Fall)
2. Ziomek, 1985, ch. 3.2 (akustischer Fall)

zum Thema "Richtdiagramme in der Praxis"

1. Zinke/Brunswig, 1986, Kap. 6; (elektromagnetischer Fall)
2. Meyer/Neumann, 1979, Kap. 5; (akustischer Fall)

7 Abtastung

Digitale Signalverarbeitung setzt zwingend voraus, daß das zeitlich und wertmäßig kontinuierliche, physikalische Signal in eine Zahlentabelle umgewandelt wird. Die dazu nötige, regelmäßige Ablesung der Augenblickswerte des Originalsignals wird als *Abtastung* (engl. *sampling*[1]) bezeichnet. Z.B. stellt das stündliche Notieren der mit dem Quecksilberthermometer gemessenen Körpertemperatur eine Abtastung dar. Schneller veränderliche Signale müssen in entsprechend schnellerem Rhythmus abgetastet werden. Die modernsten elektronischen Abtastbausteine (A/D-Wandler) schaffen pro Sekunde viele Millionen solcher Ablesungen.

Bei der ingenieur-mathematischen Untersuchung des Abtastvorganges interessieren vorderhand die Fragen : "Welcher Abtastrhythmus ist vernünftig und wie groß sind die beim Abtasten entstehenden Fehler ?". Das sind sehr schwierige Fragen, die in so allgemeiner Form überhaupt nicht beantwortbar sind. Erst die nachstehend eingeführte mathematische Idealisierung erlaubt eine Präzisierung der Fragen. Die daraus folgenden Antworten und Regeln sind allerdings von so erstaunlicher Genauigkeit und Praxisnähe, daß es sich kaum noch lohnt, nach dem Unterschied zwischen idealisiert angenommener und tatsächlicher Abtastung zu fragen.

In der mathematischen Idealisierung wird die Abtastung beschrieben als Multiplikation des Originalsignals mit einer unendlichen δ-Impulsfolge

$$y[t] = x[t] \text{Ш}_T[t] \tag{7.1}$$

mit

- T : Abtastintervall
- Ш_T : unendlicher δ-Kamm (Gl. 3.189) mit Impulsabstand T
- x : Originalsignal
- y : das abgetastete Signal

Der mathematische Trick besteht also darin, das Ergebnis der Abtastung nicht als Tabelle zu notieren, sondern weiterhin als Zeitfunktion. Bei der technischen Abtastung können solche kammartigen Signale tatsächlich vorkommen - allerdings mit endlicher, wenn auch sehr kleiner Impulsdauer. Sie werden als PAM-Signale bezeichnet (PAM = Puls-Amplituden-Modulation)[2,3]

1. *sampling* bedeutet im Alltagsenglisch: Proben entnehmen. Sprachlich verwandt mit example, assembly
2. Zinke/Brunswig, 1987, Bd. 2, § 12.4.1
3. Lüke, 1990, Kap. 8.1

7.1 Tiefpaß-Abtastung

Wie sieht das Spektrum des nach Gl. 7.1 abgetasteten Signals aus? Der Faltungssatz (Gl. 3.52) liefert die Antwort:

$$Y[f] = X[f] * f_s Ш_{f_s}[f] = f_s X[f] * Ш_{f_s}[f] = f_s X[f] * Ш_{f_s} \tag{7.2}$$

$$= \sum_{k=-\infty}^{\infty} f_s X[f - kf_s]$$

mit

f_s : Abtastfrequenz; $f_s = 1/T$;

$Ш_{f_s}$: δ-Kamm im Frequenzbereich; Impulsabstand f_s
(Die Argumentklammer [f] kann weggelassen werden, wenn keine Verwechselungen zu befürchten sind).

Gl. 7.2 besagt in vier alternativen Schreibweisen dasselbe: Als Folge der Abtastung wird das Originalsignal X[f] mit einer Konstanten (f_s) multipliziert und dann unzählig oft in immer höhere Frequenzbereiche kopiert. (Die periodische Kopierwirkung des gefalteten δ-Kammes wurde schon mit Gl. 3.190 im Zeitbereich gezeigt.) Der konstante Frequenzabstand, in dem die Spektralkopien auftauchen, ist identisch mit der Abtastfrequenz (Abb. 7.1).

Jetzt kommen wir auf die eingangs gestellten Fragen zurück: Wie läßt sich das Originalsignal x[t] aus dem abgetasteten Signal y[t] *rekonstruieren*? Abb. 7.1 deutet schon die Antwort an: Falls x ein ideales *Tiefpaßsignal* ist - also keine Spektralanteile oberhalb einer Grenzfrequenz f_h besitzt - und falls sich die kopierten Spektren nicht überlappen,

$$f_s > 2f_h \qquad \text{(Abtastbedingung)} \tag{7.3}$$

dann läßt sich das Originalspektrum X[f] vollständig zurückgewinnen durch Filterung mit

$$R[f] = \frac{1}{f_s} rect[f/f_s] \tag{7.4}$$

Also

$$X[f] = Y[f]R[f] \circ\!\!-\!\!\!-\!\!\!\circ\; x[t] = y[t] * sinc[f_s t] \tag{7.5}$$

Das Signal x wird als Tiefpaß-Signal angenommen und verlangt ein tiefpaßartiges Rekonstruktionsfilter R[f] - daher der Name *Tiefpaß-Abtastung*. Durch Einsetzen von Gl. 7.1 und Durchführung der Faltung kann die sehr komprimierte Formulierung aus Gl. 7.5 in Klarschrift umgesetzt werden:

$$x[t] = \sum_{n=-\infty}^{\infty} x[nT]\, sinc[\frac{t}{T} - n] \tag{7.6}$$

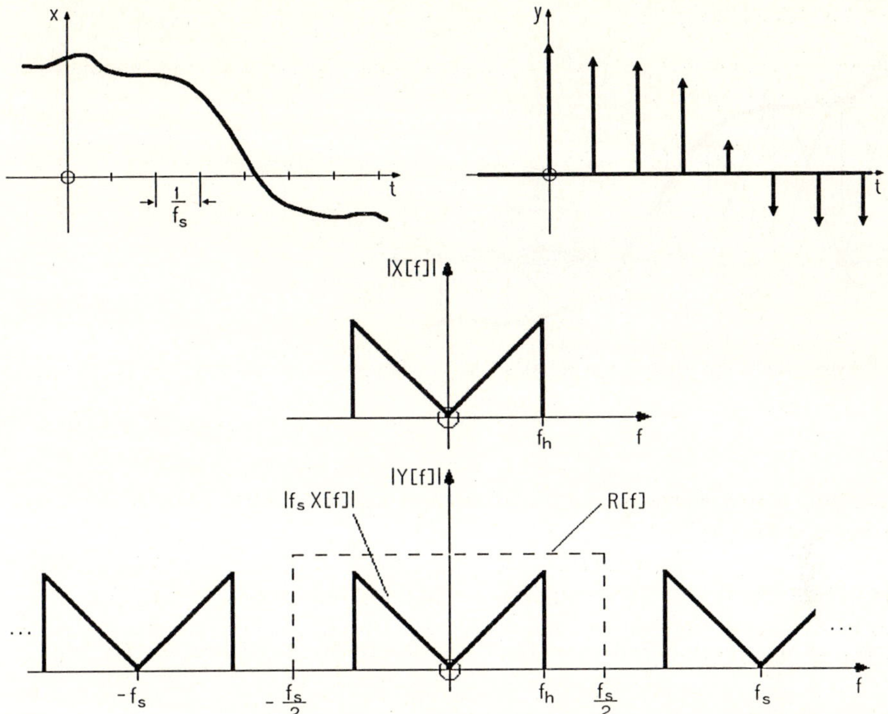

Abb. 7.1: Oben : Durch die idealisierte Abtastung (Gl. 7.1) entsteht ein modulierter δ-Kamm.
Unten: Das ursprüngliche Spektrum - hier vom Tiefpaßtyp - wird als Folge der Abtastung mit f_s multipliziert und periodisch kopiert.

In Gl. 7.6 erscheint sogar die eingangs erwähnte, durch Abtastung eigentlich zu erstellende Wertetabelle: $x[nT]$. Das Originalsignal $x[t]$ wird *vollständig rekonstruiert* durch Interpolation der abgelesenen Tabellenwerte $x[nT]$ mit Hilfe der *sinc*-Funktion (Abb. 7.2). Rein mathematisch gesehen stellt Gl. 7.6 eine spezielle Reihenentwicklung der Funktion $x[t]$ dar, die als *Kardinalreihe*[4] bezeichnet wird. Shannon[5] begründete die Informationstheorie mit Hilfe der hier beschriebenen Abtastung und Rekonstruktion. Seither wird Gl. 7.6 auch als Shannonsches Abtasttheorem bezeichnet.

Nach dem oben Gesagten erscheint auch das Linienspektrum des periodischen Signals in neuem Licht. Das schon mit Gl. 3.195 beschriebene Fourierpaar

$$y[t] = x_E[t] * Ш_\tau[t] \quad \circ\!\!-\!\!\!-\!\!\circ \quad Y[f] = \frac{X_E}{\tau}\, Ш_{1/\tau}[f] \tag{7.7}$$

stellt zugleich eine Abtastung im Frequenzbereich dar. Falls sich die periodisch wiederholten Elemente x_E zeitlich nicht überlappen und falls der Ursprung der Zeitkoordinate

4. Siehe z.B. Doetsch, 1967, Kap 1, § 7 oder Föllinger, (2) 1990, § 11.2. Die Bezeichnung "Kardinalreihe" geht auf E.J. Whittacker, 1914, zurück
5. Shannon, 1949. Moderne Darstellungen z.B. bei Max 1985, ch 7, oder Schüßler, 1984, § 2.1.2.7.

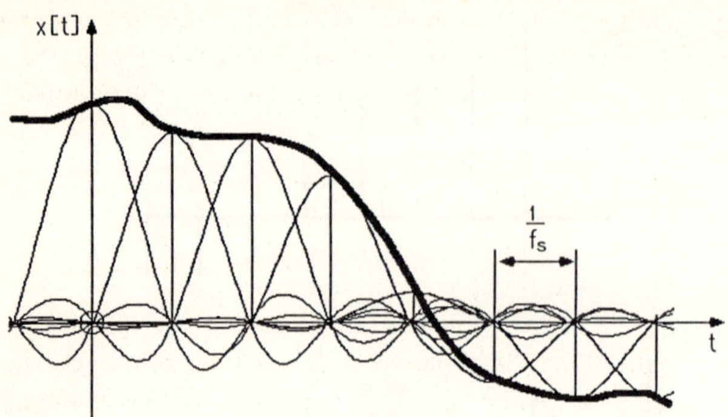

Abb. 7.2: Rekonstruktion des Originalsignals x[t] aus der Wertetabelle x[nT] mit Hilfe der *sinc*-Funktion.

so gewählt wird, daß er genau in der Mitte des von x_E beanspruchten Intervalls liegt, dann gilt in Analogie zu Gl. 7.5

$$x_E[t] = y[t]\,rect[t/\tau] \quad \text{O——o} \quad X_E[f] = Y[f] * \tau\, sinc[\tau F] \tag{7.8}$$

Durch Einsetzen der rechten Seite von Gl. 7.7 in die rechte Seite von Gl. 7.8 folgt

$$X_E[f] = \sum_{m=-\infty}^{\infty} X_E[m/\tau]\, sinc[\tau F - m] = \sum_{m=-\infty}^{\infty} K_m\, \tau\, sinc[\tau F - m] \tag{7.9}$$

Unter den angegebenen Voraussetzungen läßt sich somit das Amplitudenspektrum des transienten Signals x_E aus seinen Fourier-Koeffizienten rekonstruieren. Die Fourierkoeffizienten stellen zugleich eine Abtasttabelle dar.

Praktische Probleme mit der Kardinalreihe

Die Vorschrift Gl. 7.6 zur Rekonstruktion des Signals ist theoretisch von größter Bedeutung, praktisch jedoch kaum brauchbar. Aus der theoretischen Sichtweise genügt es, daß hier eine Vorschrift besteht, die *im Prinzip* ohne Rücksicht auf praktische Schwierigkeiten eine Rekonstruktion erlaubt. Wenn man - was gar nicht so häufig vorkommt - das Signal tatsächlich rekonstruieren will, wird man feststellen, daß die Reihe ganz schlecht konvergiert ($\sim 1/m$) und damit der unvermeidliche Abbruch der Summierung nach wenigen Gliedern zu erheblichen Fehlern führt. Diese und noch weitere unangenehme Eigenschaften der berühmten Kardinalreihe werden aus rein mathematischer Sicht bei Babovsky u.a.[6] ausführlich diskutiert. Die technisch vernünftige Lösung - Überabtastung und Glättung des Rekonstruktionsfilters - findet sich schon z.B. kurz angedeutet bei Kreß[7] oder ausführlich bei Schüßler[8]. Allerdings darf das Rekonstruktionsproblem nicht

6. Babovsky, u.a., 1987, Kap. 6.4
7. Kreß, 1977, Kap. 1.1.7
8. Schüßler, 1984, Kap. 2.1.2.7

isoliert betrachtet werden, sondern muß im Zusammenhang mit praktischen Gesichtspunkten der Antialiasfilterung gesehen werden. Wir werden das Thema in Kap. 7.3 ("Digitalisierungsfehler") behandeln und uns zunächst den ganz ähnlichen Problemen bei der Bandpaß-Abtastung zuwenden.

7.2 Bandpaß-Abtastung

Bandpaß-Signale verteilen typischerweise ihre Energie auf ein eng begrenztes Frequenzband. Dieses Band wird definiert durch Angabe einer oberen und unteren Grenzfrequenz, f_h und f_l (siehe Abb 7.4, oben). Wenn die Bandbreite $B = f_h - f_l$ relativ klein ist ($B \ll f_l$) kann *Bandpaß-Abtastung* wesentlich ökonomischer sein als Tiefpaßabtastung. Bei der Bandpaß-Abtastung richtet sich die kleinste, erlaubte Abtastfrequenz nicht nach der höchsten Frequenz f_h, sondern nach der Bandbreite B. Der Preis für diese Vorteile liegt in einem erhöhten Aufwand, sowohl bei der Vorbereitung und Durchführung der Abtastung als auch bei der späteren Wiedergewinnung der ursprünglichen Information.

7.2.1 Reelle Bandpaß-Abtastung

Bei der *reellen Bandpaß-Abtastung* (engl. *direct bandpass sampling*) ist der eigentliche Abtastvorgang der gleiche wie bei Tiefpaß-Abtastung (Abb. 7.3). Nur die Abtastfrequenz f_s ist nach den Maßstäben der Tiefpaß-Abtastung viel zu gering - man kann hier auch von "Unterabtastung" (engl. *undersampling*) sprechen.

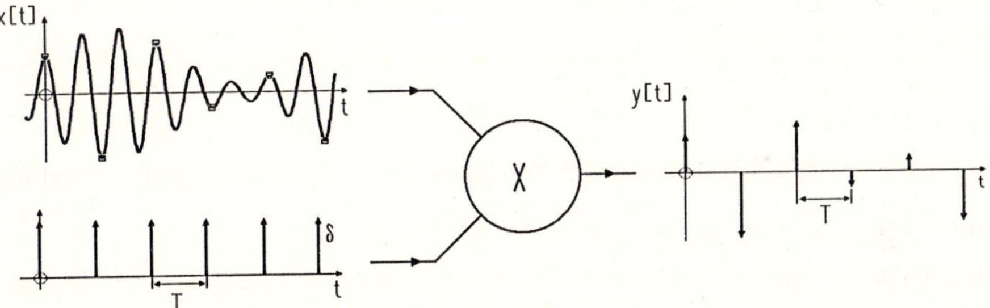

Abb. 7.3: Reelle Bandpaßabtastung bedeutet *kontrollierte Unterabtastung*. Zwischen den Abtastpunkten darf das schmalbandige Signal x[t] unbeobachtete Schwingungen ausführen.

Genau wie bei der Tiefpaß-Abtastung gilt auch hier

$$y[t] = x[t] \text{Ш}_T[t] \quad \circ\!\!-\!\!\circ \quad Y[f] = X[f] * f_s \text{Ш}_{f_s}[f] \tag{7.10}$$

Abb. 7.4 zeigt, wie sich die periodisch wiederholten Bandpaß-Spektren in bedenklicher Weise verzahnen - eine bewußt inkauf genommene Konsequenz der Unterabtastung.

Abtastbedingung für reelle Bandpaß-Abtastung

Auch bei der Bandpaß-Abtastung dürfen sich die periodisch wiederholten Spektren nicht überlappen. Nach w-facher Wiederholung im Abstand f_s darf die rechte Kante des linken Bandes (Punkt A in Abb. 7.4) des Originalspektrums nicht die linke Kante des rechten Bandes überschreiten (Punkt B) - und nach $(w+1)$-facher Wiederholung darf die linke Kante des linken Bandes (A′) nicht mehr im rechten Band (Punkt B′) zu liegen kommen:

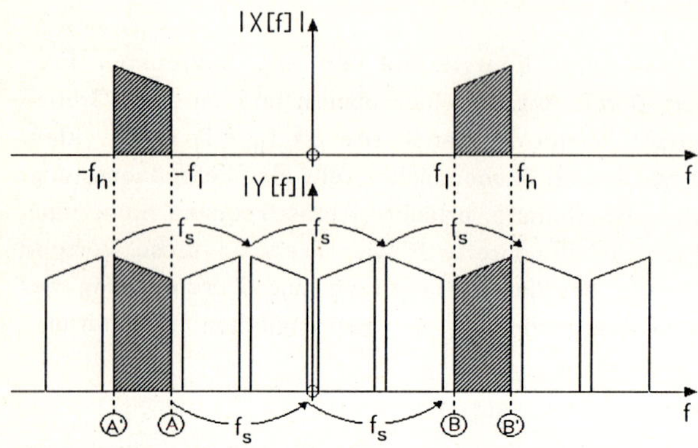

Abb. 7.4: Die Spektren bei reeller Bandpaßabtastung
Oben: das ursprüngliche Spektrum des abzutastenden Bandpaß-Signals.
Unten: das Spektrum des abgetasteten Signals, enstanden durch spektrale Wiederholung im Abstand f_s (hier ist $w = 2$).

Also

$$-f_l + wf_s < f_l \qquad \text{und} \qquad -f_h + (w+1)f_s > f_h \tag{7.11}$$

wobei $w = 1, 2, 3, \ldots, w_{max}$ angibt, wie oft das Band B in die Lücke $0 < f < f_l$ gefüllt wird. Durch Auflösung nach f_s folgt aus Bedingung 7.11 die eigentliche *Abtastbedingung für reelle Bandpaß-Abtastung*

$$\boxed{\frac{2f_h}{w+1} < f_s < \frac{2f_l}{w}} \tag{7.12}$$

Es gibt also w_{max} erlaubte Frequenzbänder innerhalb derer die Abtastfrequenz frei gewählt werden kann. Aus der in Abb. 7.4 gezeigten Situation folgt ebenfalls direkt

$$\boxed{w_{max} = \mathit{trunc}[f_l / (f_h - f_l)] \geq 1} \tag{7.13}$$

wobei $\mathit{trunc}[x]$ = ganzzahliger Rest der reellen Zahl x

Beispiel:
Es sei f_l = 50 kHz und f_h = 56 kHz. Dann ergibt Gl. 7.13 den Wert w_{max} = 8. Nach Gl. 7.12 ergeben sich folgende erlaubte Abtastfrequenzbänder:

w=1 : f_s = 56 ... 100 kHz

w=2 : f_s = 37.33 ... 50 kHz

w=3 : f_s = 28 ... 33.33 kHz

⋮

w=8 : f_s = 12.44 ... 12.50 kHz

Auch die Tiefpaß-Abtastung (w = 0) ist in Gl. 7.12 als Grenzfall enthalten:

w=0 : f_s = 112 ... ∞ kHz.

Rekonstruktion des Bandpaß-Signals

In Analogie zu Gl. 7.4 definieren wir jetzt das Rekonstruktionsfilter des Bandpaß-Signals

$$R[f] = \frac{1}{f_s}\left(rect\left[\frac{f+f_0}{B}\right] + rect\left[\frac{f-f_0}{B}\right]\right) \tag{7.14}$$

mit

$$B = f_h - f_l$$
$$f_0 = (f_h + f_l)/2$$

Wenn die Abtastbedingung (Gl. 7.12) eingehalten wird, muß gelten

$$X[f] = R[f]\,Y[f] \quad \circ\!\!-\!\!\!-\!\!\bigcirc \quad x[t] = y[t] * r[t]$$

$$= y[t] * \left(\frac{2B}{f_s}\, sinc[Bt]\, cos[2\pi f_0 t]\right) \tag{7.15}$$

Einsetzen von Gl. 7.10 und Durchführung der Faltung ergibt

$$x[t] = 2BT \sum_{n=-\infty}^{\infty} \{ x[nT]\, sinc[B(t-nT)]\, cos[2\pi f_0 (t-nT)] \} \tag{7.16}$$

Dies ist das *Kohlenbergsche Abtasttheorem*[9]. Im Vergleich zum Shannonschen Abtasttheorem (Gl. 7.6) ist hier die Interpolationsfunktion wesentlich komplizierter: Statt einer *sinc*-Funktion jetzt eine mit *sinc* modulierte *cos*-Schwingung. Durch diese Schwingung werden (sozusagen) die beim Unterabtasten übersehenen Originalschwingungen wieder hergestellt. Genau wie das Shannonsche Abtasttheorem liefert auch das Kohlenbergsche Theorem zwar den richtigen Beweis grundsätzlicher Rekonstruierbarkeit - praktisch verwendbar ist es wegen der schlechten Konvergenz aber kaum. Kap 7.3 bringt eine schnell konvergierende, alternative Formel.

9. Kohlenberg, 1953

Numerische Demodulation

Bei Tiefpaßabtastung verzichtet man meistens auf eine Rekonstruktion des Signals. Die ja noch zeitlich geordnete Abtastfolge "spricht für sich": Man kann sich mit etwas interpolierender Phantasie den ursprünglichen Signalverlauf noch vorstellen.

Bei Bandpaßabtastung ist die Lage anders: Einerseits interessiert sich niemand mehr für den ursprünglichen Signalverlauf, weil der ja im wesentlichen durch die nachrichtentechnisch langweilige Trägerschwingung geprägt ist. Andererseits läßt die Abtasttabelle keine direkten Schlußfolgerungen über den Verlauf der interessanten, ursprünglichen Modulationsfunktion zu (Abb. 7.3).

Technische Bandpaß-Signale sind ja normalerweise entstanden durch Modulation eines Tiefpaßsignals auf eine Trägerschwingung $\cos[2\pi f_0 t]$. Hier liegt der Ansatzpunkt zur Lösung des Problems: Bei der Aufarbeitung der Abtasttabelle $x[nT]$ kann man zugleich demodulieren, so daß als Ergebnis die niederfrequente Information in Form von Betrag und Phase herauskommt. Diese numerische Demodulation geschieht über das Konzept des analytischen Signals (Kap. 5.3). Unter der Voraussetzung, daß das Signal $x[t]$ wirklich sehr schmalbandig war ($B \ll f_0$) ist das folgende Verfahren sinnvoll:

- Diskrete Hilbert-Transformation (Einzelheiten siehe Kap. 8.2) $$u[nT] = \textbf{\textit{DHT}}\,\{x[nT]\} \tag{7.17}$$

- Einhüllende $$\alpha[nT] = \sqrt{(u[nT])^2 + (x[nT])^2} \tag{7.18}$$

- Phase $$\varphi[nT] = \mathit{arctan}\big[u[nT]/x[nT]\big] \tag{7.19}$$

7.2.2 Komplexe Bandpaßabtastung

Bei der reellen Bandpaßabtastung wird *zuerst* abgetastet und *dann* auf dem Umweg über die Konstruktion eines analytischen Signals demoduliert. Bei der jetzt zu besprechenden *komplexen Bandpaßabtastung* (engl. *inphase and quadrature modulation sampling*) wird diese Reihenfolge umgekehrt:

Wie in Abb. 7.5 gezeigt, wird zunächst mit elektronischen Mitteln aus dem reellen, ursprünglichen, analogen Bandpaß-Signal $x[t]$ ein analytisches Signal $w[t]$ erzeugt.

$$w[t] = x[t] + ju[t] \tag{7.20}$$

wobei $u[t]$ = Hilberttransformierte von x

Natürlich gibt es in der Physik keine imaginären oder komplexen Signale - aber es gibt Signalpaare x,u, die in getrennten Signalverarbeitungskanälen gleichzeitig verarbeitet werden können. Wenn man den x-Kanal als *reell* beschriftet und den u-Kanal als *imaginär*, dann darf man, ohne Widersprüche befürchten zu müssen, das Paar als *komplex* bezeichnen und behandeln. *Imaginär* ist schließlich auch in der

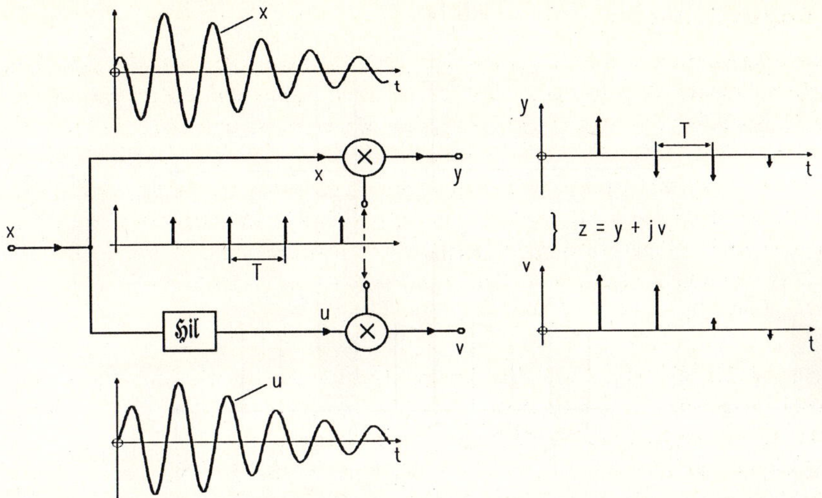

Abb. 7.5: Komplexe Bandpaß-Abtastung: Zu jedem Abtastzeitpunkt wird aus dem komplexen Analogsignal w (mit den Komponenten x und u) ein Wertepaar abgelesen. Im mathematischen Modell erscheinen diese Werte als Gewichte von δ-Impulsen (Gl. 7.21).

Mathematik zunächst nur ein Etikett, das vor Verwechselung mit dem gleichartigen *reellen* Element schützen soll.

Das analytische Signal w wird, wie in Abb. 7.5 gezeigt, abgetastet:

$$z[t] = w[t] \text{Ш}_T[t] \quad \circ\!\!-\!\!\!-\!\!\!-\!\!\circ \quad Z[f] = W[f] * f_s \text{Ш}_{f_s}[f] \tag{7.21}$$

Das Spektrum des analytischen Signals ist streng einseitig (siehe Abb. 7.6 und ausführliche theoretische Diskussion in Kap. 5.3). Das Signal ist rekonstruierbar, wenn sich die wiederholten Teilspektren nicht überlappen. Die Abtastbedingung für Bandpaßabtastung lautet also

$$f_s > B \tag{7.22}$$

Verblüffenderweise fehlt hier der aus der Shannonschen Abtastbedingung geläufige Faktor 2. Aber man muß sich vor Augen halten, daß dafür ein Signal*paar* abgetastet wurde.

Rekonstruktion

Genau wie bei Tiefpaß- und reeller Bandpaßabtastung definieren wir wieder ein passendes, rechteckförmiges Rekonstruktionsfilter R[f] (in Abb. 7.6 eingezeichnet) und setzen an

$$W[f] = Z[f]\,R[f] \tag{7.23a}$$

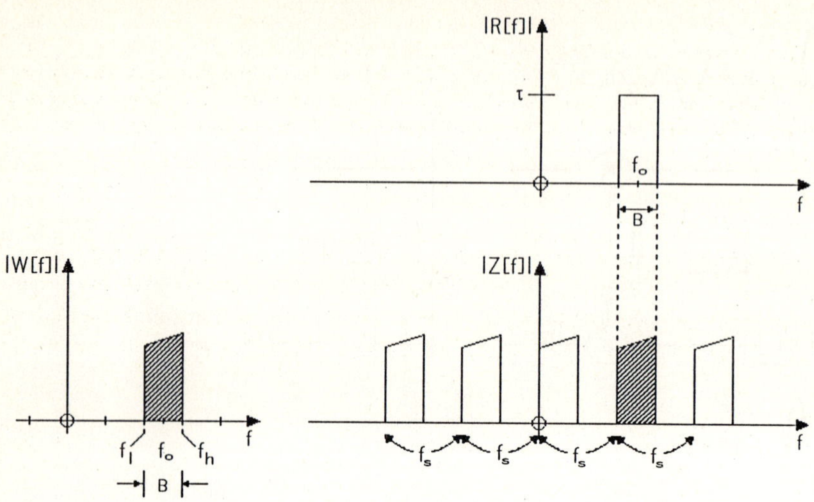

Abb. 7.6: Die Spektren bei komplexer Bandpaßabtastung.
Links: das Spektrum des analytischen Signals w[t].
Rechts: das Spektrum des abgetasteten analytischen Signals z[t] und das vorgesehene spektrale Rekonstruktionsfenster R[f].

mit

$$R[f] = \frac{1}{f_s} \mathit{rect}[(f-f_o)/B]$$

Durch Fourier-Synthese entsteht aus Gl. 7.23a

$$w[t] = z[t] * r[t] = (w[t] Ш_T[t]) * \frac{B}{f_s} \mathit{sinc}[Bt]\, e^{j2\pi f_0 t}$$

$$= BT \sum_{(n)} w[nT]\, \mathit{sinc}[B(t-nT)]\, e^{j2\pi f_0 (t-nT)} \tag{7.23b}$$

Gl. 7.23b (rechts) zeigt, wie das kontinuierliche, komplexe Signal w[t] aus den Tabellenwerten w[nT] rekonstruiert werden kann. Eigentlich interessiert aber der Realteil:

$$\left.\begin{aligned} x[t] &= \mathit{Re}[w[t]] = BT \sum_{(n)} (\gamma_n\, \mathit{sinc}[B(t-nT)]) \\ \gamma_n &= x[nT]\, \mathit{cos}[2\pi f_0 (t-nT] - u[nT]\, \mathit{sin}[2\pi f_0 (t-nT)] \end{aligned}\right\} \tag{7.24}$$

Dies ist das Abtasttheorem von Woodward[10] und Goldmann[11]. Der Umweg über das komplexe. analytische Signal ist nicht mehr direkt sichtbar: Das kontinuierliche, reelle Signal x[t] wird aus reellen Tabellenwerten x[nT], u[nT] interpoliert.

10. Woodward, 1953, ch. 2.5
11. Goldmann, 1953

Beispiel:
Wie bei dem Beispiel zur reellen Bandpaßabtastung nehmen wir wieder an $f_l = 50$ kHz; $f_h = 56$ kHz. Die jetzt gültige Abtastbedingung Gl. 7.22 fordert $f_s > 6$ kHz. Verglichen mit dem günstigsten Fall aus dem vorerwähnten Beispiel, zeigt sich hier eine Verringerung der Mindestabtastfrequenz auf etwa die Hälfte: Dafür sind die Abtastpunkte komplex; der Tabellenumfang ist bei beiden Verfahren etwa gleich.

Numerische Demodulation:

Hier gelten im Prinzip die gleichen Überlegungen, wie bei der reellen Bandpaß-Abtastung. Allerdings ist der erste und komplizierteste Verfahrensschritt - die Bereitstellung der Hilbert-Transformierten des Originalsignals - hier schon vorab mit elektronischen Mitteln vollbracht worden. Die Doppeltabelle x[nT], u[nT] liefert direkt

$$\text{Einhüllende} \qquad a[nT] = \sqrt{x^2[nT] + u^2[nT]} \tag{7.25}$$

$$\text{Phase} \qquad \varphi[nT] = \mathit{arctan}\big[u[nT]/x[nT]\big] \tag{7.26}$$

Elektronische Hilbert-Transformation

Die komplexe Bandpaß-Abtastung setzt definitionsgemäß voraus, daß schon *vor* der Abtastung die Hilbert-Transformierte des Signals auf elektronischem Wege erzeugt wird. Bei sehr schmalbandigen Signalen ($B \ll f_0$) kann nach den Gln. 5.2 und 5.9 die Hilbert-Transformation näherungsweise erreicht werden. Der maximale Phasenfehler beträgt dabei

$$\Delta\varphi = 2\pi \frac{T_0}{4} \frac{B}{2} = \frac{\pi B}{4 f_0} \tag{7.27}$$

Praktische Realisierungsmöglichkeiten dazu zeigt Abb. 7.7

Die in Abb. 7.7 aufgeführten Verfahren der elektronischen Hilbert-Transformation sind nach Maßgabe von Gl. 7.27 prinzipiell fehlerbehaftet. Je größer die relative Bandbreite, desto schlimmer. Dies gilt auch dann, wenn das Signal die in Abb. 7.6 gezeigte, ideale Bandpaß-Struktur hat, bei der überhaupt keine Energieanteile außerhalb des Bandes B liegen.

Anders hingegen das nachstehend beschriebene Quadraturverfahren (auch Quadraturdemodulation, komplexe Demodulation, oder *quadrature sampling* genannt, Abb. 7.8): Bei idealer Bandpaß-Struktur erzeugt es eine fehlerfreie Hilbert-Transformation. Dies gilt allerdings nur für das mathematische Prinzip. Vor der praktischen Verwirklichung ist zu bedenken, daß die benötigten Analogmultiplikatoren bei kleiner Aussteuerung rauschen und bei großer Aussteuerung nichtlinear sind. Auch die in der Praxis immer verletzte Forderung nach idealer Bandpaß-Struktur kann zu erheblichen Fehlern führen. Bandpaßabtastung wird immer auf Sonderfälle beschränkt sein und dort auch besonderen Aufwand rechtfertigen. Vor der Realisierung sind sorgfältige Vergleiche zwischen typischen Originalsignalen und rekonstruierten, bandpaßabgetasteten Kopien unerläßlich.

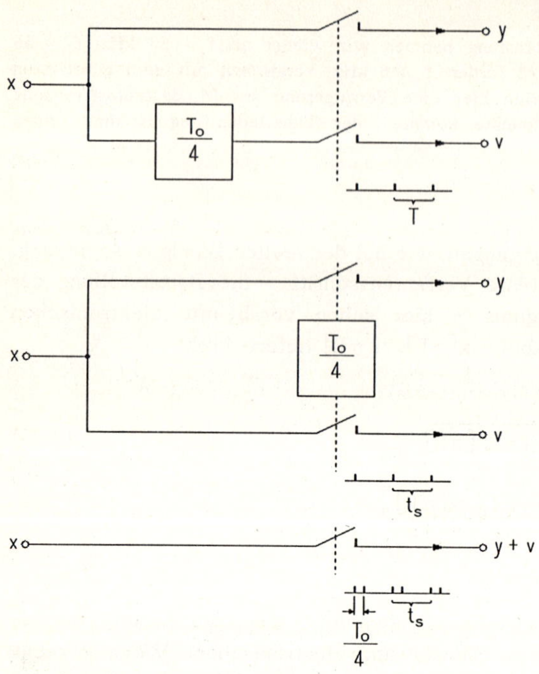

Abb. 7.7: Abtastung und näherungsweise, elektronische Hilbert-Transformation für sehr schmalbandige Signale.

Oben: Phasenverschiebung des Analogsignals.

Mitte: Phasenverschiebung der Abtasteinrichtungen.

Unten: Einkanalige, ungleichmäßige Abtastung (*quarter period sampling*).

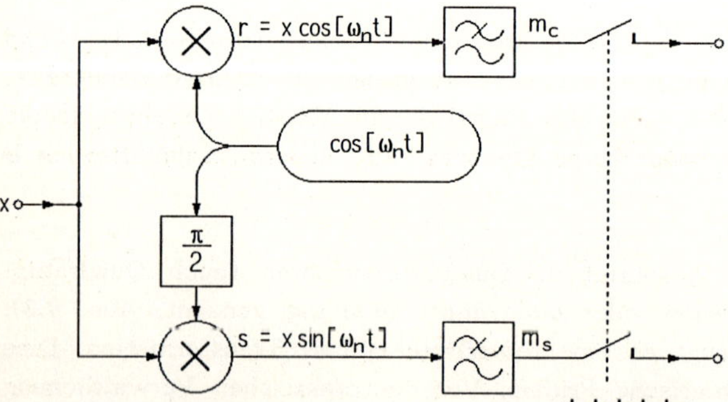

Abb. 7.8: Quadraturdemodulation: Durch komplexe Mischung und Tiefpaßfilterung entstehen aus dem idealen Bandpaßsignal x[t] zwei Tiefpaßsignale m_c[t] und m_s[t] (Inphase- und Quadratursignal), wobei m_s die Hilbert-Transformierte von m_c ist.

Herleitung zum Quadraturverfahren

Wir gehen davon aus, daß x ein Bandpaß-Signal mit ideal rechteckförmig begrenztem Spektrum ist und die Mindestvoraussetzung

$$B/f_o < \tfrac{1}{2} \tag{7.28}$$

erfüllt. Ein solches Signal läßt sich nach Gl. 5.26 grundsätzlich als amplituden- und phasenmodulierte *cos*-Schwingung auffassen:

$$x[t] = a[t]\,cos[\omega_0 t + \varphi[t]] \tag{7.29}$$

Durch die Multiplikation mit dem Hilfsträger $cos[\omega_H t]$ (Abb. 7.8) ergibt sich

$$\begin{aligned} s[t] &= a[t]\,cos[\omega_0 t + \varphi[t]]\,sin[\omega_H t] \\ r[t] &= a[t]\,cos[\omega_0 t + \varphi[t]]\,cos[\omega_H t] \end{aligned} \tag{7.30}$$

oder

$$\begin{aligned} 2s[t] &= a[t]\,sin\big[(\omega_H - \omega_0)t - \varphi[t]\big] + a[t]\,sin\big[(\omega_H + \omega_0)t + \varphi[t]\big] \\ 2r[t] &= a[t]\,cos\big[\underbrace{(\omega_H - \omega_0)}_{\Delta\omega}t - \varphi[t]\big] + a[t]\,cos\big[(\omega_H + \omega_0)t + \varphi[t]\big] \end{aligned} \tag{7.31}$$

Der Summenterm (mit $\omega_H + \omega_0$) wird im jeweils nachfolgenden Tiefpaßfilter unterdrückt, so daß an den Tiefpaßfilterausgängen gilt:

$$\begin{aligned} m_s[t] &= \tfrac{1}{2}\,a[t]\,sin[\Delta\omega t - \varphi[t]] \\ m_c[t] &= \tfrac{1}{2}\,a[t]\,cos[\Delta\omega t - \varphi[t]] \end{aligned} \tag{7.32}$$

Damit entsprechen die Signale m_c und m_s gerade dem Realteil und Imaginärteil einer komplexen Schwingung

$$m = m_c + jm_s = \tfrac{1}{2}\,a[t]\,exp[j(\Delta\omega t - \varphi[t])] \tag{7.33}$$

womit - bei Einhaltung der eingangs erwähnten Bandpaßbedingung (Gl. 7.28) - sichergestellt ist, daß sie ein Paar von Hilbert-Transformierten darstellen. Diese Hilbert-Eigenschaft ist dann unabhängig von $\Delta\omega$:

$$m_s[t] = \boldsymbol{H}\{m_c[t]\} \tag{7.34}$$

Bei der numerischen Demodulation ergibt sich

$$|a[t]| = 2\sqrt{m_s^2 + m_c^2} \tag{7.35}$$

und

$$\Delta\omega t - \varphi[t] = arctan[m_s / m_c] \qquad (7.36)$$

Der bei Phasendemodulation störende Anteil $\Delta\omega t$ läßt sich unterdrücken, wenn man durch eine Schaltungserweiterung den Hilfsträger (ω_H) mit dem Signalträger (ω_0) synchronisiert.

7.3 Digitalisierungsfehler

Bei der *Digitalisierung* werden Augenblickswerte eines Analogsignals nach einer bestimmten Strategie abgelesen und als Binärzahlen gespeichert. Digitalisierung ist der Oberbegriff für Ablesen (Abtasten) und Umwandlung in Binärzahlen (Analog/Digitalwandlung). Die Digitalisierung echter, meßtechnischer Signale wird immer fehlerbehaftet sein. Wobei wir unter *Fehler* nur signal- und materialbedingte Grenzen der Genauigkeit meinen, nicht etwa menschliche Unzulänglichkeiten bei der Planung und Durchführung der Digitalisierung. Wir unterscheiden strategische und technische Fehler:

Strategie bedeutet hier Festlegung der Ablesezeitpunkte - also, vereinfacht ausgedrückt, die Wahl der Abtastfrequenz. Die strategischen Fehler werden in Kap. 7.3.1 behandelt. Mit *Technik* ist hier die elektronische, analoge Schaltungstechnik gemeint - von den ersten Filtern bis zur Übergabe der binären Zahl. Eine sehr kurz gefaßte Übersicht über die schier endlose Liste möglicher technischer Fehler bietet Kap. 7.3.2.

7.3.1 Strategische Fehler: Das Aliasproblem

Bei der in Kap. 7.1 und 7.2 dargelegten mathematischen Theorie der Abtastung idealer Tiefpaß- und Bandpaß-Signale war die Beurteilung der Strategie sehr einfach: Wenn sich Teilspektren überlappten war die Strategie falsch; andernfalls war sie richtig. Also war Überlappungsfreiheit die Garantie für richtiges Abtasten. Das war die Grundlage für die Formulierung der Abtastbedingungen, Gl.7.3, 7.12 und 7.22.

Echte Signale unterscheiden sich von mathematisch idealisierten Funktionen dadurch, daß ihre Spektren *immer* sanft auslaufen (Abb.7.9): Die Überlappung der wiederholten Teilspektren ist überhaupt nicht vermeidbar. Hinzu kommt die Ungewißheit über den tatsächlichen Verlauf des Spektrums: Die Abtastung bekannter Signale ist nur als theoretische, mathematische Aufgabenstellung interessant - in der Technik hat man es immer mit unbekannten Signalen zu tun.

Wie könnte angesichts dieser Schwierigkeiten eine vernünftige Abtaststrategie formuliert werden? Die Antwort heißt: "Antialiasfilterung und Überabtastung" und wird in den folgenden drei Punkten

- Alias-Effekt
- Antialiasfilter
- Konvergenzbeschleunigung

diskutiert.

Alias-Effekt

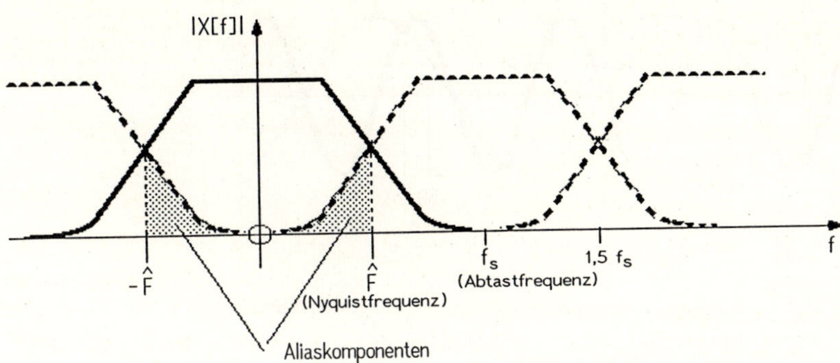

Abb. 7.9: Spektrale Überlappung - Synonym für den Alias-Effekt. Durch Spiegelung an der Nyquist-Frequenz $\hat{F}$ tauchen ursprünglich außerhalb gelegene Spektralanteile im Fenster $|f| < \hat{F}$ auf.

Abb.7.9 zeigt die spektrale Situation nach Abtastung eines Signals mit sanft auslaufendem Spektrum. Die Abtastfrequenz wurde zunächst intuitiv so hoch gewählt, daß die Überlappung bei sehr geringem Spektralpegel stattfindet. Unabhängig vom Verlauf des Spektrums findet die Überschneidung von Originalspektrum und erster verschobener Kopie bei der Frequenz

$$\hat{F} = f_s/2 \tag{7.37}$$

mit

$\hat{F}$: Nyquist-Frequenz

f_s : Abtastfrequenz

statt. Die in den Bereich $|f| < \hat{F}$ hineinkopierten Spektralanteile heißen "Aliaskomponenten"[12]. Sie tauchen an falscher Stelle, sozusagen unter falschem Namen auf; "50kHz alias 2kHz". Abb. 7.10 zeigt die eindrucksvollste Form des Aliaseffekts, die bei der Unterabtastung einer Sinusschwingung entsteht.

Antialias-Filter

Die in Abb. 7.9 gezeigte Situation einer "vernünftig" gewählten Abtastfrequenz, bei der die unvermeidliche spektrale Überlappung nur im auslaufenden Teil des Spektrums stattfindet, ist zunächst nur als Wunschbild aufzufassen: *Das Spektrum ist ja nicht bekannt.* Die einzige, bisher bekannte, praktische Strategie besteht darin, das abzutastende, unbekannte Signal *vor der Abtastung* durch ein Analog-Filter zu schikken. Dieses *Antialiasfilter* (Abb. 7.11) hat im Durchlaßbereich einen möglichst konstanten Amplitudengang und einen möglichst linearen Phasengang.

12. von lat. alias, d.h. anders

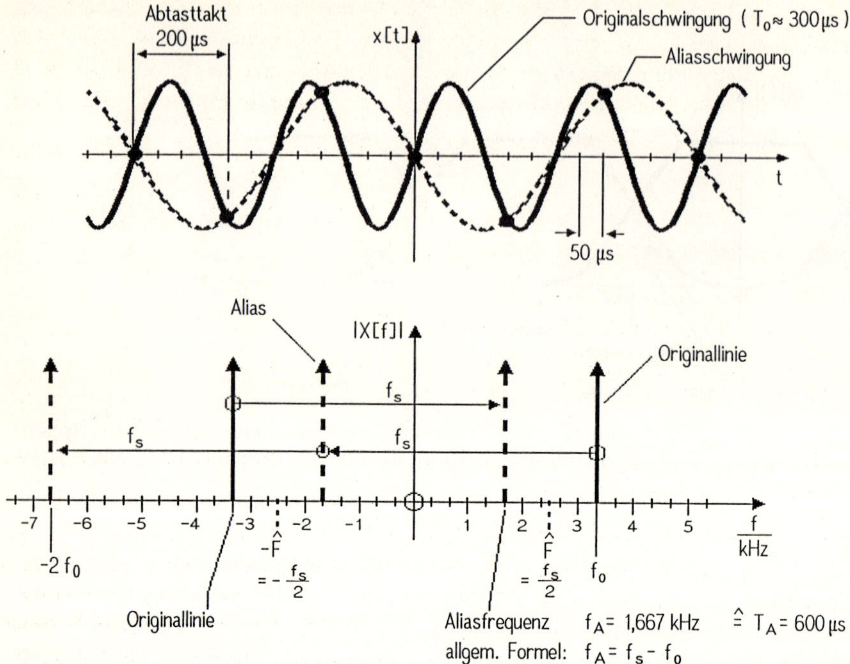

Abb. 7.10: Der Alias-Effekt bei der Unterabtastung einer Sinusschwingung. Die Tiefpaßabtast-Bedingung hätte eine Abtastfrequenz f_s gefordert, die größer als $2f_0$ ist. (f_0 ist die höchste, im Signal vorkommende Frequenz - hier sogar die einzige).

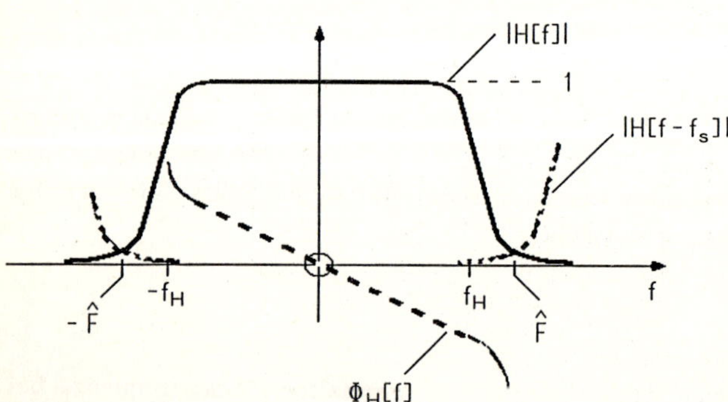

Abb. 7.11: Tiefpaß-Antialiasfilter.

f_H = höchste, interessierende Frequenz = Grenze des Durchlaßbereichs.

$\hat{F}$ = Nyquist-Frequenz.

Das unbekannte, gefilterte Signal bekommt dadurch die bekannte Eigenschaft, im Sperrbereich stark gedämpft zu sein. Die Wahl der Abtastfrequenz richtet sich jetzt nur noch nach der bekannten Filterdurchlaßkurve: Die Abtastfrequenz wird so groß gewählt, daß bei der höchsten Arbeitsfrequenz f_H die Aliasunterdrückung größer als der Dynamikumfang des A/D-Wandlers wird:

$$A = \left| H[f_H] / H[f_s - f_H] \right| > D = U_1 / U_0 \tag{7.38}$$

mit

A : Definition der "Aliasunterdrückung"
D : Definition des Dynamikumfanges des A/D-Wandlers.
U_1: Aussteuerbereich des A/D-Wandlers
U_0: Quantisierungsstufe des A/D-Wandlers.

(Typische Werte: $\hat{F}/f_H \approx 1.3 \dots 2$; Flankensteilheit $\approx$ 110...120 dB/Oktave; Dynamikumfang $\approx$ 70 ... 80 dB.)

Bei universell benutzbaren Signalanalysegeräten muß die interessierende Bandbreite f_H und damit die Abtastfrequenz über mehrere Größenordnungen umschaltbar sein. (Typischer Variationsbereich für Laborgeräte: 10 Hz ... 100 kHz). Die vielen, dafür benötigten Analog-Tiefpaßfilter sind teuer und - besonders bei den tiefen Frequenzen - sehr aufwendig. Ein einfacher Ausweg besteht in der *kombinierten Analog-Digital-Antialiasfilterung* (*Hybridantialiasfilterung*): Unabhängig vom tatsächlich interessierenden Frequenzbereich werden alle Signale zunächst durch das einzige vohandene, auf die höchste Frequenz f_{HA} eingestellte Analog-Antialiasfilter geschickt (Abb. 7.12) und mit der zugehörigen, höchsten Abtastfrequenz digitalisiert. Die Grenzfrequenz f_{HD} des anschließenden

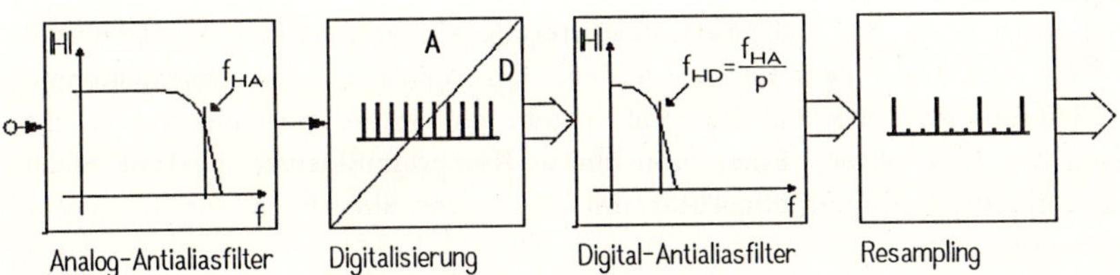

Abb. 7.12: Hybrid-Antialiasfilterung mit Resampling.

Digitalfilters wird auf einen beliebig wählbaren, ganzzahligen Bruchteil von f_{HA}

$$f_{HD} = f_{HA}/p \tag{7.39}$$

mit p = natürliche Zahl

eingestellt und legt damit das eigentlich gewünschte, interessierende Frequenzband fest. Aus dem digital gefilterten Signal wird nur jeder p-te Wert weiterverarbeitet (engl. *resampling*). Diese Digitalfilterung ist nur dadurch sinnvoll und erlaubt, daß zunächst durch die beschriebene feste Analog-Antialiasfilterung ein vernünftiger Übergang von Analog- zu Digitaltechnik garantiert wurde. Diese besonders in Billig-Geräten übliche Technik hat den Nachteil, daß Signal- und Rauschanteile im nicht interessierenden Frequenzbereich zunächst mitabgetastet werden und damit den Dynamikbereich des Geräts stark vermindern können. Abb. 7.13 zeigt ein Beispiel.

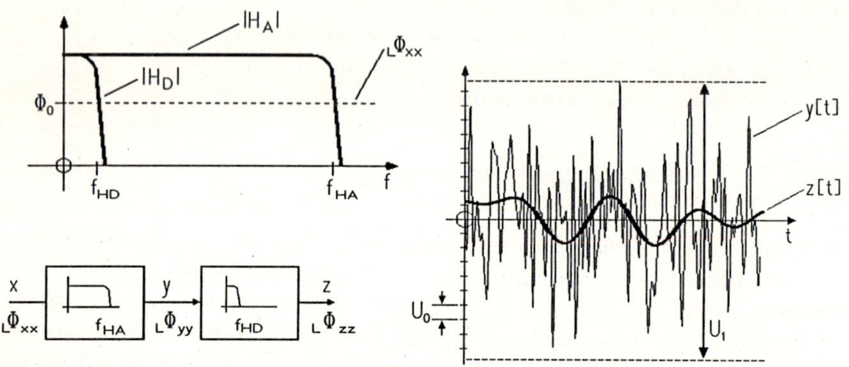

Abb. 7.13: Beispiel zur Verminderung des Dynamikumfanges durch Hybrid-Antialiasfilterung.
x : Ursprüngliches, weißes Rauschsignal mit spektraler Dichte Φ_0;
y: Signal nach Durchgang durch das Analogantialiasfilter, Grenzfrequenz f_{HA};
U_1: Aussteuerungsbereich des A/D-Wandlers - angepaßt an y;
U_0: Quantisierungsstufe des A/D-Wandlers;
z: Das interessierende Signal mit der gewünschten Analysebandbreite f_{HD}.

Wie das Beispiel zeigt, kann bei Hybridantialiasfilterung ein großer Teil des Dynamikumfanges des A/D-Wandlers verschenkt werden, um uninteressante Rauschkomponenten zu digitalisieren. Im äußersten Extremfall geht das interessierende Signal z[t] im Quantisierungsrauschen unter. Eine brauchbare Kompromißlösung besteht darin, mehrere grob abgestufte Analogantialiasfilter mit Digitalantialiasfiltern zur Feinunterteilung zu kombinieren.

Konvergenzbeschleunigung

Wenn man Abtastung als rein mathematisches, oder informationstheoretisches Problem versteht, ist mit dem für ideal bandbegrenzte Signale erbrachten Nachweis prinzipieller Rekonstruierbarkeit (Gln. 7.6, 7.16 und 7.24) das Problem gelöst. Anders sieht es aus, wenn man eine praktisch anwendbare Rekonstruktionsstrategie sucht. Rekonstruktion bedeutet aus technischer Sicht Digital/Analog-Wandlung (D/A). D/A ist nicht nur entscheidend für die Wiedergabequalität von PCM-Aufzeichnungen, sondern bestimmt auch die Genauigkeit rechnergestützter Prozeßsteuerungen- und Regelungen und die Zuverlässigkeit des Selbsttests von Signalmeß- und Analysesystemen.

Wie schon in Kap. 7.1 angedeutet, liegt das Problem bei der sehr langsamen Konvergenz der Kardinalreihe (Gl.7.6):

$$x[t] = \sum_{(n)} x[nT]\,sinc[\frac{t}{T} - n] \tag{7.40}$$

Die Summierung über n müßte nach Gl.7.6 von $-\infty$ bis ∞ laufen. Und für jeden Term müßte die *sinc*-Funktion numerisch ermittelt werden. Das *sinc*-Problem kann man nach einem Vorschlag von Stearns[13] durch trigonometrische Zerlegung

$$sin[\pi(\frac{t}{T} - n)] = (-1)^n sin[\pi t/T] \tag{7.41}$$

umgehen und erhält dann

$$x[t] = \frac{T\,sin[\pi t/T]}{\pi} \sum_{(n)} \{x[nT](-1)^n/(t-nT)\} \tag{7.42}$$

Der Tabellenindex n kann natürlich nicht, wie gefordert, bis ∞ laufen, sondern höchstens die ganze, gespeicherte Wertetabelle durchzählen - und auch das wird in den meisten Anwendungsfällen zuviel sein. Wenn man aber die Summierung nach wenigen Termen abbricht, wird die Rekonstruktion fragwürdig. Sinnvoll wäre es, bis zu einem Höchstwert $|n| \leq N_0$ zu zählen, der so gewählt wird, daß der Beitrag des größten denkbaren Tabellenwertes $x[nT]$ die Quantisierungsstufe unterschreitet: Aus Gl. 7.40 folgt dann

$$1/(N_0 \pi) = 1/D$$

und damit

$$N_0 = D/\pi \tag{7.43}$$

mit N_0 : Mindestbetrag von n bei Abbruch
D : Dynamikumfang von A/D und D/A-Wandler

Hier ein Beispiel:
Die gängigen A/D- und D/A- Wandler haben heutzutage eine Auflösung von 12 Bit, also einen Dynamikumfang von $D = U_1/U_0 = 4096$. Also müßten zur Aufrechterhaltung dieser Genauigkeit für jeden zu rekonstruierenden Wert $x[t]$ mindestens $N_0 = 1304$ Werte der Kardinalreihe aufsummiert werden!

Abhilfe - d.h. Konvergenzbeschleunigung - bringt die schon von Schüßler[14] vorgeschlagene und bei Babovsky u.a.[15] ausführlich diskutierte Verallgemeinerung der Kardinalreihe. Der Grundgedanke (aus technischer Sicht): Abtastung verlangt Antialiasfilterung. Antialiasfilter brauchen Platz für die Filterflanke (engl. *roll-off*). Somit muß

13. Stearns, (1987), Kap. 5.
14. Schüßler, 1984, Kap. 2.1.2.7
15. Babovsky u.a., 1987 , Kap. 6.3

die Nyquistfrequenz $\hat{F}$ deutlich größer als die höchste, interessierende Frequenz f_H gewählt werden (Überabtastung, siehe Abb. 7.11). In der durch Überabtastung entstandenen Flankenzone $f_H \ldots \hat{F}$ besteht völlige Gestaltungsfreiheit für das Rekonstruktionsfilter. Durch geschickte Formgebung des Rekonstruktionsfilters R[f] in der Flankenzone kann die Konvergenz beschleunigt werden.

Dieses Rekonstruktionsfilter R[f] ist weder ein Analogfilter noch ein Digitalfilter, sondern eine gedachte, mathematische Funktion, die es gestattet, das Originalspektrum X[f] aus dem gedachten, periodisierten Spektrum Y[f] zurückzugewinnen. (Siehe Abb. 7.1). Auch in dem jetzt betrachteten, verallgemeinerten Fall müssen zwei Bedingungen eingehalten werden:

- Interpolation (Nyquistbedingung Nr.I) und
- Oberwellenfreiheit

Interpolation:

An den Stützstellen t = nT soll bei der Rekonstruktion der Einfluß aller anderen Stützstellen verschwinden - eine Bedingung, die von der klassischen Kardinalreihe (Gl.7.40) offenkundig erfüllt wird: für t = nT wird das Argument der *sinc*-Funktion ganzzahlig. (Die gleiche Bedingung tritt in der Datenübertragungstechnik auf und wird dort "Nyquistbedingung Nr.I" genannt[16]. Diese Bedingung ist immer gewährleistet, wenn das Rekonstruktionsfilter im interessierenden Frequenzbereich $|f| \leq f_H$ konstant ist[17]. Und Konstanz bedeutet Verzerrungsfreiheit.

Oberwellenfreiheit:

Die durch Abtastung entstandenen Oberwellen (das sind alle in Abb. 7.1 zu sehenden Teilspektren mit Ausnahme des auch vorhandenen Originalspektrums) müssen wieder unterdrückt werden. Bei der Unterdrückung des Flankenbereichs $f_H \leq |f| \leq 2\hat{F} - f_H$ verläßt man sich auf das Antialiasfilter. Die Unterdrückung des Hauptbereichs $|f| > 2\hat{F} - f_H$ muß durch das Rekonstruktionsfilter bewerkstelligt werden: (Abb. 7.14)

$$R[f] = 0 \qquad \text{für} \quad |f| > 2\hat{F} - f_H \tag{7.44}$$

Der Flankenbereich kann jetzt frei gestaltet werden durch die folgende Konstruktionsvorschrift für R[f]:

$$R[f] = T\,rect[f/(2\hat{F})] * G[f] \tag{7.45}$$

wobei G[f] normiert und bandbegrenzt sein muß:

$$g[0] = 1 \qquad \text{d.h.} \int_{-\infty}^{\infty} G[f]\,df = 1 \tag{7.46}$$

$$G[f] = 0 \qquad \text{für} \quad |f| > \hat{F} - f_H \tag{7.47}$$

16. Bocker, 1978 , Kap. 4.1.4
17. Shanmugam, 1979 , ch. 5.2.1

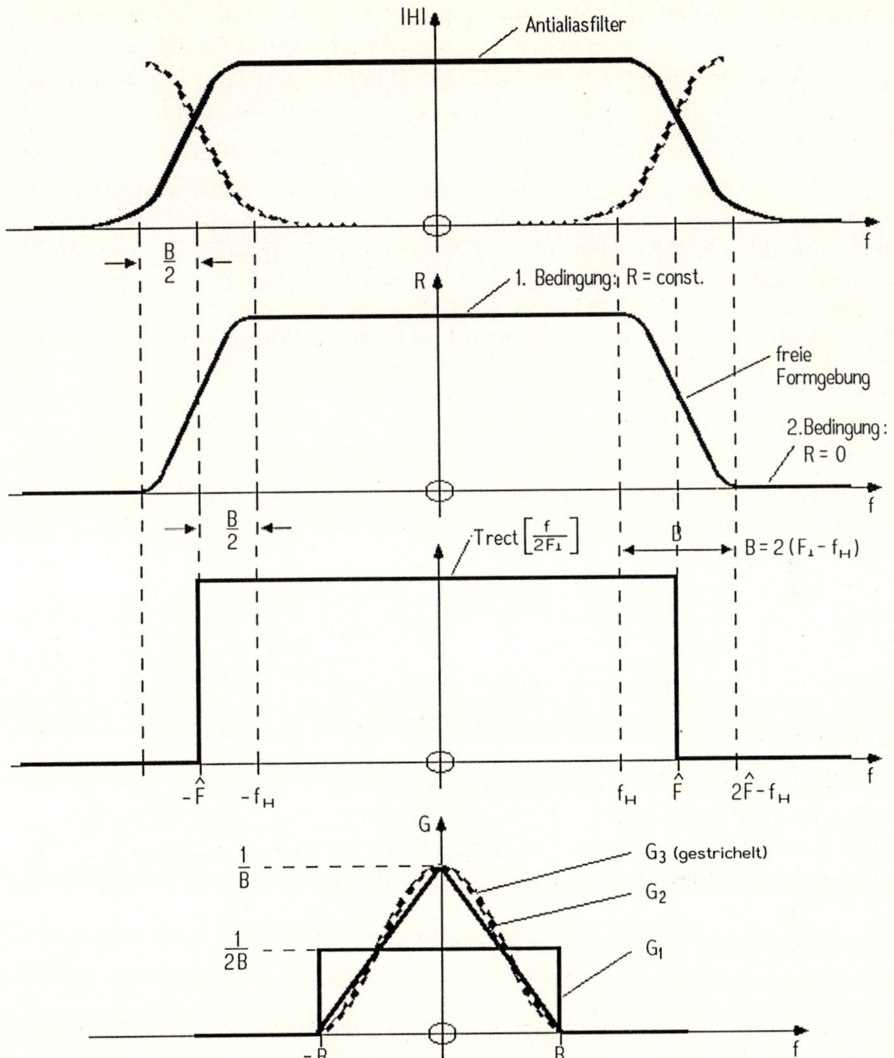

Abb. 7.14: Entwurf des verallgemeinerten Rekonstruktionsfilters:

a) Position des Antialiasfilters und der ersten gespiegelten Flanken.

b) Gewünschte Form des Rekonstruktionsfilters.

c) Der Rechteckbaustein zur Konstruktion des Rekonstruktionsfilters (Gl. 7.45).

d) Der Glättungsbaustein G[f] - ebenfalls aus Gl. 7.45.

Einfache Beispiele für G[f] sind (mit $B = 2(\hat{F} - f_H)$)

$$G_1[f] = \frac{1}{2B} \mathit{rect}[f/(2B)] \quad \circ\!\!-\!\!\!-\!\!\bigcirc \quad g_1[t] = \mathit{sinc}[2Bt] \tag{7.48}$$

$$G_2[f] = \frac{1}{B} \mathit{tri}[f/B] \quad \circ\!\!-\!\!\!-\!\!\bigcirc \quad g_2[t] = \mathit{sinc}^2[Bt] \tag{7.49}$$

$$G_3[f] = \frac{1}{B} \cos^2\left[\frac{\pi f}{2B}\right] \mathit{rect}[f/(2B)] \quad \circ\!\!-\!\!\!-\!\!\bigcirc \quad g_3[t] = \frac{\mathit{sinc}[2Bt]}{1-(2Bt)^2} \tag{7.50}$$

Wie lautet nun die verallgemeinerte Rekonstruktionsformel? Wir setzen Gl.7.45 in Gl. 7.5 ein:

$$X[f] = R[f]Y[f] \circ\!\!-\!\!\!-\!\!\bigcirc x[t] = r[t]*y[t] = 2\hat{F}T\mathit{sinc}[2\hat{F}t]g[t]*(x[t]\,Ш_\tau[t]) \tag{7.51}$$

also

$$x[t] = \sum_{(n)} \{x[nT](\mathit{sinc}[f_s t - n)\, g[t - nT])\} \tag{7.52}$$

Benutzen wir zum Beispiel die Funktion G_3 so ergibt sich

$$x[t] = \frac{T}{\pi} \sin[\pi t/T] \sum_{(n)} \{x[nT](\frac{(-1)^n \mathit{sinc}[2B(t - nT)]}{(t - nT)(1 - (2B(t - nT))^2)})\} \tag{7.53}$$

Zum Abschluß fragen wir - wie bei Gl. 7.43 - nach dem Mindestbetrag N, den der Index n aus Gl. 7.52 erreichen muß, je nachdem, welcher der Glättungsbausteine G_1, G_2, oder G_3 benutzt wird:

Zu G_1 ergibt sich aus Gl. 7.48 und 7.52 für $2NBT \gg 1$:

$$1/\left(\pi N(2\pi BNT)\right) = 1/D,$$

oder

$$N_1 = \sqrt{D/(2\pi^2 BT)} \tag{7.54}$$

Zu G_2 ergibt sich aus Gl. 7.49 und 7.52 für $NBT \gg 1$:

$$1/(\pi N(\pi BNT)^2) = 1/D$$

also

$$N_2 = (D/(\pi^3 B^2 T^2))^{1/3} \tag{7.55}$$

Zu G_3 ergibt sich aus Gl. 7.50 und 7.52 oder 7.53 für 2NBT $\gg$ 1:

$$1/(\pi N(2\pi BNT)(2BNT)^2) = 1/D$$

oder

$$N_3 = (D/(8\pi^2 B^3 T^3))^{1/4} \tag{7.56}$$

Beispiel:
Bei den in der Signalanalysetechnik schon quasi als Industriestandard anzutreffenden Werten für Überabtastung $q = \hat{F}/f_H = 1.28$ und A/D-Dynamik $D = 4096$ ergibt sich

$$BT = 1 - 1/q = 0.21875 \tag{7.57}$$

und damit

$$N_1 \approx 31 \tag{7.58}$$

$$N_2 \approx 14 \tag{7.59}$$

$$N_3 \approx 8 \tag{7.60}$$

Verglichen mit dem Wert $N = 1304$ aus Gl. 7.43 fürwahr eine Beschleunigung der Konvergenz.

7.3.2 Technische Fehler

Unter *technischen Fehlern* wollen wir alle Abweichungen zwischen der mathematisch idealen Digitalisierung und dem tatsächlich erreichbaren Digitalisierungsergebnis verstehen, soweit diese Abweichungen nichts mit den im vorigen Abschnitt behandelten Aliasproblemen zu tun haben. Der normale Benutzer digitaler Signalanalyseeinrichtungen wird zwar kaum jemals in der Lage sein, die Ursachen solcher konstruktionsbedingter Fehler zu beeinflussen; ein Überblick über die vielfältigen Fehlermechanismen ist trotzdem nützlich: Einmal bei der Auswahl des passenden Systems unter vielen Konkurrenzprodukten und dann auch bei der Vorbereitung und Interpretation eigener Messungen.

Vom Benutzerstandpunkt aus bietet sich die folgende, auch bei reinen Analogsystemen übliche Unterteilung an :

- Rauschen
- Nichtlineare Verzerrungen
- Lineare Verzerrungen

Die Besonderheiten der Analog/Digitalwandlung werden erst bei den jetzt folgenden Einzelpunkten sichtbar. Soweit sich die verwendeten Definitionen an den (nur bedingt brauchbaren) Normen IEEE Std. 748-1979 [18] und DIN/IEC 714-1986 [19] orientieren, sind sie in Kursivschrift hervorgehoben.

18. McKiernan/Engelson, 1979
19. Funk, 1987

Rauschen

Alles was bei signalfreiem, abgeschlossenem Eingang im angezeigten Spektrum des digitalisierten (Null-)Signals erscheint. "Abgeschlossen" bedeutet bei niederohmigem Eingang: Abgeschirmter Eingangsstecker mit eingebautem, passenden Abschlußwiderstand; bei hochohmigem Eingang: Der gleiche Stecker ohne Widerstand. Dieses Rauschen kann eingeteilt werden in

a) *Äquivalentes Eingangsrauschen* (engl. *equivalent input noise sensitivity, "noise floor"*)

Bei genügend hoch gewählter Eingangsempfindlichkeit wird ein Rauschspektrum sichtbar. Nach ausgiebiger (Pseudoschar)-Mittelung wird der im angezeigten Frequenzbereich gemittelte Pegel (dieses einseitigen Leistungsdichtespektrums) zusammen mit den gewählten Einstellparametern angegeben. Damit werden die internen Rauschquellen beschrieben. Um die immer vorhandenen, internen Rauschquellen von variablen, äußeren Quellen (Netz, Strahlung) unterscheiden zu können, müßte das Gerät beim Test magnetisch und hochfrequent abgeschirmt sein und aus einer in der Abschirmkammer befindlichen, synthetischen Sinusnetzstromquelle betrieben werden. Hauptursachen des so beschriebenen, breitbandigen Rauschens sind vor allem die Eingangsverstärker und die internen, breitbandigen Taktgeneratoren.

b) *Reststöranzeige* (engl. *residual response*)

Anzeige von "Störfrequenzen" bei abgeschlossenem, signalfreiem Eingang. Gemeint sind schmalbandige, intern erzeugte Spektralkomponenten, die trotz spektraler Pseudoscharmittelung bestehen bleiben. Bei der Messung muß das Gerät wieder, wie zuvor beschrieben , von der Außenwelt isoliert werden. Die am häufigsten anzutreffende, interne Störquelle ist "Netzbrumm" (*hum*). Die dominierenden Reststöranzeigen müssen als äquivalente Eingangssinussignale (Frequenz und Amplitude) einzeln aufgeführt werden.

c) *Netzdämpfung*

Störspannungen, die der Netzspannung überlagert sind, können in manchen Frequenzbereichen im angezeigten Spektrum sichtbar werden. Die Netzdämpfung gibt an, um welchen Faktor die Amplitude einer sinusförmigen Netz-Störspannung gedämpft angezeigt wird. Meßbedingungen: Abschirmung und Eingangsabschluß wie zuvor; $1V_{eff}$-Signal mit durchstimmbarer Frequenz auf Netzleitung eingespeist.

d) *Feldempfindlichkeit*

Auch bei völlig störungsfreier Netzspannung können Störsignale induktiv oder als elektromagnetische Wellen in den Eingang der eingangsseitig abgeschlossenen, signalfreien Digitalisierungseinheit gelangen. Die Feldempfindlichkeit gibt das Verhältnis von angezeigter Störamplitude zu äußerlich gemessener, maximaler magnetischer Feldstärkenamplitude an.

Nichtlineare Verzerrungen

Im Gegensatz zu den Rauschstörungen werden Verzerrungen erst bei Anwesenheit eines Eingangssignals bemerkbar (siehe Kap.4.4). Nichtlineare Verzerrungen lassen sich mit digitalen Signalanalysatoren sehr einfach feststellen:

Ein genau reproduzierbares, präzise triggerbares, breitbandiges Analogsignal (z.B. Pseudorauschcode) wird digital analysiert; das Amplitudenspektrum wird gespeichert. Der Vorgang wird mit deutlich veränderter Eingangsempfindlichkeit wiederholt. Die durch Division der beiden Spektren berechnete Übertragungsfunktion ist nur bei Abwesenheit nichtlinearer Verzerrungen völlig konstant und ohne Phasengang. Obwohl es nicht üblich ist, könnte man bei genauerer Betrachtung durchaus noch zwischen Nichtlinearität und Zeitvariabilität (siehe Kap.2.2) unterscheiden: Der vorstehend beschriebene Test müßte dazu lediglich bei gleichbleibender Eingangsempfindlichkeit durchgeführt werden.

Als *Ursachen* der nichtlinearen Verzerrungen in Digitalisierungseinrichtungen kommen vor allem in Frage:

Übersteuerung	(*overload*)
Rundung	(*round-off*)
Kennlinienkrümmung	(*nonlinearity*)
Zittern	(*jitter*)

Zur Beschreibung der nichtlinearen Verzerrung (einschließlich Zeitvariabilität) werden ohne Unterscheidung der Ursachen folgende *Kenngrößen* definiert

Störanzeige	(*spurious response*)
Intermodulationsunterdrückung	(*intermodulation rejection*)
Klirrfaktor	(*harmonic distortion*)

Nachstehend eine kurze Schilderung der oben genannten Ursachen und Kenngrößen nichtlinearer Verzerrungen in Digitalisierungseinrichtungen (und digitalen Signalanalysatoren).

a) *Übersteuerung*

Lineare Systeme gibt es nur als mathematische Modellvorstellung. Die statischen Kennlinien der in der technischen Signalanalyse als *linear* bezeichneten A/D-Wandler, Vorverstärker und Sensoren sind nur in einem vorgegebenen Aussteuerungsbereich im Rahmen der angegebenen Toleranzen durch eine mathematische Gerade approximierbar. Wenn ein Augenblickswert eines Meßsignals diesen linearen Bereich überschreitet, spricht man von Übersteuerung.

Allen nichtlinearen Signalverzerrungen ist gemeinsam, daß bei der Übertragung neue Spektralkomponenten entstehen, deren Amplituden und Frequenzen auf überaus komplizierte Art von der spektralen Zusammensetzung des Eingangssignals abhängen. Im Gegensatz zur linearen Signaltheorie kann man bei nichtlinearen Systemen nur für speziell ausgesuchte Signalformen in Zusammenwirkung mit speziellen Kennlinienformen Aussagen zur Signalübertragung machen.

Als Beispiel zur Veranschaulichung der Übersteuerung wählen wir die in Abb. 7.15 skizzierte Situation: Ein sinusförmiges Signal passiert einen A/D-Wandler mit seiner vereinfacht als rampenförmig angenommenen Kennlinie. Bei kleiner Aussteuerung erfährt das Signal überhaupt keine Verzerrung; bei Überschreitung des scharf begrenzten, linearen Bereichs entstehen die typischen Abflachungen.

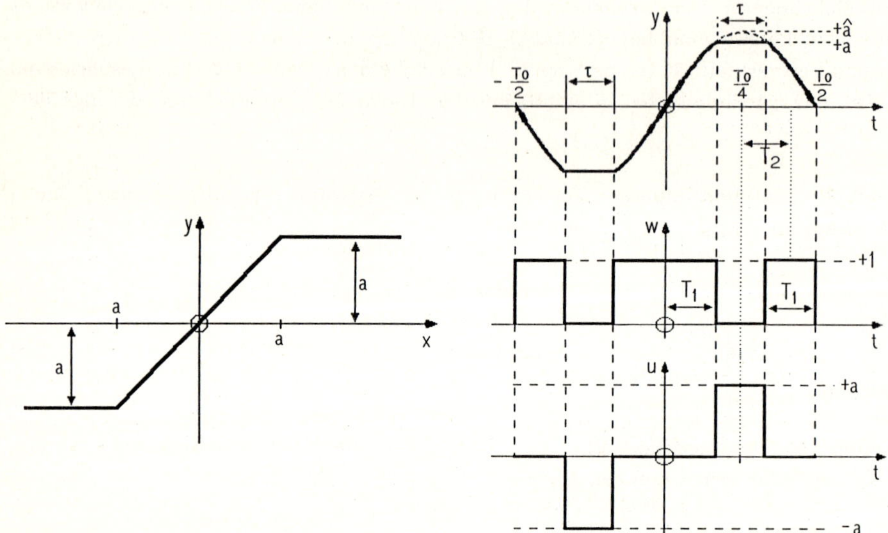

Abb. 7.15: Symmetrische Übersteuerung eines hochauflösenden A/D-Wandlers:
Links: Wandlerkennlinie mit Vernachlässigung der Quantisierungsstufen. Nullpunkt aus Vereinfachungsgründen in Bereichsmitte.
Rechts, oben: Äquivalentes Ausgangssignal bei Übersteuerung.
Darunter: Die zugehörigen Hilfsfunktionen w und u.

Der hier gezeigte symmetrische Fall läßt sich noch relativ einfach mathematisch beschreiben:

$$\left.\begin{aligned} y[t] &= Ш_{T_0}[t] * y_E[t] \\ y_E[t] &= \hat{a}\, sin[2\pi f_0 t]\, w[t] + u[t] \end{aligned}\right\} \quad (7.61)$$

$$w[t] = rect[t/T_1] * (\delta[t - T_2] + \delta[t + T_2]) * (\delta[t - T_3] + \delta[t + T_3]) \quad (7.62)$$

$$u[t] = a\, rect[t/\tau] * (\delta[t - T_3] - \delta[t + T_3]) \quad (7.63)$$

mit

T_0 : Periodendauer
f_0 : Grundfrequenz ; $f_0 = 1/T_0$

und

$$T_1 = T_0/4 - \tau/2 \; ; \quad T_2 = T_0/8 - \tau/4 \; ; \quad T_3 = T_0/4 \quad (7.64)$$

Daraus folgt das Linienspektrum

$$Y[f] = \sum_{m=-\infty}^{\infty} \{\delta[f - m/T_0] Y_E[m/T_0]/T_0\} = \sum_{m=-\infty}^{\infty} K_m \delta[f - m/T_0] \tag{7.65}$$

mit K_m: komplexer Fourier-Koeffizient (Gl. 3.198)

Durch Einsetzen von Gln. 7.61 - 7.64 ergeben sich über Gl. 3.201 bis 3.203 die reellen Fourier-Koeffizienten:

$$\left.\begin{array}{lll} \text{Für gerade } m: & A_m = 0\ ; & B_m = 0 \\ \text{Für ungerade } m: & A_m = 0\ ; & |B_m| = 4a\alpha(A - B(C + D)) \end{array}\right\} \tag{7.66}$$

mit

$$\alpha = \tau/T_0 \qquad A = \mathit{sinc}[m\alpha] \qquad B = 1/(2\,\mathit{cos}[\pi\alpha]) \qquad C = \mathit{sinc}[\alpha(m+1)]$$

$$D = \begin{cases} m = 1 & 1 - 1/(2\alpha) \\ m \neq 1 & \mathit{sinc}[\alpha(m-1)] \end{cases}$$

Im technisch besonders interessanten Fall des nur leicht übersteuerten Signals ($m\alpha \ll 1$) ergibt sich aus Gl. 7.66

$$\left.\begin{array}{ll} \text{Für } m = 1: & |B_m| = a(1 + \frac{1}{2}\alpha^2\pi^2) \\ \text{Für } m = 3; 5; 7; \ldots : & |B_m| = a\frac{4}{3}\alpha\pi^2 \end{array}\right\} \tag{7.67}$$

b) *Rundung*

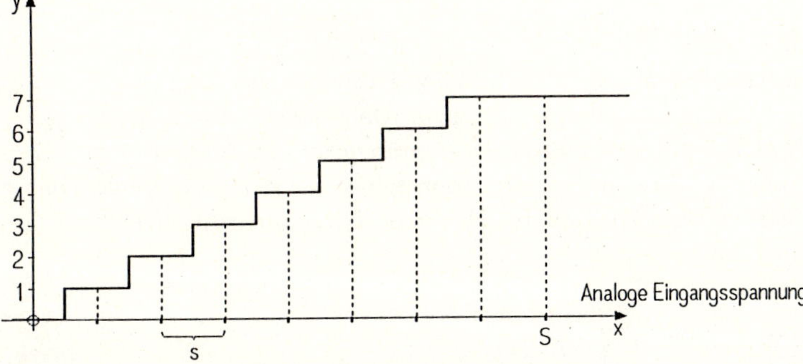

Abb. 7.16: Treppenförmige Kennlinie eines A/D-Wandlers - hier als Beispiel mit $2^3 = 8$ Stufen.

Der *lineare* Bereich der aus Abb. 7.15 bekannten statischen Kennlinie des A/D-Wandlers zeigt bei genauerer Betrachtung eine durch Rundung (Quantisierung) entstandene, stufenförmige Feinstruktur (Abb. 7.16). Dem digitalisierten Signal haftet eine Amplitudenunsicherheit an, die letztlich als nichtlineare Verzerrung aufgefaßt werden muß. Wegen der zufälligen Natur dieser Verzerrung sind auch die Bezeichnungen *Quantisierungsrauschen, quantization noise,* oder *quantization uncertainty* üblich. Solange das Eingangssignal eine stationäre Wechselspannung ist, deren Schwankungsbereich viel größer als eine Quantisierungsstufe, aber nicht größer als der lineare Aussteuerungsbereich ist, darf man jedoch diese Quantisierungsverzerrung näherungsweise als signalunabhängiges Rauschen auffassen.

Der Maximalbetrag der Quantisierungs-Rauschspannung entspricht einer halben Stufenhöhe

$$\left|q[t]\right| \leq \tfrac{1}{2}s \; ; \qquad s = S/2^n \tag{7.68}$$

mit

- $q[t]$: Quantisierungsrauschsignal (engl. *quantization noise*)
- s : Quantisierungsstufe; LSB (engl. *least significant bit*)
- S : Gesamter Aussteuerungsbereich (engl. *full scale range*)
- n : A/D-Bitzahl (engl. *word length*)

Wenn man für q eine Gleichverteilung im Bereich einer Quantisierungsstufe annimmt, liefert Gl. 9.56 die zugehörige Varianz zu

$$\sigma_q^2 = s^2/12 \tag{7.69}$$

Damit ergibt sich eine mittlere spektrale Leistungsdichte von[20]

$${}_L\Phi_{qq} = \sigma_q^2/\hat{F} = S^2 2^{-2n}/(12\hat{F}) \tag{7.70}$$

mit $\hat{F}$: Nyquistfrequenz.

c) *Kennlinienkrümmung*
Hier geht es um die Abweichungen der A/D-Wandler-Kennlinie von der idealen Form einer aus völlig gleichen Stufen aufgebauten Treppe. Dabei wird unterschieden zwischen dem Stufenbreitenfehler (*engl. differential nonlinearity, DNL*) und dem durch kumulierte Stufenbreitenfehler entstandenen Positionsfehler - also der Verschiebung einer Stufe gegenüber der idealen Position (engl. *integral nonlinearity, INL*)[21].

Definitionen:

$$\text{"DNL"} = n_x/n_y - 1 \tag{7.71}$$

20. Otnes/Enochsen, 1978 , ch. 3.3
21. Sheingold, 1986 , ch. 10.4.2

mit

n_x : Gemessene, normierte Breite einer Stufe ($n_x = \Delta x/s$);

Δx : Gemessene Zunahme der Eingangs-Analogspannung zwischen zwei benachbarten Sprungstellen.

n_y : Digital abgelesene Höhe der Stufe; d.h. beobachteter Zuwachs des vom A/D-Wandler erzeugten Ausgangszahlenwertes.

Bei idealer Kennlinie gilt für jede untersuchte Stufe: $\Delta x = s$; $n_y = 1$ und damit "DNL"=0. Der lokale Krümmungsfehler "DNL" wird üblicherweise in der dimensionslosen Pseudoeinheit "LSB" angegeben.

$$\text{"INL"} = n'_x \tag{7.72}$$

n'_x : Gemessene, normierte Abweichung des Stufenbezugspunktes von der Sollspannung ($n'_x = \Delta x'/s$).

Die Angaben unterscheiden sich noch durch die Wahl des Stufenbezugspunktes: Stufenanfang (engl. *low-side transition, LST*) oder Stufenmitte (engl. *center-of-code, CC*).

d) *Zittern*

Das Zittern (*engl. jitter*) läßt sich mathematisch ausdrücken durch

$$t_n = nT + \tau \tag{7.73}$$

mit

t_n : tatsächlicher Abtastzeitpunkt

n : laufende Nummer des Abtastzeitpunktes

T : mittleres (Soll-)Abtastintervall

τ : zufällige, kleine Verschiebung des n-ten Abtastzeitpunktes

Die Auswirkungen dieser zufälligen zeitlichen Schwankungen τ lassen sich nur mit Hilfe signalstatistischer Konzepte wie "Leistungsspektrum" und "Wahrscheinlichkeitsdichtefunktion" ausdrücken. Im Vorgriff auf diese erst in Kap. 9 und 10 ausführlich diskutierten Begriffe sei hier das Resultat in einfacher Form zusammengefaßt. Nach Balakrishnan (1962) wird der Zitterfehler angemessen beschrieben durch

$$_L\Phi_{yy}[f] \approx {}_L\Phi_{xx}[f]\,\left|H[f]\right|^2 + {}_L\Phi_0 \tag{7.74}$$

mit

$_L\Phi_{xx}$: Leistungsspektrum des ungestörten, analogen Eingangssignals (Definition: Siehe Gln. 10.51, 10.53, 10.68, 10.72)

$_L\Phi_{yy}$: Leistungsspektrum des äquivalenten Eingangssignals bei Berücksichtigung der Zitterstörung mit anschließender, zitterfreier Abtastung

$H[f]$: Übertragungsfunktion des Zittertiefpasses. (Modell für lineare Zitter-Verzerrung)

$_L\Phi_o$: Konstante Zitter-Rauschleistungsdichte. (Modell für nichtlineare Zitter-Verzerrung).

Der Zitterfehler wird also modelliert durch die Kombination einer linearen Verzerrung ($H[f]$) mit einer nichtlinearen Verzerrung (${}_L\Phi_o$). Dabei ist $H[f]$ identisch mit der charakteristischen Funktion Γ_τ des Zitter-Zeitversatzes τ. Dies ist einer der ganz seltenen Fälle, wo die sonst nur aus der mathematischen Wahrscheinlichkeitstheorie bekannte *charakteristische Funktion* Γ_τ (siehe Gl. 9.19) in einem technischen Zusammenhang auftritt.

$$f_\tau[\tau] = \frac{1}{\gamma T}\, rect[\tau/(\gamma T)] \;\circ\!\!-\!\!\!-\!\!\circ\; H[f] = \Gamma_\tau[f] = sinc[\gamma T f] \tag{7.75}$$

$${}_L\Phi_0 = \frac{1}{\hat{F}} \int_0^{\hat{F}} {}_L\Phi_{xx}[f]\,(1-|H[f]|^2)\,df \tag{7.76}$$

mit

f_τ : Wahrscheinlichkeitsdichtefunktion der Zeitverschiebung τ; (Definition: Siehe Gl. 9.13, 9.14, "WDF")

γ : *Zitterbreite*; einziger Parameter der Statistik des Zitterprozesses: $|\tau| \leq \gamma T$

$\hat{F}$: Nyquistfrequenz ; $\hat{F} = \frac{f_s}{2} = 1/(2T)$

Wenn man von der oft berechtigten Annahme ausgeht, daß die Zitterbreite γ sehr klein ist ($\gamma \ll 1$) und das Spektrum des Eingangssignals ungefähr als *weiß* bezeichnet werden kann, lassen sich die Gln. 7.75 und 7.76 durch Reihenentwicklung der *sinc*-Funktion und Durchführung der Integration weiter vereinfachen:

$${}_L\Phi_{xx}[f] \approx {}_L\Phi_{xx,0}\left(1 + \pi^2\gamma^2/36 - \frac{\pi^2}{12}\gamma^2(f/\hat{F})^2\right) \tag{7.77}$$

mit

${}_L\Phi_{xx,0}$: mittlere Rauschleistungsdichte des Eingangssignals

e) *Störanzeige*

Die Störanzeige (engl. *spurious response*) ist definiert als "Anzeige von Frequenzen, die nicht im Eingangssignal enthalten sind". Der Test besteht darin, ein spektral reines Sinussignal in den Eingang des zu untersuchenden Digitalisierungssystems (Signalanalysator, Spektrumanalysator) einzuspeisen und alle außerhalb der Eingangsfrequenz auftauchenden Spektrallinien nach Frequenz und Amplitude abzulesen.

f) *Intermodulationsunterdrückung*

Die Intermodulationsunterdrückung (*engl.: intermodulation rejection*) wird definiert als das Verhältnis der Amplituden zweier gleich großer, sinusförmiger Eingangssignale und der Amplitude einer durch Mischung an der nichtlinearen Kennlinie entstandenen Störlinie bei einer der kombinierten Summen- oder Differenzfrequenzen. Eine Intermodulationsstörlinie ist nur echt, wenn sie beim abwechselnden Abschalten einer der beiden Eingangssignale jeweils gänzlich verschwindet.

g) *Klirrfaktor*
Die weiter oben beschriebene Störanzeige erfaßt die Gesamtheit aller von einem einzigen, sinusförmigen Eingangssignal hervorgerufenen Störlinien. Hingegen beschreibt der Klirrfaktor (Klirrgrad, *engl.: harmonic distortion*) nur eine Untermenge: Nämlich die *Oberwellen* - d.h. Störlinien, die bei ganzzahligen Vielfachen der durch das sinusförmige Eingangssignal vorgegebenen Grundfrequenz auftreten.
Man unterscheidet den selektiven Klirrfaktor k_μ vom Gesamtklirrfaktor k:

$$k_\mu = x_{\mu,eff}/x_{eff} \; ; \; \mu = 2;3;4;\ldots \tag{7.78}$$

$$k = \sum_{\mu=2}^{\infty} k_\mu^2 = \sqrt{\tfrac{1}{2}(a_2^2 + a_3^2 + a_4^2 + \ldots)} \Big/ x_{eff} \tag{7.79}$$

$$k_{dB} = -20\, lg[k] \tag{7.80}$$

mit

$x_{\mu,eff}$	:	Effektivwert der μ-ten Harmonischen (also der $(\mu$-1)-ten Oberwelle)
x_{eff}	:	Effektivwert des gesamten, periodischen Signals
k_μ	:	Selektiver Klirrfaktor der μ-ten Harmonischen
k	:	Gesamt-Klirrfaktor
a_μ	:	Amplitude der μ-ten Harmonischen

Lineare Verzerrungen

Alle Verzerrungen, die sich durch ein LTI-System nachbilden lassen, heißen "lineare Verzerrungen". Im Zusammenhang mit A/D-Wandlern und Signalanalysesystemen sind erwähnenswert:

Aperturfehler	(engl. *aperture error*)
Gleichlauffehler	(engl. *channel-to-channel matching*)

a) *Aperturfehler*
Der Augenblickswert des Analogsignals wird sich während der A/D-Wandlungszeit τ ändern. Wenn der A/D-Wandler diese Änderung merkt, entsteht zwangsläufig eine Unsicherheit von der Größenordnung des dabei überstrichenen Spannungsintervalls: Der Aperturfehler[22]. In erster Näherung kann man diesen Aperturfehler als Mittelung des Analogsignals über die Dauer τ der A/D-Wandlung auffassen. In diesem Sinne ergibt sich durch Kombination von Gl. 3.60 und 7.1 die Beschreibung des mit Aperturfehler behafteten Signals:

$$y[t] = \left(x[t] * \tfrac{1}{\tau} rect[t/\tau]\right) Ш_T[T] \;\circ\!\!-\!\!\circ\; Y[f] = \left(\tfrac{\tau}{T} X[f]\, sinc[\tau f]\right) * Ш_{1/T}[f] \tag{7.81}$$

22. von lat. apertura, Öffnung. Damit wird hier auf die Öffnung des Schalters Bezug genommen.

Der mit Gl.7.81 beschriebene Aperturfehler äußert sich somit in einer Bedämpfung der höherfrequenten Signalanteile. Zur praxisnahen Abschätzung des Fehlers kann man die *sinc*-Funktion in eine Reihe entwickeln (2 Terme reichen) und fordern, daß die Abweichung zwischen *sinc*[τf] und 1 kleiner als der reziproke Dynamikumfang sein soll:

$$(\pi\tau f_H)^2/6 \le 1/D \qquad \text{oder} \qquad f_H \le 1/(\pi\tau\sqrt{D/6}) \tag{7.82}$$

mit

f_H : Höchste, interessierende Frequenz (Abb. 7.11)
τ : Aperturdauer; A/D-Wandlungsdauer
D : Dynamikumfang (Gl. 7.38)

Beispiel:
Bei einem 16-Bit-Wandler mit 35μs Aperturzeit ergäbe sich $f_H \le 87$Hz. Wegen dieser krassen Einschränkung des nutzbaren Frequenzbereichs werden moderne A/D-Wandler *immer* mit einer vorgeschalteten Sample-and-Hold- oder Track-and-Hold-Schaltung kombiniert. Damit kann der Augenblickswert des Analogsignals für die Dauer der A/D-Wandlung "eingefroren" werden und der Aperturfehler wird vernachlässigbar klein. Die Erwähnung des Aperturfehlers dient also heute nur noch der Begründung der Notwendigkeit der Halte-Elektronik.

Gleichlauffehler:

Bei Mehrkanal-Signalanalysatoren sollen die Übertragungsfunktionen von Antialiasfilter und Verstärker in allen Kanälen möglichst gleich sein. Die Differenz der Übertragungsfunktionen wird als Gleichlauffehler bezeichnet. Die einfachste, in Billiggeräten oft verwirklichte Lösung des Gleichlaufproblems besteht darin, überhaupt nur ein Filter und einen Verstärker zu benutzen und die verschiedenen Eingangssignale durch Analog-Multiplex-Technik umzuschalten. Nachteilig ist dabei , daß die Signale zwar noch im gleichen Takt, aber zeitlich versetzt abgetastet werden müssen.

Literaturempfehlungen zu Kap. 7

(Angaben in der Reihenfolge steigender mathematischer Anforderungen an den Leser)

Zum Thema "Abtasttheorie": Tiefpaßabtastung, Bandpaßabtastung

1. Lüke, 1990, Kap. 3.1
2. Urkowitz, 1983, ch. 5
3. Bracewell (1), 1986, ch. 10
4. Babovsky u.a., 1987, Kap. 6
5. Papoulis, 1977, ch. 5.1

Zum Thema "Abtasttechnik, A/D-Wandlertechnik, Fehlerquellen"

1. Sheingold, 1986

8 Diskrete Fourier-Transformation (DFT)

8.1 DFT: Definition und Mathematische Eigenschaften

8.1.1 Herleitung der DFT als Näherung des Fourier-Integrals

Es gibt zwei widerstreitende, aber nicht unvereinbare Betrachtungsweisen der *Diskreten Fourier-Transformation* ("DFT") - einmal die rein mathematische, die in der DFT und den zugehörigen Regeln ein eigenständiges, in sich geschlossenes Kapitel sieht - und die mehr pragmatische Betrachtung, die zunächst nach Herkunft und Zweck fragt.

In diesem letzteren Sinne soll im Folgenden zunächst der Zusammenhang mit der klassischen Fourier-Transformation gezeigt werden (Statt "klassisch" wird auch gleichbedeutend in Bezug auf Gl. 2.12 und 2.14 von "kontinuierlich" gesprochen). Bei der praktischen Durchführung der Fourier-Transformation im Zusammenhang mit meßtechnischen und nachrichtentechnischen Problemen liegt die zu transformierende Funktion $x[t]$ gewöhnlich nicht als mathematische Formel vor, sondern als kontinuierliche Aufzeichnung eines bisher unbekannten Funktionsverlaufs. Das Fourier-Integral kann dann grundsätzlich nur noch näherungsweise ermittelt werden.

Die einfachste Methode der numerischen Berechnung eines bestimmten Integrals (engl. *numerical quadrature*) ist die Streifenmethode ("Darbouxsche Untersumme"):

$$X[f] = \int_{-\infty}^{\infty} x[t]\, e^{-j2\pi ft}\, dt = \int_{-\infty}^{\infty} g[t,f]\, dt \approx \sum_{n=-\infty}^{\infty} (t_{n+1} - t_n)\, g[t_n,f] \tag{8.1}$$

mit

$g[t,f]$	:	Integrand
t_n, t_{n+1}	:	Streifengrenzen, Stützstellen
$t_{n+1} - t_n$	:	n-te Streifenbreite

Der Ansatz produziert aber zunächst mehr Fragen als Antworten:

- Nach welchem Verfahren sollen die Stützstellen ausgewählt werden?
- Wie kann die Anzahl der Summanden beschränkt werden?
- Wieviele einzelne Werte $X[f_i]$ müssen ermittelt werden?
- Wie lassen sich die Fehler abschätzen?

Grundlage: Zeit- und Bandbegrenzung

Die DFT-Strategie beantwortet alle oben genannten Fragen - allerdings in sehr eigenwilliger Form, verglichen mit den traditionellen Methoden der numerischen Quadratur[1], wie z.B. Trapez-Regel, Simpson-Regel, Newton-Cotes Formel. Grundlage der DFT-Strategie ist der Beschluß, bei allen zu transformierenden Funktio-

1. siehe z.B. Burden u.a., 1981, ch. 4.3 oder Abramowitz/Stegun, 1965, ch. 25

nen x[t] ohne Ausnahme zu unterstellen, daß sie sowohl von ***begrenzter Zeitdauer*** $\hat{T}$ als auch von ***begrenzter Bandbreite*** $\hat{B}$ sind. Die Fourier-Theorie liefert den Beweis[2] ("Satz von Bernstein"), daß dieser Beschluß unsinnig ist - zumindest dann, wenn man Zeit- und Bandbegrenzung in mathematischer Strenge dahingehend versteht, daß x[t] und X[f] außerhalb dieser Begrenzungen identisch Null sind: Es gibt überhaupt keine Signale (genauer: Fourier-Paare), die in diesem mathematischen Sinn sowohl zeit- als auch bandbegrenzt sind.

In der praktischen Signalanalyse sind die Forderungen weniger streng, aber dafür immer erfüllt:

Zeitbegrenzung:

Physikalische Signale mögen zwar sehr lange dauern - etwa das vielleicht Jahrmillionen dauernde Brandungsgeräusch des Meeres - die daraus mit technischen Geräten gewonnene und gespeicherte *Signalprobe* (Meßsignal) ist aber immer zeitlich begrenzt: Mensch und Maschine werden sich nur für einen kurzen Bruchteil der ihnen zugebilligten Lebensdauer überhaupt mit einem Meßsignal befassen können.

Bandbegrenzung:

Ohne die natürlichen, physikalischen Mechanismen einer letztlich in der Struktur der Materie begründeten, sehr hochfrequenten, grundsätzlichen Bandbegrenzung aller Meßsignale ausleuchten zu müssen, genügt der Hinweis, daß alle elektrischen Signalwandler und Signalübertragungsglieder konstruktionsbedingte, obere Grenzfrequenzen haben, oberhalb derer nur noch *verschwindend geringe* Signalanteile existieren können. Durch frei einstellbare Antialiasfilter kann diese obere Frequenzgrenze nach Bedarf noch sehr stark verringert werden.

Zusammenfassend stellen wir fest: Meßsignale sind im Gegensatz zu mathematischen Hilfsfunktionen immer als zeit- und bandbegrenzt aufzufassen. Die Diskrete Fourier-Transformation befaßt sich ausschließlich mit solchen Meßsignalen und darf sich daher *im Rahmen der Meßgenauigkeit* auf diese Eigenschaft verlassen.

Duale Zwangsperiodisierung

Aufbauend auf der in guter Näherung richtigen Annahme der kombinierten Zeit- und Bandbegrenzung wird als DFT-Modellvorstellung weiterhin angenommen, daß sowohl Zeitfunktion als auch Spektrum sich periodisch fortsetzen (Abb. 8.1):

Bei der Herleitung des Tiefpaß-Abtasttheorems (Kap. 7.1) wurde gezeigt, daß durch richtige Wahl der Stützstellenabstände eine überlappungsfreie Periodisierung sichergestellt wird. Bei der DFT-Herleitung wird diese Argumentation umgekehrt:

2. siehe z.B. Babovsky u.a., 1987, Kap. 5.1.1 oder
Dupraz, 1986, ch. 2.2

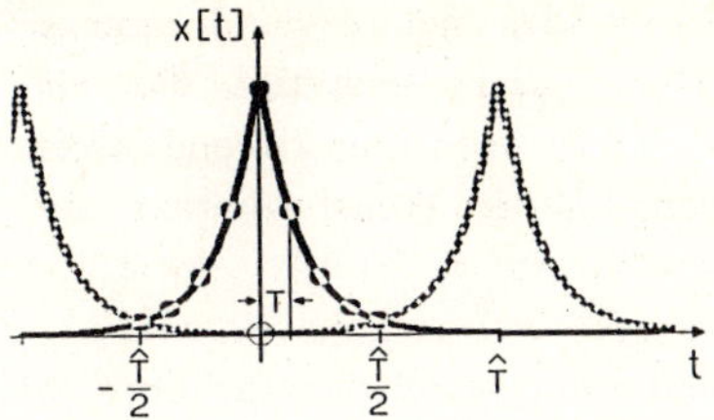

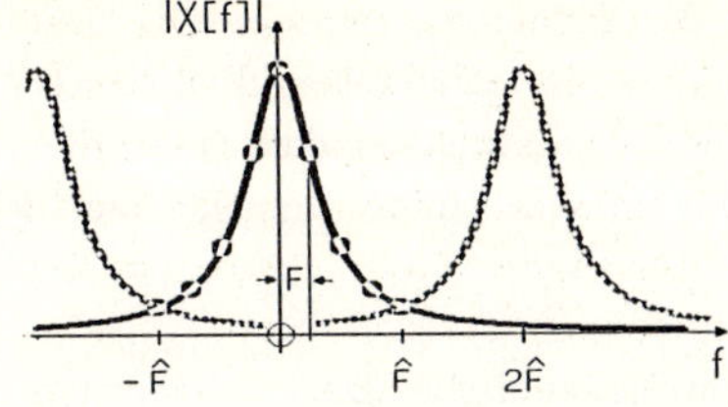

Abb 8.1: Modellvorstellung der periodischen Wiederholung von Zeitfunktion und Spektrum (Duale Periodisierung). $\hat{T}$: Signaldauer; $\hat{F}$: Nyquistfrequenz

Die richtige Periodisierung in Zeit- und Frequenzbereich führt automatisch zur Angabe der gesuchten Stützstellenabstände:

$$x[t] * Ш_{\hat{T}} \;\circ\!\!-\!\!\!-\!\!\circ\; X[f] \frac{1}{\hat{T}} Ш_{1/\hat{T}} \tag{8.2}$$

$$X[f] * Ш_{2\hat{F}} \;\circ\!\!-\!\!\!-\!\!\circ\; x[t] \frac{1}{2\hat{F}} Ш_{1/(2\hat{F})} \tag{8.3}$$

Die rechten Seiten der Gln. 8.2 und 8.3 geben die Antwort:

$$F = 1/\hat{T} \; ; \quad T = 1/(2\hat{F}) \tag{8.4}$$

mit F : Stützstellenabstand (Streifenbreite) im Frequenzbereich;
T : Stützstellenabstand (Streifenbreite) im Zeitbereich.

Die in Gl. 8.1 zunächst nur für die Fourier-Analyse angesetzte numerische Integration wird also über gleichbreite Streifen $t_{n+1} - t_n = T$ durchgeführt. Entsprechendes gilt im Frequenzbereich für die Fourier-Synthese: $f_{m+1} - f_m = F$. Bandbreite und Zeitdauer werden als ganzzahlige Vielfache der Streifenbreiten gewählt. Damit steht auch die in Frequenz- und Zeitbereich gleichgroße Anzahl N der Streifen fest:

$$N = \hat{T}/T = 2\hat{F}\hat{T} \; ; \quad N = 2\hat{F}/F = 2\hat{F}\hat{T} \tag{8.5}$$

DFT als numerische Quadratur

Die näherungsweise Durchführung der mit Gl. 8.1 angegebenen Integration (numerische Quadratur) ergibt:

$$X[mF] \approx T \sum_{n=0}^{N-1} x[nT]\, e^{-j2\pi mn/N} \tag{8.6}$$

$$x[nT] \approx F \sum_{m=0}^{N-1} X[mF]\, e^{j2\pi mn/N} \tag{8.7}$$

Der Vergleich der Näherungsformeln Gl. 8.6 und 8.7 mit den nachstehend angegebenen Definitionen der Diskreten Fourier-Transformation (DFT) bestätigt die einleitend getroffene Feststellung, daß man die DFT (bis auf noch zu klärende Vorfaktoren) als numerische Approximation der klassischen Fourier-Transformation auffassen kann.

Es gibt drei unterschiedliche Definitionen der DFT, die man als die natürliche, die vernünftige und die übliche bezeichnen könnte:

DFT - Natürliche Definition[3]:

$$\left.\begin{aligned} &\text{Analyse:} && \underline{X}[m] = \frac{1}{N} \sum_{n=0}^{N-1} \underline{x}[n]\, W^{mn} \\ &\text{Synthese:} && \underline{x}[n] = \sum_{m=0}^{N-1} \underline{X}[m]\, W^{-mn} \end{aligned}\right\} \quad (8.8)$$

$$\text{mit} \qquad W = e^{-j2\pi/N} \qquad (8.9)$$

Diese Definition kann man insofern als "natürlich" bezeichnen, als sie den numerischen Ansatz (Gl. 8.6 und 8.7) mit geringstem Normierungsaufwand fortsetzt und auf Spektralkoeffizienten $\underline{X}[m]$ führt, die bis auf den unvermeidlichen Näherungsfehler mit den komplexen Fourier-Koeffizienten K_m übereinstimmen.

DFT - Vernünftige Definition[4]

$$\left.\begin{aligned} &\text{Analyse:} && \underline{X}[m] = N^{-\frac{1}{2}} \sum_{n=0}^{N-1} \underline{x}[n]\, W^{mn} \\ &\text{Synthese:} && \underline{x}[n] = N^{-\frac{1}{2}} \sum_{m=0}^{N-1} \underline{X}[m]\, W^{-mn} \end{aligned}\right\} \quad (8.10)$$

Durch diese symmetrische Schreibweise der DFT wird gewährleistet, daß die numerische DFT-Berechnung in ganzzahliger Arithmetik mit der gleichen Stellenzahl für Analyse und Synthese auskommt. Außerdem ergeben sich symmetrische Formulierungen der diskreten Fourier-Regeln. Erstaunlicherweise hat auch diese "vernünftige" Definition nur ganz geringe Verbreitung gefunden.

3. Anwender der "natürlichen" DFT-Definition:
   Bracewell (1), 1986, ch. 18
   Bloomfield, 1976, ch. 3.2
   Bergland, 1969
4. Anwender der "vernünftigen" DFT-Definition:
   Brockwell/Davis, 1987, ch. 10.1

DFT - Übliche Definition[5]

$$\left.\begin{aligned} \text{Analyse:}\quad & \underline{X}[m] = \sum_{n=0}^{N-1} \underline{x}[n]\, W^{mn} \\ \text{Synthese:}\quad & \underline{x}[n] = \frac{1}{N} \sum_{m=0}^{N-1} \underline{X}[m]\, W^{-mn} \end{aligned}\right\} \qquad (8.11)$$

Die in der Fußnote zusammengestellte Liste bedeutender Werke und Autoren der modernen Signaltheorie, die alle Gl. 8.11 anwenden, läßt nur noch die Feststellung zu, daß sich diese Definition heute durchgesetzt hat. Da die Unterschiede der Definitionen relativ harmlos sind, wird die übliche Definition hiermit übernommen und angesichts ihrer weiten Verbreitung auch ausdrücklich empfohlen.

Zum Abschluß der DFT-Herleitung als angenäherte, klassische Fourier-Transformation (numerische Quadratur) formulieren wir noch den Zusammenhang zwischen Gln. 8.6, 8.7 und 8.11. Dazu definieren wir

$$\{\underline{x}[n]\} = \alpha x[nT] \qquad (8.12)$$

und erhalten

$$\{\underline{X}[m]\} \approx \frac{\alpha}{T} X[mF] \qquad (8.13)$$

mit

$\{\underline{x}[n]\}$: DFT-Zeitvektor $\{\underline{x}[0], \underline{x}[1], \ldots, \underline{x}[N-1]\}$
$x[nT]$: analoges Meßsignal zum Zeitpunkt $t = nT$
T : Abtastintervall
α : A/D-Gerätekonstante (typischer Wertebereich $\approx 25 \ldots 65000\,V^{-1}$) (siehe auch Gl. 12.1)
$\{\underline{X}[m]\}$: DFT-Spektralvektor $\{\underline{X}[0], \underline{X}[1], \ldots, \underline{X}[N-1]\}$
$X[mF]$: Analoges Amplitudenspektrum bei der Frequenz $f = mF$

DFT - Symbolik und Nomenklatur

DFT-Arithmetik

Alle im vorliegenden Kap. 8 behandelten Funktionen und Transformationen fügen sich in den durch die Gln. 8.11 ... 8.13 gegebenen Rahmen. Der Umgang mit solchen Funktionen wird hier als "DFT-Arithmetik" bezeichnet.

5. Anwender der "üblichen" DFT-Definition, z.B.:
Gardner, 1988, ch. 6B
Babovsky u.a., 1987, § 7.1
Lüke, 1990, § 3.3.8
Geckinli/Yavuz, 1983, ch. 2.1
Otnes/Enochsen, 1978, ch. 6.1
Oppenheim/Schafer, 1975, § 3.5
Kay, 1988, App. 2A
Stearns, 1987, § 5.2
Unbehauen, 1983, § 6.1
Bingham, 1982, ch. 6.3
Klein, 1976, A.I.6

Zyklische Funktionen
Alle Funktionen, die zur DFT-Arithmetik passen, werden hier kurz und einfach als *zyklisch* bezeichnet. Sie sind

- diskret
- periodisch
- beschränkt und
- dimensionslos

Unter "diskret" wollen wir hier eine geordnete Zahlenfolge verstehen, die auch durch gleichabständige Abtastung und Normierung entstanden sein könnte. Die zyklische Funktion entsteht durch *periodische* Fortsetzung der Grundfolge von N Zahlen.

Alle Funktionswerte sind "beschränkt", d.h es kommen nur endliche Werte (einschließlich Null) vor. Die Funktionswerte sind grundsätzlich *nicht mit physikalischen Dimensionen* behaftet. Eine Brücke zwischen DFT-Arithmetik und Meßtechnik ist durch die Gln. 8.12 und 8.13 gegeben. Alle Funktionen können, müssen aber nicht, komplex sein.

Unterstreichung: Z.B. $\underline{x}[n]$, $\underline{X}[m]$, $\underline{sgn}[k]$.
Durch die Unterstreichung wird ausdrücklich auf den zyklischen Charakter der betreffenden Funktion hingewiesen. Einzige Ausnahme bleibt die Funktion W^k. Hier ist die Unterscheidung insofern schwierig, als W zunächst nur eine (durch Gl. 8.9 definierte) besondere, komplexe Zahl ist - also keine Funktion. Erst W^k ist eine Funktion (z.B. auch W^{mn}, W^m, W^n), und zwar immer eine zyklische Funktion, solange der Exponent von W ganzzahlig und reell ist.

Klammerung: Z.B. $\{\underline{x}\}$; $\{1, 1, \ldots, 1\}$.
Durch diese Art der Klammerung wird die mit Index oder Argument 0, 1, 2, ..., N - 1 numerierte, geordnete *Grundmenge von N Elementen* aus einer zyklischen Funktion herausgegriffen. Für diese Zahlensätze von je N Elementen, die ja letztlich eine Zeit- oder Frequenzfunktion von endlicher Ausdehnung repräsentieren, sind verschiedene Bezeichnungen üblich - etwa "Block" (Zeitblock, Spektralblock), oder "Vektor" (Zeitvektor, Spektralvektor). Die Bezeichnung "Vektor" entstand im Zusammenhang mit der Matritzenschreibweise der Signaltheorie[6], bei der die diskreten Funktionen je nach Bedarf als "Spaltenvektor" oder "Zeilenvektor" benutzt werden - allerdings mit stark eingeschränkter Anwendbarkeit der eigentlichen Vektoralgebra.

8.1.2 Grundregeln der DFT

Umkehrbarkeit:
$\underline{x}$ und $\underline{X}$ sind gegenseitige DFT-Transformierte: Zum Beweis setzen wir die Analyseformel aus Gl. 8.11 in die Syntheseformel aus Gl. 8.11 ein und finden

$$\underline{x}[n] = \frac{1}{N} \sum_{m=0}^{N-1} \sum_{n=0}^{N-1} \underline{x}[n'] W^{mn'} W^{-mn} \tag{8.14}$$

6. Siehe z.B. Hartmann, 1976

Nach Vertauschung der Summationsreihenfolge stellen wir fest (siehe Abb. 8.2), daß

$$\sum_{n=0}^{N-1} W^{m(n'-n)} = \begin{cases} \text{falls } n' \neq n : 0 \\ \text{falls } n' = n : N \end{cases} \tag{8.15}$$

(zyklische Orthogonalitätsbeziehung) womit der Beweis ($\underline{x} = \underline{x}$) schon erbracht ist.

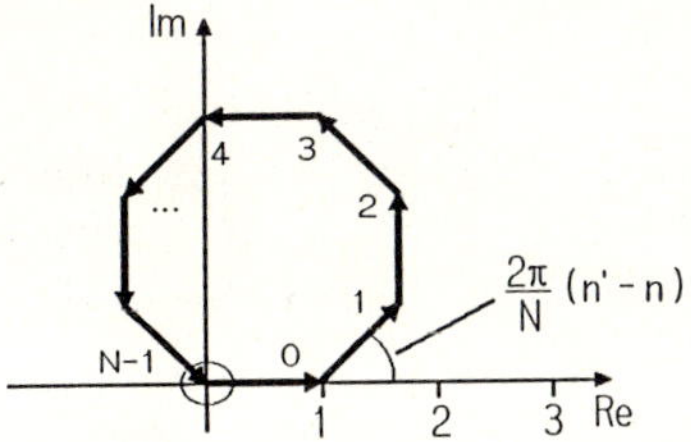

Abb. 8.2: Veranschaulichung der Summe (Gl. 8.15) von N Zeigern W in der Ebene der komplexen Zahlen. Nur wenn n' = n, d.h. wenn der Winkelzuwachs gleich Null ist, bleiben die Zeiger der Länge 1 auf der reellen Zahlengeraden und ergeben den Betrag N.

Periodizität:
Die diskreten Zeit- und Frequenzfunktionen $\underline{x}$, $\underline{X}$ sind N-periodisch, d.h. alle DFT-Vektoren $\{\underline{x}\}, \{\underline{X}\}$ werden periodisch wiederholt. Zum Beweis substituieren wir $m = m + kN$ (k ganzzahlig) in der Analyseformel aus Gl. 8.11 und finden

$$\underline{X}[m + kN] = \sum_{n=0}^{N-1} \underline{x}[n]\, W^{(m+kN)n} = \sum_{n=0}^{N-1} \underline{x}[n]\, W^{mn}\, W^{knN} \tag{8.16}$$

Da aber $W^{knN} = e^{-j2\pi kn} = 1$ ist, folgt

$$\underline{X}[m + kN] = \underline{X}[m] \tag{8.17}$$

Entsprechend gilt auch für den Zeitbereich:

$$\underline{x}[n + kN] = \underline{x}[n] \tag{8.18}$$

Abb. 8.3 zeigt ein Beispiel. Die hier gezeigte, kombinierte Periodizität in Zeit- und Frequenzbereich ist immer vorhanden - unabhängig vom speziellen Fourier-Paar - wird aber nur dann sichtbar, wenn man ausnahmsweise mehr als N Punkte darstellt.

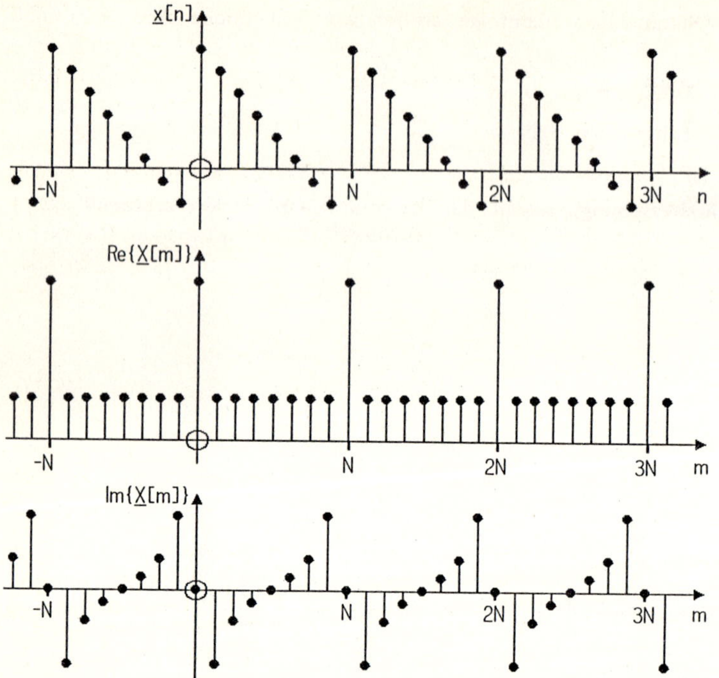

Abb. 8.3: Das bei allen DFT-Paaren vorhandene N-periodische Verhalten wird erst durch Erweiterung des üblichen Zeit- und Frequenzausschnittes sichtbar.

Als unmittelbare Konsequenz der Periodizität der zyklischen Funktionen (Gl. 8.17 und 8.18) ergibt sich die *Verschiebungsinvarianz der DFT-Summen*:

$$\sum_{n'=k}^{N-1+k} \underline{x}[n'] = \sum_{n=0}^{N-1} \underline{x}[n] \tag{8.19}$$

$$\sum_{m'=k}^{N-1+k} \underline{X}[m'] = \sum_{m=0}^{N-1} \underline{X}[m] \tag{8.20}$$

(Dabei ist k eine beliebige ganze Zahl)

Symmetrie:
Durch die Kombination von Symmetrie und Periodizität entstehen die folgenden Definitionen: (Abb. 8.4)

Gerade, reelle Funktion:

$$\underline{x}[n] = \underline{x}[-n] \quad \text{oder:} \quad \underline{x}[n] = \underline{x}[N-n] \tag{8.21}$$

Ungerade, reelle Funktion:

$$\underline{x}[n] = -\underline{x}[-n] \quad \text{oder:} \quad \underline{x}[n] = -\underline{x}[N-n] \tag{8.22}$$

In diesen Gleichungen ist jeweils die linke und rechte Alternative identisch. Durch Addition anderer, ganzzahliger Vielfacher von N im Argument sind noch beliebig viele, weitere Alternativen konstruierbar. Der Mittelwert kontinuierlicher, ungerader Funktionen ist Null. In sinngemäßer Abwandlung gilt dies auch für die zyklische, ungerade Funktion $\underline{u}[n]$

$$\sum_{n=0}^{N-1} \underline{u}[n] = 0 \tag{8.23}$$

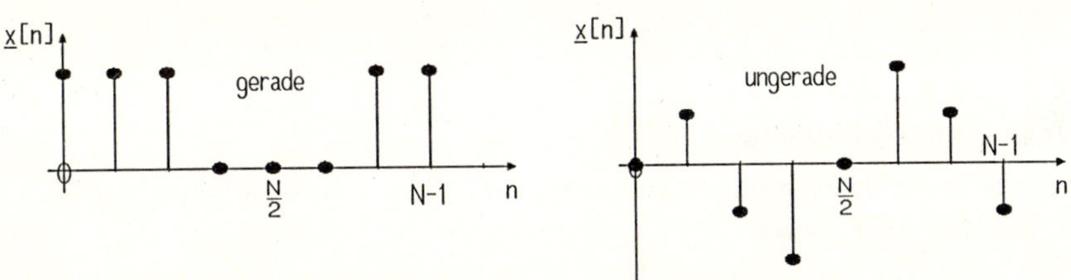

Abb. 8.4: Ungerade und gerade Funktion im Grundbereich n = 0 ... N - 1.

Die aus der kontinuierlichen Fourier-Transformation bekannten Symmetrierelationen (siehe Abb. 3.14) bleiben auch bei zyklischen Funktionen voll erhalten (Tab. 8.1).

zyklische Zeitfunktion $\underline{x}[n]$	O═══o	zyklisches Amplitudenspektrum $\underline{X}[m]$
reell und gerade	O═══o	reell und gerade
imaginär und gerade	O═══o	imaginär und gerade
reell und ungerade	O═══o	imaginär und ungerade
imaginär und ungerade	O═══o	reell und ungerade

Tab. 8.1: DFT-Symmetriebeziehungen. Das Symbol "O═══o" ist die diskrete Entsprechung zu dem üblichen Symbol O—o der kontinuierlichen Fourier-Beziehung.

Beweisgrundlage für diese Symmetriebeziehungen ist Gl. 8.23: Als Beispiel sei die Symmetrie der reellen, geraden Zeitfunktion (erste Zeile in Tab 8.1) bewiesen.

Wir setzen die reelle, gerade Funktion $\underline{x}'$ in Gl. 8.11 ein und erhalten

$$\underline{X}'[m] = \underline{X}'_R + j\,\underline{X}'_I = \sum_{n=0}^{N-1} \underline{x}'[n]\,(cos[2\pi mn/N] - j\,sin[2\pi mn/N])$$

Realteil:

$$\underline{X}'_R[m] = \sum_{n=0}^{N-1} \underline{x}'[n]\,cos[2\pi mn/N] \qquad \text{ist gerade bezüglich m}$$

Imaginärteil:

$$\underline{X}'_I[m] = -\sum_{n=0}^{N-1} \underline{x}'[n]\,sin[2\pi mn/N] \qquad \text{ist Null wegen Gl. 8.23}$$

Also ist das DFT-Spektrum von $\underline{x}'$ reell und gerade.

Zeit- und Frequenzverschiebung

In Analogie zu den Verschiebungssätzen (Gl. 3.61, 3.65) der kontinuierlichen Fourier-Transformation gilt für DFT-Paare

$$\underline{x}[n - n'] \quad \circ\!\!-\!\!\circ \quad \underline{X}[m]\,W^{mn'} \tag{8.24}$$

$$\underline{X}[m - m'] \quad \circ\!\!-\!\!\circ \quad \underline{x}[n]\,W^{-m'n} \tag{8.25}$$

Als Beispiel soll Gl. 8.24 bewiesen werden:

$$\begin{aligned} DFT\{\underline{x}[n-n']\} &= \sum_{n=0}^{N-1} \underline{x}[n-n']\,W^{mn} \\ &= \sum_{n''=-n'}^{N-1-n'} \underline{x}[n'']\,W^{m(n''+n')} \qquad \text{(Substitution } n'' = n - n'\text{)} \\ &= W^{mn'}\,\underline{X}[m] \quad \text{(wegen Gl. 8.19)} \qquad \text{(Vorziehen } W^{mn'}\text{)} \end{aligned}$$

q.e.d.

Diese und alle weiteren DFT-Regeln und Beweise sind nur sinnvoll bei strikter Beachtung der Periodizität. Kontinuierliche Meßsignale oder Spektren, die über Gln. 8.12, 8.13 in den DFT-Bereich abgebildet werden, müssen zusätzlich zu der dort angegebenen Normierung zwangsperiodisiert werden.

Laufzeitkompensation

In völliger Analogie zum klassischen Amplitudenspektrum kann man auch beim DFT-Spektrum einen Phasengang $\underline{\phi}[m]$ definieren:

$$\left.\begin{aligned} \underline{X}[m] &= \underline{X}_R + j\underline{X}_I = \left|\underline{X}[m]\right| e^{j\underline{\phi}[m]} \\ \underline{\phi}[m] &= \angle\underline{X} = atn\left[\frac{\underline{X}_I[m]}{\underline{X}_R[m]}\right] \end{aligned}\right\} \quad (8.26)$$

Falls in Gl. 8.26 statt $\underline{X}$ eine Übertragungsfunktion $\underline{H}$ eingesetzt wird, heißt $\underline{\phi}[m]$ "Übertragungsphase" (siehe Gl. 4.9)

Allerdings hat Gl. 8.26 zunächst nur akademischen Wert: In der praktischen Anwendung muß unbedingt die durch die *atn*–Funktion eingeführte Vieldeutigkeit wieder rückgängig gemacht werden ("Phasenrestaurierung"). Das kann nach dem einfachen, in Abb. 5.8 gezeigten Algorithmus geschehen, oder auch mit aufwendigeren Interpolationsverfahren[7]. Voraussetzung ist allemal, daß der Anstieg des Phasengangs $\underline{\phi}[m]$ nicht zu groß ist. Im Zusammenhang mit Abb. 5.8 wurde als Grenze ein Zuwachs von π zwischen zwei benachbarten Punkten des DFT-Spektrums genannt.

Wie die folgenden zwei Beispiele zeigen, wird dieser kritische Wert der Phasensteilheit schon mit ganz "alltäglichen" Impulsformen und bei vernünftiger Wahl der Zeitdauer $\hat{T}$ relativ zur Impulsdauer τ *erreicht oder überschritten*:

Zunächst eine Präzisierung des Begriffs "Phasensteilheit": Gemeint ist die nach Gl. 4.69 definierte Phasenlaufzeit T_p

$$T_p[f] = -\phi_u[f]/(2\pi f) \tag{8.27}$$

wobei

ϕ_u : ungerader Anteil des Phasenganges $\phi[f]$

In diskreter Analogie folgt über Gl. 8.4 $(f = m/\hat{T})$

$$\underline{T_p}[m] = \hat{T}\,\underline{\phi_u}[m]/(2\pi m) \tag{8.28}$$

Für die oben genannte Grenze der Phasensteilheit ergibt sich sowohl aus Gl. 8.27 wie aus Gl. 8.28 der Wert

$$T_{p,max} = \hat{T}/2 \tag{8.29}$$

7. Siehe z.B. Tribolet, 1977

Hier nun die zwei Beispiele (Abb. 8.5)

1) $\mathrm{rect}\left[\frac{t-\tau}{\hat{T}}\right]$ o——o $\hat{T}\,sinc\left[\hat{T}f\right] e^{-j2\pi f\tau}$

$$\phi_u = \phi = -2\pi f\tau \quad ; \quad T_P = \tau \tag{8.30}$$

2) $\varepsilon[t]\, e^{-t/\tau}$ o——o $\frac{\tau}{1+j2\pi f\tau}$ (siehe Gl. 3.43)

$$\phi_u = \phi = atn[-2\pi f\tau] \approx -2\pi f\tau \quad ; \; (\text{für } f \ll 1/\tau)$$

$$T_P \approx \tau \quad ; \; (\text{für } f \ll 1/\tau) \tag{8.31}$$

Wegen der übereinstimmenden Aussage der Gln. 8.27 ...8.29 wurde hier die unkomplizierte, klassische Fourier-Notierung benutzt.

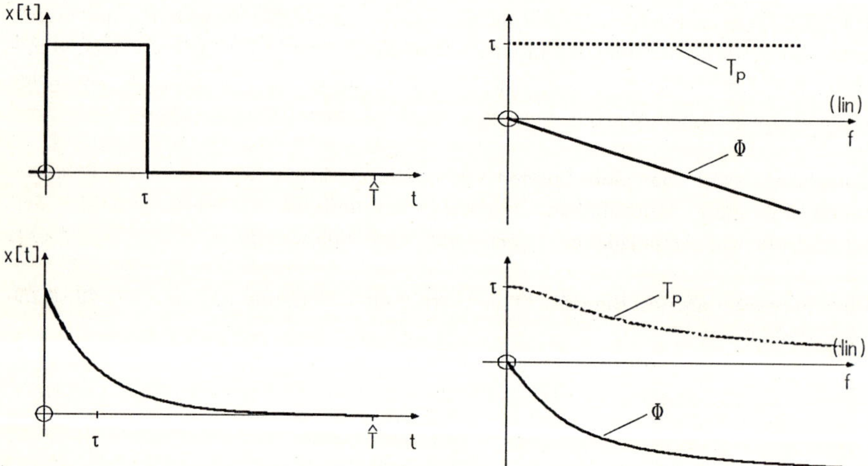

Abb. 8.5: Phasenlaufzeiten einfacher Impulsformen.

Das Ergebnis: Wenn die Impulsbreite τ etwa die halbe Aufnahmedauer $\hat{T}$ erreicht, wird schon die mit Gl. 8.29 angegebene, kritische Phasenlaufzeit erreicht - also die Grenze, außerhalb derer sich der Phasengang gar *nicht mehr rekonstruieren läßt.*

Durch *Laufzeitkompensation* läßt sich die Situation verbessern. Wir machen einen Drei-Komponentenansatz für den diskreten Phasengang:

$$\underline{\phi}[m] = \underline{\phi_g} + \underline{\phi_u^-}[m] - 2\pi m T_0/\hat{T} \tag{8.32}$$

mit $\underline{\phi}[m]$: Diskreter Phasengang gemäß Definition in Gl. 8.26

$\underline{\phi_g}$: Gerader Anteil dieses Phasengangs; mögliche Verläufe: $\underline{\phi_g} = 0$ oder $\underline{\phi_g} = \pi$ (siehe Gl. 4.66)

$\underline{\phi_{\bar{u}}}[m]$: Restphasengang

T_0 : Kompensationszeit

$2\pi m T_0 / \hat{T}$: Lineare Phasenkompensation für den ungeraden Anteil ($\underline{\phi_u}[m] = \underline{\phi_{\bar{u}}}[m] - 2\pi m T_0 / \hat{T}$)

Für $|T_0| < \hat{T}/4$ kann die Kompensationszeit T_0 automatisch bestimmt werden, etwa aus den ersten beiden Spektralpunkten

$$T_0 = \hat{T}(\underline{\phi[0]} - \underline{\phi[1]})/(2\pi) \tag{8.33}$$

Sicherer ist aber ein Dialogablauf, bei dem T_0 im Bereich $0 \ldots \hat{T}$ mit Sichtkontrolle des Restphasenganges $\underline{\phi_{\bar{u}}}[m]$ eingestellt wird. Die Kompensation mit T_0 muß dann als spektraler Parameter gespeichert und bei späterer Weiterverarbeitung berücksichtigt werden. Nur der Restphasengang $\underline{\phi_{\bar{u}}}[m]$ wird der schon erwähnten Phasenrestaurierung unterzogen.

Konjugierung

In Analogie zu Gl. 3.76 gilt für DFT-Paare

$$\underline{x}^*[n] \quad \circ\!\!-\!\!\!-\!\!\bullet \quad \underline{X}^*[-m] \tag{8.34}$$

$$\underline{X}^*[m] \quad \bullet\!\!-\!\!\!-\!\!\circ \quad \underline{x}^*[-n] \tag{8.35}$$

Beweis: Z.B. ergibt die Umformung der DFT-Analyse von $\underline{x}^*$

$$\sum_{n=0}^{N-1} \underline{x}^*[n]\, W^{mn} = \left\{ \sum_{n=0}^{N-1} \underline{x}[n]\, W^{-mn} \right\}^* = \underline{X}^*[-m]$$

Wegen der immer vorhandenen Periodizität gilt natürlich auch

$$\left.\begin{aligned} \underline{x}^*[-n] &= \underline{x}^*[N-n] \\ \underline{X}^*[-m] &= \underline{X}^*[N-m] \end{aligned}\right\} \tag{8.36}$$

8.1.3 DFT-Paare

Alle DFT-Hilfsfunktionen werden so definiert, daß die Bedeutung (Zeit oder Frequenz) der unabhängigen Variablen frei bleibt. Wie die folgenden Beispiele zeigen, verursacht die 1/N- Unsymmetrie der DFT dann allerdings eine Zeit-/Frequenz-Unsymmetrie der DFT-Paare.

Zyklischer Delta-Impuls und Konstante

Wir definieren

$$\{\delta[k]\} = \{1, 0, 0, \ldots, 0\} \tag{8.37}$$

und erhalten durch Einsetzen in Gl. 8.11 sofort

$$\underline{\delta}[n] \quad \circ\!\!-\!\!\bullet \quad \underline{\mathrm{rec}}_N[m] \tag{8.38}$$

$$\underline{\delta}[m] \quad \bullet\!\!-\!\!\circ \quad \frac{1}{N}\,\underline{\mathrm{rec}}_N[n] \tag{8.39}$$

mit

$$\{\underline{\mathrm{rec}}_N[k]\} = \{1, 1, \ldots, 1\} \qquad \text{(siehe Gl. 8.42)}$$

Ähnlich wie im kontinuierlichen Fall (Gl. 3.29), gilt auch hier, daß Delta-Impuls und Konstante ein Fourier-Paar bilden.

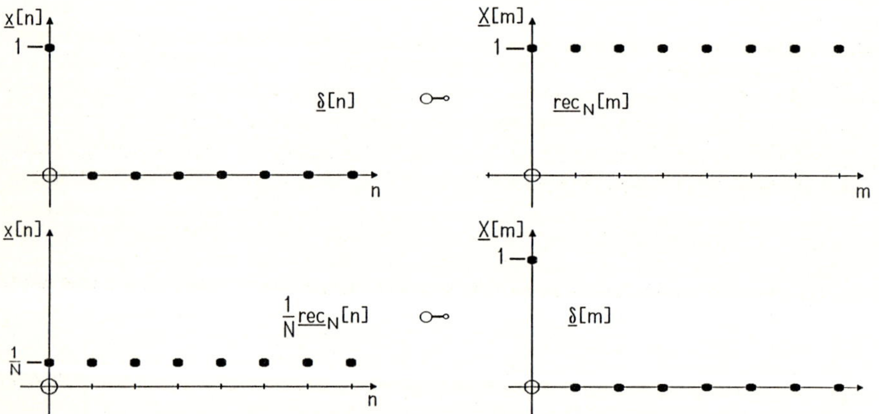

Abb. 8.6: Delta-Impuls und Konstante als DFT-Paar. Links: Zeitbereich; Rechts: Frequenzbereich.

Zyklische Rechteck- und Sinc-Funktion

Wir definieren die zyklische *Rechteckfunktion*

$$\underline{\mathrm{rec}}_P[k-k_0] = \begin{cases} 1 \; ; & |k-k_0| \bmod N < P/2 \\ 0 \; ; & \text{sonst} \end{cases} \tag{8.40}$$

mit

P : *Anzahl* der Einsen im Grundbereich ($1 \le P \le N$; $N = 2; 3; 4; \ldots$)

k_0 : Koordinate des *Zentrums* der Eins-Folge. Erlaubte K_0-Werte:

$|k_0| = 1, 2, 3, \ldots$, wenn P ungeradzahlig

$|k_0| = \frac{1}{2}, \frac{3}{2}, \frac{5}{2}, \ldots$, wenn P geradzahlig

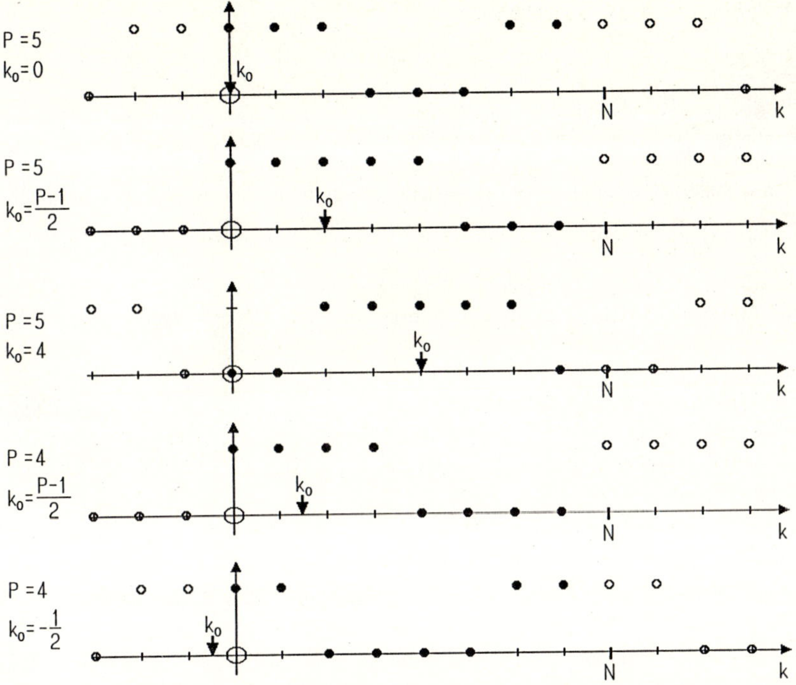

Abb. 8.7: Die zyklische Rechteckfunktion $\underline{\text{rec}}_P[k - k_0]$. Im Grundbereich 0 ... N - 1 sind die Funktionswerte als fette Punkte markiert; außerhalb als Kreise.

Als extreme Formen der zyklischen Rechteckfunktion erhalten wir (siehe Gl. 8.37 und Abb. 8.6)

$$\text{rec}_1[k-0] = \text{rec}_1[k] = \underline{\delta}[k] \tag{8.41}$$

und

$$\{\text{rec}_N[k-k_0]\} = \{\text{rec}_N[k]\} = \{1,1, \ldots ,1\} \tag{8.42}$$

Wir definieren die zyklische sinc-Funktion (Abb. 8.8)

$$\underline{\text{sic}}_P[k] = \frac{\sin[P\pi k/N]}{P \sin[\pi k/N]} \qquad (N = 2; 3; 4; \ldots) \ (1 \le P \le N) \tag{8.43}$$

Sie ist bis auf Skalenfaktoren identisch mit der in Gl. 3.192 und Abb. 3.26 beschriebenen Interferenzfunktion.

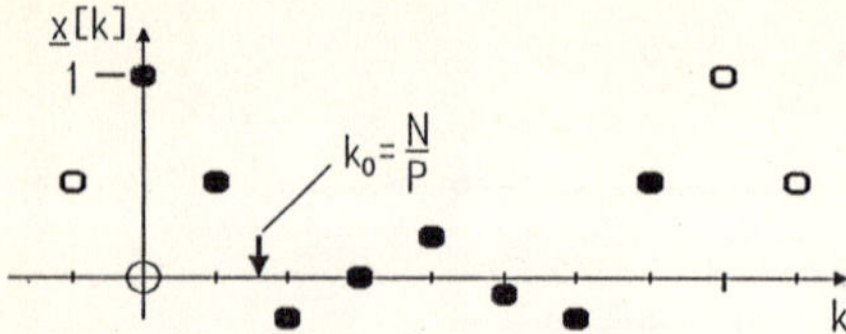

Abb. 8.8: Zyklische sinc-Funktion $\underline{\text{sic}}_P[k]$; Hier im Beispiel: N = 8; P = 5. Die erste Nullstelle liegt immer bei $k_0 = N/P$.

In leicht verzerrter Analogie zu Gln. 3.22 und 3.23 ergeben sich die zyklischen rect/sinc Fourier-Paare:

$$\underline{\text{rec}}_P[n-n_0] \quad \circ\!\!-\!\!\!-\!\!\bullet \quad P\,\underline{\text{sic}}_P[m]\,W^{mn_0} \tag{8.44}$$

und

$$\underline{\text{rec}}_P[m-m_0] \quad \bullet\!\!-\!\!\!-\!\!\circ \quad \frac{P}{N}\,\underline{\text{sic}}_P[n]\,W^{-m_0 n} \tag{8.45}$$

Bei der praktischen Anwendung der zyklischen sinc-Funktion (Gl. 8.43) ist Vorsicht geboten:
Nur wenn der *Parameter P ungeradzahlig* ist, wird $\underline{\text{sic}}_P$ N-periodisch sein und problemlos zur gewohnten DFT-Arithmetik passen. Bei geradzahligem P hingegen ist $\underline{\text{sic}}_P$ 2N-periodisch! Erst die Kombination von $\underline{\text{sic}}_P$ mit W^{mn} (Gl. 8.44 und 8.45) führt bei Beachtung der in Gl. 8.40 angegebenen Abhängigkeit von P und n_0 bzw. m_0 zu garantierter N-Periodizität.

Zyklische Signum- und 1/x-Funktion

Bei der Definition der zyklischen Signumfunktion muß eine Fallunterscheidung bezüglich der Blockgröße N getroffen werden:

$$\underline{\text{sgn}}[k] = \begin{cases} N = 2;4;6;\ldots : & \underline{\text{rec}}_{(\frac{N}{2}-1)}\left[k-\frac{N}{4}\right] - \underline{\text{rec}}_{(\frac{N}{2}-1)}\left[k-\frac{3N}{4}\right] \\ & \\ N = 3;5;7;\ldots : & \underline{\text{rec}}_{(\frac{N-1}{2})}\left[k-\frac{N+1}{4}\right] - \underline{\text{rec}}_{(\frac{N-1}{2})}\left[k-\frac{3N-1}{4}\right] \end{cases} \tag{8.46}$$

Entsprechend muß auch bei der zyklischen 1/x-Funktion unterschieden werden. Wir definieren

$$\underline{\text{inv}}[k] = \begin{cases} N = 2;4;6;\ldots : & \begin{cases} 2\,ctg[\pi k/N], & k = 1;3;5;\ldots \\ 0 & , k = 0;2;4;\ldots \end{cases} \\ & \\ N = 3;5;7;\ldots : & -2(-1)^k\,sin^2\left[\frac{N-1}{2N}\pi k\right] / \,sin\left[\frac{k\pi}{N}\right] \end{cases} \tag{8.48}$$

und erhalten die DFT-Paare (siehe Abb. 8.10):

$$\left.\begin{aligned} \underline{sgn}[n] \quad &\circ\!\!-\!\!\!-\!\!\circ \quad -j\,\underline{inv}[m] \\ \underline{sgn}[m] \quad &\circ\!\!-\!\!\!-\!\!\circ \quad \frac{j}{N}\,\underline{inv}[n] \end{aligned}\right\} \tag{8.49}$$

Zyklische Sprungfunktion

In Analogie zu Gl. 3.16 definieren wir die zyklische Sprungfunktion (Abb. 8.9) als

$$\underline{\varepsilon}[k] = \tfrac{1}{2}\,(1 + \underline{sgn}[k]) = \tfrac{1}{2}\,\underline{rec}_N[k] + \tfrac{1}{2}\,\underline{sgn}[k] \tag{8.50}$$

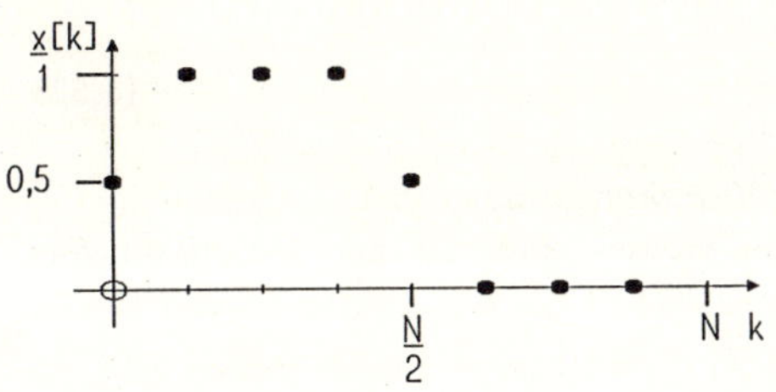

Abb. 8.9: Zyklische Sprungfunktion.

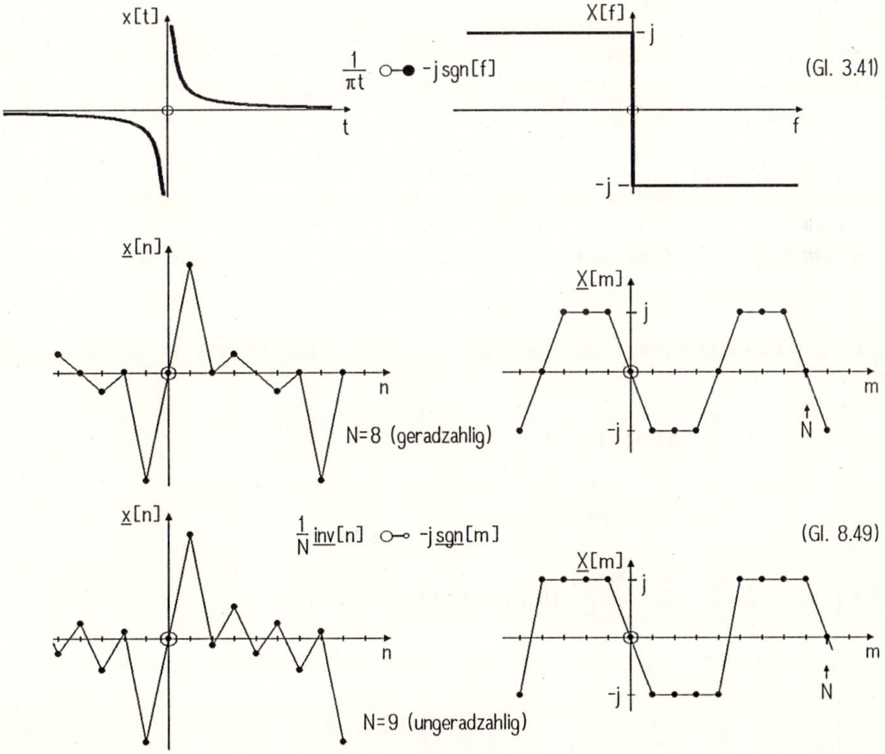

Abb. 8.10: 1/x - und Signumfunktion als Fourier-Paare. Oben: kontinuierliche Fourier-Transformation. Mitte und unten: Diskrete Fourier-Transformation.

8.2 DFT-Faltungssatz mit Anwendungen

Der klassische Faltungssatz (Gl. 3.53/54) findet sich in vollständiger formaler Entsprechung auch in der DFT-Arithmetik wieder. Die duale Periodizität aller DFT-Paare birgt jedoch erhebliche Fehlermöglichkeiten bei der Interpretation der DFT-Faltung als numerische Näherung der klassischen Faltung.

8.2.1 Definition von Faltungssatz und Faltung

Die DFT-Faltung (zyklische Faltung) wird so definiert, daß die klassische, symbolische Schreibweise der Faltungssätze ohne jede Änderung übernommen werden kann:

$$\underline{X}[m]\,\underline{Y}[m] \quad \circ\!\!-\!\!\!-\!\!\circ \quad \underline{x}[n] \;\underline{*}\; \underline{y}[n] \tag{8.51}$$

$$\underline{X}[m] \;\underline{*}\; \underline{Y}[m] \quad \circ\!\!-\!\!\!-\!\!\circ \quad \underline{x}[n]\,\underline{y}[n] \tag{8.52}$$

Durch die *hiermit festgelegte Definition des DFT-Faltungssatzes* und die schon in Gl. 8.11 festgelegten DFT-Definition bleibt keinerlei weitere Freiheit zur *Definition der zyklischen Faltung*: Wir können nur noch Gln. 8.52/53 in Gl. 8.11 einsetzen und finden

$$\underline{x}[n] \;\underline{*}\; \underline{y}[n] = \sum_{n'=0}^{N-1} \underline{x}[n']\,\underline{y}[n-n'] \tag{8.53}$$

$$\underline{X}[m] \;\underline{*}\; \underline{Y}[m] = \frac{1}{N} \sum_{m'=0}^{N-1} \underline{X}[m']\,\underline{Y}[m-m'] \tag{8.54}$$

In der klassischen Fourier-Arithmetik gibt es nur eine Faltungsdefinition (Gl. 2.3), die sowohl für Zeit- und Frequenzbereich gilt. Hingegen muß in der DFT-Arithmetik zwischen Zeitfaltung (Gl. 8.53) und Frequenzfaltung (Gl. 8.54) unterschieden werden. Die Ursache für diesen Unterschied liegt letztlich bei der Unsymmetrie der üblichen DFT-Definition (Gl. 8.11).

Als Beispiel zur Beweisführung setzen wir das Produkt $\underline{X}\,\underline{Y}$ aus Gl. 8.51 in die Syntheseformel aus Gl. 8.11 ein

$$\underline{x}[n] \;\underline{*}\; \underline{y}[n] = \frac{1}{N} \sum_{m=0}^{N-1} \underline{X}[m]\,\underline{Y}[m]\,W^{-mn}$$

und ersetzen $\underline{X}$ und $\underline{Y}$ durch ihre DFT-Analysen

$$\underline{x}[n] \;\underline{*}\; \underline{y}[n] = \frac{1}{N} \sum_{m=0}^{N-1} \sum_{n'=0}^{N-1} \sum_{n''=0}^{N-1} \underline{x}[n']\,\underline{y}[n'']\,W^{m(-n+n'+n'')}$$

Wegen der zyklischen Orthogonalitätsbeziehung 8.15 folgt

$$\underline{x}[n] \;\underline{*}\; \underline{y}[n] = \frac{1}{N} \sum_{m=0}^{N-1} W^{m(-n+n'+n'')} = \begin{cases} 1, & \text{falls } n = n' + n'' \\ 0, & \text{sonst} \end{cases}$$

und damit

$$\underline{x}[n] \underline{*} \underline{y}[n] = \sum_{n'=0}^{N-1} \underline{x}[n'] \, \underline{y}[n-n'] \qquad \text{(q.e.d.)}$$

DFT-ALIAS

Untrennbarer Bestandteil der DFT-Faltung ist der *DFT-Alias-Effekt* (Kreisfaltungsfehler, engl. *circular convolution error*):
Multiplikation zweier zyklischer Funktionen bedeutet nach Gl. 8.51 und 8.52 zugleich Faltung der zugehörigen Bildfunktionen. *Wenn die ursprünglichen Bildfunktionen eine zu große Ausdehnung hatten*, führt diese Faltung wegen des periodischen Charakters der DFT zur *Überlappung* (Abb. 8.11). Das Ergebnis der Faltung weicht stark ab von dem, was bei klassischer Faltung ohne Wiederholung zu erwarten gewesen wäre.

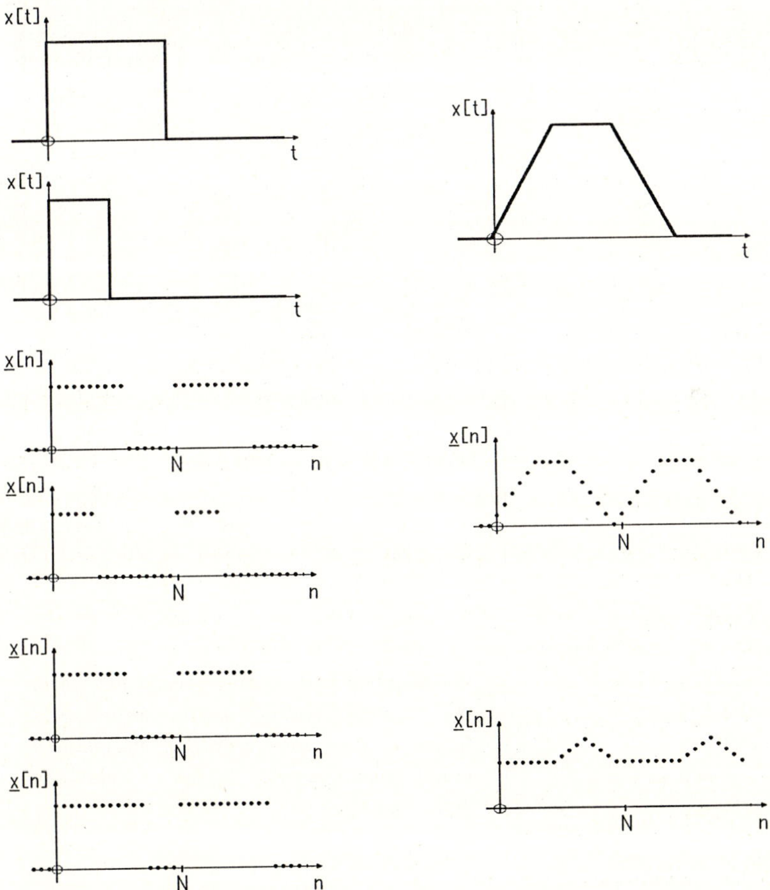

Abb. 8.11: DFT-Alias.
Oben: Die klassische Faltung von Transienten ist prinzipiell Alias-frei.
Mitte: Alias-freie DFT-Faltung: Bedingung: Gl. 8.55 eingehalten.
Unten: DFT-Alias wegen Verletzung der Anti-Alias-Bedingung Gl. 8.55.

Wenn man eine zyklische Faltung als numerische Näherung der klassischen Faltung sieht, dann ist diese Überlappung ein schwerwiegender, systematischer Fehler. Zur Vermeidung des DFT-Alias-Fehlers gibt es zwei Rezepte: Falls die Ausdehnungen der zu faltenden Bildfunktionen bekannt sind, muß die Bedingung

$$P_1 + P_2 - 1 < N \qquad \text{(Gl. 8.55)}$$

mit P_1, P_2: Ausdehnung der korrespondierenden Bildfunktionen

eingehalten werden (siehe Abb. 8.11). Andernfalls hilft nur die Nullpolsterung (engl. *zero padding*): Den miteinander zu multiplizierenden Blöcken muß je ein "Nullpolster" in Form von $1 + N/2$ aufeinanderfolgenden Nullen verordnet werden (siehe auch Abb. 12.2). Gleiche Wirkung hat auch der Übergang auf doppelte Blockgröße unmittelbar vor Durchführung der Multiplikation.

Gemeinsame Definition: Der Alias-Effekt (= Aliasfehler) ist eine durch Multiplikation hervorgerufene, im Bildbereich stattfindende Überlappung (und Überlagerung) korrespondierender, periodisch wiederholter Funktionen.

Hauptsächliche Aliasarten:

ABTAST-ALIAS	DFT-ALIAS
Ursache: Multiplikation einer kontinuierlichen Funktion mit einem Delta-Kamm. (Gl. 7.1)	*Ursache*: Multiplikation zweier DFT-Blöcke (Gl. 8.51, 8.52)
Regel zur Aliasbekämpfung: $f_s > 2f_h$ (Gl. 7.3)	*Regel* zur Aliasbekämpfung: $P_1 + P_2 - 1 < N$ (Gl. 8.55)
Wirkung (falls die Regel verletzt wird): Überlappung der periodisch wiederholten Kopien der Bildfunktion. (Siehe Abb. 7.1, unten)	*Wirkung* (falls Regel verletzt wird): Faltungsbedingte Verbreiterung der periodisch wiederholten, elementaren Bildfunktion über das durch den Periodenabstand gegebene Maß hinaus. (Siehe Abb. 8.11, unten)

Tab. 8.2: Systematik der Aliaseffekte

8.2.2. Zyklische Korrelation

Die theoretischen Grundlagen der determinierten und stochastischen Korrelationsfunktionen sind in den Kap. 3.2.6 und 10.3.2 ausführlich beschrieben. Welcher Zusammenhang besteht zwischen den nachstehend in formaler Analogie entwickelten *zyklischen Korrelationsfunktionen* und den entsprechenden klassischen Konzepten?

Hier die wichtigsten Definitionen und Regeln:

Determinierte Korrelation

In Analogie zu Gl. 3.158 definieren wir die *determinierten, zyklischen Kreuzkorrelationsfunktionen* - zunächst allgemein als

$$\underline{c_{xy}}[k] = \underline{x}^*[-k] \underline{*} \underline{y}[k] \tag{8.56}$$

Aus dieser noch recht abstrakten Formulierung folgt durch Anwendung der Gln. 8.53 und 8.54

$$\underline{c_{xy}}[n] = \sum_{n'=0}^{N-1} \underline{x}^*[n'] \, \underline{y}[n+n'] \tag{8.57}$$

und

$$\underline{c_{XY}}[m] = \frac{1}{N} \sum_{m'=0}^{N-1} \underline{X}^*[m'] \, \underline{Y}[m+m'] \tag{8.58}$$

Dies sind die Definitionen für *determinierte, zeitliche und spektrale Korrelation in der DFT-Arithmetik*. Sowohl die beteiligten Funktionen $\underline{x}$, $\underline{y}$, $\underline{X}$, $\underline{Y}$ als auch die Ergebnisse $\underline{c_{xy}}$, $\underline{c_{XY}}$ sind N-periodisch. Als Sonderfall $(x = y)$ ist in den vorstehenden Formeln natürlich auch die Autokorrelation enthalten.

Die DFT-Faltungssätze (Gl. 8.51 und 8.52) angewandt auf Gln. 8.56 bis 8.58 ergeben

$$\underline{c_{xy}}[n] \quad \circ\!\!-\!\!\!-\!\!\bullet \quad \underline{X}^*[m] \, \underline{Y}[m] \tag{8.59}$$

$$\underline{c_{XY}}[m] \quad \bullet\!\!-\!\!\!-\!\!\circ \quad \underline{x}^*[n] \, \underline{y}[n] \tag{8.60}$$

Das *zyklische Kreuzenergiespektrum* $\underline{X}^* \underline{Y}$ (Gl. 8.59) enhält als Sonderfall $(x = y)$ auch das *zyklische (Auto-) Energiespektrum* $|\underline{X}|^2$.

Der *DFT-Alias-Effekt* tritt bei Korrelation genauso auf wie bei Faltung. Die Regeln (wie z.B. Gl. 8.55) sind die gleichen. Der näherungsweise Zusammenhang zwischen diesen zyklischen und den entsprechenden klassischen Funktionen ergibt sich durch Anwendung der Gln. 8.4 bis 8.7 und 8.12 / 8.13:

$$c_{xy}[nT] = \int_{-\infty}^{\infty} x^*[t'] \, y[t' + nT] \, dt' \approx \frac{T}{\alpha^2} \underline{c_{xy}}[n] \qquad |n| < \frac{N}{2} \tag{8.61}$$

und

$$c_{XY}[mF] = \int_{-\infty}^{\infty} X^*[f'] Y[f' + mF]\, df' \approx \frac{T}{\alpha^2} \underline{c_{XY}}[m] \qquad |m| < \frac{N}{2} \tag{8.62}$$

- vorausgesetzt, daß Vorkehrungen gegen DFT-Alias getroffen worden sind.

Stochastische Korrelation

Die jetzt folgende, allgemeinste Definition einer stochastischen zyklischen Kreuzkorrelationsfunktion klingt wohl sehr einleuchtend, ist aber aus mehreren Gründen unbrauchbar:

$$\underline{\varphi_{xy}}[n, n'] = \widetilde{x_q^*[n'] \, y_q[n' + n]} = \lim_{Q \to \infty} \frac{1}{Q} \sum_{q=0}^{Q-1} x_q^*[n'] \, y_q[n' + n] \tag{8.63}$$

Gl. 8.63 setzt einen unerschöpflichen Vorrat (Umfang Q) an Paaren zyklischer Funktionen $\underline{x}_q$, $\underline{y}_q$ voraus. Weiterhin wird hier auch instationäres Verhalten erlaubt (KKF als Funktion der zeitlichen Verschiebung n und auch der absoluten Zeit n') - zyklische Funktionen sind aber definitionsgemäß stationär. Schließlich sind keinerlei Vorkehrungen gegen DFT-Alias sichtbar: Damit läßt sich keine Verbindung zur klassischen KKF $\varphi_{yx}[t]$ konstruieren.

Angesichts dieser Schwierigkeiten wollen wir mit Gl. 8.64 eine brauchbare Definition vorschlagen:

$$\underline{\hat{\varphi}}_{xy}[n] = \frac{1}{N} \sum_{n'=0}^{N-1-n} \underline{x}^*[n'] \, \underline{y}[n' + n] \tag{8.64}$$

Gl. 8.64 befaßt sich realistischerwqeise nur noch mit der *singulären Schar* - also einem einzigen Funktionenpaar $\underline{x}$, $\underline{y}$. Für Instationarität wird aus dem schon genannten Grund kein Raum gelassen. Als Vorkehrung gegen DFT-Alias wird (in der Obergrenze der Summe) eine gleitende Blockkürzung vorgenommen. Da kein Grenzübergang zu unendlich großen Datenmengen vorgesehen ist, kann die Definition Gl. 8.64 zugleich als Schätzung für die normierte, klassische KKF benutzt werden: Aus Gl. 8.12 und 10.44 folgt:

$$\varphi_{xy}[nT] = \overline{x^*[t'] \, y[t' + nT]}^{(t')} \approx \frac{1}{\alpha^2} \, \underline{\hat{\varphi}}_{xy}[n] \tag{8.65}$$

Obwohl aus Gl. 8.65 eine Bestätigung der praktischen Nützlichkeit der Definition 8.64 folgt, sind für die Praxis noch folgende Bemerkungen zu bedenken:

1. Die Schätzung $\underline{\hat{\varphi}}_{xy}$ ist nicht erwartungstreu, aber stabil. Die erwartungstreue Variante der Schätzungsformel wäre nicht stabil und wird daher nicht empfohlen. Ausführlichere Diskussion folgt im Zusammenhang mit den Gln. 13.9 und 13.10.

2. Der numerische Aufwand zur Ermittlung der Schätzung $\underline{\hat{\varphi}}_{xy}$ kann wesentlich reduziert werden durch Anwendung der in Kap. 13, Gln. 13.12 bis 13.16 angegebenen Technik.

3. Die Funktion $\underline{\hat{\varphi}}_{xy}$ ist zwar zyklisch, hat aber gegenüber $\underline{x}$ und $\underline{y}$ die doppelte Blocklänge.

8.2.3 Zyklische Differentiation, Integration und Hilbert-Transformation

Zyklische Differentiation

Wir knüpfen an die klassische Definition der Ableitung (Gl. 3.82) an und wollen die zyklische Version als sinngemäße Näherung auffassen:

$$\frac{d}{dt}\{x[t]\}\Big|_{t=nT} = \dot{x}[nT] \approx \frac{\Delta x}{\Delta t} \approx \frac{1}{T}(x[(n+1)T] - x[nT]) \tag{8.66}$$

Die folgende *Definition der zyklischen Differentiation* kommt der klassischen Näherung 8.66 recht nahe:

$$\dot{\underline{x}}[n] = \underline{x}[n+1] - \underline{x}[n] \tag{8.67}$$

Der Zusammenhang zwischen Gl. 8.66 und 8.67 lautet

$$\dot{x}[nT] \approx \dot{\underline{x}}[n]/(\alpha T) \qquad \text{für} \quad n = 0,\ 1,\ \ldots,\ N-2 \tag{8.68}$$

Entsprechend gilt im Frequenzbereich die *Definition*

$$\dot{\underline{X}}[m] = \underline{X}[m+1] - \underline{X}[m] \tag{8.69}$$

und der näherungsweise Zusammenhang

$$\frac{d}{df}\{X[f]\}\Big|_{f=mF} = \dot{X}[mF] \approx \frac{NT^2}{\alpha}\dot{\underline{X}}[m] \tag{8.70}$$

In vollständiger Analogie zu Gl. 3.88 können wir die zyklische Differentiation durch Faltung mit $\dot{\underline{\delta}}$ ausdrücken:

$$\dot{\underline{x}}[n] = \underline{x}[n] \underline{*} \dot{\underline{\delta}}[n] \tag{8.71}$$

$$\dot{\underline{X}}[m] = \underline{X}[m] \underline{*} N\dot{\underline{\delta}}[m] \tag{8.72}$$

Beweis:
Aus Gln. 8.67 und 8.69 folgt zunächst die Definition des *abgeleiteten, zyklischen δ-Impulses* (siehe Abb. 8.12):

$$\dot{\underline{\delta}}[k] = \underline{\delta}[k+1] - \underline{\delta}[k] \tag{8.73}$$

Weiterhin ist als Hilfssatz die nachstehend in Analogie zu Gl. 3.9 formulierte *Verschiebungseigenschaft des δ-Impulses* nützlich:

$$\underline{x}[n] \underline{*} \underline{\delta}[n-n_0] = \underline{x}[n-n_0] \tag{8.74}$$

$$\underline{X}[m] \underline{*} \underline{\delta}[m-m_0] = \frac{1}{N}\underline{X}[m-m_0] \tag{8.75}$$

Die Zusammenfassung von Gl. 8.74, 8.73, 8.71 und 8.53 ergibt sofort

$$\dot{\underline{x}}[n] = \underline{x}[n+1] - \underline{x}[n] \qquad \text{(q.e.d.)}$$

Entsprechend folgt auch

$$\dot{\underline{X}}[m] = \underline{X}[m+1] - \underline{X}[m] \qquad \text{(q.e.d.)}$$

Zum Abschluß des Themas Differentiation sei noch auf die äquivalente Operation im Bildbereich hingewiesen: In Analogie zu den Gln. 3.84 und 3.85 gilt

$$\dot{\underline{x}}[n] \circ\!\!-\!\!\bullet\; \underline{X}[m](W^{-m}-1) \tag{8.76}$$

$$\dot{\underline{X}}[m] \bullet\!\!-\!\!\circ\; \underline{x}[n](W^{n}-1) \tag{8.77}$$

Beweis:
Die Faltungssätze 8.51/8.52 angewandt auf Gl. 8.71/8.72 liefern unter Beachtung der Verschiebungssätze 8.24/8.25, der δ-Fourier-Paare 8.38/8.39 und der $\dot{\delta}$-Definition 8.73:

$$\dot{\underline{x}}[n] = \underline{x}[n] \underline{*} \dot{\underline{\delta}}[n] \quad \circ\!\!-\!\!\bullet \quad \underline{X}[m](W^{-m}-1)$$

$$\dot{\underline{X}}[m] = \underline{X}[m] \underline{*} N\dot{\underline{\delta}}[m] \quad \bullet\!\!-\!\!\circ \quad \underline{x}[n](W^{n}-1) \qquad \text{q.e.d.}$$

Für *kleine m,n* ergeben sich näherungsweise die aus der klassischen Theorie (Gl. 3.88/3.89) zu erwartenden, normierten Funktionen des Typs $j2\pi f$; $-j2\pi t$. Aus Gl.8.76 und 8.9 folgt mit $f = mF = m/(NT)$ für $m \ll N/(2\pi)$ (siehe Abb. 8.12)

$$W^{-m} - 1 = e^{j\frac{2\pi}{N}m} - 1 \approx j\frac{2\pi}{N}m = j2\pi fT \tag{8.78}$$

und mit $t = nT$ für $n \ll N/(2\pi)$

$$W^{n} - 1 = e^{-j\frac{2\pi}{N}n} - 1 \approx -j\frac{2\pi}{N}n = -j2\pi t/(NT) \tag{8.79}$$

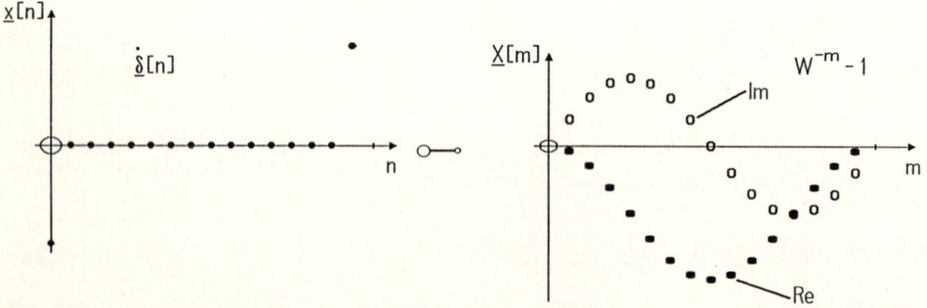

Abb. 8.12: Die zyklische Version des abgeleiteten δ–Impulses mit zugehörigem DFT-Spektrum.

Zyklische Integration

Die klassische, laufende Integration wurde mit Gl. 3.115 und 3.116 definiert als

$$\underset{\cdot}{x}[t] = \int_{-\infty}^{t} x[t']\,dt' = x[t] * \varepsilon[t]$$

Die formale Entsprechung in der DFT-Arithmetik lautet

$$\underline{\underset{\cdot}{x}}[n] = \underline{x}[n] \,\underline{*}\, \underline{\varepsilon}[n] \tag{8.80}$$

bzw. $$\underline{\underset{\cdot}{X}}[m] = \underline{X}[m] \,\underline{*}\, \underline{\varepsilon}[m] \tag{8.81}$$

wobei die zyklische Sprungfunktion in Analogie zu Gl. 3.16 als

$$\underline{\varepsilon}[k] = \tfrac{1}{2}\left(\underline{\mathrm{rec}}_N[k] + \underline{\mathrm{sgn}}[k]\right) \tag{8.82}$$

definiert wird (siehe Gl. 8.42 und 8.46). Das zugehörige DFT-Paar lautet:

$$\underline{\varepsilon}[n] \;\bigcirc\!\!=\!\!\circ\; \frac{N}{2}\underline{\delta}[m] - \frac{j}{2}\underline{\mathrm{inv}}[m] \tag{8.83}$$

$$\underline{\varepsilon}[m] \;\circ\!\!=\!\!\bigcirc\; \tfrac{1}{2}\,\underline{\delta}[n] + \frac{j}{2N}\underline{\mathrm{inv}}[n] \tag{8.84}$$

Die zur laufenden, zyklischen Integration äquivalenten Operationen im Bildbereich ergeben sich unmittelbar durch DFT der Gln. 8.80 und 8.81: (siehe auch klassische Analogie zu Gl. 3.117):

$$\underline{\underset{\cdot}{x}}[n] \;\bigcirc\!\!=\!\!\circ\; \underline{X}[m]\left(\frac{N}{2}\underline{\delta}[m] - \frac{j}{2}\underline{\mathrm{inv}}[m]\right) \tag{8.85}$$

$$\underline{\underset{\cdot}{X}}[m] \;\circ\!\!=\!\!\bigcirc\; \underline{x}[n]\left(\tfrac{1}{2}\,\underline{\delta}[n] + \frac{j}{2N}\underline{\mathrm{inv}}[n]\right) \tag{8.86}$$

Zyklische Hilbert-Transformation

Wir definieren analog zu Gln. 5.1 und 5.2 die zeitliche und spektrale Hilbert-Transformation in DFT-Arithmetik:

$$\underline{\boldsymbol{H}}\{\underline{x}[n]\} = \underline{x}[n] \,\underline{*}\, \frac{1}{N}\underline{\mathrm{inv}}[n] \tag{8.87}$$

$$\underline{\boldsymbol{H}}\{\underline{X}[m]\} = \underline{X}[m] \,\underline{*}\, \underline{\mathrm{inv}}[m] \tag{8.88}$$

Die zyklischen Faltungssätze 8.51 und 8.52 liefern sofort die dazu äquivalenten Operationen im Bildbereich:

$$\underline{\boldsymbol{H}}\{\underline{x}[n]\} \;\bigcirc\!\!=\!\!\circ\; \underline{X}[m]\,(-j)\,\underline{\mathrm{sgn}}[m] \tag{8.89}$$

$$\underline{\boldsymbol{H}}\{\underline{X}[m]\} \;\circ\!\!=\!\!\bigcirc\; \underline{x}[n]\,j\,\underline{\mathrm{sgn}}[n] \tag{8.90}$$

also wieder die aus der klassischen Fourier-Theorie gewohnte Vertauschung von Imaginär- und Realteil der Bildfunktion, begleitet von den üblichen Vorzeichenänderungen.

Ähnlich wie bei Gl. 5.5 liefert die doppelte Hilbert-Transformation wieder das mit (-1) multiplizierte Original - allerdings mit Ausnahme der Punkte bei $n, m = 0$ und $n, m = N/2$:

$$\underline{\boldsymbol{H}}\{\underline{\boldsymbol{H}}\{\underline{x}\}\} \quad \circ\!\!-\!\!\bullet \quad \underline{X}[m]\,(-1)\,\underline{\mathrm{sgn}}^2[m] \quad \bullet\!\!-\!\!\circ \quad -\underline{x}_{\sim} \tag{8.91}$$

$$\underline{\boldsymbol{H}}\{\boldsymbol{H}\{\underline{X}\}\} \quad \bullet\!\!-\!\!\circ \quad \underline{x}[n]\,(-1)\,\underline{\mathrm{sgn}}^2[n] \quad \circ\!\!-\!\!\bullet \quad -\underline{X}_{\sim} \tag{8.92}$$

(Der Index "~" soll ähnlich wie bei Gl. 5.5 andeuten, daß hier die Punkte bei 0 und N/2 auf Null gesetzt werden - falls sie es nicht schon vorher waren).

Analog zu Gl. 5.12 läßt sich ein *zyklisch kausales Signal* definieren, dessen spektrale Komponenten gegenseitige Hilbert-Transformierte sind:

$$\underline{x}_{\text{kausal}} = \underline{x}\,\underline{\varepsilon} = \underline{y} \quad \circ\!\!-\!\!\bullet \quad \underline{Y} = \underline{X} * \left(\frac{N}{2}\,\underline{\delta}[m] - \frac{j}{2}\,\underline{\mathrm{inv}}[m]\right) \tag{8.93}$$

wobei gilt

$$\underline{Y} = \underline{Y}_R + j\underline{Y}_I$$

und

$$\begin{aligned} \underline{\boldsymbol{H}}\{\underline{Y}_R[m]\} &= -\underline{Y}_I[m] \\ \underline{\boldsymbol{H}}\{\underline{Y}_I[m]\} &= \underline{Y}_R[m] \end{aligned} \tag{8.94}$$

Der Beweis ergibt sich sehr einfach durch Zerlegung des Spektrums aus Gl. 8.93 in Real- und Imaginärteil und Durchführung einer Hilbert-Transformation.

8.3 Numerische DFT-Praxis

Die in Kap. 8.1 und 8.2 auszugsweise behandelten DFT-Regeln und DFT-Paare gelten für beliebig große Blocklängen $N \geq 2$. Bei der praktischen Anwendung (z.B. in der rechnerunterstützten Meßtechnik) treten allerdings neue, bisher nicht genannte, numerische Probleme auf, die alle mit dem großen Umfang N ($N \gg 1000$) der Datenblöcke zu tun haben.

Drei besonders interessante Einzelfragen sollen nachstehend näher betrachtet werden:

- *Dezimierung*: Nach welchen Regeln kann die Blockgröße N verändert werden, ohne das Signal zu zerstören?

- *Zoom*: Wie kann die Frequenzauflösung erhöht werden?

- *FFT / FHT*: Nach welchen Prinzipien kann die DFT besonders effizient ermittelt werden - d.h. mit besonders geringer Zahl notwendiger Rechenoperationen?

8.3.1 Dezimierung

Unter Dezimierung (engl. *decimation*) versteht man heute in der DFT-Arithmetik *Veränderungen in der Blockgröße N* (sowohl Vergrößerung als auch Verkleinerung)[8]. Die Auswahl der passenden DFT-Blockgröße besteht zumeist in der ganz harmlosen Festlegung einer Feldlänge am Beginn eines Rechenprogramms - also bevor Daten eingespeichert werden. Nicht dieser Trivialfall interessiert uns, sondern die Blockgrößenveränderung bei schon vorhandenen Daten: Eine raffinierte Signalmanipulation. Zum besseren Verständnis des Themas Dezimierung müssen zunächst die subperiodischen Funktionen eingeführt werden:

Subperiodische Funktionen

Wie schon mit Gl. 8.17 und 8.18 gezeigt, sind die im Kap. 8 behandelten, zyklischen Funktionen alle periodisch. Wir wollen subperiodische Funktionen *definieren als zyklische Funktionen, deren Vektor der Blockgröße N selbst wiederum in eine ganze Zahl von Perioden unterteilt ist.*

Die einfachste subperiodische Funktion ist der zyklische Deltakamm (Abb. 8.13; vgl. Gl. 3.189):

$$\underline{\text{Ш}}_P[k] = \sum_{r=0}^{N/P} \underline{\delta}[k - rP] \tag{8.95}$$

mit k : ganzzahlig
N : Blockgröße
P : Subperiode; P = 1; 2; 3; ... ; N erlaubt unter der zusätzlichen Bedingung:
N/P : ganzzahlig

Offenbar gilt (siehe Gln. 8.40 bis 8.42)

$$\underline{\text{Ш}}_1[k] = \underline{\text{rec}}_N[k] \tag{8.96}$$

$$\underline{\text{Ш}}_N[k] = \underline{\text{rec}}_1[k] = \underline{\delta}[k] \tag{8.97}$$

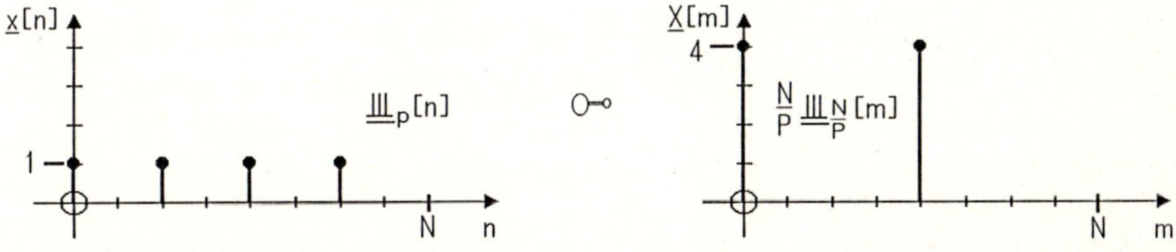

Abb. 8.13: Zyklische Deltakämme als DFT-Paar und als einfachstes Beispiel subperiodischer Funktionen.

8. Dramatische Erläuterung zur Wortwahl bei Otnes/Enochsen, 1978, ch. 5.5 - nur für nervenstarke Leser.

Durch Einsetzen von Gl. 8.95 in die DFT-Formeln 8.11 folgen sofort die DFT-Paare (siehe Abb. 8.13)

$$ш_P[n] \;\circ\!\!-\!\!\!-\!\!\bullet\; \frac{N}{P}ш_{N/P}[m] \tag{8.98}$$

$$ш_P[m] \;\bullet\!\!-\!\!\!-\!\!\circ\; \frac{1}{P}ш_{N/P}[n] \tag{8.99}$$

Alle weiteren, denkbaren subperiodischen Funktionen ergeben sich analog zu Gl. 3.190 als Faltung mit $ш$; durch Anwendung des Faltungssatzes folgt sogleich deren Fourier-Transformierte:

$$\underline{x}[n] = \underline{x}_E[n] \circledast ш_P[n] \;\circ\!\!-\!\!\!-\!\!\bullet\; \underline{X}_E[m]\frac{N}{P}ш_{N/P}[m] = \underline{X}[m] \tag{8.100}$$

$$\underline{Y}[m] = \underline{Y}_E[m] \circledast N ш_P[m] \;\bullet\!\!-\!\!\!-\!\!\circ\; \underline{y}_E[n]\frac{N}{P}ш_{N/P}[n] = \underline{y}[n] \tag{8.101}$$

mit $\underline{x}[n]$: Subperiodische Zeitfunktion.
$\underline{x}_E[n]$: Subperiodisches Element, das im Periodenabstand P zeitlich wiederholt wird.
$\underline{X}_E[m]$: Diskrete Fourier-Transformierte von $\underline{x}_E$; Blockgröße N.
Die zyklische Funktion $\underline{X}_E$ wird im Abstand N/P periodisch wiederholt, wobei sich die über den Bereich N/P hinausgehenden Ausläufer von $\underline{X}_E$ überlagern.
$\underline{X}[m]$: Subperiodisches Spektrum; Sub-Periode N/P.
$\underline{Y}[m]$: Subperiodisches Spektrum, das durch P-periodische Wiederholung des Elementarspektrums $\underline{X}_E[m]$ entstand.

In den Gln. 8.100 und 8.101 kann nur jeweils auf der linken *oder* aber auf der rechten Seite die Ausdehnung des subperiodischen Elements auf die Subperiode begrenzt werden.

Soweit die Vorüberlegung über subperiodische Funktionen.

Definitionen und praktische Regeln zur Dezimierung

Wie schon einleitend erwähnt, bedeutet Dezimierung zunächst ganz allgemein: Blockgrößenveränderung an einem DFT-Paar. Erst durch die folgenden, einengenden Definitionen sind praktisch sinnvolle Anwendungen möglich.

Definition des Dezimierungsfaktors D:
Es gilt

$$D = N''/N' \tag{8.102}$$

N'' : große Blockgröße
N' : kleine Blockgröße
D : Dezimierungsfaktor; ganzzahlig; $D > 1$

Es werden also nur ganzzahlige Blockgrößenverhältnisse zugelassen. Da N′ und N″ wegen der besonderen Eigenschaften der schnellen Fourier-Transformation (FFT, siehe Kap.8.3) normalerweise als Potenzen von 2 auftreten, wird dann auch der Dezimierungsfaktor D eine Zweierpotenz sein müssen.

Definition der Aufwärts-/Abwärtsdezimierung (engl. *up-/down-decimation*):
Bei der Blockvergrößerung um den Faktor D entstehen zunächst (D - 1) N′ undefinierte Elemente, und die N′ Elemente des alten Blockes müssen im neuen Block verteilt werden. Wir wollen jetzt die *Aufwärtsdezimierung* definieren als *symmetrische Kopie* der zwei alten Blockhälften mit Auffüllung der zentralen Lücke mit Nullen (Abb. 8.14). Die *Abwärtsdezimierung* wird definiert als Umkehrung der Aufwärtsdezimierung.

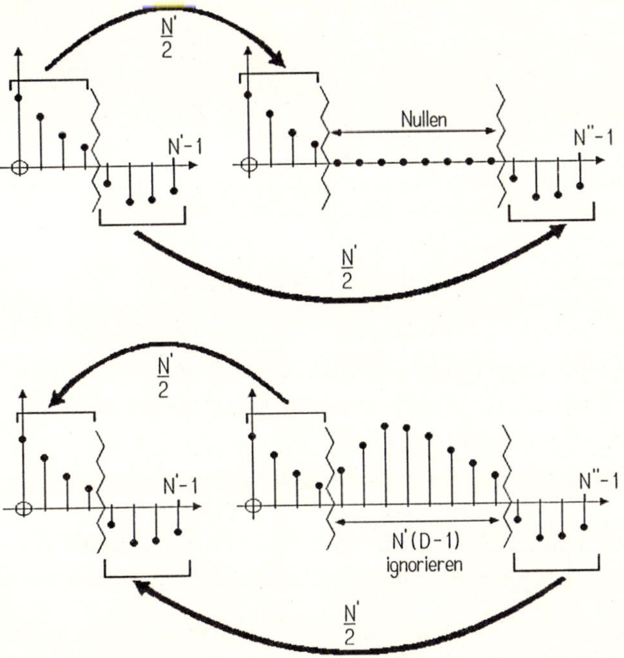

Abb. 8.14: Definition der Dezimierung: Oben: Aufwärtsdezimierung. Unten: Abwärtsdezimierung.

Definition der Spektral-/Zeit-Dezimierung:
Die in Abb. 8.14 definierte, erste Unterteilung der Dezimierungsoperationen in Aufwärtsdezimierung und Abwärtsdezimierung war unabhängig davon, ob Zeit- oder Frequenzbereich gemeint war: Es ging zunächst einmal um Blockvergrößerung oder Blockverkleinerung. Diese Blockgrößenveränderung betrifft jeweils zugleich den Zeit- und den Frequenzblock, aber in unterschiedlicher Weise. Es genügt also nicht, nur den in der Blockgrößenveränderung bestehenden Haupteffekt zur Kenntnis zu nehmen, sondern man muß simultan die durch DFT komplementär verbundenen Strukturveränderungen in Zeit- und Frequenzblock beachten.

Anstatt z.B. die Abwärtsdezimierung in der in Abb. 8.14 gezeigten Weise (Ignorierung des Blockmittelteils) an einem Zeitblock durchzuführen, könnte man dasselbe Ergebnis auch durch die dazu äquivalente Glättung und Auskämmung (Abb. 8.18) des Frequenzblocks erzielen. Die übliche, genauere Bezeichnung *Zeitdezimierung* bzw. *Spektraldezimierung* ist insofern zunächst durchaus mißverständlich. Wir wollen uns an die von Otnes/Enochson, 1978, lose definierten Konventionen anschließen und kommen so zu der in Abb. 8.15 gegebenen Übersicht über das ganze Dezimierungswesen.

Abb. 8.15 ist zugleich als konkrete Gebrauchsanweisung zu verstehen. Der eigentliche Dezimierungsvorgang besteht lediglich aus der Verschiebung (Kopie) der im Bild verschieden schraffierten, gleichgroßen Blockteile und einer Neudeklarierung der Blockgröße. Die mit der Dezimierung einhergehenden Änderungen der Signalparameter (F, $\hat{F}$, T, $\hat{T}$) sind aus dem Bild ersichtlich.

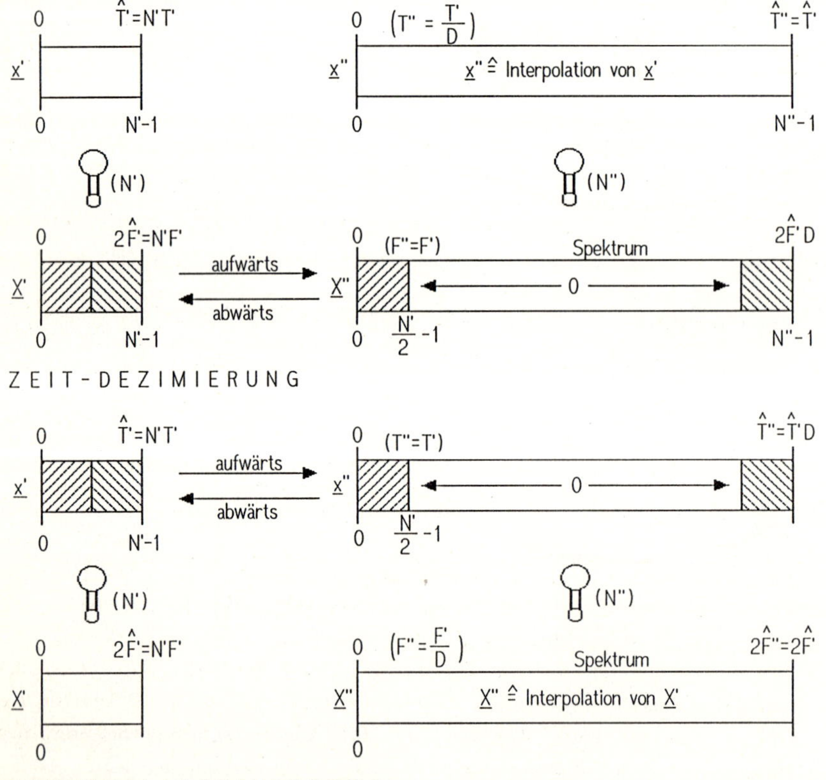

Abb. 8.15: Übersicht über die vier symmetrischen Dezimierungsarten. Die Dezimierungen müssen genau nach dem in Abb. 8.14 gezeigten Verfahren durchgeführt werden.

$T', \hat{T}', F', \hat{F}', N'$:	Parameter bei kleiner Blockgröße (Zeitintervall, Zeitdauer, Frequenzintervall, Nyquistfrequenz, Blockgröße).
$T'', \hat{T}'', F'', \hat{F}'', N''$:	Entsprechende Parameter bei großer Blockgröße.
D:	Dezimierungsfaktor (Gl. 8.102).

Nachstehend folgt die mathematische Analyse der 4 Dezimierungsarten spektral/aufwärts, zeitlich/aufwärts, spektral/abwärts, zeitlich/abwärts:

Spektraldezimierung, aufwärts

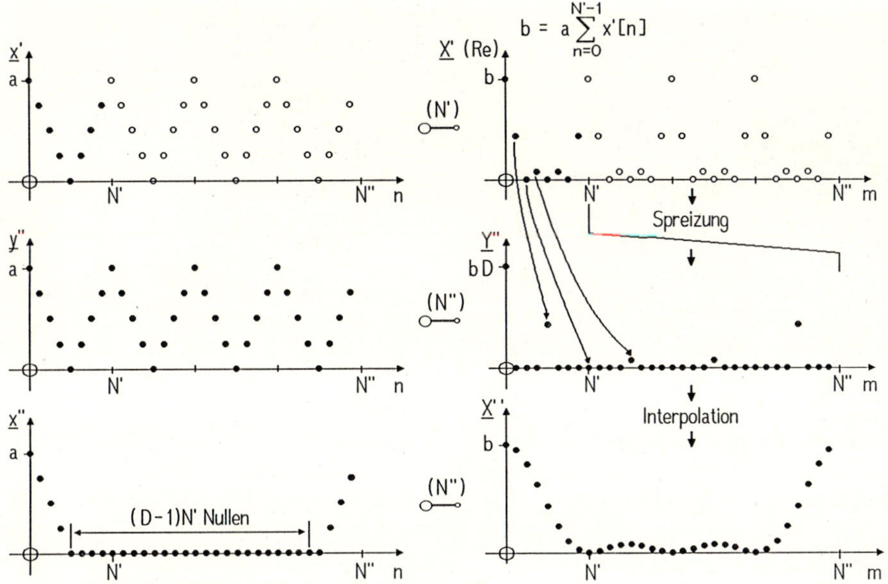

Abb. 8.16: Spektraldezimierung aufwärts. Beispiel: D = 4.

Linke Spalte: Die Zeitfunktion x' mit Blockgröße N' wird umdeklariert als subperiodische Zeitfunktion y'' mit Blockgröße N'' und Subperiode N' = N''/D. Durch Nullsetzung des inneren Blockbereichs entsteht die aufwärtsdezimierte Zeitfunktion x''.

Rechte Spalte: Hier werden zugehörige Bildfunktionen gezeigt, die jedoch bei praktischer Durchführung nicht berechnet werden müssen.

a) *Neudeklaration des Zeitblocks*

$$\underline{y}''[n] = \underline{x}'[n] \;;\; \underline{x}' \overset{(N')}{\circ\!\!-\!\!\circ} \underline{X}' \;;\; \underline{y}'' \overset{(N'')}{\circ\!\!-\!\!\circ} \underline{Y}'' \tag{8.103}$$

b) *Subperiodische Formulierung* (Gl. 8.100)

$$\underline{y}''[n] = \underline{y}''_E[n] * ш_{N'}[n] \overset{(N'')}{\circ\!\!-\!\!\circ} \underline{Y}''[m] = \underline{Y}''_E[m]\, D\, ш_D[m] \tag{8.104}$$

c) *Berechnung von* $\underline{Y}''_E$:

$$\underline{Y}''[m] = \sum_{n=0}^{N''-1} \underline{x}'[n]\, e^{-j\frac{2\pi}{N'D}mn}$$

$$= \sum_{n=0}^{N'-1} \underline{x}'[n]\, e^{-j\frac{2\pi}{N'D}mn} + \sum_{n=0}^{N'-1} \underline{x}'[n]\, e^{-j\frac{2\pi}{N'D}m(n+N')}$$

$$+ \sum_{n=0}^{N'-1} \underline{x}'[n]\, e^{-j\frac{2\pi}{N'D}m(n+2N')} + \ldots \text{ (D Terme)}$$

$$= \underbrace{\sum_{n=0}^{N'-1} \underline{x}'[n]\, e^{-j\frac{2\pi}{N'D}mn}}_{\underline{X}'[\frac{m}{D}]} \underbrace{\sum_{k=0}^{D-1} e^{-j\frac{2\pi}{D}mk}}_{D\,\underline{\text{Ш}}_D[m]}$$

also

$$\underline{Y}''[m] = \underline{X}'[\tfrac{m}{D}]\, D\,\underline{\text{Ш}}_D[m] \tag{8.105}$$

Durch Vergleich mit der rechten Seite von Gl. 8.104 folgt

$$\underline{Y}''_E[m] = \underline{X}'[\tfrac{m}{D}] \tag{8.106}$$

(Wenn m kein ganzzahliges Vielfaches von D ist, dann ist $\underline{X}'[\frac{m}{D}]$ undefiniert, was aber wegen der Multiplikation mit $\underline{\text{Ш}}_D[m]$ zunächst keine Rolle spielt.)

d) *Nullen einfüllen*

$$\underline{x}''[n] = \underline{y}''[n]\,\underline{\text{rec}}_{N'}[n] \overset{(N'')}{\circ\!\!-\!\!\!-\!\!\circ} \underline{Y}''[m] \circledast N'\,\underline{\text{sic}}_{N'}[m] = \underline{X}''[m] \tag{8.107}$$

Ein Blick auf Abb. 8.7, oberste Zeile, zeigt, daß die zyklische $\underline{\text{rec}}$-Funktion genau die im Abb. 8.16 links unten sichtbare, gewünschte Wirkung hat: Der Mittelteil des Zeitblockes $\underline{y}''$ wird ausgeblendet, d.h. mit $(D-1)\,N'$ Nullen belegt.

Wegen der in Abb. 8.16 sichtbaren (mittlere Zeile, links) und in Gl. 8.104 links beschriebenen, überlappungsfreien Wiederholung von $\underline{y}''_E$ muß gelten (Gl. 8.104 in Gl. 8.107):

$$\underline{x}''[n] = (\underline{y}''_E[n] \circledast \underline{\text{Ш}}_{N'}[n])\,\underline{\text{rec}}_{N'}[n] = \underline{y}''_E[n] \tag{8.108a}$$

Also

$$\underline{x}''[n] = \underline{x}''_E[n] \circ\!\!-\!\!\!-\!\!\circ \underline{X}''[m] = \underline{X}''_E[m] = \underline{X}'[m/D] \tag{8.108b}$$

Es bleibt nur noch die Frage nach der Interpretation von $\underline{X}'[m/D]$. Wir behaupten, daß damit eine korrekt normierte, trigonometrische Interpolation zwischen den Stützstellen $\underline{X}'[m]$ gemeint ist. Als einfachen Plausibilitätsbeweis setzen wir alle Werte von $\underline{X}'[m]$ auf 1 und fordern, daß dann $\underline{X}''[m]$ für alle $m = 0, 1, \ldots, N''-1$ ebenfalls zu 1 wird. Wir setzen die rechte Seite von 8.104 und 8.105 in 8.107 ein und erhalten mit $\underline{X}' = 1$

$$D\,Ш_D[m] \circledast N'\,\underline{\mathrm{sic}}_{N'}[m] \stackrel{?}{=} 1 = \mathrm{rec}_{N''}[m] \;\overset{(N'')}{\circ\!\!=\!\!\circ}\; \underline{\delta}[n]$$

Die DFT-Synthese liefert (N'')

$$Ш_{N'}[n]\,\underline{\mathrm{rec}}_{N'}[n] = \underline{\delta}[n]$$

was den Beweis abschließt.

Technische Anwendung der Aufwärts-Spektraldezimierung: Spreizung und Interpolation von DFT-Spektren zur besseren Veranschaulichung bei der Wiedergabe auf Bildschirmen oder Plottern.

Die drei anderen Dezimierungsfälle werden jetzt nur noch in Stichworten behandelt:

Zeitdezimierung, aufwärts

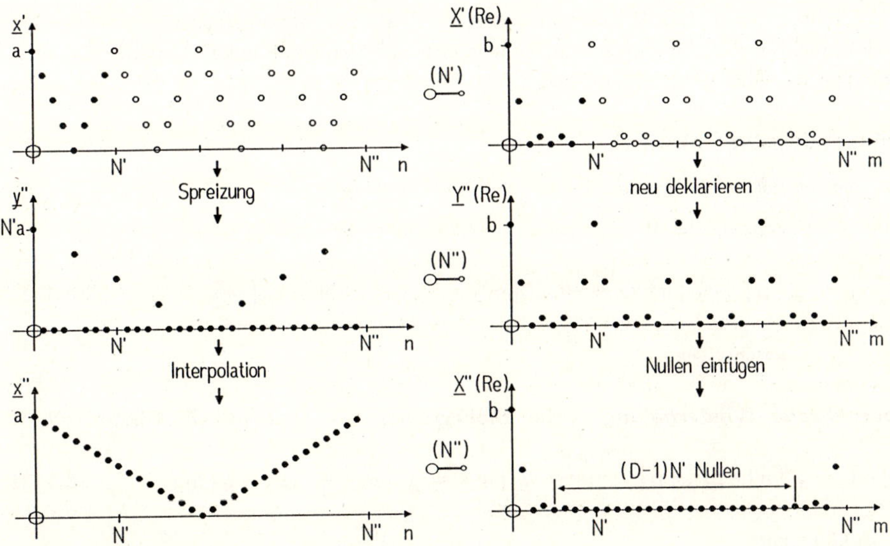

Abb. 8.17: Zeitdezimierung aufwärts. Beispiel: D = 4.

Linke Spalte: Zugehörige, resultierende DFT-Transformierte. Durchführung dieser Transformationen nicht notwendig.

Rechte Spalte: Das komplexe DFT-Spektrum $\underline{X}'$ mit Blockgröße N' wird neu deklariert als $\underline{Y}''$ mit Blockgröße $N'' = DN'$. Durch Löschung des zentralen Blockbereichs entsteht das dezimierte Spektrum $\underline{X}''$.

a) *Festlegung des gewünschten Dezimierungsfaktors D*
b) *Neudeklaration des Spektrums* (N′ → N″ = DN′)

$$\underline{Y}''[m] = \underline{X}'[m]\,;\ \underline{y}''[n] \overset{(N'')}{\circ\!\!=\!\!=\!\!\circ} \underline{Y}''[m]\,;\ \underline{x}'[n] \circ\!\!=\!\!=\!\!\circ \underline{X}'[m] \qquad (8.109)$$

c) *Subperiodische Formulierung* (nach Gl. 8.101)

$$\begin{aligned} \underline{Y}''[m] &= \underline{Y}''_E[m] \circledast N''\,\text{Ш}_D[m] \\ &\quad \Big\updownarrow (N'') \\ \underline{y}''[n] &= \underline{y}''_E[n]\,\frac{N''}{D}\,\text{Ш}_{N''/D}[n] \end{aligned} \qquad (8.110)$$

d) *Nullen einfüllen*

$$\underline{X}''[m] = \underline{Y}''[m]\,\underline{\text{rec}}_{N'}[m] \overset{(N'')}{\circ\!\!=\!\!=\!\!\circ} \underline{x}''[n] = \underline{y}''[n] \circledast \frac{N'}{N''}\,\underline{\text{sic}}_{N'}[n] \qquad (8.110a)$$

Wieder gilt analog zu Gl. 8.106

$$\underline{y}''_E[n] = \underline{x}'[m/D] \qquad (8.110b)$$

im Sinne einer korrekt normierten, trigonometrischen Interpolation.

Technische Anwendung der Aufwärts-Zeitdezimierung: *Oversampling* mit z.B. D = 4 in der D/A-Stufe von CD-Wiedergabegeräten. Das zur Rekonstruktion notwendige Analog-Tiefpaßfilter kann dadurch mit sehr sanft abfallender Flanke - also sehr einfach - gebaut werden.

Spektraldezimierung, abwärts

a) *Dezimierungsfaktor D festlegen*: N′ = N″/D.
b) *Nullen einfüllen*: (Alle Blockgrößen = N″); siehe Gl. 8.44

$$\underline{y}''[n] = \underbrace{\underline{x}''[n]\,\underline{\text{rec}}_{N'}[n]}_{\text{abschneiden}} \overset{(N'')}{\circ\!\!=\!\!=\!\!\circ} \underline{Y}''[m] = \underbrace{\underline{X}''[m] \ast N'\,\underline{\text{sic}}_{N'}[m]}_{\text{glätten}} \qquad (8.111)$$

c) *Subperiodische Wiederholung*: (Alle Blockgrößen = N″); siehe Gl. 8.100

$$\underline{z}''[n] = \underline{y}''[n] \circledast \text{Ш}_{N'}[n] \overset{(N'')}{\circ\!\!=\!\!=\!\!\circ} \underline{Z}''[m] = \underline{Y}''[m]\,\frac{N''}{N'}\,\text{Ш}_{N''/N'}[m] \qquad (8.112)$$

d) *Neu deklarieren*

$$\underline{x}'[n] = \underline{z}''[n]\,; \qquad \underline{X}'[m] \overset{(N')}{\circ\!\!=\!\!=\!\!\circ} \underline{x}'[n] \qquad (8.113)$$

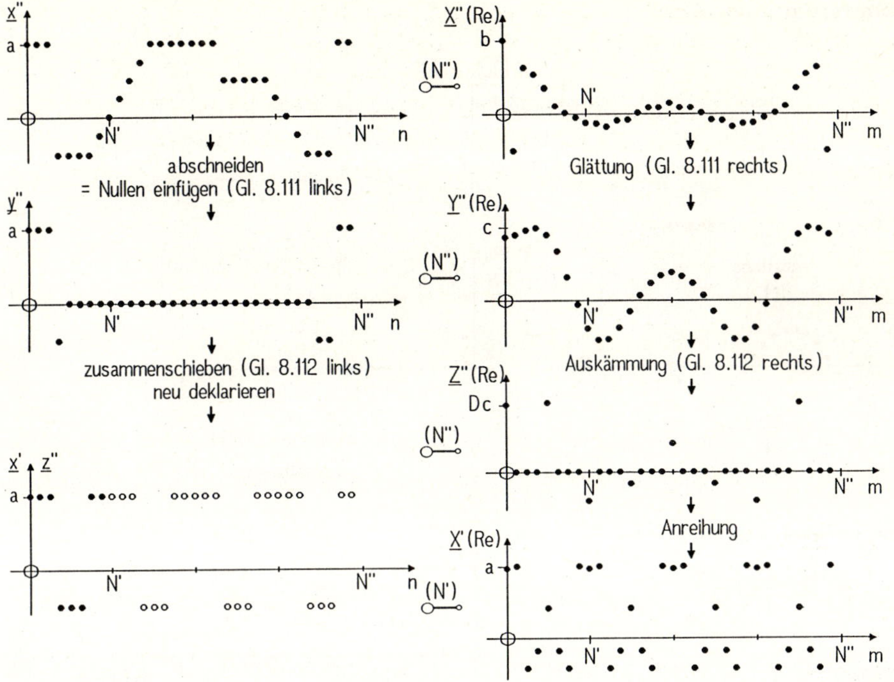

Abb. 8.18: Spektraldezimierung abwärts. Beispiel: D = 4.
Linke Spalte: Der Zeitblock x'' (Blockgröße N'') wird zentral mit Nullen belegt. Der Block wird verkürzt durch Weglassen der Nullen und Zusammenschieben der verbleibenden Signalteile.
Rechte Spalte: Die zugehörigen Spektren.

e) $\underline{X}'$ *berechnen*: Behauptung

$$\underline{X}'[m] = \frac{1}{D}\underline{Z}''[mD] \tag{8.114}$$

Beweis:

$$\frac{1}{D}\underline{Z}''[mD] = \frac{1}{D}\sum_{n=0}^{N''-1}\underline{z}''[n]\,e^{-j2\pi mDn/N''}$$

Da z'' subperiodisch ist, ergibt sich mit N''/D = N' (vgl. Herleitung von Gl. 8.105!):

$$\frac{1}{D}\underline{Z}''[mD] = \frac{1}{D}\underbrace{\left(\sum_{n=0}^{N'-1}\underline{z}''[n]\,e^{-j2\pi mn/N'}\right)}_{\underline{X}'[m]}\underbrace{\left(\sum_{k=0}^{D-1}e^{-j2\pi mk}\right)}_{D} = \underline{X}'[m]$$

q.e.d.

Zeitdezimierung, abwärts

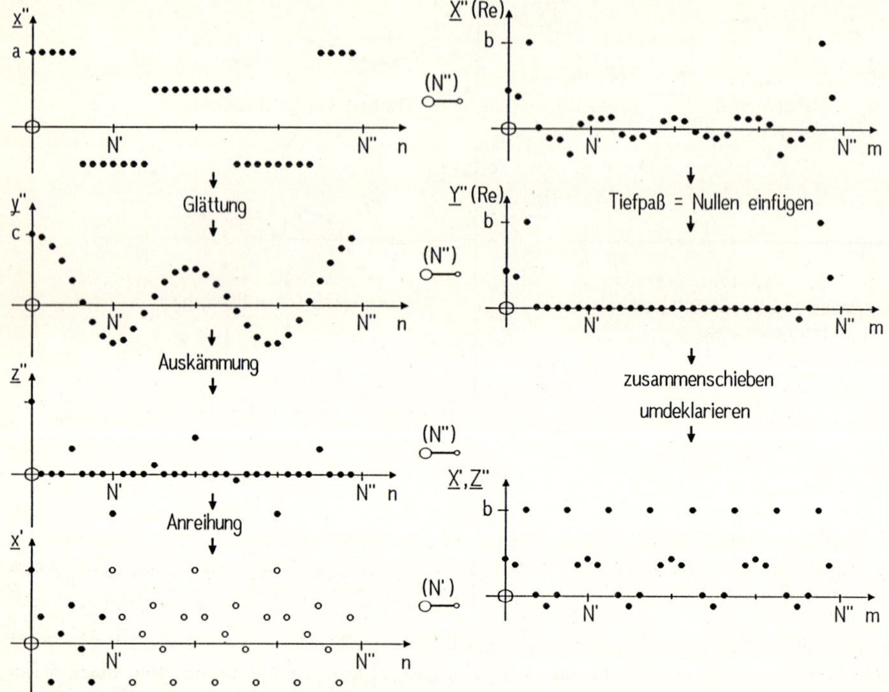

Abb. 8.19: Zeitdezimierung abwärts. Beispiel: D = 4.
Linke Spalte: Zugehörige Veränderungen im Zeitbereich.
Rechte Spalte: Spektralblock zentral mit Nullen belegt; das bedeutet Tiefpaßfilterung. Dann verbleibende Spektralteile zusammengeschoben und Blockgröße umdeklariert.

a) *Dezimierungsfaktor D festlegen*: $N' = N''/D$.

b) *Nullen einfüllen* (Tiefpaß); (Alle Blockgrößen = N''); siehe Gl. 8.45

$$\underbrace{\underline{Y}''[m] = \underline{X}''[m]\,\underline{\mathrm{rec}}_{N'}[m]}_{\text{Tiefpaß}} \overset{(N'')}{\circ\!\!=\!\!\!=\!\!\circ} \underbrace{\underline{x}''[n] \underline{*} \frac{N'}{N''}\,\underline{\mathrm{sic}}_{N'}[m]}_{\text{Glättung}} \tag{8.115}$$

c) *Subperiodische Wiederholung;* (Alle Blockgrößen N''); siehe Gl. 8.101

$$\underline{Z}''[m] = \underline{Y}''[m] \underline{*} N'' \underline{ш}_{N'}[m] \overset{(N'')}{\circ\!\!=\!\!\!=\!\!\circ} \underline{y}''[n] \frac{N''}{N'} \underline{ш}_{N''/N'}[n] = \underline{z}''[n] \tag{8.116}$$

d) *Neu deklarieren:*

$$\underline{X}'[m] = \underline{Z}''[m]; \qquad \underline{x}'[n] \overset{(N')}{\circ\!\!=\!\!\!=\!\!\circ} \underline{X}'[m] \tag{8.117}$$

e) $\underline{x}'$ *berechnen :*

Behauptung:

$$\underline{x}'[n] = \underline{z}''[nD]$$

Beweis:

$$\underline{z}''[nD] = \frac{1}{N''} \sum_{m=0}^{N''-1} \underline{Z}''[m]\, e^{+j2\pi mnD/N''}$$

Da $\underline{Z}''[m]$ subperiodisch ist mit der Periode N′, gilt weiterhin

$$\underline{z}''[nD] = \frac{1}{D} \underbrace{\left(\frac{1}{N'} \sum_{m=0}^{N'-1} \underline{Z}''[m]\, e^{+j2\pi mn/N'}\right)}_{\underline{x}'[n]} \underbrace{\left(\sum_{k=0}^{D-1} e^{+j2\pi kn}\right)}_{D} = \underline{x}'[n]$$

q.e.d

8.3.2 Zoom

Überblick und Definitionen

In der Signalanalyse werden alle Verfahren zur Berechnung und Anzeige eines *wählbaren Ausschnittes aus einem hochaufgelösten Spektrum* als Zoom (dt. *Spektral-Lupe*) bezeichnet. Voraussetzung der spektralen Feinauflösung $F'' = 1/\hat{T}''$ ist allemal eine angemessen lange Beobachtungsdauer $\hat{T}''$ (siehe Gl. 8.4). Zusammen mit den technisch üblichen Signalbandbreiten $\hat{F}''$ können sich dabei extrem große Blocklängen $N'' = 2\hat{F}''\hat{T}''$ ergeben. Man könnte Spektren mit so großer Punktzahl zwar auf langen

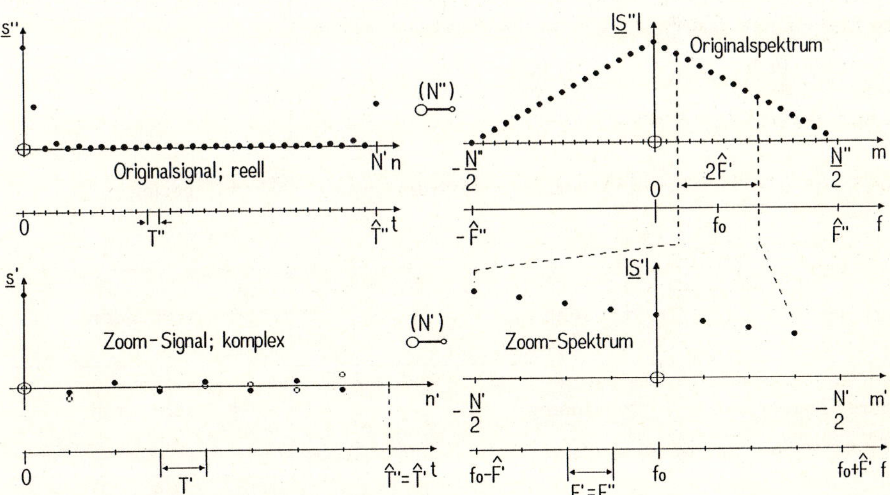

Abb. 8.20: Gemeinsamer Hintergrund aller Zoom-Verfahren:
Links: Zeitfunktionen; Rechts: DFT-Spektren.
Oben: Originalsignal und dessen Spektrum (zwei Striche: s″, S″, N″, ...).
Unten: Komplexes Zoomsignal und dessen Spektrum (ein Strich: s′, S′, N′, ...).

Papierbahnen aufzeichnen - ähnlich wie die Infrarotspektren der Chemiker - nicht jedoch auf Bildschirmen, die, wie heute üblich, nur etwa 500 bis 2000 Bildpunkte pro Zeile auflösen. Im Laborjargon könnte man zusammenfassen: "Spektren, die nicht auf den Bildschirm passen, müssen gezoomt werden."

Abb. 8.20 zeigt die allen Zoomverfahren gemeinsame Situation. Zur leichteren Projektion auf die kontinuierlichen Koordinatenachsen t und f wurde bei den DFT-Spektren ausnahmsweise der diskrete Koordinatenursprung in die Achsenmitte gelegt und außerdem jeweils 1 Punkt mehr als die Blockgröße angezeigt.

Es gibt vier verschiedene Methoden zur praktischen Ermittlung des Zoomspektrums $\underline{S}'$. Abb. 8.21 gibt einen Überblick mit symbolhaft vereinfachter Darstellung der Verfahrensabläufe. Vor- und Nachteile der vier Zoomverfahren aus der Sicht der praktischen Anwendung finden sich in Tab. 8.3 und 8.4 .

	ZOOM → DIGITAL	ZOOM → ANALOG
Signal	+ bleibt erhalten	− geht verloren
Linearität u. Dynamik	+ gut	− mäßig
Aufwand in analoger Elektronik	+ gering	− groß
Digitaler Speicherbedarf	(−) gering ... extrem groß	+ gering
Echtzeitfähigkeit	− fehlt	+ vorhanden
Erreichbare Zoomfaktoren	− mäßig	+ sehr groß

Tab. 8.3: Die wesentlichen Unterschiede zwischen Digital- und Analog-Zoomverfahren.

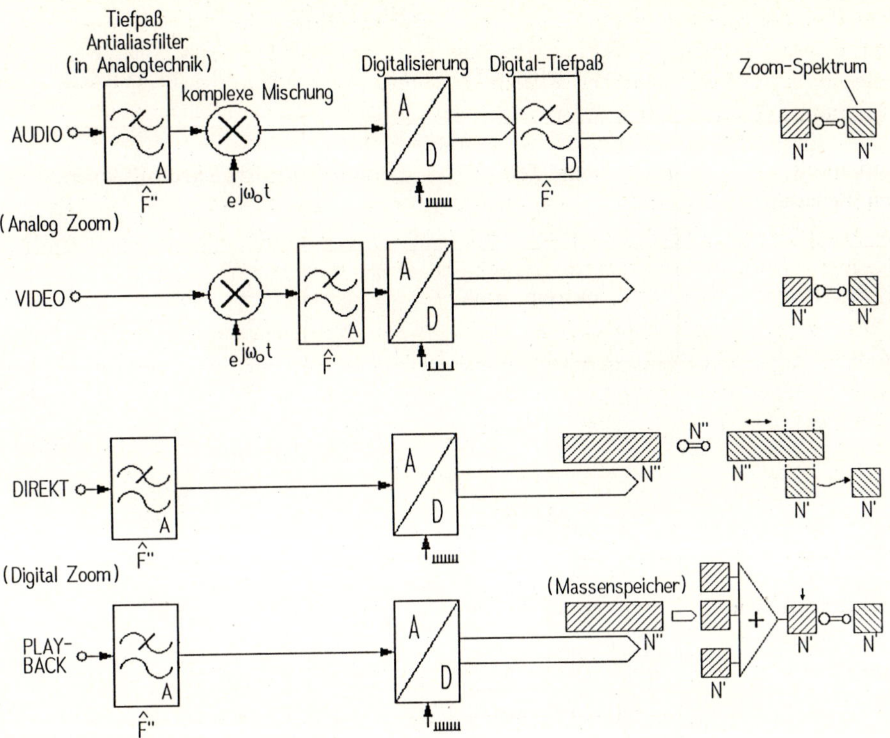

Abb. 8.21: Überblick und symbolischer Vergleich der vier Zoom-Verfahren.

N'' : Großer Block für gespeicherte, breitbandige Zeitfunktion und deren Spektrum; typische Blockgrößen: $N'' \approx 10^4 \ldots 10^6$.

N' : Kleiner Block für schmalbandige Zeitfunktion oder schmalbandigen Spektralausschnitt (Zoom-Spektrum); typische Blockgrößen 256 ... 1024

▨ : Zeit-Block

▧ : Spektralblock.

$\hat{F}''$: Bandbreite des Originalsignals (Nyquist-Frequenz)

$\omega_0/(2\pi)$: Bandmittenfrequenz des Zoom-Spektrums.

Nachstehend eine theoretische Analyse der vier Verfahren:

Audio-Zoom (Abb. 8.21, obere Zeile)

Der Name *Audio-Zoom* wurde hier gewählt, um daran zu erinnern, daß dieses Analog-Zoom -Verfahren vorwiegend bei relativ niederfrequenten Signalen angewandt wird (Grenzfrequenz in etwa vergleichbarer Größenordnung wie bei der Schwingungs- und Tontechnik; engl. *audio-frequencies*).

	DIGITALZOOM	
	DIREKT	PLAYBACK
Positionierbarkeit des Zoom-Fensters	+ sehr fein	− grob
Digitaler Speicherbedarf	− extrem groß	+ gering

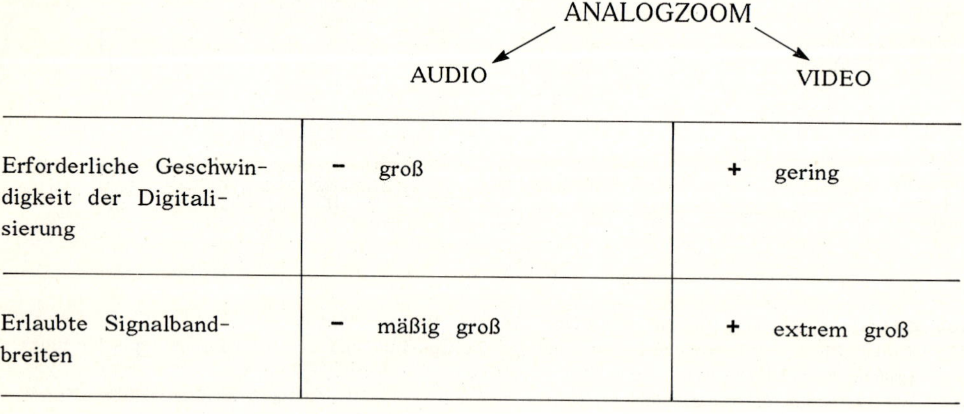

	ANALOGZOOM	
	AUDIO	VIDEO
Erforderliche Geschwindigkeit der Digitalisierung	− groß	+ gering
Erlaubte Signalbandbreiten	− mäßig groß	+ extrem groß

Tab. 8.4: Die über Tab. 8.3 hinausgehenden, feinen Unterschiede zwischen den verschiedenen Varianten des Digital- und Analog-Zooms.

Das Analogsignal g[t] (Abb. 8.22, oben links) passiert das in der digitalen Signalverarbeitung unvermeidliche Antialias-Tiefpaßfilter mit der Nyquist-Frequenz $\hat{F}''$. Das so gefilterte Analogsignal d[t] wird komplex gemischt und dadurch in ein komplexes Analogsignal c[t] verwandelt:

$$c[t] = d[t]\, e^{-j2\pi f_0 t} \;\circ\!\!-\!\!\circ\; C[f] = D[f + f_0] \tag{8.118}$$

Die Komponenten des komplexen Signals c[t] aus Gl. 8.118 lauten:

$$a[t] = \mathit{Re}\{c[t]\} = d[t]\, \mathit{cos}[2\pi f_0 t] \tag{8.119}$$

$$b[t] = \mathit{Im}\{c[t]\} = -d[t]\, \mathit{sin}[2\pi f_0 t] \tag{8.120}$$

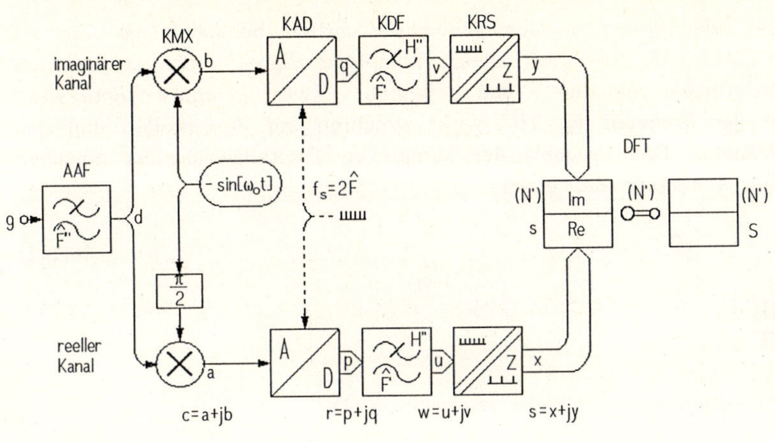

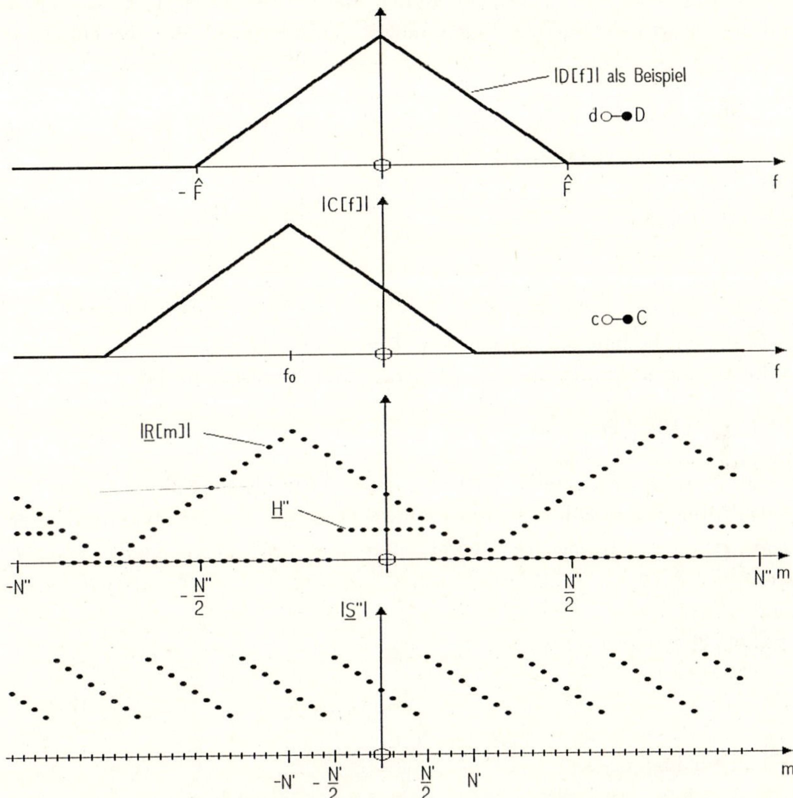

Abb. 8.22: Audio-Zoom; ausführliche Version von Abb. 8.21, obere Zeile.

Oben: Ausführliches Blockschaltbild mit Hinweisen zur Berechnung eines Zoom-Spektrums.

Unten: Die Spektren in den verschiedenen Stufen der Signalverarbeitung.

AAF: Analoges Tiefpaß-Antialiasfilter

KMX: Komplexer Mischer

KAD: Komplexe Digitalisierung

KDF: Komplexes Tiefpaß-Digitalfilter

KRS: Komplexer Resampler; (Auslese Z : 1; Z = N'' / N' = Zoomfaktor.)

(Ähnliche *komplexe Mischungen* wurden schon ausführlich behandelt im Zusammenhang mit Abb. 2.12, 2.13, 5.4, 7.8). Dieses komplexe Signal - das ja praktisch aus zwei real existierenden Signalen a und b besteht - wird *komplex digitalisiert.* Der Abtasttakt mit der Frequenz $f_s = 2\hat{F}''$ wirkt synchron auf den reellen und den imaginären A/D-Wandler. Das Ergebnis der komplexen Digitalisierung ist zunächst eine *nicht-zyklische, komplexe Zeitreihe*:

$$r[n] = p[n] + jq[n] \tag{8.121}$$

mit
$$p[n] = \alpha a[nT'']$$
$$q[n] = \alpha b[nT'']$$
$$T'' = 1/f_s$$
α : A/D-Gerätekonstante (siehe auch Gl. 8.12)

Wie sieht das zugehörige, diskrete Spektrum $R[m]$ aus? Die Frage läßt sich erst beantworten, wenn das zugrundeliegende Signalmodell definiert ist. Wir beschließen, daß das zu beobachtende Analogsignal ein Transient sein soll, dessen Dauer $\hat{T}''$ genau den vom Zoom-Spektrum geforderten Wert hat, und weiterhin, daß das diskrete Signal $r[n]$ zyklisch sein soll, wobei die Blockgröße N'' genau passend zur Dauer $\hat{T}''$ gewählt wird. Jetzt gilt in entsprechend präzisierter Notation

$$\underline{r}''[n] \overset{(N'')}{\circ\!\!=\!\!\circ} \underline{R}''[m] \tag{8.122}$$

wobei

$\underline{r}''$: zyklisches, komplexes Signal der Blockgröße N''
$\underline{R}''$: zyklisches, unsymmetrisches Spektrum der Blockgröße N''
$\overset{(N'')}{\circ\!\!=\!\!\circ}$: DFT mit Blockgröße N''

Das komplexe Signal $\underline{r}''$ wird entsprechend Abb. 8.19 abwärts zeitdezimiert: Zunächst schneiden zwei Digitalfilter mit möglichst ideal rechteckförmiger, reeller, symmetrischer Übertragungsfunktion $\underline{H}''$ das gewünschte Zoomfenster aus (mit einer Breite von N' Punkten). Das Resultat:

$$\begin{aligned} \underline{W}''[m] &= \underline{R}''[m]\,\underline{H}''[m] \\ &\quad \Big\Updownarrow (N'') \\ \underline{w}''[n] &= \underline{r}''[n] * \underline{h}''[n] \end{aligned} \tag{8.123}$$

Eine naheliegende Möglichkeit zur Realisierung der digitalen Tiefpaßfilterung $\underline{H}''$ besteht in der tatsächlichen Durchführung der zyklischen Faltung aus Gl. 8.123. Das ist aber in der Praxis nur dann interessant, wenn sich $\underline{h}''$ durch nur wenige von Null verschiedene Werte darstellen läßt. Raffiniertere Verfahren der Digitalfiltertechnik werden in der am Kapitelende zitierten Literatur ausführlich beschrieben.

Das komplexe, zyklische Tiefpaßsignal $\underline{w}''$ wird abschließend nach Gln. 8.11 und 8.117 entsprechend dem Zoomfaktor Z ausgekämmt und dann umdeklariert. Dieser Vorgang wird durch den *Resampler* aus Abb. 8.22 oben, rechts, dargestellt:

$$\underbrace{\underline{w}''[n]\, Z\, ш_Z[n]} \quad \overset{(N'')}{\circ\!\!=\!\!\circ} \quad \underbrace{\underline{W}''[m] \circledast N''\, ш_{N'}[m]} \tag{8.124}$$

$$\underline{s}'[n] = Z\underline{w}''[Zn] \quad \overset{(N')}{\circ\!\!=\!\!\circ} \quad \underline{S}'[m] \tag{8.125}$$

Bei der praktischen Anwendung müssen zunächst die folgenden vier Zoomparameter gewählt werden:

1) N': Blockgröße von Zoomsignal und Zoomspektrum; frei wählbar als 2er-Potenz; technisch übliche Werte: 256; 512; 1024.

2) Z : Zoomfaktor; zugleich Dezimierungsfaktor der zeitlichen Abwärtsdezimierung; frei wählbar als ganze Zahl >1: mit der Zusatzbedingung, daß N''/Z ganzzahlig ist.

3) $\hat{F}''$: Signalbandbreite; genauer: Nyquistfrequenz des Antialiasfilters; frei wählbar im Rahmen der maximal möglichen Abtastfrequenz $f_{s,max}$:

$$0 < \hat{F}'' \leq f_{s,max}/2 \tag{8.126}$$

4) f_0: Bandmittenfrequenz des Zoomspektrums; frei wählbar im Bereich

$$0 < f_0 < \hat{F}''(1-1/Z) \tag{8.127}$$

Im Sinne von Gl. 8.13 lautet die Interpretation des Zoomspektrums $\underline{S}'$

$$\underline{S}'[m] \approx \frac{\alpha}{\hat{T}'} D[f_0 + mF'] \tag{8.128}$$

wobei folgende Beziehungen gelten:

$$\hat{T}' = \hat{T}'' = N''/f_s \qquad \text{(Signaldauer)} \tag{8.129}$$

$$f_s = 2\hat{F}'' \qquad \text{(Abtastfrequenz)} \tag{8.130}$$

$$N'' = ZN' \qquad \text{(Großer Blockumfang)} \tag{8.131}$$

$$F' = F'' = 2\hat{F}''/(ZN') = \frac{1}{\hat{T}''} \qquad \text{(spektraler Punktabstand)} \tag{8.132}$$

Nach dieser ausführlichen Analyse genügen Stichworte zur Behandlung der drei weiteren Zoomverfahren:

Video-Zoom (Abb. 8.21, zweite Zeile von oben)

Der Name *Video-Zoom* wurde hier gewählt, um anzudeuten, daß bei diesem Analog-Zoom-Verfahren im Gegensatz zu Audio-Zoom auch sehr hohe (wie z.B. in der Video-Technik übliche) Signalfrequenzen verarbeitet werden können. Die obere Grenzfrequenz wird nur durch die Konstruktion der komplexen Mischstufe (Abb. 8.23) bestimmt. Das hinter der Mischstufe angeordnete, analoge Tiefpaß-Antialias-Filter wird direkt auf die gewünschte, geringe Zoom-Bandbreite eingestellt. Entsprechend gering wird die Abtastfrequenz f_s sein.

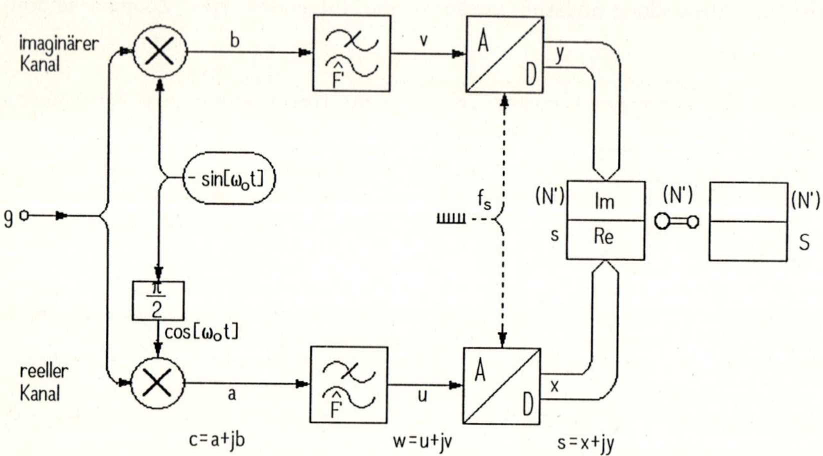

Abb. 8.23: Video-Zoom; ausführliche Version von Abb. 8.21, zweite Zeile.

Bei der Interpretation des Zoom-Spektrums $\underline{S}$ gilt wieder genau Gl. 8.128 - aber mit folgenden zusätzlichen Beziehungen:

a) Frei wählbare Parameter

- N' : Blockgröße für Zoom-DFT; 2er-Potenz; z.B. 256; 512; 1024.
- f_0 : Bandmittenfrequenz des Zoom-Spektrums; völlig freie Wahl im Rahmen der gegebenen Mischtechnik.
- $\hat{F}'$: Zoom-Bandbreite; das Zoom-Fenster überdeckt den Bereich

$$f_0 - \hat{F}' < f < f_0 + \hat{F}' \tag{8.133}$$

b) Festgelegte Parameter

$$f_s = \hat{F}'/2 \qquad \text{(Abtastfrequenz)} \tag{8.134}$$

$$\hat{T}' = N'/f_s \qquad \text{(Signaldauer)} \tag{8.135a}$$

$$F' = 1/\hat{T}' = f_s/N' \qquad \text{(spektraler Punktabstand)} \tag{8.135b}$$

Direkt-Zoom (siehe Abb. 8.21, dritte Zeile)

Wie der Name schon andeutet, wird bei diesem Digital-Zoom-Verfahren das tiefpaßabgetastete, digitalisierte Signal mit einer einmaligen N″-Punkt-DFT *direkt* in ein hochaufgelöstes, diskretes Spektrum transformiert. Das eigentliche Zoom-Verfahren besteht dann noch lediglich in der Auswahl und Anzeige eines kleinen Spektralauschnittes $\underline{S}'$ von N′ Punkten.

Das Zoom-Spektrum wird wie gewohnt nach Gl. 8.128 interpretiert, aber hier mit folgenden Zusatzvereinbarungen:

a) Frei wählbare Parameter
   - N' : Zoomblockgröße (wie bei dem Analog-Zoom-Verfahren)
   - $\hat{F}'$: Zoombandbreite
   - $\hat{F}''$: Signalbandbreite (siehe Gl. 8.126)
   - m_0 : Bandmittelpunkt (siehe Gl. 8.142; $|m_0| < (N'' - N')/2$)

b) Festgelegte Parameter

$$F'' = F' = 2\hat{F}'/N' \quad \text{(spektraler Punktabstand)} \tag{8.136a}$$

$$\hat{T}'' = 1/F'' \quad \text{(Signaldauer)} \tag{8.136b}$$

$$f_s = 2\hat{F}'' \quad \text{(Abtastfrequenz)} \tag{8.136c}$$

$$Z = \hat{F}''/\hat{F}' \quad \text{(Zoomfaktor)} \tag{8.136d}$$

$$N'' = 2\hat{F}''\hat{T}'' = N'Z \quad \text{(großer Blockumfang)} \tag{8.136e}$$

$$f_0 = m_0 F' \quad \text{(Bandmittenfrequenz des Zoomspektrums)} \tag{8.136f}$$

Playback-Zoom (siehe Abb. 8.21, vierte Zeile)

Der Name "Playback-Zoom" soll daran erinnern, daß bei diesem Digitalzoomverfahren das in einem externen digitalen Massenspeicher (N″) untergebrachte Signal im Verlaufe der mit kleiner Blockgröße (N′) durchgeführten Zoomberechnung *mehrfach abgespielt werden muß* (engl. *playback*). Das Verfahren ist im Wesentlichen identisch mit der "verketteten DFT" - also der Lösung des Problems, mit kleinem Arbeitsspeicher (N′) die DFT eines sehr großen Blockes N″ zu berechnen.

Hier zunächst die kurze mathematische Herleitung: Nach Gl. 8.11 gilt

$$\underline{X}''[m] = \sum_{n=0}^{N''-1} \underline{x}[n]\, e^{-j2\pi mn/N''} \tag{8.137}$$

Substitution (siehe Abb. 8.24):

$$n = rZ + k \;; \quad r = 0 \ldots N' - 1 \;; \quad Z = N''/N' \;; \quad k = 0 \ldots Z-1$$

$$\underline{X}''[m] = \sum_{k=0}^{Z-1} \sum_{r=0}^{N'-1} \underbrace{\underline{x}''[rZ + k]}_{\underline{y}'_k} e^{-j2\pi m(rZ+k)/N''}$$

$$= \underbrace{\sum_{k=0}^{Z-1} e^{-j2\pi km/N''}}_{\underline{Q}''} \underbrace{\left(\sum_{r=0}^{N'-1} \underline{y}'_k[r] \, e^{-j2\pi mr/N'} \right)}_{\underline{Y}'_k} \tag{8.138}$$

Also

$$\underline{X}''[m] = \sum_{k=0}^{Z-1} \underline{Q}''_k[m] \, \underline{Y}'_k[m] \tag{8.139}$$

Gl. 8.139 zeigt die Berechnung des kompletten, hochaufgelösten Spektrums $\underline{X}''[m]$. Der eigentliche Zoomvorgang besteht (wie beim Direkt-Zoom) darin, nur die N' Punkte des gewünschten Zoombereichs auszuwählen:

$$\underline{S}'[m] = \underline{X}''[m + m_0] \tag{8.140}$$

mit m_0: Bandmittelpunkt (siehe Gl. 8.142)

Das Zoomspektrum $\underline{S}'$ wird wieder nach Gl. 8.128 interpretiert. Folgende zusätzliche Bemerkungen sind zu beachten:

a) *Zoom-Parameter*:
Es gelten die gleichen Definitionen wie beim Direkt-Zoom, insbesondere auch die Gln. 8.137 bis 8.142.

b) *Vorlauf*:
Die Z in Abb. 8.24 gezeigten und mit Gl. 8.138 definierten Zeitblöcke $\underline{y}'_k$ werden einzeln aus dem Massenspeicher in den Arbeitsspeicher geholt, dort mit einer N'-Punkt DFT transformiert zu $\underline{Y}'_k$ und wieder im Massenspeicher abgelegt.

c) *Zoom-Berechnung:*
Die Z Spektren $\underline{Y}'_k$ werden einzeln nacheinander aus dem Massenspeicher gelesen, mit der jeweiligen Gewichtsfunktion $\underline{Q}''_k$ bewertet und addiert.

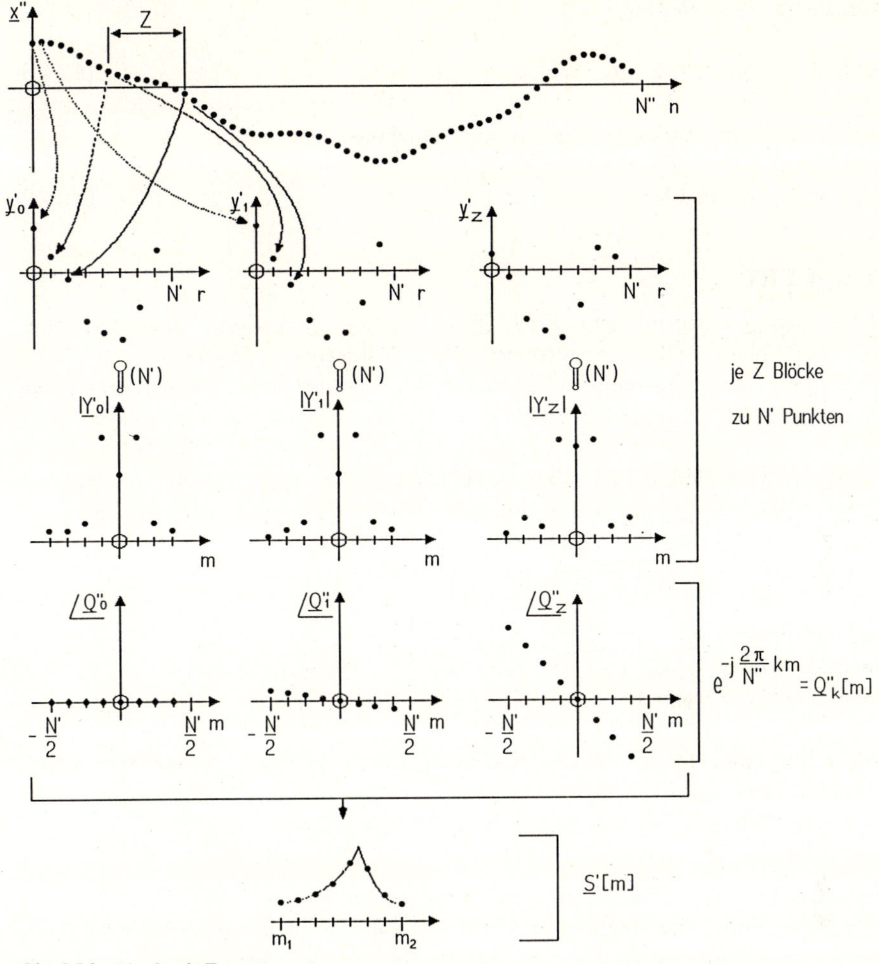

Abb. 8.24: Playback-Zoom.

1. Zeile: Original-Zeitfunktion $\underline{x}''$ (großer Block N'')
2. Zeile: Zerlegung von $\underline{x}''$ in Z Blöcke $\underline{y}'_k$ zu je N' Punkten
3. Zeile: Die zugehörigen Z Spektren $\underline{Y}'_k$
4. Zeile: Die spektralen Phasenkorrekturen ϕ_k
5. Zeile: Das Zoom-Spektrum $\underline{S}'$, als Summe der Z phasenkorrigierten Spektren $\underline{Y}'_k$.

d) *Periodizität*:

Zu beachten ist ferner, daß in den Gln. 8.139 und 8.140 Funktionen mit unterschiedlichen Blockgrößen (N' und N'') miteinander in Beziehung gebracht werden. Das ist in der klassischen DFT-Arithmetik überhaupt nicht vorgesehen. Wie in Kap. 8.3.2 (Dezimierung) ausführlich erörtert, geht das trotzdem gut, wenn man die zusätzlichen Regeln beachtet:

1. Nur ganzzahlige Dezimierung

$$N'' = N'Z \;;\quad N'',\ N',\ Z \text{ ganzzahlig} > 0 \qquad (8.141)$$

2. Die durch Strichzahl markierte Periodizität beachten; also z.B.

$$\underline{Y}'_k[m] = \underline{Y}'_k[m\,(\mathrm{mod}\,N')\,] \qquad (8.142)$$

8.3.3 FFT und FHT

FFT (*Fast Fourier Transform*) und FHT (*Fast Hartley Transform*) sind effiziente Algorithmen zur numerischen Ermittlung der Diskreten Fourier-Transformation (DFT). Dabei wird durch systematische Vermeidung redundanter Rechenoperationen die Berechnung der DFT nicht nur erheblich schneller, sondern auch genauer.

Die DFT-Theorie wird durch FFT- oder FHT-Anwendung nicht berührt. Allerdings sollten einige rechnertechnische Besonderheiten beachtet werden, um die numerischen Vorteile dieser schnellen Transformationen voll ausnutzen zu können. Das Wichtigste wird in den folgenden drei Punkten zusammengefaßt:

- FFT-Prinzip
- FHT-Prinzip
- FFT/FHT-Vergleich.

Programmtechnische Einzelheiten können der angegebenen, überaus reichhaltigen Literatur entnommen werden.

Das FFT-Prinzip

Bei den schnellen DFT-Algorithmen geht es vorrangig um Rechenzeit und Speicherbedarf. Bei der Betrachtung der Rechenzeit wird weder die Vorlaufphase (Prozedur-Aufruf, Datentransport, Tabellenaufstellung, etc.) noch die Nachlaufphase (Ergebnisspeicherung, Ausgabe auf Peripheriegerät, usw.) berücksichtigt.

Die direkte DFT-Berechnung verlangt offenkundig für jeden Spektralpunkt die Ausführung der folgenden Summe:

$$\underline{X}[m] = \sum_{n=0}^{N-1} \underline{x}[n]\, e^{-j2\pi mn/N} \qquad (m = 0;\ 1;\ \ldots\ ;\ N-1) \qquad (8.143)$$

Bei N Spektralpunkten sind dies insgesamt

$$\mu = N^2 \qquad (8.144)$$

komplexe Multiplikationen. Da die Additionen normalerweise viel weniger Zeit beanspruchen als die Multiplikationen, werden sie in der Abschätzung der Rechenzeit ignoriert.

Es gilt dann

$$T_{DFT} \approx N^2\tau \tag{8.145}$$

wobei

T_{DFT} : Rechenzeit für vollständiges DFT-Spektrum bei direkter Ausführung von Gl. 8.143

τ : Rechenzeit für eine einzige komplexe Multiplikation

N : DFT-Blockgröße.

Die FFT-Strategie besteht im Grunde darin, anstelle einer DFT mit großer Blockgröße N" viele DFTs mit möglichst kleiner Blockgröße zu berechnen und diese dann entsprechend zu kombinieren. Am einfachsten läßt sich das überblicken, wenn N" eine Zweierpotenz ist:

Wir wenden die in Gln. 8.138 und 8.139 beschriebene DFT-Verkettung mit einem Zoomfaktor (= Dezimierungsfaktor) Z = 2 an. Dann gilt (siehe Abb. 8.25)

$$\underline{X}''[m] = \sum_{k=0}^{N''-1} exp[-j2\pi km/N'']\underline{Y}'_k[m] = \underline{Y}'_0[m] + \underline{Y}'_1[m]W_0^{\,m} \tag{8.146}$$

mit

$$W_0 = exp[-j2\pi/N'']$$

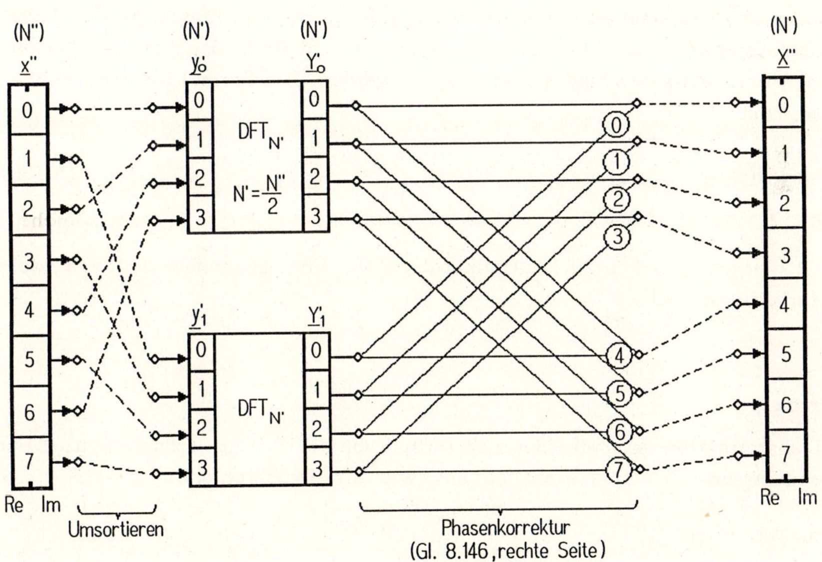

Abb. 8.25: Der Halbierungstrick - Grundlage der FFT (hier am Beispiel N" = 8).
Durch die "Phasenkorrektur" (engl. *twiddling*) werden die zwei kleinen Spektren $\underline{Y}'$ zu einem großen Spektrum $\underline{X}''$ zusammengefügt. Die in Kreise eingeschlossenen Zahlen sind die anzuwendenden Exponenten m für die Multiplikatin mit W_0^m. Durchgehende Linien symbolisieren unveränderte Weitergabe eines Wertes $\underline{Y}'$. Z.B. gilt für den letzten Spektralpunkt: $\underline{X}''[7] = \underline{Y}'_0[3] + \underline{Y}'_1[3]\,W_0^7$.

Dieser erste Schritt der DFT-Aufteilung bewirkt schon eine beträchtliche Ersparnis an Rechenoperationen: Statt einer einzigen DFT $\underline{x}'' \circ\!\!-\!\!\circ \underline{X}''$ mit Blockgröße N" werden laut Gl.8.146 zwei DFTs mit je halber Blockgröße $N' = N''/2$ durchgeführt mit anschließender Phasenkorrektur durch die Funktion W_0^m . Die Anzahl μ_1 der komplexen Multiplikationen beträgt jetzt

$$\mu_1 = 2(N''/2)^2 + N'' = N''^2/2 + N'' \tag{8.147}$$

Dabei stammt der quadratische Term von den DFTs, der lineare Term von der Phasenkorrektur der N" Spektralwerte. Für jedes der Teilspektren $\underline{Y}'_0$ und $\underline{Y}'_1$ läßt sich der hier vorgeführte Halbierungstrick (Abb. 8.25) erneut anwenden. Würde man dabei stehen bleiben, bestünde der Gesamtaufwand in vier DFTs der Blockgröße $N''/4$ sowie zwei Phasenkorrekturen; also

$$\mu_2 = 4(N''/4)^2 + 2N'' = N''^2/4 + 2N'' \tag{8.148}$$

Das läßt sich so weitertreiben bis zu $q = ld[N''] - 1$ Halbierungsschritten, wobei dann $N''/2$ DFTs der Blockgröße 2 sowie q Phasenkorrekturen durchzuführen sind. Der Aufwand:

$$\mu_q = 2^q(N''/2^q)^2 + qN'' = N''(1 + ld[N'']) \tag{8.149}$$

Was hier vorgeführt wurde ist eigentlich schon eine FFT: Der Rechenaufwand ist nicht mehr proportional zu N''^2, sondern ungefähr zu $N''ld[N'']$. Bei den klassischen FFT-Algorithmen kann (aufgrund einer hier noch nicht ausgenutzten Redundanz in der Phasenkorrektur) noch einmal etwa der Faktor 2 eingespart werden. Die Formel für den Rechenaufwand lautet dann

$$\mu = \frac{1}{2} N'' ld[N''] \tag{8.150}$$

Bei z.B. $N'' = 2^{10}$ ergeben sich 5120 Multiplikationen für FFT gegenüber 1048576 Multiplikationen für direkte DFT.

Das FHT-Prinzip

Die Hartley-Transformation unterscheidet sich formal von der Fourier-Transformation nur durch ein weggelassens "j" (fast sieht es aus wie ein Druckfehler):

- Fourier-Transformation:

$$X[f] = \int_{-\infty}^{\infty} x[t](cos[2\pi ft] - j\, sin[2\pi ft]\, dt \tag{8.151}$$

- Hartley-Transformation:

$$\tilde{X}[f] = \int_{-\infty}^{\infty} x[t](cos[2\pi ft] - sin[2\pi ft]\,dt \tag{8.152}$$

Es ist das besondere Verdienst von R. N. Bracewell, (1986), die Hartley-Transformation wieder ausgegraben und daraus die vorteilhafte Fast-Hartley-Transform entwickelt zu haben.

Welche Konsequenzen hat "das weggelassene j"? Wenn wir nur reelle Signale $x[t]$ in Betracht ziehen, gilt:

1. Das Hartley-Spektrum ist immer reell. Es gibt keine "Phase" und damit auch keine komplexen Multiplikationen.
2. Unsymmetrische Zeitfunktionen $x[t]$ führen auf unsymmetrische Spektren $\tilde{X}[f]$.
3. Auf der Grundlage der *Hartley-Symmetrierelationen* können Hartley-Spektren in Fourier-Spektren umgerechnet werden.
4. Die *Diskrete Hartley-Transformation* (DHT) kann in völliger Analogie zur DFT definiert werden, unterscheidet sich aber von der DFT eben durch das Fehlen der komplexen Multiplikationen.
5. Die *Schnelle Hartley-Transformation* (engl. *Fast Hartley-Transformation*) ist ein effizienter Algorithmus zur Ermittlung der DHT. In Kombination mit einer angehängten DHT/DFT Umwandlung (Gl.8.156) bezeichnen wir sie als FHTF.

Zusammengefaßt kann man sagen: Der praktische Nutzen der Hartley-Transformation besteht heute darin, einen alternativen Weg zu weisen, auf dem unter Vermeidung komplexer Multiplikationen das komplexe Fourier-Spektrum reeller Signale numerisch ermittelt werden kann.

Hier die einfachsten Zusammenhänge: Wir zerlegen das reelle Signal $x[t]$ nach der Methode von Gln 3.80 und 3.81 in einen geraden und einen ungeraden Anteil:

$$x[t] = g[t] + u[t] \;;\quad g \circ\!\!-\!\!-\!\!\circ G \;;\; u \circ\!\!-\!\!-\!\!\circ jU \tag{8.153}$$

Eingesetzt in Gln. 8.150 und 8.151 zeigt sich

$$\left.\begin{aligned} X[f] &= G[f] + jU[f] \\ G[f] &= \int_{-\infty}^{\infty} x[t]\,cos[2\pi ft]\,dt \\ U[f] &= -\int_{-\infty}^{\infty} x[t]\,sin[2\pi ft]\,dt \end{aligned}\right\} \tag{8.154}$$

wobei

G : Realteil des Fourier-Spektrums X; zugleich Fourier-Transformierte des geraden Signalanteils g und außerdem selbst wiederum eine gerade Funktion der Frequenz.

U : Imaginärteil des Fourier-Spektrums X; zugleich Fourier-Transformierte des ungeraden Signalteils u und außerdem selbst wiederum eine ungerade Funktion der Frequenz.

$$\left.\begin{aligned} \tilde{X}[f] &= \tilde{G}[f] + \tilde{U}[f]; \\ \tilde{G}[f] &= \tfrac{1}{2}(\tilde{X}[f] + \tilde{X}[-f]) \\ \tilde{U}[f] &= \tfrac{1}{2}(\tilde{X}[f] - \tilde{X}[-f]) \end{aligned}\right\} \quad (8.155)$$

wobei

$\tilde{G}$: Gerader Anteil des Hartley-Spektrums $\tilde{X}$; zugleich Fourier-Transformierte und Hartley-Transformierte des geraden Anteils g.

$\tilde{U}$: Ungerader Anteil des Hartley-Spektrums $\tilde{X}$; zugleich Fourier-Transformierte und Hartley-Transformierte des ungeraden Signalteils u .

Aufgrund der mit Gl. 8.155 gegebenen *Hartley-Symmetrierelationen* muß gelten (siehe Gl. 8.154):

$$X[f] = \tilde{G}[f] - j\tilde{U}[f] \quad (8.156)$$

In der Schreibweise der DFT-Arithmetik sieht die Organisation der FHTF so aus:

1. Bereitstellung der zyklischen, reellen Zeitfunktion $\underline{x}[n]$; Blockgröße N.

2. Berechnung des zyklischen, reellen Hartley-Spektrums $\underline{\tilde{X}}[m]$ (Blockgröße N) nach dem von Bracewell (1986) angegebenen, eigentlichen FHT-Algorithmus.

3. Hartley/Fourier-Umwandlung:
   a) Symmetriezerlegung auf der Grundlage der Gln. 8.21, 8.22:

$$\left.\begin{aligned} \underline{\tilde{G}}[m] &= \tfrac{1}{2}(\underline{\tilde{X}}[m] + \underline{\tilde{X}}[N-m]) \\ \underline{\tilde{U}}[m] &= \tfrac{1}{2}(\underline{\tilde{X}}[m] - \underline{\tilde{X}}[N-m]) \end{aligned}\right\} \quad (8.157)$$

   wobei offensichtlich $\underline{\tilde{G}}[m] + \underline{\tilde{U}}[m] = \underline{\tilde{X}}[m]$ und die Blockgröße von $\underline{\tilde{G}}$ und $\underline{\tilde{U}}$ ebenfalls gleich N ist.

b) Umbenennung auf der Grundlage der Gl. 8.156:

$$\underline{X}[m] = \underline{X}_R[m] + j\underline{X}_I[m] = \underline{\tilde{G}}[m] - j\underline{\tilde{U}}[m] \quad (8.158)$$

Vergleich der verschiedenen diskreten Spektralanalyseverfahren

Das wichtigste Resultat vorweg: Wie Bracewell (1986) behauptet hat, benötigt die FHTF in der Tat bei gleicher Signallänge N nur etwa halb so viele reelle Multiplikationen wie die FFT und ist damit etwa doppelt so schnell. Sinnvoll ist dieser Vergleich aber nur für reelle Signale. Und für reelle Signale kann man eine Sonderform der FFT, die RFFT ("Real Fast Fourier Transform") benutzen, die praktisch genau so schnell wie FHTF ist. Eigene numerische Tests von FHTF und RFFT ergaben keine signifikanten Unterschiede - weder bei Laufzeit, noch Speicherbedarf noch Programmieraufwand.

Zum Abschluß dieses Kapitels sollen die RFFT und die damit verwandte Simultan-FFT im Detail beschrieben werden. Zunächst aber noch der Versuch einer zusammenfassenden, tabellarischen und graphischen Gegenüberstellung der Leistungsmerkmale aller erwähnten Verfahren.

Vergleich CDFT, CFFT, RFFT, FHTF

Bei den nachstehenden Vergleichen (Abb. 8.26, 8.27 und Tab. 8.5) sollen folgende Definitionen gelten:

- CDFT: Komplexe, diskrete Fourier-Transformation (*complex discrete Fourier transform*). Ein komplexer Zeitblock mit N komplexen Elementen wird durch N-fache, direkte Ausführung der linken Summe aus Gl.8.11 transformiert und ergibt ein komplexes Spektrum mit N komplexen Elementen. Der sonst nicht übliche Zusatz "komplex" wird hier zur Erhöhung der Deutlichkeit benutzt: Die hier gemeinte, ganz normale, mit Gl. 8.11 beschriebene DFT sieht ja die Zeitfunktion grundsätzlich als komplex an. Um eine reelles Signal überhaupt verarbeiten zu können, muß es zunächst durch einen aus N Nullen bestehenden Imaginärteil ergänzt werden.

- CFFT: Komplexe, schnelle Fourier-Transformation (*Complex Fast Fourier Transform*). Gemeint ist die ganz normale FFT, die genau wie CDFT eine komplexe Zeitfunktion mit N komplexen Elementen verarbeitet und ein Spektrum mit ebenfalls N komplexen Elementen erzeugt. Auch hier der sonst nicht übliche Zusatz "komplex" zur Verdeutlichung und zum besseren Kontrast gegenüber den nachstehenden beiden Verfahren, die nur reelle Zeitfunktionen verarbeiten.

- RFFT: Reelle, schnelle Fourier-Transformation (*Real Fast Fourier Transform*). Dieses am Ende des Kapitels im Detail beschriebene Verfahren erzeugt aus einem Zeitsignal von N reellen Elementen ein Spektrum von $\frac{1}{2}$ N komplexen Elementen. Das ist eigentlich nur das halbe Spektrum. Die andere Hälfte - also die $\frac{1}{2}$ N Elemente für negative Frequenzen - ist wegen der bei reellen Signalen vorhandenen, spektralen Symmetrie (Tab. 8.1) redundant; sie könnte bei vernachlässigbar kleinem, zusätzlichem Aufwand an Rechenzeit durch Kopieren und Vorzeichenändern erzeugt werden, brauchte dann aber nur unnötigen, zusätzlichen Speicherplatz.

- FHTF: Schnelle Hartley-Transformation mit Fourier-Umwandlung (*Fast Hartley Transform with Fourier Conversion*). Aus einer Zeitfunktion von N reellen Elementen wird zunächst mit Hilfe des Bracewellschen FHT-Algorithmus das unsymmetrische, diskrete Hartley-Spektrum von N reellen Elementen erzeugt. Anschließend wird durch Symmetriezerlegung (Gl.8.157) und Umbenennung (Gl.8.158) das eigentlich gewünschte DFT-Spektrum gewonnen. Auch hier werden wegen der Symmetrie des Fourier-Spektrums reeller Signale nur $\frac{1}{2}$N komplexe Spektralelemente benötigt.

Die vier vorstehend definierten, diskreten Spektralanalyseverfahren müssen nochmals unterteilt werden in je eine *direkte* und eine *tabellierende* Variante, also z.B.

$$\text{RFFT}_{dir} \text{ oder } \text{RFFT}_{tab}.$$

Der Unterschied besteht in der Behandlung der diskreten, komplexen, trigonometrischen Funktionen W_0^m (Gl.8.146), die ja in allen vier Verfahren auftreten. In der direkten Variante werden jedesmal die *cos*- und *sin*-Standardroutinen mit passendem Argument aufgerufen, was programmiertechnisch besonders einfach ist, aber sehr viel Rechenzeit kosten kann. In der tabellierenden Variante hingegen, werden vorab in einer einmaligen Vorbereitungsphase *cos*- und *sin*-Tabellen angelegt, die dann anstelle der Standardroutinenaufrufe benutzt werden. Das Tabellieren kostet erhöhten Programmieraufwand und zusätzlichen Speicherplatz, ist aber dann unschlagbar schnell.

Innerhalb der tabellierenden Variante gibt es noch Unterschiede bezüglich des Tabellenumfanges. Die kleinste Tabelle, bei der zwar schon umständliche Fallunterscheidungen und Vorzeichenkombinationen, aber noch keine Multiplikationen erforderlich sind, belegt einen einzigen Quadranten nur mit *sin*-Werten - z.B. bei N-Punkt CDFT N/4 reelle Werte. Wir wollen für den folgenden Vergleich die programmiermäßig bequemere Annahme treffen, daß zwei Quadranten sowohl mit *sin*- als auch *cos*-Werten belegt werden. Verglichen mit der Minimaltabelle verringert sich die Rechenzeit etwas und der Tabellen-Speicherbedarf vervierfacht sich.

Außer der direkten und der tabellierenden Variante trifft man manchmal auch noch auf die *rekursive Variante*: Hierbei wird weder tabelliert noch werden trigonometrische Standardfunktionen aufgerufen. Stattdessen werden die trigonometrischen Funktionen größerer Argumente rekursiv aus vorhergegangenen Funktionswerten kleinerer Argumente berechnet. Diese Methode ist viel schneller als die direkte und braucht keinerlei Speicherplatz für Tabellen ; sie könnte also geradezu als idealer Kompromiß empfunden werden. Der oft nicht genannte, entscheidende Nachteil liegt in der Kumulierung der Rundungsfehler. Das führt bei den üblichen Blockgrößen von $N = 2^{10}$ bis

2^{13} zu einer deutlichen Verringerung des Dynamikumfanges. Daher wird von dieser Variante abgeraten; sie wird hier auch nicht weiter betrachtet.

Methode	Signal-speicher M_0	Trigo.-speicher M_1	Reelle Multi-plikationen N_r	Reelle Trigo.-Aufrufe	Zeit T_c
$CDFT_{tab}$	2N	N	$2N^2$	0	$2N^2 T_0$
$CDFT_{dir}$	2N	0	$2N^2$	$2N^2$	$2N^2(T_0 + T_1)$
$CFFT_{tab}$	2N	N	$N\,ld[N]$	0	$N\,ld[N]\,T_0$
$CFFT_{dir}$	2N	0	$N\,ld[N]$	$N\,ld[N]$	$N\,ld[N]\,(T_0 + T_1)$
$RFFT_{tab}$	N	$\frac{3}{2}N$	$\approx \frac{1}{2}N\,ld[N]$	0	$\approx \frac{1}{2}N\,ld[N]\,T_0$
$RFFT_{dir}$	N	0	$\approx \frac{1}{2}N\,ld[N]$	$\approx \frac{1}{2}N\,ld[N]$	$\approx \frac{1}{2}N\,ld[N]\,(T_0 + T_1)$
$FHTF_{tab}$	N	N	$\approx \frac{1}{2}N\,ld[N]$	0	$\approx \frac{1}{2}N\,ld[N]\,T_0$
$FHTF_{dir}$	N	0	$\approx \frac{1}{2}N\,ld[N]$	$\approx \frac{1}{2}N\,ld[N]$	$\approx \frac{1}{2}N\,ld[N]\,(T_0 + T_1)$

Tab. 8.5: Vergleich des numerischen Aufwandes von acht unterschiedlichen Verfahren zur Ermittlung des DFT-Spektrums einer zyklischen Zeitfunktion der Blockgröße N.

Signalspeicher:
Anzahl der zu speichernden, reellen Worte. Mit einem solchen "Wort" ist eine Gleitkommazahl gemeint, für die je nach Programmiersprache und Prozessortyp etwa fünf bis acht Bytes zu veranschlagen sind.

Trigo.-Speicher:
Anzahl der für die trigonometrische cos/sin-Tabelle zu speichernden, reellen Worte.

Zeit:
Benötigte Rechenzeit zur Ermittlung des zyklischen Spektrums einer N-Punkte-Zeitfunktion. Dabei ist T_0 die Zeit für eine reelle Multiplikation und T_1 die Zeit für die Berechnung einer trigonometrischen Standardfunktion.

Simultan-FFT

Bei der großen Mehrzahl aller denkbaren DFT-Anwendungen ist das zu analysierende Zeitsignal reell. Bei CDFT und CFFT muß in diesem Fall ein redundanter Block von Nullen als Imaginärteil der Zeitfunktion mittransformiert werden. Und das Ergebnis der Transformation ist genauso redundant: Die zu negativen Frequenzen gehörenden Spektralpunkte sind das konjugiertkomplexe Spiegelbild der Punkte bei positiven Frequenzen. Diese Redundanz der DFT (und FFT) kann auf zweierlei Art ausgenutzt werden:

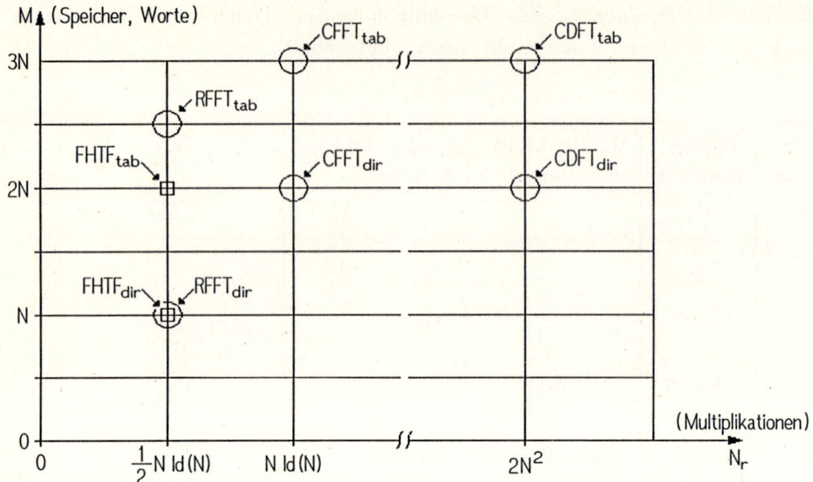

Abb. 8.26: Speicherbedarf $M = M_0 + M_1$ und Anzahl reeller Multiplikationen N_r, berechnet nach Tab. 8.5.

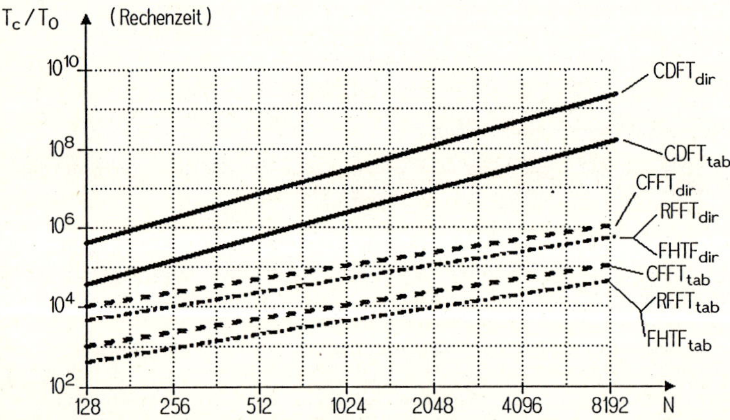

Abb. 8.27: Die Rechenzeit T_c als Funktion der Signallänge N, berechnet nach Tab. 8.5, rechte Spalte, unter der etwas willkürlichen Annahme $T_1 = 10\ T_0$.

1. Gleichzeitige Transformation zweier unabhängiger, reeller Zeitfunktionen, wobei eine dieser Funktionen proforma zum Realteil, die andere zum Imaginärteil einer komplexen Zeitfunktion erklärt werden. Nachträgliche Entflechtung des resultierenden Spektrums zur Gewinnung der beiden gesuchten Spektren: *Simultan-FFT*.

2. Zerlegung einer Zeitfunktion in zwei Funktionen von gleicher, halbierter Blockgröße. Durchführung einer Simultan-FFT. Verbindung der beiden resultierenden Spektren zu dem gesuchten Spektrum von ursprünglicher Blockgröße: RFFT.

Zur Erläuterung der RFFT muß also zunächst die *Simultan-FFT* (Abb. 8.28) behandelt werden:

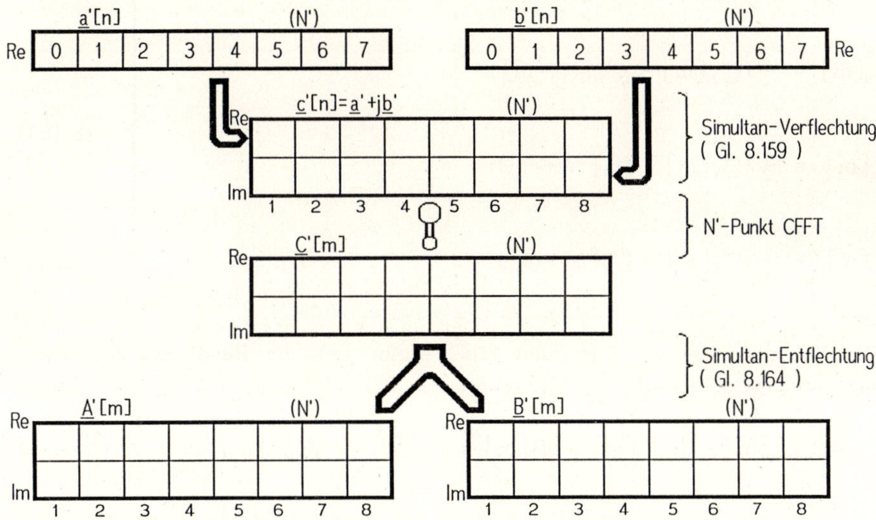

Abb. 8.28: Simultan-FFT. Hier als Beispiel mit einer Blockgröße N' = 8.
Oben: Die beiden unabhängig zu transformierenden, reellen Signale $\underline{a}'$ und $\underline{b}'$.
Mitte: Das daraus zusammengesetzte komplexe Signal $\underline{c}'$ und dessen Spektrum $\underline{C}'$.
Unten: Die beiden eigentlich gesuchten Spekten $\underline{A}'$ und $\underline{B}'$.
Der hochgesetzte, kleine Strich bei allen Funktionsnamen weist auf den Zusammenhang zur mit gleicher Strichzahl markierten Blockgröße N' hin.

Simultanverflechtung (Abb. 8.28, oben)
Das komplexe Signal $\underline{c}'$ entsteht durch Addition von $\underline{a}'$ und $j\underline{b}'$:

$$\underline{c}'[n] = \underline{a}'[n] + j\underline{b}'[n] \tag{8.159}$$

Transformation (Abb. 8.28, Mitte)
Wegen der Linearität der DFT muß das resultierende Spektrum $\underline{C}'$ aus der Summe der Spektren $\underline{A}'$ und $j\underline{B}'$ bestehen:

$$\underline{C}'[m] = \underline{A}'[m] + j\underline{B}'[m] \tag{8.160}$$

Andererseits kann man $\underline{C}'[m]$ in Symmetriekomponenten zerlegen, die sich aufgrund der in Tab. 8.1 gegebenen Symmetriebeziehungen eindeutig den Teilspektren $\underline{A}'$ oder $\underline{B}'$ zuordnen lassen:

$$\underline{A}' = \underline{A}'_{R,g} + j\underline{A}'_{I,u} \ ; \quad \underline{B}' = \underline{B}'_{R,g} + j\underline{B}'_{I,u} \ ; \quad j\underline{B}' = j\underline{B}'_{R,g} - \underline{B}'_{I,u} \tag{8.161}$$

$$\underline{C}' = \underline{C}'_{R,g} + \underline{C}'_{R,u} + j(\underline{C}'_{I,g} + \underline{C}'_{I,u}) \tag{8.162}$$

Für die tatsächlich durchzuführende Zerlegung von $\underline{C}'$ (Gl. 8.162) wird Gl. 8.157 sinngemäß angewandt:

$$\left.\begin{aligned}
\underline{C}'_{R,g}[m] &= \tfrac{1}{2}\left(\underline{C}'_R[m] + \underline{C}'_R[N'-m]\right)\\
\underline{C}'_{R,u}[m] &= \tfrac{1}{2}\left(\underline{C}'_R[m] - \underline{C}'_R[N'-m]\right)\\
\underline{C}'_{I,g}[m] &= \tfrac{1}{2}\left(\underline{C}'_I[m] + \underline{C}'_I[N'-m]\right)\\
\underline{C}'_{I,u}[m] &= \tfrac{1}{2}\left(\underline{C}'_I[m] - \underline{C}'_I[N'-m]\right)
\end{aligned}\right\} \qquad (8.163)$$

Aus der Gleichsetzung von Gl. 8.161 und 8.162 ergibt sich die Regel zur *Simultan-entflechtung* (Abb. 8.28, unten):

$$\underline{A}[m] = \underline{C}_{R,g}[m] + j\underline{C}_{I,u}[m] \ ; \ \ \underline{B}[m] = \underline{C}_{I,g}[m] - j\underline{C}_{R,u}[m] \qquad (8.164)$$

Real-FFT (RFFT)

Abb. 8.29 zeigt das Prinzip der RFFT:

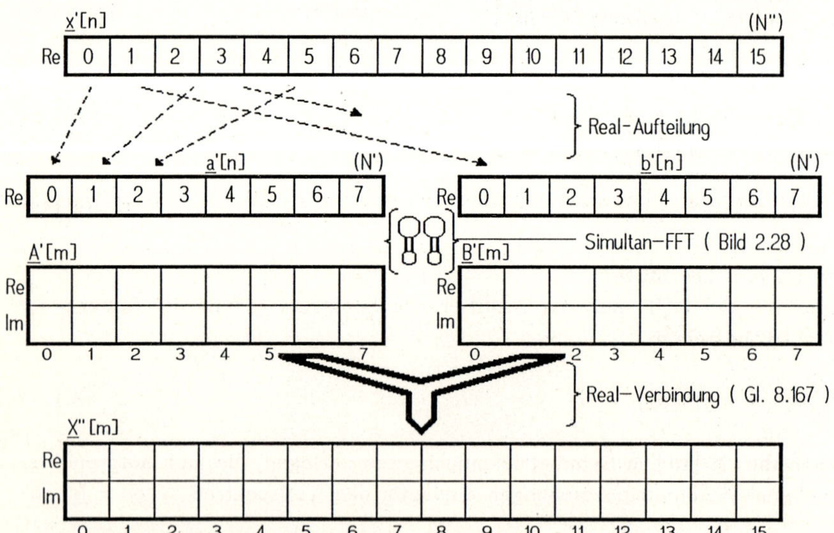

Abb. 8.29: Real-FFT. Hier als Beispiel mit einer Blockgröße N'' = 16 und dazu passend N' = 8.
Oben: Das zu analysierende, reelle Signal.
Unten: Das resultierende Spektrum. Die "Realverbindung" Gl. 8.167 muß nur für m = 0 ... N''/2 durchgeführt werden.

Real-Aufteilung (Abb. 8.29, oben)
Das lange, reelle Zeitsignal $\underline{x}''[n]$ mit Blockgröße N″ wird nach Art des in Abb. 8.25 gezeigten "Halbierungstricks" aufgeteilt in zwei kurze Zeitsignale $\underline{a}'$ und $\underline{b}'$ mit Blockgröße $N' = N''/2$

Simultan-FFT (Abb. 8.29, Mitte)
Da die beiden zu transformierenden Signale a′ und b′ gleichlang und reell sind, erfüllen sie genau die Voraussetzung zur Anwendung der Simultan-FFT. Als Resultat dieser Simultan-FFT erhalten wir die beiden Spektren A′ und B′.

Real-Verbindung (Abb. 8.29, unten)
Das Ziel der ganzen Operation ist ja die Ermittlung des Spektrums $\underline{X}''[m]$; und Gl. 8.146 zeigt uns, wie wir $\underline{X}''$ durch geschickte Verbindung der Spektren $\underline{A}'$ und $\underline{B}'$ erhalten:

$$\underline{X}''[m] = \underline{A}'[m] + \underline{B}'[m]\, W_0^m \qquad (8.165)$$

oder, mit $\beta = 2\pi/N''$ und

$$W_0^m = e^{-j2\pi m/N''} = cos[m\beta] - j\,sin[m\beta] \qquad (8.166)$$

handlich in Komponenten zerlegt:

$$\left.\begin{aligned} \underline{X}''_R[m] &= \underline{A}'_R[m] + \underline{B}'_R[m]\, cos[m\beta] + \underline{B}'_I[m]\, sin[m\beta] \\ \underline{X}''_I[m] &= \underline{A}'_I[m] + \underline{B}'_I[m]\, cos[m\beta] - \underline{B}'_R[m]\, sin[m\beta] \end{aligned}\right\} \qquad (8.167)$$

Da $\underline{x}''$ reell ist, wird $\underline{X}''$ symmetrisch sein:

$$\underline{X}''[N''-m] = \underline{X}''^{*}[m] \qquad (8.168)$$

Es interessiert also nur die zu positiven Frequenzen gehörende Hälfte des Spektrums.

Literaturempfehlungen Kap. 8

zum Thema "DFT-Herleitung, DFT-Paare, Zyklische Faltung"

1. Brigham, 1982, ch. 6
2. Oppenheim/Schafer, 1975, ch. 3
3. Klein, 1976, § 2
4. Babovsky u.a., 1987, Kap. 7

zum Thema "Dezimierung und Zoom"

1. Thrane, 1980
2. Otnes/Enochsen, 1978, ch. 5.5

zum Thema "FFT"

1. Bogner/Constantinides, 1980, ch. 7.7 - 7.8
2. Stearns, 1987, Kap. 6
3. Rabiner/Gold, 1975, ch. 6

zum Thema "FHT, DHT"

1. Bracewell (1), 1986, ch. 19 und 20
2. Bracewell (2), 1986

zum Thema "Simultan-FFT, Real-FFT"

1. Cooley/Lewis/Welch, 1969 {erstmalige ausführliche Beschreibung}
2. Burlirsch/Stoer, 1968, § 6.3 {Algol-Programme}
3. Bogner/Constantinides, 1980, ch. 7.9 {Fortran-Programme}

zum Thema "Digitalfilter"

1. Wupper, 1989
2. Oppenheim/Schafer, 1975

9 Wahrscheinlichkeitstheorie

In diesem Kapitel werden die wichtigsten Begriffe und Verfahren der Wahrscheinlichkeitstheorie zusammengestellt, soweit sie zum Verständnis der nachfolgenden Kapitel (10 bis 14) erforderlich sind.

In Kap. 9.1 wird der vieldeutige Begriff *Wahrscheinlichkeit* analysiert und festgelegt. Kap. 9.2 bringt die wichtigsten Regeln zum Umgang mit Wahrscheinlichkeitsaussagen.

Definitionen und Regeln sind aber nur Werkzeuge. Erst Modellvorstellungen (hier: Verteilungsfunktionen) bringen Ordnung und Überblick. Kap. 9.3 erläutert die wichtigsten Verteilungsfunktionen und gibt Hinweise auf vereinfachte Berechnungsmethoden.

Vor Beginn der statistischen Betrachtung soll noch einmal kurz der *Unterschied zwischen determinierter*[1] *und stochastischer*[2] (statistischer) Analyse zusammengefaßt werden:

Schon in Kap. 2.1 wurde vorgeschlagen, die Signale in die drei Grundmuster

- transient
- periodisch
- stochastisch

einzuteilen, je nach der *Vermutung über den weiteren Signalverlauf außerhalb des Beobachtungszeitraumes*. Das *transiente und das periodische Signal* werden vorwiegend als determinierte Signale behandelt - also ausgehend von der Modellvorstellung, daß die vorhandene Aufzeichnung (oder sonstige Funktionsbeschreibung) zugleich eine *vollständige* Beschreibung des Signals darstellt.

Das *stochastische Signal*, von dem definitionsgemäß eine vorhandene Aufzeichnung nur einen *zeitlichen Ausschnitt* darstellt, wird sinnvollerweise *nur als Beispiel* angesehen, zu dem bei Bedarf eventuell noch weitere Beispiele, also weitere, zu anderen Terminen aufgenommene Ausschnitte, hinzugefügt werden können. Hier kann nur mit den Methoden der mathematischen Statistik *das "Typische" aus den Beispielen herauskristallisiert werden* - immerhin mit sehr weitgehenden Vorhersagemöglichkeiten.

9.1 Definitionen der Wahrscheinlichkeit

Der Begriff *Wahrscheinlichekeit* (engl. *probability*) hat sich im Laufe der Zeit gewandelt. Vier klar unterscheidbare Definitionen von Wahrscheinlichkeit sind heute noch üblich und werden jetzt in der Reihenfolge der historischen Entwicklung behandelt:

1. determiniert von lat. *determinare* (= festlegen).
2. stochastisch leitet sich vom griechischen *stochastikos* (mutmaßend) ab.

Psychologische Wahrscheinlichkeit

↓

Klassische Wahrscheinlichkeit

↓

Statistische Wahrscheinlichkeit

↓

Axiomatische Wahrscheinlichkeit

9.1.1 Psychologische Wahrscheinlichkeit

Dieser Wahrscheinlichkeitsbegriff ist im alltäglichen Sprachgebrauch weitverbreitet. Beispiel: Ein Student hat das Gefühl, gut vorbereitet zu sein und sagt: "Sehr wahrscheinlich werde ich die Prüfung morgen bestehen". Also *Wahrscheinlichkeit* als *Ausdruck des subjektiven Überzeugtheitsgrades*. Die psychologische Wahrscheinlichkeit läßt sich nicht mathematisch fassen und wird deshalb auch nicht weiter diskutiert. Allerdings hat sie mit den folgenden drei Definitionen gemeinsam, daß sie einen Anhaltspunkt liefert, um in Situationen mit ungewissem Ausgang vorab vernünftige Entscheidungen treffen zu können.

9.1.2 Klassische Wahrscheinlichkeit

Die Ermittlung und Definition der *klassischen Wahrscheinlichkeit* (auch *mathematische Wahrscheinlichkeit* oder *a-priori-Wahrscheinlichkeit* genannt) geschieht nach folgendem Sechstufenplan:

1) Genaue Beschreibung eines *Experimentes* (das auch ein Gedankenexperiment sein kann).

2) Definition des *Ereignisses*: Das Ergebnis des Experiments muß nach einer festen Vorschrift notiert werden können. Diese Notitz heißt *Ereignis*.

3) Definition des *günstigen Ereignisses*.

4) Ergründung der Menge M aller möglichen Ereignisse. Alle Ereignisse müssen *gleichmöglich* sein.

5) Feststellung der Untermenge U aller günstigen Ereignisse.

6) Berechnung der *Wahrscheinlichkeit P des günstigen Ereignisses* als

$$P = \frac{N_U^*}{N^*} \quad ; \qquad (0 \le P \le 1) \tag{9.1}$$

mit N_U^* = Anzahl der günstigen Ereignisse; (Anzahl der Elemente der Untermenge U)

N^* = Anzahl aller gleichmöglichen Ereignisse (= Anzahl der Elemente der Menge M)

Beispiel

1) Experiment: Würfelspiel mit zwei Würfeln.
2) Ereignis: Punktekombination eines Wurfes.
3) Günstiges Ereignis: Kombination, deren Punktsumme größer als 9 ist.
4) $M = \{1/1,\ 1/2,\ 1/3,\ \dots,\ 2/1,\ 2/2,\ \dots,\ 6/6\}$.
5) $U = \{5/5,\ 5/6,\ 6/5,\ 6/6,\ 6/4,\ 4/6\}$.
6) $N^* = 6^2 = 36$; $N^*_U = 6$; $P = 6/36 \approx 0.167$.

Die *Kombinatorik* als Sondergebiet der Algebra befaßt sich mit der systematischen Erschließung solcher Mengen. Die klassische Wahrscheinlichkeit ist gesetzliche und geschäftliche Grundlage für die Veranstalter aller Zahlenglücksspiele (Lotto, Roulette, Würfeln, usw.). Das einzelne Experiment wählt blindlings eines der gleichmöglichen Ereignisse aus. Nur in der rückblickenden Bilanzierung einer großen Zahl solcher Experimente wird sich zeigen, daß

$$\frac{N_U}{N} \approx P \qquad (9.2)$$

wobei

N_U = Anzahl der experimentell gefundenen, günstigen Ereignisse
N = Anzahl der Experimente (Stichprobenumfang)
P = die nach Gl. 9.1 theoretisch vorhergesagte Wahrscheinlichkeit

9.1.3 Statistische Wahrscheinlichkeit

Die Ermittlung der statistischen Wahrscheinlichkeit (auch a-posteriori-Wahrscheinlichkeit genannt) geschieht nach dem folgenden Dreistufenplan:

1) Definition von Experiment, Ereignis und günstigem Ereignis genau wie im Fall der klassischen Wahrscheinlichkeit (siehe dort Punkte 1 - 3).

2) *Durchführung vieler unabhängiger Experimente* (Anzahl N); Feststellung der Anzahl N_U der dabei herausgekommenen günstigen Ereignisse und Berechnung der *relativen Häufigkeit*

$$r = N_U/N \qquad (9.3)$$

3) Benutzung dieser relativen Häufigkeit als *Schätzwert* $\tilde{P}$ für die unbekannte Wahrscheinlichkeit P,

$$\tilde{P} = r \qquad (9.4)$$

Experimente, die *kombinatorisch nicht zu durchschauen sind*, entziehen sich völlig dem klassischen Wahrscheinlichkeitskonzept. Trotzdem - das ist der Kernpunkt - muß ein Prozeßparameter P, den es zu schätzen gilt, *im Verborgenen wirksam sein*. Der obige Dreistufenplan zeigt den einzigen, in dieser Situation gangbaren Weg. In diesem Licht wird die *statistische Wahrscheinlichkeit definiert* als

$$P = \lim_{N \to \infty} r \qquad (9.5)$$

Beispiel

1) Das *Experiment* besteht in der Messung eines Augenblickswertes u eines elektrischen Signals, das aus einer stationären, weißen, bandbegrenzten Rauschquelle stammt - also einer Quelle, die ihren Charakter nicht im Laufe der Zeit ändert.
Das *Ereignis* ist der Zahlenwert der Spannung in Volt. Als *günstiges Ereignis* wird definiert: $u > 0$.

2) Viele Experimente werden durchgeführt, d.h. es werden viele unabhängige Augenblickswerte gemessen. In unserem Beispiel wird die Unabhängigkeit *durch Einhaltung der Abtastbedingungen gewährleistet*; (siehe dazu Kap. 7.1). Das Ergebnis könnte sein: $\{-3, 1, 0.7, -2.1, 0.1, 13, 2, -0.8, -12\}$, also $N = 9$. (Um Papier zu sparen, mögen ausnahmsweise diese 9 Elemente als "große Menge" gelten). Anzahl der günstigen Ereignisse: $N_U = 5$. *Relative Häufigkeit* $r = 5/9 \approx 0.55$.

3) Also *Schätzung* $\tilde{P} = 0.55$.

Bei einer neuerlichen Experimentalserie am gleichen Prozeß wird natürlich ein anderer Schätzwert $\tilde{P}$ herauskommen. Die Zuverlässigkeit der Schätzung wächst mit N (siehe dazu Kap. 9.3.3). Unsere Schätzung kann *niemals den wahren Wert P zutage fördern* (siehe Gl. 9.4), aber sie wird mit einer mit N wachsenden Sicherheit in immer engerer Nachbarschaft von P liegen.

9.1.4 Axiomatische Wahrscheinlichkeit

Ein System mathematischer Sätze, aus denen sich alle übrigen Sätze der gleichen Theorie logisch ableiten lassen, wird *Axiomensystem* genannt[3]. Die moderne Wahrscheinlichkeitstheorie gründet sich auf dem von G. N. Kolmogoroff, 1933, vorgeschlagenen Axiomensystem. Sie hat sich gelöst von der Frage der kombinatorischen Durchschaubarkeit, widerspricht aber weder der klassischen noch der statistischen Definition. Vereinfacht zusammengefaßt bedeutet das: *Kolmogoroff liefert heute die Theorie, das statistische Verfahren liefert die Daten.*

Die axiomatische Wahrscheinlichkeitstheorie wird mengentheoretisch begründet. Die Elemente dieser Mengen müssen Zahlen sein. Jedem Ereignis physikalischer Natur muß nach frei wählbaren, aber dann fest einzuhaltenden Regeln eine Zahl zugeordnet werden. *Das Experiment erzeugt also grundsätzlich Zahlen.* Die axiomatischen Wahrscheinlichkeitsereignisse sind Zahlen oder Zahlenintervalle. Mit diesem Vorwort lauten die *Kolmogoroffschen Axiome*:

1. $$P\{\boldsymbol{E}\} \geq 0 \tag{9.6}$$

2. $$P\{\boldsymbol{M}\} = 1 \tag{9.7}$$

3. $$P\{\boldsymbol{E}_1 \vee \boldsymbol{E}_2\} = P\{\boldsymbol{E}_1\} + P\{\boldsymbol{E}_2\}, \tag{9.8}$$
falls sich $\boldsymbol{E}_1$ und $\boldsymbol{E}_2$ gegenseitig ausschließen.

mit $\vee$ = mengentheoretische Vereinigung
$\boldsymbol{E}$ = Ereignis (Zahl); Element der Menge $\boldsymbol{M}$
$\boldsymbol{M}$ = Menge aller reellen Zahlen
$P\{\boldsymbol{M}\}$ = Die *Wahrscheinlichkeit des sicheren Ereignisses* - einfach ausgedrückt: die Wahrscheinlicheit, daß das Experiment überhaupt eine Zahl liefert.

3. In der griechischen Philosophie war das Axiom ein unmittelbar einleuchtender Grundsatz, der weder beweisbar noch eines Beweises bedürftig war.

Beipiel zu Satz 3.:

Wir sammeln wieder unabhängige Augenblickswerte einer elektrischen Rauschspannung, wie im vorigen Abschnitt. Wenn wir festlegen: $E_1 = \{u < 5\}$ und $E_2 = \{u > 7\}$, mit u = Spannung/V, dann ist $M = \{-\infty \leq u \leq \infty\}$ und $P\{u < 5 \vee u > 7\} = P\{u < 5\} + P\{u > 7\}$.

9.2 Funktionen und Parameter der Wahrscheinlichkeitstheorie

Im Zusammenhang mit den Wahrscheinlichkeitsdefinitionen des vorigen Abschnitts war immer von einem *Experiment* die Rede, das bei jeder Durchführung eine Zahl lieferte. Also in der technischen Vorstellung: Ein Knopfdruck - eine Zahl.

Wir wollen diesen Vorgang automatisieren: Das Experiment läuft von alleine ab und produziert pausenlos Zahlen. Diese Zahlenproduktion lief schon immer und wird immer weiter laufen: Die Aufzeichnung der Zahlenwerte als Funktion der Zeit nennen wir *stochastisches Signal.* Die Menge der *möglichen Ereignisse*, also die Datenmenge, ist jetzt unerschöpflich groß.

Bei der systematischen, wahrscheinlichkeitstheoretischen Analyse dieser Datenproduktion interessieren vor allem zwei Fragen:

- Wie häufig treten die einzelnen Zahlen auf?
- Welche Abhängigkeit besteht zwischen aufeinanderfolgenden Zahlen?

Die erste Frage führt über das *Histogramm* zur *Wahrscheinlichkeitsdichte* und *Verteilungsfunktion.* Sie soll unmittelbar anschließend behandelt werden. Die zweite Frage führt über *stochastische Korrelation* und *Ergodizität* zum *Leistungsspektrum.* Diese Frage wird im nächsten Kapitel behandelt.

9.2.1 Histogramm

Die im statistischen Wahrscheinlichkeitskonzept definierte *relative Häufigkeit* ist der einzige meßtechnische Ansatzpunkt zur Schätzung von Wahrscheinlichkeiten unbekannter Prozesse. Die systematische, gleichzeitige Häufigkeitsanalyse mehrerer, durch Intervalle definierter Ereignisse ergibt ein Histogramm (engl. *histogram*)[4].

Auf einer Zahlengeraden werden die Intervallgrenzen Δx markiert und über jedem Intervall ein *Balken* aufgetragen, dessen Höhe y proportional zur relativen Häufigkeit ist (Abb. 9.1).

Die Klassenbreite Δx wählt man nach der Sturgesschen Faustformel

$$\begin{aligned} \Delta x &= (x_{max} - x_{min})/M \\ M &\approx 1 + 3.32\, lg[N] \end{aligned} \tag{9.9}$$

4. histogram von *histo(ry)-gram*, also wörtlich Geschichtsaufzeichnung. Die Nachsilbe *-gram* meint alles aufgezeichnete (z.B. Diagramm, Telegramm); aus lat./griech. *gramma* (= Brief). History (Geschichte) ist hier natürlich verengt gesehen als Häufigkeit eines Ereignisses.

wobei N = Stichprobenumfang
M = Klassenzahl

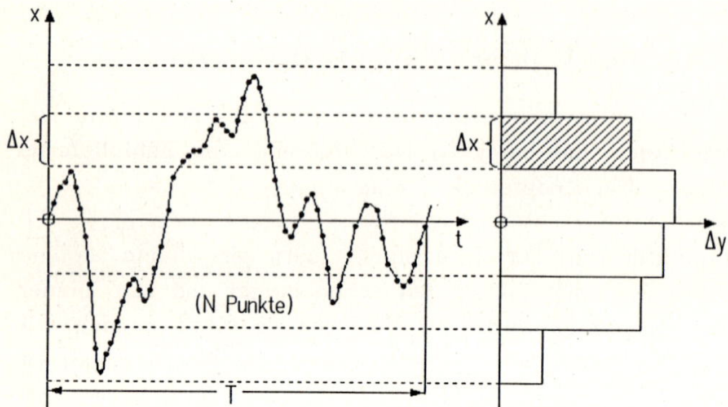

Abb. 9.1: Zusammenhang zwischen kontinuierlichem stochastischem Prozeß x[t] (links) und Histogramm y[x] (rechts). Der stochastische Prozeß x wird in gleichen zeitlichen Abständen abgelesen (Markierung als Punkt). Die Balkenhöhe y im Histogramm (rechts) ist proportional zur Anzahl vorgefundener Punkte im entsprechenden Intervall Δx. Im Beobachtungsfenster der Breite T befinden sich insgesamt N Punkte.

Bei genauerer Betrachtung lassen sich die folgenden drei Arten von Histogrammen unterscheiden:

1. *Absolute Häufigkeitsverteilung*

$$y = \Delta N \tag{9.10}$$

ΔN ist die Anzahl vorgefundener Punkte im betreffenden Intervall Δx. Alle Intervalle sind gleich groß.

2. *Relative Häufigkeitsverteilung*

$$\Delta y = \Delta N / N \tag{9.11}$$

N ist die Gesamtzahl (Stichprobenumfang) der Punkte im ausgewerteten Zeitfenster der Breite T.

3. *Häufigkeitsdichteverteilung*

$$\Delta y = \Delta N / (N \Delta x) \tag{9.12}$$

(In den vorhergehenden Abschnitten wurde die absolute Häufigkeit noch mit N_U bezeichnet. Die Umbenennung in ΔN wurde erforderlich in Hinblick auf den bevorstehenden Grenzübergang $\Delta x \to 0$).

Die drei Histogramme unterscheiden sich praktisch nur durch einen Skalenfaktor.

9.2.2 Wahrscheinlichkeitsdichtefunktion

Nach den in den vorigen Abschnitten gemachten Bemerkungen muß das Histogramm umso stabiler werden, je größer der Stichprobenumfang N ist. Im Gedankenexperiment können wir *zunächst N unendlich groß werden lassen*; damit werden auch alle absoluten Häufigkeiten ΔN unendlich. Das gestattet den in Gl. 9.3 bis 9.5 gezeigten *Grenzübergang von relativer Häufigkeit zu Wahrscheinlichkeit:*

$$\Delta P_i = P\{i\Delta x \le x \le (i+1)\Delta x\} = \lim_{N\to\infty} \Delta N_i/(N\Delta x)$$

Dabei ist also ΔP_i die Wahrscheinlichkeit dafür, daß der Prozeßwert x im i^{ten} Zahlenintervall der Breite Δx liegt. In diesem Luxus unendlich großen Stichprobenumfanges N können wir das willkürliche Zahlenraster Δx aufgeben und gelangen so zur *Wahrscheinlichkeitsdichtefunktion* (WDF, engl. *probability function, pdf*) (Abb. 9.2).

$$f_x[x] = \lim_{\Delta x\to 0} \Delta P_i/\Delta x = dP/dx \qquad (9.13)$$

Die WDF ist die experimentell niemals genau feststellbare, aber dennoch *im Prozeßhintergrund wirksame, spezielle Zufallssteuerung des betrachteten Prozesses*. Mathematisch gesehen ist sie ein *Grenzfall der Häufigkeitsdichteverteilung*. Damit gilt auch umgekehrt: Die Häufigkeitsdichteverteilung (Gl. 9.12) ist die Schätzung für die Wahrscheinlichkeitsdichtefunktion.

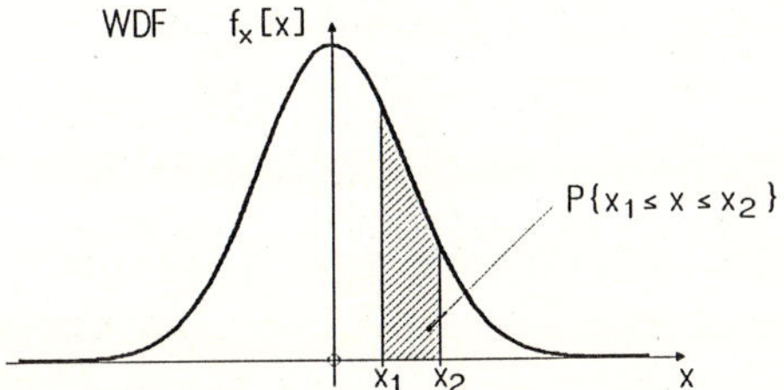

Abb. 9.2: Wahrscheinlichkeitsdichtefunktion $f_x[x]$ und Wahrscheinlichkeit P des Ereignisses $\{x_1 \le x \le x_2\}$.

In Übereinstimmung mit den drei Kolmogoroffschen Axiomen muß jetzt gelten:

$$P\{x_1 \le x \le x_2\} = \int_{x_1}^{x_2} f_x[x]\,dx \qquad (9.14)$$

und

$$P\{-\infty \le x \le \infty\} = \int_{-\infty}^{\infty} f_x[x]\,dx = 1 \qquad (9.15)$$

Gl. 9.14 zeigt die *wichtigste praktische Anwendung der WDF*, nämlich die Berechnung der Wahrscheinlichkeit dafür, daß sich der betrachtete Prozeßwert x in einem gegebenen Wertebereich befindet.

Beispiel: "Spannungsüberschlag": Wenn die elektrische Netzspannung in Haushaltsgeräten einen Höchstbetrag x_0 überschreitet, gibt es einen Funkenüberschlag mit zumeist schädlichen Nebenwirkungen. Wenn die WDF der gestörten Netzspannung bekannt ist, kann die Überschlagwahrscheinlichkeit $P_{\ddot{U}}$ sofort berechnet werden:

$$\begin{aligned} P_{\ddot{U}} &= P\{|x| > x_0\} = P\{-\infty < x < -x_0 \lor x_0 < x < \infty\} \\ &= P\{-\infty < x < -x_0\} + P\{x_0 < x < \infty\} \\ &= \int_{-\infty}^{-x_0} f_x[x]\,dx + \int_{x_0}^{\infty} f_x[x]\,dx \end{aligned}$$

9.2.3 Verteilungsfunktion

Die praktische Auswertung der Wahrscheinlichkeitsintegrale der Art von Gl. 9.14 kann sehr vereinfacht werden, wenn man vorab in einmaligem Aufwand die zur WDF gehörige, integrierte Funktion $F_x[x]$ ermittelt (Abb. 9.3):

$$\left.\begin{aligned} F_x[x] &= P\{\xi < x\} = \int_{-\infty}^{x} f_x[\xi]\,d\xi \\ \frac{d}{dx}\{F_x[x]\} &= f_x[x] \end{aligned}\right\} \quad (9.16)$$

mit $F_x[x]$ = *Verteilungsfunktion* = kumulierte Wahrscheinlichkeitsverteilung = Summenhäufigkeitfunktion, engl. *distribution function*

Index "x" = Bezeichnung des Prozesses, auf den sich die Verteilung bezieht; z.B. $x[t]$ aus Abb. 9.1

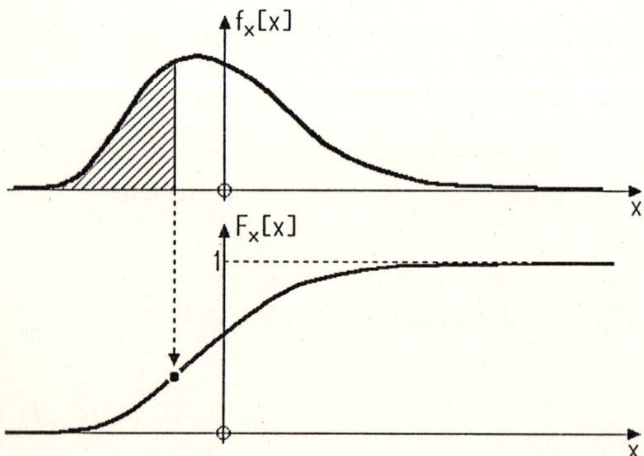

Abb. 9.3: Wahrscheinlichkeitsdichtefunktion (oben) und zugehörige Verteilungsfunktion (unten) im gleichen Abszissenmaßstab.

Mit Hilfe der Verteilungfunktion können Wahrscheinlichkeiten direkt *als Differenzen* ausgedrückt werden: Mit Blick auf Gl. 9.14 gilt offenkundig

$$P\{x_1 < x < x_2\} = F_x[x_2] - F_x[x_1] \quad (9.17)$$

Die Entsprechung zu Gl. 9.15 lautet

$$P\{-\infty < x < \infty\} = F_x[\infty] = 1 \tag{9.18}$$

Der Vollständigkeit wegen sei auch eine in der Praxis kaum benutzte Transformation der WDF erwähnt - die *charakteristische Funktion*:

$$\Gamma_x[y] = \boldsymbol{F}\{f_x[x]\} = \int_{-\infty}^{\infty} f_x[x]\, e^{-j2\pi xy}\, dx \tag{9.19}$$

Abschließend eine Zwischenbemerkung zur etwas verwirrenden Wortwahl: *Verteilung* (engl. *distribution*) ist der Oberbegriff für Verteilungsfunktion F_x, WDF f_x, charakteristische Funktion $\Gamma_x[y]$ und die drei Histogramme $y[x]$.

9.2.4 Kombinierte Ereignisse

Wenn zwei Ereignisse $\boldsymbol{E}_1$ und $\boldsymbol{E}_2$ *unabhängig* sind, so gilt

$$P\{\boldsymbol{E}_1, \boldsymbol{E}_2\} = P\{\boldsymbol{E}_1\}\, P\{\boldsymbol{E}_2\} \tag{9.20}$$

Dabei ist $\boldsymbol{E}_1$, $\boldsymbol{E}_2$ das Verbund-, Produkt-, oder Schnitt-Ereignis: Gl. 9.21 gibt die dafür üblichen Schreibweisen an.

$$\boldsymbol{E}_1,\ \boldsymbol{E}_2 = \boldsymbol{E}_1 \boldsymbol{E}_2 = \boldsymbol{E}_1 \wedge \boldsymbol{E}_2 = \boldsymbol{E}_1 \text{ UND } \boldsymbol{E}_2 \tag{9.21}$$

Geht man von Wahrscheinlichkeiten zu Wahrscheinlichkeitsdichten über, so lautet der gleiche Befund (Abb. 9.4): Die *Verbund-WDF* (engl. *joint probability density function, joint pdf*) $f_{x,y}[x,y]$ ist im Falle der Unabhängigkeit gleich dem Produkt der Einzel-WDF (Marginaldichte, engl. *marginal density*).

$$f_{x,y}[x,y] = f_x[x]\, f_y[y] \tag{9.22}$$

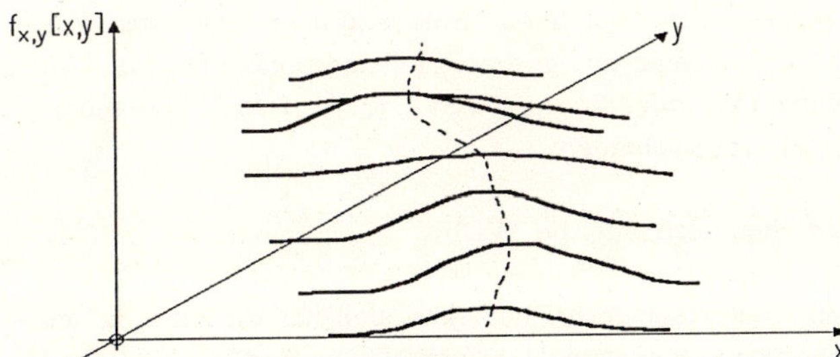

Abb. 9.4: Verbund-WDF von x und y. Im hier gezeigten Beispiel besteht *offenbar eine Abhängigkeit.* Diese äußert sich in einer Unsymmetrie dergestalt, daß es unmöglich ist, $f_{x,y}$ in ein Produkt $f_x f_y$ zu zerlegen.

WDF der Summe unabhängiger Zufallsvariablen

Eine der am häufigsten vorkommenden Verknüpfungen zweier Signale ist die Addition $z = x + y$. Welcher Zusammenhang besteht zwischen der *WDF des Summensignals* z und den Einzel-WDF f_x und f_y? Ohne uns mit dem Beweis aufzuhalten, übernehmen wir ein für unabhängige Signale x und y gültiges Ergebnis[5] :

$$f_z[z] = \int_{-\infty}^{\infty} f_x[\xi]\, f_y[z - \xi]\, d\xi = f_x[z] * f_y[z] \qquad (9.23)$$

Die WDF der Summe unabhängiger Zufallssignale (Abb. 9.5) ist gleich der *Faltung der Einzel WDF!* Bei der Behandlung solcher Probleme läßt sich das ganze Instrumentarium der Faltungsalgebra (Kap. 3.2) einsetzen - also z.B. die Kombination von Fourier-Transformation und Faltungssatz, um die umständliche praktische Durchführung der Faltung zu umgehen. Das durch die Fourier-Analyse entstehende Spektrum heißt *Charakteristische Funktion*; sie gilt als besonders harmlos, weil ja f_x - die *Zeitfunktion* - grundsätzlich absolut integrabel ist:

$$\int_{-\infty}^{\infty} |f_x|\, dx = 1$$

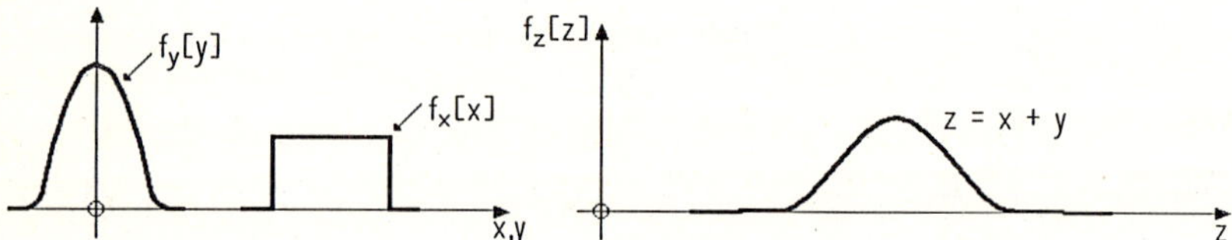

Abb. 9.5: Beispiel zur WDF der Summe zweier unabhängiger Prozesse x und y. Die Frage der Unabhängigkeit hat nichts damit zu tun, ob die beiden WDF f_x und f_y sich überlappen oder nicht (linkes Bild)!

9.2.5 Verteilungskenngrößen

In vielen theoretischen und praktischen Anwendungsfällen ist es nützlich, anstelle der oft aufwendigen Beschreibung des vollständigen Verlaufs einer Verteilung, nur einige Kennwerte (Parameter) anzugeben, aus denen sich ein Eindruck über Lage und Form ergibt. Im Folgenden besprechen wir stichwortartig drei *Lageparameter (Mittel, Median, Mode)* und drei *Formparameter (Varianz, Schiefe und Exzeß)*. Dabei sind theoretische und empirische Kennwerte zu unterscheiden:

- *Theoretische Kennwerte* beziehen sich auf die WDF.
- *Empirische Kennwerte* (Stichprobenkennwerte) beziehen sich auf die zufällig ausgewählte, konkret vorhandene Sammlung von N Stichprobenwerten x_i.

5. A. Papoulis, 1984, § 6.2

Mittel

Das theoretische Mittel wird *Erwartungswert* oder mathematische Erwartung (engl. *expected value, mean*) genannt und notiert als (siehe auch Gl. 10.9)

$$\langle x \rangle = E\{x\} = \mu_x = \int_{-\infty}^{\infty} x\, f_x[x]\, dx \tag{9.24}$$

Der Erwartungswert ist das *erste Moment* der WDF und damit *Schwerpunktskoordinate* der zwischen WDF und x-Achse eingeschlossenen Fläche.

Die wichtigsten Sätze über den Erwartungswert

$$\langle K \rangle = K \quad (K = \text{Konstante}) \tag{9.25}$$

Beweis:

$$\int_{-\infty}^{\infty} K\, f_x[x]\, dx = K \int_{-\infty}^{\infty} f_x[x]\, dx = K$$

(siehe Definition der spitzen Klammer $\langle \ldots \rangle$ aus Gl. 9.24 und die Normierung der WDF, Gl. 9.15)

Der Linearitätssatz:

$$\langle K_1 x + K_2 \rangle = K_1 \langle x \rangle + K_2 \quad (K_1,\ K_2 : \text{Konstante}) \tag{9.26}$$

Der Additionssatz:

$$\langle x + y \rangle = \langle x \rangle + \langle y \rangle \tag{9.27}$$

Gl. 9.27 gilt ohne Rücksicht auf eventuelle Abhängigkeit zwischen x und y.

Der Produktsatz für unabhängige Variable:

$$\langle x y \rangle = \langle x \rangle \langle y \rangle \tag{9.28}$$

Das empirische Mittel wird *arithmetisches Mittel* oder *Stichprobenmittel* genannt (engl. *sample mean*) und definiert als

$$m_x = \frac{1}{N} \sum_{i=1}^{N} x_i \tag{9.29}$$

mit N = Stichprobenumfang

Alle empirischen Kennwerte sind selbst wiederum Zufallsgrößen. Das heißt z.B. in Hinblick auf Gl. 9.29: Bei Wiederholung der Berechnung der Summe anhand einer anderen Stichprobenmenge aus dem gleichen Prozeß x käme ein anderer Wert m_x heraus. Jetzt muß uns interessieren, wie groß denn der *Erwartungswert des empirischen Mittels* ist:

$$\langle m_x \rangle = \langle \frac{1}{N} \sum_1^N x_i \rangle = \frac{1}{N} \sum_1^N \langle x_i \rangle = \langle x \rangle = \mu_x \qquad (9.29a)$$

Das Stichprobenmittel ist *erwartungstreu*, (engl. *unbiased*)

$$\langle m_x \rangle = \langle x \rangle = \mu_x \qquad (9.30)$$

d.h. für endliche N ist der Schwerpunkt der WDF (siehe Gl. 9.24) der zufällig schwankenden Variablen m_x gleich dem für die Grundgesamtheit gefundenen, theoretischen Grenzwert μ_x.[6]

Median

Der *Median* (*Zentralwert, Halbwert*, engl. *median*) $\mu_{\perp x}$ einer Zufallsvariablen x ist als theoretischer Verteilungskennwert indirekt definiert durch

$$F_x[\mu_{\perp x}] = 0.5 \qquad (9.31)$$

Für diese Stelle der x-Achse (Abb. 9.6) gilt

$$P\{x \le \mu_{\perp x}\} = P\{x \ge \mu_{\perp x}\} \qquad (9.32)$$

In der empirischen Definition ist der *Stichprobenmedian* definiert als der in einer (der Größe nach zu ordnenden) Reihe von Stichproben sich in der Reihenmitte befindliche Wert.

$$m_{\perp x} = \begin{cases} \text{N ungerade} & : x_{(N+1)/2} \\ \text{N gerade} & : (x_{N/2} + x_{1+N/2})/2 \end{cases} \qquad (9.33)$$

Der Stichprobenmedian reagiert also im Gegensatz zum Stichprobenmittel m_x überhaupt nicht auf Veränderungen der Stichprobenextreme.

Beispiel

Menge $\{x\} = \{\ -3,\ -0.5,\ 4,\ 17,\ 18\}$ $\quad m_x = 7.1\ ;\quad m_{\perp x} = 4$

$\{y\} = \{-1000,\ -0.5,\ 4,\ 17,\ 18\}$ $\quad m_y = -192.3\ ;\quad m_{\perp x} = 4$

6. Sachs, 1978, § 1.3.5

Mode

Der Wert $\hat{\mu}_X$, bei dem das Maximum der WDF auftritt, heißt als theoretischer Verteilungskennwert *Mode, Dichtemittel, wahrscheinlichster Wert* (engl. *mode*); also

$$f_X[\hat{\mu}_X] = max\{f_X\} \tag{9.34}$$

WDFs mit mehreren Maxima werden daher als *multimodale Verteilungen* bezeichnet. Abb. 9.6, rechts, zeigt einen Sonderfall einer multimodalen Verteilung mit zonal entartetem Mode.

Der dem Mode entsprechende empirische Kennwert $\hat{m}$ heißt *häufigster Wert*. Diese Bezeichnung ist nur begrenzt sinnvoll, weil es durchaus vorkommen kann, daß auch in sehr umfangreichen Stichproben kein einziger Wert mehrfach vorkommt.

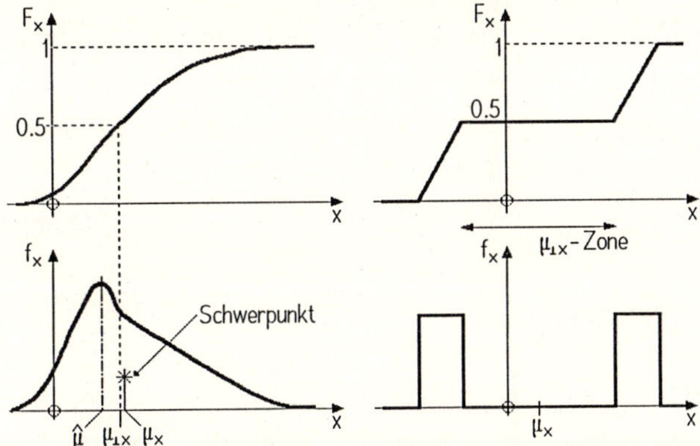

Abb. 9.6: Die Lagekennwerte Erwartungswert μ_X, Median $\mu_{\perp X}$ und Mode $\hat{\mu}_X$ bei einer unsymmetrischen, kontinuierlichen Verteilung (linkes Bild). In Sonderfällen (wie z.B. rechtes Bild), kann der Median zu einer Medianzone entarten und der Mode vieldeutig und unbestimmt werden. Der rechts dargestellte Sonderfall gibt außerdem ein Beispiel, bei dem der Erwartungswert μ_X in einer Stichprobe gar nicht "erwartet" werden kann, weil er in einem Intervall liegt, dessen Wahrscheinlichkeit null ist.

Das schließt die kurze Besprechung der Lageparameter ab; Beispiele folgen weiter unten. Wir kommen jetzt zu den drei wichtigsten Formparametern:

Varianz

Der theoretische Formparameter *Varianz* σ_X^2 (engl. *variance*) ist definiert als *mittlere quadratische Abweichung vom Mittelwert* - genauer:

$$\sigma_X^2 = \langle (x - \mu_X)^2 \rangle = \int_{-\infty}^{\infty} (x - \mu_X)^2 f_X[x]\, dx \tag{9.35}$$

Aus Additionssatz und Linearitätssatz der Erwartungswerte (Gl. 9.26 und 9.27) folgt

$$\sigma_x^2 = \langle x^2 \rangle - 2\mu_x \langle x \rangle + \mu_x^2$$

$$\sigma_x^2 = \langle x^2 \rangle - \langle x \rangle^2 \tag{9.36}$$

In der Sprache der Signaltheorie (siehe Kap. 10.2) lauten die Bezeichnungen:

μ_x = Der Gleichanteil des Signals x
$\langle x^2 \rangle$ = Signalleistung = $\sigma_x^2 + \mu_x^2$
μ_x^2 = Signalleistung des Gleichanteils
σ_x^2 = Signalleistung des Wechselanteils.

Und

$$x_{eff} = \sqrt{\langle x^2 \rangle} \tag{9.37}$$

ist der *Effektivwert*. Gl. 9.37 ist die eigentliche *Hauptdefinition des Effektivwertes für stationäre Signale*. Alle konkurrierenden Definitionen müssen damit harmonieren.

Die positive Wurzel aus der Varianz

$$\sigma_x = \sqrt{\sigma_x^2} \tag{9.38}$$

heißt *Standardabweichung* (engl. *standard deviation*). Weitere damit verwandte Parameter sind

relative Varianz $$V_x^2 = \sigma_x^2 / \mu_x^2 \tag{9.39}$$

und

Variationskoeffizient (engl. *variability*) $$V_x = \sigma_x / \mu_x \tag{9.40}$$

Die empirische Entsprechung zur Varianz ist die *Stichprobenvarianz* (engl. *sample variance*) s^2:

$$s_x^2 = \frac{\sum_1^N (x_i - m_x)^2}{N-1} = \frac{(\sum_1^N x_i^2) - (\sum_1^N x_i)^2 / N}{N-1} \tag{9.41}$$

(wobei sich die rechte Formel in Gl. 9.41 besser eignet zur automatisierten Auswertung). Auch *s^2 ist erwartungstreu*, d.h.

$$\langle s_x^2 \rangle = \sigma_x^2 \tag{9.42}$$

Die vielleicht natürlicher anmutende Variante,

$$s_{0,x}^2 = \frac{1}{N}\sum_1^N (x_i - m_x)^2 \qquad (9.43)$$

ist hingegen nicht erwartungstreu[7]

$$\langle s_{0,x}^2 \rangle = \frac{N}{N-1}\sigma_x^2$$

ein Mangel, der aber nur bei kleinen N zu bedenken ist.

Schiefe

Vor der weiteren Behandlung von Formparametern lohnt es sich, einige für den Rest des Buches verbindliche Abkürzungen einzuführen, die allgemein üblich als Momente und Zentralmomente bezeichnet werden:

Momente

$$\mu_{abc} = \langle abc \rangle \qquad (9.44)$$

Beispiel: $\mu_x = \langle x \rangle$ = Erwartungswert von x
$\mu_{xx} = \langle x^2 \rangle$ = Signalleistung = Erwartungswert von x^2

Zentralmomente

$$\mu_{\bar{abc}} = \langle (a - \langle a \rangle)(b - \langle b \rangle)(c - \langle c \rangle) \rangle \qquad (9.45)$$

Beispiel: $\mu_{\bar{x}} = \langle x - \langle x \rangle \rangle = 0$

$\mu_{\bar{xx}} = \langle (x - \langle x \rangle)^2 \rangle = \sigma_x^2$ = Varianz

$\mu_{\bar{xy}} = \langle (x - \langle x \rangle)(y - \langle y \rangle) \rangle$ = Kovarianz

Der theoretische Formparameter *Schiefe* (engl. *skewness*) ist definiert als

$$\gamma_{1,x} = \mu_{\bar{xxx}} / \sigma_x^3 \qquad (9.46)$$

Die *Schiefe ist ein Maß für die Unsymmetrie der WDF* - bezogen auf deren Schwerpunktskoordinate. Leichter zu begreifen ist vielleicht das als empirischer Formparameter von L. Sachs vorgeschlagene Schiefemaß

$$\text{Schiefe I} = 3(m_x - m_{\perp x})/s_x \qquad (9.47)$$

7. Beweis z.B. bei Zurmühl, 1965, § 16.1

Enger an die theoretische Definition angelehnt ist die folgende *empirische Schiefe*

$$g_{1,x} = \{ \sum_{1}^{N} (x_i - m_x)^3 \} / (N s_{o,x}^3) \tag{9.48}$$

Exzess

Dieser letzte der drei besprochenen Formparameter, $\gamma_{2,x}$, heißt *Exzeß*, oder Wölbung (engl. *excess*) und ist definiert als

$$\gamma_{2,x} = \beta_{2,x} - 3 = \mu_{\bar{x}xxx} / \sigma_x^4 - 3 \tag{9.49}$$

Wobei

$$\beta_{2,x} = \mu_{\bar{x}xxx} / \sigma_x^4 \tag{9.49a}$$

als *Kurtosis* (engl. *curtosis*) bezeichnet wird.

Der Exzeß gilt als *Maß für die Schlankheit der Kurve* - verglichen mit einer Gauß-Kurve gleicher Varianz ($\gamma_2 \gg 0$: sehr schlank, "leptokurtisch"; $\gamma_2 \ll 0$: sehr stumpf, "platykurtisch"). Als *empirisches Schlankheitsmaß* kann man in Anlehnung an die Kurtosis-Definition (Gl. 9.49) definieren

$$b_{2,x} = (\sum_{1}^{N} (x_i - m)^4) / (N s_{o,x}^4) \tag{9.50}$$

9.3 Die wichtigsten Wahrscheinlichkeitsverteilungen

9.3.1 Diskrete Verteilung

Diskrete Verteilungen entstehen, wenn das Experiment nur aus einer vorgegebenen, abzählbaren Menge von Zahlenwerten auswählen kann. Es gibt also bevorzugte Punkte auf der Zahlengeraden mit dazwischen liegenden "verbotenen Zonen". Das bekannteste Beispiel dazu ist das Würfelspiel, bei dem nur die natürlichen Zahlen 1 ... 6 möglich sind, jede mit der Wahrscheinlichkeit $P = 1/6$.

Eigenschaften der diskreten Verteilung:

a) Diskrete WDF

$$f_x[x] = \sum_i \{ P_i \, \delta[x - x_i] \} \tag{9.51}$$

b) Diskrete Verteilungsfunktion

$$F_x[x] = \sum_i \{ P_i \, \varepsilon[x - x_i] \} \tag{9.52}$$

c) Erwartungswert bei diskreter Verteilung

$$\langle x \rangle = \int_{-\infty}^{\infty} x\, f_x[x]\, dx = \int_{-\infty}^{\infty} \{x \sum_i \delta[x - x_i]\, dx\} = \sum_i x_i P_i \tag{9.53}$$

Abb. 9.7 zeigt ein technisches Beispiel.

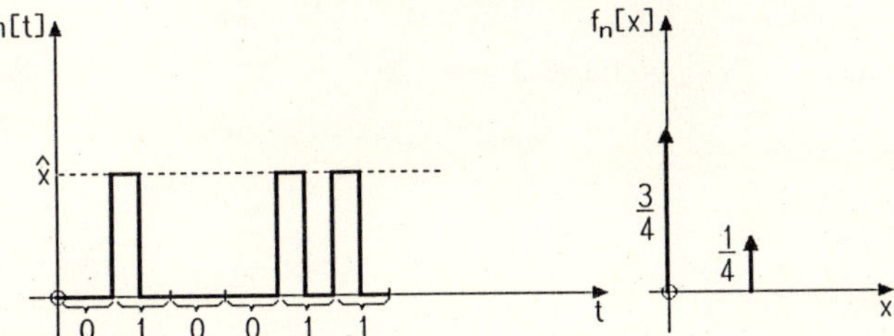

Abb. 9.7: Technisches Beispiel eines stochastischen Signals mit diskreter Verteilung: PCM-Codierung im RZ-Format (siehe H. Schumny, 1978, § 8.3). Gl. 9.53 liefert hier $\langle x \rangle = \hat{x}/4$.

9.3.2 Gleichverteilung

Die einfachste WDF ergibt sich bei konstanter Wahrscheinlichkeitsdichte innerhalb eines gegebenen Intervalls (Gleichverteilung, Abb. 9.8).

$$f_x[x] = \frac{1}{\lambda}\, rect\left[\frac{x-a}{\lambda}\right] \tag{9.54}$$

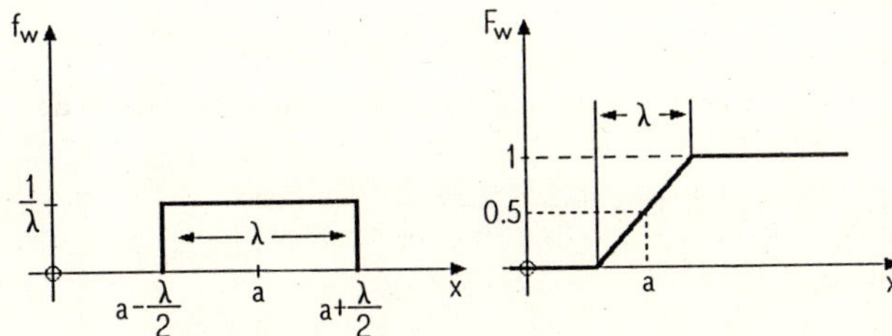

Abb. 9.8: Einfachstes Beispiel einer WDF: Die Gleichverteilung.

Erwartungswert und Varianz

$$\mu_x = \frac{1}{\lambda} \int_{a-\lambda/2}^{a+\lambda/2} x\, dx = a \tag{9.55}$$

$$\mu_{\bar{x}x} = \sigma_x^2 = \frac{1}{\lambda} \int_{a-\lambda/2}^{a+\lambda/2} (x-a)^2\, dx = \frac{1}{\lambda} \int_{-\lambda/2}^{\lambda/2} \xi^2\, d\xi = \frac{\lambda^2}{12} \tag{9.56}$$

Exzess, Kurtosis, Schiefe

Gl. 9.49 liefert mit $\xi = x - a$

$$\mu_{\bar{x}xxx} = \frac{1}{\lambda} \int_{-\lambda/2}^{\lambda/2} \xi^4 \, d\xi = \frac{\lambda^4}{80}$$

und damit

$$\beta_{2,x} = 144/80 = 1.8 \qquad \text{und} \qquad \gamma_{2,x} = 1.8 - 3 = -1.2 \tag{9.57}$$

Gl. 9.46 ergibt

$$\mu_{\bar{x}xx} = 0$$

und damit

$$\gamma_{1,x} = 0 \tag{9.58}$$

9.3.3 Normal- Verteilung

Eine besondere Rolle unter den Wahrscheinlichkeitsdichtefunktionen spielt die Funktion

$$f_x[x] = \frac{1}{\sigma_x \sqrt{2\pi}} \; exp\left[-\frac{(x-\mu_x)^2}{2\sigma_x^2}\right] \tag{9.59}$$

die auch *Gauß-Verteilung* [8], oder *Normalverteilung* (engl. *normal distribution*) genannt wird (Abb. 9.9). Sie bildet für viele physikalisch-technische Zusammenhänge ein zuverlässiges Wahrscheinlichkeitsmodell. Die Begründung dafür (*central limit theorem*) folgt später (Gl. 9.74 und folgende).

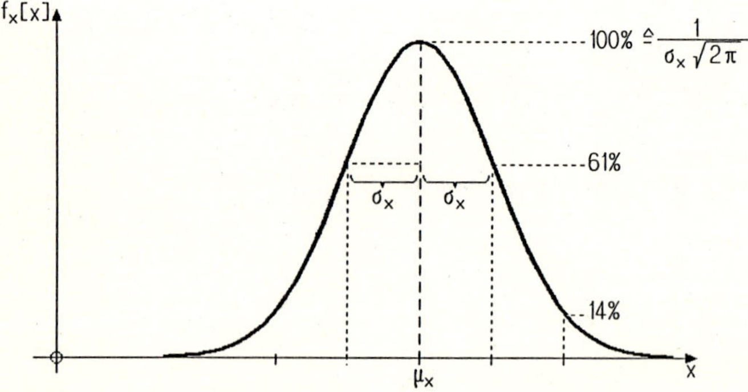

Abb. 9.9: Die Gauß-Kurve.

8. Carl Friedrich Gauß (1777 - 1855), deutscher Mathematiker, Astronom und Physiker.

Um aus der Gaußkurve - wie aus jeder anderen WDF - Wahrscheinlichkeiten zu ermitteln, muß sie integriert werden. Das Integral der Gaußkurve - also die Verteilungsfunktion - ist unter dem Namen *Wahrscheinlichkeitsintegral* und *Fehlerintegral* (engl. *error function*) in mathematischen Tabellen aufgelistet oder in Rechenanlagen als Standardfunktion aufrufbar.

Die spezielle *Verteilungsfunktion* F_G der Gauß-WDF[9] lautet (siehe Gln. 9.16 und 9.59)

$$F_G[x] = \frac{1}{\sigma\sqrt{2\pi}} \int_{-\infty}^{x} e^{-(\xi-\mu)^2/(2\sigma^2)}\, d\xi \qquad (9.60)$$

Vernünftigerweise beschränkt man sich in allen Tabellen und Programmen dieses Fehlerintegrals auf den Standardfall

$$\mu_x = 0 \qquad \text{und} \qquad \sigma_x = 1$$

Warum es aber *mindestens fünf verschiedene Definitionen* dieses *Standard-Fehlerintegrals* gibt, läßt sich nur schwer mit Vernunftsgründen erklären. Wegen der großen praktischen Bedeutung von Gauß-WDF und Fehlerintegral werden in Abb. 9.10 notgedrungen alle fünf Definitionen vorgeführt und Wege gezeigt, die von jeder dieser Definitionen zur eigentlich interessierenden Verteilungsfunktion (Gl. 9.60) führen.

Beispiel:
Als Beispiel für die Anwendung eines Fehlerintegrals lösen wir die Frage: Wie groß ist die Wahrscheinlichkeit P_k für das Auftreten einer normal-verteilten Zufallsgröße in der Umgebung $\pm k\sigma$ des Mittelwertes μ?

$$P_k = P\{-k\sigma \le x-\mu \le k\sigma\} = F_G[\mu + k\sigma] - F_G[\mu - k\sigma]$$

$$= \frac{1}{2}\left(erf[k/\sqrt{2}] - erf[-k/\sqrt{2}]\right) = erf[k/\sqrt{2}]$$

Eine Näherungsformel für *erf* ist weiter unten angegeben. Hier zunächst einige genaue Werte (bis auf Rundungsfehler der letzten Stelle):

k	$P_k = erf[k/\sqrt{2}] = 2\Phi_0[k] = \phi[k] = 2P_G[k] - 1$ (siehe Abb. 9.10)
1	.682 7
2	.954 50
3	.997 30
4	.999 936 6
5	.999 999 427

Tab. 9.1: Tabelle zum Fehlerintegral.

9. Der Kürze und Übersichtlichkeit wegen wird hier und bei der weiteren Behandlung der Gauß-WDF der Index "x" weggelassen.

Interpretation dieser Tabelle:

a) Wenn x normalverteilt ist mit den Parametern μ und σ, wird ein Zahlenwert x mit 95.4% Wahrscheinlichkeit im Intervall $\mu \pm 2\sigma$ liegen.

b) Unter 100 000 Meßpunkten eines Gauß-Prozesses befinden sich im Mittel nur 6.3 Punkte, deren Zahlenwert außerhalb des Intervalls $\mu \pm 4\sigma$ liegt ($k = 4$; $1 - P_k = 6.3\ 10^{-5}$).

Die folgende Formel (Gl. 9.73) gibt gegenüber der exakten Definition (Gl. 9.61) eine praktische Näherung für *erf*[x] an, die vor allem für programmierbare Taschenrechner und Mikrocomputer-Anwendung gedacht ist. Sie gilt im gesamten Definitionsbereich $-\infty \le x \le \infty$:

$$erf[x] = \begin{cases} \text{für } x \ge 0: & 1 - \Psi[x] \\ \text{für } x < 0: & \Psi[-x] - 1 \end{cases} \tag{9.73}$$

mit

$$\Psi[x] = \frac{exp\left[-\sqrt{x^4 + 1.34\,x^2}\,\right]}{\sqrt{1 + .059\,x + .822\,x^2}}$$

Abb. 9.10: Die fünf speziellen Fehlerintegrale für $\mu = 0$; $\sigma = 1$. In der ersten Zeile jeweils die Definition.

Im Bild jeweils Hinweisnummern für wichtige Werke, in denen die betreffende Definition angewandt wird.

Unterstreichung der Hinweisnummer zeigt Vorhandensein einer Tabelle an.

$F_G[x]$ ist die Gauß'sche Verteilungsfunktion, ausgedrückt durch die spezielle Fehlerfunktion.

Der "Testpunkt" zeigt ein Anwendungsbeispiel der jeweiligen Definition und muß in allen Fällen das gleiche Ergebnis liefern.

Daß in den ersten drei Fällen die Fehlerfunktionen streng ungerade sind, wurde nicht besonders angegeben - ebensowenig wie die auch in den Graphiken sichtbaren, asymptotischen Annäherungen an die gegebenen Grenzwerte.

1. I. S. Gradshteyn / I. M. Ryzhik, 1973, 8.250 / 1.
2. H. Urkowitz, 1983, ch. 6-17.3.1
3. P. Beckmann, 1967, ch. 1.7
4. A. Papoulis, 1984, ch. 3-3
5. B. W. Gnedenko, 1968, Tabellenanhang
6. D. Morgenstern / V. Mammitzsch, 1970, § 8.12
7. I. N. Bronstein / K. A. Semendjajew, 1987, § 1.1.2.9.2
8. M. Abramowitz / I. A. Stegun, 1965, Eq. 26.2.4
9. R. Zurmühl, 1965, § 15.5
10. M. Abramowitz / I. A. Stegun, 1965, Eq. 26.2.2
11. L. Sachs, 1978, Kap. 1.3.4, Tab. 13
12. M. G. Kendall / A. Stuart, 1969, Appendix, Tab.2
13. R. M. Fano, 1966, Anhang C
14. M. Abramowitz / I. A. Stegun, 1965, Eq. 26.2.3
15. G.-H. Schildt, 1987, A 3.1

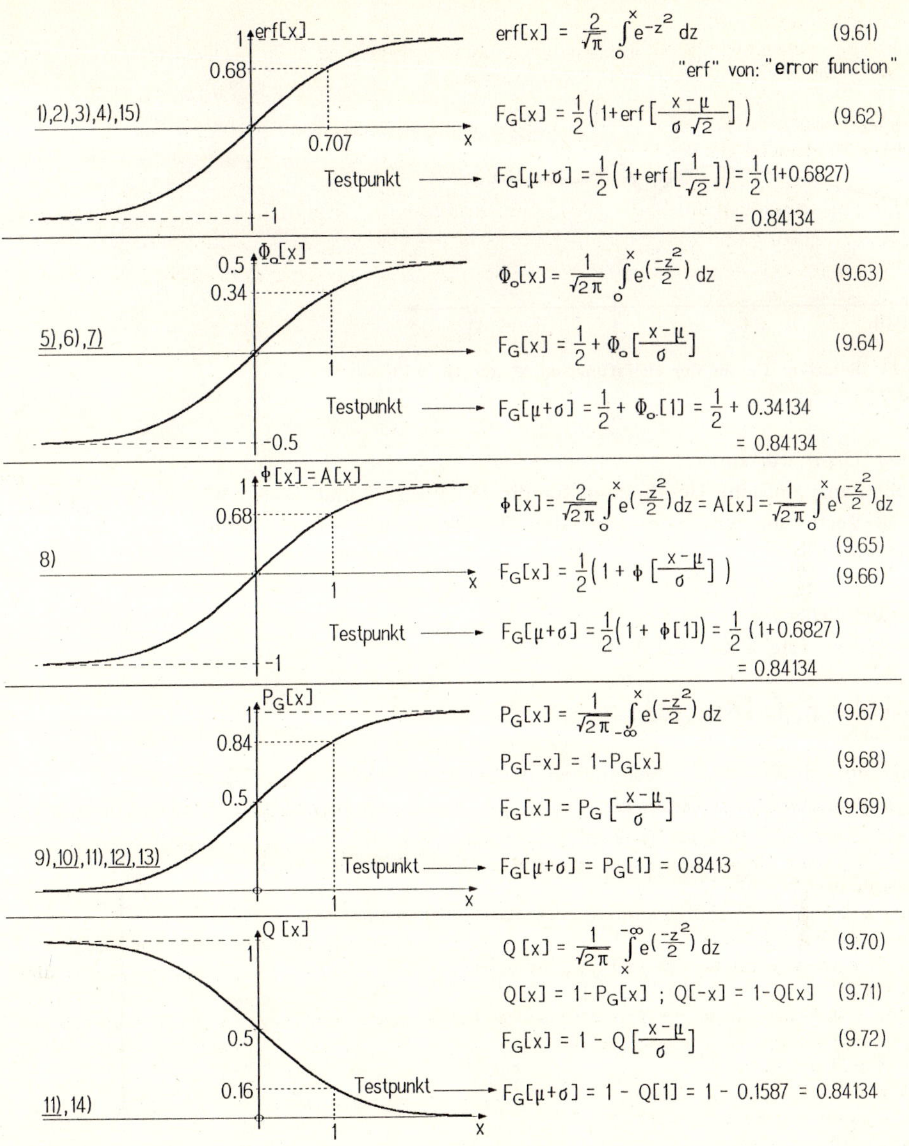
erf[x]
1
0.68
1),2),3),4),15)
0.707
x
-1
Testpunkt
$\mathrm{erf}[x] = \frac{2}{\sqrt{\pi}} \int_0^x e^{-z^2}\,dz$ (9.61)
"erf" von: "error function"
$F_G[x] = \frac{1}{2}\left(1+\mathrm{erf}\left[\frac{x-\mu}{\sigma\sqrt{2}}\right]\right)$ (9.62)
$F_G[\mu+\sigma] = \frac{1}{2}\left(1+\mathrm{erf}\left[\frac{1}{\sqrt{2}}\right]\right) = \frac{1}{2}(1+0.6827)$
$= 0.84134$
$\Phi_0[x]$
0.5
0.34
5),6),7)
1
-0.5
Testpunkt
$\Phi_0[x] = \frac{1}{\sqrt{2\pi}} \int_0^x e^{\left(\frac{-z^2}{2}\right)}\,dz$ (9.63)
$F_G[x] = \frac{1}{2} + \Phi_0\left[\frac{x-\mu}{\sigma}\right]$ (9.64)
$F_G[\mu+\sigma] = \frac{1}{2} + \Phi_0[1] = \frac{1}{2} + 0.34134$
$= 0.84134$
$\phi[x] = A[x]$
1
0.68
8)
1
x
-1
Testpunkt
$\phi[x] = \frac{2}{\sqrt{2\pi}} \int_0^x e^{\left(\frac{-z^2}{2}\right)}dz = A[x] = \frac{1}{\sqrt{2\pi}} \int_0^x e^{\left(\frac{-z^2}{2}\right)}dz$ (9.65)
$F_G[x] = \frac{1}{2}\left(1+\phi\left[\frac{x-\mu}{\sigma}\right]\right)$ (9.66)
$F_G[\mu+\sigma] = \frac{1}{2}(1+\phi[1]) = \frac{1}{2}(1+0.6827)$
$= 0.84134$
$P_G[x]$
1
0.84
0.5
9),10),11),12),13)
1
x
Testpunkt
$P_G[x] = \frac{1}{\sqrt{2\pi}} \int_{-\infty}^x e^{\left(\frac{-z^2}{2}\right)}\,dz$ (9.67)
$P_G[-x] = 1 - P_G[x]$ (9.68)
$F_G[x] = P_G\left[\frac{x-\mu}{\sigma}\right]$ (9.69)
$F_G[\mu+\sigma] = P_G[1] = 0.8413$
Q [x]
1
0.5
0.16
11),14)
1
x
Testpunkt
$Q[x] = \frac{1}{\sqrt{2\pi}} \int_x^{-\infty} e^{\left(\frac{-z^2}{2}\right)}\,dz$ (9.70)
$Q[x] = 1 - P_G[x]\ ;\ Q[-x] = 1 - Q[x]$ (9.71)
$F_G[x] = 1 - Q\left[\frac{x-\mu}{\sigma}\right]$ (9.72)
$F_G[\mu+\sigma] = 1 - Q[1] = 1 - 0.1587 = 0.84134$

Abb. 9.10

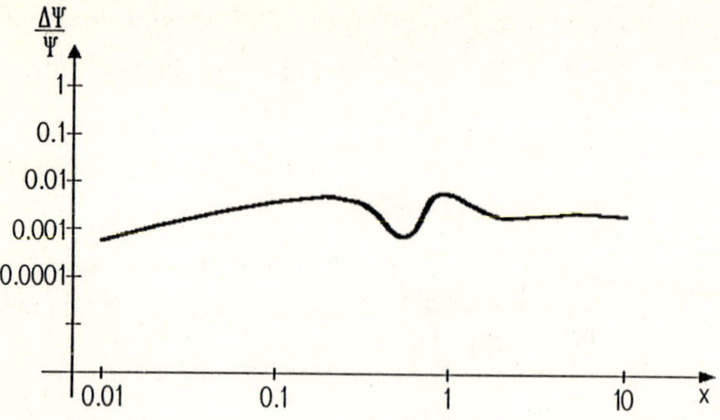

Abb. 9.11: Relativer Fehler der Hilfsfunktion Ψ aus Gl. 9.73.

Zentraler Grenzwertsatz

Die nicht ganz einfache Begründung für die Wichtigkeit und das so häufige Vorkommen der Gauß-Verteilung wird vom zentralen Grenzwertsatz[10] (engl. *central limit theorem*) geliefert.

Wenn zwei Prozesse x_1 und x_2 statistisch unabhängig sind, gilt für den Summenprozeß $z = x_1 + x_2$ (siehe Gl. 9.23)

$$p_z[z] = p_{x_1}[z] * p_{x_2}[z] \tag{9.74}$$

Aufgrund der glättenden Eigenschaften der Faltung (siehe Kap. 3.2.1) wird die WDF breiter und glatter verlaufen, als die WDF der Summanden. Die Aussage läßt sich verallgemeinern auf eine große Zahl von Summanden $x_1, x_2, \ldots, x_M$

$$\left.\begin{aligned}
&1. \quad z &&= \sum_1^M x_i \\
&2. \quad p_z[z] &&= p_{x_1}[z] * p_{x_2}[z] * \ldots * p_{x_M}[z] \\
&3. \quad \sigma_z^2 &&= \sum_1^M \sigma_i^2 \\
&4. \quad \mu_z &&= \sum_1^M \mu_i
\end{aligned}\right\} \tag{9.75}$$

Der *Zentrale Grenzwert* sagt aus, daß die WDF $p_z[z]$ der großen Summe von Zufallsprozessen der Normalverteilung zustrebt:

$$\lim_{M \to \infty} p_z[z] = \frac{1}{\sigma_z \sqrt{2\pi}} \, exp\left[- \frac{(z - \mu_z)^2}{2\sigma_z^2}\right] \tag{9.76}$$

10. In der russischen Literatur: Satz von Ljapunow (siehe z.B. Gnedenko, 1968, § 42).

In der Praxis kann die Anzahl M der Prozesse nur endlich sein. Für diesen Fall ist die notwendige und hinreichende Bedingung für eine Konvergenz in Richtung Normalverteilung

$$\sigma_i \ll \sigma_z \quad \text{für alle } i \tag{9.77}$$

d.h. die einzelnen Prozesse *dürfen durchaus verschiedenartige WDFs haben*: Sie müssen nur unabhängig sein und keine der Standardabweichungen σ_i der M Prozesse x_i darf die Größenordnung der Standardabweichungen σ_z des Summen-Prozesses erreichen (Lindeberg/Feller-Bedingung[11]).

Die Formparameter Schiefe und Exzeß (Gln. 9.46 und 9.49) sind auch ein Maß für die Güte dieser Konvergenz: Je geringer $|\gamma_1|$ und $|\gamma_2|$ bei den Summanden, desto besser ist die Konvergenz. Insbesondere, wenn $\gamma_1 \approx 0$ ist, kann sich schon mit wenigen einzelnen Summanden eine Gauß-ähnliche WDF ergeben[12].

9.3.4 Chi-Quadrat-Verteilung

Zur Messung stochastischer Prozeßparameter muß gemittelt werden. Während die mathematisch strenge Parameterdefinition eine unendliche Zahl von Mittelungen verlangt, ergibt die technisch mögliche, endliche Mittelung (Stichprobenmittel) einen neuen Zufallsprozeß - allerdings mit relativ geringer Streuung:

Wenn die zu mittelnden Werte x_i

a) unabhängig voneinander,
b) normalverteilt mit gleicher Streuung σ_x und
c) mit Mittelwert $\mu_x = 0$ sind,

dann hat der neue, quadratisch gemittelte Prozeß u,

$$u = v^2 = \alpha \sum_1^N x_i^2 \tag{9.78}$$

eine WDF vom χ^2-Typ:

$$f_u[u] = \frac{(u/\alpha)^{(N-2)/2}\, exp[-u/(2\alpha\sigma_x^2)]\, \varepsilon[u]}{\alpha\, 2^{N/2}\, \sigma_x^N\, \Gamma[N/2]} \tag{9.79}$$

mit α = beliebige, positive, reelle Konstante
ε = Einheitssprungfunktion (Gl. 3.16)
Γ = Gammafunktion; wenn y positiv und ganzzahlig ist, gilt $\Gamma[y] = (y-1)!$
N = Zahl der Freiheitsgrade, engl. *degrees of freedom*. N = Zahl unabhängiger Summanden in Gl. 9.78

11. Lindeberg, 1922; Feller, 1950, Kap. 10.5.

12. Beckmann, 1967

Abb. 9.12 zeigt $f_u[u]$ gemäß Gl. 9.79.

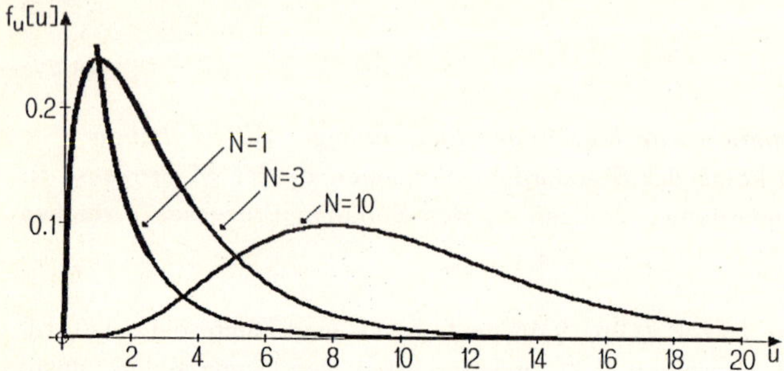

Abb. 9.12: Die χ^2-Wahrscheinlichkeitsdichtefunktion bei verschiedenen Freiheitsgraden N (für $\alpha = 1/\sigma_x^2$).

Bei der χ^2-WDF gilt für beliebige N

$$\left.\begin{aligned} \mu_u &= \alpha\, N\, \sigma_x^2 \\ \sigma_u^2 &= 2\, \alpha^2\, N\, \sigma_x^4 \end{aligned}\right\} \tag{9.80}$$

Daraus läßt sich der Variationskoeffizient V_u (siehe Gl. 9.40) bilden,

$$V_u = \sigma_i / \mu_u = \sqrt{2/N} \tag{9.81}$$

der schon ein Maß für den relativen Meßfehler darstellt. Die Messung u (genauer: Schätzung) wird also mit wachsender Zahl der Freiheitsgrade N stabiler. Die restlichen Ausführungen dieses Kapitels zeigen Einzelheiten über den Zusammenhang von Meßfehler, Freiheitsgraden und Zuverlässigkeit der Aussage.

Maximum der χ^2-WDF:
Aus $df_u[u]/du = 0$ findet sich die Stelle $u = \hat{\mu}_u$ des Maximums, der *wahrscheinlichste Wert* (= Mode, Gl. 9.34):

$$\hat{\mu}_u = (N-2)\, \alpha\, \sigma_x^2 \qquad \text{(für } N > 2) \tag{9.82}$$

Zum Vergleich:

$$\mu_u = N\, \alpha\, \sigma_x^2 \tag{9.83}$$

also $\hat{\mu}_u < \mu_u$. Durch Einsetzen von $\hat{\mu}_u$ in $f_u[u]$ ergibt sich die Höhe des Maximums

$$\hat{P}_u = (M/e)^M / (2\alpha\sigma_x^2\, \Gamma[N/2]) \tag{9.84}$$

mit $M = \frac{N}{2} - 1$

Durch die Stirlingsche Näherung für Γ ergibt sich daraus

$$\hat{P}_u \approx 1/\left(2\alpha\sigma_x^2\sqrt{\pi(N-2)}\right) \qquad (9.85)$$

Spezielle Anwendung bei quadratischer Mittelung:
Hier gilt

$$u_M = \frac{K}{N}\sum_1^N x_i^2 \qquad \text{also } \alpha = K/N \qquad (9.86)$$

und damit

$$\mu_{u_M} = K\sigma_x^2 \; ; \qquad \hat{\mu}_{u_M} = \frac{N-2}{N}K\sigma_x^2 \qquad \sigma_{u_M}^2 = 2\sigma_x^4 K^2/N \qquad (9.87)$$

Der Erwartungswert μ_{u_M} ist hier unabhängig von N. Die Variabilität V_{u_M} bleibt unabhängig von der Wahl von α

$$V_{u_M} = \sqrt{2/N}$$

Durch Einsetzen von $\alpha = k/N$ in Gl. 9.79 folgt die in Abb. 9.13 gezeigte Form der χ^2-WDF.

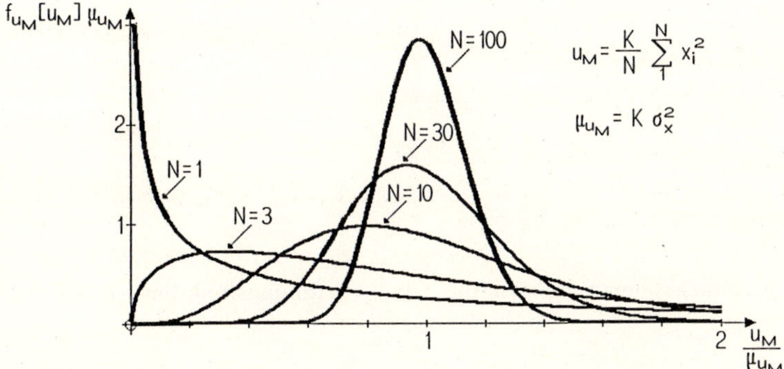

Abb. 9.13: Die χ^2-WDF (Gl. 9.79) für $\alpha = K/N$ (d.h. quadratische Mittelung).

Wir definieren die Zuverlässigkeit P_z (engl. *significance*) und das Vertrauensintervall D_z (engl. *spread*) so, daß eine Aussage folgender Form möglich wird (Abb. 9.14): "Der Prozentsatz P_z aller Meßwerte u streut in einem Vetrauensintervall von D_z dB um den Mittelwert μ_u".

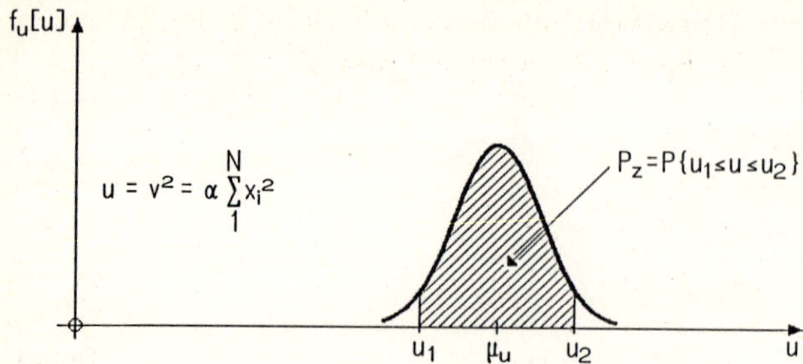

Abb. 9.14: Definition von Zuverlässigkeit und Vertrauensintervall.

Der dB-Wert D_z läßt sich durch die Intervallgrenzen ausdrücken:

$$D_z = 10\,\text{dB}\; lg[v_2^2/v_1^2] = 10\,\text{dB}\; lg[u_2/u_1] \tag{9.88}$$

Wenn d_z im Sinne einer symmetrischen dB-Abweichung ($\pm\frac{1}{2}D_z\,\text{dB}$) definiert wird als (siehe Abb. 9.14):

$$\left.\begin{aligned} u_2 &= \mu_u\, d_z \\ u_1 &= \mu_u / d_z \end{aligned}\right\} \tag{9.89}$$

dann gilt

$$u_2/u_1 = d_z^2 = 10^{D_z/10} \tag{9.90}$$

Jetzt läßt sich auch P_z berechnen:

$$P_z = \int_{u_1}^{u_2} f_u[u]\,du = \int_{\mu_u/d_z}^{\mu_u d_z} f_u[u]\,du \tag{9.91}$$

Zur Auswertung dieses Ausdrucks benötigen wir die Chi^2-Verteilungsfunktion

$$F_u[u] = \int_{-\infty}^{u} f_u[\xi]\,d\xi \tag{9.92}$$

mit

f_u = Chi^2-WDF nach Gl. 9.79

Ähnlich wie für die Gauß-Verteilung gibt es auch im Fall der Chi^2-Verteilung tabellierte Standard-Integrale, wie z.B. die χ^2-*distribution* genannte Funktion[13]

$$Q[z_0 | N] = \int_{z_0}^{\infty} \frac{z^{N/2-1} e^{-z/2}}{2^{N/2} \Gamma[N/2]} dz \tag{9.93}$$

Durch passende Substitution findet sich leicht der Zusammenhang

$$F_u[u] = 1 - Q\left[\frac{u}{\alpha \sigma_x^2} \middle| N\right] \tag{9.94}$$

Damit läßt sich nun die gesuchte Zuverlässigkeit P_z (Gl. 9.91) ermitteln. Mit μ_u aus Gl. 9.80 folgt

$$\begin{aligned} P_z &= F_u[\mu_u d] - F_u[\mu_u / d] \\ &= Q\left[\frac{N}{d_z} \middle| N\right] - Q[N d_z | N] \end{aligned} \tag{9.95}$$

Gl. 9.95 stellt den gesuchten Zusammenhang dar zwischen *Zuverlässigkeit* P_z, *Vertrauensintervall* $D_z = 20\text{ dB}\, lg[d_z]$ und Zahl der Freiheitsgrade N.

Mit Hilfe der weiter unten (Gl. 9.99) angegebenen Näherungsformel für Q wurde Gl. 9.95 numerisch ausgewertet und ergab für $D_z = 0.5 \ldots 8\text{ dB}$ folgende einfache Faustformel:

$$D_z^2 N \approx Z[P_z] \tag{9.96}$$

wobei

$$Z[P_z] = \frac{403\, P_z - 147}{(1 - P_z)^{0.3}} \tag{9.97}$$

Bei R. B. Blackman/J. W. Tukey, 1958, § 9, findet sich eine Tabelle, die auf einen ähnlichen Zusammenhang hindeutet. In unserer Schreibweise ergäbe dies folgende Formel:

$$D_z^2 (N - 1) \approx Z_{BT}[P_z] \tag{9.98}$$

- allerdings ohne Angabe einer Näherungsformel für Z_{BT} und ohne Hinweis auf die Genauigkeit. Wenn man den Unterschied zwischen N und N - 1 vernachlässigt - was im Rahmen der Näherung vernünftig ist - lassen sich beide Aussagen (Gl. 9.96 und 9.97) vergleichen: Die Tabelle (Tab. 9.2) zeigt im Rahmen des Streubereichs $Z_1 \ldots Z_2$ eine recht gute Übereinstimmung.

13. Abramowitz / Stegun, 1965

P_z	$Z_1 \dots Z_2$	$Z[P_z]$	$Z_{BT}[P_z]$
99.9 %	1668 ... 2299	2030	
99	1002 ... 1216	1003	
98		802	841
96		630	625
90	409 ... 512	430	400
80		284	256
75	200 ... 526	235	
60		125	100
50	64 ... 68.5	67	

Tab. 9.2: Vergleich der Zuverlässigkeitsfunktionen Z aus den Gln. 9.96 bis 9.98

P_z = Zuverlässigkeit gemäß Abb. 9.14 und 9.91
$Z_1 \dots Z_2$ = empirisch ermittelter Streubereich bei Variation der D_z-Werte zwischen 0.5 und 8 dB
$Z[P_z]$ = Zuverlässigkeitsfunktion, berechnet nach Gl. 9.97
$Z_{BT}[P_z]$ = Zuverlässigkeitsfunktion gemäß Definition Gl. 9.98, abgelesen und transformiert aus tabellierten Angaben von Blackman/Tukey, 1958

Verglichen mit der Gauß-Statistik sind Theorie und Anwendung der Chi^2-Statistik abschreckend kompliziert. Da aber die Summierung unabhängiger, gaußverteilter Quadrate eine ganz alltägliche Signaloperation ist (siehe z.B. Thema "Schätzung von Leistungsspektren"), können wir uns der Chi^2-Problematik nicht entziehen. Die beiden folgenden Beispiele zeigen nun, *wie sehr sich die Chi^2-Rechnung vereinfachen läßt, wenn man Gl. 9.96 anwendet.*

Beispiele zur Anwendung von Gl. 9.96:

a) Bei $N = 17$ streuen die Messungen u mit 50 % Zuverlässigkeit um höchstens $D_z = 2$ dB (d.h. ± 1 dB).

b) Um mit 99 % Zuverlässigkeit zu erreichen, daß die Messung u nicht weiter als ± 2 dB streut, müssen $N = 1003/4^2 = 63$ Werte x_i^2 gemittelt werden.

Näherungsformel für das Standard-Chi^2-Integral Q aus Gln. 9.93 und 9.95 (siehe auch Abb. 9.15):

$$Q[z_0 | N] \approx \frac{erfc[((z_0/N)^a - b)\,c]}{erfc[-bc]} \quad ; \quad z_0 \geq 0 \tag{9.99}$$

mit

$$\left.\begin{aligned} a &= \frac{1}{3} + 0.256/\left(((ln[N])^{1.5} - 2.4)^2 + 10\right) \\ b &= 1/(1 + 1/(4N)) \\ c &= \sqrt{N}/(2a) \end{aligned}\right\} \tag{9.100}$$

Das dabei auftretende komplementäre Fehlerintegral (engl. *complementary error function*) ist definiert als (siehe Näherung, Gl. 9.73)

$$erfc[y] = 1 - erf[y] \tag{9.101}$$

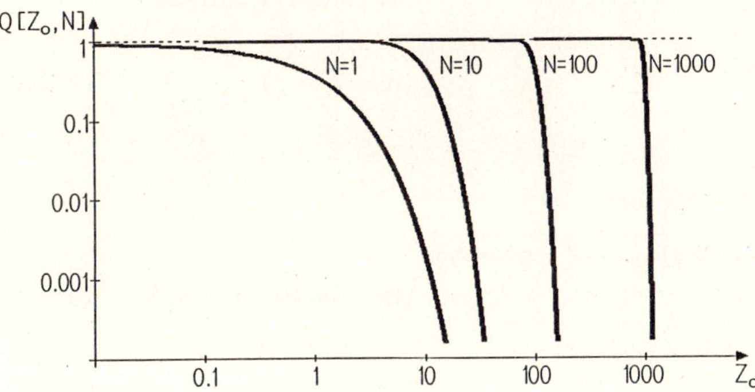

Abb. 9.15: Standard χ^2-Integral für verschiedene Freiheitsgrade N (Gl. 9.93, 9.99).

9.3.5 Chi-Verteilung

Bei der Beurteilung der statistischen Zuverlässigkeit von *Effektivwertschätzungen* ist eine Variante der χ^2-Verteilung zuständig - die χ-*Verteilung*. Wir definieren

$$\chi = \sqrt{\alpha \sum_{i=1}^{N} x_i^2} \qquad (\alpha,\ x \ \text{reell};\ \alpha > 0)_i \tag{9.102}$$

Es gilt die WDF

$$f_\chi[\chi] = \frac{(\chi/\sqrt{\alpha})^{N-1}\, exp[-\chi^2/(2\alpha\sigma_x^2)]\, \varepsilon[\chi]}{\sqrt{\alpha}\, 2^{N/2-1}\, \sigma_x^N\, \Gamma[N/2]} \qquad (N = 2, 3, 4, \ldots) \tag{9.103}$$

Der Sonderfall N = 2 trägt den Namen *Rayleigh-Verteilung*, N = 3 den Namen *Maxwell-Verteilung*.

Durch näherungsweise Berechnung der Integrale Gl. 9.24 und 9.35 ergeben sich die folgenden, *für praktische Bedürfnisse ausreichenden Faustformeln*:

Erwartungswert

$$\mu_\chi \approx \sigma_x \sqrt{(N - 0.5 + 0.4/(\pi N))\,\alpha} \qquad (\text{für alle } N = 2, 3, 4, \ldots) \tag{9.104}$$

und daraus

$$\mu_\chi \approx \sigma_x \sqrt{(N - 0.5)\,\alpha} \qquad (\text{für } N \gg 1) \tag{9.105}$$

Varianz

Aus Gl. 9.103 folgt zunächst

$$\overline{\chi^2} = \alpha N \sigma_x^2 \qquad \text{(für alle } N = 2, 3, 4, \ldots) \qquad (9.106)$$

und daraus über Gl. 9.35

$$\sigma_\chi^2 = \overline{\chi^2} - \mu_\chi^2 \approx \sigma_x^2 (0.5 - 0.4/(\pi N))\alpha \qquad \text{(für alle } N = 2, 3, 4, \ldots) \qquad (9.107)$$

und

$$\sigma_\chi \approx \sigma_x \sqrt{\alpha/2} \qquad \text{(für } N \gg 1) \qquad (9.108)$$

Variationskoeffizient

Aus Gl. 9.40, 9.105 und 9.108 folgt nun

$$V_\chi = \sigma_\chi/\mu_\chi \approx \sqrt{(\pi N - 0.8)/(2\pi N^2 - \pi N + 0.8)} \qquad \text{(für alle } N = 2, 3, 4, \ldots) \qquad (9.109)$$

und

$$V_\chi \approx 1/\sqrt{2N} \qquad \text{(für } N \gg 1) \qquad (9.110)$$

Abb. 9.16 zeigt die WDF $f_\chi[\chi]$.

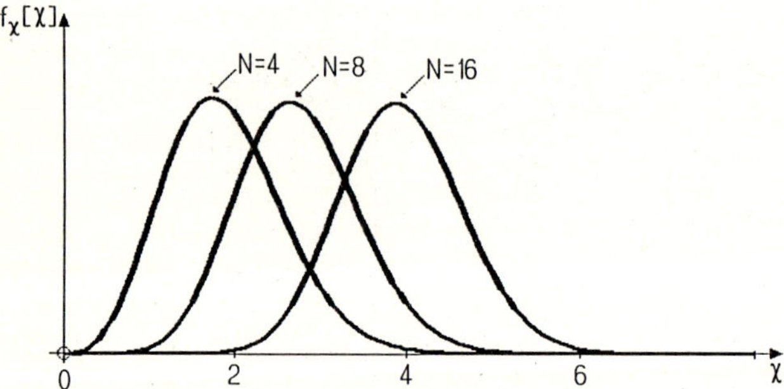

Abb. 9.16: Die χ-Verteilung. Wahrscheinlichkeitsdichtefunktion $p_\chi[\chi]$ für $\alpha = 1/\sigma_x^2$ (Gl. 9.102). Bei dieser Normierung gilt:

$$\mu_\chi \approx \sqrt{N - 0.5} \qquad \text{und} \qquad \sigma_\chi \approx \sqrt{0.5}$$

Literaturempfehlungen Kap. 9

zum Thema "klassische Wahrscheinlichkeit"

1. B. W. Gnedenko, 1968

zum Thema "statistische Wahrscheinlichkeit"

1. L. Sachs, 1978

zum Thema "axiomatische Wahrscheinlichkeit"

1. A. Papoulis, 1984
2. D. Morgenstern/V. Mammitzsch, 1970

10 Prozeß-Theorie

10.1 Grundbegriffe

In der Einführung zu Kap. 2 und Kap. 9 wurde schon von den immerwährenden *stochastischen Signalen* gesprochen, von denen ja grundsätzlich nur ein zeitlicher Ausschnitt (Aufnahme, engl. *time record*) beobachtet werden kann. Aus diesem Ausschnitt (einem oder mehreren) mußte dann *die Signalstatistik* geschätzt werden.

Wir *erweitern jetzt das Konzept des stochastischen Signals* indem wir es als Element eines übergeordneten stochastischen Prozesses auffassen. *Der stochastische Prozeß* erzeugt an verschiedenen (evtl. unendlich vielen) Beobachtungspunkten (= Ausgängen) jeweils ein stochastisches Signal - also eine *Familie von stochastischen Signalen*. Abb. 10.1 versucht, einen solchen stochastischen Prozeß zu veranschaulichen.

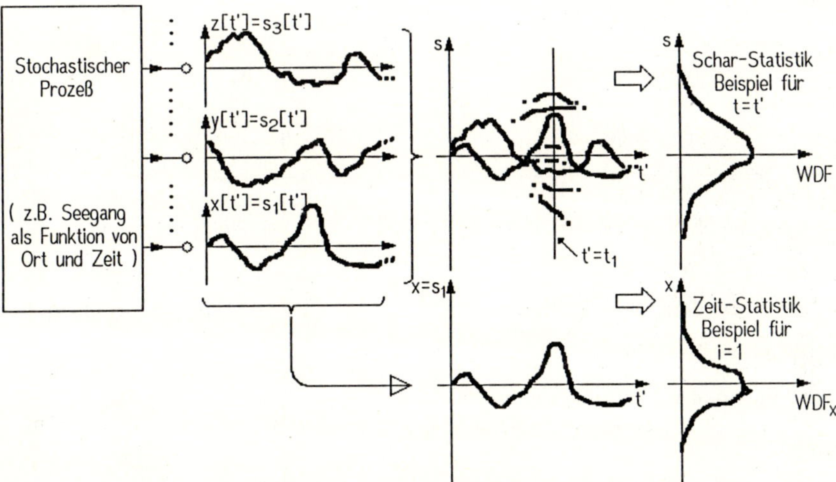

Abb. 10.1: Der stochastische Prozeß als Familie von stochastischen Signalen. Die Scharstatistik analysiert *alle* Ausgänge zu *einem* Zeitpunkt. Die Zeitstatistik analysiert *einen* Ausgang zu *allen* Zeitpunkten.

10.1.1 Scharstatistik

Als Vorbereitung der wahrscheinlichkeitstheoretischen Betrachtung der *Schar* definieren wir die zugrundeliegende Ereignismenge M, deren Elemente die Zahlenwerte aller zum Zeitpunkt t abgelesenen Prozeß-Signale sind:

$$M = \{x[t'], y[t'], z[t'], \ldots\} = \{s_i[t']\}; \quad (i = 1, 2, \ldots N;\ t' = \text{const.} = t_1) \tag{10.1}$$

mit

N = Prozeßumfang, d.h. Anzahl der zum stochastischen Prozeß s gehörigen stochastischen Signale

s_i = i^{tes} stochastisches Signal; z.B. $s_2 = y[t']$

Wie Tab. 10.1 zeigt, müssen wir dabei grundsätzlich vier verschiedene Situationen unterscheiden:

Fall-Bezeichnung		Prozeßumfang N und Stichprobenumfang $\hat{N}$
SINGULÄR		$N = \hat{N} = 1$
KOMBINATORISCH		$N = \hat{N} = 2 \ldots \approx 10^{1 \ldots 2}$
STATISTISCH	parametrisch	$N = \hat{N} \approx 10^{1 \ldots 2}$
	hypothetisch	$\hat{N} \approx 10^{1 \ldots 2} \ll N$

Tab. 10.1: In Hinblick auf Stationarität und Ergodizität müssen diese vier Fälle unterschieden und entschieden werden.

In Tab. 10.1 fallen besonders die mitgliedsarmen Prozesse auf. Abb. 10.2 zeigt dazu je ein Beispiel.

Wie wollen jetzt die vier in Tab. 10.1 genannten Fälle etwas genauer ansehen:

Singulärer Fall:

Der Prozeß besteht aus nur einem Signal $x[t']$. Zum Zeitpunkt $t' = t_1$ *existiert* genau *ein Wert* $s_{11} = x[t_1]$ mit der Wahrscheinlichkeit P = 1. Weder Kombinatorik noch Statistik sind anwendbar. Bendat und Piersol[1] schlagen vor, sich gerade in der extremen, links in Abb. 10.2a gezeigten Situation vorzustellen, der Prozeß könnte oft genug als Experiment wiederholt werden, so daß sich dadurch eine ausreichend große Datenbasis zum Zeitpunkt $t = t_1$ ansammelt. Aber stochastische Signale dauern definitionsgemäß unendlich lange an; das "Experiment" nimmt kein Ende. Wir können es nicht wiederholen, sondern nur bescheiden eine Zeitlang zuschauen. Wenn man über den konkret vorgegebenen Umfang hinaus zu einer genau bekannten Zahlentabelle weitere Zahlen hinzu erfindet, um dann aus der so vergrößerten Menge Schlüsse zu ziehen, so mag das mathematisch durchaus reizvoll sein - hilfreich für die Praxis ist dies nicht.

1) Bendat/Piersol, 1980, § 1.1

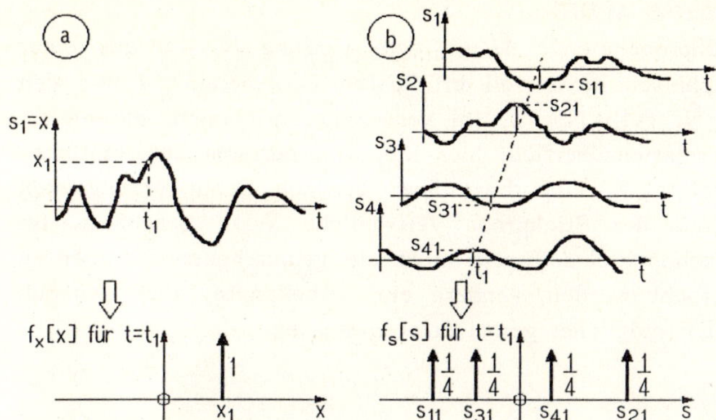

Abb. 10.2: Migliedsarme, stochastische Prozeße und deren triviale WDFs an einem beliebig vorgegebenen, festen Zeitpunkt $t = t_1$:

a) Nur ein Mitglied. Zum Zeitpunkt $t = t_1$ gibt es nur einen einzigen Wert $x = x_1$. Beispiel: Aufzeichnung der azimutalen Drift des magnetischen Nordpols der Erde.

b) Nur vier Mitglieder. Zum Zeitpunkt $t = t_1$ werden also genau vier Werte abgelesen ($S_{11} = -17.8$; $S_{21} = +5.1$; $S_{31} = +21.2$; $S_{41} = -8.8$). Weitere Werte für $t = t_1$ gibt es nicht und wird es auch nie geben. Beispiel: Aufzeichnung der Kraft-Zeit-Funktionen in den vier Pleuelstangen eines neuen, nur einmal als Entwicklungsprojekt existierenden Otto-Motors aus Kunststoff.

Kombinatorischer Fall:

Der stochastische Prozeß hat eine geringe Zahl von Mitgliedern - mindestens 2, höchstens einige Dutzend. Es sind so wenige, daß es nicht zur Förderung des Überblicks beiträgt, diese noch irgendwie in Klassen oder Gruppen einzuteilen. Alle Elemente der Menge M (Gl. 10.1) haben einen bekannten Wert. Alle Wahrscheinlichkeiten, die die blinde Entnahme von Proben aus der Menge M betreffen, können mit den Methoden der *Kombinatorik* berechnet werden. Einfaches Beispiel (Abb. 10.2b): $M = \{-17.1, -8.8, +5.1, +21.2\}$. Die Wahrscheinlichkeit, den Wert -8.8 zu ziehen ist P = 1/4. Die WDF ist grundsätzlich vom diskreten Typus, wie auch in der Abb. 10.2b gezeigt. Im Gegensatz zur nachstehend zu besprechenden statistischen Situation, ist hier die ganze wahrscheinlichkeitstheoretische Behandlung eine praxisfremde, überflüssige Spielerei.

Statistischer Fall (mit parametrischer WDF):

Es sind zwar noch alle Elemente der Menge M bekannt, aber der praktische Umgang mit dieser Menge ist sehr aufwendig geworden. Aus Vereinfachungsgründen ist es jetzt sinnvoll, die Elemente nach Größenklassen zu gruppieren, ein Häufigkeitsdichte-Histogramm aufzustellen und dieses Histogramm durch eine sanft verlaufende, einfache Ausgleichskurve zu approximieren, die dann (nach der Normierung) alle formalen Eigenschaften einer WDF hat. Unter Preisgabe eines schon vorhandenen hohen Informationsstandes wird also so getan, als sei die Menge M nur eine zufällig entnommene Stichprobe aus einer unerschöpflich großen Obermenge M^*. Einziger Zweck dieser Mühen ist der näherungsweise Ersatz der immer noch diskreten WDF durch eine mit nur wenigen *Parametern* ausgestattete, einfachere Funktion.

Statistischer Fall (mit hypothetischer WDF):

Hier haben wir eine Stichprobenmenge $\hat{M}$ mit dem Umfang $\hat{N}$, die aus einer unerschöpflich großen, technisch nicht voll erfaßbaren Obermenge M mit den Umfang N stammt ($N \gg \hat{N}$; evtl. $N \to \infty$). Im vorher beschriebenen, parametrischen Fall herrschte Informationsüberfluß; hier hingegen herrscht Informationsmangel: Auf der Grundlage einer *Hypothese* über den die Schar erzeugenden Mechanismus wird eine mit der Stichprobe verträgliche WDF geschätzt. Im Gegensatz zum parametrischen Fall soll also nicht die genau bekannte, aber zu komplizierte WDF vereinfacht werden, sondern eine unbekannte, aber dennoch den Prozeß regierende WDF möglichst genau erraten werden.

10.1.2 Stationarität

Ein stochastischer Prozeß, dessen statistischer Charakter sich *im Laufe der Zeit nicht ändert, wird allgemein als stationär* [2] bezeichnet. In diesem Sinne empfinden wir das gleichmäßige Rauschen eines Wasserfalles als *stationär*, das an- und abschwellende Geräusch eines vorbeifahrenden Autos hingegen als *instationär*. Diese fundamentale Eigenschaft stochastischer Prozesse soll nun etwas genauer betrachtet werden.

1.) Klassische Definition der Stationarität

Die Schar-WDF $f_s[s]$ des stationären Prozesses hängt nicht von der Zeit ab:

$$f_s[s;\, t_1] = f_s[s;\, t_2] \qquad (t_1;\, t_2 \text{ beliebig}) \tag{10.2}$$

Dies ist die klassische Formulierung, wie sie sich als Formel und auch als wörtliche Beschreibung bei vielen Autoren findet[3,4,5,6,7]. Große Meinungsvielfalt herrscht allerdings bei der Frage, wie denn im kombinatorischen oder gar singulären Fall - *also bei kleiner Mitgliederzahl* - die Stationarität, die Schar und deren Statistik definiert werden sollen:

- Im singulären Fall wird die Schar aus zeitlich verschobenen Kopien des Signals aufgebaut[8,9,10] - mit der Konsequenz, daß die Begriffe Ergodizität und Stationarität sich eigentlich nicht mehr unterscheiden.
- Die Schar wird durch eine gedachte, vielfache Wiederholung des gleichen Experiments aufgebaut[11] - wobei offen bleibt, welche Beziehung zwischen den sich ergebenden Eigenschaften der hinzuerfundenen Schar und der Wirklichkeit des vorhandenen, singulären Prozesses besteht.

2) "stationär" von lat. stationarius = stillstehend.
3) B.W. Gnedenko, 1968, § 57
4) D. Middleton, 1960, § 1.3-6
5) A. Papoulis, 1984, § 9.3
6) H. Urkowitz, 1983. § 9-5
7) H. Wolf, 1974, § 2.2.9
8) P. Beckmann, 1967, § 6.1
9) K. Kroschel, 1973, § 1.1
10) R. Unbehauen, 1980, § I-3.2
11) J.S. Bendat / A.G. Piersol, 1980, § 1.1

- Die Zusammensetzung der Schar (also die Menge *M* der zu einem Zeitpunkt t abgelesenen Augenblickswerte) soll überhaupt unabhängig von der Zeit sein[12] - was ja nur möglich sein kann, wenn alle Mitglieder des stochastischen Prozesses zeitlich konstant sind ("Gleichspannungen").
- Die Scharmittel sollen unabhängig von der absoluten Zeit sein[13] - obwohl niemand bezweifelt, daß die Mittelwerte endlich großer Scharen selbst wieder Zufallsgrößen sind und daher zeitlich schwanken müssen.
- Die Problematik der kleinen Schar wird einfach ausgeklammert[14,15,16] - aus gutem Grund, wie diese Aufzählung zeigt.

Der Kern dieser Problematik ist die stille *Annahme, daß die mitgliedsarmen stochastischen Prozesse eine nicht-triviale Schar-WDF hätten*, und daß diese von stetiger - also nicht-diskreter Natur sein könnte.

2.) Pragmatische Definition der Stationarität

Wir wollen nun den Begriff *Stationarität* so *definieren*, daß

a) zu jedem Prozeßumfang eine klare Aussage möglich ist, und
b) auch eine Aussage zur Zeitstatistik möglich ist, ohne die Begriffe Stationarität und Ergodizität unzulässig zu vermengen:

Globale Stationarität

1) Die WDF der statistischen Schar eines *global stationären* Prozesses (parametrischer und hypothetischer Fall) hängt nicht signifikant von der absoluten Zeit ab; (Gl. 10.2 neu interpretiert)
2) Bei stochastischen Prozessen mit kleiner Schar (kombinatorischer und singulärer Fall) ist der Begriff *global stationär sinnlos.*

Lokale Stationarität

1) *Ein* Mitglied eines stochastischen Prozesses - also *ein* stochastisches Signal - ist *lokal stationär*, wenn sich in diesem Signal kein Paar von Zeitabschnitten beliebiger Dauer findet, deren geschätzte WDFs (Zeit-WDF !) signifikant voneinander abweichen. Der etwas befremdliche Ausdruck Zeit-WDF soll darauf hinweisen, daß es sich um die WDF einer einzigen *Zeitfunktion* handelt; Damit wird der Kontrast zur Schar—WDF hervorgehoben.
2) Ein stochastisches Signal ist *lokal schwach stationär*, wenn sich für endliche Abschnittsdauern $T_1 \dots T_2$ keine geschätzten Zeit-WDFs finden, die sich signifikant unterscheiden.
3) Der stochastische Prozeß ist lokal stationär, wenn alle seine Mitgliedssignale lokal stationär sind.
4) Der stochastische Prozeß ist lokal schwach stationär, wenn alle seine Mitgliedssignale so sind.

12) Middleton, 1960
13) Urkowitz, 1983
14) Gnedenko, 1968
15) Papoulis, 1984
16) Wolf, 1974

3.) Signifikante Abweichung

wollen wir definieren als Nichtbestehen des zweiseitigen *Kolmogoroff-Smirnoff-Tests (K-S-Test)* bei 5% Signifikanzniveau. Anschaulich gesprochen: Eine aufgrund einer Stichprobe endlichen Umfanges geschätzte WDF ist zwangsläufig mit einer gewissen Unsicherheit behaftet. Wenn beim Vergleich der zu zwei verschiedenen Stichproben gehörigen, geschätzten WDFs die Abweichungen innerhalb der natürlichen Schwankungsbreite liegen, sind sie *nicht-signifikant* - d.h. die WDFs werden als identisch angesehen. Praktische Anweisungen zur Durchführung des K-S-Testes finden sich bei L. Sachs[17] vereinfachte Regeln, die ohne die bei Sachs angegebenen Tabellen auskommen, finden sich weiter unten (Kap. 14.3.3). Der K-S-Test muß nicht unbedingt immer durchgeführt werden, wenn von lokaler Stationarität die Rede ist, wichtig ist nur, daß man sich bei Aussagen zur Stationarität auf klare Definitionen beziehen kann.

10.1.3 Ergodizität

Klassische Definition der Ergodizität

Beim ergodischen Prozeß[18] sind Schar- und Zeitstatistik gleich. Ergodizität setzt Stationarität voraus. Dies ist die klassische Definition der Ergodizität[19,20,21]. Hier wird globale Stationarität und ein stochastischer Prozeß mit statistischer Schar angenommen. Abb. 10.1 zeigt als ein Beispiel mit unterschiedlicher Zeit- und Schar-WDF - also einen *nicht-ergodischen* Prozeß.

Pragmatische Definition der Ergodizität

Beim alltäglichen Umgang mit stochastischen Prozessen ist die folgende, *pragmatische Definition* wohl nützlicher:

Beim *lokal ergodischen* Prozeß sind alle Mitgliedssignale lokal stationär und ihre Zeit-WDFs weichen nicht signifikant voneinander ab.

- Diese Definition ist im theoretischen Grenzfall des global-stationären Prozesses mit statistischer Schar *kompatibel mit der klassischen Definition.*
- Die Eigenschaft *lokal ergodisch* läßt sich notfalls *meßtechnisch überprüfen.*
- Im Gegensatz zur klassischen Definition ist die pragmatische Definition auch bei der technisch wichtigen Klasse der Prozesse mit *kombinatorischer Schar anwendbar.*

Zusammenfassung

Der Schlüssel zum Verständnis von Stationarität und Ergodizität - also der Fundamentaleigenschaften aller stochastischer Prozesse - liegt in der realistischen Beurtei-

17) L. Sachs, 1978, § 4.4
18) *ergodisch*: Der Begriff wurde von dem deutschen Physiker Boltzmann 1887 eingeführt. (*Ergodenhypothese*).
19) D. Middleton, 1960, § 1.6
20) H. Urkowitz, 1983, § 9.6
21) A. Papoulis, 1984, § 9.5

lung der Schar: Singulärer, kombinatorischer und statistischer Fall. Die darauf abgestimmten, pragmatischen Definitionen von Stationarität und Ergodizität ergeben 12 denkbare Prozeßklassen, wie sie in Tab. 10.2 aufgeführt sind.

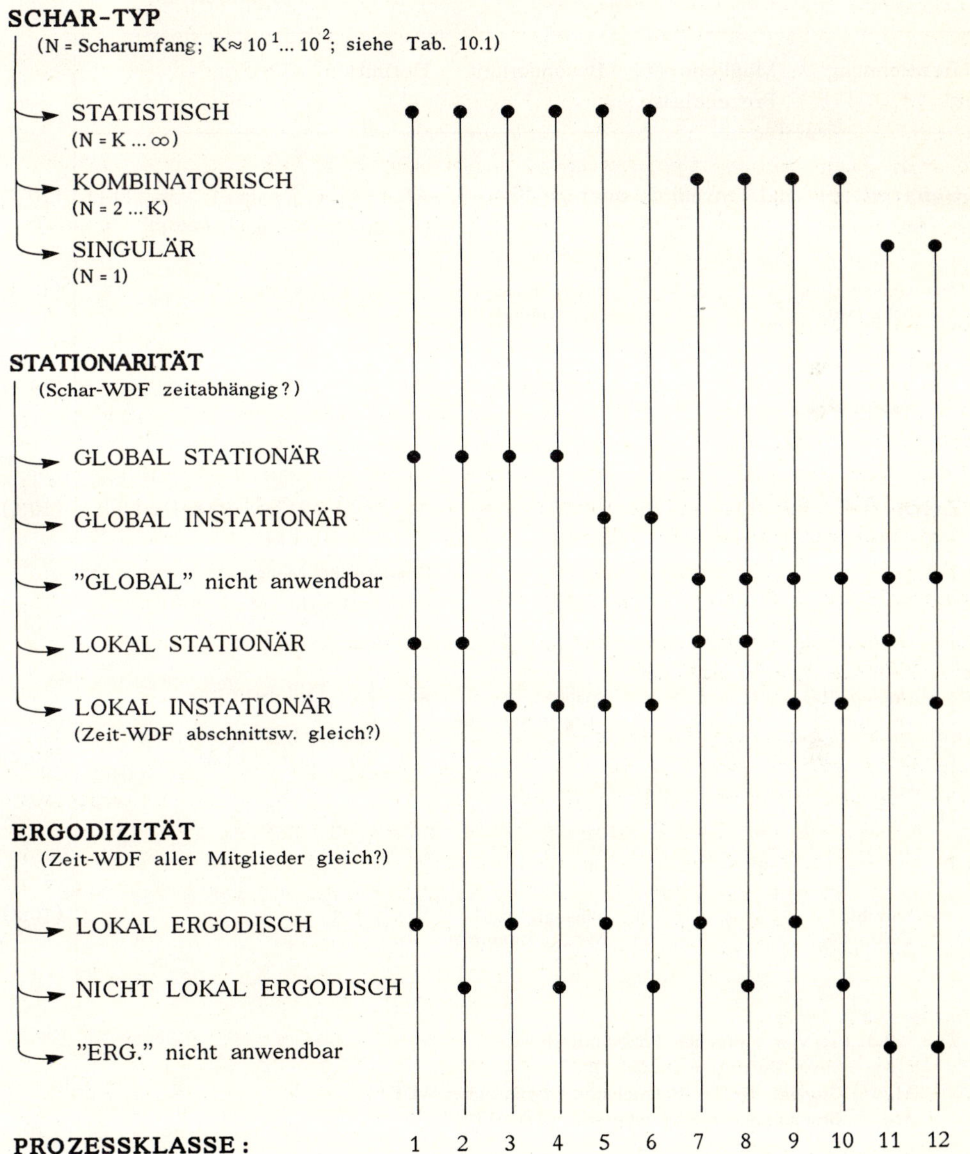

Tab. 10.2: Die 12 Klassen stochastischer Prozesse als mögliche Kombinationen von Schar-WDF, Stationarität und Ergodizität

10.2 Prozeßmittelungen

10.2.1 Einfache Mittel

Die folgende Tab. 10.3 zeigt die 4 möglichen, einfachen Prozeßmittelwerte

Bezeichnung	Mögliche Prozeßklasse	Besonderheit	Definition	
Scharmittel (engl. *ensemble average*)[22]			$M_s = \{s_1[t_1], s_2[t_1], \dots s_N[t_1]\}$ (statistische Menge; $N \to \infty$)[23]	(10.3)
→ Universelles Scharmittel	1, 2, 3, 4	zeitunabhängig (t_1 beliebig)	$\tilde{\tilde{s}} = \int_{-\infty}^{\infty} s f_s[s]\, ds$	(10.4)
→ Variables Scharmittel	5, 6	Zeitfunktion	$\widetilde{s[t_1]} = \int_{-\infty}^{\infty} s f_s[s; t_1]\, ds$	(10.5)
Zeitmittel (engl. *time average*)			$M_x = \{x[-M\tau], x[-(M-1)\tau], \dots, x[M\tau]\}$ (Statistische Menge; $t_1 = k\tau$; $k = -M \dots M$; $M \to \infty$)	(10.6)
→ Universelles Zeitmittel	1, 3, 5, 7, 9 (11, 12)	unabhängig von Mitgliedsnummer	$\overline{x} = \int_{-\infty}^{\infty} x f_x[x]\, dx = \lim_{T \to \infty} \frac{1}{T} \int_{(T)} x[t]\, dt$ ($\overline{x} = \overline{y} = \overline{z} = \dots$)	(10.7)
→ Variables Zeitmittel	2, 4, 6, 8, 10	abhängig von Mitgliedsnummer	$\overline{x} \neq \overline{y} \neq \overline{z} \dots$	(10.8)

Tab. 10.3: Die vier einfachen Prozeßmittelwerte.
s_i, t_1 : Siehe Definition in Abb. 10.1
M_s : Grundmenge für Scharcharakteristik, Schar-WDF
M_x : Grundmenge für Zeitstatistik, (Zeit-WDF)

22) *average* leitet sich ab vom franz. avarie: Havarie, Seeschaden. Bei solchen Seeschäden wurde der Verlust unter den Teilhabern *gleichmäßig verteilt*.

23) *Statistische Menge*: Sehr große Anzahl von Elementen im Sinne von Tab. 10.1, statistischer Fall.

Definition der Mittelungssymbolik

Die Mittelungssymbolik ist nirgends definiert und wird entsprechend uneinheitlich gebraucht. Wir definieren

$$E\{u\} = \langle u\rangle = \int_{-\infty}^{\infty} u\, f_u[u]\, du \qquad (10.9)$$

Erwartungswert E der Zufallsvariablen u. Über die Herkunft der Grundmenge $M_u = \{u_1, u_2, \ldots, u_N;\ N\rightarrow \infty\}$, etwa durch Ablesung der Zeitfunktion oder der Schar, wird nichts ausgesagt.

Die Symbole $E\{\cdots\}$ und $\langle\cdots\rangle$ sind *völlig gleichwertig.*

$$E\{g[u]\} = \langle g[u]\rangle = \int_{-\infty}^{\infty} g[u]\, f_u[u]\, du \qquad (10.10)$$

Erwartungswert der Funktion g einer Zufallsvariablen u.
(Beispiel: $g[u] = u^2$)

$$\tilde{\tilde{s}} = E\{s\} = \langle s\rangle = \int_{-\infty}^{\infty} s\, f_s[s]\, ds \qquad (10.11)$$

Scharmittel s = Erwartungswert der Zufallsvariablen s. Die Symbolik $\tilde{\tilde{s}}$ *spezifiziert aber die Herkunft der Grundmenge* $M_s=\{s_1[t_1], \ldots, s_N[t_1];\ N\rightarrow \infty\}$, nämlich Ablesung der Augenblickswerte aller stochastischer Signale eines stochastischen Prozesses zum Zeitpunkt $t' = t_1$.

$$\widetilde{\widetilde{g[s]}} = E\{g[s]\} \qquad (10.12)$$

Scharmittel der Funktion g[s]
Erwartungswert der Funktion g der Zufallsvariablen s, wobei die Grundmenge M_s wieder wie zuvor durch Ablesung der *Schar* erzeugt wird.

$$\overline{x} = E\{x\} \qquad (10.13)$$

Zeitmittel = Erwartungswert der Zufallsvariablen x, wobei die Herkunft der Grundmenge $M_x=\{x_1, \ldots, x_N;\ N \rightarrow \infty\}$ durch Ablesung eines stochastischen Signals (*Zeitfunktion*) in gleichen Zeitabständen (= "Abtastung") erzeugt wird.

$$\overline{g[x]} = E\{x\} \qquad (10.14)$$

Zeitmittel der Funktion g[x[t]]
Erwartungswert der Funktion g der Zufallsvariablen x, wobei die Grundmenge M_x wieder durch Abtastung der *Zeitfunktion* x[t] entsteht.

10.2.2 Quadratische Mittel

Im gleichen Stil wie Tab. 10.3 lassen sich auch die vier *quadratischen Prozeßmittel* definieren:

Quadratische Scharmittel

$$\text{universell} \qquad \widetilde{s^2} = \int_{-\infty}^{\infty} s^2 f_s[s]\, ds \tag{10.15}$$

$$\text{variabel} \qquad \widetilde{s^2[t_1]} = \int_{-\infty}^{\infty} s^2 f_s[s;\, t_1]\, ds \tag{10.16}$$

Quadratische Zeitmittel

$$\text{universell} \qquad \overline{x^2} = \lim_{T \to \infty} \frac{1}{T} \int_{-\infty}^{\infty} x^2[t]\, dt \tag{10.17}$$

$$(\overline{x^2} = \overline{y^2} = \overline{z^2} = \ldots)$$

$$\text{variabel} \qquad (\text{wie Gl. 10.17, aber } \overline{x^2} \neq \overline{y^2} \neq \overline{z^2} \neq \ldots) \tag{10.18}$$

Messung und Schätzung

Zeitmittel (einfache und quadratische entsprechend den Gln. 10.7, 10.8, 10.17, 10.18) sind *theoretische Prozeßkennzahlen, die sich der Messung entziehen.* Man kann sie entweder *aus ausreichender Kenntnis der Prozeßphysik erschließen* (Beispiel: Zeitmittel der elektrischen Feldstärke des Sonnenlichtes = 0), oder aber *aus Stichproben schätzen.* Solche Schätzungen sind aber nur bei lokal stationären Prozessen (Klasse 1, 2, 7, 8, 11) sinnvoll.

Glättung

Einfache und quadratische *Stichprobenmittel lokal nichtstationärer Prozesse* (Klasse 3, 4, 5, 6, 9, 10, 12) sind keine Prozeßkennzahlen und auch keine brauchbaren Schätzungen solcher Kennzahlen. Hier handelt es sich immer um eine *Filterung*, die neue Zufallssignale mit neuem Spektrum und neuer Statistik erzeugt:

$$p[t] = \overline{x[t]} = x[t] * w[t] \tag{10.19}$$

$$q[t] = \overline{x^2[t]} = x^2[t] * w[t] \tag{10.20}$$

mit

$w[t]$ = Glättungsfenster (siehe z.B. Gl. 3.60 oder 14.49)

Effektivwert

Definition von Effektivwert und Signalleistung

Wir beschränken uns jetzt auf singuläre, lokal stationäre Prozesse (Klasse 11) und kommen damit zu besonders einfachen, alltäglichen Begriffen:

- Effektivwert x_{eff}: (engl. *rms value*)[24]
  Der Effektivwert ist ein Grundbegriff aus der Elektrotechnik, der sich ursprünglich nur auf periodische Vorgänge bezog:

$$x_{eff} = \sqrt{\overline{x^2[t]}} \tag{10.21}$$

Bei periodischen Signalen gilt

$$\overline{x^2} = \frac{1}{T} \int_{t}^{t+T} x^2[t'] \, dt' \tag{10.22}$$

mit T = Periodendauer
t : beliebig

Beim stochastischen Signal (Prozeßklasse 11) gilt Gl. 10.17. In weiterer Ausführung der schon mit Gln. 9.35 - 9.37 (Kap. 9.2.5) hergeleiteten Beziehungen können wir jetzt sowohl für periodische als für stochastische Signale feststellen:

$$\sigma_x^2 = \overline{(x - \overline{x})^2} = \overline{x^2} - \overline{x}^2 \tag{10.23}$$

oder auch

$$x_{eff}^2 = \overline{x}^2 + \sigma_x^2 \tag{10.24}$$

Beispiel:
Ein effektiver Strom von 5A, der 3A Gleichstromanteil ($\overline{x}$) enthält, hat eine Standardabweichung σ_x von 4A. (Abb. 10.3)

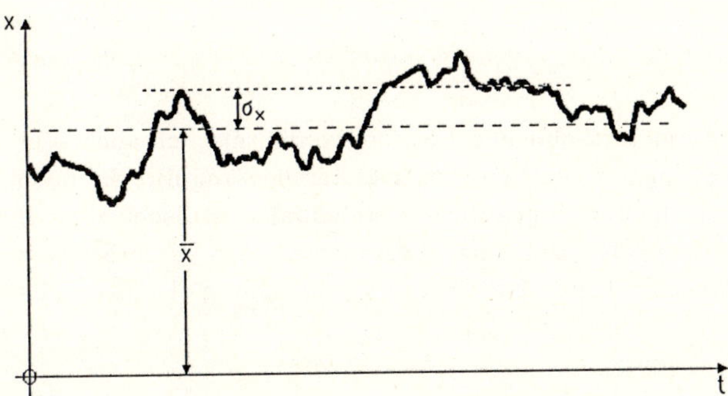

Abb. 10.3: Zeitlicher Mittelwert und Standardabweichung eines lokal stationären, stochastischen Signals anschaulich gemacht.

24) RMS = *root mean square*, also "Wurzel aus dem mittleren Quadrat", eine Abkürzung, die genau die Definiton des Effektivwertes enthält.

Die Größe

$$\overline{x^2} = x_{eff}^2 \tag{10.25}$$

wird *Signalleistung* genannt und bedarf noch wegen des Wortteils *Leistung* weiterer Interpretation.

Interpretation der "Signalleistung"

Wenn man den Unterschied zwischen der physikalischen, in Watt angebbaren Leistung und der hier gemeinten *Signalleistung* verstehen und akzeptieren will, ist es hilfreich, die Konventionen der dB-Rechnung zu kennen:
International streng vereinbart gilt:

$$L = 10 \lg[P_1/P_0] \text{ dB} \tag{10.26}$$

und

$$L = \ln[a_1/a_0] \text{ Np} \tag{10.27}$$

wobei P_1, P_0 physikalische Leistungen sind und a_1,a_0 Amplituden - genauer: Effektivwerte. In der Physik tritt die Leistung P in sehr verschiedenartigen Bereichen als Produkt $P=a^2Q$ auf, wobei a eine Amplitude (z.B. Schallschnelle) und Q die zur Natur von a passende Impedanz oder Admittanz ist. Damit gilt noch streng

$$L = 10\,lg\left[\frac{a_1^2 Q_1}{a_0^2 Q_0}\right] \text{dB} = \left(20\,lg[a_1/a_0] + 10\,lg[Q_1/Q_0]\right) \text{dB} \tag{10.28}$$

Interessiert man sich nur für Amplitudenverhältnisse, nimmt man stillschweigend $Q_1 = Q_0$ an - ohne Beachtung der tatsächlichen Gegebenheiten - und findet die Beziehung

$$L_u = 20 \lg[a_1/a_0] \text{ dB} \tag{10.29}$$

L_u ist natürlich kein Maß mehr für ein tatsächliches Leistungsverhältnis, ist aber sehr praktisch. (Anwendungsbeispiel: Die Angabe der Spannungsverstärkung in dB). In noch weitergehender Vereinfachung wird in der Signaltheorie (ebenfalls stillschweigend) $Q_1=Q_0=1$ gesetzt und damit schon a^2 als "Leistung" bezeichnet. Zur besseren Unterscheidung wird allerdings in diesem Text das Wort *Signalleistung* benutzt. Es gilt also

$$\text{Signalleistung} = x_{eff}^2 \tag{10.30}$$

Nur in diesem Sinne darf auch die zum Begriff *Leistungsspektrum* gehörende *Leistung* interpretiert werden.

10.3 Korrelationsfunktionen und Leistungsspektren

10.3.1 Regression und Korrelation

Wie kann man stochastische Signale miteinander *vergleichen*? Der einfachste und auch am häufigsten praktizierte Vergleich besteht sicherlich in der Gegenüberstellung der Verteilungskennwerte (Mittelwert, Standardabweichung usw.). Die nächste Stufe (in einer fast unerschöpflichen Skala von Möglichkeiten) ist die Untersuchung der Frage: "Besteht *im Mittel ein linearer Funktionszusammenhang zwischen den beiden zufällig schwankenden Größen* ?" Abb. 10.4 verdeutlicht die Fragestellung.

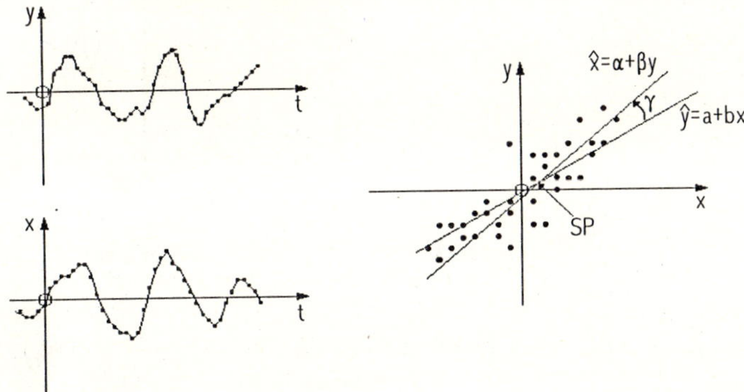

Abb. 10.4: Statistischer Vergleich zweier lokal stationärer Signale; z.B. y = Temperatur und x = Windstärke auf dem Dach des Hauses.

Links: Die beiden zu vergleichenden, stochastischen Signale mit eingetragener Markierung der abgelesenen Punkte.

Rechts: Das Streudiagramm mit den beiden Regressionsgerade, die sich im Schwerpunkt SP schneiden.

Die empirische Grundlage zur Beantwortung dieser Frage ist das Streudiagramm (engl. *scatter diagram*): Jedes Paar gleichzeitig abgelesener Werte $x_i|y_i$ wird als Punkt in der x,y-Ebene eingetragen; der zeitliche Zusammenhang geht dabei verloren. Die kontinuierliche Version dieses Streudiagramms ist die altbekannte Lissajous-Figur, die sich auf jedem Labor-Oszilloskop in x-y-Betriebsart zeigen läßt.

Zur Ergründung eines möglicherweise linearen Funktionszusammenhanges formulieren wir einen linearen Modellansatz:

$$\hat{y} = a + bx \tag{10.31}$$

Regressionsgerade; siehe auch Abb. 10.4

mit

$\hat{y}$: bestmögliche Vorhersage für y bei gegebener Beobachtung x

b : (der) Regressionskoeffizient

a : (namenloser, weiterer) Regressionskoeffizient

Das ganze mit *Regression* bezeichnete Verfahren besteht in der Ermittlung der Koeffizienten a, b unter der Bedingung, daß der *Erwartungswert D der quadrierten Abweichung* zwischen Ablesung und Vorhersage *minimal wird* (Anpassung nach der *Methode der kleinsten Quadrate*; engl. *least squares fit*).

Wir wollen zunächst die y-Abweichungen minimieren:

$$A_y = \langle (y-\hat{y})^2 \rangle = \langle (y-a-bx)^2 \rangle = \langle y^2 + a^2 + b^2x^2 - 2ay + 2abx - 2bxy \rangle \tag{10.32}$$

Also

$$\left.\begin{aligned} &\frac{\partial A_y}{\partial a} = 0 = a + b\langle x \rangle - \langle y \rangle \\ &\frac{\partial A_y}{\partial b} = 0 = a\langle x \rangle + b\langle x^2 \rangle - \langle xy \rangle \\ &\frac{\partial^2 A_y}{\partial a^2} = 1 > 0; \qquad \frac{\partial^2 A_y}{\partial b^2} = \langle x^2 \rangle \geq 0 \end{aligned}\right\} \tag{10.33}$$

Die Auflösung dieses einfachen, linearen Gleichungssystems für die Unbekannten a, b ergibt

$$b = \bar{\mu}_{xy} / \bar{\mu}_{xx}\ ; \qquad a = \mu_y - \mu_x b \tag{10.34}$$

mit

b = (y-optimierter) Regressionskoeffizient
$\bar{\mu}_{xy}$ = Kovarianz x,y (siehe Gl. 9.45)
$\bar{\mu}_{xx} = \sigma_x^2$ = Varianz.

Nach dem gleichen Verfahren wird die Regressionsgerade für optimierte, quadrierte *x-Abweichung* bestimmt. Der Modellansatz (Regressionsgerade) lautet

$$\hat{x} = \alpha + \beta y \tag{10.35}$$

und der Erwartungswert A_x der quadrierten x-Abweichungen:

$$A_x = \langle (x - \hat{x})^2 \rangle \tag{10.36}$$

Aus $\partial A_x / \partial \alpha = 0$ und $\partial A_x / \partial \beta = 0$ folgt

$$\beta = \bar{\mu}_{xy} / \bar{\mu}_{yy}\ ; \qquad \alpha = \mu_x - \mu_y \beta \tag{10.37}$$

mit β = (x-optimierter) Regressionskoeffizient.

Durch Gleichsetzen der beiden Geradengleichungen

$$a + bx = (x-\alpha)/\beta$$

zeigt sich, daß die Koordinaten des Schnittpunktes "SP" (siehe Abb. 10.4) identisch sind mit den Mittelwerten von x und y:

$$x_{SP} = \mu_x \quad ; \quad y_{SP} = \mu_y \tag{10.38}$$

Jetzt kommen wir zum Kernpunkt dieses Abschnittes: Wir definieren den *Korrelationskoeffizienten*[25] ρ_{xy}

$$\rho_{xy} = \mu_{\bar{x}y} / (\sigma_x \sigma_y) \tag{10.39}$$

Der Vergleich mit den Regressionskoeffizienten b und β zeigt:

$$\rho_{xy} = sgn[b]\sqrt{b\beta} \tag{10.40}$$

Strenge Korrelation

Wenn alle Punkte des Streudiagramms auf einer Geraden liegen - also ein streng linearer Zusammenhang zwischen y und x besteht - dann muß $b = 1/\beta$ sein und folglich

$$\rho_{xy} = sgn[b] = \pm 1 \tag{10.41}$$

Der Korrelationskoeffizient kann also nur zwischen +1 und -1 schwanken. Bei strenger Korrelation ist der in Abb. 10.4 gezeigte Öffnungswinkel $\gamma = 0$.

Keine Korrelation

Wenn der Öffnungswinkel $\gamma = 90^0$ beträgt, besteht ein maximaler Widerspruch zwischen beiden Regressionsergebnissen und damit keinerlei (linearer) Zusammenhang zwischen x und y. Für senkrecht aufeinanderstehehnde Geraden muß gelten $b = -\beta$. Aus Gln. 10.34 und 10.37 folgt, daß dieser Zustand nur möglich ist wenn $\mu_{\bar{x}y} / \sigma_x^2 = -\mu_{\bar{x}y} / \sigma_y^2$, was wiederum nur sein kann wenn $\mu_{\bar{x}y} = 0$ ist, also nach Gl. 10.39

$$\rho_{xy} = 0 \tag{10.42}$$

Theoretische und empirische Definition der Korrelation

Korrelationskoeffizient und Regressionsgeraden wurden in der vorstehenden Herleitung auf *theoretische Verteilungskennwerte* (μ) bezogen. Dahinter steht die Annahme einer *unbeschränkt großen Grundmenge* (Gl. 10.6) und *lokaler Stationarität* der Signale x und y.

25) engl. *correlation* aus dem mittelalterlich-lateinischen Wort *correlatio:* Wechselbeziehung.

Ersetzt man in allen betroffenen Formeln die theoretischen durch die entsprechenden *empirischen Kennwerte*, dann ergeben sich die praxisorientierten, *empirischen Regressionsgeraden* und der *empirische Korrelationskoeffizient* r_{xy}:

$$r_{xy} = m_{xy}^{-} / (s_x s_y) \tag{10.43}$$

mit

$$m_{xy}^{-} = \text{empirische Kovarianz} = \sum_{i=1}^{N} (x_i - m_x)(y_i - m_y) / (N - 1)$$

(in sinngemäßer Verallgemeinerung der empirischen Varianz, Gl. 9.41)
s_x, s_y : empirische Standardabweichungen

Beispiel zur empirischen Korrelation:

Aus der Beobachtung täglich aufeinanderfolgender Niederschlagsmengen n und der Zahl verkaufter Regenschirme r ergab sich:

n	0	10	5	10
r	250	1000	500	250

N = 4

Also laut Gln. 9.29a, 9.41 und 10.43:

$m_n = 6.25$; $m_r = 500$; $m_{nn}^{-} = s_n^2 \approx 23$; $m_{rr}^{-} = s_r^2 \approx 125000$;

$m_{nr}^{-} = 833$; $r_{nr} \approx 833/1693 \approx +0.49$

eine beachtliche, positive Korrelation (wenn auch auf ganz schwacher Datenbasis).

10.3.2 Stochastische Korrelationsfunktionen

Wir sind immer noch bei dem Thema "Vergleich zweier stochastischer Signale" und wollen jetzt eine weitere Stufe verfeinerter Analysetechnik kennenlernen:

Stufe 1: Gegenüberstellung der individuellen Verteilungskennwerte $\mu_x|\mu_y$; $\mu_{xx}|\mu_{yy}$; usw. (keine gemischten Momente wie μ_{xy});

Stufe 2: Korrelationskoeffizient als Maß für lineare, funktionale Abhängigkeit;

Stufe 3: *Korrelationsfunktion* als Ausdruck der Abhängigkeit des Korrelationskoeffizienten von der relativen *zeitlichen Verschiebung* zwischen den zu vergleichenden Funktionen.

Abb. 10.5 gibt ein Beispiel von offenbar linearem Zusammenhang, wo trotzdem der Korrelationskoeffizient $\rho_{xy} = 0$ ist.

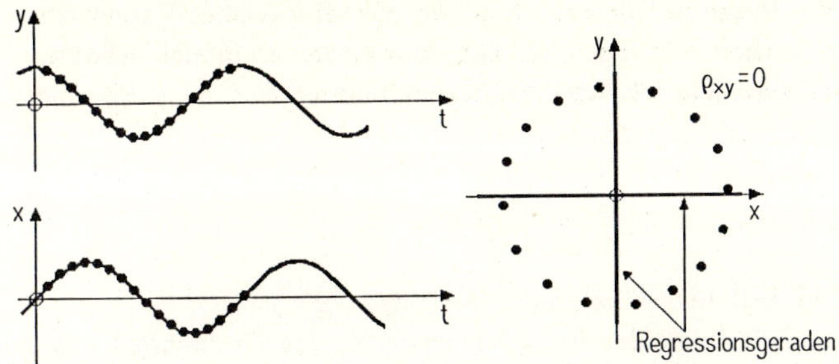

Abb. 10.5: Vorbetrachtung zum Korrelationkoeffizienten zweier identischer, aber zeitlich gegeneinander verschobener Zeitfunktionen. Der Korrelationskoeffizient ρ_{xy} "merkt" nicht, daß nach einer Verschiebung um T/4 der einfache Zusammenhang y = x entstünde - also strenge Korrelation $\rho_{xy} = 1$.

Bei der nachstehenden Definition der Korrelationsfunktion wird die in Gl. 10.39 vorgeschriebene Normierung $(1/\sigma_x\sigma_y)$ und Zentrierung (Zentralmoment $\mu_{\bar{x}\bar{y}}$) ignoriert. Es bleibt die Abhängigkeit des Kreuzmomentes μ_{xy} von der Zeitverschiebung zwischen x[t] und y[t]. Die allgemein übliche Definition der *stochastischen Kreuzkorrelationsfunktion*, bei der lokale Stationarität der beteiligten Signale vorausgesetzt wird, lautet:

$$\varphi_{xy}[t] = \overline{x^*[t']\,y[t' + t]} \tag{10.44}$$

mit

t' = absolute Zeit, über die gemittelt wird
t = Zeitverschiebung (engl. *time lag*)
x^* = konjugiert komplexe Version von x (falls x reell ist, gilt natürlich $x^* = x$)

Da sich die zeitliche Mittelung nach Gl. 10.7 als Integral formulieren läßt, gilt auch

$$\varphi_{xy}[t] = \lim_{T \to \infty} \frac{1}{T} \int_{(T)} x^*[t']\,y[t' + t]\,dt' \tag{10.45}$$

Der *Zusammenhang mit dem Korrelationskoeffizienten* ρ_{xy} lautet für reelle Signale x, y:

$$\rho_{xy} = (\varphi_{xy}[0] - \mu_x\mu_y)/(\sigma_x\sigma_y) \tag{10.46}$$

Bei verallgemeinerter, abstrakter Betrachtungsweise, die wir hier nicht weiter verfolgen wollen, kann man die *Kreuzkorrelationsfunktion* $\varphi_{xy}[t]$ auch *als Scharmittel des Produktes* zweier stochastischer Prozesse der Klasse 1 (Tab. 10.2) definieren:

$$\varphi_{xy}[t] = \widetilde{x_i^*[t']\,y_i[t' + t]} \tag{10.47}$$

Wegen der vorausgesetzten Stationarität wird bei der (theoretischen) Auswertung von Gl. 10.47 die absolute Zeit t' festgehalten; das Ergebnis wird aber nicht mehr von t' abhängen.

Nachdem die zum Verständnis wichtige Beziehung zwischen Korrelationskoeffizient und Korrelationsfunktion geklärt ist, wollen wir uns dem speziellen, schon in der Kapitelüberschrift angekündigten Thema, nämlich der Autolorrelationsfunktion und ihrer Fourier-Transformierten widmen.

Autokorrelationsfunktion

Wir greifen zurück auf Gl. 10.44 und betrachten den *Spezialfall* $x = y$:
Die zeitliche Abhängigkeit aufeinanderfolgender Augenblickswerte, das *Gedächtnis* eines Prozesses, läßt sich durch die stochastische Autokorrelationsfunktion (AKF) beurteilen:

$$\varphi_{xx}[t] = \overline{x^*[t'] \, x[t' + t]} \tag{10.48}$$

Offenbar ist damit

$$\varphi_{xx}[0] = x_{eff}^2 \tag{10.49}$$

Aus der Kenntis des gemittelten Produkts zeitlich verschobener Kopien eines stationären Prozesses (AKF) kann man interpolieren und extrapolieren - also auch eine geschätzte Vorhersage für den zukünftigen Verlauf gewinnen[26]:

$$\text{Vorhersage: } \{x[t + \tau]\} \approx x[t] \, \varphi_{xx}[\tau] / \varphi_{xx}[0] \tag{10.50}$$

Solche Vorhersagen sind aber nur sinnvoll, solange τ kleiner ist als die *Korrelationszeit* t_c; denn der mit der Vorhersage verbundene, zu erwartende Schätzungsfehler wächst in dieser Zeit von 0 auf 100 % an. Abb. 10.6 zeigt die Korrelationszeit t_c, die, je nach Anwendungsfall verschieden definert, immer ein Maß für die Breite des Hauptmaximums der AKF ist.

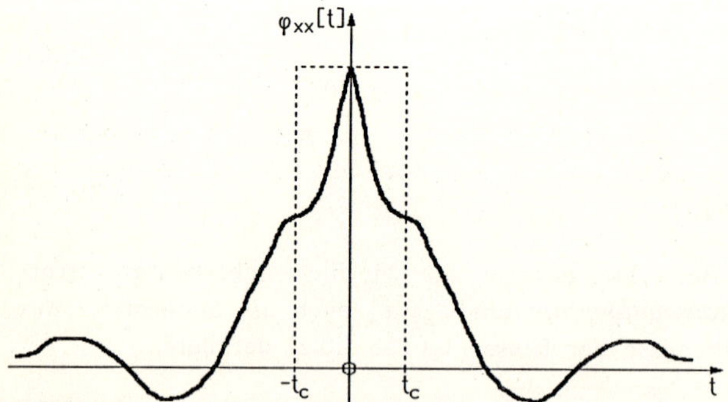

Abb. 10.6: AKF mit ungefährer Angabe der Korrelationszeit t_c.

26) Papoulis, 1984, ch. 13-2.

10.3.3 Das Wiener-Khintchine-Theorem

Das Leistungsspektrum (engl. *power spectrum*) wird definiert als Fouriertransformierte der stochastischen AKF: (Wiener-Khintchine-Theorem)

$$\left.\begin{aligned} {}_{\perp}\Phi_{xx}[f] &= \boldsymbol{F}\{\varphi_{xx}[t]\} \\ {}_{\perp}\Phi_{xx}[f] &\circ\!\!-\!\!\!-\!\!\bigcirc\ \varphi_{xx}[t] \end{aligned}\right\} \qquad (10.51)$$

(Vor anders lautenden Definitionen ist Vorsicht geboten, siehe auch Gl. 12.27)
Aus der ausführlichen Schreibweise von Gl. 10.51

$$\varphi_{xx}[t] = \int_{-\infty}^{\infty} {}_{\perp}\Phi_{xx}[f]\, e^{j2\pi ft}\, df \qquad (10.52)$$

ergibt sich für $t = 0$

$$\varphi_{xx}[0] = \int_{-\infty}^{\infty} {}_{\perp}\Phi_{xx}[f]\, df \qquad (10.53)$$

Das Leistungsspektrum Φ_{xx} beschreibt also die spektrale Verteilung der Signalleistung. Die Summierung (Integration) aller Spektralkomponenten ergibt wieder gerade die gesamte Signalleistung $x_{eff}^2 = \varphi_{xx}[0]$.

Da

$$\varphi_{xx}[t] = \overline{x^*[t']x[t'+t]} \qquad \text{(Gl. 10.48)}$$

und

$$\varphi_{xx}^*[-t] = \overline{x[t']x^*[t'-t]} = \overline{x[t''+t]x^*[t'']}$$

ist, gilt

$$\varphi_{xx}[t] = \varphi_{xx}^*[-t] \qquad (10.54)$$

Folglich ist $\Phi_{xx}[f]$ *immer reell.* (Siehe Abb. 3.14). Das Leistungsspektrum ist darüberhinaus überall positiv - eine Eigenschaft, die wir weiter unten mit Hilfe des Wiener-Lee-Theorems (Gl. 10.67) zeigen können.

Wenn der stochastische Prozess x reell ist, dann ist φ_{xx} gerade (siehe Gl. 10.54) und damit

$${}_{\perp}\Phi_{xx}[f] = {}_{\perp}\Phi_{xx}[-f] \qquad (10.55)$$

Aufgrund dieser Symmetrie hat sich für relle Prozesse auch eine *einseitige* Variante[27] $_{\llcorner}\Phi_{xx}$ des Leistungsspektrums eingebürgert: (siehe Abb. 10.7):

$$_{\llcorner}\Phi_{xx}[f] = \left\{ \begin{array}{ll} f > 0: & 2\,{}_{\perp}\Phi_{xx}[f] \\ f = 0: & {}_{\perp}\Phi_{xx}[f] \\ f < 0: & 0 \end{array} \right\} \quad (10.56)$$

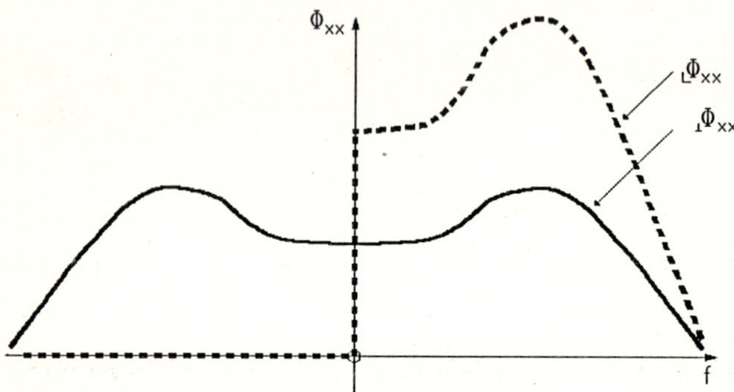

Abb. 10.7: Einseitige und zweiseitige Darstellung eines Leistungsspektrums.

Die Signalleistung läßt sich damit etwas einfacher - nämlich einseitig - aufsummieren

$$\varphi_{xx}[0] = \int_{0^-}^{\infty} {}_{\llcorner}\Phi_{xx}[f]\,df \quad (10.57)$$

(Dabei muß ein eventuell bei f=0 vorhandener δ-Impuls mit nur einfachem Gewicht gezählt werden). Vor der Fouriertransformation muß $_{\llcorner}\Phi_{xx}$ auf jeden Fall wieder in $_{\perp}\Phi_{xx}$ verwandelt werden.

Kreuzkorrelationsfunktion und Kreuzspektrum

Die stochastische Kreuzkorrelationsfunktion $\varphi_{xy}[t]$ zweier lokal stationärer Prozesse x und y wurde schon mit Gl. 10.44 definiert als

$$\varphi_{xy}[t] = \overline{x^*[t']\,y[t' + t]} \quad (10.58)$$

27) Das Symbol "$_\perp$" soll an ein Koordinatenkreuz mit negativer und positiver Abszisse ("zweiseitiges" Spektrum) erinnern und damit den Unterschied zum mit "$_\llcorner$" markierten "einseitigen" Spektrum verdeutlichen.

Die Fouriertransformierte ${}_{\perp}\Phi_{xy}$ der Zeitfunktion φ_{xy} heißt *Kreuzleistungsspektrum* (engl. *cross-power spectrum*) :

$$ {}_{\perp}\Phi_{xy}[f] \circ\!\!-\!\!\!-\!\!\bigcirc \varphi_{xy}[t] \tag{10.59}$$

Symmetrie
Aus Gl. 10.58 folgt aufgrund der lokalen Stationarität

$$\varphi^*_{yx}[-t] = \left\langle y_i[t']x_i^*[t'-t]\right\rangle = \left\langle y_i[t''+t]x_i^*[t'']\right\rangle$$

also,

$$\varphi^*_{yx}[-t] = \varphi_{xy}[t] \tag{10.60}$$

Die Fourier-Transformation von Gl. 10.60 liefert

$$ {}_{\perp}\Phi^*_{yx}[f] = {}_{\perp}\Phi_{xy}[f] \tag{10.61}$$

Anwendungsprinzip
Einen Einblick in den Aussagewert des *Kreuzspektrums*[28] vermittelt die Berechnung des Leistungsspektrums des Summenprozesses $z = x + y$: Wir beginnen mit der AKF:

$$\begin{aligned}\varphi_{zz}[t] &= \overline{(x^*[t'] + y^*[t'])(x[t'+t] + y[t'+t])}\\ &= \varphi_{xx}[t] + \varphi_{yy}[t] + \varphi_{xy}[t] + \underbrace{\varphi_{yx}[t]}_{\varphi^*_{xy}[-t]}\end{aligned} \tag{10.62}$$

Durch Fourier-Transformation entsprechend Gl. 10.59 folgt

$$ {}_{\perp}\Phi_{zz}[f] = {}_{\perp}\Phi_{xx}[f] + {}_{\perp}\Phi_{yy}[f] + {}_{\perp}\Phi_{xy}[f] + {}_{\perp}\Phi^*_{xy}[f]$$

Die beiden letzten Terme lassen sich durch komplexe Addition zusammenfassen:

$$ {}_{\perp}\Phi_{zz} = {}_{\perp}\Phi_{xx} + {}_{\perp}\Phi_{yy} + 2Re\{{}_{\perp}\Phi_{xy}\} \tag{10.63}$$

Das Leistungsspektrum des Summenprozesses gleicht also der Summe der individuellen Leistungsspektren, vermehrt um einen Anteil $2Re\{{}_{\perp}\Phi_{xy}[f]\}$, der anzeigt, welche Spektralkomponenten *korreliert* sind, d.h. festere Phasenbeziehungen haben. Von den korrelierten Spektralanteilen kann man vermuten, daß sie gleiche physikalische Ursache haben. Abb. 10.8 zeigt ein Beispiel.

28) Kurzbezeichnung "Kreuzspektrum" nur dann sinnvoll, wenn aus dem Kontext eindeutig hervorgeht, daß nicht etwa das Kreuz-Energiespektrum (Gl. 3.159) gemeint sein kann.

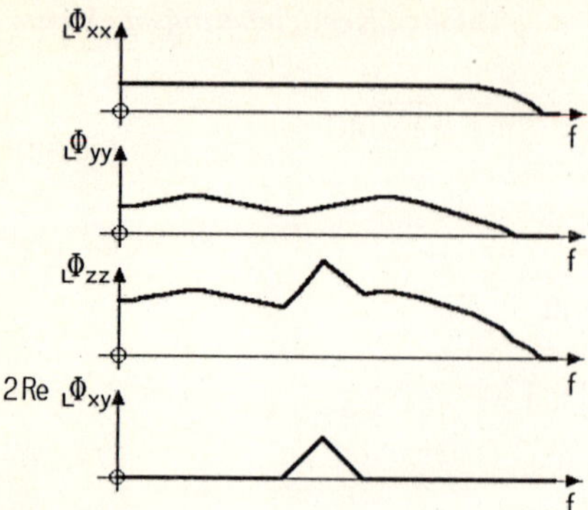

Abb. 10.8: Das Kreuzspektrum Φ_{xy} zeigt, welche Spektralanteile korreliert sind.

10.3.4 Filterung von Rauschen

Ein LTI-System reagiert auf stochastische Signale (hier kurz *Rauschsignale* genannt) genau wie auf periodische und transiente Signale. Auf dieser Grundlage werden in den folgenden Zeilen die Beziehungen zwischen φ_{xx}, φ_{yx} und φ_{yy} hergeleitet und damit die Filterung des Rauschspektrums Φ_{xx} beschrieben.

Aus $y = h * x$ (Gl. 3.51) folgt

$$y[t+t''] = \int_{-\infty}^{\infty} h[t']\, x[t+t''-t']\, dt'$$

Erweiterung mit y^* und zeitliche Mittelung ergibt[29]

$$\overline{y^*[t'']\, y[t+t'']}^{\,t''} = \int_{-\infty}^{\infty} \overline{y^*[t'']\, h[t']\, x[t+t''-t']}^{\,t''} dt'$$

und damit

$$\varphi_{yy}[t] = \int_{-\infty}^{\infty} \varphi_{yx}[t-t']\, h[t']\, dt'$$

Also

$$\varphi_{yy}[t] = \varphi_{yx}[t] * h[t] \qquad (10.64)$$

29) Die Angabe in der Verlängerung des Mittelungsstriches weist auf die Zeitkoordinate hin, in der gemittelt wird.

Jetzt muß noch φ_{yx} durch φ_{xx} ausgedrückt werden:

$$\varphi_{yx}[t] = \overline{y^*[t']\,x[t'+t]}^{t'} = \int_{-\infty}^{\infty} \overline{h^*[t'']\,x^*[t'-t'']\,x[t'+t]}^{t'} dt''$$

$$= \int_{-\infty}^{\infty} \varphi_{xx}[t+t'']\,h^*[t'']\,dt''$$

Durch Substitution $\tau = -t''$ folgt

$$\varphi_{yx}[t] = \varphi_{xx}[t] * h^*[-t] \tag{10.65}$$

Durch Einsetzen von Gl. 10.65 in 10.64 folgt

$$\varphi_{yy}[t] = \varphi_{xx}[t] * h^*[-t] * h[t],$$

oder (siehe Gl. 3.150)

$$\varphi_{yy}[t] = \varphi_{xx}[t] * c_{hh}[t] \tag{10.66}$$

Der Faltungssatz, angewandt auf Gl. 10.66, ergibt schließlich

$$_{\perp}\Phi_{yy}[f] = {}_{\perp}\Phi_{xx}[f]\,C_{hh}[f] = {}_{\perp}\Phi_{xx}[f]\,\left|H[f]\right|^2 \tag{10.67}$$

Da $|H|^2$ reell ist, bleibt das Ausgangsspektrum Φ_{yy} reell. In einseitiger Notierung heißt das gleiche Ergebnis

$$_{\llcorner}\Phi_{yy}[f] = {}_{\llcorner}\Phi_{xx}[f]\,\left|H[f]\right|^2 \tag{10.68}$$

Die Beziehung 10.67 bzw. 10.68 wird *Wiener-Lee-Theorem* genannt. Sie ist das in der Praxis wohl am häufigsten benutzte Ergebnis der Theorie stochastischer Prozesse: *Das Leistungsspektrum wird mit* $|H|^2$ gefiltert[30]. Das Wiener-Lee-Theorem hat große, formale Ähnlichkeit mit den beiden anderen Filtersätzen:

- Amplitudenspektrum : $Y[f] = X[f]\,H[f]$ (10.69)
- Energiespektrum : $C_{yy}[f] = C_{xx}[f]\,\left|H[f]\right|^2$ (10.70)
- Leistungsspektrum : $_{\perp}\Phi_{yy}[f] = {}_{\perp}\Phi_{xx}[f]\,\left|H[f]\right|^2$ (10.71)

Die Signalleistung am Filterausgang ist

$$y^2_{eff} = \varphi_{yy}[0] = \int_{-\infty}^{\infty} {}_{\perp}\Phi_{xx}[f]\,\left|H[f]\right|^2 df \tag{10.72}$$

30) Engl. Ausdruck für $|H|^2$: Transmissibility

Wenn man sich einmal für H[f] ein sehr schmalbandiges Rechteckfilter vorstellt, dessen Mittenfrequenz frei wählbar ist, kann man damit bei beliebigen Frequenzen kleine Signalleistungen y_{eff}^2 herausfiltern - Signalleistungen die aber nie negativ werden können: Dieses Gedankenexperiment ist einer der Beweise dafür, daß ein Leistungsspektrum überall positiv ist.

10.3.5 Linienleistungsspektren

Obwohl periodische Funktionen streng determiniert, also für alle Zeiten genau bekannt sind, kann man sie formell als lokal stationäre Signale behandeln. Damit eröffnet sich die Möglichkeit, *gemischte Prozesse* zu untersuchen, also die Überlagerung von Rauschen mit periodischen Signalen.

Wie schon in Kap. 3.3.2 gezeigt, läßt sich jedes periodische Signal als Summe komplexer, harmonischer Schwingungen darstellen (Gln. 3.195 und 3.198):

$$x[t] = x_E[t] * Ш_\tau = \sum_{-\infty}^{\infty} K_m \, e^{j2\pi mt/\tau} \tag{10.73}$$

Hier ist x_E die wiederholte Elementarfunktion

τ = Periodendauer

$K_m = X_E[m/\tau]/\tau$ = komplexer Fourierkoeffizient

Die stochastische AKF dieses periodischen Signals wird genauso berechnet, wie bei reinen Zufallssignalen:

$$\varphi_{xx}[t] = \overline{x^*[t']x[t'+t]} = \overline{\sum\sum_{-\infty}^{\infty} K_m^* K_k \, e^{-j2\pi mt'/\tau} \, e^{j2\pi k(t'+t)/\tau}}^{(t')}$$

$$= \sum\sum_{-\infty}^{\infty} K_m^* K_k \, e^{j2\pi kt/\tau} \underbrace{\overline{e^{j2\pi t'(k-m)/\tau}}^{(t')}}_{\substack{0, \text{ falls } k \neq m \\ 1, \text{ falls } k = m}}$$

Also

$$\varphi_{xx}[t] = \sum_{-\infty}^{\infty} |K_m|^2 \, e^{j2\pi mt/\tau} = K_0^2 + 2\sum_{1}^{\infty} |K_m|^2 \cos[2\pi mt/\tau] \tag{10.74}$$

Die AKF periodischer Funktionen ist also ebenfalls periodisch. Die Fourier-Analyse dieser AKF nach Gln. 10.51 und 3.32 verhilft wieder zur gesuchten Lösung:

$$_\perp\Phi_{xx}[f] = \sum_{-\infty}^{\infty} |K_m|^2 \, \delta[f - m/\tau] \tag{10.75}$$

Der Vergleich mit dem (immer zweiseitigen) Amplitudenspektrum des periodischen Signals, (Gl 3.198)

$$X[f] = \sum_{-\infty}^{\infty} K_m \, \delta[f - m/\tau] \qquad (10.76)$$

zeigt die Regel zur Konstruktion *zweiseitiger* Leistungsspektren periodischer Funktionen: "Das Leistungsspektrum periodischer Signale ist ein Linienspektrum im gleichen Raster, wie das zugehörige Amplitudenspektrum. Die Gewichte der Linien sind die Betragsquadrate der Gewichte K_m aus dem Amplitudenspektrum".

Eine andere Möglichkeit der Ermittlung des Leistungsspektrums einer periodischen Funktion ist die Berechnung der δ-Gewichte des *einseitigen* Leistungsspektrums direkt aus den reellen Fourierkoeffizienten:

Aus Gln. 10.56 und 10.75 folgt

$${}_L\Phi_{xx}[f] = K_0^2 \, \delta[f] + \sum_{1}^{\infty} 2 \left| K_m \right|^2 \delta[f - m/\tau] \qquad (10.77)$$

Mit $K_0 = A_0$ und $\left|K_m\right|^2 = (A_m^2 + B_m^2)/4$ entsprechend Gln. 3.201 und 3.204 ergibt sich

$${}_L\Phi_{xx}[f] = A_0^2 \, \delta[f] + \sum_{1}^{\infty} \underbrace{\tfrac{1}{2}(A_m^2 + B_m^2)}_{x^2_{eff,m}} \delta[f - m/\tau] \qquad (10.78)$$

Das δ-Gewicht jeder Linie des einseitigen Spektrums ist gleich seiner partiellen Signalleistung $x^2_{eff,m}$.

Beispiel:
Wechselspannung 50 Hz, Amplitude 1V, Phasenanschnitt einseitig 90° (Siehe Abb. 10.9).

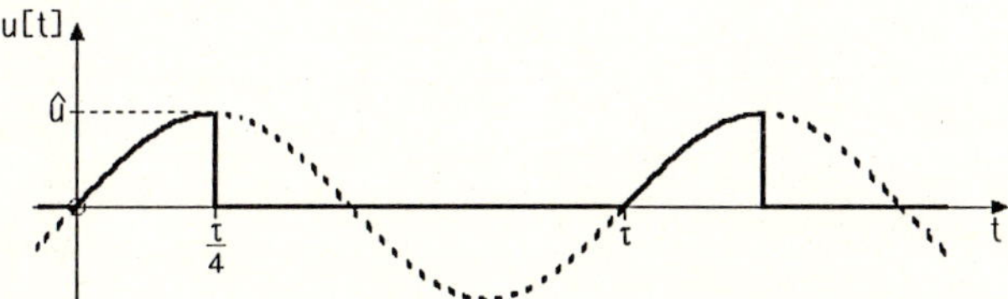

Abb. 10.9: Periodisches Signal, dessen Fourier-Koeffizienten in Tab. 10.4 angegeben sind.

Der Effektivwert $\sqrt{\overline{u^2}}$ kann exakt berechnet werden als

$$\sqrt{\frac{1}{\tau} \int_0^{\tau/4} \hat{u}^2 \sin^2[2\pi t/\tau] \, dt} = \hat{u}/\sqrt{8} \approx 0.354\,\hat{u}$$

Die Fourierkoeffizienten nach Gln. 3.207 bis 3.209 lauten

$$A_0 = \frac{1}{\tau} \int_0^{\tau/4} \hat{u}\, sin[2\pi t/\tau]\, dt$$

$$A_m = \frac{2}{\tau} \int_0^{\tau/4} \hat{u}\, sin[2\pi t/\tau]\, cos[2\pi m t/\tau]\, dt$$

$$A_m = \frac{2}{\tau} \int_0^{\tau/4} \hat{u}\, sin[2\pi t/\tau]\, cos[2\pi m t/\tau]\, dt$$

und sind in der folgenden Tabelle 10.4 angegeben. Aus den A_m, B_m wurden die partiellen Signalleistungen $x^2_{eff,m}$ ermittelt:

Nr. der Linie	A_m/V	B_m/V	$x_{eff,m}/V$	$x^2_{eff,m}/V^2$	$\sqrt{\sum x^2_{eff,m}}/V$
0	0.159	0	0.159	0.0253	0.159
1	0.159	0.25	0.209	0.0438	0.263
2	- 0.106	0.212	0.168	0.0281	0.312
3	- 0.159	0	0.112	0.0126	0.332
⋮					⋮
					0.354

Tab. 10.4: Fourierkoeffizienten, partielle und summierte Effektivwerte gemäß Gl. 10.78. Die Einträge in der vorletzten Spalte sind die Liniengewichte des einseitigen Leistungsspektrums.

Literaturempfehlungen Kap. 10

zum Thema "Stationarität"

1. B.W. Gnedenko, 1968, § 57
2. D. Middleton, 1960, § 1.3-6
3. H. Wolf, 1974, § 2.2.9
4. K. Kroschel, 1973, § 1.1
5. R. Unbehauen, 1980, § I-3.2

zum Thema "Regression und Korrelation"

1. L. Sachs, 1978, § 5
2. D.E. Newland, 1984, ch. 3
3. G.M. Jenkins/D.G. Watts, 1968, § 3.2
4. H. Urkowitz, 1983, § 7.4

zum Thema "Korrelationsfunktionen und deren Spektren"

1. A. Papoulis, 1984, ch. 10.1 und 10.2
2. H.-G. Natke, 1983, § 3.5
3. P.Z. Peebles, 1976, ch. 4.9
4. J.S. Bendat/A.G. Piersol, 1980, ch. 3.2
5. P.Beckmann, 1967, ch. 6

11 Elektronische Rauschquellen

Die in elektronischen Bauelementen vorhandenen inneren Rauschquellen erzeugen breitbandige, stochastische Signale i[t] oder u[t], die sich den technisch gewollten "Nutzsignalen" als Störung überlagern. Zur Berücksichtigung dieser elektronischen Rauschquellen in elektrischen Netzwerken bedient man sich der Rauschersatzschaltbilder (Abb.11.1), in denen das als rauschfrei idealisierte Bauelement mit einer Rausch-Strom- oder Spannungsquelle starr verknüpft wird.

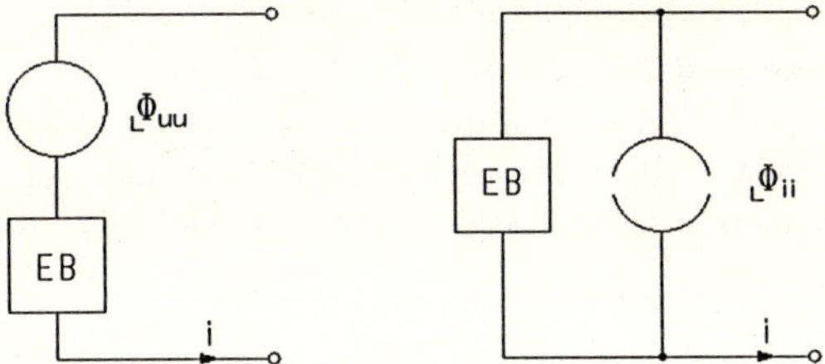

Abb. 11.1: Ersatzschaltbilder zur Beschreibung des Rauschens passiver Zweipole (engl.: *Thévenin equivalent circuits*)[1].
$_L\Phi_{uu}$ bzw. $_L\Phi_{ii}$ sind die ineinander umrechenbaren Rauschleistungsspektren von Leerlaufspannung u (Quellenspannung) bzw. Kurzschlußstrom i (Quellenstrom); EB ist das zugehörige, als rauschfrei idealisierte, elektronische Bauteil.

Aus der großen Vielfalt physikalisch verschiedenartiger, oft gleichzeitig in einem einzigen Bauelement wirksamer Rauschprozesse werden jetzt die drei wichtigsten herausgegriffen und verglichen (Tab.11.1). Merkwürdigerweise lassen sich diese drei elementaren Rauschquellen *unterscheiden durch die Potenz (0,1,2) des Stromes* I, zu dem das Spektrum $_L\Phi_{ii}$ proportional ist .

	Strompotenz p	Spektralfarbe	K-Parameter	Name
$_L\Phi_{ii} = I^p K[f]$	0	weiß	T	Thermisches R.
	1	weiß	e	Schrotrauschen
	2	rosa	N	Modulations-R.

Tab. 11.1 : Die drei wichtigsten, elementaren, elektronischen Rauschprozesse lassen sich nach Strompotenzen einteilen.

1. siehe Peebles, 1976, ch. 9.5

$_L\Phi_{ii}$ = Leistungsspektrum des Rauschstromes i;
I = der durch das rauschende Bauelement fließende, äußerlich verursachte "Nutzstrom", der im Weiteren vereinfachend als Gleichstrom behandelt wird;
p = (0, oder 1, oder 2) = Potenz von I in der obigen Formel;
K[f] = frequenzabhängige Proportionalitätskonstante, in der noch genau ein prozeßtypischer Parameter steckt ("K-Parameter");
weiß = Spektralfarbe "weiß" bedeutet K[f] = const. (bei nachrichtentechnisch erschlossenen Frequenzen $0 \ldots 10^{11}$ Hz);
rosa = Spektralfarbe "rosa" bedeutet K[f] nimmt mit wachsender Frequenz ab, so daß die niederfrequenten, "roten" Spektralkomponenten dominieren.

11.1 Thermisches Rauschen

Definition : Thermisches Rauschen (Widerstandsrauschen, engl. *thermal noise, Johnson noise*)[2] entsteht durch *thermisch bedingte* Zufallsbewegung freier Ladungsträger in Leitern (festes oder flüssiges Metall, Elektrolyt, Halbleiter) und ist unabhängig vom Nutzstrom I, vom Trägerquantum e und von der Trägerzahl N.

Nyquist-Formel

Beschreibung des Leistungsspektrums von Rauschspannung oder Rauschstrom als Konstante ("weißes Spektrum"):

$$_L\Phi_{uu}[f] = \text{const.} = {}_L\Phi_{uu} = 4kT\,Re\{Z\} = 4kTR \qquad (11.1)$$

mit u = u[t] = Leerlaufspannung der Ersatzquelle gemäß Abb. 11.1 links
$_L\Phi_{uu}$ = Betrag des *einseitigen* Leistungsspektrums des stationären Rauschsignals u[t]
k = Boltzmannsche Konstante[3] = $1.380662 \cdot 10^{-23}$ Ws/K
T = absolute Temperatur des Widerstandsmaterials
R = Wirkwiderstand (ein realer Widerstand hat immer auch Blindkomponenten, die bei gedachter Serienschaltung mit R den in Gl. 11.1 genannten Scheinwiderstand Z ergeben)

Alternativ zu Gl. 11.1 gilt die folgende Beschreibung des Leistungsspektrums des Kurzschlußstromes der Ersatzquelle gemäß Abb. 11.1 rechts:

$$_L\Phi_{ii} = 4kT/R = 4kTG \qquad (11.2)$$

Herleitung der Nyquist-Formel (vereinfacht)

Wir berechnen die von der thermischen Unruhe im Wirkwiderstand R herrührende, am Kondensator C abfallende Rauschspannung v. Nach dem Gleichverteilungssatz

2. Die beiden Amerikaner J. B. Johnson und H. Nyquist (1928) klärten das Phänomen "Thermisches Rauschen" auf (Johnson als Experimentator und Nyquist als Theoretiker).

3. genauer Wert nach E. H. Wichmann, 1985, Anh. A1

der Thermodynamik[4] (engl. *equipartition theorem*) enthält jeder unabhängige Energieterm in einem im thermischen Gleichgewicht befindlichen System die Energie kT/2 - also

$$C\overline{v^2}/2 = kT/2 \qquad \text{d.h.} \quad \overline{v^2} = v^2{}_{eff} = kT/C \tag{11.3}$$

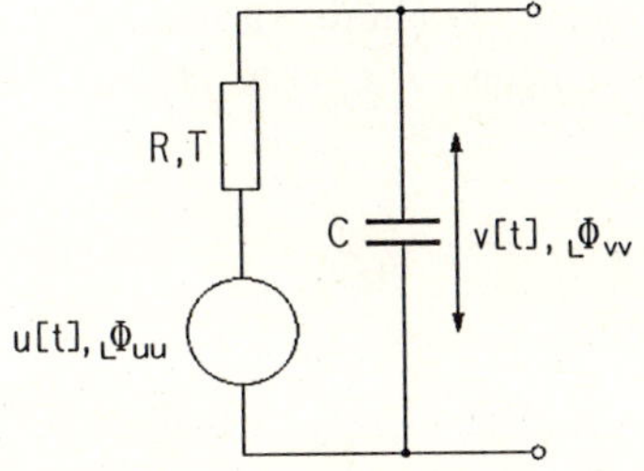

Abb. 11.2: RC-Schaltung zur thermodynamischen Herleitung der Nyquist-Formel.

Systemtheoretisch betrachtet muß diese Signalleistung entstanden sein durch Tiefpaßfilterung des ursprünglich weißen Rauschspektrums $_L\Phi_{uu}$, also nach dem Wiener-Lee Theorem (Gl. 10.68)

$$v^2{}_{eff} = \int_0^\infty {}_L\Phi_{vv}[f]df = \int_0^\infty {}_L\Phi_{uu}[f]\left|H[f]\right|^2 df$$

Da $_L\Phi_{uu}$ als konstant angesetzt wird, bleibt nur noch das Integral über die quadrierte Übertragungsfunktion - ein Integral, das zugleich die allgemeingültige *Definition der äquivalenten Rauschbandbreite F* darstellt:

$$\int_0^\infty \left|H[f]\right|^2 df = F\left|H[0]\right|^2 \tag{11.4}$$

Aus Gl. 3.131 folgt: $H[0]=1$; $F = 1/(4RC)$. Für weißes Rauschen mit der äquivalenten Rauschbandbreite F gilt also grundsätzlich

$$v^2{}_{eff} = {}_L\Phi_{uu}F \tag{11.5}$$

Zur Vervollständigung unseres Beweises muß nur noch Gl. 11.3 mit Gl. 11.5 und F=1/(4RC) kombiniert werden:

$$v^2{}_{eff} = kT/C = {}_L\Phi_{uu}F = {}_L\Phi_{uu}/(4RC)$$

woraus folgt

$${}_L\Phi_{uu} = 4kTR \qquad \text{(q.e.d.)}$$

4. siehe z.B. Reif, 1985, Kap. 6.5

Quantentheoretische Begründung der Grenzfrequenz des Thermischen Rauschens (sehr vereinfacht)

Nach der klassischen Thermodynamik müßte bei abwesender Kapazität $v_{eff} \to \infty$ werden. Die *quantentheoretische Betrachtung* besagt in *einfachster Näherung*, daß das Elektronengas des Widerstandsmaterials im Strahlungsgleichgewicht mit der Umgebung steht, und folglich ein Elektron maximal seine gesamte, in allen 3 Freiheitsgraden steckende Energie als ein Photon abgeben kann: $3kT/2 \simeq hF_q$. Damit folgt die Grenzfrequenz des thermischen Rauschens:

$$F_q \simeq \frac{3}{2}\, kT/h \tag{11.6}$$

mit h = Plancksches Wirkungsquantum = $6.626176 \cdot 10^{-34}$ Ws²

Beispiele:

a) Die effektive, thermische Leerlauf-Rauschspannung eines Widerstandes $R = 600\,\Omega$ bei T=300K, gemessen über einen Tiefpaß der Grenzfrequenz F=20kHz beträgt (Gl. 11.5)

$$v_{eff} = \sqrt{4kTRF} \simeq 0.45\ \mu V$$

b) Der theoretische Grenzwert für v_{eff} (nach Beispiel a) bei Abwesenheit jeglicher Bandbegrenzung oder Stromverdrängung beträgt (Gl. 11.5 u. 11.6) bei Zimmertemperatur (T=300K)

$$v_{eff} = \sqrt{4kTR\,\frac{3}{2}\,kT/h} = kT\,\sqrt{6R/h} \simeq 9600\mu V$$

c) Die quantentheoretische Grenzfrequenz des thermischen Rauschens beträgt bei Zimmertemperatur

$$F_q = \frac{3}{2}\, kT/h \approx 10^{13}\ \text{Hz}$$

Parallelschaltung unabhängig rauschender Widerstände

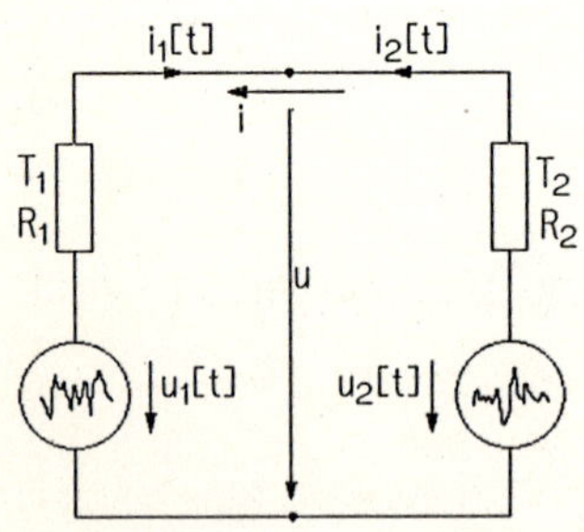

Abb. 11.3: Parallelschaltung rauschender Widerstände.

a) Allgemein gilt: ($R_s = R_1 + R_2$)

$$i[t] = i_2[t] - i_1[t] = (u_2[t] - u_1[t])/R_s$$

$$u[t] = -i[t]R_2 + u_2[t] = \frac{u_2[t]R_1 + u_1[t]R_2}{R_s}$$

b) Durch quadratische Mittelung ergibt sich $i^2_{eff} = \overline{i^2[t]}$ und $u^2_{eff} = \overline{u^2[t]}$:

$$i^2_{eff} = \overline{(u_2[t] - u_1[t])^2} / R^2_s = (u^2_{2eff} + u^2_{1eff}) / R^2_s$$
$$u^2_{eff} = \overline{(u_2[t]R_1 + u_1[t]R_2)^2} / R^2_s = (u^2_{2eff}R^2_1 + u^2_{1eff}R^2_2) / R^2_s \tag{11.7}$$

c) Spezialfall: Thermisches Rauschen

$$i^2_{eff} = 4kF(R_2T_2 + R_1T_1) / R^2_s$$
$$u^2_{eff} = 4kFR_1R_2(R_1T_2 + R_2T_1) / R^2_s \tag{11.8}$$

d) Spezialfall: Thermisches Rauschen bei gleicher Temperatur

$$i^2_{eff} = 4kTF/R_s$$
$$u^2_{eff} = 4kTFR_1R_2/R_s = 4kTFR \tag{11.9}$$

Nur in diesem Fall kann also die Rechnung vereinfacht werden, indem zuerst der resultierende Widerstand R ermittelt wird und anschließend die zugehörige Rauschspannung.

11.2 Schrotrauschen

Definition: Schrotrauschen (engl. *shot noise*) ist die stochastische Schwankung eines (andernfalls konstanten) Stromes I infolge einer Transportstörung, die zu zufällig verteilten Zeitpunkten individuell auf jeden einzelnen Ladungsträger impulsartig beschleunigend und abbremsend einwirkt. Das Schrotrauschen (Φ_{ii}) ist umso stärker, je größer das störbare Trägerpaket (hier vor allem: elektrische Elementarladung) ist und je mehr solcher Trägerpakete je Zeiteinheit an der Störstelle vorbeikommen (hier also: je größer der Strom I).

Schottky-Formel[5]

$${}_L\Phi_{ii}[f] = {}_L\Phi_{ii} = 2e|I| \tag{11.10}$$

mit e = Betrag der elektrischen Elementarladung = $1.6021892 \cdot 10^{-19}$As
I = mittlerer, nicht schwankender Nutzstrom (siehe Abb 11.4)
i = i[t] = Schrotrauschen = Rauschstrom infolge Schroteffekt = Kurzschlußstrom der Ersatz-Rauschquelle im Sinne von Abb. 11.1 rechts
${}_L\Phi_{ii}$ = Konstanter Wert des weißen, einseitigen Leistungsspektrums des Schrotrauschstromes

5. nach dem deutschen Physiker W. Schottky (1918)

Die Schottky-Formel gilt unter der Voraussetzung, daß alle Trägerpakete sich gleichen und daß die individuelle, impulsartige Störung keinerlei Rückwirkung auf die Bewegung der restlichen Trägerpakete (Elektronen) hat.

Beispiele von Transportstörungen, die zu Schrotrauschen führen können

1) Emission von Elektronen in Elektronenröhren (Anlauf- oder Sättigungsbetrieb)
2) Lichtelektrische Emission in Vakuumphotozellen (Sättigungsbetrieb: keine Raumladung, alle emittierten Elektronen gelangen zur Anode)
3) Durchgang von Elektronen und Defektelekronen durch P/N-Übergänge
4) Trägerbildung und Rekombination in Halbleitersperrschichten

Herleitung der Schottky-Formel

Der Lösungsansatz besteht aus den folgenden drei Punkten a), b) und c) und wird durch Abb. 11.4 verdeutlicht:

a) Da jedes einzelne, zum Gesamtstrom $\tilde{i}[t]$ beitragende Elektron früher oder später der gleichen, impulsartigen Störung ausgesetzt wird, kann der Gesamtstrom $\tilde{i}$ als Summe der einzelnen Störstromimpulse angesetzt werden:

$$\tilde{i}[t'] = \sum_k i_o[t' - t_k] \tag{11.11}$$

mit $\tilde{i}$ = resultierender, gesamter Strom
t' = absolute Zeit
i_o = Zeitfunktion des einzelnen Störimpulses
t_k = absoluter Zeitpunkt des Auftretens des k^{ten} Störimpulses

wobei

$$\int_{-\infty}^{\infty} i_o[t' - t_k]\, dt' = e \tag{11.12}$$

b) Der Gesamtstrom $\tilde{i}$ wird zerlegt in Gleichstrom und Rauschen:

$$\tilde{i}[t] = I + i[t] \tag{11.13}$$

mit I = konstanter Anteil (Gleichstrom) des Gesamtstromes $\tilde{i}$
i = variabler Anteil (Rauschen) des Gesamtstromes $\tilde{i}$

c) Zunächst wird die stochastische AKF des Gesamtstromes ermittelt:

$$\varphi_{\tilde{i}\tilde{i}}[t] = \overline{\tilde{i}[t']\,\tilde{i}[t' + t]} = \overline{\{\sum_{(k)} i_o[t' - t_k]\}\{\sum_{(j)} i_o[t' + t - t_j]\}}^{(t')} \tag{11.14}$$

Die Menge aller zu mittelnden Produkte wird zerlegt in zwei Teilmengen – die eine mit $j = k$ und die andere mit $j \neq k$:

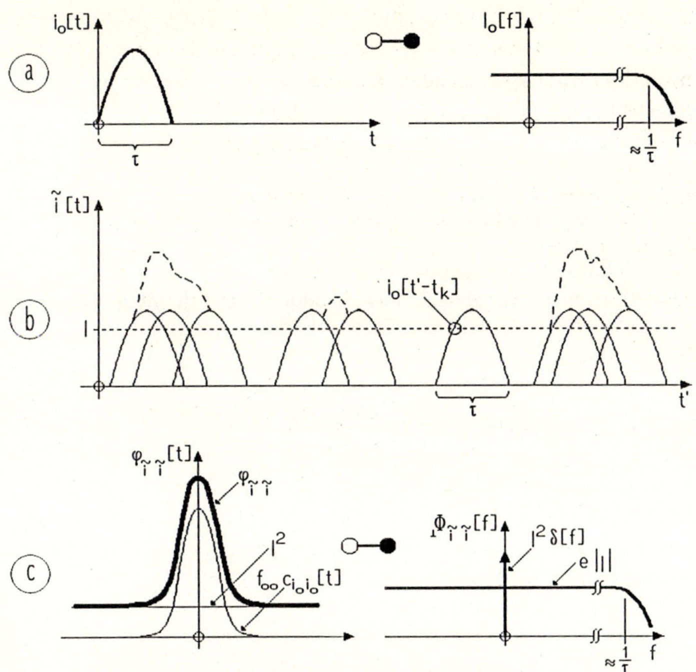

Abb. 11.4: Ansatz und Ergebnis des Schroteffektes:

a) Der einzelne Störimpuls mit ungefährer Dauer τ; sein Amplitudenspektrum $I_o[f]$ wird als konstant angesetzt bis zu einer Grenzfrequenz der Größenordnung $1/\tau$;

b) Der Gesamtstrom $\tilde{i}$ als Überlagerung der zu Zufallszeitpunkten t_k auftretenden Störimpulse;

c) Das Zweiseitige Leistungsspektrum $_1\Phi_{\tilde{i}\tilde{i}}[f]$ wird berechnet durch Fourieranalyse der Stochastischen AKF. Diese AKF $\varphi_{ii}[t]$ besteht aus einem impulsförmigen und einem konstanten Anteil.

Für j=k folgt

$$\varphi_1 = \overline{\sum_{(k)} i_o[t' - t_k]\, i_o[t' + t - t_k]}^{(t')}$$

$$= \lim_{T\to\infty} \{(N/T) \int_{(T)} i_o[t' - t_k]\, i_o[t' + t - t_k]\, dt'\}$$

$$= f_{oo} c_{i_0 i_0}[t] \tag{11.15}$$

wobei

$$f_{oo} = \lim_{T\to\infty} (N/T) = |I|/e = \text{"Impulsfrequenz"}$$

$$= 1/(\text{Mittlerer Abstand der Störzeitpunkte})$$

$c_{i_0i_0}$ = deterministische AKF (Gl. 3.152) der Impulsfunktion $i_o[t]$

Für $j \neq k$ folgt:

Da aus Gl. 11.14 die Produkte mit $k=j$ schon herausgezogen wurden, verbleibt noch eine Doppelsumme über Produkte von *unabhängigen* Funktionen

$$\varphi_2 = \sum_{(k)}\sum_{(j)} \overline{i_o[t' - t_k]\ i_o[t' + t - t_j]}^{(t')}$$

Nach Gl. 9.28 ist in diesem Fall der Mittelwert des Produkts gleich dem Produkt der Mittelwerte, also

$$\varphi_2 = \sum_{(k)}\sum_{(j)} \overline{i_o}^2 = \lim_{T\to\infty} \{(N/T)(\int_{(T)} i_o dt)\}^2 = (f_{oo}e)^2 = I^2 \tag{11.16}$$

Damit ist (siehe Abb. 11.4/c)

$$\varphi_{\tilde{i}\tilde{i}}[t] = \varphi_1 + \varphi_2 = (|I|/e)\, c_{i_o i_o}[t] + I^2 \tag{11.17}$$

und damit

$$_{\perp}\Phi_{\tilde{i}\tilde{i}}[f] = \underbrace{(|I|/e)\ |I_o[f]|^2}_{\substack{\text{Rauschspektrum} \\ _{\perp}\Phi_{ii}[f]}} + \underbrace{I^2\delta[f]}_{\text{Gleichstromspektrum}} \tag{11.18}$$

Da $I_o[f]$ für $f \ll 1/\tau$ als konstant angesetzt werden darf, gilt

$$I_o[f] \simeq I_o[0] = \int_{-\infty}^{\infty} i_o[t]dt = e \quad \text{(laut Gl. 11.12)}$$

also

$$_{\perp}\Phi_{ii}[f] = \text{const.} = e|I| \quad \text{und} \quad _{L}\Phi_{ii} = 2e|I| \qquad \text{(q.e.d.)}$$

Modifikation der Schottky-Formel für P/N-Schichten

Bei den oben geschilderten Fällen von Elektronenemission im Vakuum ohne Raumladung und ohne Sekundärelektronen ist die Schottky-Formel, Gl. 11.10, direkt anwendbar. Hingegen ist für die ebenfalls schon beschriebenen Halbleiteranwendungen eine gesonderte Betrachtung des Schrotrauschens der gleichzeitig vorhandenen, unabhängigen Majoritäts- und Minoritätsladungsträger erforderlich. Hier gilt die nach Bittel / Storm modifizierte Schottky-Beziehung[6] mit

$$_L\Phi_{ii} = 2e|I| + 4eI_s \tag{11.19}$$

mit

I = Gesamtstrom (Diodenstrom)

I_s = Betrag des Sperrsättigungsstromes

Die folgende Tabelle 11.12 stellt den Halbleiter- und Vakuum-Fall gegenüber. Bei *Kurzschluß* (U = 0) dieser Bauelemente kann nur noch die *thermische Unruhe* wirksam sein; die Halbleitersperrschicht zeigt erwartungsgemäß dann auch genau das von der Nyquistformel vorhergesagte Rauschen (Gl. 11.22, rechts). Die Vakuumdiode mit thermisch oder optisch angeregter Kathode und kalter Anode befindet sich *nicht im inneren, thermischen Gleichgewicht*: Die Ladungsträger können sich nur in einer der beiden Richtungen bewegen und das resultierende Rauschspektrum beträgt (qualitativ durchaus plausibel) nur die Hälfte des von der Nyquistformel berechneten Wertes.

	Vakuum	Halbleiter	
Kennlinie:	$I = \|I_s\| \, exp[\frac{eU}{kT}]$	$I = \|I_s\|(exp[\frac{eU}{kT}]-1)$	(11.20)
Rauschspektrum:	$_L\Phi_{ii} = 2e\|I\|$	$_L\Phi_{ii} = 2e(I + 2\|I_s\|)$	(11.21)
Sonderfall: (Arbeitspunkt U = 0):	$I = I_s$ $_L\Phi_{ii} = 2e\|I_s\|$	$I = 0$ $_L\Phi_{ii} = 4e\|I_s\|$	
	$\|I_s\| = G_okT/e$ mit G_o = (dI/dU) für U = 0 also		
	$_L\Phi_{ii} = 2kTG_o$	$_L\Phi_{ii} = 4kTG_o$	(11.22)

Tab 11.2: Vergleich des Schrotrauschens in Vakuumdioden und P/N-Sperrschichten. In beiden Fällen bedeutet I_s = Sättigungsstrom: Im Halbleiter "Sperrsättigungsstrom", im Vakuum "Kathodensättigungsstrom".

6. Bittel/Storm, 1971, Kap. 3.2.2

Das in Dioden *zusätzlich zum Schroteffekt auftretende thermische Rauschen* ist also in Gl. 11.21 *schon enthalten* und darf nicht nochmals separat in Rechnung gestellt werden.

Beispiel: Thermisches Rauschen durch Vorwiderstand mit überlagertem Schrotrauschen durch Diode

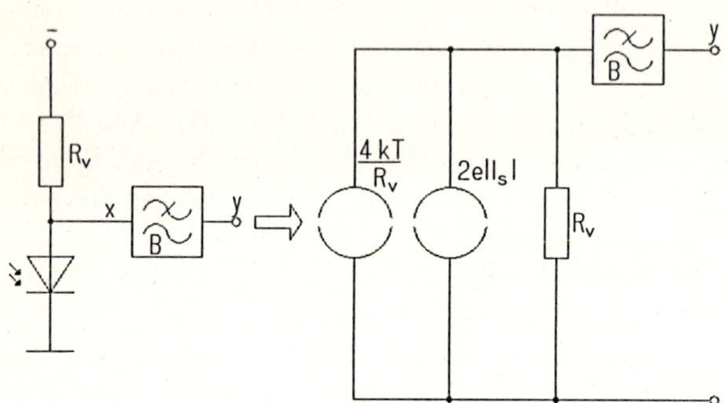

Abb. 11.5: Beispiel zur Kombination von thermischem Rauschen und Schrotrauschen: Halbleiter-Photodiode in Sperr-Richtung vorgespannt; es fließt nur der "Dunkelstrom" (=Sperrstrom I_S). Die Rauschspannung an Eingang und Ausgang des Tiefpaßfilters der Bandbreite B sind mit x und y bezeichnet.

Ansatz :

$$ {}_L\Phi_{ii,ges} = 4kT/R_V + 2e\left|I_S\right| \quad (\text{Arb.pkt.: } U \to -\infty \; ; \quad I = -\left|I_S\right| \;) $$

$$ {}_L\Phi_{xx} = R_V^2 \; {}_L\Phi_{ii,ges} \; ; \; y^2{}_{eff} = B \; {}_L\Phi_{xx} $$

Ergebnis: (mit $R_0 = 1/G_0 = kT/(e\left|I_S\right|)$ gemäß Tab. 11.2)

$$ y^2{}_{eff} = 4kTBR_V \; (1 + R_V / (2R_0)) \tag{11.23} $$

11.3 Modulationsrauschen

Definition : Das Modulationsrauschen (Stromrauschen, Funkelrauschen, 1/f-Rauschen, engl. *current noise, exess noise, flicker noise*) entsteht durch Modulation eines Stromes I, hervorgerufen durch zeitliche Schwankungen eines Widerstandes.

Modulationsprinzip (Abb.11.6)

$$ \tilde{i}[t] = U\,\tilde{G}[t] = U(G + g[t]) = I + i[t] \tag{11.24} $$

mit

$\tilde{i}$ = gesamter Strom
U = konstante Gleichspannung
$\tilde{G}$ = gesamter Leitwert
G = konstanter Anteil des Leitwertes
g = zeitlich fluktuierender Anteil des Leitwertes
I = konstanter Anteil des Stromes
i = fluktuierender Anteil des Stromes = Rauschstrom

Wenn die relativen Leitwertfluktuationen

$$\gamma[t] = g[t]/G \ll 1 \qquad (11.25)$$

sehr klein sind, gilt in guter Näherung

$$\gamma_{eff} = i_{eff}/I \; ; \quad i^2_{eff} = I^2\gamma^2$$

und damit

$$_L\Phi_{ii}[f] = I^2 {}_L\Phi_{\gamma\gamma}[f] \qquad (11.26)$$

mit

$_L\Phi_{ii}$ = einseitiges Leistungsspektrum des Modulationsrauschstromes
$_L\Phi_{\gamma\gamma}$ = einseitiges Leistungsspektrum der *relativen Leitwertschwankungen*

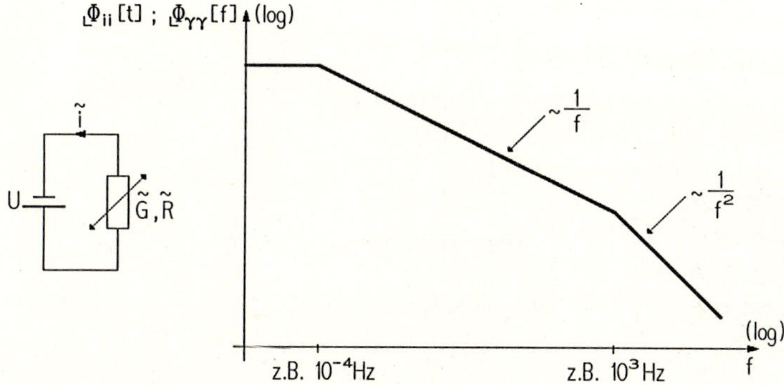

Abb. 11.6: Prinzip des Modulationsrauschens.
links: Grundschaltung zur Definition von $\tilde{R}$, $\tilde{G}$, i;
rechts: typische Form des Leistungsspektrums mit dem sich über mehrere Frequenzdekaden erstreckenden 1/f-Verlauf.

Empirische Formel von Hooge

Es gibt verschiedene Erklärungsversuche für die Widerstandsschwankungen, aber keine geschlossene, physikalische Theorie. Hauptsächlich scheinen spontane Schwankungen der Ladungsträgerbeweglichkeit eine Rolle zu spielen. F. N. Hooge (1972) hat als Zusammenfassung ausführlicher Experimente folgende empirische Formel gefunden

$$ {}_{L}\Phi_{\gamma\gamma}[f] \simeq 1/(500\ Nf) \tag{11.27}$$

mit N = Anzahl der freien Ladungsträger im Widerstand
f = Frequenz
${}_{L}\Phi_{\gamma\gamma}$: siehe Gl. 11.26

Bittel und Storm haben dazu 1971 gezeigt, daß ein 1/f-Spektrum immer dann auftreten muß, wenn die WDF der Trägerlaufzeiten τ proportional zu $1/\tau$ ist.

Interpretation der Hoogeschen Formel:

Wenn man die folgenden Beziehungen kombiniert

$$\left.\begin{aligned} N &= VN' \\ V &= Al \\ R &= l/(\varkappa A) \\ N' &= L\eta\rho/\mu \end{aligned}\right\} \tag{11.28}$$

so folgt

$$N = l^2 M/R \tag{11.29}$$

mit V = Volumen des als längliches Prisma gestalteten Widerstandes $\{m^3\}$
N′ = Ladungsträgerdichte im Widerstandsmaterial $\{m^{-3}\}$
A = Prismenquerschnitt des Widerstandes $\{m^2\}$
l = Prismenlänge des Widerstandes $\{m\}$
R = Widerstandswert $\{\Omega\}$
$\varkappa$ = spezifischer Leitwert des Widerstandsmaterials $\{\Omega^{-1}m^{-1}\}$
η = Ladungsträger pro Atom $(\eta \leq 1)$
L = Loschmidt-Konstante $\simeq 6\ 10^{26}$ Atome/kMol
ρ = Dichte $\{kg/m^3\}$
μ = Atomgewicht $\{kg/kMol\}$
M = $L\eta\rho/(\varkappa\mu)$ $\{\Omega/m^2\}$

(Die in geschwungenen Klammern angegebenen Einheiten dienen lediglich der Verdeutlichung der physikalischen Natur der Größen.)

Das Modulationsrauschen tritt am auffälligsten als "Kontaktrauschen" lose zusammengepreßter Schalterkontakte auf. Im Eingang empfindlicher Verstärker müssen solche Kontakte vermieden oder nach Möglichkeit durch Quecksilber-Kontakte realisiert werden.

Für den Konstrukteur besonders rauscharmer Widerstände gilt es gemäß Gl. 11.29 bei vorgegebenem Widerstandswert R die Länge l möglichst groß zu machen (z.B. gewickelte Drahtwiderstände) und - soweit konstruktiv eine Wahl besteht - ein Material mit möglichst großem M-Wert (Tab. 11.3) zu wählen.

Material	ρ^*	$\varkappa^*$	μ^*	M^*
"Glanzkohle"	2250	0. 025	$\simeq 12$	$\simeq 45000$
Konstantan ("WM50",55Cu44Ni1Mn)	8896	2.01	$\simeq 62$	$\simeq 428$
Hg	13546	1.039	200.59	391
Fe (elektrolytisch)	7860	10.12	55.85	83
Ni	8800	12.3	58.71	73
Cu (weich)	8960	57.03	63.54	15
Au	19300	44.96	196.97	13
Ag	10500	61.4	107.87	10

$\rho^* = \rho/(\mathrm{kg\ m^{-3}})$

$\varkappa^* = \varkappa/(10^6\Omega^{-1}\mathrm{m}^{-1})$ bei 20 °C

$\mu^* = \mu/(\mathrm{kg\ kMol^{-1}})$

$M^* = M/(10^{20}\,\Omega\,\mathrm{m}^{-2})$ mit $M = L\eta\rho/(\varkappa\mu)$; $\eta = 1$

Tab. 11.3: Elektrische Eigenschaften verschiedener Leitermaterialien in Hinblick auf Modulationsrauschen (Gl. 11.28).

Beispiel: Stromrauschen in gegebenem Frequenzbereich $f_L \ldots f_H$

Aus Gl. 11.26 folgt

$$\frac{i_{eff}}{I} = \sqrt{\int_{f_L}^{f_H} \frac{1}{500\ Nf}\, df} = \sqrt{\frac{ln[f_H/f_L]}{500\ N}} \tag{11.30}$$

Zahlenwerte:

$R = 1\mathrm{k}\Omega$ Gold als Leiterbahn aufgedampft

$A = 1\mu\mathrm{m} \times 0.01\ \mu\mathrm{m} = 10^{-14}\ \mathrm{m}^2$

$l = R\cdot A\cdot\varkappa = 10^3 \times 10^{-14} \times 45\ 10^6\,\mathrm{m} = 450\mu\mathrm{m}$

$N = l^2 M/R = 2.6\ 10^{11}$ (siehe Gl. 11.29 und Tab. 11.3)

Für den Tonfrequenzbereich (30 Hz ... 20 kHz) ergibt sich

$$i_{eff}/I = \sqrt{6.5/(500\cdot 2.6\ 10^{11})} = 2.2\ 10^{-7}$$

11.4 Rauschtemperatur und Rauschzahl

Zur Vereinfachung der Beschreibung des Rauschens in elektronischen Schaltungen begnügt man sich oft mit globalen Rauschkennwerten, die alle Rauschquellen spektral gemittelt zusammenfassen. Die bekanntesten dieser Kennwerte sind *Rauschtemperaturen* und *Rauschzahlen.*

Zweipolrauschtemperatur

Durch rein formale Auflösung der Nyquistformel ${}_L\Phi_{uu} = 4kTR$ nach der Temperatur entsteht die *"schmalbandige" Definition der Zweipolrauschtemperatur*:

$$T_2[f] \quad = {}_L\hat{\Phi}_{uu}[f]/(4kR) \tag{11.31}$$

mit $T_2[f]$ = Zweipolrauschtemperatur; schmalbandig definiert als Funktion der Frequenz = *"Zweipol-Rauschtemperaturspektrum"*
k = Boltzmann-Konstante (Gl. 11.1)
R = $Re\{Z[f]\}$; $Z[f]$ = Impedanz des Zweipols
${}_L\hat{\Phi}_{uu}[f]$ = Leistungsspektrum der Leerlaufspannung $u[t]$ des im Zweipol tatsächlich vorhandenen, aus beliebigen Ursachen entstandenen Rauschens

Durch die formale Verknüpfung mit der Nyquistformel kann man sagen: Die Zweipolrauschtemperatur ist die äquivalente Temperatur eines rein thermisch rauschenden Widerstandes R.
Durch Mittelung über ein genau anzugebendes Frequenzband B gelangen wir zu der gewöhnlich benutzten, *"breitbandigen" Definition der Zweipolrauschtemperatur* (engl. *effective noise temperature*)

$$T_2 = \frac{1}{B}\ \{ \int_{(B)} {}_L\hat{\Phi}_{uu}[f]df \} / (4kR) = u^2_{eff} / (4RkB) = \hat{P} / (kB) \tag{11.32}$$

mit $\hat{P}$ = $(u_{eff}/2)^2/R$ = maximale, physikalische Rauschleistung, die die Ersatzrauschquelle des Zweipols im Frequenzband B bei Leistungsanpassung ($Z_2 = Z_1^*$) abgeben kann
k = Boltzmannsche Konstante (siehe Gl. 11.1)
B = Bandbreite, für die die Angabe T_2 gelten soll (siehe Abb. 11.7)

Beispiele zur Zweipolrauschtemperatur (Bezeichnungen gemäß Abb. 11.7)

a) Photodiode mit Vorwiderstand, unbelichtet (= Beispiel von Gl. 11.23).

Bei Leistungsanspannung sinkt die schon berechnete Spannung y_{eff} auf die Hälfte.
Also

$$\hat{P} = kBT_2 \text{ (laut Gl. 11.32) } = (y_{eff}/2)^2 / R_V = kTB(1 + R_V/(2R_0))$$

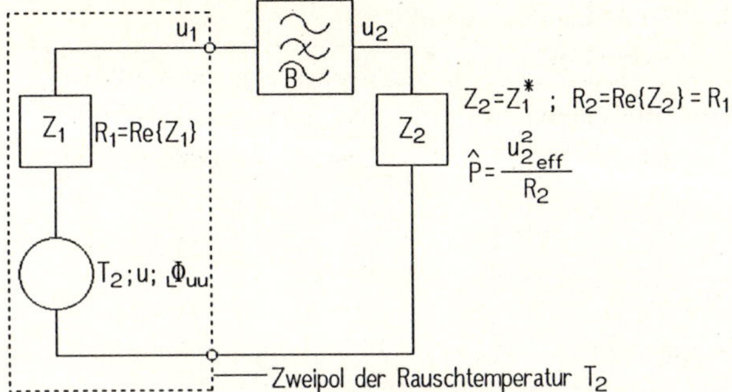

Abb. 11.7: Schaltbild zur *Definition* der Zweipolrauschtemperatur.

Damit gilt

$$T_2 = T(1 + R_V/(2R_o))$$

b) Halbleiterdiode (P/N-Schicht gemäß Tab. 11.2)

$$u^2_{2,eff} = B\;{}_L\Phi_{ii}/(2G)^2 \quad \text{wegen Leistungsanpassung}$$

$$G = (I + |I_s|)e/(kT) \quad \text{(folgt aus Kennlinie, Tab. 11.2)}$$

$$u^2_{2,eff} = kT_2\,B/G \quad \text{(wegen Gl. 11.32)}$$

Daraus folgt

$$T_2 = {}_L\Phi_{ii}/(4Gk) = \frac{T}{2}(1 + exp[-eU/(kT)])$$

Die Rauschtemperatur des Vierpols

Die inneren Rauschquellen des Vierpols verursachen zusätzliche Rauschleistung am Lastwiderstand R_L. Dies wird ausgedrückt durch eine äquivalente Erhöhung der Rauschtemperatur der Quelle, wobei der *Vierpol dann als ideal rauschfrei und leistungsangepaßt* angesehen wird:

$$T_{4e} = T_2 + T_4 = {}_L\hat{\hat{\Phi}}_{uu}[f]/(4kR) = \hat{\hat{P}}/(kTB) \tag{11.33}$$

mit T_{4e} = "Effektive Systemrauschtemperatur"
T_2 = Zweipolrauschtemperatur
T_4 = Vierpolrauschtemperatur
${}_L\hat{\hat{\Phi}}_{uu}[f]$ = Leistungsspektrum der äquivalenten Leerlauf-Rauschspannung des eingangsseitig angeschlossenen Widerstandes R = $Re\{Z_1\}$ unter Einbeziehung aller im Vierpol vorhandenen Rauschquellen
$\hat{\hat{P}}$ = äquivalente (d.h. einschließlich der Wirkung der Vierpolrauschquellen), maximal abgebbare, physikalische Rauschleistung (in Analogie zu Gl. 11.32)

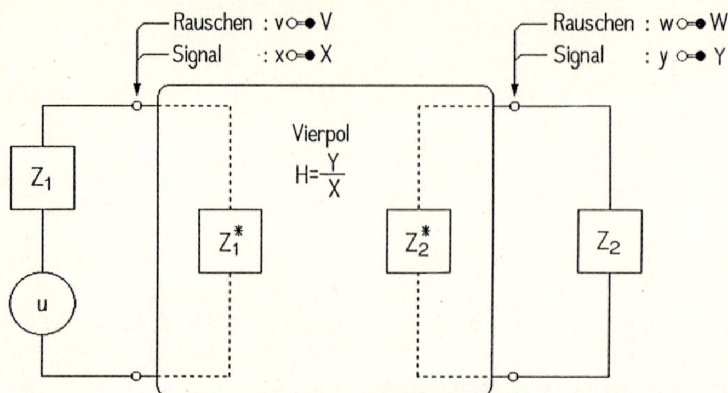

Abb. 11.8: Theoretische Meßschaltung zur Definition von T_4 und Φ_{uu} . Eingangs- und ausgangsseitige Leistungsanpassung wird vorausgesetzt.

Das Spektrum ${}_L\hat{\hat{\Phi}}_{uu}$ kann nur aus dem Ausgangsrauschen w ermittelt werden. Für den Frequenzbereich, in dem die Leistungsanpassung frequenzunabhängig aufrechterhalten wird, gilt

$$ {}_L\Phi_{ww}[f] = {}_L\hat{\hat{\Phi}}_{uu}[f] \left| \frac{Z_1[f]}{2Re\{Z_1[f]\}} \right|^2 \left| H[f] \right|^2 \tag{11.34} $$

Aus dieser Beziehung wird ${}_L\hat{\hat{\Phi}}_{uu}$ ermittelt und in Gl. 11.33 eingesetzt. Z.B. folgt für reelles Z_1

$$ {}_L\hat{\hat{\Phi}}_{uu}[f] = \frac{4\,{}_L\Phi_{ww}[f]}{\left| H[f] \right|^2} \tag{11.35} $$

Die Rauschzahlen

Die Rauschzahlen F und F′ werden definiert als Quotienten der Signal/Rauschverhältnisse γ an Eingang und Ausgang eines Vierpols.

1) Signal/Rauschverhältnis

$$ \beta_{sr} = s^2_{eff} / r^2_{eff} \tag{11.36} $$

mit s = s[t] = "Signal"; in diesem Zusammenhang das vom Rauschen unterschiedene "Nutz"-Signal

r = r[t] = "Rauschen" - also hier: Die dem Nutzsignal s überlagerte Rauschspannung

2) Rauschzahl (engl. *standard spot noise figure*)

$$F = \beta_{xv,o} / \beta_{yw,o} \tag{11.37}$$

3) Betriebsrauschzahl (engl. *spot noise figure*)

$$F' = \beta_{xv} / \beta_{yw} \tag{11.38}$$

Für den mit "o" markierten, hypothetischen Fall eines eingangsseitig angeschlossenen, rein thermisch rauschenden Widerstandes bei der Temperatur $T = T_o = 290K$, frequenzunabhängiger Rauschspektren, frequenzunabhängig garantierter Leistungsanpassung und konstantem Betrag der Übertragungsfunktion gilt die nachstehend hergeleitete Beziehung zwischen Rauschzahlen und Rauschtemperaturen:

$$\frac{\beta_{xv,o}}{\beta_{yw,o}} = \left(\frac{x^2{}_{eff}}{v^2{}_{eff,o}}\right) / \left(\frac{y^2{}_{eff}}{w^2{}_{eff,o}}\right) = \left(\frac{x_{eff}}{y_{eff}}\right)^2 \left(\frac{{}_L\Phi_{ww}}{{}_L\Phi_{vv,o}}\right)$$

$$= \frac{{}_L\Phi_{vv}}{{}_L\Phi_{vv,o}} = \frac{{}_L\hat{\hat{\Phi}}_{uu}}{{}_L\Phi_{uu,o}} = \frac{T_o + T_4}{T_o}$$

Also

$$F = \frac{T_o + T_4}{T_o} = \frac{\hat{\hat{P}}_o}{\hat{P}_o} = \frac{\hat{\hat{P}}_o}{kBT_o} \tag{11.39}$$

Analog dazu folgt für die Betriebsrauschzahl

$$F' = \frac{T_2 + T_4}{T_2} = T_{4e} / T_2 = \frac{\hat{\hat{P}}}{kBT_2} \tag{11.40}$$

mit $\hat{\hat{P}}$ = äquivalente, max. Rauschleistung gemäß Gl. 11.33

$\hat{\hat{P}}_o$ = äquivalente, maximal abgebbare physikalische Rauschleistung, wenn einem bei der Temperatur $T_o = 290K$ rein thermisch rauschenden Quellwiderstand R_1 die internen Vierpolrauscheffekte hinzugerechnet werden

Literaturempfehlung

zu "Elementare elektronische Rauschprozesse"

1.) H. Bittel/L. Storm, 1971
2.) M. S. Gupta, 1977
3.) P. W. Kruse u.a., 1971, §7
4.) K. Pöschl, 1970, §7.2
5.) A. Papoulis, 1984, ch.10-3

zu "Rauschtemperatur und Rauschzahl"

1.) Fricke u.a., 1979, §1.4.3
2.) Schuon/Wolf, 1981, §1.4.1
3.) Peebles, 1976, ch.9.6 und 9.7
4.) Herter/Lörcher, 1987, §3.7.5
5.) Hölzler/Holzwart, 1975, Bd.I, §9.2.5

12 Spektralanalyse-I: Die schnelle Methode

12.1 Einführung

Bei der "schnellen Methode" (siehe Tab. 12.2) geht es um die Schätzung des *Leistungsspektrums eines stationären Signals* (periodisch, stochastisch, oder auch beides gemischt) auf der Grundlage einer *vielfachen Anwendung der FFT*. Charakteristisch sind die folgenden, später diskutierten Merkmale:

Vorteil: Sehr schnell, verglichen mit dem konkurrierenden, hochauflösenden Verfahren. (Z.B. 0.1 bis 10 Sekunden für 1000 Abtastwerte je nach Prozessor).

Nachteil: Schlechte Frequenzauflösung (verglichen mit dem hochauflösenden Verfahren) und Tendenz zur Verdeckung relativ schwacher Spektrallinien.

Stellvertretend für viele, historisch gewachsene Varianten der Schnellen Methode wird jetzt das *"NC-Verfahren"* vorgestellt (Tab. 12.1), das man als Zusammenfassung und Abschluß der Entwicklung aller Periodogramm- und Korrelogramm-Ansätze ansehen darf:

Korrelogramm-Verfahren = direktes Verfahren = Blackmann/Tukey-Verfahren [1]	Periodogramm-Verfahren = indirektes Verfahren = Welch-Verfahren [2]

Nuttall/Carter-Verfahren ("NC") [3]

Tab. 12.1: Zusammenhang des NC-Verfahrens mit den beiden bekanntesten schnellen Verfahren nach Blackmann/Tukey und Welch.

1) Nach R. B. Blackman / J. W. Tukey (1958)
2) Nach P. D. Welch (1967)
3) Nach A. H. Nutall / G. C. Carter (1982)

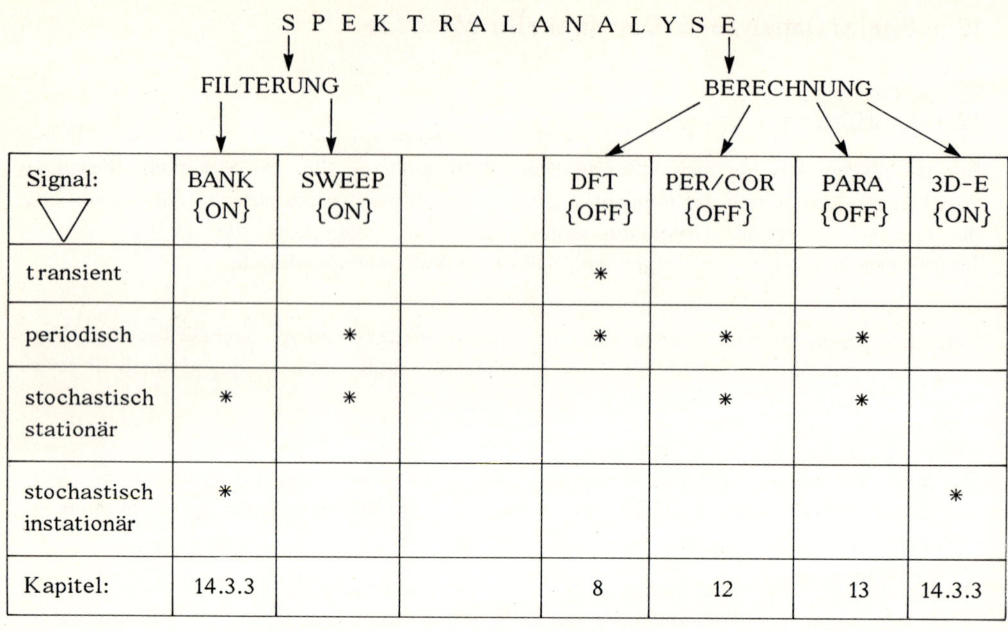

Signal: ▽	BANK {ON}	SWEEP {ON}		DFT {OFF}	PER/COR {OFF}	PARA {OFF}	3D-E {ON}
transient				*			
periodisch		*		*	*	*	
stochastisch stationär	*	*			*	*	
stochastisch instationär	*						*
Kapitel:	14.3.3			8	12	13	14.3.3

Tab. 12.2: Systematik der Spektralmeßverfahren für elektrische Signale:

{ON}/{OFF}: "ON" = online; d.h. Echtzeitzsignalanalyse mit quasikontinuierlicher Auffrischung der Spektraldarstellung.

"OFF" = offline; d.h. einmalige Registrierung des zu analysierenden Signalabschnitts; anschließend irgendwann Analyse der gespeicherten Daten.

BANK: Filterbankverfahren; d.h. gleichzeitige Anzeige der Ausgangspegel einer großen Anzahl von Analog- oder Digitalfiltern als Funktion der Filternummer.

SWEEP: Periodische Durchstimmung eines Mischers mit oszilloskopartiger Anzeige des ZF-Pegels als Funktion der Durchstimmzeit.

DFT: Numerische Ermittlung der Fourier-Transformation eines digital gespeicherten Signals ohne jegliche Signal- oder Spektral-Modifikation.

PER/COR: Periodogramm- und Korrelogrammtechnik; *"Schnelle Methode"* mit mehrfacher FFT-Anwendung, Signal- und Spektralmodifikation, Mittelung mit dem Ziel einer Schätzung des Leistungsspektrums.

PARA: Parametrische Spektralanalyse: *"Hochauflösende Methode"* mit statistischer Anpassung eines Signalgeneratormodells an das gemessene Signal - ebenfalls mit dem Ziel einer Schätzung des Leistungsspektrums.

3D-E: Dreidimensionale Darstellung der zu fortwährend aufeinanderfolgenden Signalabschnitten gehörigen geglätteten Energiespektren.

12.2 Das Nutall/Carter-Verfahren

12.2.1 Übersicht

Die folgende Tabelle (Tab. 12.3) zeigt eine *Übersicht* über die acht wesentlichen Verarbeitungsstufen des NC-Verfahrens. Ausführlichere Hinweise zu den einzelnen Punkten schließen sich an.

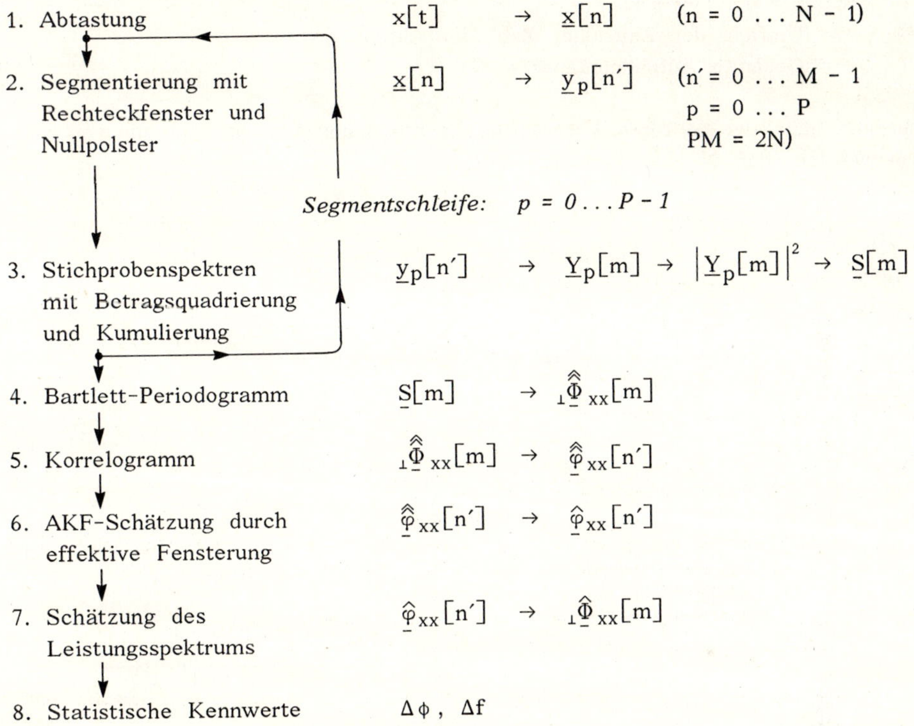

Tab. 12.3: Das NC-Verfahren zur schnellen Schätzung von Leistungsspektren. Die acht wesentlichen Verarbeitungsschritte in eigener Interpretation und Notation.

12.2.2: Abtastung und Segmentierung

Das stochastische (oder periodische) Signal ist definitionsgemäß immerzu "aktiv": Es hat weder Anfang noch Ende. Durch Abtastung, Digitalisierung und Speicherung wird ein zeitlich klar begrenzter *Ausschnitt des Signals* als reelle Zahlentabelle im Rechner abgelegt. Diese Tabelle bezeichnet man als *"Zeitreihe"* (engl. *time series*), siehe Abb. 12.1 oben.

Der Zusammenhang zwischen Zeitreihe und Signal ist (siehe Gl. 8.12)

$$\underline{x}[n] = \alpha\, x[nT] \tag{12.1}$$

mit $x[nT]$ = Originalsignal; Augenblickswert zum Zeitpunkt nT nach Abtastbeginn
$\underline{x}[n]$ = n^{ter} Zahlenwert ("Punkt") der Zeitreihe; physikalische Dimension = 1 evtl. Pseudodimension "ADU" (s.u.)
T = Abtastintervall; = $\hat{T}/N$
α = Abtastempfindlichkeit (z.B. in ADU/V mit "ADU" = *a*nalog/*d*igital *u*nit = Pseudoeinheit der Zeitreihe; s. Gl. 8.12)
n = Punktnummer (in der Zeitreihe) $n = 0 \ldots N - 1$
N = Umfang der Zeitreihe; Zahl der Abtastpunkte
$\hat{T}$ = Gesamte Aufnahmedauer = NT

Zur Vereinfachung der weiteren Verarbeitung sollte schon bei der Aufnahme darauf geachtet werden, daß N eine Potenz von 2 ist.

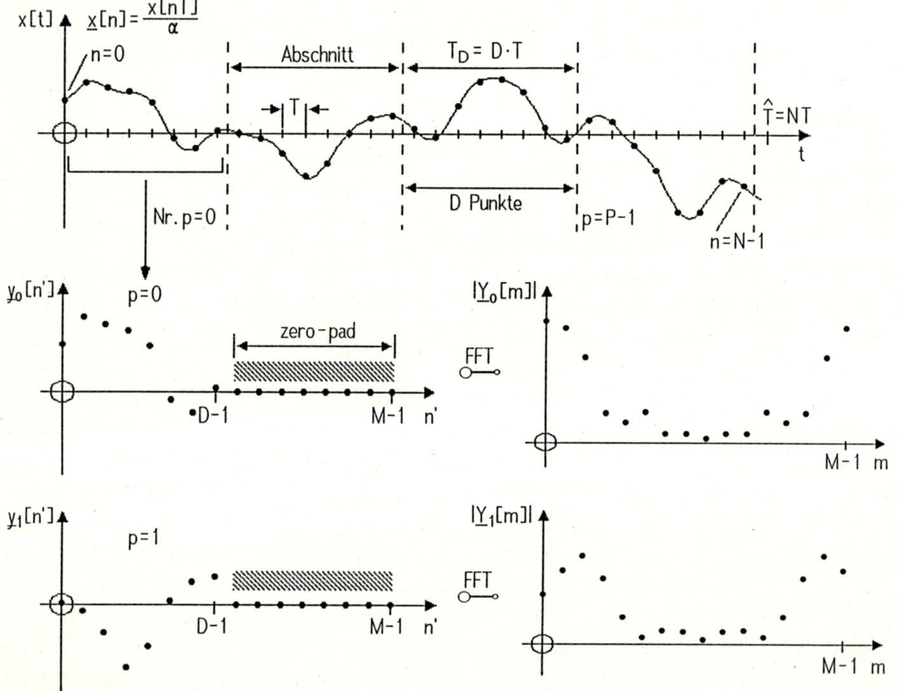

Abb. 12.1: Vom Analogsignal zu den Stichprobenspektren:

Obere Zeile, durchgezogene Kurve $x[t]$: Ausschnitt aus dem zu analysierenden Signal ("Analog-Signal" genannt, weil noch nicht abgetastet und digitalisiert).

Obere Zeile, Punkte: $\underline{x}[n]$ = Zeitreihe. Die Punkte decken sich nur rein optisch mit der Originalkurve durch passende Wahl des Skalenfaktors.

Links, Mitte und unten: Aus dem p^{ten} Abschnitt entsteht durch zeropadding das doppelt so lange p^{te} "Segment". Hier als Beispiel gezeigt: p = 0 und p = 1.

Rechts, Mitte und unten: Jedes Segment wird durch diskrete Fourier-Transformation in ein diskretes Spektrum abgebildet.

Die Zeitreihe wird nun in P gleichgroße, lückenlos aufeinanderfolgende Abschnitte eingeteilt (Abb. 12.1). Jeder Abschnitt enthält D=N/P Punkte und wird durch Anhängen von jeweils D "leeren" Punkten (Nullen) ergänzt zu Segmenten der Größe M=2D. Diese Abschnittsverlängerung mit Nullen nennen wir *"Nullpolsterung"* (engl. *zero padding; zero augmentation*).

Das *"Segment"* ist also im NC-Verfahren wie folgt definiert:

$$\underline{y}_p[n'] = \underline{x}[n' + pM]\,\underline{w}[n'] \tag{12.2}$$

mit $$\underline{w}[n'] = \{\underbrace{1,\ 1,\ 1,\ \ldots}_{M/2},\ \underbrace{0,\ 0,\ 0,\ \ldots}_{M/2}\}$$

$\underline{y}[p]$ = p^{tes} Segment
$\underline{x}$ = Zeitreihe (original, unmodifiziert)
$\underline{w}$ = *Datenfenster*

Nach Abb. 12.1 gilt weiterhin

$$N = PD = PM/2 \tag{12.3}$$

mit N = Gesamte Punktzahl der Zeitreihe $\underline{x}[n]$
P = Zahl der Abschnitte und Segmente; P wird in Hinblick auf die gewünschte Frequenzauflösung gewählt (siehe Diskussion zu Abb. 12.5)
M = 2D = Blockgröße für alle FFTs

Eine der Besonderheiten des NC-Verfahrens besteht darin, daß die *Segmente sich nicht überlappen* und *"nicht gefenstert"* werden. Was bedeutet Fensterung (engl. windowing) ? Die Schilderung des NC-Verfahrens muß hier kurz unterbrochen werden, um diese wichtige Frage aus zwei Gesichtspunkten a) und b) zu beleuchten:

a) Jede Schätzung eines Spektrums wird mit statistischen Unsicherheiten behaftet sein. Durch Mittelung über benachbarte Spektralpunkte kann die relative Varianz (Gl. 9.39, 9.81) - also die Unsicherheit der Schätzung - deutlich veringert werden. *Mittelung über benachbarte Werte einer Funktion ist gleichbedeutend mit "Glättung"* (Gl.3.60) und damit Faltung mit einer Glättungsfunktion (W[f]). Diese Glättung kann aber am einfachsten durch Multiplikation mit der Transformierten der Glättungsfunktion im Zeitbereich verwirklicht werden:

$$X[f] * W[f] \circ\!\!-\!\!\circ\ x[t]w[t] \tag{12.4}$$

mit X[f] = ein zu glättendes Spektrum
W[f] = die zugehörige Glättungsfunktion
x[t] = Zeitfunktion zum ungeglätteten Spektrum
w[t] = "Fenster" = Fourier-Transformierte der Glättungsfunktion

Soweit ist die "Fensterung" - d.h. Multiplikation der Zeitfunktion x mit einem *Datenfenster* w (engl. *data window*) - noch eher ein leicht erfüllbarer Wunsch, denn eine Notwendigkeit.

b) Jede Verarbeitung stochastischer Signale beginnt *zwangsweise mit einer Fensterung:* Schon die Aufnahme der Zeitreihe - also die Herstellung eines Ausschnittes aus dem immerzu aktiven Signal - ist gleichbedeutend mit einer Multiplikation des ursprünglichen Signals mit einer Rechteckfunktion (Höhe = 1; Breite = Aufnahmedauer). Das Gleiche gilt für die Segmentierung. *Wenn man sich nicht weiter mit Fensterung befaßt ("keine Fensterung"; s.o.) hat man sich schon für ein Rechteckfenster entschieden.* Welche Nachteile stehen den schon genannten Vorteilen der Fensterung gegenüber? Betrachten wir das anschauliche Beispiel

$$w[t] = \mathrm{rect}[t/\tau] \quad \circ\!\!-\!\!\!-\!\!\!-\!\!\circ \quad W[f] = \tau \ \mathrm{sinc}[\tau f] \qquad \text{(Gl. 3.22)}$$

Auch wenn man gar nicht glätten möchte - z.B. bei einem reinen Linienspektrum - bewirkt die dann wirksame *Zwangsglättung* mit einer sinc-Funktion ein *"Auslaufen"* (Leck-Effekt, engl. leakage) der Linien: "Berge" im Spektrum werden abgetragen, "Täler" werden aufgefüllt; sogar zusätzliche kleine Berge (Seitenzipfel; *sidelobes*) entstehen. Durch geschickte Wahl des Datenfensters - immer mit Blick auf die zugehörige Fourier-Transformierte - kann man zumindest das Entstehen der *gefürchteten Seitenzipfel* eindämmen. Bei stochastischen Signalen ist das *Rechteckfenster* (= *"keine Fensterung"*) also *normalerweise die ungünstigste Entscheidung.*

Beim NC-Verfahren kann man dank des *Nachform-Effektes* (engl. *window reshaping*), *siehe Kap. 12.2.5*, die in dieser Verarbeitungsstufe mit Gl. 12.2 getroffene ungünstige Fensterentscheidung *später korrigieren und damit jetzt Rechenzeit sparen.*

Noch eine zweite Frage muß die weitere Schilderung des NC-Verfahrens unterbrechen: Welchen Sinn hat die *Nullpolsterung* (zero padding)? Abb. 12.2 gibt eine kurze Antwort.

Der *DFT-alias* (engl. *circular correlation error; time wrap-around*) ist eine allzuleicht übersehbare DFT-Falle. Die *einzige* sicher wirkende Vorbeugung ist rechtzeitige Verdopplung der Blockgröße: Nullpolsterung.

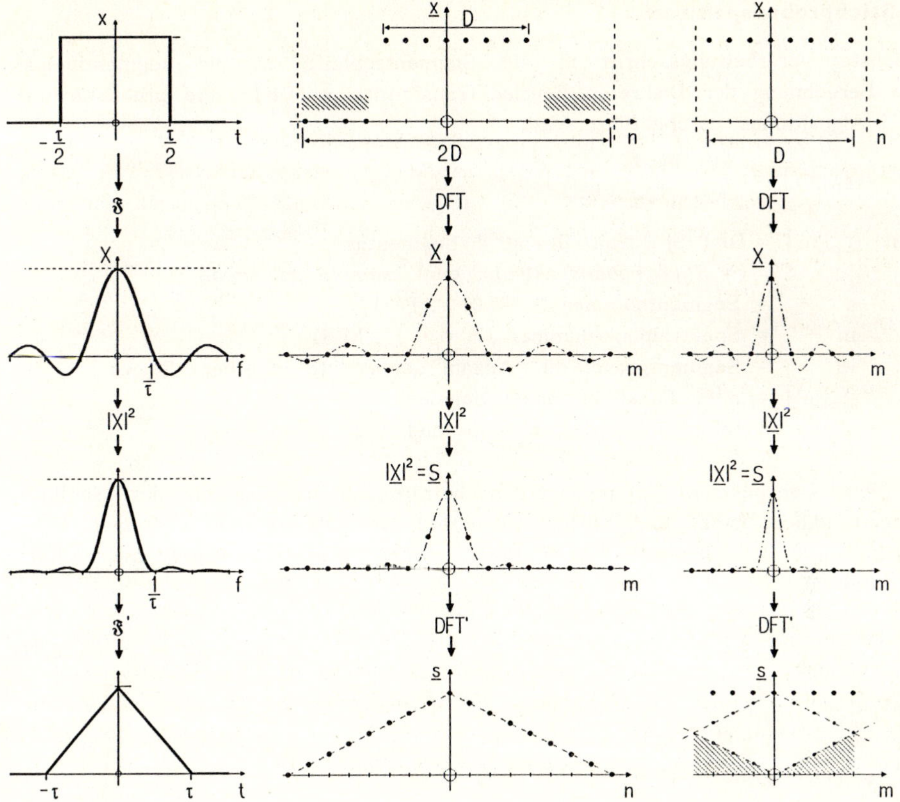

Abb. 12.2: DFT-Alias und ZEROPADDING: Eine unheilbare "DFT-Krankheit" und das einzige, wirksame Vorbeugungsmittel.

Linke Spalte: Kontinuierliche Zeit- und Frequenz-Funktionen.

Mittlere Spalte: Diskreter Zeit- und Frequenzbereich. Ausdehnung der Zeitfunktion vorgegeben = D. DFT-Blockgröße vedoppelt auf 2D; restliche Punkte mit Nullen belegt: "zero padding". (Schraffierter Bereich, oben).

Rechte Spalte: Diskreter Zeit- und Frequenzbereich. Ausdehnung D der Zeitfunktion vorgegeben = D. DFT-Blockgröße ebenfalls.

1. Zeile: Eine Zeitfunktion der Ausdehnung τ bzw. D. Hier als Beispiel die Rechteckfunktion.
2. Zeile: Fouriertransformation der gegebenen Zeitfunktion.
3. Zeile: Betragsquadrierung des Spektrums (allgemeiner: Multiplikation zweier Funktionen gleicher Ausdehnung) = Ursache des Übels.
4. Zeile: Fourier-Synthese eines Produkts ergibt Faltung der Zeitfunktionen: *Verdopplung der Ausdehnung!* Bild rechts unten: DFT-Alias; d.h. Überlappung der grundsätzlich periodisch wiederholten) Zeitfunktionen.

12.2.3 Stichprobenspektren

Der nächste Verarbeitungsschritt in der Segmentschleife ist die segmentweise, separate Berechnung der Diskreten Fourier-Transformation (DFT), die praktisch mit dem FFT-Algorithmus durchgeführt wird:

$$\underline{Y}_p[m] = \frac{1}{M} \sum_{n'=0}^{M-1} \underline{y}_p[n'] \; e^{-j2\pi mn'/M} \tag{12.5}$$

mit $\underline{Y}_p[m]$ = DFT-Spektrum des p^{ten} Segmentes
(= *Stichprobenspektrum;* engl. *sample spectrum*)
p = Segmentnummer ($p = 0 \ldots P-1$)
m = Spektralpunktnummer ($m = 0 \ldots M-1$)
M = Segmentgröße; d.h. Anzahl der Punkte in einem Segment
$\underline{y}_p[n']$ = n'^{ter} Punkt in einem Segment
($n' = 0 \ldots M-1$; $n' = n \bmod M$)

Diese Stichprobenspektren $\underline{Y}_p[m]$ werden betragsquadriert und in der Schleife kumulierend addiert (Abb. 12.3 Mitte und unten), so daß für den einzelnen Frequenzpunkt eine Art *"Pseudoscharmittelung"* (engl. *pseudo ensemble averaging*) bewirkt wird:

$$\underline{S}[m] = \sum_{p=0}^{P-1} \left|\underline{Y}_p[m]\right|^2 \tag{12.6}$$

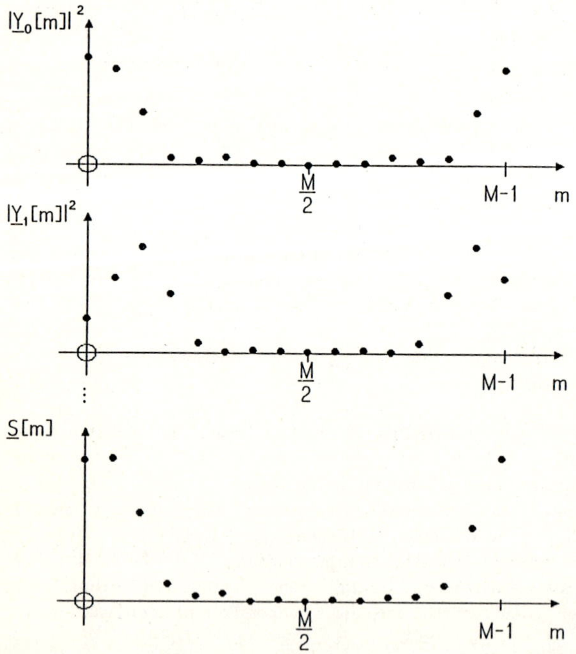

Abb. 12.3: Vom *Stichprobenspektrum* ($\underline{Y}_p[m]$) zum *Summenspektrum* $\underline{S}[m]$. Das Summenspektrum ändert sich mit jedem Schleifendurchgang. Erst der Endzustand nach P Durchläufen wird übergeben zur nachfolgenden Ermittlung des Bartlett-Periodogramms.

12.2.4 Bartlett-Periodogramm und Korrelogramm

Das Bartlett-Periodogramm unterscheidet sich vom Summenspektrum nur noch durch einen Vorfaktor K_B, der dafür sorgt, daß eine (im spektralen Mittel) erwartungstreue, erste Roh-Schätzung des diskreten Leistungsspektrums entsteht:

$$ {}_{\perp}\hat{\hat{\underline{\Phi}}}_{xx}[m] = K_B \, \underline{S}[m] \tag{12.7}$$

mit ${}_{\perp}\hat{\hat{\underline{\Phi}}}_{xx}[m]$ = Bartlett-Periodogramm = erste Roh-Schätzung des diskreten Leistungsspektrums

m = Spektralpunktnummer
der m^{te} Punkt entspricht der Frequenz $f = mP/(2NT)$

K_B = Bartlett-Korrekturfaktor
$K_B = 2/P$ (12.8)
P = Zahl der Segmente

$\underline{S}[m]$ = Summenspektrum gemäß Gl. 12.6;

Hier in Stichworten der kürzeste Weg, um *die Formel für* K_B (GL. 12.8) *herzuleiten:*
Für Segmente der Dauer $T_S = MT$ gilt

$$\left\langle {}_{\perp}\hat{\hat{\underline{\Phi}}}_{xx}[m] \right\rangle = K_B \left\langle \underline{S}[m] \right\rangle = K_B \sum_{p=0}^{P-1} \left\langle \left| \underline{Y}_p[m] \right|^2 \right\rangle = PK_B \left\langle \left| \underline{Y} \right|^2 \right\rangle \tag{12.9}$$

und laut Gl. 12.4

$$\underline{Y}_p[m] = \sum_{m'=0}^{M-1} \underline{X}_p[m'] \, \underline{W}[m-m'] = \mathrm{DFT}\{\underline{x}\,\underline{w}\}$$

Alle Indices gelten modulo M.

Zusammengefaßt folgt

$$\left\langle {}_{\perp}\hat{\hat{\underline{\Phi}}}_{xx}[m] \right\rangle = K_B \sum_p \sum_{m'} \sum_{m''} \underbrace{\left\langle \underline{X}_p[m'] \, \underline{X}_p^*[m''] \right\rangle}_{A} \underline{W}[m-m'] \, \underline{W}^*[m-m'']$$

Wir wollen annehmen, daß die Tiefpaßbedingung befolgt wurde und daß das Spektrum weiß ist. Dann sind die $\underline{X}_p[m']$ untereinander unabhängig:

$$A = \begin{cases} 0 & \text{falls } m' \neq m'' \\ \dfrac{\alpha^2}{TM} \, {}_{\perp}\Phi_{xx} \approx {}_{\perp}\underline{\Phi}_{xx} & \end{cases} \tag{12.10}$$

Damit gilt

$$\left\langle {}_{1}\hat{\hat{\underline{\Phi}}}_{xx}[m] \right\rangle = K_B\, P \sum_{m'} {}_{1}\underline{\Phi}_{xx}[m'] \, \left| \underline{W}[m - m'] \right|^2 \tag{12.11}$$

Der Erwartungswert des Bartlett-Periodogramms ist somit eine mit $|\underline{W}|^2$ geglättete Version des diskreten Leistungsspektrums ${}_{1}\hat{\hat{\underline{\Phi}}}_{xx}$. Zur Bestimmung von K_B setzen wir ${}_{1}\hat{\hat{\underline{\Phi}}}_{xx}$ als weiß an und erhalten

$$K_B = \frac{1}{P \sum\limits_{m=0}^{M-1} |\underline{W}_m|^2} = \frac{1}{P\, \underline{c}_{ww}[0]} = \frac{1}{\frac{P}{M} \sum\limits_{n=0}^{M-1} |\underline{w}[n]|^2} \tag{12.12}$$

Dabei ist $\underline{c}_{ww}$ die diskrete AKF des Datenfensters $\underline{w}$:

$$\underline{c}_{ww}[n] = \frac{1}{M} \sum_{n'=0}^{M-1} \underline{w}[n'] \, \underline{w}^*[n' + n] \tag{12.13}$$

Im speziellen Fall des Bartelett-Periodogramms, bei dem das Fenster w je zur Hälfte aus 1, 1, 1, . . . und 0, 0, 0, . . . besteht (siehe Gl. 12. 3), ergibt sich

$$\underline{c}_{ww}[o] = (M/2)/M = \frac{1}{2} \tag{12.14}$$

also

$$K_B = 2/P$$

Korrelogramm

Das hauptsächliche Ziel der weiteren Verarbeitungsschritte im NC-Verfahren ist eine *zusätzliche Glättung des geschätzten Leistungsspektrums* - zusätzlich insofern, als ja schon die Pseudoscharmittelung wirksam war. Nach der schon bei Gl. 12.4 gezeigten Methode wird diese Glättung durch Fensterung im Zeitbereich bewerkstelligt. Zunächst also der Übergang in den Zeitbereich (diskrete Fourier-Synthese) :

$$\hat{\hat{\underline{\varphi}}}_{xx}[n'] = \mathrm{DFT}^{-1}\{ {}_{1}\hat{\hat{\underline{\Phi}}}_{xx}[m] \} = \sum_{m=0}^{M-1} {}_{1}\hat{\hat{\underline{\Phi}}}_{xx}[m] \, e^{j\pi m n'/M} \tag{12.15}$$

wobei $\hat{\hat{\underline{\varphi}}}_{xx}[n']$ = *"Korrelogramm"* von x; (engl. *correlogram*, oder *mean lagged produkt)*
m = 0 . . . M-1 = diskrete Frequenzvariable
n′ = 0 . . . M-1 = diskrete Zeitvariable

Das *Korrelogramm* ist die Fourier-Transformierte des roh geschätzten, diskreten Leistungsspektrums und damit so etwas wie eine *Roh-Schätzung der stochastischen AKF.*

12.2.5 Schätzung von AKF und Leistungsspektrum

Die endgültige AKF-Schätzung $\hat{\underline{\varphi}}_{xx}[n']$ entsteht durch die schon oben angekündigte AKF–Fensterung (siehe auch die Anmerkungen zu Gl. 13.9 und 13.10):

$$\hat{\underline{\varphi}}_{xx}[n'] = \hat{\hat{\underline{\varphi}}}_{xx}[n']\,\underline{v}[n'] \tag{12.16}$$

mit

$\hat{\underline{\varphi}}_{xx}[n']$ = AKF-Schätzung (an den Abtaststellen $t_m = mT$)

$\hat{\hat{\underline{\varphi}}}_{xx}[n']$ = Korrelogramm (Gl. 12.15)

$\underline{v}[n']$ = AKF-Fenster (engl. *lag window*)

Zur konkreten Auswahl dieses AKF-Fensters $\underline{v}$ sind noch einige theoretische Gesichtspunkte zu bedenken:

Hauptzweck der AKF-Fensterung ist ja dic weitergehende Glättung oder "Stabilisierung" des Leistungsspektrums. Wie schon erörtert, ist der dafür zu zahlende Preis das Auslaufen (leakage). Zur rechten Beurteilung des Auslaufeffektes im geschätzten Leistungsspektrum muß man das *"effektive AKF-Fenster"* $\underline{u}$ kennen, das auch die schon vollbrachten Wirkungen des Datenfensters $\underline{w}$ berücksichtigt. Um das überschauen zu können, transformieren wir Gl. 12.11 in den diskreten Zeitbereich und setzen Gl. 12.12 ein:

$$\hat{\hat{\underline{\varphi}}}_{xx}[n'] \approx \mathrm{DFT}^{-1}\{\langle {}_{\perp}\hat{\hat{\underline{\Phi}}}_{xx}[m]\rangle\} \approx \underline{\varphi}_{xx}[n']\,\underline{c}_{ww}[n']/\underline{c}_{ww}[0] \tag{12.17}$$

mit

$\hat{\hat{\underline{\varphi}}}_{xx}[n']$ = Korrelogramm (siehe Gl. 12.15 u. 12.16)

$\underline{\varphi}_{xx}[n']$ = theoretische, gesuchte, aber niemals genau ermittelbare AKF, in diskreter Form

Dies ist die Antwort auf die Frage nach den Auswirkungen der Datenfensterung. Die mit Gl. 12.16 geforderte, zusätzliche Fensterung $\hat{\hat{\underline{\varphi}}}_{xx}\underline{v}$ hat ein *effektives Fenster* $\underline{u}$ zur Folge. Es gilt:

$$\hat{\underline{\varphi}}_{xx} = \underline{\varphi}_{xx}\,\underline{v}\,\underline{c}_{ww}/\underline{c}_{ww}[0] = \underline{\varphi}_{xx}\,\underline{u}$$

$$\underline{u}[n'] = \underline{v}[n']\,\underline{c}_{ww}[n']/\underline{c}_{ww}[0] \tag{12.18}$$

Damit haben wir *das Werkzeug, um die ungünstige Wahl des Datenfensters völlig aufzuheben*. Solange die Ausdehnung von $\underline{v}$ kleiner als die von $\underline{w}$ ist, läßt sich Gl. 12.18 nach $\underline{v}$ auflösen. Dann ist $\underline{u}$ *die gewünschte Fensterform* und $\underline{v}$

die Realisierung unter gleichzeitiger Aufhebung der Wirkung von $\underline{w}$. Dies ist der *"Nachformeffekt"* (window reshaping).

$$\underline{v}[n] = \frac{\underline{u}[n]\,\underline{c}_{ww}[0]}{\underline{c}_{ww}[n]}$$

Zur Sicherung einer korrekten Normierung $\underline{v}[0] = 1$ führen wir noch den Term $\underline{u}[0]$ ein. Bezüglich $\underline{w}$ beschränken wir uns auf den empfehlenswerten Sonderfall des mit Gl. 12.2 beschriebenen Bartlett-Fensters, bei dem ja offenbar $\underline{c}_{ww} = (1 - 2|n|/M)/2$ ist:

$$\underline{v}[n'] = \frac{\underline{u}[n']}{\underline{u}[0]\,(1 - 2|n'|/M)} \tag{12.19}$$

mit $\underline{u}$ = gewünschtes, effektives AKF-Fenster
$\underline{v}$ = tatsächliches mit Gl. 12.16 anzuwendendes Fenster
M = Segmentumfang

Auswahl des gewünschten, effektiven AKF-Fensters

Praktisch nützliche AKF-Fenster müssen die folgenden Grundbedingungen erfüllen:

1. normiert ($\underline{u}[0] = 1$)
2. gerade ($\underline{u}[-n'] = \underline{u}[n']$)
3. zeitbegrenzt ($\underline{u}[n'] = 0$ für $|n'| > Q$; $Q < M/2$)
   (2Q = Fensterausdehnung; M = Segmentausdehnung);
4. beschränkt ($\sum_{(Q)} \underline{u}_i < \infty$)
5. positiv (alle $\underline{u}_i \geq 0$)

(Bei Anwendung von Gl. 12.19 kann wegen der dort schon durchgeführten Normierung auf die erste Bedingung verzichtet werden). Bei der Auswahl des AKF-Fensters steht die Bewertung der Höhe der Nebenzipfel des zugehörigen spektralen Glättungsfensters im Vordergrund

$$\underline{u}[n'] = \mathrm{DFT}^{-1}\,\{\underline{U}[m]\} \tag{12.20}$$

$\underline{u}$ = AKF-Fenster (effektiv)
$\underline{U}$ = Glättungsfenster

Der Erwartungswert des geglätteten Spektrums, $\langle {}_{\perp}\underline{\Phi}_{xx} * \underline{U} \rangle$ unterscheidet sich ja vom tatsächlichen Spektrum ${}_{\perp}\underline{\Phi}_{xx}$ um einen *systematischen Fehler* (engl. *bias*). Je nachdem, wo man diesen Fehler klein halten will, (z.B. besonders in Nähe des Hauptmaximums von $\underline{U}$, vor allem in großer Entfernung davon, oder aber im Mittel) ergeben sich verschiedene, optimale Fensterformen. (Siehe spätere Literaturempfehlung). Zum Einstieg in das NC-Verfahren wählen wir ein wegen seiner "gesunden Kompromiß"-Eigenschaften besonders populäres Fenster:

Das Hanning-Fenster

(benannt nach J. v. Hann; weitere Bezeichnungen: Tukey window, cosine bell window, full cos-taper window) wird beschrieben durch Gl. 3.27 :

$$\underline{u}[n'] = \left\{ \begin{array}{ll} \cos^2\left[\pi n'/(2Q)\right], & \text{für } n' \leq Q \\ 0 & , \text{sonst} \end{array} \right\} \tag{12.21}$$

wobei Q = Fensterende (truncation point).

Dieses Fensterende (Q) ist der allen konkurrierenden AKF-Fenstern gemeinsame, freie Parameter, der festlegt, wie stark die Glättungswirkung ist. Eine quantitative Angabe dazu im Kap. 12.3.

Schätzung des Leistungsspektrums

Nach den vorausgegangenen Diskussionen über die Auswahl des AKF-Fensters und dessen praktische Anwendung (Gl. 12.19 und 12.15) bleibt jetzt nur noch der einfache Schritt, die geschätzte Autokorrelationsfunktion $\hat{\underline{\varphi}}_{xx}$ zu transformieren:

$$_{1}\hat{\underline{\Phi}}_{xx}[m] = \text{DFT}\{\hat{\underline{\varphi}}_{xx}[n']\} \tag{12.22}$$

$_{1}\hat{\underline{\Phi}}_{xx}$ ist die gesuchte Schätzung des Leistungsspektrums. Auch diese DFT wird, wie alle vorhergegangenen DFTs, über einen FFT-Algorithmus der Blockgröße M durchgeführt.

12.3 Frequenzauflösung und Stabilität

Abschließend interessieren noch zwei Punkte, die den Schlüssel zur praktischen Anwendung des NC-Verfahrens liefern:

a) Frequenzauflösung
b) Stabilität

a) Frequenzauflösung

Seit den Pionierarbeiten von Blackman/Tukey im Jahre 1958 ist es üblich geworden, eine *"statistische Frequenzauflösung"* B_s zu definieren (engl. *effective statistical bandwidth*) als reziproke, äquivalente Dauer des AKF-Fensters:

$$B_s = \frac{1}{T_s} = \beta\,/(QT) = \frac{\left(\int_{-\infty}^{\infty} U[f]\;df\right)^2}{\int_{-\infty}^{\infty} |U[f]|^2 df} = \frac{u^2[0]}{\int_{-\infty}^{\infty} |u[t]|^2\;dt} \tag{12.23}$$

wobei B_s = statistische Frequenzauflösung
T_s = äquivalente Dauer des AKF-Fensters
β = normierte Frequenzauflösung
Q = Fensterendpunkt (truncation point) (Gl. 12.21; Abb. 12.4)
T = Abtastintervall (zeitlicher Abstand zweier Punkte der Zeitreihe)
u[t] = effektives AKF-Fenster (Gl. 12.19, 12.20)
$u[n'T] = \underline{u}[n']$
$U[f] = \boldsymbol{F}\{u[t]\}$ = effektives spektrales Glättungsfenster

Die normierte Frequenzauflösung β ist unabhängig vom gewählten Fensterende Q ein reiner Formparameter der Fensterfunktion. Z.B. gibt Jenkins/Watts (1968, ch. 6.4.1) für volles Rechteckfenster $\beta = 0.5$ an, und für das hier näher beschriebene Hanningfenster $\beta = 1.33$. Diesen letzten Wert wollen wir nachrechnen (siehe Abb. 12.4):

$$\beta_{Hann} = QTB_{s,Hann} = (\tau/2) \,/\, \left(\int_{-\tau/2}^{\tau/2} \cos^4[\pi t/\tau]\, dt \right)$$

$$= (\tau/2) \,/\, (3\tau/8) = 4/3$$

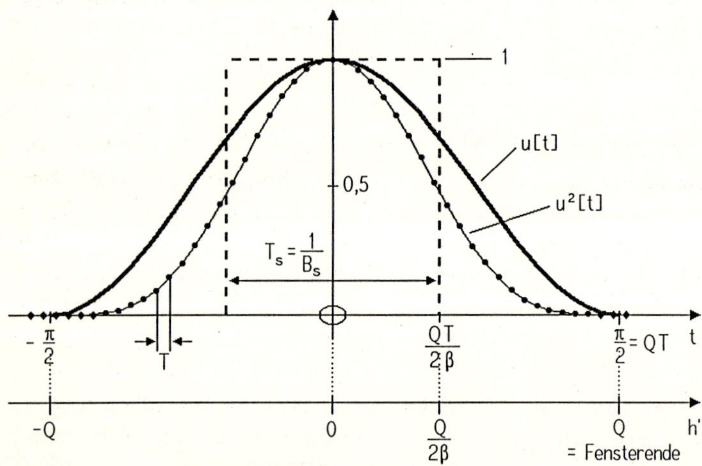

Abb. 12.4: Das Hanning-Fenster als Beispiel eines effektiven AKF-Fensters (Gln. 3.85 und 12.21).

b) Stabilität

Wir wollen folgende vereinfachende Annahmen machen:

- alle $\underline{x}_i$ sind normal-verteilt
- alle $\underline{Y}_{p,Re}[m]$ und $\underline{Y}_{p,Im}[m]$ (Gl. 12.5) sind unabhängig und normalverteilt
- das Spektrum $_{\perp}\underline{\Phi}_{xx}$ ist weiß (= konstant)

Dann bewirkt die Mittelung (sowohl die Pseudoscharmittelung wie auch die Glättung) nach vorhergehender Quadrierung, daß gemäß Gl. 9.78 für jeden Spektralpunkt eine Chi^2-Statistik gilt. Vor diesem Hintergrund erübrigen sich alle weiteren Rechnungen. Gl 9.81 ergibt

$$\sigma_\Phi = \mu_\Phi \sqrt{2/N_F} \tag{12.24}$$

wobei σ_Φ = Standardabweichung des geschätzten Spektralpunktes ${}_\perp\underline{\Phi}_{xx}\,[m]$
μ_Φ = Erwartungswert des geschätzten Spektralpunktes $\approx {}_\perp\underline{\Phi}_{xx}\,[m]$
N_F = Zahl der (statistischen) Freiheitsgrade; (*degrees of freedom;* DOF)

Diese Zahl der Freiheitsgrade ist gleich der Zahl unabhängiger Summanden, die im Rahmen des Mittelungsprozesses auf jeden Spektralpunkt entfallen. Diese Zahl wird auf der Grundlage der vereinfachten Voraussetzungen durch Bilanzierung in Zeit- und Frequenzbereich festgestellt:

$$N_F = \frac{N_1}{N_2} = \frac{\text{Zahl unabhängiger Punkte der Zeitreihe } \underline{x}}{\text{Zahl unabhängiger Punkte des Spektrums } {}_\perp\underline{\Phi}_{xx}} \tag{12.25}$$

Beispiel:
Keinerlei Mittelung. Zeitbereich: $N_1 = N$. Spektrum: $N_2 = N/2$ (hier darf wegen der Symmetrie nur das einseitige Spektrum betrachtet werden). Also $N_F = 2$ und

$$\sigma_\Phi = \mu_\Phi = {}_\perp\underline{\Phi} \tag{12.26}$$

Ohne Mittelung ist also die Standardabweichung genau so groß wie der Mittelwert. Das im vorstehenden Beispiel beschriebene Ergebnis ist von grundlegender Bedeutung in der Theorie der Leistungsspektren: Auch bei noch so großer Aufnahmedauer bzw. Punktzahl ist die durch reine Quadrierung *ohne Mittelung* erzeugte Schätzung des Leistungsspektrums völlig wertlos. Darauf wurde schon früh eindringlich hingewiesen.[4,5] Trotzdem findet man immer wieder (auch in ansonsten sehr respektablen Werken) die unhaltbare Formulierung[6,7,8,9,10,11,12,13,14,15]

4) Middleton, (1960), ch. 3.2-2
5) Jenkins / Watts, (1968), ch. 6.1.1
6) Elsner, (1974), § 3.3
7) Hölzler / Holzwarth, (1975), § 6.3
8) Kuttruff, (1976), § 1.5
9) Lange, (1978), § 2.3.1.2
10) Shanmugam, (1979), § 2.4
11) Hesselmann, (1983), § 2.3.2
12) Cremer / Hubert, (1985), Kap. 1.4.4
13) Connor, (1986), ch. 3.4
14) Buxbaum, (1988), § 1.5
15) Schrüfer, (1990), Kap. 7.3

$$ {}_1\Phi_{xx}[f] = \lim_{\hat{T}\to\infty} \frac{1}{\hat{T}} \left|X[f]\right|^2 \quad (?) \qquad (12.27)$$

die wohl auf Blackman und Tukey[16] zurückzuführen ist.

Ergebnis für NC-Verfahren

Unabhängig von der Form des AKF-Fensters liefert die Bilanzformel (Gl. 12.25)

$$\left.\begin{aligned} N_1 &= N \\ N_2 &= f_s/(2B_s) = \hat{F}/B_s \\ N_F &= 2B_sN/f_s = 2B_s\hat{T} \end{aligned}\right\} \qquad (12.28)$$

wobei N = Umfang der Zeitreihe
$f_s = 1/T$ = Abtastfrequenz; $\hat{F} = f_s/2$ = Nyquistfrequenz
B_s = statistische Frequenzauflösung (Gl. 12.23)
$\hat{T}$ = gesamte Aufnahmedauer (Abb. 12.1)
N_2 = Spektrale Zellenzahl; d.h. Anzahl der nach der Mittelung effektiv verbleibenden, unabhängigen spektralen Schätzwerte $N_{2,max} = N/2$

Fügt man die Gln. 12.24 und 12.28 zusammen, so ergibt sich die bekannte *Kompromißformel* für Leistungsspektrumschätzungen:

$$B_s \hat{T} V_\Phi^2 = 1 \qquad (12.29)$$

wobei $V_\Phi^2 = \sigma_\Phi^2 / \mu_\Phi^2$ = relative Varianz der Spektralschätzung (Gl. 9.39)

Bei gegebener Aufnahmedauer $\hat{T}$ kann nur entweder die Frequenzauflösung sehr klein sein auf Kosten der relativen Varianz, oder umgekehrt.

Praktische Vorgehensweise

Vor dem Ablauf des in Tab. 12.3 gezeigten Algorithmus müssen die Verfahrensparameter im Sinne des Kompromisses (Gl. 12.29) bestimmt werden.

Ablauf:

1. Mögliche *Kompromißbereiche* für D_Z, B_s, f_s, N in Abb. 12.5 markieren und daraus einen konkreten Satz von miteinander verträglichen Werten bestimmen.
2. Bestimmung von $T, \hat{T}$, Q, M, P:
   $T = 1/f_s$ (Abtastintervall)
   $\hat{T} = NT$ (Aufnahmedauer)
   $Q = \beta/(B_s T)$ (Fensterendpunkt; ganzzahlig runden)
   M : (Segmentumfang). Unter Beachtung der Ungleichung $2Q \le M \le N$ wird M bestimmt als kleinste 2er Potenz, die größer oder gleich 2Q ist;
   $P = 2N/M$ (Anzahl der Segmente).

16) Blackman / Tukey, (1958), § 2

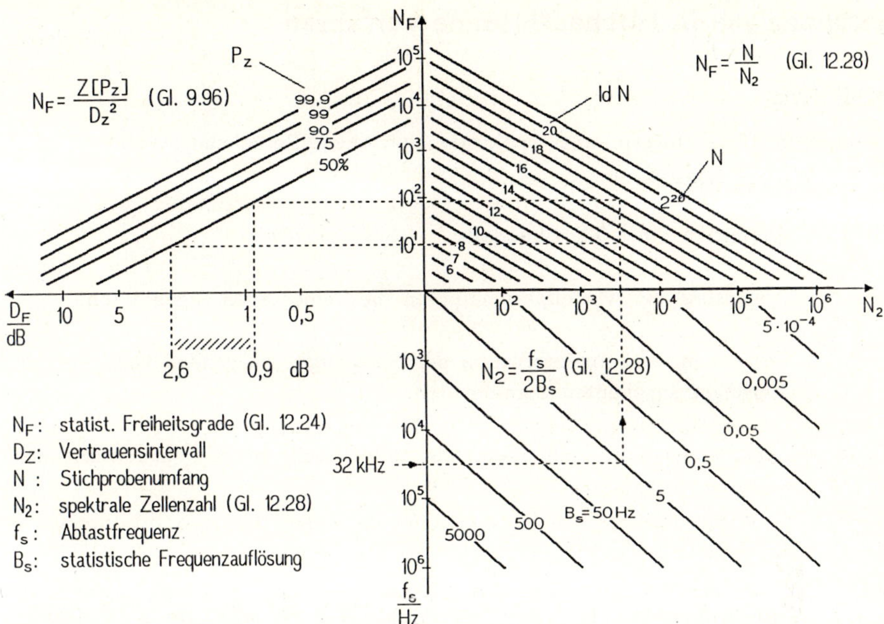

Abb. 12.5: Entscheidungshilfe zur Ermittlung eines Kompromisses zwischen guter Stabilität ($D_Z \to 0$) und guter Frequenzauflösung ($B_S \to 0$). Im *Beispiel* (gestrichelte Linie) ergab sich aus einer gegebenen Abtastfrequenz von f_S = 32 kHz und der Forderung nach B_S = 5 Hz Auflösung: N_2 = 3200; N = 2^{18} ≈ 262 000; N_F ≈ 84; D_Z = 0.9 dB; d.h. mit 50 % Zuverlässigkeit liegt der Spektralwert Φ in einem Vertrauensintervall von ± 0.45 dB um den Erwartungswert. Als Alternative könnte auch noch D_Z = 2.6 dB erträglich sein, wodurch N auf 2^{15} ≈ 32 000 sinken würde.

Literaturempfehlungen Kap. 12

Zur Einführung in die "Schnellen Methoden" - auch "klassische", "traditionelle" oder "kombinierte" Methode genannt:

1. Marple, (1987), ch.5
2. Newland, (1984), ch. 11
3. Bendat / Piersol, (1986), ch. 11-5

Einzelheiten zur Fensterauswahl und Berechnung der Statistikkennwerte:

1. Harris, (1978)
2. Jenkins / Watts, (1968), ch. 6.4
3. Papoulis, (1984), ch. 14-1

Abtastung und Vorbereitung der Zeitreihe (*sampling and detrending*)

1. Otnes / Enochson, (1978), ch. 3
2. Brockwell / Davis, (1987), § 1.4

13 Spektalanalyse-II: Hochauflösende Verfahren

13.1 Einführung

Aus der heutigen Sicht folgen alle spektralanalytischen Berechnungsverfahren der gleichen, bewährten Strategie:

1. Schritt: Definition eines Signalmodells;

2. Schritt: Anpassung der Modellparameter an die gemessenen Signaldaten;

3. Schritt: Berechnung und Interpretation des Spektrums, ausgehend von dem inzwischen angepaßten Signalmodell.

Die Verfahren unterscheiden sich (zum Teil sehr dramatisch) in der Ausführung der einzelnen Schritte.

Beispiel:

Bei der in Kap. 12 behandelten *Schnellen Methode* besteht das *Signalmodell* (1. Schritt) aus N Sinusschwingungen im festen Frequenzraster 0; F; 2F; ... (Abb. 13.1). Die an das Meßsignal *anzupassenden Modellparameter* sind die N Amplituden K_0; $2K_1$; $2K_2$ ... $2K_{N-1}$ (2. Schritt). Auf der Grundlage des gewählten Signalmodells mit festem Frequenzraster entsteht schließlich eine *Spektralreihe* (3. Schritt), die sowohl periodisch als stochastisch *interpretiert* werden kann - also auch abweichend vom ursprünglichen Signalmodell. Allerdings ist diese spektrale Schätzung um so schlechter, je mehr das tatsächliche Signal vom gewählten Signalmodell abweicht. Daher ist die Schnelle Methode auch besonders ungünstig, wenn man nach eng benachbarten Spektrallinien ($\Delta f < F$) sucht oder Frequenzen genauer als F bestimmen will.

Die *hochauflösenden Methoden* kennen kein Frequenzraster. Hier liegt der grundlegende Unterschied zu den schnellen Methoden. Mit dem Frequenzraster fallen auch die verborgenen Redundanzen weg. Die systematische Verminderung dieser Redundanzen in der Berechnung des Spektrums war aber gerade die Stärke der schnellen Algorithmen FFT und FHT. Bevor wir uns näher mit den hochauflösenden Methoden befassen, wollen wir als Orientierungshilfe festhalten:

Die hochauflösenden Methoden sind durchweg viel langsamer als die schnellen Methoden. Sie verlangen ungewohnte Vorentscheidungen über das Signalmodell, können aber, falls die Modellentscheidung vernünftig war, wesentlich erhöhte Frequenzauflösung und Frequenzgenauigkeit ergeben. Sie sind mit viel Sachverstand zu gebrauchende, zusätzliche Hilfsmittel der Spektralanalyse. Die schnellen Methoden (insbesondere das im vorigen Kapitel geschilderte NC-Verfahren) werden auf absehbare Zeit ihren Platz als Standardverfahren mit genau bekannten Grenzen behalten.

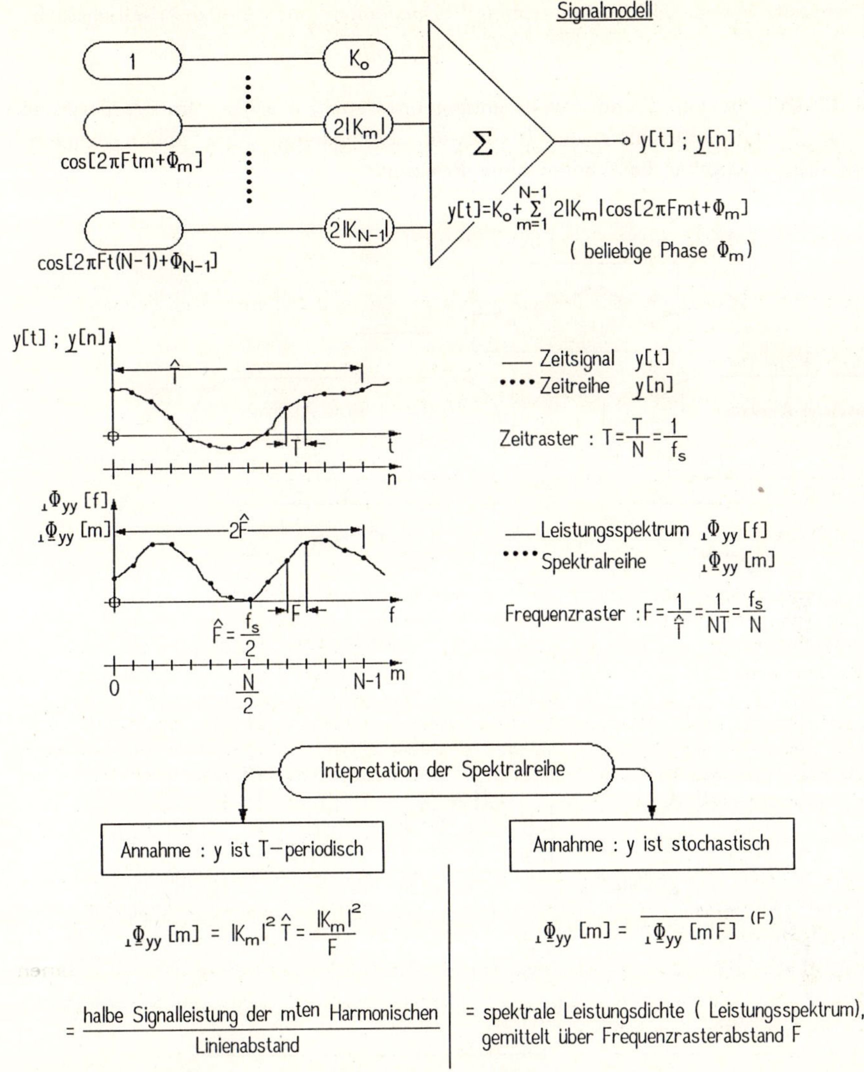

Abb. 13.1: Die "Schnelle Methode" aus neuer Sicht:
Oben: Das Signalmodell - N Sinusschwingungen in festem Frequenzabstand F.
Mitte: Festes Raster in Zeit- und Frequenzbereich.
Unten: Periodische und stochastische Interpretationsmöglichkeit der geschätzten Spektralreihe. K_m ist der komplexe Fourierkoeffizient gemäß Gl. 3.197 und 10.77.

Überblick über die hochauflösenden Verfahren

Bei den hochauflösenden Verfahren geht es zur Zeit ähnlich zu wie bei den Personal-Computern: Ständig neue Modelle mit zum Teil sensationellen Eigenschaften; unaufhaltsam steigender Aufwand zum "Einsteigen"; dürftige Dokumentation; beklemmende Tendenz zur Verselbständigung einer Technik unter Ignorierung elementarer Anwenderwünsche wie Zuverlässigkeit, Kompatibilität mit schon Vorhandenem oder Netto-Arbeitserleichterung.

Mit Kapitel 13 soll diesem Trend etwas entgegengesteuert werden: Im Vordergrund steht nicht die Detailbeschreibung der (durchweg aufwendigen) Algorithmen, sondern ein Überblick über erkennbar beständige neue Prinzipien.

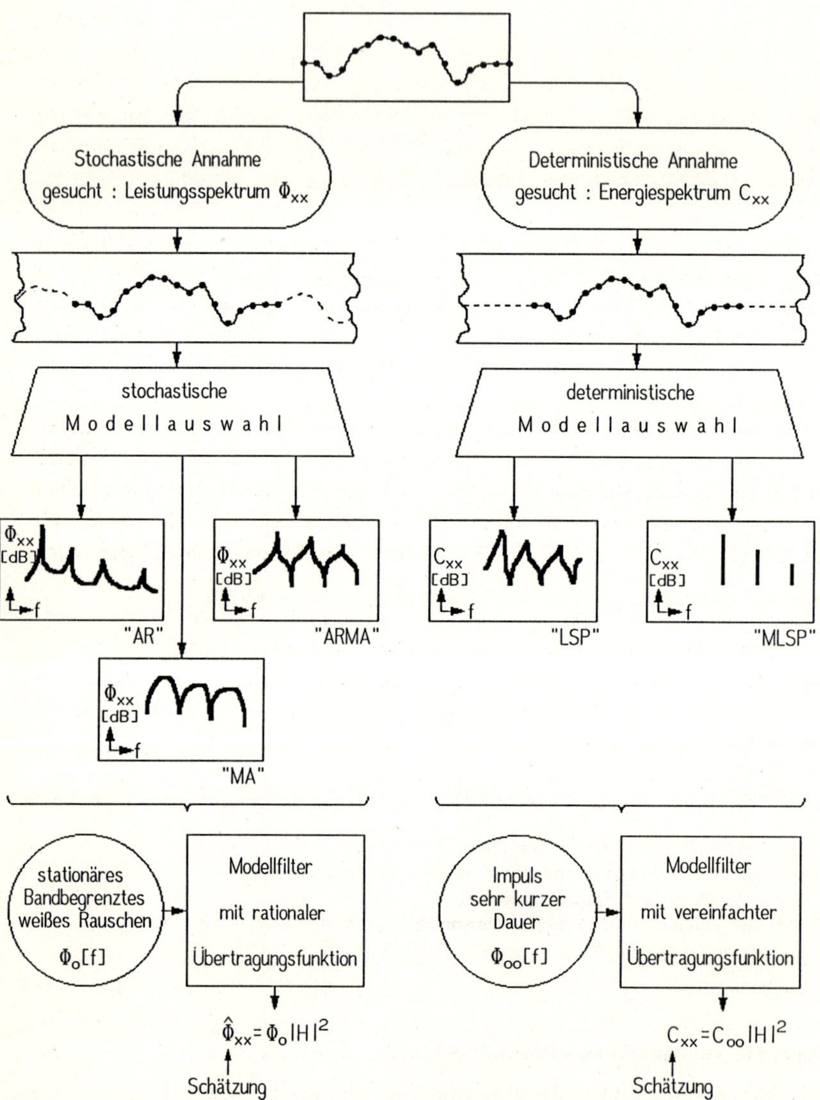

Abb. 13.2: Übersicht über die hauptsächlichen stochastischen und determinierten Signal-Modelle.

Abb. 13.2 ordnet fünf besonders häufig angewandte, hochauflösende Verfahren ("AR" ... "MLSP") in ein Schema ein. Das Bild deutet an, welcher Entscheidungsprozeß zwischen der Zeitreihe (Rohmaterial) und dem Modellfilter (eigentlicher Algorithmus) liegt:

a) *Entscheidung über das Signalmuster* (stochastisch/determiniert). Dieses Problem wurde schon in Kap. 2.1.1 erörtert. Die Kunst, ein Signal in das zutreffende Grundmuster einzustufen, läßt sich zwar durch ständigen Umgang mit Meßsignalen lernen, aber sie läßt sich kaum theoretisch lehren. Hier hat der Anwender einen intuitiven Handlungsspielraum (ähnliches gilt im Autofahreralltag: Nach welchem Algorithmus soll die Lenkung betätigt werden?). Das in Kap. 2.1.1 genannte, dritte Signalmuster, periodisch, ist auf dieser Entscheidungsstufe noch nicht gefragt: Periodische Signale nehmen bei der Spektralanalyse eine Zwitterstellung ein und können sowohl über stochastische als auch determinierte Modelle (bei angemessener Interpretation) analysiert werden.

b) *Modellauswahl.* Hier liegt (noch) der wunde Punkt aller hochauflösenden Verfahren. Die Frage nach dem richtigen Signalmodell wird normalerweise jeden Anfänger überfordern. Auch hier wieder starke Ähnlichkeiten zur Personal-Computer-Szene: Unreife Dialogmenüs fordern Antworten und Entscheidungen, die der Anwender zunächst gerne dem System überlassen würde.

Eine zukünftige Lösung dieses Problems liegt in der Verwirklichung eines Lernansatzes, wie er in anderem Zusammenhang unter dem Stichwort "Künstliche Intelligenz" erprobt wird: Angesichts der Ungewißheit über das richtige Signalmodell müssen eben alle verfügbaren Modelle durchgespielt werden. Das zutreffende Modell wird sich dadurch zu erkennen geben, daß es mit der geringsten Anzahl von Parametern auskommt.

Mit dieser Entwicklung müßte sich die oben unter b) geschilderte, unbefriedigende Situation zum Besseren wenden: Als Ergebnis der Signalanalyse wird nicht nur das Spektrum geliefert, sondern noch zusätzliche Informationen über den wahrscheinlichen Entstehungsmechanismus des Signals.

Im Folgenden werden die fünf ausgesuchten Signalmodelle vorgestellt; daran anschließend wird ein Analyseverfahren als Beispiel genauer beschrieben.

13.2 Das autoregressive Modell (AR)

Definition: Der AR-Prozeß ist eine Zeitreihe, die durch Abtastung eines bandbegrenzten, weißen, mittelwertfreien Rausch-Signals mit anschließender Filterung durch ein Allpol-Digitalfilter (engl. *all pole* IIR; IIR = *infinite impulse response*) entstanden ist. Dieses Filter (Abb. 13.3) ist der Sonderfall des *rekursiven Filters*[1], bei dem die Übertragungsfunktion keine Nullstellen in der komplexen Ebene hat.

1. siehe z.B. Stearns, 1987, Kap. 9.

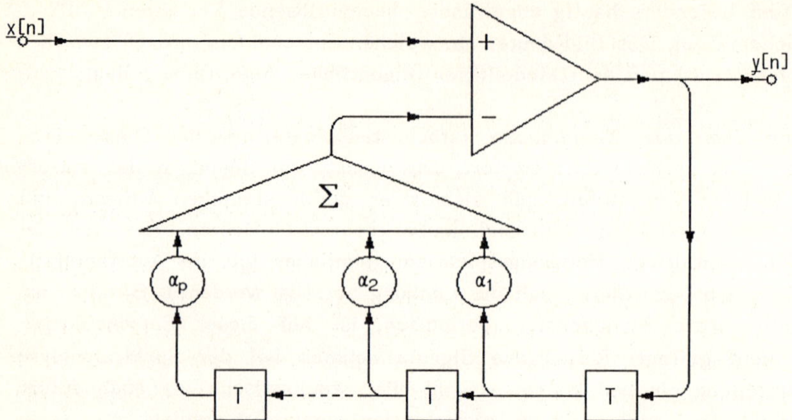

Abb. 13.3: Der AR-Prozess: Bandbegrenztes, mittelwertfreies, weißes Rauschen ($\underline{x}$), wird durch ein Allpol–IIR-Filter geschickt.

Die zugehörige Differenzengleichung lautet:

$$\underline{y}[n] = \underline{x}[n] - \sum_{k=1}^{P} \underline{a}[k]\,\underline{y}[n-k] \tag{13.1}$$

Herkunft der Bezeichnung "Autoregression":

Die einfachste Form einer Regression wurde schon mit Gl. 10.31 behandelt:

$$\hat{y} = a + bx$$

Das Ergebnis y sollte in näherungsweise linearer Verknüpfung auf eine Ursache x zurückgeführt werden[2]. Das wird in der Statistik verallgemeinert zur "multiplen Regression":

$$y = a_1 x_1 + a_2 x_2 + \ldots + a_P x_P$$

Unter Vernachlässigung des Störterms x bedeutet Gl. 13.1: Zurückführung des Ergebnisses y[n] auf *vergangene Zustände von sich selbst*: "Autoregression".

Das AR-Schätzverfahren:

Das Grundprinzip des AR-Schätzverfahrens besteht darin, zunächst die Filterkoeffizienten $\underline{a}_1 \ldots \underline{a}_P$ so zu bestimmen, daß das Modellsignal $\underline{y}$ (Gl. 13.1) dem gemessenen Signal im Intervall $\hat{T}$ möglichst gut ähnelt, und daran anschließend das gesuchte Spektrum nach dem Wiener-Lee-Theorem (Gl. 10.71) zu berechnen:

$$\Phi_{yy}[f] = \Phi_{xx,0} \left| H[f] \right|^2 \tag{13.2}$$

2. Regression vom lat. *regressio*, Rückschritt, Rückführung.

wobei

$\Phi_{yy}[f]$: Gesuchtes Spektrum

$\Phi_{xx,0}$: Zu schätzender Wert des (weißen) Eingangsspektrums

$H[f]$: Übertragungsfunktion des AR-Modellfilters (Abb. 13.3). Wenn die Parameter $a_1 \ldots a_p$ geschätzt sind, liegt damit die Übertragungsfunktion fest.

Man versucht, den gemessenen Signalausschnitt durch eine eigene Signalproduktion möglichst gut zu imitieren. Anschließend beschäftigt man sich nur noch mit dem prozeßangepaßten, genau bekannten, eigenen Signalgenerator: Dieser Generator (Abb. 13.3) kann immerzu Daten liefern und damit längere Zeiträume erschließen als durch das ursprüngliche Beobachtungsfenster der Dauer $\hat{T}$ vorgegeben. Das Meßsignal läßt sich also über beide Enden des Beobachtungsfensters hinaus extrapolieren (engl. *forward/backward linear prediction*). Damit entfällt auch die feste Schranke der Frequenzauflösung $\Delta f = 1/\hat{T}$, wie sie bei den traditionellen Verfahren bekannt ist.

Das zentrale Problem ist die Anpassung der Filterkoeffizienten an das gemessene Signal. Nach Marple (1987) kann man die in ständiger Entwicklung begriffene Vielzahl der Anpassungsverfahren in zwei Hauptgruppen mit je zwei bis drei Zweigen einteilen (Tab. 13.1). Diese Aufstellung soll nur als einfacher Wegweiser dienen. Stellvertretend für alle dort aufgeführten Verfahren soll nachstehend eines ausgewählt und erörtert werden.

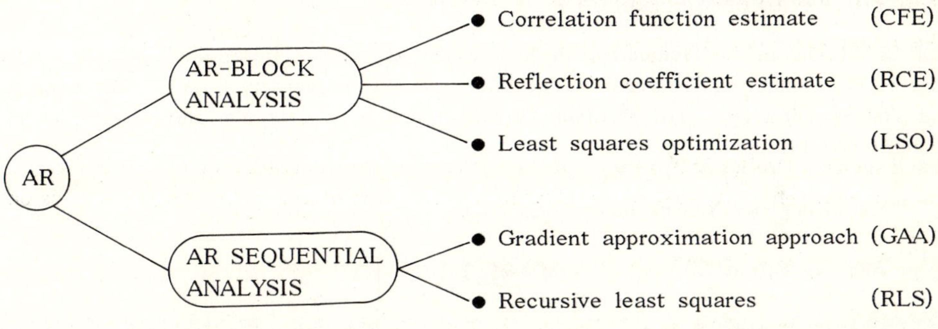

Tab. 13.1: Einteilung der AR-Verfahren

Kurzerläuterungen

AR : Autoregressives Verfahren (AR-Modell siehe Abb. 13.3)

AR-BLOCK : AR-Analyse eines Datenblocks - d.h. einer gegebenen, feststehenden Zeitreihe mit rekursiv ansteigender Ordnung.

AR-SEQ. : Sequentielle AR-Analyse - also AR-Analyse mit fortlaufend aufgefrischter Zeitreihe bei fester Filterordnung (interessant für Echtzeit-Beobachtung nichtstationärer Prozesse).

CFE : *correlation function estimation.* Erster Schritt der AR-Analyse ist eine Schätzung der Autokorrelationsfunktion der Zeitreihe (= Yule / Walker-Verfahren; siehe nächste Seiten).

RCE : Rekursive Schätzung der sog. "Reflexionskoeffizienten"; dazu gehören
- a) "Geometrischer Algorithmus" (Marple, 1987);
- b) "MEM" = *maximum entropy method* (Ansatz zur AKF-Extrapolation von Burg, 1967; zugehöriger rekursiver Algorithmus von Anderson, 1974);
- c) "RMLE" = *recursive maximum likelihood estimation* (Kay, 1983).

LSO : Optimierung aller Filterkoeffizienten nach der Methode der kleinsten Quadrate. Dazu gehören
- a) "NFLP" = *nonwindowed forward linear prediction* = Kovarianzmethode (Marple, 1987);
- b) "CFBLP" = *combined forward backward linear prediction* = "MODCOV" *modified covariance method* = LS (*least squares*) Method (Burg, 1967; Ulrych / Clayton, 1976; Nuttall, 1976).

GAA : Das Gradientennäherungskonzept verbessert rekursiv mit jedem neuen Punkt der Zeitreihe die AR-Filterkoeffizienten. Langsamer, aber stabiler als RLS. Dazu gehört: "LMS" = *least squares adaptive algorithm* (Widrow / Stearns, 1985).

RLS : Zu den "Rekursiven Fehlerminimumverfahren" gehören
- a) Das "Klassische RLS-Verfahren" (Ljung / Söderström, 1983)
- b) "Fast RLS" (Marple, 1987)

13.3 Yule/Walker-Verfahren

Zur Einführung in die Gedankenwelt der AR-Schätzung soll jetzt das einfachste aller in Tab. 13.1 genannten AR-Verfahren genauer beschrieben werden: Eine AR-Blockanalyse mit AKF-Schätzung - *Yule/Walker-Verfahren* genannt. Das Verfahren wird in drei Punkten beschrieben:

1. Herleitung der Yule/Walker-Gleichungen. } *Theorie*
2. AKF-Schätzung $(\underline{x} \rightarrow \underline{\varphi}_{xx})$
3. Levison/Durbin-Algorithmus $(\underline{\varphi}_{xx} \rightarrow \underline{a}_k)$

(Punkte 2 und 3: *Praxis*)

13.3.1 Herleitung der Yule/Walker-Gleichungen

Wir gehen aus von der Differenzengleichung 13.1 und vereinfachen den Ausdruck durch formale Definition eines zusätzlichen, aber bekannten Koeffizienten: $\underline{a}_0 = 1$

$$\sum_{k=0}^{P} \underline{y}[n-k]\, \underline{a}[k] = \underline{x}[n] \tag{13.3}$$

Erweiterung mit $\underline{y}^*[n-r]$ ergibt

$$\sum_{k=0}^{P} \underline{y}^*[n-r]\,\underline{y}[n-k]\,\underline{a}[k] = \underline{y}^*[n-r]\,\underline{x}[n] \tag{13.4}$$

Erwartungswert auf beiden Seiten:

$$\sum_{k=0}^{P} \underline{\varphi}_{yy}[r-k]\,\underline{a}[k] = \underline{\varphi}_{yx}[r] \tag{13.5}$$

Die Kreuzkorrelationsfunktion $\underline{\varphi}_{yx}[r]$ hat nur einen einzigen von 0 verschiedenen Wert: Wie ein längerer Blick auf Gl. 13.1 zeigt, gilt

$$\begin{aligned}\underline{\varphi}_{yx}[r] &= \langle(\underline{x}[n] - \sum_{k=1}^{P} \underline{a}[k]\,\underline{y}[n-k])(\underline{x}[n+r])\rangle \\ &= \langle x[n]\,x[n+r]\rangle - \sum_{k=1}^{P} \underline{a}[k]\langle y[n-k]\,x[n+r]\rangle \\ &= \underline{\varphi}_{xx}[r] - \sum_{k=1}^{P} \underline{a}[k]\,\underline{\varphi}_{yx}[r+k]\end{aligned}$$

Für $r \neq 0$ ist $\varphi_{xx}[r] = 0$, weil voraussetzungsgemäß alle x_i voneinander unabhängig sind. Eben darum ist dann auch $\underline{\varphi}_{yx}[r+k] = 0$: In $\underline{y}[n-k]$ stecken nur alte x-Werte ($\underline{x}[n-k]$ und ältere).

Die Gleichsetzung $\langle x^2\rangle = \sigma_x^2$ ist natürlich nur dann erlaubt, wenn $\mu_x = 0$. Hier und auch bei den noch folgenden Formeln wird stillschweigend vorausgesetzt, daß bei der Datenvorbereitung - unmittelbar nach dem Einlesen - schon der Stichprobenmittelwert subtrahiert wurde. Das ist eine vorbeugende Maßnahme zur Aufrechterhaltung des vollen Dynamikbereiches im Rahmen der begrenzten Rechengenauigkeit.

Es gilt also

$$\underline{\varphi}_{yx}[r] = \sigma_x^2\,\underline{\delta}[r] \tag{13.6}$$

mit

$$\sigma_x^2 = \langle x^2\rangle \quad \text{und} \quad \underline{\delta}[r] = \{1; 0; 0; \ldots; 0\}$$

Somit folgt:

$$\sum_{k=0}^{P} \underline{\varphi}_{yy}[r-k]\,\underline{a}[k] = \sigma_x^2\,\underline{\delta}[r] \tag{13.7}$$

Das sind P + 1 lineare Gleichungen (für r = 0 bis r = P) zur Bestimmung der unbekannten Koeffizienten $\underline{a}[k]$:

$$\left.\begin{array}{l} \underline{\varphi}_{yy}[0] + \underline{\varphi}_{yy}[-1]\,\underline{a}[1] + \underline{\varphi}_{yy}[-2]\,\underline{a}[2] + \ldots + \underline{\varphi}_{yy}[-P]\,\underline{a}[P] = \sigma_x^2 \\ \underline{\varphi}_{yy}[1] + \underline{\varphi}_{yy}[0]\,\underline{a}[1] + \underline{\varphi}_{yy}[-1]\,\underline{a}[2] + \ldots + \underline{\varphi}_{yy}[-P+1]\,\underline{a}[P] = 0 \\ \underline{\varphi}_{yy}[2] + \underline{\varphi}_{yy}[1]\,\underline{a}[1] + \underline{\varphi}_{yy}[0]\,\underline{a}[2] + \ldots + \underline{\varphi}_{yy}[-P+2]\,\underline{a}[P] = 0 \\ \vdots \\ \underline{\varphi}_{yy}[P] + \underline{\varphi}_{yy}[P-1]\,\underline{a}[1] + \underline{\varphi}_{yy}[P-2]\,\underline{a}[2] + \ldots + \underline{\varphi}_{yy}[0]\,\underline{a}[P] = 0 \end{array}\right\} \quad (13.8)$$

Das Ergebnis (13.8) zeigt die berühmten Yule/Walker-Gleichungen[3] (die manchmal auch unter der Bezeichnung Toeplitz-Normalgleichungen auftreten).

13.3.2 AKF-Schätzung

Bei der Herleitung der Yule/Walker-Gleichungen wurde die AKF $\underline{\varphi}_{yy}[i]$ stillschweigend als bekannt vorausgesetzt. In der Wirklichkeit läßt sich $\underline{\varphi}_{yy}$ natürlich nur schätzen. Der erste praktische Schritt des Y/W-Verfahrens ist also die Schätzung der AKF der Zeitreihe des gemessenen Signals. Solch ein Problem trat schon im Zusammenhang mit der "Schnellen Methode" auf (Gl. 12.16). Dort stand allerdings die Schätzung des Leistungsspektrums im Vordergrund. AKF und Korrelogramm wurden nur wegen ihrer Fourier-Verwandtschaft zu dem geschätzten Leistungsspektrum mit der Zusatzbezeichnung "Schätzung" versehen. Zu beachten ist, daß eine Optimierung der Spektrumsschätzung *keineswegs automatisch eine Optimierung der zugehörigen AKF-Schätzung darstellt.*[4]

Als optimale AKF-Schätzungen stehen praktisch nur zwei Ansätze zur Diskussion:

a) Blackman/Tukey-Schätzung[5] *(B/T-estimate; unbiased acf estimate)*

$$\hat{\hat{\varphi}}_{yy}[k] = \frac{1}{N-|k|} \sum_{n=0}^{N-1-|k|} \underline{y}[n]\,\underline{y}[n+|k|] \quad (13.9)$$

3. Nachstehend einige moderne Herleitungen der Yule-Walker-Gleichungen - aufgeführt in der Reihenfolge "ausführlich" bis "sehr knapp, aber elegant":
 a) Marple, 1987, ch. 6.5
 b) Box/Jenkins, 1976, ch. 3.2.2
 c) Frost, 1977, Gl. 3.1 - 3.9
 d) Ulrich/Bishop, 1975, (Gl. 15)
 e) Brockwell/Davis, 1987, § 8.1
 f) Parzen, 1981, Punkt 6

 Die Originalarbeiten:
 a) Yule, 1927
 b) Walker, 1931

4. Jenkins/Watts, 1968, ch. 6.2.1
5. Blackman/Tukey, 1958, p. 91

b) Bartlett-Schätzung *(Bartlett-estimate; biased acf estimate)*

$$\hat{\varphi}_{yy}[k] = \frac{1}{N} \sum_{n=0}^{N-1-|k|} \underline{y}[n]\,\underline{y}[n+|k|] \qquad (13.10)$$

Offenkundig kann man die erwartungstreue B/T-Schätzung durch Anwendung einer einfachen Gewichtsfunktion (*bow tie correction* genannt) aus der Bartlett-Schätzung[6] gewinnen:

$$\hat{\hat{\varphi}}_{yy}[k] = \frac{N}{N-|k|}\,\hat{\varphi}_{yy}[k] \qquad (13.11)$$

Die Statistiker sind sich aber weitgehend einig, daß die (eigentlich unnatürlichere) Bartlett-Schätzung (Gl. 13.10) zuverlässiger und daher vorzuziehen ist.[7]

Gl. 13.10 kann zwar direkt ausgewertet werden - bei großem Stichprobenumfang P ist allerdings die *indirekte Methode*[8] viel schneller:

Originalzeitreihe : $\{\underline{y}\} = (\underline{y}[0];\ \underline{y}[1];\ \ldots \underline{y}[N-1])$

↓

● Nullpolsterung: Auffüllen mit Nullen auf Gesamtlänge $Q = 2^r \geq 2N$; r ganzzahlig.

Gepolsterte Zeitreihe: $\{\underline{u}\} = (\underline{y}[0];\ \underline{y}[1];\ \ldots \underline{y}[N-1];\ 0; 0; 0; \ldots; 0)$ (13.12)

↓

● DFT (FFT)

Diskretes Spektrum: $\underline{U}[m] = \frac{1}{Q} \sum_{k=0}^{Q-1} \underline{u}[k]\, e^{-j2\pi mk/Q}$ $(m = 0 \ldots Q-1)$ (13.13)

↓

● Betragsquadrierung

Energiespektrum: $\{|\underline{U}[m]|^2\} = \underline{V}[m]$ $(m = 0 \ldots Q-1)$ (13.14)

↓

● Rücktransformation (DFT^-)

Gepolsterte AKF: $\underline{v}[k] = \frac{1}{Q} \sum_{n=0}^{Q-1-k} \underline{u}[n]\,\underline{u}[n+k]$ $(k = 0 \ldots Q-1)$ (13.15)

↓

● Blockgrößenkorrektur

6. Siehe Bendat/Piersol, 1980, ch. 3.4.1
7. Siehe z.B. Parzen, 1981, Pkt. 6; Box/Jenkins, 1976, § 2.1.4 oder Brockwell/Davis, 1987, § 7.2
8. Siehe z.B. Bendat/Piersol, 1986, ch. 11.4.2

AKF (Gl. 13.10): $\underline{\hat{\varphi}}_{yy}[k] = \frac{Q}{N}\,\underline{v}[k]$ $(k = 0 \ldots N-1)$ (13.16)

$(\underline{\varphi}_{yy}[-k] = \varphi_{yy}[k]$; negative k-Werte werden aber nicht benötigt)

13.3.3 Levinson/Durbin-Algorithmus

In diesem Schritt des Yule/Walker-Verfahrens geht es um die Auflösung des Gleichungssystems Gl. 13.8. Die konstanten Koeffizienten dieses Systems sind schon berechnet (Gl. 13.16). In der jetzt zu betrachtenden, praktischen Anwendung ist das Signal y reell und damit $\underline{\varphi}_{yy}[-k] = \underline{\varphi}_{yy}[k]$ (s. Gl. 10.54 und 10.55). Die Koeffizientenmatrix $[[\,\underline{\varphi}_{yy}\,]]$ ist also symmetrisch und hat gleiche Koeffizienten längs aller Parallelen zur Hauptdiagonalen (Toeplitz-Matrix).

Der Levinson/Durbin-(LD)-Algorithmus[9] liefert in rekursiver Berechnung mit von P = 1 aus ansteigender Filterordnung jeweils vollständige AR-Parametersätze $\{\sigma_x^2,\ a_1,\ a_2,\ \ldots,\ a_P\}$. Er ist wesentlich effizienter als die klassischen Verfahren nach Gauß oder Cholesky (Rechenzeit proportional P^2 statt P^3). Tab. 13.2 zeigt ein rechnernah formuliertes Flußdiagramm mit frei einsetzbarem Indikator für die richtige Filterordnung. Tab. 13.3 nennt die vier bekanntesten Ordnungsindikatoren. Diese Indikatoren sind im Rahmen der laufenden Rekursion als Funktion der Filterordnung P zu betrachten: Bei reinen (simulierten) AR-Signalen mit bekannter Ordung P_0 zeigen alle vier Indikatoren I[P] bei $P = P_0$ einen scharf ausgeprägten Abfall (Abb. 13.4) auf ein vorläufiges, ab-

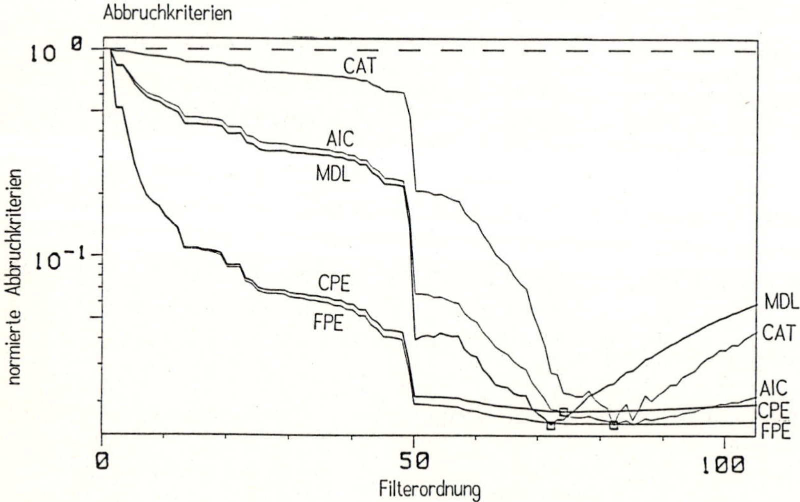

Abb. 13.4: Der Verlauf der vier Ordnungsindikatoren aus Tab. 13.3 bei einem simulierten, reinen AR-Prozeß der Ordnung $P_0 = 50$.

9. Siehe z.B. Thomson, 1977, p. 1798, oder Kay/Marple, 1981, p. 1389

solutes Minimum. Der "MDL"-Indikator hat anschließend wieder durchwegs steigende Tendenz, so daß sein Minimum auch bei "unreinen" AR-Prozessen ungefähr richtig liegt.

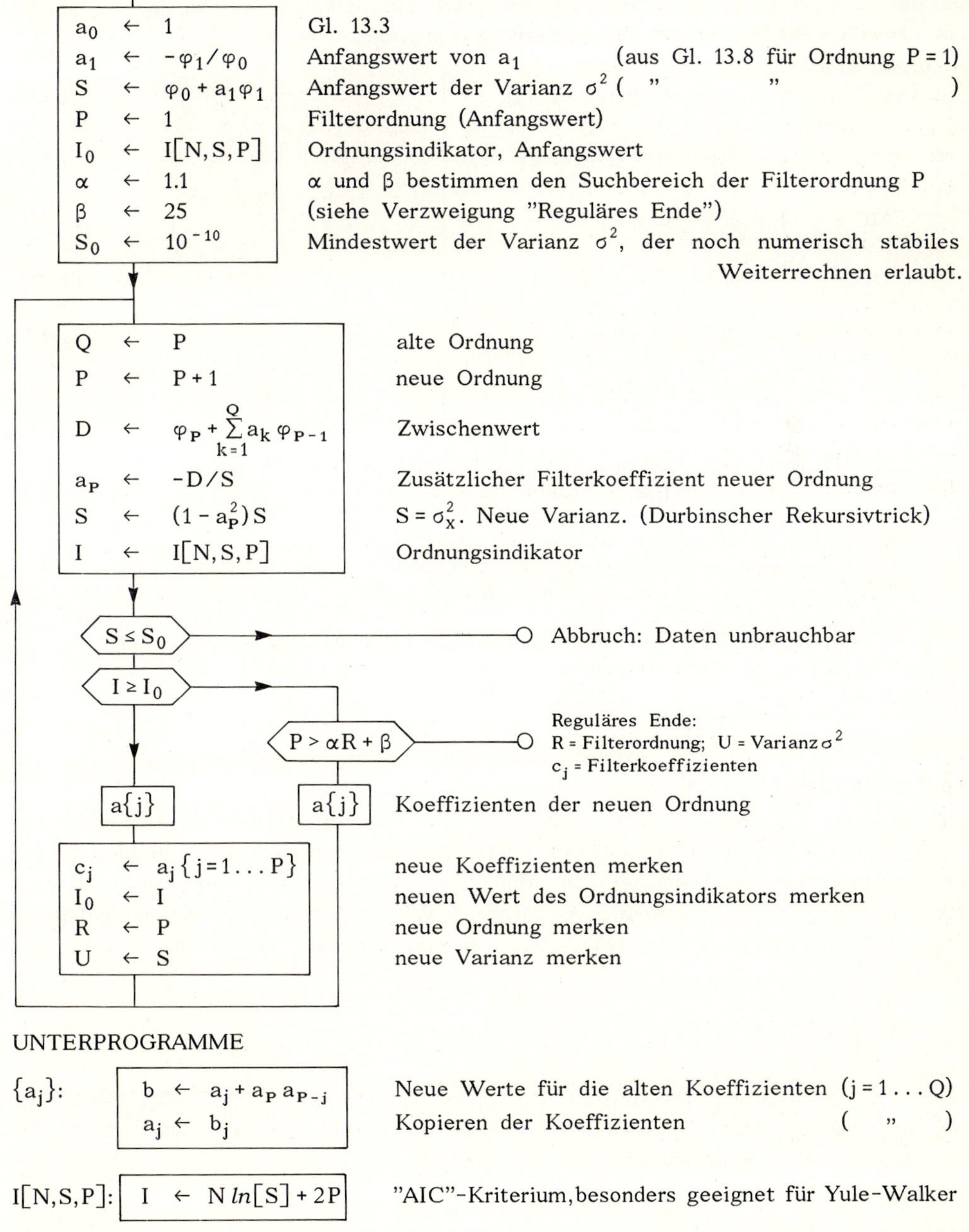

Tab. 13.2: Der Levinson/Durbin-Algorithmus für reelle Signale. Eingangsparameter: Die N AKF-Werte φ aus Gl. 13.16.

Trotzdem bleibt die Bestimmung der "richtigen" Filterordnung eine Ermessensfrage: Stark gedämpfte Pole können sich nur als flache "Beulen" im Leistungsspektrum bemerkbar machen. Sie können also ohne fühlbaren Genauigkeitsverlust durch die Ausläufer der spektralen Hauptmaxima mitmodelliert werden. Damit kann eine starke Unterschätzung der Filterordnung durchaus vernünftig sein. Eigene Simulationen haben gezeigt, daß insbesondere der "MDL"-Indikator eine ähnlich "vernünftige" Tendenz hat; diese zu akzeptieren ist eben eine Ermessensfrage.

"FPE" : $$I = S(N+P+1)/(N-P-1) \tag{13.17}$$

"CPE": $$I = S(N+2P+2)/(N-2P-2) \tag{13.18}$$

"AIC": $$I = 2P + N\,ln[S] \tag{13.19}$$

"MDL": $$I = N\,ln[S] + P\,ln[N] \tag{13.20}$$

"CAT": $$I = -R_p + \frac{1}{N}\sum_{j=1}^{P} R_j \tag{13.21}$$

$$\text{mit } R_k = (N-k)/(NS)$$

Tab. 13.3: Die fünf bekanntesten Ordnungsindikatoren[10] für AR-Filterschätzungen:
"FPE" = *final prediction error (Akaike, 1969)*
"CPE" = *Chen predicton error (Chen, 1982)*
"AIC" = *Akaike information criterion (Akaike, 1974)*
"MDL" = *minimum description length (Rissanen, 1983)*
"CAT" = *criterion autoregressive transfer (Parzen, 1974)*
S = σ_x^2 für Filter P-ter Ordnung
N = Stichprobenumfang (wie in Tab. 13.2 und Gl. 13.10)
Die richtige Ordnung P wird dort vermutet, wo der Indikator I als Funktion von P ein absolutes Minimum hat.

13.4 Modellfilter-Praxis

Der Kernpunkt aller hochauflösenden, stochastischen Spektralverfahren ist die *Ermittlung* eines optimalen, digitalen Modellfilters (siehe Tab. 13.1 und Abb. 13.2). Jetzt geht es um die praktische *Anwendung*: Das Modellfilter wird mit der zugehörigen weißen Rauschquelle in Betrieb genommen (sozusagen). Wir berechnen das Leistungsspektrum ${}_L\Phi_{yy}[f]$ ("AR-PSD", *autoregressive power spectral density*) nach dem Prinzip von Gl. 13.2:

$${}_L\Phi_{yy}[f] = {}_L\Phi_{xx,0}\,\big|H[f]\big|^2 \tag{13.22}$$

Dazu wird zunächst der theoretische Zusammenhang zwischen σ_x^2 und ${}_L\Phi_{yy,0}$ bzw. a_i und $H[f]$ gezeigt. Auf dieser Grundlage beruht der anschließend entwickelte schnelle Algorithmus zur AR-Spektrumsberechnung, "FARM".

10. Siehe Marple, 1987, ch. 8.7, oder Kay/Marple, 1981, p. 1395

Theoretische Zusammenhänge

Die folgende Herleitung folgt ohne viele Worte genau dem klassischen Digitalfilterschema[11]:

Differenzengleichung (siehe Gl. 13.1):

$$\underline{y}[n] = \underline{x}[n] - \sum_{k=1}^{P} \underline{a}[k]\,\underline{y}[n-k] \tag{13.23}$$

z-Transformation:

$$\tilde{Y}[z] = \tilde{X}[z] - \tilde{Y}[z] \sum_{k=1}^{P} \underline{a}[k]\, z^{-k} \tag{13.24}$$

z-Übertragungsfunktion $\tilde{H} = \tilde{Y}/\tilde{X}$:

$$\tilde{H}[z] = \frac{1}{1 + \sum_{k=1}^{P} \underline{a}[k]\, z^{-k}} \tag{13.25}$$

z/f-Substitution (Gl. 4.23, 4.24):

$$z = e^{j2\pi fT} \quad (T = \text{Abtastintervall}) \tag{13.26}$$

Die diskrete Übertragungsfunktion:

$$\underline{H}[f] = \frac{1}{1 + \sum_{k=1}^{P} \underline{a}[k]\, e^{-j2\pi fT}} \tag{13.27}$$

ist identisch mit der für Gl. 13.22 gesuchten, kontinuierlichen Übertragungsfunktion H[f].

Es bleibt also die Frage nach dem "weißen" Rauschen: Gemeint ist ein kontinuierliches Rauschsignal x[t], dessen Leistungsspektrum idealen Tiefpaßcharakter hat - also konstante Dichte bis zu einer Grenzfrequenz $\hat{F}$. Dieses Signal wird mit der geringsten erlaubten Abtastfrequenz $f_s = 2\hat{F}$ abgetastet. Somit gilt:

$$\sigma_x^2 = 2\hat{F}\,{}_{\perp}\Phi_{xx,0} = {}_{\perp}\Phi_{xx,o}/T = {}_{L}\Phi_{xx,0}/(2T) \tag{13.28}$$

Bei der Abtastung und Umwandlung in eine dimensionslose Zeitreihe tritt der Faktor α (Gl. 12.1, 12.12) auf:

$$\sigma_x^2 = \sigma_{\underline{x}}^2/\alpha^2 \tag{13.29}$$

also

$${}_{L}\Phi_{xx,0} = 2T\sigma_{\underline{x}}^2/\alpha^2 \tag{13.30}$$

11. Siehe z.B. Lücker, 1985, § 4.1 und 4.2 Stearns, 1987, Kap. 9.3 Lim, 1985

Der schnelle Algorithmus zur AR-Spektrumberechnung

Wie schon in Abb. 13.2 (mitte, links) angedeutet, können AR-Spektren sehr scharfe Spitzen haben, in denen dann der Großteil der Signalleistung steckt. Der Vorteil der ungerasterten Frequenzskala mit der Möglichkeit der hochgenauen Ablesung solcher spektraler Spitzen ist zugleich ein Zwang: Wir müssen notgedrungen Gl. 13.27 für *sehr viele, dicht beieinanderliegende Frequenzen* auswerten. Das Frequenzintervall Δf dieses *Suchrasters* muß kleiner gewählt werden, als die kleinste, vermutete Breite der spektralen Spitzen.

Beispiel:
Bei der Analyse von schwach gedämpften, oberwellenhaltigen Klaviersaitenschwingungen ergab sich bei einer Bandbreite $\hat{F} = 10$ kHz ein notwendiger Wert $\Delta f = 0.5$ Hz: Gl. 13.27 mußte also für 20 000 verschiedene Frequenzen neu berechnet werden.

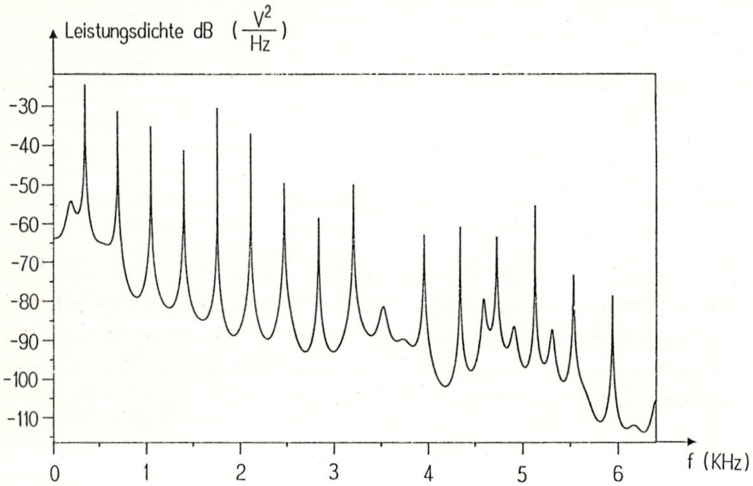

Abb. 13.5: Beispiel eines AR-Spektrums: Klavierton. Taste Nr. 45; Grundton: 349 Hz.

Der nachstehend stichwortartig beschriebene schnelle Algorithmus, der "FARM" (*fast AR-PSD method*) getauft wurde, nutzt die DFT-ähnliche Struktur des Nenners von Gl. 13.27 aus, um von der Schnelligkeit des FFT- oder FHT-Algorithmus zu profitieren. FFT bzw FHT wurde ja schon bei der Berechnung der AKF eingesetzt. Die drei (eventuell 4) Schritte lauten:

1. Schritt: Pseudozeitreihe $\underline{g}[n]$

$$\underline{g}[n] = \{\beta, \beta\underline{a}[1], \beta\underline{a}[2], \beta\underline{a}[3], \ldots, \beta\underline{a}[P], 0, 0, \ldots 0\} \qquad (13.31)$$

N =

mit n = 0 ... M-1

N = $2\hat{F}/\Delta f = 1/(T\Delta f)$ = DFT-Blockgröße; Δf muß so gewählt werden, daß M eine Potenz von 2 wird.

β = $M\alpha/\sqrt{2T\sigma_{\underline{x}}^2}$; Korrekturfaktor aus Gl. 13.30 zusammen mit DFT-Blockgröße; die Vorab-Multiplikation der Pseudofunktion ist besonders schnell, weil $P \ll M$.

2. Schritt: M-Punkt–DFT (ausgeführt als FFT oder FHT) ergibt Pseudospektrum $\underline{G}$:

$$\underline{G}[m] = \mathrm{DFT}\{\underline{g}[n]\} \qquad (m = 0 \ldots M-1) \qquad (13.32)$$

3. Schritt: Leistungsspektrum

$$_L\Phi_{yy}[m\Delta f] = 1/\left|\underline{G}[m]\right|^2 \qquad (13.33)$$

für alle m = 0 ... M/2, entsprechend einem Frequenzbereich von f = 0 ... $\hat{F}$.

4. Schritt: Interpolation

Bei scharf ausgeprägter Linienstruktur des Spektrums empfiehlt sich die Berechnung zusätzlicher Punkte in der unmittelbaren Umgebung aller aufgefundener Spitzen. Durch Spline-Interpolation[12] und algebraische Maximumbestimmung kann sich nochmals eine wesentliche Genauigkeitssteigerung der Frequenz- und Pegelablesung ergeben.

Literaturempfehlungen Kap. 13

1. Marple, 1987
2. Kay, 1988
3. Brockwell/Davis, 1987

12. Siehe z.B. Bronstein/Semendjajew, 1987, § 7.1.2.6.2

14 Sondergebiete der Signalstochastik

14.1 Statistische Systemanalyse

14.1.1 Herleitung und Interpretation des H_1/H_2-Verfahrens

Messen in Gegenwart additiver Rauschstörungen kann nur *schätzen* bedeuten. Eine optimale Schätzung wird zumeist durch geeignete Mittelung erzielt - also durch die Auswertung oft wiederholter Beobachtungen in der vernünftigen Hoffnung, daß das *systematische* Verhalten des Signals gegenüber dem *zufälligen* Verhalten der Störung immer besser hervortritt.

Wenn nicht nur ein konstanter Wert, sondern ein ganzer Signalverlauf geschätzt werden soll, ist erfahrungsgemäß die stochastische Korrelation das optimale Mittelungsverfahren. Man könnte (mit Blick auf Gl. 10.48 oder 10.44) sagen: Die stochastische Korrelation mittelt unter Berücksichtigung der Signalform.

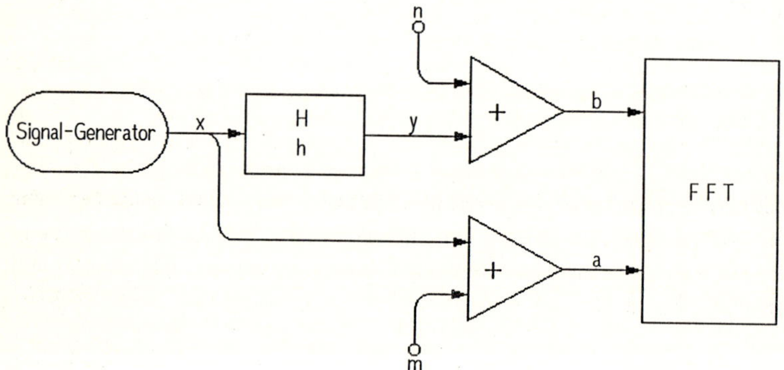

Abb. 14.1: Modellierte Meßsituation bei der statistischen Erfassung der Übertragungsfunktion: Das unbekannte LTI-System H wird aus einer Signalquelle gespeist, die nur über eine additive Störung m im Kanal a des FFT-Zweikanalanalysators meßbar ist. Gleichermaßen wird das Ausgangssignal y von einer anderen, additiven Störung n überlagert.

In der Situation aus Abb. 14.1 sind nur die Signale $a[t]$ und $b[t]$ greifbar. Die vier möglichen Korrelationen sind $\varphi_{aa}[t]$, $\varphi_{ab}[t]$, $\varphi_{ba}[t]$ und $\varphi_{bb}[t]$.
Es gilt nach Abb. 14.1

$$a[t] = x[t] + m[t] \quad ; \qquad b[t] = y[t] + n[t] \tag{14.1}$$

Damit ist

$$\varphi_{aa}[t] = \overline{(x^*[t'] + m^*[t'])(x[t'+t] + m[t'+t])}^{(t')}$$

$$= \varphi_{xx}[t] + \varphi_{xm}[t] + \varphi_{mx}[t] + \varphi_{mm}[t] \tag{14.2}$$

Entsprechend ergibt sich

$$\varphi_{bb}[t] = \varphi_{yy}[t] + \varphi_{yn}[t] + \varphi_{ny}[t] + \varphi_{nn}[t] \tag{14.3}$$

und

$$\varphi_{ba}[t] = \varphi_{yx}[t] + \varphi_{ym}[t] + \varphi_{nx}[t] + \varphi_{nm}[t] \tag{14.4}$$

Aus der Symmetriebeziehung Gl. 10.60 folgt

$$\varphi_{ab}[t] = \varphi^{*}_{ba}[-t] \tag{14.5}$$

Falls keinerlei Korrelation zwischen den Rausch- und Nutzsignalen besteht, fallen alle entsprechenden Kreuzterme in den Gln. 14.2 bis 14.5 weg. Unter Beachtung der Gln. 10.65 und 10.66 ergibt sich dann

$$\varphi_{aa}[t] = \varphi_{xx}[t] + \varphi_{mm}[t] \tag{14.6}$$

$$\varphi_{bb}[t] = \varphi_{xx}[t] * c_{hh}[t] + \varphi_{nn}[t] \tag{14.7}$$

$$\varphi_{ba}[t] = \varphi_{xx}[t] * h^{*}[-t] \tag{14.8}$$

$$\varphi_{ab}[t] = \varphi_{xx}[t] * h[t] \tag{14.9}$$

Durch Fourier-Transformation (Wiener-Khintchine-Theorem, Gl. 10.51) erhalten wir aus den Gln. 14.6 bis 14.9

$${}_{\perp}\Phi_{aa}[f] = {}_{\perp}\Phi_{xx}[f] + {}_{\perp}\Phi_{mm}[f] \tag{14.10}$$

$${}_{\perp}\Phi_{bb}[f] = {}_{\perp}\Phi_{xx}[f]\,\left|H[f]\right|^{2} + {}_{\perp}\Phi_{nn}[f] \tag{14.11}$$

$${}_{\perp}\Phi_{ba}[f] = {}_{\perp}\Phi_{xx}[f]\,H^{*}[f] \tag{14.12}$$

$${}_{\perp}\Phi_{ab}[f] = {}_{\perp}\Phi_{xx}[f]\,H[f] \tag{14.13}$$

Jetzt werden zwei Schätzfunktionen für H definiert - die mehr eingangsorientierte, H_1, und die mehr ausgangsorientierte, H_2:

$$\text{Definition:}\quad H_1[f] = \frac{{}_{\perp}\Phi_{ab}[f]}{{}_{\perp}\Phi_{aa}[f]}\quad ;\qquad H_2[f] = \frac{{}_{\perp}\Phi_{bb}[f]}{{}_{\perp}\Phi_{ba}[f]} \tag{14.14}$$

Durch Einsetzen der Gln 14.10 bis 14.13 findet sich

$$H_1[f] = \frac{{}_{\perp}\Phi_{xx}[f]\,H[f]}{{}_{\perp}\Phi_{xx}[f] + {}_{\perp}\Phi_{mm}[f]} = \frac{H[f]}{(1 + {}_{\perp}\Phi_{mm}[f] / {}_{\perp}\Phi_{xx}[f])} \tag{14.15}$$

und

$$H_2[f] = \frac{{}_{\perp}\Phi_{xx}[f]\,|H[f]|^2 + {}_{\perp}\Phi_{nn}[f]}{{}_{\perp}\Phi_{xx}[f]\,H^*[f]} = H[f]\,(1 + {}_{\perp}\Phi_{nn}[f] / {}_{\perp}\Phi_{yy}[f]) \qquad (14.16)$$

Interpretation von H_1 und H_2

1) Die in der Definition (Gl. 14.14) genannten Funktionen enthalten nur die an den Eingangsklemmen des Analysators tatsächlich vorhandenen Signale a und b. Die 4 Leistungs- bzw. Kreuzspektren sind im Analysator zu ermitteln.

2) Die modellhaft gedachten Addierer in Abb. 14.1 und die Berechnungen der Gln. 14.1 bis 14.3 dienen nur der Vorbereitung der theoretischen Interpretationsformeln Gl. 14.15 und 14.16. Diese Interpretationsformeln stellen keine praktischen Berechnungsanweisungen dar, sondern verdeutlichen die Rolle der gemessenen Schätzfunktion H_1 und H_2.

3) Zu H_1 (Gl. 14.15): Da die Autospektren Φ_{mm} und Φ_{xx} reelle, positive Funktionen sind, gilt[1]

a) $|H_1| \le |H|$; $\qquad \angle H_1 = \angle H \qquad (14.17)$

b) Mit wachsendem Signal/Rauschverhältnis im Eingang strebt H_1 gegen H.

c) Das Rauschen im Ausgang (n) hat keinerlei Einfluß.

4) Zu H_2 (Gl. 14.16): Auch die Autospektren Φ_{nn} und Φ_{yy} sind reell und positiv, und es gilt

a) $|H_2| \ge |H|$; $\qquad \angle H_2 = \angle H \qquad (14.18)$

b) Mit wachsendem Signal/Rauschverhältnis im Ausgang strebt H_2 gegen H.

c) Das Rauschen im Eingang (m) hat keinerlei Einfluß.

5) Aus den Punkten 3) und 4) folgt:

a) Die Schätzfunktionen H_2 und H_1 liefern statistisch gesicherte Ober- und Untergrenzen für $|H|$ und eine fehlerfreie Phasenbestimmung.

b) H_1 ist also zu bevorzugen im Sperrbereich und H_2 im Durchlaßbereich von H.

1) Symbolik $\angle H$: siehe Gl. 4.9

14.1.2 Definition und Anwendung der Kohärenzfunktion

Kohärenzfunktion (engl. *coherence function*)

a) Definition:

$$\gamma^2_{ab}[f] = H_1[f]/H_2[f] \tag{14.19}$$

b) Interpretation: Einsetzen von Gl. 14.14 in 14.19 zeigt

$$\gamma^2_{ab}[f] = \frac{|\Phi_{ab}[f]|^2}{\Phi_{aa}[f]\Phi_{bb}[f]} = \frac{1}{(1+\Phi_{mm}/\Phi_{xx})(1+\Phi_{nn}/\Phi_{yy})} \tag{14.20}$$

Die Kohärenzfunktion ist reell und positiv und kann im Wertebereich 0 bis 1 schwanken. Je geringer die Rauschstörungen n und m sind, desto mehr strebt γ^2 gegen 1. Praktische Anwendung: Gleichzeitige Anzeige zusammen mit H als "Alarmhinweis".

Kohärente Leistungsdichte (engl. *coherent power*)

a) Definition:

$$COP[f] = \gamma^2_{ab}[f]\,\Phi_{bb}[f] \tag{14.21}$$

b) Interpretation: Wir setzen wie zuvor ein und erhalten

$$COP[f] = \Phi_{yy}[f]/(1+\Phi_{mm}/\Phi_{xx}) \tag{14.21a}$$

Falls $\Phi_{mm} \ll \Phi_{xx}$ ist COP $\approx \Phi_{yy}$. Wenn diese Bedingung eingehalten wird und stattdessen der LTI-Charakter des Systems H infrage gestellt wird, dann gibt COP den korrelierten - also LTI-konformen Anteil des Ausgangsleistungsspektrums an.

Inkohärente Leistungsdichte (engl. *noncoherent power*)

a) Definition:

$$NCP[f] = (1-\gamma^2_{ab}[f])\,\phi_{bb}[f] \tag{14.22}$$

b) Interpretation: Offenkundig ist

$$COP[f] + NCP[f] = \phi_{bb}[f] \tag{14.23}$$

NCP ist - falls $\Phi_{mm} \ll \Phi_{xx}$ und $\Phi_{nn} \ll \Phi_{yy}$ - der durch Abweichungen vom LTI-Ideal entstandene Anteil des Ausgangsspektrums Φ_{bb}.

14.2 Homomorphe Analyse und Cepstrumanalyse

14.2.1 Einführung

In der Meßtechnik trifft man häufig auf Signalgemische deren Komponenten sich weitgehend spektral überlappen. (z.B. die Beiträge von Trompete und von Geige in einem Konzert). Sie sind durch Filterung grundsätzlich nicht mehr voneinander zu trennen. Ähnlich ist es bei linearen Verzerrungen (z.B. der Raumeinfluß auf den Klang von Musikinstrumenten). Daher ist auch das Verbot der spektralen Überlappung die Quintessenz aller Abtasttheoreme. Es gibt jedoch Sonderfälle, in denen das scheinbar Unmögliche doch noch möglich wird: Das Konzept dazu heißt *Homomorphe Analyse.*

Als Vorbereitung und Einführung wird zunächst mit dem Begriff *disjunkt* der Zusammenhang von Überlappung und Separierbarkeit verallgemeinert:

a) Zwei Signale a, b werden *disjunkt* genannt, wenn sie sich in wenigstens einem Bildbereich (Zeit/Frequenz; Entfernung/Lateralfrequenz) *nicht* überlappen (Beispiele für disjunkte Signalgemische: Zeitmultiplex; Frequenzmultiplex).

b) Wenn disjunkte Signale *linear kombiniert* werden zu einem disjunkten Signalgemisch (z.B. y = a+b), so können sie durch Fourier-Transformation vom überlappenden in den nichtüberlappenden Bildbereich gebracht und damit separiert werden.

c) Diese Separierbarkeit disjunkter Linearkombinationen ist immer gewährleistet, weil die Fourier-Transformation eine *lineare Transformation* ist:

$$\boldsymbol{F}\{a+b\} = \boldsymbol{F}\{a\} + \boldsymbol{F}\{b\} \tag{14.24}$$

Signalgemische, die durch nichtlineare Verknüpfung disjunkter Signale entstanden sind (z.B. y = a/b), können separiert werden, wenn man zunächst eine passende, linearisierende, inverse Transformation anwendet und anschließend das oben beschriebene Fourier-Verfahren. Diese kombinierte Methode[2] heißt *homomorphe Analyse* (engl. *homomorphic analysis*) (siehe Abb. 14.2).

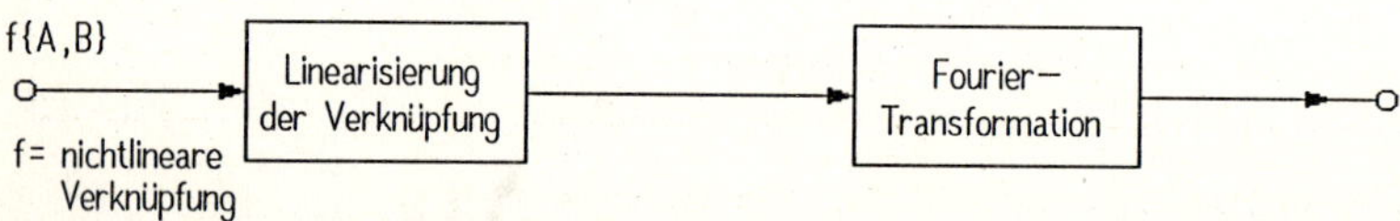

Abb. 14.2: Homomorphe Analyse. Linearisierung einer nicht-linearen Verknüpfung disjunkter Signale mit anschließender Fourier-Transformation in den nicht-überlappenden Bildbereich.

Die *praktische Bedeutung der homomorphen Analyse* liegt in der Möglichkeit, Meßsignale zu zerlegen, bei denen man eine nichtlineare Verknüpfung disjunkter Signalkomponenten vermutet. Die einfachste - und doch schon oft schwierige - Situation

2) nach Oppenheim/Schafer, 1975

dieser Art liegt vor bei der Vermutung, das gegebene Signal y sei durch unbekannte Filterung (h) eines unbekannten Ursprungsignals x entstanden ($y = x * h$), verbunden mit der Forderung x *und* h zu ermitteln. Tab. 14.1 zeigt weitere Beispiele denkbarer, linearisierbarer Verknüpfungen zweier Signale. (Wie in Abb. 14.2 angedeutet, entstehen bei der Linearisierung der Verknüpfung $f\{a,b\}$ als leicht störende Nebenwirkung oft nichtlineare Transformierte A′,B′)

angenommene Verknüpfung	linearisierende Transformation	resultierende, lineare Verknüpfung
a^b	*ln ln*	$ln[ln[a]] + ln[b]$
$a^n b^m$	*ln*	$n\,ln[a] + m\,ln[b]$
$\sqrt{a^2 b^2}$	*Quadrierung*	$a^2 + b^2$
$a * b$	***F**-Trans. & ln*	$AB \rightarrow ln[A] + ln[B]$

Tab. 14.1: Linearisierende Transformationen als erster Schritt der homomorphen Analyse.

Die Homomorphe Analyse ist eine Verallgemeinerung[3] der Cepstrum-Analyse. In der Sprache der Homomorphen Analyse (Tab. 14.1) kann man sagen: Die Cepstrum-Analyse behandelt den Spezialfall der multiplikativen Verknüpfung disjunkter Signale, wobei die linearisierende Transformation der Logarithmus ist:

$f\{A,B\} = AB$	(angenommene Verknüpfung)
$ln[AB] = ln[A] + ln[B] = A' + B'$	(linearisierende Transformation)
$\boldsymbol{F}\{A' + B'\} = a' + b'$	(Fourier-Transformation in den nicht-überlappenden Bildbereich)

Tab. 14.2: Die Cepstrum-Analyse als Sonderfall einer Homomorphen Analyse.

Die Bezeichnung *Cepstrum* entstand durch Rückwärtsbuchstabieren der ersten Silbe von *Spektrum*. Dem gleichen sprachschöpferischen Fundus entstammen die manchmal noch benutzten Begriffe "quefrency" (Zeitvariable in a, b) oder "lifter" (Rechteckfilter im Zeitbereich, angewandt auf a′, b′). Hier wurden die Buchstaben von "frequency" und "filter" verwürfelt.

3) Das "Cepstrum" wurde erstmals von Bogert/Healy/Tukey, 1963, beschrieben.

Der Begriff *Cepstrum* hat sich aber durchgesetzt und wird heute übereinstimmend *definiert* als *die Zeitfunktion, die durch Fouriersynthese aus einem logarithmierten Spektrum entsteht*. Bezogen auf Tab. 14.2 ist damit z.B. a'[t] das Cepstrum von a[t]. Da es eine Vielfalt mathematisch unterschiedlicher Spektrum-Definitionen gibt, treffen wir im Rahmen der vorstehenden Definition auch auf eine Vielfalt von Cepstren - eine Vielfalt, die durch Anwendung unterschiedlicher Logarithmen noch vermehrt wird. Durch die nachstehende Zusammenfassung und einheitliche Darstellung könnte die überflüssige Vielfalt der Definitionen wesentlich eingeschränkt werden ohne dabei die Wirksamkeit und Anwendungsbreite der Cepstrumanalyse zu beeinträchtigen. Tab. 14.3 zeigt schon die beiden wesentlichen Grundformen von Cepstren.

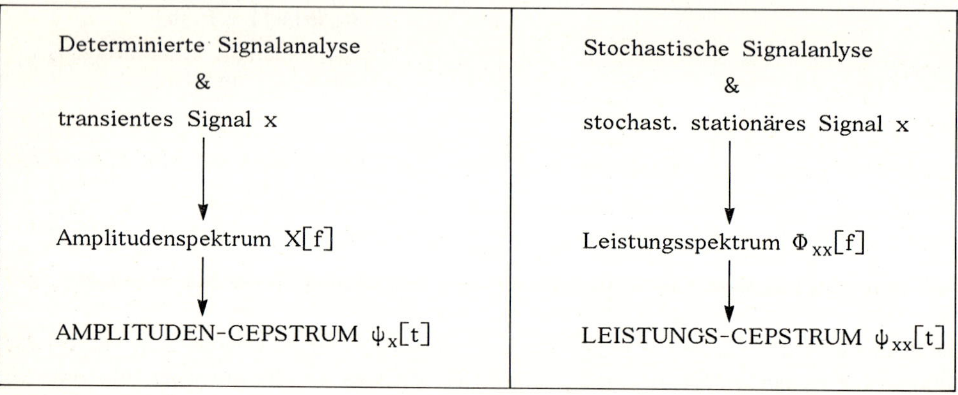

Tab. 14.3: Die beiden Grundtypen von Cepstren entsprechen den grundsätzlich unterschiedlichen Methoden der determinierten und stochastischen Signalanalyse.

14.2.2 Komplexes Cepstrum und Leistungs-Cepstrum

Die folgende Tabelle und Abbildung (Tab. 14.4 und Abb. 14.3) zeigen in Stichworten die wesentlichen Verarbeitungsschritte bei der komplexen Cepstrumanalyse eines transienten Signals. Anschauliche Modellannahme: y sei eine elektrische Spannung; t sei die Zeit.

<table>
<tr><th>Tatsächliche Situation</th><th>Modellvorstellung</th><th></th></tr>
<tr><td>$y[t] = \circ\!-\!\!\!-\!\circ\; Y[f]$
(Fourier-Analyse)</td><td>$y = x * h \quad \circ\!-\!\!\!-\!\circ\; Y[f] = X[f]\,H[f]$</td><td>(14.25)</td></tr>
<tr><td>$\dfrac{Y[f]}{V/Hz} = \left(\dfrac{|Y[f]|}{V/Hz}\right) e^{j\phi_y[f]}$</td><td>$\dfrac{Y[f]}{V/Hz} = \left(\dfrac{|X[f]|}{V/Hz}\right) e^{j\phi_x[f]}\left(\left|H[f]\right|\right)e^{j\phi_h[f]}$</td><td>(14.26)</td></tr>
<tr><td colspan="3">(Umwandlung des Spektrums in Betrag/Phasen-Form und Normalisierung)</td></tr>
<tr><td>${}_{\perp}\Psi_y[f] = ln\left\{\dfrac{Y[f]}{V/Hz}\right\}$</td><td>${}_{\perp}\Psi_y[f] = ln\left\{\dfrac{X[f]\,H[f]}{V/Hz}\right\}$</td><td>(14.27)</td></tr>
<tr><td>$= ln\left\{\dfrac{|Y[f]|}{V/Hz}\right\} + j\phi_y[f]$</td><td>$= ln\left\{\dfrac{|X[f]|}{V/Hz}\right\} + j\phi_x[f] + ln\{\,|H[f]|\,\} + j\phi_h[f]$</td><td>(14.28)</td></tr>
<tr><td>$= {}_{\perp}\Psi_{y,re}[f] + j\,{}_{\perp}\Psi_{y,im}[f]$</td><td>$= {}_{\perp}\Psi_{x,re}[f] + j\,{}_{\perp}\Psi_{x,im}[f] + {}_{\perp}\Psi_{h,re}[f] + j\,{}_{\perp}\Psi_{h,im}[f]$</td><td>(14.29)</td></tr>
<tr><td colspan="3">Die Logarithmierung des normalisierten Amplitudenspektrums ergibt etwas, das wir Log-Amplitudenspektrum nennen wollen. Da y reell angenommen wird, ist $|Y|$ gerade und ${}_{\perp}\Psi_{y,re}[f]$ ebenfalls. $\phi[f]$ ist ungerade und identisch mit ${}_{\perp}\Psi_{y,im}[f]$.</td></tr>
<tr><td>${}_{\perp}\psi_y[t] \;\circ\!-\!\!\!-\!\circ\; {}_{\perp}\Psi_y[f]$</td><td>${}_{\perp}\psi_y[t] \;\circ\!-\!\!\!-\!\circ\; {}_{\perp}\Psi_h[f] + {}_{\perp}\Psi_h[f]$</td><td>(14.30)</td></tr>
<tr><td colspan="3">Das Amplitudencepstrum (engl. amplitude cepstrum; complex cepstrum) entsteht durch Fourier-Synthese aus dem Log-Amplitudenspektrum Ψ. Gerade und ungerade Komponenten von ψ haben besondere, unabhängige Bedeutung:</td></tr>
<tr><td>${}_{\perp}\psi_{y,ger}[t] \;\circ\!-\!\!\!-\!\circ\; {}_{\perp}\Psi_{y,re}[f]$</td><td>${}_{\perp}\psi_{y,ger}[t] \;\circ\!-\!\!\!-\!\circ\; {}_{\perp}\Psi_{x,re}[f] + {}_{\perp}\Psi_{h,re}[f]$</td><td>(14.31)</td></tr>
<tr><td>${}_{\perp}\psi_{y,ung}[t] \;\circ\!-\!\!\!-\!\circ\; \phi[f]$</td><td>${}_{\perp}\psi_{y,ung}[t] \;\circ\!-\!\!\!-\!\circ\; \phi_x[f] + \phi_h[f]$</td><td>(14.32)</td></tr>
</table>

Tab. 14.4: Komplexes Cepstrum: Definitionen, Transformationen und mathematische Eigenschaften.

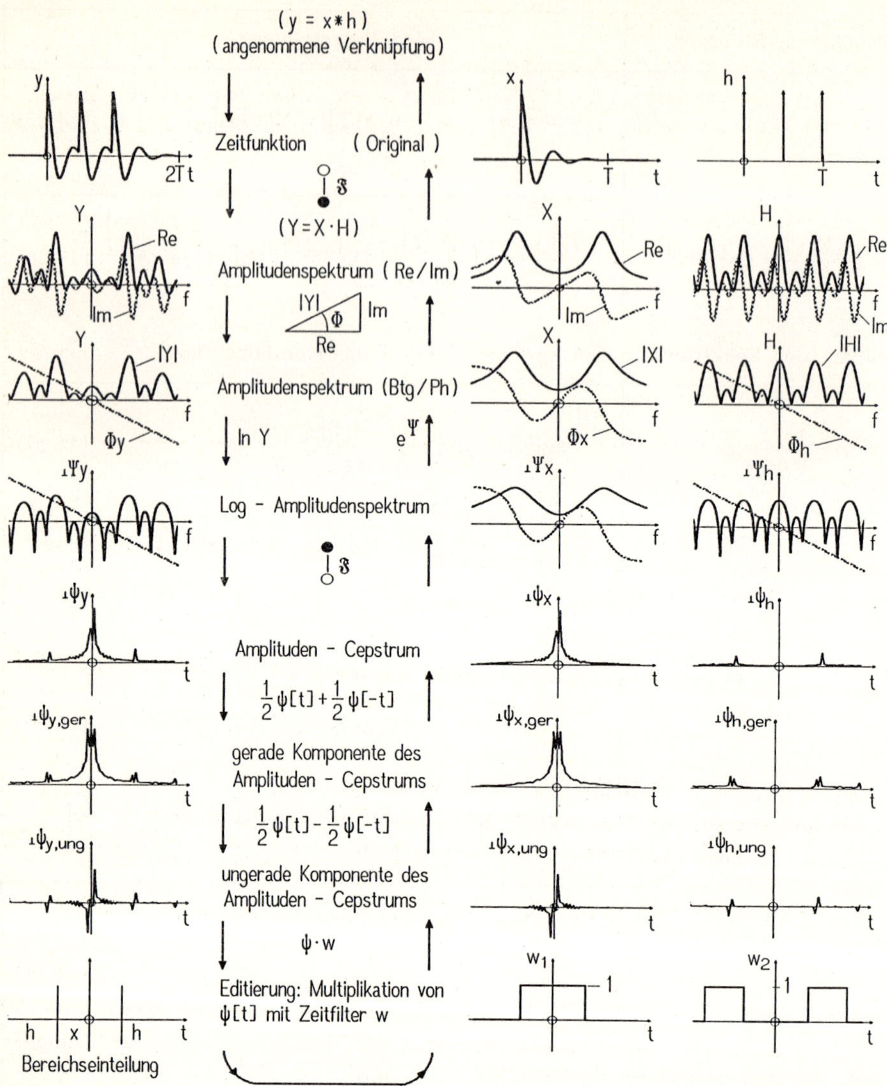

Abb. 14.3: Determinierte Cepstrumanalyse (nach Tab. 14.4) mit Editierung und Rekonstruktion der einzelnen Zeitfunktionen (Entwurf für Computersimulation).

Leistungs-Cepstrum

Die folgende Tabelle (Tab. 14.5) zeigt die wesentlichen Schritte bei der Ermittlung des Leistungs-Cepstrums eines stationären, stochastischen Signales.

Anmerkung zur Cepstrumanalyse

Tabelle 14.6 zeigt die deutliche Symmetrie der Beziehungen zwischen Cepstrum und AKF. Bei dieser eher formalen Fragestellung ist ausnahmsweise die genaue Spezifizierung der AKF (stochastisch/determiniert) und des Cepstrums (Amplitude/Leistung) unerheblich.

Tatsächliche Situation	Modellvorstellung	
$\varphi_{yy}[t] \circ\!\!-\!\!\circ\; {}_\perp\Phi_{yy}[f]$	$\varphi_{yy} = \varphi_{xx} * c_{hh} \circ\!\!-\!\!\circ\; {}_\perp\Phi_{xx}[f]\,\lvert H[f]\rvert^2$	(14.33)
Schritt 1: Fourier-Analyse		
$\dfrac{{}_\perp\Phi_{yy}[f]}{V^2/Hz}$	$\dfrac{{}_\perp\Phi_{xx}[f]}{V^2/Hz}\,\lvert H[f]\rvert^2$	(14.34)
Schritt 2: Normalisierung		
${}_\perp\Psi_{yy}[f] = ln\left\{\dfrac{{}_\perp\Phi_{yy}[f]}{V^2/Hz}\right\}$	${}_\perp\Psi_{yy}[f] = ln\left\{\dfrac{{}_\perp\Phi_{xx}[f]}{V^2/Hz}\right\} + 2\,ln\{\lvert H[f]\rvert\}$	(14.35)
	${}_\perp\Psi_{yy}[f] = {}_\perp\Psi_{xx}[f] + 2\,{}_\perp\Psi_{h,re}[f]$	(14.36)
Schritt 3: Logarithmierung führt zum *Log-Leistungsspektrum* (engl. *log-power spectrum*)		
${}_\perp\psi_{yy}[t] \circ\!\!-\!\!\circ\; {}_\perp\Psi_{yy}[f]$	${}_\perp\psi_{yy}[t] \circ\!\!-\!\!\circ\; {}_\perp\Psi_{xx}[f] + 2\,{}_\perp\Psi_{h,re}[f]$	(14.37)
	${}_\perp\psi_{yy}[t] = {}_\perp\psi_{xx}[t] + 2\,{}_\perp\psi_{h,ger}[t]$	(14.38)
Schritt 4: Fourier-Synthese führt zum *Leistungs-Cepstrum* (engl. *power cepstrum*), das reell und gerade ist.		

Tab. 14.5: Leistungs-Cepstrum: Definitionen und Verarbeitungsschritte.

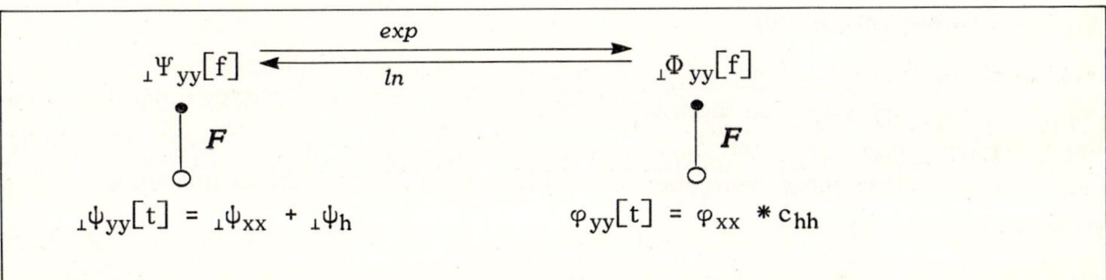

Tab. 14.6: Vergleich zwischen Cepstrum und AKF.

Beides sind Zeitfunktionen, die durch Fourier-Synthese aus Spektren gewonnen werden. Beim Cepstrum handelt es sich jedoch um eine lineare Verknüpfung der angenommenen Komponenten - bei der AKF hingegen um eine unauflösliche Überlappung. Trotzdem ist Cepstrumanalyse kein Allheilmittel.

Durch die notwendige und vorgeschriebene Logarithmierung können in der praktischen Anwendung so große Probleme entstehen, daß die Fortführung der Analyse sinnlos wird: z.B. *Nullstellen im Spektrum.* Was sagt der Computer zu log[0]?! Oder *Additive Rauschstörungen im Spektrum.* Wie soll man die Fourier-Transformation von log[AB+R] interpretieren ? Bei der komplexen Cepstrumanalyse kommt noch das Problem der notwendigen Phasenrestaurierung (Abb. 5.8) hinzu, die bei stark gestörten Signalen nicht funktionieren kann.

14.3 Analyse nichtstationärer Signale

Einführung

Die Definition der Stationarität hängt vom Prozeßumfang ab - also von der Anzahl gleichzeitig vorhandener Ausgänge des stochastischen Prozesses (siehe Kap. 10.1). Wir wollen uns im Folgenden auf den meßtechnisch wichtigsten Sonderfall des *singulären* Prozesses beschränken, bei dem definitionsgemäß nur ein einziges Signal vorhanden ist. Damit wird der in der Überschrift gebrauchte Begriff *nichtstationär* eingeengt auf *lokal instationär*. Es geht also um Signale, deren geschätzte statistische Eigenschaften sich bei zeitlicher Verschiebung des Beobachtungsfensters signifikant ändern, z.B. Ein Geräusch wird lauter, leiser, heller oder dunkler.

Als Kontrastprogramm zur mathematischen Theorie nichtstationärer Prozesse sollen hier nur die einfachsten, anwendungsorientierten Methoden und Begriffe erläutert werden:

- Laufender Mittelwert
- Laufender Effektivwert
- Filterbank-Analysator
- Kolmogoroff-Smirnow-Test.

14.3.1 Laufender Mittelwert

Die laufende Mittelwertbildung ist eine einfache, leicht realisierbare und alltägliche Angelegenheit der analogen und digitalen Signalverarbeitung. Um so mehr kann man sich darüber wundern, daß die theoretische Behandlung dieses Vorganges recht aufwendig werden kann und nur unter weitgehenden Näherungsannahmen überhaupt zu technisch anwendbaren Ergebnissen führt.

Dieses Mißverhältnis hat zwei Ursachen: Zum Einen fordert schon der Begriff *laufender Mittelwert* die Anwendung der Theorie instationärer Prozesse - also erhöhten mathematischen Aufwand, oder aber drastische Näherungen, um diesen Aufwand zu vermeiden. Zum Anderen tritt die laufende Mittelwertbildung als Standardlösung zweier durchaus verschiedenartiger technischer Probleme auf (Tab. 14.7), wobei die Qualität der Lösung nach entsprechend unterschiedlichen Kriterien beurteilt werden muß.

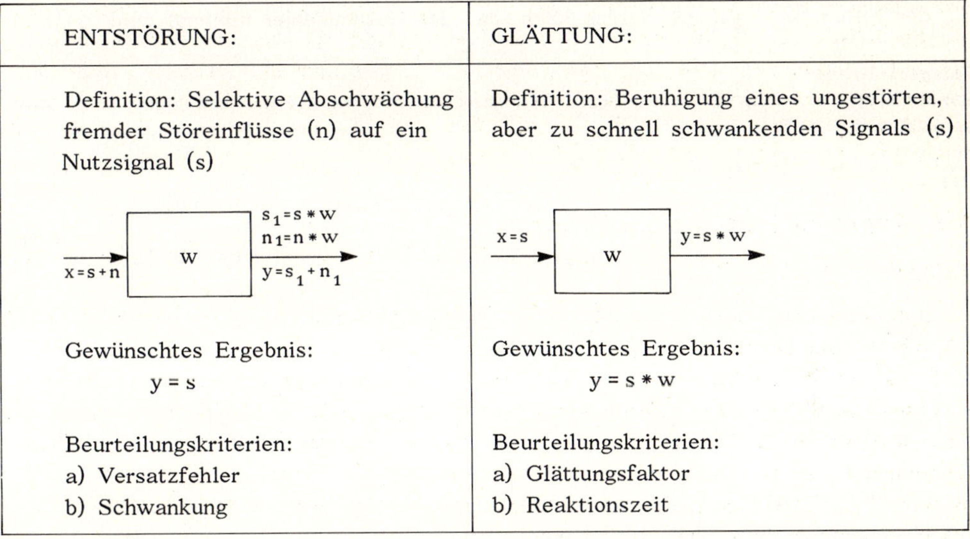

ENTSTÖRUNG:	GLÄTTUNG:
Definition: Selektive Abschwächung fremder Störeinflüsse (n) auf ein Nutzsignal (s)	Definition: Beruhigung eines ungestörten, aber zu schnell schwankenden Signals (s)
x = s + n → [w] → $s_1 = s * w$, $n_1 = n * w$, $y = s_1 + n_1$	x = s → [w] → y = s ∗ w
Gewünschtes Ergebnis: $y = s$	Gewünschtes Ergebnis: $y = s * w$
Beurteilungskriterien: a) Versatzfehler b) Schwankung	Beurteilungskriterien: a) Glättungsfaktor b) Reaktionszeit

Tab. 14.7: Die Laufende Mittelwertbildung als Standardlösung zweier verschiedener Probleme: Entstörung oder Glättung.

Entstörung:

Im nicht errreichbaren Idealfall sollte aus dem gestörten Eingangssignal $x = s + n$ das Ausgangssignal $y = s$ entstehen (Tab. 14.7). Tatsächlich entsteht aber das Signal

$$y[t] = s[t] * w[t] + n[t] * w[t] \tag{14.39}$$

Damit lassen sich die beiden Fehler *Versatz* und *Schwankung* definieren:

Versatz

$$b^2 = \langle (s * w - s)^2 \rangle = \langle (s * v)^2 \rangle = \int_0^\infty {}_L\Phi_{ss} |V|^2 \, df \tag{14.40}$$

mit $w[t] \circ\!\!-\!\!\!-\!\!\circ W[f]$

$$V[f] = W[f] - W[0] \circ\!\!-\!\!\!-\!\!\circ v[t] = w[t] - W[0]\,\delta[t]$$

Schwankung

$$s^2 = \langle (n * w)^2 \rangle = \int_0^\infty {}_L\Phi_{nn} |W|^2 \, df \tag{14.41}$$

Optimierung des Entstörungsfilters:

In Anlehnung an einen Vorschlag von Papoulis[4] definieren wir einen *Gesamtfehler*

$$g^2 = b^2 + s^2 = \int_0^{\infty} \left({}_L\Phi_{ss} \left| V \right|^2 + {}_L\Phi_{nn} \left| W \right|^2 \right) df \tag{14.42}$$

und zeigen an zwei Beispielen, wie unter günstigen Voraussetzungen die Bandbreite B_W des Filters so optimiert werden kann, daß der Gesamtfehler minimal wird.

Beispiel Nr. 1:
Störung n[t] als weißes Rauschen; Signal s[t] bandbegrenzt weiß. Filter und Signal sind ideal tiefpaßförmig mit Grenzfrequenzen B_W und B_s. (Siehe Abb. 14.4 links). Filternormierung W[0]=1. Hier gilt:

$$g^2 = \int_{B_W}^{B_s} {}_L\Phi_{ss}\, df + \int_0^{B_W} {}_L\Phi_{nn}\, df = \begin{cases} {}_L\Phi_{nn} B_W + {}_L\Phi_{ss,o}(B_s - B_W)\,, & \text{für } B_W \le B_s \\ {}_L\Phi_{nn} B_W\,, & \text{für } B_W > B_s \end{cases} \tag{14.43}$$

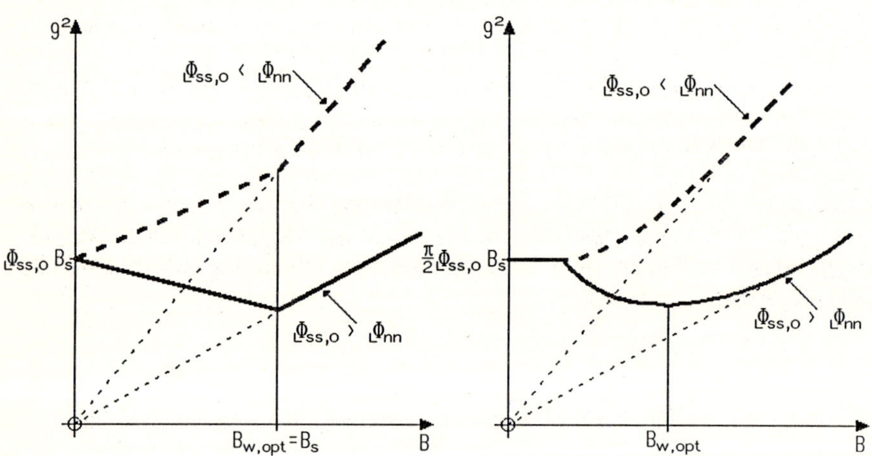

Abb. 14.4: Gesamtfehler g^2 in Abhängigkeit von der Filterbandbreite B_W.
Links: Ideale Tiefpaßform. Rechts: Sanft verlaufende Tiefpaßform (1-poliges Filter).

Schon in dieser krassen Vereinfachung zeigen Formel und Graphik ohne weitere Rechnung, daß ein Minimum (B_W=B_s) erreichbar ist, falls die Rauschleistungsdichte kleiner als die Signalleistungsdichte ist. Das nächste, etwas kompliziertere, aber praxisnähere Beispiel wird zu ähnlichen Ergebnissen führen.

Beispiel Nr. 2:
Wie zuvor weißes Rauschen, Signal und Filter tiefpaßförmig, diesmal aber mit sanft verlaufenden Kanten:

$$W[f] = \frac{1}{1 + jf/B_W} \qquad {}_L\Phi_{ss}[f] = {}_L\Phi_{ss,o} / (1 + f^2/B_s^2) \tag{14.44}$$

mit den Eckfrequenzen B_W, B_s.

4) Papoulis, 1977, ch. 10-2

Wir setzen Gl. 14.44 in 14.42 ein und erhalten schließlich

$$g^2 = \frac{\pi}{2}\,{}_L\Phi_{nn} B_w + \frac{\pi}{2}\,{}_L\Phi_{ss,o} B_s / (1 + B_w / B_s) \tag{14.45}$$

Falls ${}_L\Phi_{ss,o} > {}_L\Phi_{nn}$, ergibt sich wieder ein Minimum - diesmal bei einer Filterbandbreite, die vom Signal/Rauschverhältnis abhängt (siehe Abb. 14.4, rechts):

$$B_{w,opt} = B_s(\sqrt{{}_L\Phi_{ss,o} / {}_L\Phi_{nn}} - 1) \qquad {}_L\Phi_{ss,o} \geq {}_L\Phi_{nn} \tag{14.46}$$

Die im Vergleich zur Papoulisschen Theorie sehr einfachen Ergebnisse konnten durch die stillschweigende Annahme der Exisistenz eines zeitunabhängigen (stationären) Signalspektrums erzielt werden. Unser Thema ist aber gerade das nichtstationäre Signal. Der Mißstand läßt sich nachträglich beheben durch eine zeitabhängige Interpretation des Signalspektrums: Wir betrachten nur ein laufendes Signalsegment, dessen Dauer gleich der effektiven Dauer der Impulsantwort w ist, extrapolieren dieses Segment zu einem stationären Signal und meinen das Leistungsspektrum dieses künstlich stationär gemachten Signals.

Glättung:

Auch bei der Lösung des Glättungsproblems (Tab. 14.7) wird das Signal tiefpaßgefiltert. Das Ergebnis dieser Operation verlangt aber eine ganz andere Interpretation:

Von einem Versatzfehler kann keine Rede mehr sein, denn die Verzerrung des Signals (s*w statt s) wird ja gerade gewünscht. Und der Schwankungsfehler tritt nicht auf, weil definitionsgemäß eine Schwankungen verursachende Rauschstörung fehlt.

Das Ausgangssignal soll einerseits schnell auf signifikante Änderungen des Mittelwertes reagieren, aber andererseits bei lokal stationärem Eingangssignal möglichst konstant sein. Als Maße für diese einander widerstrebenden Forderungen definieren wir *Reaktionszeit* und *Glättungsfaktor*:

Reaktionszeit

$$T_r = 1/B_w \tag{14.47}$$

mit B_w : äquivalente Bandbreite des Filters (s.u.)

und

Glättungsfaktor

$$\gamma = V_x/V_y \tag{14.48}$$

mit V_x : Variationskoeffizient am Eingang
V_y : Variationskoeffizient am Ausgang

Das Glättungsfenster w[t] muß so normiert sein, daß ein zeitlich konstantes Eingangsignal die Glättung unverfälscht übersteht - also

$$W[0] = 1 \quad \text{d.h.} \quad \int_{-\infty}^{\infty} w[t]\,dt = 1 \tag{14.49}$$

Wie hängt nun der Glättungsfaktor ab von Signal- und Filterstruktur? Hier zuerst die Antwort. Die Herleitung folgt anschließend.

$$\gamma = \sqrt{2B_s T_w} = \sqrt{B_s/B_w} = \sqrt{T_w/T_s} \tag{14.50}$$

mit B_s = Signalbandbreite
T_s = $1/(2B_s)$ = Signalkorrelationsdauer
B_w = Glättungsbandbreite
T_w = $1/(2B_w)$ = Dauer des Glättungsfensters

Die Reaktionszeit T_r wird somit der Glättungsdauer gleichgesetzt,

$$T_r = T_w \tag{14.51}$$

was im Rahmen der hier gesuchten Näherung statthaft ist. Abb. 14.5 zeigt den einfachen graphischen Zusammenhang.

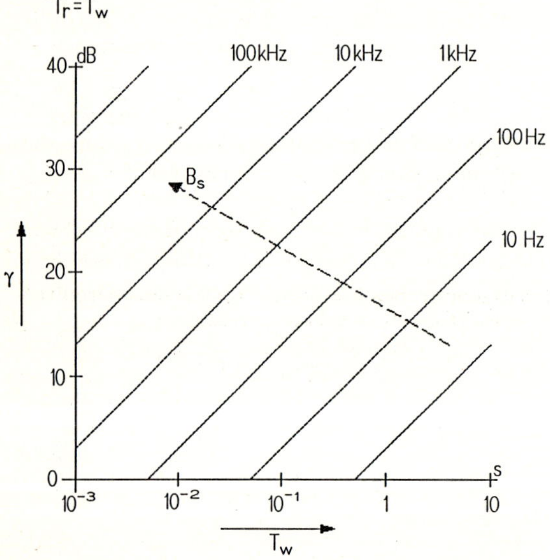

Abb. 14.5: Glättungsfaktor (γ) aus Gl. 14.50 und Reaktionszeit ($T_r = T_w$) im Bereich der Schwingungs- und Ton-Technik. Je höher die Signalbandbreite (B_s), desto leichter läßt sich ein Kompromiß finden.

Herleitung

Der Glättungsfaktor (γ) gibt das Verhältnis der Variationskoeffizienten vor und nach der Glättung wieder:

$$\gamma = V_0/V_1 \; ; \quad V_0 = \sigma_0/\mu_0 \; ; \quad V_1 = \sigma_1/\mu_1 \tag{14.52}$$

wobei

σ_o, μ_o: Standardabweichungen und Mittelwert *vor* der Glättung

σ_o, μ_o: desgleichen, *nach* der Glättung

Die Variationskoeffizienten V_0 und V_1 lassen sich leicht genau berechnen, wenn man die zugehörigen Wahrscheinlichkeitsdichten oder Spektren kennt. Das kommt aber in der praktischen Anwendung kaum jemals vor. Die folgenden Überlegungen zeigen, wie man in grober Näherung sowohl durch spektrale als auch durch statistische Betrachtung auf die Glättungsformeln (Gl. 14.50) kommt.

Herleitung der Glättungsformeln über das Spektrum

Wir wissen, daß Glättung $w * x$ identisch ist mit der Filterung WX. Abb. 14.6 zeigt Ursprungsspektrum und Filter unter der Annahme, daß sowohl das zu glättende Signal x als auch die Glättungsfunktion w Tiefpaßcharakter haben.

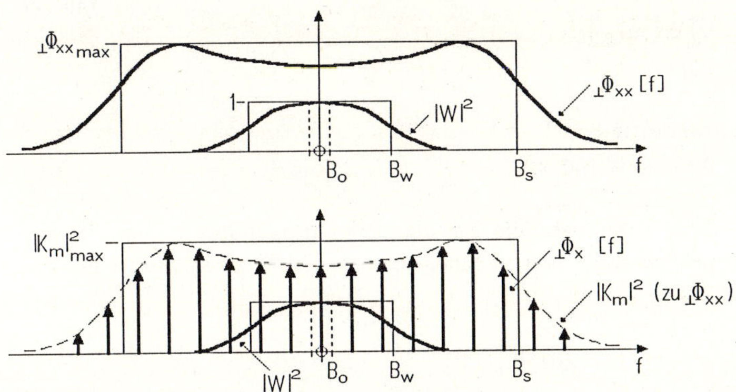

Abb. 14.6: Glättung als Tiefpaßfilterung gesehen:
Φ_{xx} : Spektrum des zu glättenden Signals (oben kontinuierlicher, unten periodischer Fall).
B_s und B_w : Grenzfrequenzen der leistungsgleichen, äquivalenten Rechteckfunktionen.
K_m : Komplexer Fourierkoeffizient.

Wir setzen an

$$\mu_x^2 \approx \int_{-B_o}^{B_o} {}_\perp\Phi_{xx}[f]\,df \tag{14.53}$$

$$\sigma_x^2 \approx 2\int_{B_o}^{\infty} {}_\perp\Phi_{xx}[f]\,df \tag{14.54}$$

$$\mu_y^2 \approx \int_{-B_o}^{B_o} {}_\perp\Phi_{xx}[f]\,\left|W[f]\right|^2 df = \mu_x^2 \qquad \text{(weil } W[0] = 1\text{; Gl. 14.49)} \tag{14.55}$$

$$\sigma_y^2 \approx 2\int_{B_o}^{\infty} {}_\perp\Phi_{xx}[f]\,\left|W[f]\right|^2 df \tag{14.56}$$

(Dabei ist B_o eine sehr kleine, aber endlich Hilfsfrequenz. B_o wird als so klein angenommen, daß der Einfluß auf die Varianzen vernachlässigt werden kann.)

Aus Gl. 14.52 folgt nun

$$\gamma = \frac{\sigma_x \mu_y}{\mu_x \sigma_y} = \sqrt{\frac{\int\limits_{B_0}^{\infty} {}_L\Phi_{xx}[f]\,df}{\int\limits_{B_0}^{\infty} {}_L\Phi_{xx}[f]\,|W[f]|^2\,df}} \tag{14.57}$$

Im periodischen Fall (siehe Gl. 10.75 und Abb. 14.6 unten) ergibt sich aus Gl. 14.57

$$\gamma = \sqrt{\frac{\sum\limits_{m=1}^{\infty} |K_m|^2}{\sum\limits_{m=1}^{\infty} |K_m|^2 |W[mf_0]|^2}} \tag{14.58}$$

K_m : Komplexer Fourierkoeffizient
f_0 : Grundfrequenz, Wiederholfrequenz

Die Gln. 14.57 und 14.58 könnte man als *die genauen Glättungsformeln* bezeichnen. Wären sowohl Spektrum als Filter weiß und bandbegrenzt mit Grenzfrequenzen B_s und B_w, so folgte aus Gl. 14.57 sofort

$$\gamma = \begin{cases} \sqrt{B_s/B_w}\,, & \text{für } B_w < B_s \\ 1\,, & \text{für } B_w \geq B_s \end{cases} \tag{14.59}$$

Das ist schon die zu beweisende Glättungsformel, Gl. 14.50. Aber auch unter der realistischeren Annahme, das Φ_{xx} und W nicht weiß sind, aber doch Tiefpaßcharakter haben, wobei das Filter deutlich schmalbandiger als das Spektrum ist, gilt Gl. 14.50 bzw. 14.59. Zur Begründung konstruieren wir die in Abb. 14.6 gezeigten, leistungsäquivalenten Rechteckfunktionen und definieren

$$B_s\,{}_\perp\Phi_{xx,max} = \int\limits_{B_0}^{\infty} {}_\perp\Phi_{xx}\,df\,; \qquad B_w |W|^2_{max}\,{}_L\Phi_{xx,max} = \int\limits_{B_0}^{\infty} |W|^2\,{}_L\Phi_{xx}\,df \tag{14.60}$$

Daraus ergeben sich einerseits praktisch anwendbare Definitionen für B_s und B_w:

$$B_s \approx \frac{1}{{}_\perp\Phi_{xx,max}} \int\limits_{B_0}^{\infty} {}_\perp\Phi_{xx}\,df = \frac{1}{{}_L\Phi_{xx,max}} \int\limits_{B_0}^{\infty} {}_L\Phi_{xx}\,df \tag{14.61}$$

und mit Gln. 14.49 und 3.165

$$B_w = \int\limits_{0}^{\infty} |W[f]|^2\,df = \frac{1}{2} \int\limits_{-\infty}^{\infty} |w[t]|^2\,dt \tag{14.62}$$

Andererseits folgt durch Einsetzen von Gl. 14.60 in 14.57 wieder

$$\gamma = \sqrt{B_s / B_W} \quad \text{(Gl. 14.50)}$$

Auch in dem komplizierteren Fall eines Spektrums mit Linienstruktur läßt sich Gl. 14.50 aufrechterhalten, wenn man ähnlich wie in Gl. 14.60 definiert

$$B_s = f_0 \frac{\sum_1^\infty |K_m|^2}{|K_{max}|^2} \tag{14.63}$$

und

$$B_W = f_0 \frac{\sum_1^\infty |W[mf_0]|^2 |K_m|^2}{|K_{max}|^2} \tag{14.64}$$

Falls die Grundwelle dominiert (leicht verzerrter Sinus), gilt

$$B_s \approx f_0 \; ; \quad B_W \approx f_0 |W[f_0]|^2 \; ; \quad \gamma \approx 1 / |W[f_0]| \tag{14.65}$$

Herleitung der Glättungsformeln über die Statistik

Die statistische Betrachtung der Glättung führt zur *semikohärenten Addition*. Abb. 14.7 zeigt die Glättungssituation. Aus dem unbeschränkt lange andauernden, stochastischen Signal x werden im Bereich des laufenden Glättungsfensters der Dauer T_W

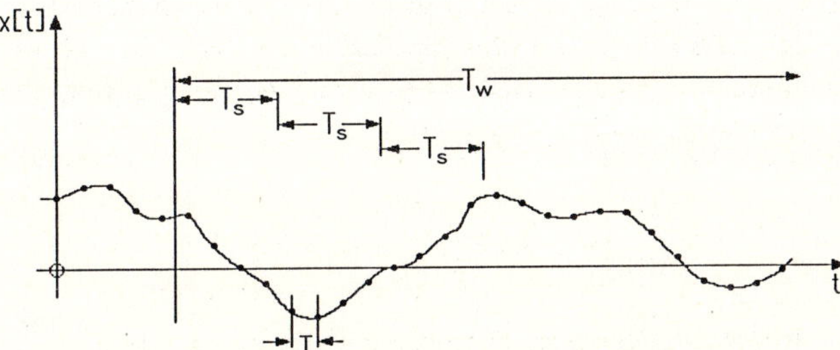

Abb. 14.7: Semikohärente Addition. Fensterdauer T_W, Fensterpunkte N_W, Korrelationsdauer T_s, Korrelationspunkte N_s, Abtastintervall T. $T < T_s < T_W$.

die gerade erfaßten N_W Abtastpunkte additiv zusammengefaßt. Man kann das sehen, wenn man zunächst eine rechteckige Fensterform annimmt und sich nur für die Abtastzeitpunkte $t = nT$ interessiert:

$$y[t] = w[t] * x[t] = \frac{1}{T_W} \int_{(T_W)} x[nT - t']\,dt' \approx \frac{1}{N_W} \sum_{(N_W)} x[n-k] \tag{14.66}$$

Wenn die zu summierenden Abtastwerte x alle voneinander *unabhängig* wären, könnte man den Zentralen Grenzwertsatz (Gl. 9.75) anwenden und näherungsweise schließen, daß y normalverteilt wäre. Bei genügend großer Zahl N_w gälte dies weitgehend unabhängig vom speziellen, gar nicht genau bekannten Verlauf der WDF von x. *Aber diese wichtige Voraussetzung der Unabhängigkeit ist nur erfüllt, wenn das Spektrum von x weiß ist.*

Im allgemeinen besteht eine Abhängigkeit zwischen benachbarten x Werten, die mit wachsendem Abstand schwächer wird. Nach dem jetzt folgenden Prinzip der *semikohärenten Addition*, modellieren wir die nachbarlichen Abhängigkeiten unter den x-Werten grob vereinfacht als strenge Korrelation bis zu einem Abstand T_s (siehe Abb. 14.7) und völlige Unabhängigkeit für Abstände größer als T_s. Innerhalb jeder Korrelationszelle der Dauer T_s wird jetzt kohärent addiert. Das bedeutet für die Zellensumme

$$\mu_s = N_s \mu_x \; ; \quad \sigma_s = N_s \sigma_x \tag{14.67}$$

mit

$$N_s = T_s / T$$

Die unabhängigen Zellensummen werden nach dem Zentralen Grenzwertsatz zusammengefaßt zu einem normalverteilten Signal y mit den Parametern

$$\mu_y = M\mu_s / N_w \; ; \quad \sigma_y^2 = M\sigma_s^2 / N_w^2 \tag{14.68}$$

mit

$$M = T_w / T_s; \text{ Zellenzahl}$$

Damit gilt

$$V_0 = \sigma_x / \mu_x \; ; \quad V_1 = \sigma_y / \mu_y = V_0 / \sqrt{M} \tag{14.69}$$

und

$$\gamma = V_0 / V_1 = \sqrt{M} = \sqrt{T_w / T_s} \tag{14.70}$$

(siehe Gl. 14.50!)

Soweit das Prinzip der semikohärenten Addition. Es folgen noch zwei einfache Überlegungen zur Abschätzung von T_s und T_w.

Die Korrelationszeit T_s definieren wir als erste Nullstelle der Korrelationsfunktion des äquivalenten, weißen, bandbegrenzten Leistungsspektrums. Abb. 14.8 zeigt die Zusammenhänge.

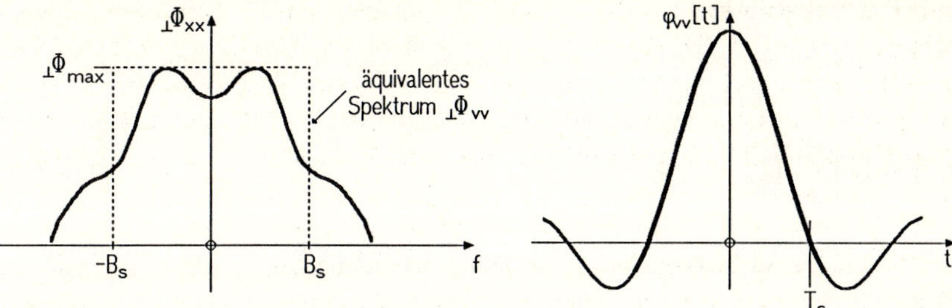

Abb. 14.8: Definition der Signalkorrelationszeit T_s als erste Nullstelle der stochastischen Autokorrelationsfunktion φ_{vv} des leistungsäquivalenten, weißen Signals v.

Aus der Beziehung

$$_\perp\Phi_{vv}[f] = {}_\perp\Phi_{xx,max}\, rect[f/(2B_s)] \circ\!\!-\!\!\!-\!\!\bullet\; \varphi_{vv}[t] = 2B_s\, {}_\perp\Phi_{xx,max}\, sinc[2B_s t] \tag{14.71}$$

folgt

$$T_s = 1/(2B_s) \tag{14.72}$$

wobei, wie in Abb. 14.8 angedeutet die Signalbandbreite B_s nach der schon bekannten Formel (Gl. 14.61) berechnet werden muß. Wenn man die gleichen Argumente für T_w gelten läßt, ergibt sich

$$T_w = 1/(2B_w) \tag{14.73}$$

mit

B_w : äquivalente Glättungsbandbreite (Gl. 14.50)

Zum Schluß noch drei Beispiele von Glättungsfenstern: (Definition der Funktionen in Kap. 3.1; Berechnung von B_w nach Gl. 14.62, und T_w nach Gl. 14.73)

$$w[t] = \frac{1}{\tau}\, rect\left[\frac{t}{\tau}\right] \qquad B_w = \frac{1}{2\tau} \qquad T_w = \tau \tag{14.74}$$

$$w[t] = \frac{1}{\tau}\, tri\left[\frac{t}{\tau}\right] \qquad B_w = \frac{1}{3\tau} \qquad T_w = \frac{3}{2}\tau \tag{14.75}$$

$$w[t] = \frac{1}{\tau}\, exp\left[-\frac{t}{\tau}\right] \varepsilon[t] \qquad B_w = \frac{1}{4\tau} \qquad T_w = 2\tau \tag{14.76}$$

14.3.2 Laufender Effektivwert

Der *laufende Effektivwert* ist die technisch wichtigste, variable Kenngröße eines lokal instationären Signals. Wir definieren

$$u_{eff}[t] = \sqrt{u^2[t] * w[t]} \tag{14.77}$$

Abb. 14.9 zeigt das zugehörige, nichtlineare System. Die Güte dieser nichtlinearen

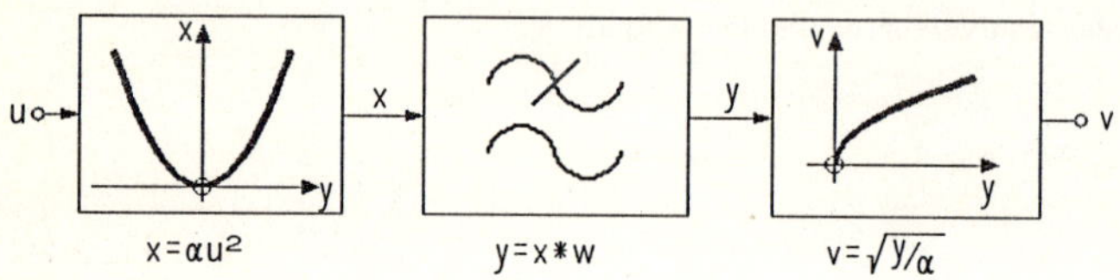

Abb. 14.9: Systemaufbau zur Erzeugung des laufenden Effektivwertes.

Glättungsoperation kann mit den gleichen Kennwerten beurteilt werden, die schon beim linearen, laufenden Mittelwert galten - Reaktionszeit und Glättungsfaktor. Es gilt wieder

$$T_r = T_W = 1/(2B_W) \tag{14.78}$$

$$B_W = \int_0^{\infty} |W|^2 \, df = \frac{1}{2} \int_{-\infty}^{\infty} w^2 \, dt \tag{14.79}$$

$$B_s = \frac{1}{{}_L\Phi_{uu,max}} \int_{B_0}^{\infty} {}_L\Phi_{uu} \, df \tag{14.80}$$

$$\gamma = V_0 / V_1 \tag{14.81}$$

Allerdings muß die Definition der Variationskoeffizienten der veränderten Situation angepaßt werden: Beide Koeffizienten beziehen sich jetzt auf das Ausgangssignal v. V_0 bezeichnet den Variationskoeffizient bei Wegfall der Glättung ($B_W = \infty$); V_1 hingegen den Koeffizienten mit Berücksichtigung der in Abb. 14.9 beschriebenen Glättung.

Trotz der nichtlinearen Signalverarbeitung ergibt die Näherungsrechnung das gleiche Resultat, wie im Falle der linearen Glättung: (vgl. Gl. 14.50)

$$\gamma = \sqrt{B_s / B_W} \tag{14.82}$$

Herleitung der Nichtlinearen Glättungsformel

Diese sehr kurz gefaßte Herleitung verfolgt die Veränderungen von Mittelwert und Varianz des Signals beim Durchlaufen der drei in Abb. 14.9 gezeigten Stufen. Dabei wird angenommen, daß das Eingangssignal u normalverteilt ist mit Mittelwert null.

a) Quadrierung - statistisch betrachtet

WDF des Eingangssignals u:

$$f_u[u] = \frac{1}{\sigma_u \sqrt{2\pi}} \, exp\left[-\frac{u^2}{2\sigma_u^2}\right] \tag{14.83}$$

WDF des quadrierten Signals x: [5]

$$x = \alpha u^2 \tag{14.84}$$

$$f_x[x] = \frac{f_u[\sqrt{x/\alpha}\,] + f_u[-\sqrt{x/\alpha}\,]}{2\sqrt{\alpha x}}$$

$$= \frac{exp\left[-\frac{x}{2\alpha\sigma_u^2}\right]}{\sigma_u \sqrt{2\pi\alpha x}} \, \varepsilon[x] \tag{14.85}$$

Damit berechnet sich das erste Zentralmoment (Mittelwert) als

$$\mu_x = \alpha\sigma_u^2 \tag{14.86}$$

und das zweite Zentralmoment (Signalleistung) als

$$\langle x^2 \rangle = 3\alpha^2\sigma_u^4 \tag{14.87}$$

Somit ist

$$\sigma_x^2 = \langle x^2 \rangle - \langle x \rangle^2 = 2\alpha^2\sigma_u^4 \quad ; \qquad \sigma_x = \sigma\sqrt{2}\,\sigma_u^2 \tag{14.88}$$

b) Quadrierung - Spektral betrachtet

Wir betrachten die stochastische Autokorrelationsfunktion $\varphi_{xx}[t]$ - also wie auch beim laufenden Mittelwert zunächst so, als ob x stationär wäre:

$$\varphi_{xx}[t] = \langle x[t']\,x[t'+t] \rangle = \alpha^2 \langle u^2[t']\,u^2[t'+t] \rangle = \alpha^2 \varphi_{u^2u^2}[t] \tag{14.89}$$

5) siehe z.B. Beckmann, 1967, ch. 2.2 oder Papoulis, 1984, ch. 5-2

Für normalverteilte, mittelwertfreie Signale u gilt [6]

$$\varphi_{u^2u^2}[t] = \sigma_u^4 + 2\varphi_{uu}^2[t] \tag{14.90}$$

Gl. 14.90 wird in Gl. 14.89 eingesetzt. Die Fourieranalyse ergibt (Abb. 14.10):

$$_\perp\Phi_{xx}[f] = \alpha^2\left(\delta[f]\,\sigma_u^4 + 2\,_\perp\Phi_{uu}[f] * {}_\perp\Phi_{uu}[f]\right) \tag{14.91}$$

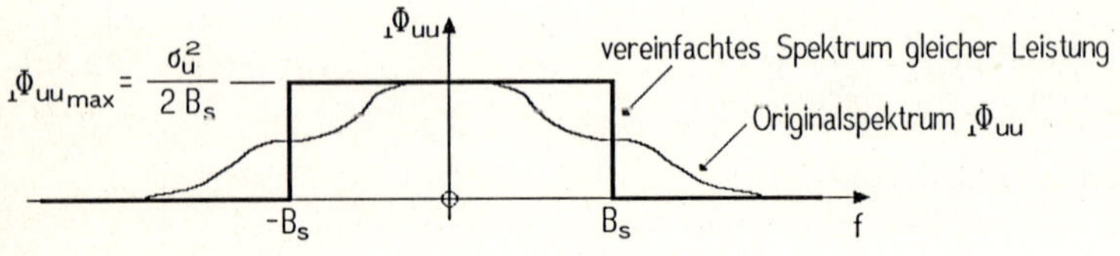

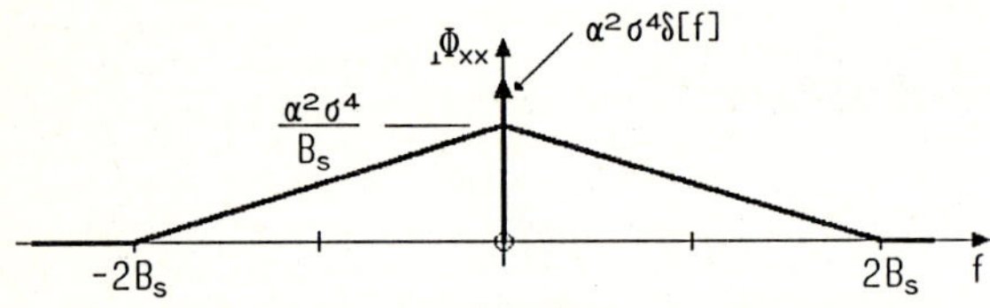

Abb. 14.10: Quadrierung - spektral betrachtet.
Oben: Eingangsspektrum Φ_{uu} in Originalform und vereinfacht als Rechteck gleicher Signalleistung.
Unten: Spektrum Φ_{xx} des quadrierten Signals; vereinfachte Version.

Der Mittelwert μ_x steckt im δ-Impuls

$$\mu_x^2 = \alpha^2\sigma_u^4 \tag{14.92}$$

die Varianz im restlichen, kontinuierlichen Teil des Spektrums

$$\sigma_x^2 = 2\alpha^2\sigma_u^4 \tag{14.93}$$

Das Ergebnis ist das gleiche, wie bei der statistischen Betrachtung (siehe Gln. 14.86 und 14.87).

c) Glättung

Das Glättungsfenster ist wie üblich normiert mit W[0] = 1 (siehe Gl. 14.49). Der Mittelwert wird also unabhängig von der Filterbandbreite B_W übernommen

$$\mu_y = \mu_x \tag{14.94}$$

6) Papoulis, 1984, ch. 9-4

Zur Abschätzung der Varianz nehmen wir an, daß

1. die Filterbandbreite viel geringer als die Signalbreite ist, (starke Glättung; $B_W \ll B_s$),
2. das Glättungsfilterspektrum seinen Höchstwert bei f = 0 hat

und 3. das Signalspektrum im Durchlaßbereich des Glättungsfilters als konstant angesehen werden kann.

Unter diesen noch realitätsnahen Annahmen ergibt sich eine besonders einfache Näherungsformel für das geglättete Spektrum

$$ {}_{\perp}\Phi_{yy}[f] = \alpha^2 \left(\delta[f]\, \sigma_u^4 + \frac{\sigma_u^4}{B_s} \, rect\left[\frac{f}{2B_W}\right] \right) \tag{14.95}$$

Die Varianz steckt im kontinuierlichen Teil und beträgt offensichtlich

$$\sigma_y^2 = 2\alpha^2 \sigma_u^4 B_W / B_s \tag{14.96}$$

Durch die Glättung wird also die in Gl. 14.93 angegebene Varianz um den Faktor B_W/B_s vermindert.

d) Wurzelziehen

Wir zerlegen das Signal y in konstanten und variablen Anteil

$$y = y_- + y_\sim \tag{14.97}$$

und folgern aus der oben gemachten Annahme starker Glättung, daß jetzt

$$\langle y_\sim^2 \rangle \ll y_-^2 \tag{14.98}$$

Damit läßt sich die Wurzel in eine MacLaurinsche Reihe entwickeln

$$\begin{aligned} v &= \sqrt{y/\alpha} = \sqrt{y_-/\alpha}\,(1 + y_\sim/(2y_-) - \ldots) \\ &= \sqrt{y_-/\alpha} + y_\sim/(2\sqrt{\alpha y_-}) - \ldots \end{aligned} \tag{14.99}$$

Also

$$\mu_v \approx \sqrt{y_-/\alpha} = \sqrt{\mu_x/\alpha} = \sigma_u \tag{14.100}$$

und

$$\langle v^2 \rangle = \left\langle y_-/\alpha + \frac{y_\sim}{\alpha\sqrt{\alpha}} + \frac{y_\sim^2}{4\alpha y_-} \right\rangle = \sigma_u^2 \left(1 + \frac{B_W}{2B_s}\right) \tag{14.101}$$

Die Varianz des Ausgangssignals (mit Mittelung) beträgt somit

$$\sigma_v^2 = \sigma_u^2 B_w / (2B_s) \tag{14.102}$$

Bei fehlender Mittelung erhöht sich dieser Wert auf

$$\sigma_{v,0}^2 = \sigma_u^2 / 2 \tag{14.103}$$

e) Variationskoeffizienten

Die Variationskoeffizienten betragen

$$V_0 = 1/\sqrt{2} \qquad \text{und} \qquad V_1 = \sqrt{B_w/(2B_s)} \tag{14.104}$$

und der Glättungsfaktor

$$\gamma = V_0/V_1 = \sqrt{B_s/B_w} \tag{14.105}$$

14.3.3 Spektralanalyse instationärer Signale

Die mathematische Theorie der instationären stochastischen Prozesse behandelt fast ausschließlich den recht allgemeinen Fall der *stochastischen Schar* (siehe Kap. 10.2) - also Prozesse, die aus unendlich vielen stochastischen Signalen aufgebaut sind.[7,8] Nur in diesem Fall gilt die folgende Definition der *Doppelzeit-AKF* (engl. *double time acf*) als Scharmittel.

$$\varphi_{xx}[t+t', t] = \widetilde{x[t+t']\, x[t]} \tag{14.106}$$

wobei t : absolute Zeit
t′ : Zeitverschiebung

Durch Fourieranalyse bezüglich der Zeitverschiebung t′ entsteht das Zeit-Frequenzspektrum (engl. *time-frequency spectrum*)

$$_1\Phi_{xx}[f',t] = \int_{-\infty}^{\infty} \varphi_{xx}[t+t', t]\, e^{-j2\pi f't'}\, dt' \tag{14.107}$$

Vom mathematischen Standpunkt aus ein sehr elegantes Konzept. Bringt doch dieses Zeit-Frequenzspektrum genau das, was man sich von der Analyse instationärer Signale erwartet: Die präzise Beschreibung der zeitlichen Entwicklung des Signalspektrums (Abb. 14.11).

7) Bendat/Piersol, 1986, ch. 12
8) Papoulis, 1977, ch. 11-3

Problematisch ist nur die praktische Anwendung und die physikalische Interpretation. Im meßtechnischen Alltag tritt vorwiegend der singuläre Prozeß auf, der nur aus einem einzigen stochastischen Signal besteht. Damit entfällt schon die in Gl. 14.106 vorgeschriebene Mittelung über eine unendlich große Schar. Weiterhin ist von dem einzigen vorhandenen Signal natürlich nur die Vergangenheit, nicht aber wie in Gl. 14.107 verlangt, auch die Zukunft bekannt. Ja, die Einbeziehung der doch recht ungewissen Zukunft in das mathematisch präzise Ergebnis $\Phi[f',t]$ weckt weitere Zweifel an dessen physikalischer Aussagekraft. Aber auch die Signalvergangenheit kann nur über einen gewissen endlichen Zeitraum bekannt sein. Und selbst wenn in einem übernatürlichen Labor der unendlich lange, vollständige Signalverlauf bekannt wäre, so

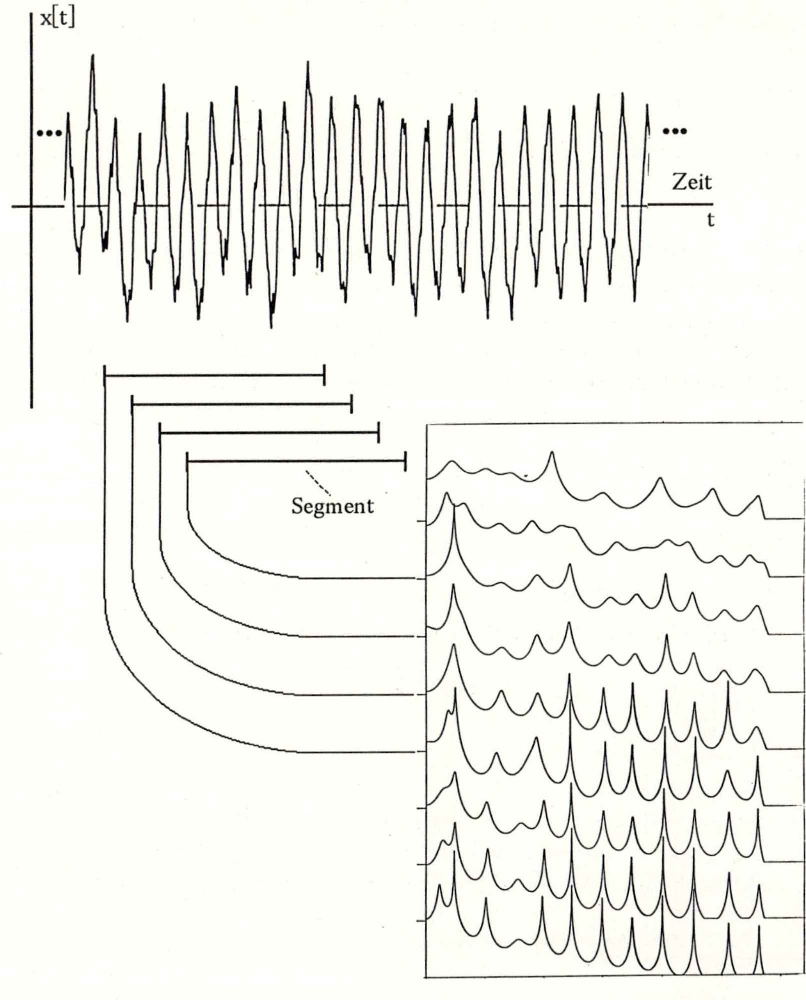

Abb. 14.11: Das praktische Konzept der Analyse instationärer Signale. Das Frequenz-Zeitspektrum besteht aus einem Kontinuum von Momentanspektren, die jeweils ein kurzes Segment repräsentieren.

müßte es doch bedenklich erscheinen, zeitlich weitabliegende Teile des Signals (wie in Gl. 14.107 gefordert) in die Berechnung des für die augenblickliche Zeit t gültigen Spektrums miteinzubeziehen. Alle diese Bedenken sind, wie gesagt physikalischer Natur - sie betreffen nicht die mathematische Seite dieses oft beschriebenen und in der Signaltheorie benutzten Formalismus.

Wir suchen also eine alternative Definition eines Frequenz-Zeitspektrums $\Phi[f',t]$ - eine Definition, die sich in physikalisch interpretierbarer Art auf ein instationäres Signal anwenden läßt. Das Momentanspektrum (ein Profil der Funktion $\Phi[f',t]$ für $t = \text{const.}$) soll sich möglichst nur auf ganz kurze Ausschnitte (Segmente) aus diesem Signal beziehen. Abb. 14.11 verdeutlicht diese Wunschvorstellung.

Diese praxisorientierten Forderungen sind nicht neu[9]. Es gibt auch zum Teil altbekannte technische Realisierungen. Nachstehend drei Beispiele in der Reihenfolge der historischen Entwicklung:

a) 3D-Filterbank-Spektralanalyse:

3D-Spektrum ist eine im Laborjargon übliche Bezeichnung für Frequenz-Zeitspektren, die ja in der graphischen Darstellung dreidimensional erscheinen - also als Gebirge über der Frequenz-Zeit-Ebene (engl. *waterfall; stacked display; spectral map*).

Das zu analysierende, instationäre Signal wird durch eine Filterbank geschickt. Die Durchlaßbereiche decken den interessierenden Frequenzbereich lückenlos ab (Abb. 14.12). Das Frequenz-Zeitspektrum besteht aus der Gesamtheit der gleichzeitig vorhandenen, quadrierten, geglätteten Filterausgangssignale. Die relativen Bandbreiten dieser Filter pflegen konstant zu sein. Das Verfahren ist schon so weit standardisiert, daß die Mittenfrequenzen der Filter in einem festen Oktav- oder Dritteloktavraster normiert sind[10]. In moderner Gerätetechnik wird die Filterbank durch Digitalfilter simuliert[11].

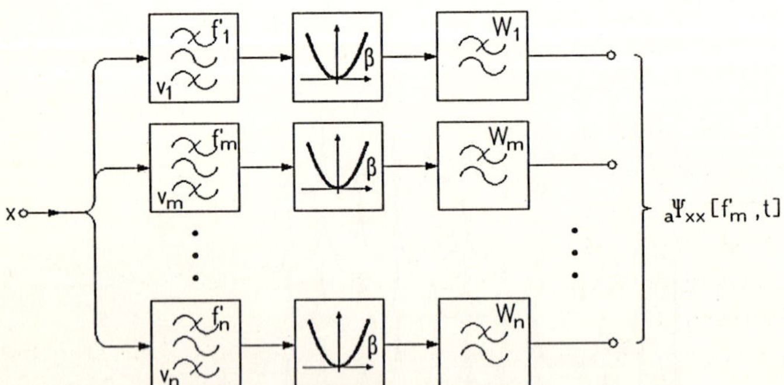

Abb. 14.12: Prinzip des Parallelfilterspektrumanalysators. In jedem Parallelzweig wird bandpaßgefiltert, quadriert und geglättet.

9) Lange, 1978, §2.3.1.3
10) ISO R266
11) Leicht verständliche Einführung z.B. bei Randall/Upton, 1978

Das so ermittelte Frequenz-Zeitspektrum kann mathematisch formuliert werden als

$$ {}_a\Psi_{xx}[f'_m, t] = \beta\left(x[t] * v_m[t]\right)^2 * w_m[t] \qquad (m = 1 \dots M) \qquad (14.108)$$

$$ \Delta f = B_{v,m} \qquad (14.109)$$

mit ${}_a\Psi_{xx}$: Frequenz-Zeitspektrum des Signals x, ermittelt nach Definition a
f'_m : m^{te} Bandmittenfrequenz
t : absolute Zeit
β : Gerätekonstante (Dimension: 1/Dim{x})
v_m : Impulsantwort des m-ten Bandfilters
w_m : Impulsantwort des m-ten Glättungstiefpasses
M : Anzahl der Filter
Δf : Frequenzauflösung im m-ten Frequenzband; Mindestabstand zweier getrennt wahrnehmbarer Spektrallinien
$B_{v,m}$: Bandbreite des m-ten Bandfilters

b) 3D-DFT-Spektrumanalyse:

Dem zu analysierenden, instationären, stochastischen Signal x werden mit Hilfe eines verschieblichen Zeitfensters u kurze Proben entnommen. Jedes dieser so entstandenen Segmente y stellt ein transientes Signal dar. Das Frequenz-Zeitspektrum besteht - wie in Abb. 14.11 - aus der zeitlich geordneten Gesamtheit der zu jedem Segment gehörigen, diskreten Amplitudenspektren:

$$ \underline{y}[n', n] = \alpha\, x[(n' + n)T]\, u[n'T] \qquad (14.110)$$

$$ {}_b\underline{\Psi}_{xx}[m', n] = \underset{(n')}{\mathrm{DFT}}\{\underline{y}\} = \sum_{n'=0}^{N-1} \underline{y}[n', n]\, e^{-j2\pi m'n'/N} \qquad (14.111)$$

$$ \Delta f = 1/(NT) \qquad (14.112)$$

mit $\underline{y}[n',n]$: diskretisiertes Segment; Blocklänge N
n' : lfd. Zeit-Index; DFT-Zeitvariable; $n' = 0 \dots N-1$
T : Abtastintervall
$n'T$: relative Zeit, bezogen auf t : $n'T = t'$
n : Segmentparameter; identifiziert das Segment durch seine Lage auf der absoluten Zeitachse
nT : absolute Zeit; $nT = t$; Fensteranfangsposition. Die absolute Zeitachse hat ihren Ursprung am Beginn der Aufnahme oder Beobachtung des Signals x
u : Segmentfenster; Normierung je nach Anwendungsfall verschieden (s.u.)
${}_b\Psi_{xx}$: Frequenz-Zeitspektrum des Signals x, ermittelt nach Definition b
m' : lfd. Frequenzindex; DFT-Frequenzvariable; $m' = 0 \dots N-1$
Δf : Frequenzauflösung
α : Abtastempfindlichkeit (s. Gln. 8.13 und 12.1)

c) 3D-AR-Spektrumanalyse:

Wenn das Signal x überwiegend periodischen Charakter hat, wird die spektrale Energie hauptsächlich in Linien konzentriert sein. In diesem Fall besteht Aussicht auf eine erfolgversprechende Anwendung des schon in Kap. 13.2 geschilderten AR-Konzeptes. Damit kann die bei den zuvor geschilderten Verfahren wirksame, aber nur scheinbar naturgesetzliche Grenze der Frequenzauflösung Δf als reziproke Dauer übergangen werden: Fast ideal im Sinne der eingangs beschriebenen Wunschvorstellung eines Frequenz-Zeitspektrums lassen sich so von ganz kurzen Segmenten hochauflösende Momentanspektren berechnen.[12] Abb. 14.13 zeigt einen Vergleich zwischen Verfahren (b) und (c). Numerische Experimente mit simulierten Testsignalen x deuten darauf hin, daß unter den verschiedenen bekannten AR-Verfahren (siehe Tab. 13.1) die MODCOV-Variante die höchste Frequenzgenauigkeit und -auflösung liefert.

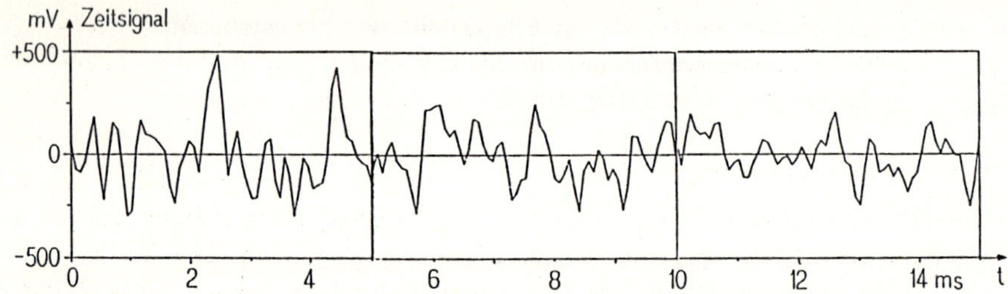

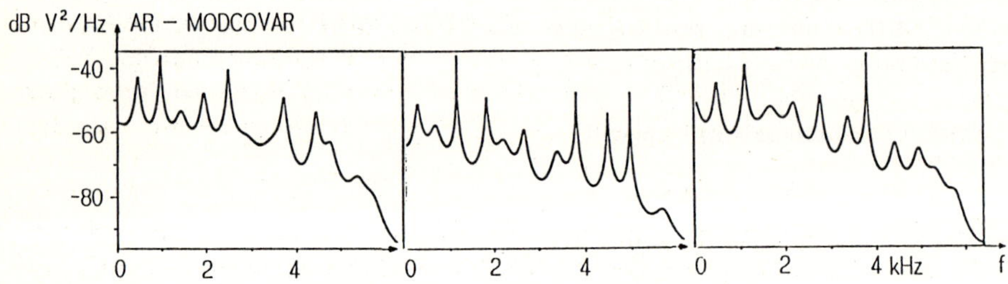

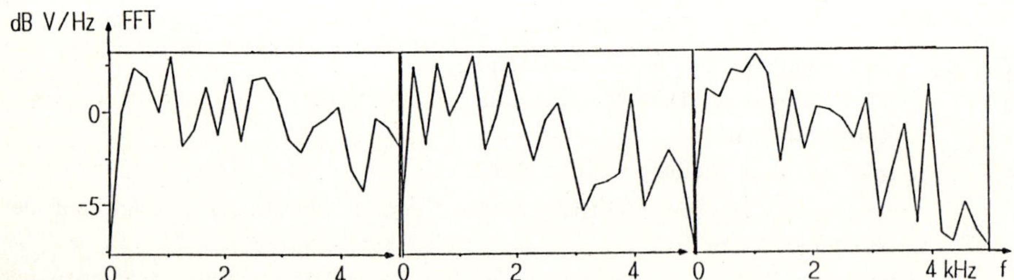

Abb. 14.13: Grundlage der 3D-AR-Spektralanalyse ist die Fähigkeit, aus sehr kurzen Segmenten hochauflösende Momentanspektren zu berechnen.
Oben: Ausschnitt aus Zeitfunktion x[t], eingeteilt in drei nichtüberlappende Segmente.
Mitte: AR-MODCOV-Spektrum zum oben angezeigten Segment.
Unten: DFT-Spektrum zum gleichen Segment, verbessert durch Hanning-Fensterung.

12) Bachmann/Bücker/Kohl, 1989 oder Meillier/Chaigne, 1991

Die mathematische Formulierung des 3D-AR-Spektrums lautet:

$$ {}_{c}\Psi_{xx}[f',t] = {}_{L}\hat{\Phi}_{xx}[f',t] \tag{14.113} $$

mit f' : Frequenz

t : Zeitpunkt des Segmentbeginns

${}_{L}\hat{\Phi}_{xx}$: Einseitiges Leistungsspektrum von x; AR-Schätzung auf der Grundlage des vorliegenden Segmentes

Den offenkundigen Vorzügen des AR-Verfahrens zur Schätzung von Frequenz-Zeitspektren stehen vor allem zwei Nachteile gegenüber:

1) 3D-AR ist das langsamste der drei beschriebenen Verfahren. Die Rechenzeit für ein N-Punkt-Segment ist proportional zu N^2 anstatt $N/ld[N]$ bei DFT (FFT).
2) Die mit schmaler werdenden Linien zunehmende Genauigkeit der Frequenzablesung geht einher mit einer abnehmenden Genauigkeit der Pegelablesung.

Skalierung von 3D-Spektren:

Die vorstehend beschriebenen 3D-Spektren sind pragmatische Realisierungen des eher abstrakten Konzepts eines Frequenz-Zeitspektrums. Letzlich entstehen sie alle durch dreidimensionale Aneinanderreihung der aus Signalsegmenten gewonnenen Spektren. Dabei verfließen die bislang so sorgsam beachteten Grenzen (siehe Tab. 2.1) zwischen transienten, periodischen und stochastischen Signalen. Fast jede Signalklassifizierung kann berechtigt sein - die Ergebnisse müssen nur richtig interpretiert werden. Folgerichtig ist es bei den zur Zeit auf dem Markt erhältlichen Laborgeräten für digitale Signalanalyse weitgehend dem Benutzer überlassen, wie er die Ordinate des 3D-Spektrums skalieren will.

Die nachstehende Tabelle (Tab. 14.8) zeigt die für 3D-Spektren denkbaren Skalierungsmöglichkeiten. Das Wichtigste an dieser Zusammenstellung ist die nachfolgende

Nr.	Skala	Dim.	Typ	3D-FIL ${}_{a}\Psi_{xx}$	3D-DFT ${}_{b}\Psi_{xx}$	3-D-AR ${}_{c}\Psi_{xx}$
1.	Amplitude	[V]	~	$a = \sqrt{2\,{}_{a}\Psi_{xx}/\beta}$	$a = 2\lvert{}_{b}\Psi_{xx}\rvert/(\alpha\varkappa)$	$a = \sqrt{2\,{}_{c}\Psi_{xx}/\beta\,df}$
2a.	Effektivwert	[V]	~	----------	$x_{eff} = a/\sqrt{2}$	----------
2b.	Effektivwert	[V]	*	$x_{eff} = \sqrt{{}_{a}\Psi_{xx}/\beta}$	$x_{eff} = \lvert{}_{b}\Psi_{xx}\rvert\frac{\sqrt{2}}{\alpha\lambda}$	
3.	Pegel	[dBV]	~,*	----------	$L_x = 20\,\text{dBV}\,lg[x_{eff}/1V]$	----------
4.	Ampl.Dichte	[V/Hz]	*	$\lvert X\rvert = \frac{1}{B_{v,m}}\sqrt{{}_{a}\Psi_{xx}/(2\beta)}$	$\lvert X\rvert = \lvert{}_{b}\Psi_{xx}\rvert\frac{T}{\alpha}$	$\lvert X\rvert = \sqrt{{}_{c}\Psi_{xx}NT/2}$
5.	Energiedichte	[V^2s/Hz]	*	----------	$C_{xx} = \lvert X\rvert^2$	----------
6.	Leistungsdichte	[V^2/Hz]	*	${}_{L}\Phi_{xx} = {}_{a}\Psi_{xx}/(\beta B_{v,m})$	${}_{L}\Phi_{xx} = 2\lvert{}_{b}\Psi_{xx}\rvert^2/(\alpha^2\lambda^2 B_{v,m})$	${}_{L}\Phi_{xx} = {}_{c}\Psi_{xx}$

Tab. 14.8: Skalierungsmöglichkeiten von 3D-Spektren.

Typ: ~ = Sinussignal; * = stochastisches Signal

Interpretation. Die Tabelle allein, ohne vernünftige Interpretation und Fallunterscheidung, suggeriert die Vorstellung, daß sich so fundamental unterschiedliche Konzepte wie *Amplitude*, *Amplitudendichte* oder *Leistungsdichte* nur in einer trivialen Änderung der Einteilung der Ordinatenskala ausdrücken lassen.

Interpretation von Tab. 14.8:

Vorbemerkungen:
Die physikalische Dimension wurde als Orientierungshilfe mit angegeben. Sie gilt für den Fall, daß das zu analysierende Signal eine elektrische Spannung ist. Ist das Signal von anderer physikalischer Natur, so muß "V" als Platzhalter für dessen tatsächliche Dimension angesehen werden. Die Definitionen der drei 3D-Spektren und deren Parameter stimmen überein mit den Gln. 14.108, 14.111, 14.113. Alle weiteren Konstanten werden im jetzt folgenden Text angegeben.

Skala Nr. 1: (Amplituden)
Gemeint ist der klassische, genormte[13] Begriff der Amplitude einer Sinusschwingung. Wenn man bei 3D-Spektren eine Amplitudenskala fordert, *unterstellt man dem Signal, daß es aus Sinusschwingungen mit jeweils endlichen Amplituden zusammengesetzt ist.* Folgende typischen Fälle sind darin eingeschlossen

$$x = a\,cos[\omega_0 t + \varphi_0] \qquad \text{(reine Sinusschwingung)} \qquad (14.114)$$

$$x = x_1[t] * Ш_{T_1} = \sum_{(k)} a_k\,cos[k\,\omega_0 t + \varphi_k] \qquad \text{(einfachperiodisches Signal)} \qquad (14.115)$$

$$x = \sum_{(k)} a_k\,cos[\omega_k t + \varphi_k] \qquad \text{(inharmonisches Signal)} \qquad (14.116)$$

$$x = \sum_{(p)} x_p[t] * Ш_{T_p} = \sum_{(k)} \sum_{(p)} a_{p,k}\,cos[k\omega_{o,p} t + \varphi_{p,k}] \qquad (14.117)$$

(mehrfachperiodisches Signal)

mit a_i, a_k, $a_{p,k}$: Amplituden

Zu jeder dieser Amplituden gehört im einseitigen Spektrum eine *Linie*. Diese Bezeichnung ist ein Sammelbegriff für alle spektralen Erscheinungsformen sinusförmiger Zeitfunktionen des Typs von Gl. 14.114. In der theoretisch-mathematischen Behandlung sind dies δ-Impulse (siehe z.B. Gl. 3.32). Bei der praktischen Analyse von Meßdaten sind dies mehr oder weniger breite *Hauptmaxima* (engl. *peaks*), die zusammen mit ihren Ausläufern ein durch Fensterung (Spektralverbreiterung, engl. *leakage*) und Schätz- und Rechenungenauigkeiten verwaschenes, technisches Abbild des theoretischen δ-Impulses darstellen.

13) siehe z.B. Herter/Lörcher, 1990, §2.1.2

Aus Gl. 14.108 folgt für das 3D-Filter-Spektrum unter der zusätzlichen Annahme, daß nur genau eine einzige Linie im Durchlaßbereich des m-ten Filters liegt und daß die Glättung (w) als perfekte zeitliche Mittelung wirkt (Bandbreite $B_w \ll f'_m$)

$$ {}_a\Psi_{xx} = \beta\,\overline{x^2} = \beta a^2/2 \; ; \quad a = \sqrt{2\,{}_a\Psi_{xx}/\beta} \; ; \quad a > 0 \tag{14.118}$$

Das Ergebnis ist unabhängig von B_w und der Bandbreite B_m des m-ten Filters.

Aus Gl. 14.110 und 14.111 ergibt sich für das 3D-DFT-Spektrum

$$ {}_b\Psi_{xx} = \underline{Y}[m'] \approx \frac{\alpha}{NT}\, Y\left[\frac{m'}{NT}\right] = \frac{\alpha}{NT}\left(U\left[\frac{m'}{NT} - f_0\right] + U\left[\frac{m'}{NT} + f_0\right]\right) \tag{14.119}$$

- also im wesentlichen das um $\pm f_0$ verschobene, spektrale Abbild des Segmentfensters $u[t]$. Der höchstmögliche Betrag ist

$$ |{}_b\hat{\Psi}_{xx}| \approx \frac{a}{2}\frac{\alpha}{NT} U[0] = \frac{a}{2}\alpha\varkappa \; ; \quad a = 2|{}_b\hat{\Psi}_{xx}|/(\alpha\varkappa) \tag{14.120}$$

Dieser Höchstbetrag kann aber wegen der DFT-Frequenzrasterung (engl. *picket fence effect*) bei der Ablesung verfehlt werden. Der dabei auftretende relative Fehler ε ist maximal, wenn f_0 genau in der Mitte zwischen zwei Frequenzrasterpunkten liegt und beträgt dann

$$ \varepsilon = \left| U\left[\frac{1}{2NT}\right] / U[0] \right| \tag{14.121}$$

Bei Rechteckfensterung gilt

$$ U[f] = NT\, sinc[NTf] \; ; \quad U[0] = NT \; ; \quad U\left[\frac{1}{2NT}\right] = 2NT/\pi $$

also

$$ \varkappa = 1 \; ; \quad \varepsilon = 2/\pi \mathrel{\hat{=}} -3.92\,\text{dB} \tag{14.122}$$

Bei Hanning-Fensterung (Gl. 3.27) gilt

$$ U[f] = \frac{NT}{2} sinc[NTf]/(1-(NTf)^2) \; ; $$

$$ U\left[\frac{1}{2NT}\right] = 4NT/(3\pi) \qquad ; \qquad U[0] = \frac{NT}{2} $$

$$ \varkappa = \frac{1}{2} \; ; \quad \varepsilon = 8/(3\pi) \mathrel{\hat{=}} -1.42\,\text{dB} \tag{14.123}$$

Aus Gl. 14.113 folgt für das 3D-AR-Spektrum das theoretische Ergebnis

$$ {}_c\Psi_{xx} = \frac{a^2}{2}\delta[f - f_0] \; ; \quad \int_{f_0-\Delta f/2}^{f_0+\Delta f/2} {}_c\Psi_{xx}\, df = a^2/2 \; ; \quad a = \sqrt{2\int {}_c\Psi_{xx}\, df} \tag{14.124}$$

wobei Δf ein kleiner Bereich um f_0 ist, der praktisch die ganze Linienleistung enthält.

Skala Nr. 2 (Effektivwert)

Fall 1: Periodische Signale

Wenn man sich unter den gleichen Voraussetzungen wie bei Skala Nr. 1 für Effektivwerte der als sinusförmig angenommenen Signale interessiert, empfiehlt sich die Beibehaltung von Skala Nr. 1 mit nachträglicher Umrechnung

$$x_{eff} = a/\sqrt{2} \tag{14.125}$$

Fall 2: Stochastische Signale

Ausgehend vom gleichen Ansatz wie in Gl. 14.118 folgt für das 3D-Filter-Spektrum

$${}_a\Psi_{xx} = \beta x_{eff}^2 \; ; \qquad x_{eff} = \sqrt{{}_a\Psi_{xx}/\beta} \tag{14.126}$$

Hier ist x_{eff} der partielle, laufende Effektivwert in m-ten Frequenzband. Das Momentanspektrum besteht aus der geordneten Menge der zu jedem Band gehörigen Effektivwerte - graphisch darstellbar als Balkendiagramm mit Effektivwert als Funktion von Bandnummer oder Bandmittenfrequenz. Das 3D-Filter-Spektrum besteht aus der zeitlichen Aneinanderreihung dieser Momentanspektren.

Das Konzept des Spektrums eines stochastischen Signals als Effektivwertverteilung über der Bandnummer läßt sich auch dem 3D-DFT-Spektrum aufzwingen. Die Bandnummer ist dann gleich der DFT-Frequenzpunktnummer m'; die Bandbreite ist gleich dem Frequenzabstand zwischen benachbarten DFT-Spektralpunkten, B=1/(NT). Im Gegensatz zum 3D-Filterspektrum ist hier nicht die relative, sondern die absolute Bandbreite überall gleich. Wir berechnen diesen Effektivwert über das Periodogramm des gewichteten Segments. Durch Zusammenfassung von Gl. 12.9, 12.10 und 12.12 folgt

$${}_\perp\hat{\hat{\underline{\Phi}}}_{xx} = \frac{|\underline{Y}|^2}{\frac{1}{N}\sum\limits_{(N)} \underline{w}_n^2} \approx \frac{\alpha^2}{TN}\,{}_\perp\Phi_{xx} \tag{14.127}$$

mit

${}_\perp\hat{\hat{\underline{\Phi}}}_{xx}$: diskretes Periodogramm

${}_\perp\Phi_{xx}$: Leistungsspektrum

$\underline{Y}$: DFT-Spektrum des gewichteten Segments (= ${}_b\Psi_{xx}$)

Das $\approx$-Zeichen in Gl. 14.127 soll andeuten, daß dies in mehrfacher Hinsicht eine sehr grobe Schätzung ist: Es fehlt jede Art von Mittelung. Von der bei gewöhnlichen Leistungsspektren vorauszusetzenden Stationarität kann keine Rede sein. Immerhin:

Wenn das Signal stationär wäre und wenn man die bei stationären Signalen mögliche Pseudoscharmittelung durchführen könnte, dann würde diese Schätzung erwartungstreu werden.

Durch Integration des einseitig gemachten Leistungsspektrums über die Bandbreite B = 1/(NT) entsteht unser gesuchter, laufender, partieller Effektivwert für das DFT-Band B

$$x_{eff}^2 = \frac{2\,|{}_b\Psi_{xx}|^2}{\alpha^2 \frac{1}{N} \sum\limits_{(N)} \underline{w}_n^2} \quad ; \quad x_{eff} = |{}_b\Psi_{xx}| \frac{\sqrt{2}}{(\alpha\lambda)} \tag{14.128}$$

mit $\lambda = \frac{1}{N} \sum\limits_{(N)} \underline{w}_n^2$ (z.B. bei Rechteckfenster ist $\lambda = 1$)

Das 3D-AR-Spektrum hat keine natürliche Bändereinteilung, die bei stochastischem Signal x eine partielle Effektivwertangabe sinnvoll machen könnte.

Skala Nr. 3 (Pegel)

Grundsätzlich gilt nach Gl. 10.29

$$L_x = 20\,\text{dBV}\,lg[x_{eff}/1\text{V}] \tag{14.129}$$

Bei sinusförmigen Signalen wird Gl. 14.125 in 14.129 eingesetzt. Bei stochastischen Signalen je nach 3D-Spektrum entweder Gl. 14.126 oder 14.128.

Skala Nr. 4 (Amplitudendichte)

Die Amplitudendichte (Amplitudenspektrum) wird definiert als Fouriertransformierte der Zeitfunktion. Bei Annahme sinusförmiger Signale erübrigt sich die Frage nach der Amplitudendichte - das Spektrum besteht aus δ-Impulsen. Stochastische Signale haben überhaupt kein Amplitudenspektrum. Bei der 3D-Spektralanalyse wird aber das immerzu andauernde, stochastische Signal in Segmente zerlegt. Jedes Segment, für sich betrachtet, ist ein transientes Signal mit wohldefinierter Amplitudendichte. Und genau in diesem Sinne ist die Amplitudendichteskala der 3D-Spektren zu interpretieren.

Für das 3D-Filter-Spektrum bedeutet dies wieder ein Balkendiagramm, bei dem für jedes Band der quadratisch gemittelte Betrag der Amplitudendichte angegeben wird:

$$x_{eff}^2\, T_{v,m} \approx |X|^2 B_{v,m} \tag{14.130}$$

wobei

x_{eff} : Partieller Effektivwert in m-ten Band ($=\sqrt{{}_a\Psi_{xx}/\beta}$)
$T_{v,m}$: Äquivalente Glättungsdauer des m-ten Bandfilters
$B_{v,m}$: Bandbreite des m-ten Tiefpasses

Wenn man Glättungsdauer und Bandbreite im Sinne von Gl. 14.50 miteinander in Beziehung bringt, ergibt sich

$$|X| \approx \frac{\sqrt{{}_a\Psi_{xx}/(2\beta)}}{B_{v,m}} \tag{14.131}$$

Das 3D-DFT-Spektrum erfordert keine weitere Umformung:

$$|X| = |{}_b\Psi_{xx}| \tag{14.132}$$

Beim 3D-AR-Spektrum finden wir die Amplitudendichteskala durch Auflösung von Gl. 14.127 nach $\underline{Y}$. Dabei muß ein Rechteckfenster angenommen werden. Dann wird die Fensterkorrektur λ (Gl. 14.128) gerade zu 1 und es gilt $\underline{Y} = \underline{X}$.

$$|\underline{X}|^2 = \alpha^2\,{}_c\Psi_{xx}/(2TN)\ ; \qquad \underline{X} \approx \alpha X/(NT) \tag{14.133}$$

$$|\underline{X}| \approx \sqrt{{}_c\Psi_{xx} NT/2} \tag{14.134}$$

Skala Nr. 5 (Energiedichte)

Die Energiedichte - genauer: das Energiespektrum des transienten Signals - ist laut Gl. 3.149 definiert als Betragsquadrat des Amplitudenspektrums

$$C_{xx}[f] = \left|X[f]\right|^2 \tag{14.135}$$

Daher gelten hier alle vorstehenden, zur Amplitudendichte angestellten Überlegungen.

Skala Nr. 6 (Leistungsdichte)

Unter *Leistungsdichte* verstehen wir hier eine *Schätzung des einseitigen Leistungsspektrums auf der Grundlage eines einzigen, gemessenen Segmentes.* Bei sinusförmigen Signalen besteht das Leistungsspektrum aus δ-Impulsen, bei denen sich die Frage nach der Leistungsdichte erübrigt. Wir interessieren uns also nur für die Leistungsdichte stochastischer Signale.

Beim 3D-Filter-Spektrum ergibt sich wieder ein Balkendiagramm (Leistungsdichte, gemittelt über das m-te Band als Funktion der Bandnummer):

$${}_L\Phi_{xx}\, B_{v,m} \approx {}_a\Psi_{xx}/\beta\ ; \qquad {}_L\Phi_{xx} \approx {}_a\Psi_{xx}/(\beta B_{v,m}) \tag{14.136}$$

Das $\approx$-Zeichen weist auf die Schätzungsunsicherheit hin. Die Zuverlässigkeit der Schätzung kann am zugehörigen Glättungsfaktor γ abgelesen werden: (Gl. 14.82)

$$\gamma = \sqrt{B_{v,m}/B_W} \tag{14.137}$$

Die Dauer des Segments, auf das sich die spektrale Schätzung bezieht, ist durch die Glättungsdauer $T_W = 1/(2B_W)$ gegeben.

Für das 3D-DFT-Spektrum wurde schon der partielle Effektivwert jedes DFT-Rasterbandes berechnet (Gl. 14.128). Die Schätzung des Leistungsspektrums entsteht daraus sofort durch Quadrierung und Division durch die Rasterbandbreite

$${}_L\Phi_{xx} \approx x^2_{eff}/B_{v,m} \approx 2\left|{}_b\Psi_{xx}\right|^2/(\alpha^2\lambda^2 B_{v,m}) \tag{14.138}$$

Hier findet überhaupt keine Glättung statt. Die Fluktuation (Standardabweichung) ist von der gleichen Größenordnung wie der Mittelwert der Schätzung. Wenn das beobachtete Signal - wie hier angenommen - wirklich ein Zufallssignal ist, dann ist die auf einem Segment beruhende Schätzung (Gl. 14.138) völlig unbrauchbar. Das heißt auch, daß die Leistungsdichteskala bei 3D-DFT-Spektren eigentlich sinnlos ist. Erst durch Pseudoscharmittelung über einige Dutzend Segmente (engl. *scan average*) erreicht man eine brauchbare Stabilität.

Das 3D-AR-Spektrum ist schon als einseitiges Leistungsdichtespektrum definert und benötigt hier keine weitere Umrechnung.

14.3.3 Der Kolmogoroff-Smirnoff-Test

Die in Kap. 10 aufgeworfene Frage nach der lokalen Stationarität ist nicht nur rein theoretischer Natur. Sie könnte auch praktische Bedeutung gewinnen bei der automatisierten Überwachung nichtstationärer, stochastischer Signale: Betrachten wir als Beispiel das Ausgangssignal eines am Rande einer Autobahn aufgestellten Mikrofons und vergleichen die empirischen Wahrscheinlichkeitsdichtefunktionen aufeinanderfolgender Segmente der Dauer T_s von je N Abtastpunkten. Ein statistisches Testverfahren könnte von Segment zu Segment fortschreitend feststellen, ob sich die WDFs von je zwei benachbarten Segmenten signifikant unterscheiden. Als Ergebnis entstünde eine Unterteilung der Zeitachse in Zonen gleicher WDF. Dieses Zonenmuster ist eine sehr aussagekräftige, konzentrierte Beschreibung des beobachteten Prozesses. Offenkundig wird das Muster von der gewählten Segmentgröße abhängen. In unserem Autobahnbeispiel wird sich bei $T_s = 1$ Stunde eher der tageszeitliche Verlauf wiederspiegeln, bei $T_s = 1$ Sekunde hingegen könnten vielleicht einzelne Vorbeifahrten erkannt werden.

Der Kolmogoroff-Smirnoff-Test (*KS-Test*) scheint für solche Zwecke besonders geeignet zu sein. Es handelt sich um einen zweiseitigen, verteilungsfreien Test zur Feststellung, ob zwei Stichproben die gleiche WDF haben. *Zweiseitigkeit* eines statistischen Tests bedeutet: Es wird für alle betrachteten Kenngrößen der Verteilung lediglich festgestellt, ob sie gleich oder ungleich sind. Im Falle der *Ungleich*-Hypothese gibt es dann keinen Hinweis darauf, ob der aus der einen Stichprobe berechnete Parameter größer oder aber kleiner als der andere ist. *Verteilungsfreiheit* bedeutet, es werden vorab keinerlei Annahmen über die zu vergleichenden Verteilungen gemacht. Nach Sachs reagiert der KS-Test besonders empfindlich auf Veränderungen der Kennwerte Mittelwert, Median, Standardabweichung, Schiefe und Exzeß.

Der Test besteht in der Beantwortung der Frage

$$\hat{D} > D \, ? \tag{14.139}$$

wobei $\hat{D}$: aktuelle Prüfgröße
D : kritische Prüfgröße

Wird die kritische Prüfgröße überschritten, so unterscheiden sich die WDFs der beiden Stichproben signifikant.

Praktische Vorgehensweise:

Die bei Sachs beschriebene Methode wurde hier vereinfacht durch einschränkende Bedingungen für Stichprobenumfang und Irrtumswahrscheinlichkeit und durch Entwicklung einer empirischen Formel als Ersatz für eine Tabelle. Auf dieser Grundlage entstand die folgende, programmierfreundliche Gebrauchsanweisung für die Vorbereitung des KS-Tests. Dabei werden die zur Testentscheidung (Gl. 14.139) notwendigen Größen $\hat{D}$ und D in vier Verfahrensschritten ermittelt:

1) Festlegung der gewünschten Irrtumswahrscheinlichkeit P_{irr}. Zulässig ist jeder beliebige Wert aus dem Wertebereich

$$P_{irr} = \{ 0.001 \text{ bis } 0.2 \} \tag{14.140}$$

2) Berechnung der kritischen Prüfgröße D:

$$D = \{ 1 + trunc[\sqrt{2N} \sum_{r=0}^{3} \lambda_r \varkappa^r] \} / N \tag{14.141}$$

mit $trunc[x]$ = ganzzahliger Rest der reellen Zahl x
N = Stichprobenumfang = Anzahl der Abtastpunkte eines Segments. Erlaubt ist jeder Wert $N \geq 10$. Die Stichprobenumfänge der zu vergleichenden Segmente müssen gleich groß sein
λ_r = $\{0.7155; -0.5173; -0.00285; 0.0108\}$
$\varkappa$ = $lg[P_{irr}]$

3) Ermittlung der Summenhäufigkeiten F_m in beiden Stichproben:

a) Klassenzahl M nach der Sturgesschen Faustformel

$$M = trunc[1.5 + 3.32\, lg[n]] \tag{14.142}$$

b) Klassenbreite Δx

$$\Delta x = 1.01(x_{max} - x_{min}) / M \tag{14.143}$$

mit x_{max}, x_{min}: Extremwerte aus der vereinigten Menge beider Stichproben

c) Summenhäufigkeitstabelle F_m, getrennt für jede der beiden Stichproben ermitteln:

F_m = Anzahl der Werte, die der Bedingung

$$x \leq x_{min} + m\Delta x$$

genügen.

4) Aufsuchen der Klasse m′, in der sich die Summenhäufigkeiten F_m der beiden Stichproben am stärksten unterscheiden. Daraus die aktuelle Prüfgröße $\hat{D}$ berechnen als normierten, größten Unterschiedsbetrag der Summenhäufigkeiten $F_{m',1}$, $F_{m',2}$ in beiden Stichproben:

$$\hat{D} = \left| F_{m',1} - F_{m',2} \right| / N \qquad (14.144)$$

Literaturempfehlungen Kap. 14

zum Thema "Cepstrumanalyse"

1) Randall/Fee, 1981
   (praxisnah und sehr anschaulich - allerdings mit systematischer Verwechslung von Leistungs- und Energie-Spektrum)
2) Oppenheim/Schafer, 1975, ch. 10
3) Ebert/Janzen, 1984

zum Thema "K-S-Test"

1) Sachs, 1978, Kap. 3.9.3

Autorenregister

Literaturverzeichnis

1914 E. J. Whittacker
On the Functions which are Represented by the Expansions of the Interpolation Theory
Proc.Roy.Soc. Edinburgh,**35,**181-194,(1914)

1918 W. Schottky
Über spontane Stromschwankungen in verschiedenen elektrischen Leitern
Ann.Phys.,**57**,(1918), 541-567

1922 J. W. Lindeberg
Eine neue Herleitung des Exponentialgesetzes in der Wahrscheinlichkeitsrechnung
Mathem.Z.,**15**,211-225,(1922)

1927 G. U. Yule
On a Method of Investigating Periodicities in Disturbed Series, with Special Reference to Wolfer's Sunspot Numbers
Phil.Trans.Roy.Soc.London, Ser.A,**226**,267-298,(1927)
- nachgedruckt auch in S. B. Kesler (1986) -

1928 J. B. Johnson
Thermal Agitation of Electricity in Conductors
Phys.Rev.,**32,**(1928),97.-109

" H. Nyquist
Thermal Agitation of Electric Charge in Conductors
Phys.Rev.,**32**,(1928),110-113

1931 G. Walker
On Periodicity in Series of Related Terms
Proc.Roy.Soc.London,Ser.A,**131**,518-532,(1931)

1946 D. Gabor
Theory of Communication
J.IEE (London),**93,**Part III,429-457,(1946)

1948 M. S. Bartlett
Smoothing Periodograms from Time Series with Continuous Spectra
Nature,London,**161**,686-687,(1948)
- nachgedruckt auch in S.B.Kesler (1986) -

1949 C. E. Shannon
Communication in the Presence of Noise
Proc.IRE,**37,**10-21,(1949)

1950 W. Feller
An Introduction to Probability Theory and its Applications, Vol.I
J.Wiley,New York,(1950)

1953 S. Goldman
Information Theory
Prentice-Hall,Englewood Cliffs,New Jersey,(1953)

" A. Kohlenberg
Exact Interpolation of Band-limited Functions
J.Appl.Physics,**24**,1432ff,(1953)

" P. M. Woodward
Probability and Information Theory, with Application to Radar
Pergamon Press,London,1953

1958 R. B. Blackman / J. W.Tukey
The Measurement of Power Spectra
Dover,New York,1958

1960 D. Middleton
Statistical Communication Theory
McGraw-Hill,New York,1960

1962 A. V. Balakrishnan
On the Problem of Time Jitter in Sampling
IRE Trans. Inf. Theory,**IT-8**,226-236,(1962)

" A. Papoulis
The Fourier Integral and its Applications
McGraw-Hill,New York,1962

1963 B. P. Bogert / M. J. R.Healy / J. W.Tukey
The Quefrency Alanysis of Time Series for Echoes: Cepstrum, Cross-Cepstrum and Saphe-Cracking
abgedruckt in
M.Rosenblatt (ed.)
Proceedings of Symposium on Time Series Analysis
J.Wiley,New York,1963,209-243

1964 H. W. Bode
Network Analysis and Feedback Amplifier Design
Van Nostrand,Princeton,1964

1965 M. Abramowitz / I. A. Stegun (eds.)
Handbook of Mathematical Functions
Dover,New York,1965

" O. Scherzer
Vorlesung Theoretische Physik
(unveröffentlichte Mitschrift,TH Darmstadt,1965)

" R. Zurmühl
Praktische Mathematik für Ingenieure und Physiker
Springer,Berlin,1965

1966 R. M. Fano
Informationsübertragung
Oldenbourg,München,1966

" A. W. Rihaczek
Target Resolution:Capabilities of Modern Radar and Fundamental Limits
Gordon &Breach,New York,1966

1967 P. Beckmann
Probability in Communication Engineering
Harcourt,Brace&World,New York,1967

" J. P. Burg
Maximum Entropy Spectral Analysis
Proc.37th Meeting Soc. of Exploration Geophysicists,(1967)
- als Nachdruck in
D.G.Childers ,"Modern Spectrum Analysis",(1978),p.34-41

" G. Doetsch
Funktionaltransformationen
=Kap.C aus
R. Sauer / I. Szabo (Hrsg)
Mathematische Hilfsmittel des Ingenieurs
Springer,Berlin,1967

" H. Tietz
Funktionentheorie
=Kap. A aus
R.Sauer/I.Szabo (Hrsg)
Mathematische Hilfsmittel des Ingenieurs, Teil I
Springer,Berlin,1967

" P. D. Welch
The Use of Fast Fourier Transform for the Estimation of Power Spectra:
A Method based on Time Averaging over Short Modified Periodogramms
IEEE Trans.Audio and Electroacoust., **AU-15**, (1967), 70-73
- als Nachdruck auch in D.G.Childers,(1970) -

1968 W. Bachmann / H. Hißen
Beitrag zum Verständnis der Ambiguity-Funktion phasenumgetasteter Impulse
NTZ,**5**,278-282 ,(1968)

" R. Burlirsch / R. Stoer
Darstellung von Funktionen in Rechenautomaten (= Kap. I(II) aus
R. Sauer / I. Szabo
Mathematische Hilfsmittel des Ingenieurs, Teil III
Springer Verlag, Berlin, (1968)

" B. W. Gnedenko
Lehrbuch der Wahrscheinlichkeitsrechnung
Akademie-Verlag,Berlin,1968

" G. M. Jenkins / D. G. Watts
Spectral Analysis and its Applications
Holden-Day,Düsseldorf,1968

" K. Küpfmüller
Die Systemtheorie der elektrischen Nachrichtenübertragung
Hirzel-Verlag,Stuttgart,1968

" A. Papoulis
Systems and Transforms with Applications in Optics
McGraw-Hill, New York,1968

1969 H. Akaike
Power Spectrum Estimation through Autoregression Model Fitting
Ann.Inst.Stat.Math.,**21**,407-419,(1969)

" G. D. Bergland
A Guided Tour of the Fast Fourier Transform
IEEE Spectrum,**6**,41-52,(1969)
- auch als Nachdruck bei L.R.Rabiner/C.M.Rader,(1972) -

" J. W. Cooley / P. A. Lewis / P. D. Welch
The Finite Fourier Transform
IEEE Trans. Audio Electronics, **AU-17**, 77-85, (1969)
- als Nachdruck auch bei Rabiner / Rader, (1972), p. 271-293 -

" M. G. Kendall / A. Stuart
The Advanced Theory of Statistics, Vol. 1
Hafner,New York,1969

1970 W. Hahn
Bewegungsstabilität bei Systemen mit endlich vielen Freiheitsgraden
=Kap. L aus
R. Sauer / I. Szabo
Mathematische Hilfsmittel des Ingenieurs, Teil IV
Springer,Berlin,1970

" D. Morgenstern / V. Mammitzsch
Wahrscheinlichkeitsrechnung und mathematische Statistik
=Kap.M aus
R.Sauer/I.Szabo (Hrsg)
Mathematische Hilfsmittel des Ingenieurs, Teil IV
Springer,Berlin,1970

" K. Pöschl
Elektrotechnik
=Kap.N/II aus
R.Sauer/I.Szabo (Hrsg)
Mathematische Hilfsmittel des Ingenieurs, Teil IV
Springer,Berlin,1970

1971 H. Bittel / L. Storm
Rauschen
Springer,Berlin,1971

" M. V. McFerrin
The Piano - Its Acoustics
Tuners Supply Co.,Boston, Mass.,(1971)

" P. W. Kruse / L. D. McGlauchlin / R. B.McQuistan
Grundlagen der Infrarottechnik
W.Kohlhammer Verlag,Stuttgart,1971

" W. W. Solodownikow
Stetige lineare Systeme
VEB Verlag Technik,Berlin,1971

" P. Vaske
Übertragungsverhalten elektrischer Netzwerke
Teubner,Stuttgart,1971

1972 D. E. Gray (ed)
American Institute of Physics Handbook
McGraw-Hill,New York,1972

" F. N. Hooge
Discussion of Recent Experiments on 1/f-Noise
Physica,**60**, (1972),130-144
- als Nachdruck auch bei M.S.Gupta,(1977)

" L. R. Rabiner / C. M. Rader
Digital Signal Processing
IEEE Press,New York,(1972)

" W. Rupprecht
Netzwerksynthese
Springer,Berlin,1972

1973 L. Cremer / M. Heckl / E. E. Ungar
Structure-Borne Sound
Springer,Berlin,1973

" I. S. Gradshteyn / I. M. Ryzhik
Table of Integrals, Series and Products
Academic Press,London,1973

" L. D. Landau, E. M. Lifschitz
Lehrbuch der Theoretischen Physik
Band II:Klassische Feldtheorie
Akademie-Verlag,Berlin,1973

" K. Kroschel
Statistische Nachrichtentheorie ,Erster Teil
Springer,Berlin,1973

" A. Sacklowski
Einheitenlexikon
Deutsche Verlagsanstalt,Stuttgart,1973

1974 H. Akaike
A New Look at the Statistical Model Identification
IEEETrans Autom.Control,**AC-19**,716-723,(1974)

" N. Andersen
On the Calculation of Filter Coefficients for Maximum Entropy Spectral Analysis
Geophys.,**39**,69-72,(1974)
- als Nachdruck in
Childers, (1978), p. 252-255

" R. Elsner
Nachrichtentheorie 1/Grundlagen
Teubner,Stuttgart,1974

" R. Lenk / W. Gellert (Hrsg)
Fachlexikon ABC PHYSIK (2 Bde)
Verlag H.Deutsch,Zürich,1974

" E. Parzen
Some Recent Advances in Time Series Modelling
IEEE Trans.Autom.Control,**AC-19**,723-730,(1974)

" H. Wolf
Nachrichtenübertragung
Springer,Berlin,1974

1975 E. Hölzler/H. Holzwarth
Pulstechnik/Band I,Grundlagen
Springer,Berlin,1975

" A. V. Oppenheim / R. W. Schafer
Digital Signal Processing
Prentice Hall,Englewood Cliffs,New Jersey,1975

" L. R. Rabiner/ B. Gold
Theory and Application of Digital Signal Processing
Prentice-Hall, Englewood Cliffs, New Jersey, USA, (1975)

" T. J. Ulrych / T. N. Bishop
Maximum Entropy Spectral Analysis and Autoregressive Decomposition
Reviews of Geophysics and Space Physics,**13**,183-200,(1975)

1976 W. Bachmann / B. de Raigniac
Calculation of Reverberation and Average Intensity of Broadband Acoustic Signals in the Ocean by Means of the RAIBAC Computer Model
J.Acoust.Soc.Am.,**59**,31-39,(1976)

" P. Bloomfield
Fourier Analysis of Time Series: An Introduction
J.Wiley,New York,(1976)

" G. E. P. Box / G. M. Jenkins
Time Series Analysis: Forecasting and Control
Holden-Day,Oakland,Ca.(1976)

" I. Hartmann
Lineare Systeme
Springer,Berlin,1976

" W. Klein
Finite Systemtheorie
Teubner,Stuttgart, (1976)

" H. Kuttruff
Room Acoustics
Applied Science Publishers,London,1976

" A. H. Nuttall
Spectral Analysis of a Univariate Process with bad Data Points, via Maximum Entropy and Linear Predictive Techniques
NUSC Tech.Report TR-53o3,Naval Underwater Systems Center
New London,Conn.,USA,(1976)

"	P. Z. Peebles, Jr.
Communication System Principles
Addison-Weseley,London,1976

"	T. J. Ulrych / R. W. Clayton
Time Series Modelling and Maximum Entropy
Phys. Earth Planet.Inter.,**12**,188-200,(1976)

1977	O. L. Frost
Power Spectrum Estimation
in
G.Tacconi (ed.)
Aspects of Signal Processing - Part I (p.125-162)
D.Reidel Publishing Co.,Dordrecht-Holland,(1977)

"	M. S. Gupta (ed.)
Electrical Noise: Fundamentals & Sources
J.Wiley&Sons,New York,1977

1977	J. M. Tribolet
A New Phase Unwrapping Algorithm
IEEE Trans.Acoust.,Speech,Sign.Proc.,**ASSP-25**,17-177,(1977)

"	D. Kreß
Theoretische Grundlagen der Signal- und Informationsverarbeitung
Vieweg,Braunschweig,1977

"	A. Papoulis
Signal Analysis
McGraw-Hill,New York,1977

"	D. J. Thomson
Spectrum Estimation Techniques for the Characterization and Development of WT4 Waveguide-I
The Bell System Technical Journal,**56**,1769-1815,(1977)

1978	P. Bocker
Datenübertragung, Band I /Grundlagen
Springer, Berlin, (1978)

"	D. G. Childers (ed.)
Modern Spectrum Analysis
IEEE Press,New York,(1978)

"	F. J. Harris
On the Use of Windows for Harmonic Analysis with the Discrete Fourier Transform
Proc.IEEE,**66**,51-83,(1978)
- nachgedruckt auch bei S.B.Kesler (ed.), (1986) -

" F. H. Lange
Methoden der Meßstochastik
Vieweg,Braunschweig,1978

" H. D. Lüke
Zur Entstehung des Abtasttheorems
Nachr.techn.Z.,**31**, 271-274, (1978)

" R. K. Otnes / L. Enochson
Applied time series analysis ,vol.1
J.Wiley&Sons,New York,1978

" R. B. Randall / R. Upton
Digital Filters and FFT Technique in Real-Time Analysis
Bruel&Klaer Technical Review, **2** , (1978)

" L. Sachs
Angewandte Statistik
Springer,Berlin,1978

" H. Schumny
Signalübertragung
Vieweg,Braunschweig,1978

" H. Schwarze
Model for the Frequency Spread of Backscattered Underwater Sound
J.Acoust.Soc.Am.,**64**,605-613,(1978)

" F. S. Tse / I. E. Morse / R. T. Hinkle
Mechanical Vibrations
Allyn and Bacon,Inc.,Boston,(1978)

" H. Wolf
Lineare Systeme und Netzwerke
Springer,Berlin,(1978)

1979 H. Fricke / K. Lamberts / E. Patzelt
Grundlagen der elektrischen Nachrichtenübertragung
Teubner-Verlag, Stuttgart,(1979)

" J. McKiernan / M. Engelson (ed.)
IEEEStandard for Spectrum Analyzers
IEEE,Inc., New York 10017, USA,(1979)

" E. Meyer/ E.-G.Neumann
Physikalische und Technische Akustik
Vieweg,Braunschweig,1979

" K. S. Shanmugam
Digital and Analog Communication Systems
J.Wiley,New York,1979

" G. Weinreich
The Coupled Motions of Piano Strings
Scientific American,240,(1979),94-102

1980 J. S. Bendat / A. G. Piersol
Engineering Applications of Correlation and Spectral Analysis
J.Wiley,New York,1980

" R. E. Bogner / A. G. Constantinides
Introduction to Digital Filtering
J.Wiley&Sons,New York,(1980)

" K. Klotter
Technische Schwingungslehre,Erster Band,Teil B,Nichtlineare Schwingungen
Springer, Berlin,(1980)

" A. Papoulis
Circuits and Systems - A Modern Approach
Holt,Rinehart and Winston,Inc., New York, (1980)

" H. Schröder / G. Rommel
Elektrische Nachrichtentechnik , Bd. 1b
R.Pflaum Verlag,München,1980

" N. Thrane
Zoom-FFT
Bruel&Kjaer Technical Review,**2**,(1980)

1981 R. L. Burden / J. D. Faires / A. C. Reynolds
Numerical Analysis
PWS Publishers,Boston,Mass.,1981

" U. Freyer
Nachrichtenübertragungstechnik
Hanser,München,1981

" S. M. Kay / S. L. Marple, Jr.
Spectrum Analysis - A Modern Perspective
Proc.IEEE,**69**,1380-1419,(1981)

" K. Klotter (1)
Technische Schwingungslehre, Erster Band,Einfache Schwinger
Teil A:Lineare Schwingungen
Springer,Berlin,(1981)

" K. Klotter (2)
Technische Schwingungslehre
Zweiter Band: Schwinger von mehreren Freiheitsgraden
Springer,Berlin,1981

" O. Mildenberger
Grundlagen der Systemtheorie für Nachrichtentechniker
Hanser,München,(1981)

" E. Parzen
Modern Empirical Statistical Spectral Analysis
in
L.Björnö (ed)
Underwater Acoustics and Signal Processing ,p.471-497
D.Reidel Publishing Co.,Dordrecht-Holland,(1981)

" E. Schuon / H. Wolf
Nachrichtenmeßtechnik
Springer, Berlin,(1981)

" H. W. Schüßler
Netzwerke,Signale und Systeme, Band I,Systemtheorie linearer elektrischer Netzwerke
Springer,Berlin,1981

1982 K.-D. Becker
Theoretische Elektrotechnik
VDE-Verlag, Berlin,1982

" E. O. Brigham
FFT /Schnelle Fourier-Transformation
Oldenbourg, München, (1982)

" C. H. Chen
Nonlinear Maximum Entropy Spectral Analysis Methods for Signal Recognition
Research Studies Press,New York,1982

" H. Marko
Methoden der Systemtheorie
Springer,Berlin,1982

" A. H. Nuttall / G. C. Carter
Spectrum Estimation Using Combined Time and Lag Weighting
Proc.IEEE,**70**,1115-1125,(1982)

" P. Profos
Einführung in die Systemdynamik
Teubner,Stuttgart,1982

1983 N. C. Geckinli / D. Yavuz
Discrete Fourier Transformation
and its Applications to Power Spectra Estimation 1983
Elsevier Scientific Publishing, Amsterdam, (1983)

" N. Hesselmann
Digitale Signalverarbeitung
Vogel-Buchverlag, Würzburg, (1983)

" H. G. Natke
Einführung in Theorie und Praxis der Zeitreihen- und Modalanalyse
Vieweg,Braunschweig,1983

" S. M. Kay
Recursive Maximum Likelihood Estimation of Autoregressive Processes
IEEE Trans.Acoust.Speech Signal Process.,vol.**ASSP-31**,56-65,(1983)
- nachgedruckt auch bei S.B.Kesler (ed.), (1986) -

" J. Rissanen
A Universal Prior for the Integers and Estimation by Minimum Description Length
Ann.Stat.,**11**,417-431,(1983)

" R. Unbehauen
Systemtheorie ,4.Aufl.
Oldenbourg,München,1983

" H. Urkowitz
Signal Theory and Random Processes
Artech House,Dedham,Mass.,USA,1983

" A. v. Weiss
Die elektromagnetischen Felder
Vieweg,Braunschweig,1983

1984 H. Ebert / R. Janzen
Das komplexe Cepstrum
Diplomarbeit, Uni Bremen, betreut v. Prof. Dr. A.Wasiljeff
Uni-Druckerei Bremen,1984

" H. Herlufsen
Dual Channel FFT Analysis (Part I)
Brüel&Kjaer Technical Review,No.1-1984

" D. E. Newland
An Introduction to Random Vibrations and Spectral Analysis
Longman Inc, New York, 1984

" A. Papoulis
Probability,Random Variables, and Stochastic Processes
McGraw-Hill,New York,1984

" E. M. Purcell
Elektrizität und Magnetismus
(Berkeley Physik Kurs, Bd.2)
Vieweg,Braunschweig,1984

" H. W. Schüßler
Netzwerke,Signale und Systeme ,Band II
Springer,Berlin,1984

" K. Zaveri
Modal Analysis of Large Structures - Multiple Exciter Systems
Brüel&Kjaer,Naerum,Dänemark, 1984

1985 D. Achilles
Die Fourier-Transformation in der Signalverarbeitung
Springer,Berlin,1985

" J. S. Bendat
The Hilbert Transform and Applications to Correlation Measurements
Bruel&Kjaer,Naerum,Dänemark,(1985?)

" F. R. Connor
Signals (2nd edition 1982, reprinted)
Edw.Arnold (Publishers),London WC1B 3DQ,(1985)

" L. Cremer/M. Hubert
Vorlesungen über Technische Akustik
Springer Verlag, Berlin, (1985)

" O. Föllinger (mit F.Dörrscheidt/M.Klittich)
Regelungstechnik (5.Aufl.)
Hüthig,Heidelberg, (1985)

" J. Hofer-Alfeis
Übungsbeispiele zur Systemtheorie
Springer,Berlin,1985

" J. S. Lim
Fundamentals of Digital Signal Processing
= ch. 1 in
T.Kailath
Modern Signal Processing
Springer,Berlin,1985

" R. Lücker
Grundlagen digitaler Filter
Springer,Berlin,1985

" H. D. Lüke
Signalübertragung
Springer,Berlin,1985

" J. Max
Traitement du Signal, Bd. 1 (tome 1)
Masson, Paris, (1985)

" F. Reif
Statistische Physik
-Berkeley Physik Kurs Nr.5 -
Vieweg,Braunschweig,(1985)

" E. H. Wichmann
Quantenphysik
(Berkeley Physik Kurs, Bd.4)
Vieweg,Braunschweig,1985

" B. Widrow / S. D. Stearns
Adaptive Signal Processing
Prentice-Hall,Englewood Cliffs,N.J.,USA,(1985)

" L. J. Ziomek
Underwater Acoustics
Academic Press, Orlando,1985

1986 J. S. Bendat / A. G. Piersol
Random Data, Analysis and Measurement Procedures
J.Wiley&Sons,New York,1986

" R. N. Bracewell (1)
The Fourier Transform and its Applications
McGraw-Hill,New York,1986

" R. N. Bracewell (2)
The Hartley Transform
Oxford University Press,New York,1986

" J. V. Candy
Signal Processing
McGraw-Hill,New York,1986

" F. R. Connor
Noise (2nd. edition 1982, reprinted)
Edward Arnold (Publishers) Ltd.,Baltimore,Maryland 21202,USA,(1986)

" J. Dupraz
Probability,Signals, Noise
McGraw-Hill,New York,1986

" D. J. Ewins
Modal Testing: Theory and Practice
Research Studies Press,Letchworth,Herts. SG6 3BE,England,1986

" O. Föllinger
Laplace- und Fourier-Transformation ,4.Aufl.
Hüthig-Verlag,Heidelberg,(1986)

" S. B. Kesler (ed.)
Modern Spectrum Analysis, II
IEEE Press, New York, (1986)

" L. Ljung / T. Söderström
Theory and Practice of Recursive Identification
The MIT Press,Cambridge,Mass.,USA,(1986)

" J. Max
Traitement du Signal, Bd. 2 (tome 2)
Masson, Paris, (1986)

" Moeller/Fricke/Frohne/Vaske
Grundlagen der Elektrotechnik
Teubner,Stuttgart,1986

" D. H. Sheingold (ed.)
Analog-Digital Conversion Handbook
Prentice-Hall, Englewood Cliffs, New Jersey, (1986)

" Zinke / Brunswig (O.Zinke/A.Vlcek,Hrsg.)
Lehrbuch der Hochfrequenztechnik, Band 1
Springer,Berlin,1986

1987 H. Babovsky / T. Beth / H. Neunzert / M. Schulz-Reese
Mathematische Methoden in der Systemtheorie: Fourieranalysis
Teubner,Stuttgart,1987

" P. J. Brockwell / R. A. Davis
Time Series: Theory and Methods
Springer,New York,1987

" I. N. Bronstein / K. A. Semendjajew
Taschenbuch der Mathematik
Teubner,Leipzig, 23.Aufl., 1987

" H. Funk
Fachbegriffe aus der Signalanalyse
Wandel&Goltermann Kundeninformation: "bits",**41**,15-18,(1987)

" S. Gade/H. Herlufsen
Use of Weighting Functions in DFT/FFTAnalysis (Part I)
Bruel & Kjaer Techn. Review,**3**,(1987)

" R. W. Hamming
Digitale Filter
VCH Verlagsgesellschaft, Weinheim, (1987)

" E. Herter/W. Lörcher
Nachrichtentechnik
C.Hanser-Verlag, München, 1987

" I. Main
Vibrations and Waves in Physics
Cambridge Univ.Press,New York,(1987)

" S. L. Marple, Jr.
Digital Spectral Analysis with Applications
Prentice Hall,Englewood Cliffs,New Jersey,1987

" R. E. Mortensen
Random Signals and Systems
J.Wiley&Sons,New York,1987

" G.-H. Schildt
Grundlagen der Impulstechnik
Teubner,Stuttgart,1987

" G. Schmidt
Grundlagen der Regelungstechnik
Springer,Berlin,1987

" S. D. Stearns
Digitale Verarbeitung analoger Signale
Oldenbourg-Verlag,München,(1987)

" E. Terhardt
Evaluation of Linear-System Responses by Laplace-Transformation.
Critical Review and Revision of Method
Acustica,64,(1987),61-72

" Zinke / Brunswig (O.Zinke/H.L.Hartnagel,Hrsg.)
Lehrbuch der Hochfrequenztechnik, Band 2
Springer,Berlin,1987

1988 O. Buxbaum
Betriebsfestigkeit
Verlag Stahl und Eisen, Düsseldorf,1988

" J. V. Candy
Signal Processing
McGraw-Hill, New York, (1988)

" W. A. Gardner
Statistical Spectral Analysis
Prentice-Hall, Englewood Cliffs, New Jersey, USA, (1988)

" S. M. Kay
Modern Spectral Estimation
Prentice-Hall International (UK) Ltd.,London, (1988)

" O. Mildenberger
Grundlagen der Systemtheorie für Nachrichtentechniker , 2.Aufl.
Hanser-Verlag,München,1988

" O. Mildenberger
System- und Signaltheorie
Vieweg-Verlag, Wiesbaden, (1988)

" H. W. Schüßler
Digitale Signalverarbeitung, Band 1
Springer-Verlag, Berlin, (1988)

1989 W. Bachmann / H. Bücker / B. Kohl
Feinstrukturanalyse des Einschwingens eines Pianoklanges
Acustica, 68, (1989), 123-130

" H. Wupper
Einführung in die digitale Signalverarbeitung
Hüthig-Verlag, Heidelberg, (1989)

1990 O. Föllinger
Regelungstechnik, 6. Aufl.
Hüthig-Verlag, Heidelberg, (1990)

" O. Föllinger
Laplace- und Fourier-Transformation, 5. Aufl.
Hüthig-Verlag, Heidelberg, (1990)

" E. Herter/ W. Lörcher
Nachrichtentechnik, 5.Aufl.
Carl Hanser Verlag, München, (1990)

" H. D. Lüke
Signalübertragung (4. Aufl.)
Springer-Verlag, Berlin, (1990)

" E. Schrüfer
Signalverarbeitung
Carl Hanser Verlag, München, (1990)

1991 J.-L. Meiller / A. Chaigne
AR-Modelling of Musical Transients
Proceedings ICASSP 91

Register

E

F

G

H

I

J

K

Q

R

S

Informationstheorie und Codierung

von Otto Mildenberger

1990. X, 199 Seiten. Kartoniert.
ISBN 3-528-03046-1

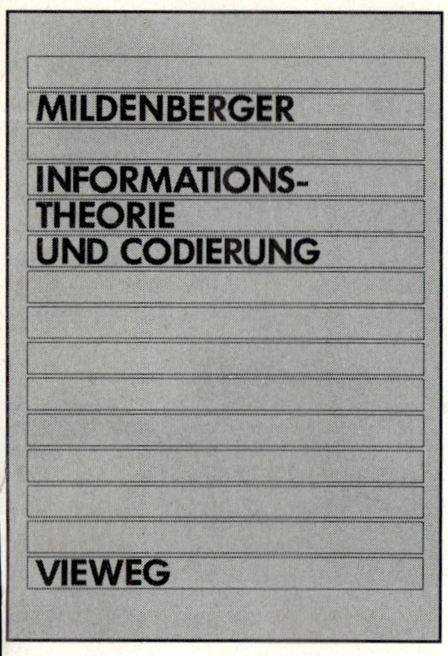

In diesem Buch werden die Grundlagen der Informationstheorie und wichtige Teile der Codierungstheorie dargestellt. Vorausgesetzt werden neben Kenntnissen der höheren Mathematik einige Grundlagen der Wahrscheinlichkeitsrechnung. Viele Erklärungen und durchgerechnete Beispiele tragen zum Verständnis des Stoffes bei. Das Buch ist als Begleitbuch zu Vorlesungen, besonders aber auch für das Selbststudium konzipiert.

Verlag Vieweg · Postfach 58 29 · D-6200 Wiesbaden